The Global Economics of Forestry

经济学前沿译丛

全球视角下的林业经济学

〔美〕 威廉·F.海德（William F. Hyde） 著
徐晋涛 陈思莹 等译

北京大学出版社
PEKING UNIVERSITY PRESS

著作权合同登记号　图字　01-2017-3239
图书在版编目(CIP)数据

全球视角下的林业经济学/(美)威廉·F 海德著;徐晋涛,陈思莹译.—北京:北京大学出版社,2022.1
(经济学前沿译丛)
ISBN 978-7-301-32652-7

Ⅰ.①全… Ⅱ.①威… ②徐… ③陈… Ⅲ.①林业经济学 Ⅳ.①F307.2

中国版本图书馆 CIP 数据核字(2021)第 218790 号

The Global Economics of Forestry / by William F. Hyde / ISNB: 0-415-51828-4
© 2012 Taylor & Francis
Authorized translation from English language edition published by Routledge, an imprint of Taylor & Francis Group LLC. All Rights Reserved. 本书原版由 Taylor & Francis 出版集团旗下 Routledge 出版公司出版,并经其授权翻译出版。版权所有,侵权必究。

Peking University Press is authorized to publish and distribute exclusively the Chinese (Simplified Characters) language edition. This edition is authorized for sale throughout Mainland of China. No part of the publication may be reproduced or distributed by any means, or stored in a database or retrieval system, without the prior written permission of the publisher. 本书中文简体翻译版授权由北京大学出版社独家出版并仅限在中国大陆地区销售。未经出版者书面许可,不得以任何方式复制或发行本书的任何部分。

Copies of this book sold without a Taylor & Francis sticker on the cover are unauthorized and illegal. 本书封面贴有 Taylor & Francis 公司防伪标签,无标签者不得销售。

书　　　名	全球视角下的林业经济学
	QUANQIU SHIJIAO XIA DE LINYE JINGJIXUE
著作责任者	威廉·F.海德(William F. Hyde) 著　徐晋涛　陈思莹 等译
标 准 书 号	ISBN 978-7-301-32652-7
责 任 编 辑	王　晶
出 版 发 行	北京大学出版社
地　　　址	北京市海淀区成府路 205 号　100871
网　　　址	http://www.pup.cn
微信公众号	北京大学经管书苑(pupembook)
电 子 信 箱	em@pup.cn
电　　　话	邮购部 010-62752015　发行部 010-62750672　编辑部 010-62752926
印 刷 者	河北滦县鑫华书刊印刷厂
经 销 者	新华书店
	730 毫米×1020 毫米　16 开本　29 印张　590 千字
	2022 年 1 月第 1 版　2022 年 1 月第 1 次印刷
定　　　价	79.00 元

未经许可,不得以任何方式复制或抄袭本书之部分或全部内容。
版权所有,侵权必究
举报电话:010-62752024　电子信箱:fd@pup.pku.edu.cn
图书如有印装质量问题,请与出版部联系,电话:010-62756370

关于未来资源研究所及 RFF 出版社

未来资源研究所（Resources for the Future，RFF）旨在通过高水平的独立社会科学研究来改善全球环境和自然资源的政策制定。RFF 成立于 1952 年，率先将经济学作为一种工具来帮助制定更有效的利用和保护自然资源的政策。学者们坚持运用社会科学方法来分析污染控制、能源政策、水土资源利用、危险废弃物、气候变化、生物多样性以及发展中国家的环境挑战等重要问题。

RFF 出版社（RFF Press）通过出版大量研究自然资源和环境的方法类书籍来支持 RFF 实现其目的，其作者和编辑团队包括 RFF 的工作人员、学术和政策领域的研究人员以及记者。RFF 出版社的读者群体包括政策制定过程中的所有参与者——学者、媒体、游说团体、非政府组织、企业和政府中的专业人士以及公众。

未来资源研究所

理事会领导成员

W. Bowman Cutter，理事长　　　　John M. Deutch，副理事长
Frank E. Loy，副理事长　　　　　　Lawrence A. Hinden，财务主管
Philip R. Sharp，会长

理事会成员

Vicky A. Bailey　　　　　　　　　Anthony Bernhardt
Trudy Ann Cameron　　　　　　　Red Cavaney
Preston Chiaro　　　　　　　　　Mohamed T. El-Ashry
Linda J. Fisher　　　　　　　　　Deborah S. Hechinger
Peter Kagan　　　　　　　　　　Sally Katzen
Rubén Kraiem　　　　　　　　　Richard G. Newell
Richard Schmalensee　　　　　　Robert N. Stavins
Lisa A. Stewart　　　　　　　　　Joseph Stiglitz
Mark R. Tercek

历任理事长

Darius W. Gaskins, Jr.　　　　　　Robert E. Grady

RFF 出版社编辑顾问

Walter A. Rosenbaum，佛罗里达大学
Jeffrey K. Stine，史密森学会

序

从事与林业相关的职业不仅仅是一种谋生方式，它更是一种天职。爱尔兰诗人 John Locke（1847—1889）的一首诗——《林农》（*The Forester*）很好地刻画了林农独有的特征：

羡慕他——他在与上帝合作
将树的祈祷传递给天堂
服务于同伴的需求
从木质婴儿床到代表死亡的棺材
羡慕他，你们这些城里人
沿着他穿过林地的脚步
呼吸着林地干净甜美的气味
聆听着树的音乐。

但是，尽管高尚是良好的意图，却不能保证带来正确的决定。高尚对于回答诸如以下这样的问题并没有帮助：什么时候采伐树木，投入多少，公共的、工业的、非工业的、社区的所有权如何影响决策以及影响决策的原因，如何评价非市场化的生态系统和其他服务以及多样性，如何评价技术和国际贸易在影响决策方面的作用，等等。

未来将由那些能够理解当前事务所具有的科学和社会意义的人创造，并且他们应利用这些智慧采取行动。当涉及森林经营时，这种理解尤为重要。Jared Diamond 记载了一些文明在管理他们的森林失败后，是如何衰败直到消失的。[①] 对单个文明是这样，对我们

---

① Diamond，Jared. 2005. *Collapse—how societies choose to fail or succeed*. New York：Penguin.

的地球和森林禀赋也是如此。这就是本书所关注的内容：如何调动经济学所提供的最好见解来帮助和指导我们该怎样管理森林。理解我们所处的环境是至关重要的。人类近代历史上第一次将经济发展的火炬传递到了新一代。OECD（经济合作与发展组织）成员国中，数亿人已经过渡到营养良好、寿命长久并且拥有相对高收入的阶段，而亚洲、南美洲和非洲的数十亿人也正在加入这个行列。这是大量国际贸易带来的重大改变，同时也提出了一个问题：作为全球社区，我们能否在这一转变中既满足我们的物质需求，又维持我们赖以生存的系统，包括将地球的温度保持在合理的水平以限制气候变化的破坏性影响。世界贸易仍在迅速增长，数字革命、遥感和地理信息系统已经改变了我们测量森林的方式，包括森林消长程度的测算。林农们不仅需要清楚正在塑造世界的力量中他们无法控制的部分，还需要了解他们能够产生影响的部分。

海德教授的这本书可以丰富我们对森林的理解，并且能引导我们做出更好的决策。他将经济学提供的理论框架与巧妙且有说服力的证据相结合来解决核心问题。在我们的星球上，森林仍具有非常重要的意义。如果它们发展得好，我们也能发展得好，反之亦然。Leonard Woolf 曾指出："历史不是由邪恶而是由愚蠢造成的。"而海德教授会告诉我们如何明智地行事。

Frank J. Convery
都柏林大学

前　言

本书集合了一位专门研究林业问题的自然资源经济学家近四十年的经验和知识。或者已经差不多有五十年了，当我在美国太平洋西北地区担任森林防火员时，我就已经开始第一次思考森林经营的问题。

在此期间，我有幸与一些最优秀的自然资源和环境经济学家一起工作，也和一些最好的林业经济学家合作过。我也有幸接触到六大洲近四十个国家的环境管理和森林政策问题。前者教会我的是经济学作为构建分析框架的工具的魅力。后者，特别是实地与森林管理者一起工作的经历，向我证明了只有在了解生物、物理、当地森林组织的制度特征以及当地市场的人口特征的基础上，我的经济学理论才是可靠的。当我去倾听他们并且努力站在他们的角度时，那些第一线的林业工作者们将是一群最好的老师。

这些经验告诉我们一定要尊重地方差异。实地管理者面临的当地问题是确实存在的。虽然我尊重学术研究和环境经济学的基本框架，但是我认为只有当参考当地数据的细微差别时才能真正理解森林经济学、森林经营以及森林政策中最重要的问题，这些数据并不是为我（或任何经济学家）特意收集的，因此，必须经过修正才能进行有意义的探寻。我被大量忽略了这一点的经济学分析所干扰。所以，我为自己设立了一个个人目标，那就是尽量减少因忽略数据特殊性而发生的错误。

尽管如此，我的老师和我的经验也告诉我有一些基本的经济学原理是全球普适的，而这些原理构成了本书的分析基础。

正如许多从事自然资源领域工作的人，我在自己所研究的资源环境中长大，参加徒步旅行和露营，然后在偏远的牧场工作，参与防火灭火。随后，当我在大学接触到经济学的时候，我的老师 Francis Gathof、Charles Wilbur 和 Vito Tanzi 先后让我领略了这门学科强大的分析能力。后来，Bob Gregory、Bill Bentley、Fred Knight 和密歇根州环境研究协会（Michigan Society of Environmental Fellows）使我学习到林业和其他自然资源独特的经济、生物和制度特性。Bob 和 Bill 的阅读作业，加上我的森林消防经历，让我了解了一部分传统林业规范的价值，但也引起了我对另外一部分规范的质疑。与此同时，Frederic Scherer 使我和我的所有同学都认识到在理解新古典经济学中的动态过程时，个人动因和适当调整都是十分重要的。

我在未来资源研究所工作的伊始，Marion Clawson 要求我专注于研究最重要的问题，而 John Krutilla 鼓励我以及其他人去认识并相信我们各自的长处，同时毫不犹豫地寻求有其他优势的人的帮助，并实事求是地承认别人的贡献。双方都强调一切要从微观经济学的基本原理出发。自然资源保护委员会的 Tom Stoel 和美国林务局火灾管理处主任 Hank deBruin——他们都不是经济学家，但都赞同 Marion 和 John 的观点——鼓励我挑战传统的林业规范。

我对林业政策和经营问题的探究始于一个有关火灾、昆虫和疾病控制的问题以及我对人口动态的相关兴趣。这仍然是我的兴趣，但其优先性迅速被短期任务所取代，该任务就是寻找木材供应与对森林的各类游憩需求、环境需求和其他非市场化需求之间的权衡。当我完成这项任务时，里根政府又提出了有关规制和放松规制的问题。里根政府几乎没有在林业领域内得到任何反馈，于是我进行了第二个大型项目（与 Roy Boyd 一起）来解决这个问题。随后，美国林务局负责研究事务的副局长 Bob Buckman 邀请我和其他人（包括 Dave Newman 和 Barry Seldon）来考察林业研究的益处，并将林业研究的经验与农业研究的经验进行比较。

与此同时，与林业在经济发展中所处地位等问题相关的国际机会开始出现。随着时间的推移，这些经历加强了我对微观经济学在林业中应用的普遍价值的观念。正如我们所期望的那样，它们也表明：(1) 许多地区和国家都有类似的经验，尽管发生在不同的时刻；(2) 一个国家的经验，未必在此时适用于其他国家，但在未来对这些国家可能有很好的借鉴价值。在泰国休学术假期间，我与 Barin Ganguli 多次进行交谈，他是一位与中国学者及森林管理者打了 25 年交道的人，曾在马拉维、赞比亚、埃塞俄比亚和南非进行过各种实地考察，也访问过玻利维亚、阿根廷、哥伦比亚和智利，与他的交流使我更

前言

加坚信上述观点。

这些经历只是一系列的偶然事件吗？起初，它们是的。然而，在完成有关规制/放松规制的项目之前，我开始很清楚地认识到为了理解林业的全貌，其背后需要一些更大的结构，而不仅仅是偶然的机会。在我看来，将林业分成三类，将土地所有者类型分成四种，将公共职能分为土地管理、研究和推广，具有普遍的合理性。对我来说同样显而易见的是，每一类土地管理者和每种公共职能都有自己的优势和劣势。为了了解林业，人们必须理解这些类型和职能，以及它们与其他类别的关系。前三个项目使我开始对公共的和非工业化私人的（通常是受管制的）土地管理，以及公共林业机构的研究和推广职责有了一个粗略的理解。

国际经验和在美国偏远地区所获得的个人知识为我理解林业在经济发展中的作用，以及最终理解本书所讨论的林业的三阶段发展模型打下了基础。同时，我开始寻找资料来补充自己之前未涉及的领域。在不同时期，George Staebler、Grant Aiscough、Bambang Hortono、Bill Stuart、Luc LeBel、Runsheng Yin、Jintao Xu、Herath Gunatilake、Sjur Baardsen 的帮助以及多次与工厂主和管理人员的对话都使我受益匪浅，尤其对我理解工业土地所有者的行为和职责有所帮助，这是我自己认为最复杂和最不了解的土地所有者类型。总而言之，这是本书的背景以及框架之来源。

四十多年来，许多人在我对林业的理解上留下了印记，因此也在本书上留下了印记。Josh Bishop、George Taylor、Javed Mir、Doug Barnes、Tim Brown、Bill Bruner、Neil Byron、Manuel Ruiz-Perez 和 Brian Belcher、Jeff Sayer、Yves Dube、Wen YaLi 和 Han Xiao、Bill Magrath 以及 George Dutrow，他们每一个人都为我创造了某种机会，或给了我某种经验，或教给了我某些知识。Ann delos Angeles 的论文促使我开始思考 von Thunen 模型在解释林业与其相邻部门的联系方面的普遍性价值。Frank Convery 于 1994 年安排我对三阶段模型的第一个正式演讲。这次演讲使我与 Thomas Sterner 和 Gunnar Kohlin 建立了长期的联系，他们在哥德堡大学环境经济学系从事研究，同时建立了遍及世界的伙伴关系。David Pearce 鼓励我在模型上进一步研究，并提出了应用方面的很多建议。其他同事各自都贡献了一个或多个专门的见解：Peter Pearse、Clark Binkley、Ken Chomitz、Steve Stone、Henry Peskin、Keshav Kanel、Carlos Young、LeCong Uan、Juan Seve、Greg Amacher、Shashi Kant、Peter Berck 和 Diane Burton、Steve Daniels、Knox Lovell、Adrian Whiteman、Chona Cruz、Jacek Siry、Arild Angelsen、Randy Bluffstone 和 Priscilla Cooke 以及 Ron Johnson，都可以在本书的一个或多个

章节中找到他或她的印记。Yaoqi Zhang（写了我读过的最好的林业论文）、Daowei Zhang、Marty Luckert、Sara Scherr、Sam Bwalya、Mohammed Rafig、Tekie Alemu、Resham Dangi 和 Natasha Landell-Mills 也是如此。Roger Sedjo 一直是我的一个好朋友和公正的评论家。这是一个很长的名单。本书花了很长时间来编写，许多人都做出了贡献。

我希望本书能够准确反映这些经历和这些同事教给我的知识。（当然，如有不当，我负全责。）我希望本书可以增进人们对全球森林经营和政策的理解，也期待得到修正与改进的意见。

威廉·F.海德

目 录

第1章 引言 /1
1.1 本书的框架 /1
1.2 结论 /6
参考文献 /7
附录1A 林业经济、政策和管理中常见的基本问题 /8

第2章 经济发展过程中的林业模式 /12
2.1 森林发展模式 /13
2.2 模型的改进与相关定性讨论 /35
2.3 总结 /41
参考文献 /42
附录2A /51

第3章 森林的长期发展 /61
3.1 技术进步:美国南方的经验 /63
3.2 技术进步和生物生长:对林业的长期影响 /69
3.3 有关技术进步率的经验证据 /79
3.4 结论:林业的特质 /81
参考文献 /83
附录3A Faustmann模型 /86
附录3B 可采伐量 /92

第4章 林业政策 /100
4.1 直接林业政策工具 /102
4.2 针对相关部门所制定政策的溢出效应 /120

4.3　基础设施和制度　/126
4.4　总结　/134
参考文献　/135
附录4A　当代政策目标　/143

第5章　特许经营权：一个林业政策与经营的特殊话题　/164
5.1　在空间模型里加入木材特许经营　/165
5.2　实际案例　/176
5.3　总结　/180
参考文献　/181
附录5A　合同、租金和使用费　/184

第6章　贸易、宏观经济、经济增长与发展的影响　/191
6.1　贸易　/193
6.2　宏观经济活动对森林的反馈　/204
6.3　经济增长与发展　/214
6.4　总结　/228
参考文献　/230
附录6A　国民核算中的林业　/237

第7章　工业林业　/251
7.1　东亚马逊　/252
7.2　产业组织：林产品制造业　/260
7.3　总结：森林发展三阶段下的林产品行业　/283
参考文献　/287
附录7A　关于要素成本和行业区位的说明　/291

第8章　机构投资者　/294
8.1　利润和税金　/295
8.2　风险和回报　/296
8.3　总结、影响和发展前景　/300

参考文献 /301
附录 8A CAPM /302

第 9 章 非工业的私人土地所有者 /304
9.1 非工业私有林土地与其他土地
　　所有者之间的区别 /305
9.2 土地所有者的目标 /306
9.3 综述 /322
参考文献 /324
　附录 9A 传统非工业私有林业的迷思
　　　　　与谬论 /331

第 10 章 公共土地所有者 /336
10.1 公共土地管理 /338
10.2 自然灾害 /352
10.3 技术转移和公共林业研究 /356
10.4 关于公共组织和管理 /360
10.5 总结 /361
参考文献 /364
　附录 10A 最小成本加损失 /369

第 11 章 森林与地方人类社区 /370
11.1 一般经验 /373
11.2 预期发展 /380
11.3 地方社区与森林依赖性 /387
11.4 总结 /400
参考文献 /401
　附录 11A 不可分离的家庭生产
　　　　　与消费 /408
　附录 11B 基于森林的社区整体经济 /412

第 12 章 总结、结论与政策含义 /415
12.1 经济活动的发展阶段与边界 /415
12.2 市场和政策对森林的影响 /418

12.3 市场和政策对于当地林业依赖型社区
    的影响 /425
12.4 保护和加强森林与森林资源服务的
    政策设计 /425
12.5 土地所有权的特征类别 /431
12.6 社区影响 /437
12.7 最后一个重点:数据 /438
12.8 政策含义总结 /439

术语表 /441

译者后记 /448

第1章 引言

林业经济学包含一些独立的、基础的问题。森林经营类教材中常见的内容包括：木材的长期充足供给问题；将初始时期的天然成熟林转化为施业林分后，年木材采伐均匀产出的最优路径问题；各类森林土地所有者的不同行为特征；政府机构为满足公共服务制定的森林规制；以及公共和私人的基于森林资源的活动对生态系统及当地社区所产生的影响。

从历史来看，这些林学和林业经济学研究的问题主要关注商品材。而现在，森林为人类福利做出的所有贡献都被纳入经济学探究的问题当中。这种转变意味着对非消费性森林生态系统服务（比如森林游憩和侵蚀控制）的讨论已经和对市场化工业林产品（例如锯材和纸浆材）的讨论居于同等地位。一些更小且未完全市场化的家庭自给式林产品（如薪材）以及各种非木质林产品也成为现代林业讨论的话题。

本书旨在阐述全球林业经济及其组成部分，包括上述第一段中提到的五个经典问题，第二段中提到的所有能够提高人类福利的林产品和森林生态系统服务，以及一系列当前全球瞩目的新议题，如毁林、动植物群多样性的保护、减缓全球变暖的森林碳封存功能、森林活动合法的收入与分配以及对非法森林入侵的控制。（此外，我们会发现最初的五个问题是一组相关问题的序幕，本章的附录将会对一些相关问题加以说明。）

1.1 本书的框架

本书以一个简单而综合的组织构架开始，该构架代表了所有土地和文化背景下的林业,无论是对于木材或非木材林产品,以及无论是对于历史还是现在。这个组织构架及其普遍适用性是本书的一大贡献。本书后面的讨论是进一步论证该组织构架在过去与当前以及局部与全局的应用。在展开该组织构架的过程中,本书引入了全世界的实证案例,这些案例贯穿全书,进一步证明了该组织构架的有效性。

林业不仅与树木相关,也与森林中的土地及人类活动的地域有关。后两个特征在经济地理学框架中得到了最好的诠释,也是本书的组织构架的基础。它聚焦于土地使用中的边际变动,而不是每单位土地的边际产出。基于这一焦点,我们会关注林地利用的地理变迁,以及林业部门随区域市场和经济发展过程中产生的变化。(一般而言,林地公顷数的变化对大部分与森林相关的商品和服务的生产造成的影响要大于每公顷林地物质生产力的变化所带来的影响,因此土地使用的边际变动是本书的侧重点。)我们将通过一张图来描述森林发展的三阶段过程,该图总结了林业的三个功能和森林发展的经济进程。认清每个阶段中森林和当地市场的不同的生物与经济特性是进行森林经营决策和进行森林政策制定的重要基础。事实上,正确认识三个阶段的差异有助于减少当前林业政策中的错误。

首先,我们需要认识到当今木材和非木材林产品的消费以及森林生态系统服务的供应(如侵蚀控制、重要生物多样性的栖息地保护)仍然主要仰仗天然林。与此同时,施业林与人工林的成分也在不断增长。因此,对林业的全面描述必须包含天然林和施业林。这两种森林通常在地理位置上有所区分。天然林多位于偏远地区。而施业林一般更靠近人类活动较集中的地区,与人类对林产品复杂多样的需求更息息相关。

此外,任何对林业的基本描述必须包含动态元素,因为天然林和施业林都是在不断变化的。森林在不断生长,更重要的是,人们砍伐的地理位置随着时间发生变化。例如,很多40年前从天然林中获取林产品的林业工业从业者和农村家庭现在都有了自己管理的树木和森林。这些新出现的施业林一般不在40年前或者更早时候人们砍伐过的天然林区域,也不在目前正在减少的天然林区域。本书的组织构架体现了天然林和施业林在经济快速发展中呈现的这些特征,提醒我们在今后的研究中要考虑它们的变化。

对森林的描述中我们使用了至少三种不同的土地使用边际,分别是施业林的集约边际和粗放边际,以及天然林的边际。在某些情况下,第四种边际也会对林业生产有重要影响:有些林产品来自退化森林的边际,它们既没有得到很好的管理,也不属于天然林的范畴。林业的这四种边际与经济活动中大多数其他部门标准的两种边际(集约边际和粗放边际)形成鲜明对比。这些不同寻常的特征使林业与大多数其他经济活动有很大的差别。

1.1.1 第2—6章:森林发展的模式

本书接下来的五章旨在搭建本书的分析构架,并先后展示其在短期和长期中的应用,我们的讨论从地方性问题入手,然后过渡到宏观经济市场及相应的政策含义,最后对成熟林采伐合约这一案例进行考察。

短期和长期在经济上的差异指的是利用现有森林资源的决策与投资并获取森林未来价值的决策之间的差异。短期是指当前采伐活动——木材或其他森林资源产品,比如水果、坚果、菌类、圣诞节绿色植物、树脂、乳胶、薪材、饲料、草料等——所涵盖的时期。我们观察到在全世界很多地方,对这些产品的采伐在当地是不可持续的。也就是说,在同一个地点进行采伐与生长之后更新采伐的重复是比较罕见的,这跟官方的公开承诺及林业专业训练所教的内容都大相径庭。明白森林发展的地理模式以及在某些地区建立稳定的森林产权体系的困难,有助于理解地区林业可持续经营是一个说易行难的事情。此外,在大量的乡村林区和发展中国家,低收入加上劳动机会的缺乏使森林可持续经营难上加难。我们的组织构架将进一步论述这一重要问题及其成因。

如果长期是指涵盖所有形式的林业投资能够获得收益的时期,那么这个时期必须足够长以包含所有类型的森林经营,从改进当前的采伐模式到改善现存幼龄林,甚至包括整地和再生一整片新森林。对于木材生产来说,从开始整地造林到最后成熟林的采伐,其周期长度往往在 50 年以上。在如此漫长的时间里,技术进步是不可避免的,即使技术进步速度很慢,但在 50 年的时间里,其对林业生产和林业消费形式的影响也要远远大于森林的自然生长或通常意义上人工管理带来的森林改善。然而,对于林业政策和管理的讨论往往忽视了技术进步可能带来的结果。尽管技术进步对林业十分重要,但是我们会发现林业的技术变化率一般比经济系统中其他部门的技术变化率低。我们可以考虑这种差异的来源,但无论其来源是什么,我们发现,比起存在土地利用竞争的其他部门,林业多样化的技术变化率对三种或者四种土地使用边界存在不同的影响。在任何情况下,技术变化都是"永久的森林产权"不能实现的原因之一,也是那些试图强制执行的政策基本都注定失败的原因。也就是说,不管我们是否希望它发生,森林的地理边界都会随着时间不断变化。

现代林业政策的讨论范围很广,从明确的林业政策到对林业有溢出效应的农业政策,从地区产权管理的变化到影响木材加工和木材贸易的政策,甚至到整个宏观经济政策环境对林业的影响。传统的林业政策集中于讨论如何保证木材的长期供给。对此的讨论依然在继续,但是当前增加了对一般森林环境的关注。我们会在第 4 章对这两个方面都进行验证——并得到一个有趣但可能令人不快的结果：一些直接的林业政策对施业林和天然林有相反的作用，因而对整体森林环境和木材供应都有相互矛盾的影响。

售卖森林资源的程序，特别是出售成熟公有林中的木材，在近些年受到了特别关注。成熟的天然林满足了世界上工业木材一半以上的需求，其非木材林产品的供应比例可能更大。这构成了林业政策与经营的一个重要案例，该案例囊括特许经营权、使用费和租金、执法以及非法采伐等诸多问题。在发达国家，成熟林采伐合同的条款以及森林特许经营管理的最优安排是适度森林经营讨论的重点话题，但这些问题对今天的发展中国家和热带林业地区来说更加棘手。在发达国家也会发生森林盗伐和非法砍伐，但这一事实并没有引起全球林业政策讨论的广泛关注。第 5 章将梳理这些管理和政策方面存在的问题。

很多情况下，一些不属于林业政策的政策其实对森林的变化影响很大。比如说，一般认为农业政策对天然林边界的影响就非常大。这一点并非处处成立，但是在很多重要的情况下成立。某些时候，一些具体的宏观经济政策或整体宏观经济政策环境的影响会超过森林规制、税负和补贴政策的影响。这时候，即使是设计精良的林业政策也可能收效甚微，想要改变森林环境现状的政策制定者们必须具备更宏观的视野。此处的推论是，关心环境（特别是森林环境）的综合部门的决策者必须认识到他们的宏观经济政策建议会对森林产生重大的难以预见的影响。

最后，贸易是一种很重要的宏观经济活动，其涉及多个森林地区、多种市场以及多个国家，因此贸易政策是很重要的宏观经济政策。目前，贸易以及与贸易相关的问题，比如贸易自由化的影响或者森林经营认证的影响，格外引人关注，特别是受到那些关心全球环境的群体的关注。然而，对这些问题的讨论总是聚焦于特定的森林地区或特定的森林种类，而没有意识到对一个国家或地区森林的影响往往会伴随着出口而对另一个国家或地区的森林产生相反的影响。实际上，贸易对交易双方所属的国家或地区的影响都很重要，因为它关系着对全球环境的净影响。第 6 章中我们会对这些重要问题进行分析，分别从宏观经济环境、宏观经济政策以及贸易政策等多个方面探讨其对森林的影响。

1.1.2　第 7—10 章：林权的分类

第 7 章到第 10 章组成了本书的第二部分，考察林地所有者的类别。每一章都对一种林地所有者的独特目标和行为特征进行了总结，并对每一种所有权类型在整体组织构架中的位置进行定位。

有三种传统的林地所有者类型，分别是林产工业所有者（或者是集土地所

第1章 引言

有与木材加工于一体的企业)、非工业私人林地所有者(non-industrial private forest landowners，NIPFs)以及公共林地管理机构。现在还出现了第四种类别，叫作机构林地所有者。这些机构以投资的形式持有森林，但并不拥有采伐设备和木材加工的必要设施。这个类别主要存在于北美，特别是美国南方地区。养老基金就是一个典型的例子。42只养老基金在20世纪80年代中期到2000年之间投资了72.5亿美元，掌管着270万公顷森林。之后，他们的投资一直持续增长，直到最近的Weyerhaeuser公司——最后一个大型林产工业企业土地所有者——将其持有的土地转变为房地产投资信托(REIT)。这些养老基金、房地产投资信托以及其他机构投资者购买土地和林木作为投资，然后根据整体投资组合的收入要求出售这些林木。可以预见，随着各地的木材价值持续上升以及林木管理投资的独特性，这种林地所有者类别将在全球范围内越来越重要。识别这些独有的特征有助于理解机构林地所有者的行为。我们还可以预期，一些非工业林地所有者开始了解和利用这些投资特征。实际上，我们已经观察到一些发展中国家中的林农与美国的机构森林所有者有着同样的风险转移策略。

某些林地所有者，特别是一些管理公有林的政府机构，与企业、社区，甚至是私人管理者在土地管理方面建立了长期的合同安排。这些合同安排是第5章曾讨论的话题。在合同条款的约束下，长期承包者的行为与工业林地所有者或非工业私人林地所有者的行为是相似的。因此，我们将这些土地承包者的行为包含到对这两种土地所有者行为的讨论中。

关于林产工业土地所有者的经济决策的文献很少，但我们仍然可以预料，资本密集度最高的工业企业(通常是纸浆和造纸厂，而非锯材厂)的行为值得特别关注。这些林地所有者在工厂和采伐设备上的投资通常多于他们在林地的投资。对仍然拥有林地的所有者来说，保护其巨大的制造业资本和保持对地方小木材供应商的压倒性优势两种动机，可以解释他们的行为与教科书的明显出入，后者只关注独立的林业经营。此外，企业制造资本的相对成本与其在基础木材资源中的竞争地位的差异决定了各个企业的行为特征。这些差异决定了工业企业、伐木者和非工业私人林所有者之间的各种合同安排，也决定了工业企业从天然林中进行采伐的地理和物理边界。

我们对非工业私人林地所有者，尤其是对北美和北欧的非工业私人林地所有者的发展了解较多。很多发展中国家的林农和社区林业企业有很多相同的行为特征和相似的森林经营决策，这一点我们其实所知甚少。在这两种情况下，林场主主要的经济活动和他们的比较优势常常不在林业上，例如，某地的一个农民或企业家拥有并管理着一小片林地，但是他们工作的重心是其农场或生意,而不是林地。他们从这些林业活动中获得无规律的经济回报可能不是问题,而且,如果这种回报能够与林地所有者的其他目标相一致,那么这些回报特征还会为这些林地所有者所喜好。实际上,发达国家中很多有钱的非工业私人林地所有者越来越强调持有林地的非市场化目标——尽管他们也会继续追求阶段性的经济回报。非市场目标,比如侵蚀控制或用于家庭消费的非市场产品,对发展中国家的林场主也很重要。

有充分证据表明世界范围内同一类型的林地所有者的行为有相当大的相似性。同样,也存在一些重要的差异。我们会发现木材加工企业的资本密集度的差异对工业林经营者的行为有很大影响。我们也会观察到相对收入或财富水平的差异对于理解非工业私人林地所有者的决策十分重要。

公共部门是第四种也是最后一种林地所有者类型,管理着发达国家 80% 的森林,他们在发展中国家管理的森林份额可能更大。[①] 在美国这样一个市场化程度很高的发达国家,公共机构管控着全国几乎三分之一的林地(USDA Forest Service 2010)。不同的政府森林管理机构保护着不同的公共价值,比如说孟加拉国的洪水控制、美国俄勒冈州波特兰的流域管理、加拿大的社区发展,以及一系列的游憩、娱乐和其他环境价值——这些价值依当地自然环境而变,也随世界性的、地区性的或地方性的需求变化而变化。有关公有林的章节将这些不同的公共责任与第一部分五个章节中的组织构架联系起来,也与联合生产(林业术语叫"多用途")和福利经济学建立了联系。

1.1.3 第 11 章:社区影响

我们将在第 11 章讨论林业大国的社区发展经验。全世界有 3.5 亿人生活在森林的内部或周边,几乎 10 亿人的生计依赖森林(World Bank,2001,2003)。对于这类群体以及这章的核心问题是,了解他们对森林以及林业加工企业的依赖程度,最受影响的家庭的特征,以及森林资源在地区发展中的潜在影响。

1.2 结论

在最后一章,本书总结了林业经营和林业政策。最重要的结论大概是有关公共监管和土地管理机构的作用的结论。市场能解决很多森林资源的配置问

[①] 在美国、日本和欧盟国家,政府机构管理了 34% 的森林,而在其他发达国家,政府机构管理了 92% 的森林(UN-ECE 2000)。虽然很多发展中国家所有权形式的汇总数据无法获得,但是以我们掌握的有限数据,公共管理机构占据超过 80% 的林地。根据 White and Martin(2002)和 Molnar,Scheer and Khare(2004)的估计,仅仅在热带森林地区,中央政府就管理 71% 的森林,而当地社区只管理了 13% 的森林。

题,包括薪材一类的商品和通常被认为是非市场商品的游憩类服务的配置问题。但是,只强调"市场将会解决这些问题"是不够的。私人土地经营者必须了解他们自己所属的市场,包括市场信息的影响以及市场势力的作用。他们还必须知道公共监管机构和土地管理机构在做什么——因为政府规制一般都针对私人土地,且公共土地提供的产品和服务常常与私人土地的产品是竞争的关系。此外,如果公众期望公有林和环保机构维护公众利益,那么他们需要了解这些机构究竟有何作为。最后,也是根本的一点是,公众需要了解在何处出现了市场失灵,以及如何最有效地纠正这些市场失灵。

有些公共林管理机构的行为并没有很好地服务于公众。而且,这些机构偏好的政策工具也不总是能够实现其自身或公众的目标。公共机构那些过时的目标与政策工具可以追根溯源到过去的某个时段和地点的经济条件。很多制度性规则都是这方面的例子,比如关于商品材年允许采伐量和可持续产量的决策、实施多用途管理或保护相关社区的决策,以及减少农村贫困和支持区域经济发展的决策。了解这些问题的历史背景有助于我们理解当代公共林业机构解决这些问题的方式,也有助于理解如何才能带来改变。所以,我们将在一些章节和附录中通过故事或经验事实来交代问题的制度背景。最后一章将在此基础上,以及在第2—6章组织构架的基础上,和对公共机构再分配及纠正市场失灵的职能定位的基础上,对公共林业机构及其下属的监管、推广、科研和土地经营机构的社会职能提出建议。

构建一套全面的模型去解释所有这些问题是一件非常复杂的事情。然而,如果我们想要了解林业经济、政策和管理中的一些具体问题,或者这些问题在林业制度下的联系,以及它们在全世界所有经济活动中的相互作用,我们就必须构建这样一套模型。本书就是试图去发展这样的一套思路。

参考文献

Molnar, A., S. Scheer, and A. Khare. 2004. *Who conserves the world's forests? A new assessment of conservation and investment trends*. Washington, DC: Forest Trends.

USDA Forest Service. 2010. Forest inventory data online, http://fiatools.fs.fed.us/fido/standardrpt.html (accessed April 3, 2010).

UN Economic Commission for Europe. 2000. Forest resources of Europe, CIS; North America, Australia, Japan, and New Zealand. Geneva: UN Economic Commission for Europe.

White, A., and A. Martin. 2002. *Who owns the world's forests?* Washington, DC: Forest Trends.

World Bank. 2001. *A revised forest strategy for the World Bank Group*. Washington, DC: The World Bank.

World Bank. 2003. *Sustaining forests: A World Bank strategy*. Washington, DC: The World Bank.

附录1A 林业经济、政策和管理中常见的基本问题

林业经济学家、管理者和政策分析者面临着一长串尚未完全解决的问题。这些问题中,有些我们已经了解,而有些我们似乎在求解其他问题时忽略了。很多林业问题是相关的,有时我们忽略了它们与其他林业问题或者与更大范围的区域经济学问题间的相互联系,从而导致这些问题未能被彻底解决。此外,如果有经验的林业经济学家和政策分析者对这些问题及其相互联系没有一个清晰的把握,那么比较缺乏经验的政策分析者和爱护森林的人士就更可能被误设的假定和错误的结论误导。

对于这些问题,尚没有既定的分析准则。然而,任何一个全面的林业经济学框架都有责任发展一种有条理的工具来分析全部相关问题。这就是第2章中所讲的三阶段分析构架的目标。

在建立三阶段结构模型之前,先对一些问题进行确认是有帮助的。这些问题本身也有助于我们认识问题自身的不确定性,我们将在接下来的几章中逐步讨论,同时这些问题也有助于我们去认知那些尚未解决的问题。

• 什么是木材的最优采伐年龄或轮伐期?这是林业经济学研究中最为中心的问题。然而为什么林业经营者很少选择文献研究中提出的最优经济策略呢?(第3章、第7章、第9章和第10章)

• 林业投资有何不同?森林在传统上被看作一种可再生资源,分析中如何结合考虑产权稳定性、基本林产品真实价格稳定上升、大范围砍伐天然成熟林却不更新造林以及全球范围内出现的森林盗伐和非法采伐等现象?(第2章、第3章和第5章)

  ○ 对于工业所有者来说,林业的最优投资水平是什么?我们观察到有的企业没有一片林地,有的却拥有大量林地以满足自身的全部木材需求,原因如何?(第7章)

  ○ 为什么一些只拥有有限林地的工业所有者却在其林地上进行很集约的造林活动?他们的目标可以通过投资更多土地而不是种植更

多树木来实现吗？为什么一些企业会迟迟不砍伐林木，使林龄超过同一市场上立地条件相似的非工业私人林的采伐期？（第7章）

○ 我们如何解释一些工厂主和木材采购商只愿意为本地活立木支付较低的价格，却愿意为距离工厂较远的活立木支付较高的价格？这样的行为与区位和经济租的理论预期相矛盾吗？（第7章）

- 林业采伐最有效的契约工具是什么？我们如何提高对森林资源使用的可持续程度？在何种意义上森林可持续性是合理目标以及在何种意义上这种可持续性是徒劳的？明晰产权是这个问题的答案吗？（第2章、第4章和第5章）考虑下述相关问题：

○ 为什么一些企业雇用那些在采伐后进行再造林活动的有远见的管理者以实践"良好林业"的管理模式，而另一些成功的企业根本不考虑未来的木材供给，对森林资源采取"抢劫和掠夺"的经营方式？在何种不同条件下，这些不同的行为是经济理性的？（第2章和第7章）

○ 森林资源退化在全球、国家和地方层面各有多么严重？导致问题如此严重的最主要因素是什么以及最有效的应对措施是什么？（第2章、第4章和第6章）

- 地方社区经营森林会好于政府林业机构吗？前提条件是什么？地方社区经营森林能够帮助女性和贫困人口吗？如今，很多林业发展项目在设计时都假定上述关系成立，但支撑的证据是什么呢？（第4章和第11章）

○ 事实上，女性和贫困人口真的会因森林退化比男性受到更多的影响吗？他们会因森林发展而比男性受益更多吗？（第11章）

○ 林业相关活动在改善分配上有何优点？关于分配的相关讨论构成了林业政策的基础。减少贫困是许多国际援助机构与发展中国家林业和环境主管机构合作的主要目的。然而，很少有林业政策分析的文献对分配影响进行评估。因此，绝大部分林业项目的分配功能并不为人所知。（第4章、第9章和第11章）

- 哪些人会种树，并且是在什么条件下？促进森林经营的最佳干预措施是什么以及这些措施什么时候最有可能成功？保护天然林的最优政策措施是什么？如何比较这些政策与改进森林经营的干预措施？（第2章、第4章和第10章）

- 对森林消费性的使用会随着非林就业的增加而减少吗？或者会随着实际收入的增加而减少吗？（林业是否存在环境库兹涅茨曲线？）（第3章和第10章）

○ 林龄更长的木材林分通常会为非市场环境价值提供更好的保护吗？从林业生物学家和环境学家联合制定的政策可以看出他们是支持上述观点的。一些被广泛引用的经济学文献也接受和发展了这一观点。多种树龄多个树种的混交林分的森林比只含有单一树种的成熟林提供更丰富的生物多样性。我们知道林分年龄层和树种的丰富性有助于野生动物的保护和人类的游憩体验。（第4章）

○ 继续这一主题的讨论：如果多样性更倾向于"老树更好"的简单认知，那么肯定就会与森林资源的多用途产生冲突。我们可以预测到最主要的冲突、最重要的区位，以及最有效的应对政策吗？多用途是有效的吗？我们可以从不同林分的专业化生产中获益吗？（第2章、第3章和第4章）

○ 如果林龄大的树木不一定总是更好，那么林龄较小的树木呢？在什么条件下人工林可以替代天然林？什么是保护天然林生态服务系统的最优方式？（第4章和第7章）

• 其他部门的政策会对森林和林业产生何种溢出效应？（第4章和第6章）

○ 特别地，我们如何解释有一些农业政策对某些林地产生了显著影响，而似乎对其他森林没有影响？（第4章）

○ 对农业和农业政策的一个相关问题是：农业是全球范围内出现森林退化和毁林的主要缘由吗？（第2章、第3章和第4章）

○ 贸易有何影响呢？贸易自由化会加重森林退化或会鼓励在林业经营方面的投资吗？促进产品增值的加工是公共政策的社会目标吗？伐木出口限制是否有益？为什么森林在部分地区退化，与此同时却在其他地区恢复？（第4章和第6章）

○ 一个稳定的政策环境有多重要？经济学家知道不稳定因素会给长期投资埋下隐患。我们也知道很多发展中国家深受经济和政治不稳定其害，这种不稳定对弱势族群的人口和自然环境的变化都会有显著影响。最后，我们也知道对林木和有助于林木经营的基础设施投资都是长期投资，但是影响林业经营的不稳定因素常常被忽略。这些不稳定因素的影响究竟有多大呢？（第4章和第6章）

○ 如果林业是一项长期投资，那么林业和其相关产业（农业、伐木业及木材加工业）的技术进步，一定都会对长期的木材生产产生重要影响。这也是林业经济和政策研究领域中值得更多关注的另一个专题。这对采伐水平有什么影响？对森林环境有什么影响？（第3章）

第 1 章 引言

- 当我们进行经济研究和实用政策讨论时,我们常常专注于森林本身而忽视了对采伐和木材加工业行为与绩效的透彻了解,我们遗漏了哪些重要的属性?(第 3 章和第 7 章)

  ○ 不同的产业结构和企业行为会如何影响林业经营和林业环境?(第 7 章)

  ○ 我们假定资源的可获得性变化会影响木材加工行业。然而,我们观察到面对相似的资源可获得性下降时,不同企业有不同反应。有些工厂最终倒闭,有些改进运营方式,也有些似乎不受影响。锯材厂与从事纸浆和纸张制造的厂商的反应不同,与运营胶合板的工厂反应也不同,那么,如何解释这些差异?(第 7 章)

- 最后,大部分用于分析的林业基础数据都是实物数据。这些数据无法表现经济差异。事实上,这些数据一般都会包含一些从任何角度而言都不经济的森林,同时却忽略一些具有多种经济价值的森林。这些数据会给我们的分析带来多大偏差以及隐含的错误有多严重?我们可以通过修正分析方式来处理数据问题并解决林业政策与管理中最重要的问题吗?(第 2 章)

- 在考虑所有问题后,我们是否认可下述有关林业特点的几个经典论述?(1)生产周期长,(2)事实上投入(增长中的树木)也是产出(木材)。林业的生长周期长所产生的影响与其他工业的长期投入活动有什么区别吗?与其他可再生资源相比,林业的投入产出关系有哪些不同?林业的多元产品属性是怎样的?这些属性是独一无二的吗?我们能找出其他一些能使林业和其他人类活动区分开来的属性吗?(第 2 章和第 3 章)

第 2 章 经济发展过程中的林业模式

重申一遍,林业以树为本,而林业经济学的研究对象是人类在森林中活动的土地和地点选择。研究人类对林产品的消费和研究树木本身同样重要。这些特点在经济地理学和冯·杜能于1826年提出的经典分析框架下更好理解一些。①

虽然施业林,甚至人工林的作用日趋显著,但在世界绝大部分地区,可消费的林产品仍主要来自天然林。因此,对林业的全面描述应该包含天然林和施业林。

森林经营实践受到制度和与产权相关的交易成本的双重限制——所谓交易成本,即关于森林资源的界定、维护、执行和权益转让的成本。此外,林业初级产品在地理上较为分散,而且相对于采集成本而言附加值较低,因此,交易成本对林业的影响高于对其他经济活动的影响。这就意味着,应用一些产权研究的成果对全面描述森林活动十分重要。②

此外,林业经济学的研究必须考虑动态要素,因为施业林和天然林的经济和生物特性都会在一个显著的时间段内发生缓慢而重要的变化,这在林业中普遍存在。举例来说,那些三四十年前从天然林中获取产品的林产工业公司和农户,今天多半在经营着自有的林木。这些新形成的林业资源,绝大多数都与前期采伐活动所

---

① 详见 Samuelson (1983)。
② 详见 Coase (1937); Demsetz (1967); Alchian and Demsetz (1973); Anderson and Hill (1975); North (1990); Alston, Libecap, and Mueller (1999)。

处的原始天然林和留存到现在的天然林处于不同的区位。这些新建的施业林比天然林林龄要小但生长更快,而后者具有更丰富的生物多样性。(这一区别使得施业林具有更高的产业价值,而天然林具有更高的非使用价值。我们将在后面的章节中对此进行详细讨论。)同时,同样的工业企业、农户或他们的邻居仍然从剩余的原始天然林中获取产品和生态服务。

上述的每个要素——经济地理或区位、天然林和施业林、交易成本,以及森林产权的动态变化——都是基础的林业模型的一部分。本章建立了一个包含所有上述要素的模型。该模型还引入了林业活动中的相对投入成本效应,其中特别重要的是具有显著空间效应的相对劳动机会,它是全球范围内毁林和森林退化,以及非法采伐的重要驱动因素。

本章的重点是对森林活动的经济价值和区位进行概述。一些特殊的特征可能会使该概述发生改变,但不会改变其基本形式。在本章的末尾,我们会讨论四种在现实应用中十分重要的森林特征:森林的多重价值,包括非市场价值;多种可能的产权安排;景观地貌的异质性。

本章所讨论的概念模型是需要经验证据支持的。本章会提供一些例子,并援引一些证据。但数据是个大问题。我们可以预见获得森林的非市场价值的数据绝非易事;事实上,即使是市场价值的数据也不容易得到。以木材这一消费范围最广的林产品为例,虽然我们可以随处找到木材的交易价格,但这些木材价格和采伐量的数据并非来自统一的采伐和市场准入或市场交付地点。由于木材的运输费用相对于初级产品的价值比例较高,市场交付地点对于木材来说至关重要。这也就是说,当且仅当统计口径一致时,我们对相似商品进行比较才有意义;不同来源的木材采伐量之间并非好的替代品,除非它们具有相似的处理过程。因此,由于森林蓄积量数据的可获得性差异很大,常见的森林蓄积量数据并不能精确地估计森林的存量,这妨碍了对当前政策问题的解决,这些政策问题包含森林的市场价值(如木材、薪材的价值)和非市场价值(如生物多样性、碳封存、全球变暖等)。本章的附录将讨论这些数据问题,推测这些测量误差的程度,并且提供处理这些误差的分析方法。[①]

2.1 森林发展模式

从对世界各地及各个时期的观察中可以发现一个共同的森林发展模式:人们在一个新的地方定居下来,在居住地周围进行砍伐,林产品稀缺性增大,最终

---

① 为了使每一章主体部分的基础材料更具可读性,本章与后面的章节都将更技术性的材料和数学证明放在了附录。

伴随着区域经济的发展和林产品价格上升带来的林业投资,限制了留存天然林的进一步消耗。图2.1—图2.5描述了该模式的基本元素和三个基础阶段,为后面章节中将要详细介绍的几个关键问题提供了参照系:这些问题包括森林经营、投资时机、技术进步、制度约束、贸易、影响林业的政策以及不同类别的林地所有者的决策。

我们从冯·杜能的起点开始,即假设一块同质的、无人居住的平地上有森林和草原。一般而言,在任何新的边界最先定居的人是农民或矿工,但矿工往往需要依赖附近种植蔬菜的农民。这些最先定居的人和其他新住民将一部分森林和草原转化为农业用地进行生产,在城镇的小市场购买生活必需品,并卖出一部分农产品。[①] 因此,对边界的描述应该包括居民区(城镇和市场)、农业用地以及成熟的天然林。

2.1.1 新的森林边界:第一阶段

图2.1和图2.1A描述了新的森林边界。纵轴衡量经济价值,而横轴描述进入市场的难易程度。居民区和当地市场位于点A。居民区附近农业用地的价值是关于农产品的净出场价格的函数,该价格在最靠近市场处最高,此时运输成本最小。农业用地的价值用函数V_a表示,随着市场进入难度的降低而减少,或者随着运输成本的增加而减少——运输成本随着市场进入难度的提高而增加,也就是随着与市场中心的距离增加而增加。这些特征使得离市场距离更远的地方的农业生产中使用的制成品更贵。这也使得土地中农产品的净出场价值随着更高的进入门槛而降低,它们还导致随着与市场距离的增加或市场进入门槛的提高,地区种植强度、人口密度、劳动力—土地比例都降低。函数V_a单调递减,一直到点C时降为0,C点之后从事农业的成本就会大于全部的潜在收益,农业的生产与发展就是无利可图的。

曲线V_a上的任意点与其对应在横轴上的点的垂直距离表示该点所代表的单位裸地的经济租。例如,在图2.1中,围绕点h的公顷范围内的净经济租即为点h到V_a的距离,记作$V_a(h)$。$V_a(h)$是单位土地的经营者在一段时期内获得的贴现的净预期回报总和。该回报是由定期产品销售收入和家庭自消费的产品价值的贴现总和减去生产成本的贴现总和形成的。生产成本既包含市场成本,也包含土地所有者自身劳动和资本的机会成本。

[①] 即使是生存导向的农户也会在当地市场上交易一些产品和服务。早期对二元经济的研究在这一点上十分明确。详情请参见 Boeke(1948,1953)、Furnival(1939,1948)以及 Ginsberg(1973)。Boeke 和 Furnival 描述了以生存为主要导向的社会。然而,他们观测到在这样的社会中所有家户都或多或少会参与一些市场交易。

第 2 章 经济发展过程中的林业模式

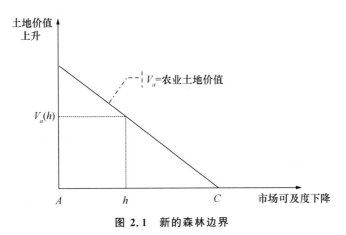

图 2.1 新的森林边界

农业土地特别是边际农业土地的经营者,一般是个体农户。每个家庭为保证生产活动的顺利进行都必须付出一定的交易成本。这一交易成本和 V_a 中包含的农业经营成本不同,它主要包括确定和维持土地与其资源使用权的成本,或者说是防止入侵者及侵权行为的成本。例如,土地注册、产权确认、搭建栅栏、巡护边界的成本都属于交易成本的范畴。图 2.1A 中的函数 T_r 描述了每单位土地的交易成本。随着到达市场中心点 A 的难度增大(和到达点 A 的距离增加),公共基础设施水平以及有效控制水平降低,维护特定水平的土地产权的成本就会上升。

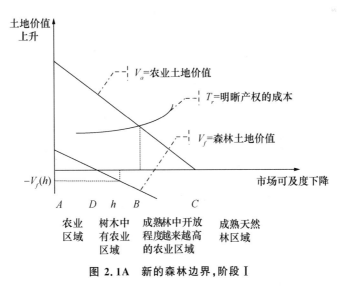

图 2.1A 新的森林边界,阶段 I

农业土地价值曲线和交易成本曲线相交于点 B。新定居的家庭会在点 A

和点 B 之间的区域从事永久性农业活动,并会利用点 B 和点 C 之间的土地资源从事短期开发活动。他们会采伐第二个区域中自然生长的作物,如可用于喂养牲口的草料与饲料、用于自身消费的野果和坚果等。他们不可能在点 B 和点 C 之间的区域进行投资与建设,因为保护建设成果所需的成本要大于期望收益。因此,除了被阶段性地采伐可再生自然植被,这些区域往往得不到可持续的利用。

一些家庭和当地社区会保护超过点 B 的土地,其保护力度会随到住地距离的增加而逐渐降低,比如,他们会让孩子去那里放牧。尽管如此,在点 B 以外的区域维护产权的成本仍然会随着到市场中心的距离增加而上升,直到成本上升至无法安排合理数量的放牧人或者无法利用其他方法来阻止外来竞争者对该土地的使用。因此,可以说点 B 与点 C 之间的土地产权越来越不可实施,或者说这个区域的土地开放进入趋势逐渐增加。

在这片区域自然生长的树木和森林又如何呢?最初,树木会妨碍农业生产,但移除它们的成本又太高。当林地转化带来的农业价值与木材消费价值(如作为建筑木材或薪材的价值)之和大于砍伐成本和运输成本之和时,定居者会选择砍伐树木。否则,他们会选择保留树木。事实上,在这些边缘地区定居的农民只会环剥树木,并将死去的立木留在农田里。环剥可以使树木死去,这样生长在树木下的庄稼能够接受足够的光线,农民也避免或推延了砍伐与运输树木带来的成本。

移除不想要的树木所需要的劳动力和资本,意味着新的描述森林价值的曲线 V_f 可能位于农业价值曲线 V_a 的下方,甚至一部分位于横轴下方。也就是说,对于图 2.1A 中的点 h,负的 $V_f(h)$ 值代表农民移除树木或保留树木但因此而妨碍了农业生产所必须承受的成本。在边际土地定居的初始阶段,森林价值曲线不会延伸到点 C 外,因为点 C 以外农业价值趋于零。

农产品和林产品的市场价格必须足够支付其生产成本——否则,没有人会生产和销售这类产品。在发展的第一阶段,林产品的生产成本仅包含采伐和运输成本。因为现存的森林是成熟林,日益增长的林产品生产并不需要森林经营成本,并且因为没有人事先宣称拥有森林所有权,所以没有林产品交易成本。采伐行为成功确立了第一个产权属性,然而这只是对已收获的林产品拥有产权而非对林地的占有。

如果林产品的市场价格与采伐和运输成本恰好相抵,那么采伐点(如图中点 D)的产品原地价格必为零,而林地在这一点的价值也为零。因此,在比点 D 更偏远的所有区域,对于个体定居者而言毫无价值的成熟天然林都可以得到保留。

第 2 章　经济发展过程中的林业模式

有两个不同的例子都符合森林发展的第一阶段的特征:迁移农业和永久定居。

迁移农业

迁移农业是一种自给自足的生产方式;农民会在某一块土地上进行种植直到害虫过多或土壤营养耗竭,之后就会废弃这片土地,并且转到另一块土地上继续种植,直到新土地上的害虫或营养耗竭程度超出了忍受范围为止,不断循环。被废弃的农地最终又变回森林,害虫数量减少,土地营养能力在一定程度上恢复;然后,农民再一次踏上这块土地,重复上述的循环。迁移农业者的流动性弱于新边界的开拓者。他们倾向于在地广人稀的某个区域永久地生存下去。①

迁移农业曾经存在于一些温带地区,今天在很多热带国家较偏僻地区的传统社区中仍然常见。② 根据世界银行的调查结果(World Bank,2003),全世界大约有 6 000 万原住民居住在森林中,大部分人都有迁移农业的经历;而迁移农业是热带地区森林退化的重要原因,对森林退化的贡献率在 5.7% 至 45% 之间(FAO,2001a;Lanly,2003)。

图 2.2 总结了迁移农业的过程。起初,农业价值曲线和森林价值曲线分别为 V_{a1} 和 V_{f1}。在点 h,一单位林地开垦为耕地的净收益为 $V_{a1}(h)-V_{f1}(h)-T_p(h)$。

随着时间的流逝,害虫数量增加,土壤营养成分下降,农业价值降低到 V_{a2}。这就导致农民会在定居地附近开垦更多土地。同时,人们继续从天然林中获取少量林产品用于家庭消费。因此,农民逐渐从距离定居地越来越远的地方获取林产品,而获得林产品的过程需要越来越多的时间,森林产品价值增加,从而森林价值曲线向右上移动到 V_{f2}。

最终,农耕导致的害虫数量增加和土地养分流失使农户不得不去开垦新的土地,将另一片林地转化为耕地,而不是继续在原来的土地上进行耕作。当开发新土地 j 的净收益 $(V_{a1}(j)-V_{f1}(j)-T_p(h))$ 大于在旧土地耕作的收益 $(V_{a2}(h)-T_p(h))$ 时,农民就会转移耕作地点(此时,点 h 处不想要的树都被移除了)。与以往一样,农民会持续在土地 j 耕作,直到它的生产力下降到使得另外开垦一块土地是有利可图的。

---

① Nair(1993)描述了迁移农业的基础因素。农林业国际研究中心(International Center for Research in Agroforestry)的 ASB(Alternatives to Slash and Burn)项目出版了关于迁移农业在很多热带国家的实践情况的资料(例如,Tomich et al.,1998,2001)。Angelsen(2007)提供了一个正式的经济学模型。

② 现代发达国家也曾经历过迁移农业,有些还是最近发生的。例如,赫尔辛基市 100 千米内的土壤分析显示在 20 世纪初芬兰还有迁移农业。

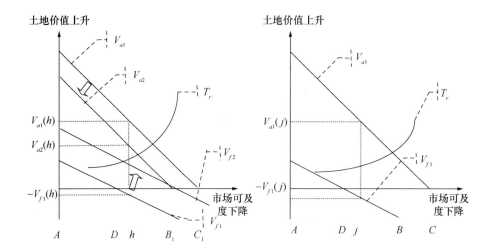

第一期家用土地所属价值为(V_{a1},V_{f1}),在消耗土壤养分和移除部分森林后第二期土地价值为(V_{a2},V_{f2})。
在第一块土地上进一步消耗土壤养分后圈划的第二块土地。迁移到第二块土地可以获得更高的农业生产力。

图 2.2 迁移农业

只要质量满足条件的森林足够多,迁移农业者就会一直重复上述周期性行为。当然,人口增长、劳动力机会成本下降、可用的新土地质量下降等因素都有可能导致在原有土地上进一步投资比转换到新土地更有利可图。[①] 随着时代发展,人们能够采用过去没有的新型农业技术进行耕种,这样可以通过加强集约经营提高回报,提高人们永久定居和非迁移农业活动的激励。[②]

新边界上的永久定居农户

一旦迁移农业者开始使用更加先进的经营措施,他们就会像图 2.1A 描述的那些定居于新的森林边界的永久定居农户。

对于新定居点的家庭而言,当地的消费需求导致从新的森林边界中获取林产品是有利可图的。如果当地市场保持其活力并且对林产品的需求持续旺盛,那么森林的边界会外移,而森林价值曲线会上移。由于所有邻近市场的树木已经在初期被砍伐殆尽,仅剩的可用作燃料或建筑的森林资源都分布在离市场较远的区域,所以点 D 的森林边界会外移。这说明森林资源在经济上更为稀缺。而由于森林资源的采伐和运输成本增加,当且仅当市场价格上升到可以弥补成

[①] Templeton and Scherr(1999)总结了这种情况的 70 个实证案例。
[②] Stevens(1988)对 20 世纪尼泊尔安纳普尔纳峰保护区的土著居民的迁移进行过讨论。Muller and Zeller(2002)描述了越南中部高地相似的情形。

本提升的程度时,才会有人继续供给林产品,因此森林价值曲线会上移。因此,消费者要么付出高价,要么去寻找替代品。

2.1.2 森林边界的变化:第二阶段

到一定时候,农业用地、建筑用木材和薪材的需求表明在图中点 B 处砍伐天然林来维持农业可持续生产是可行的。如果市场和家庭对林产品仍然有很高的需求,那么对森林的采伐将会继续,森林价值曲线将会继续上移(如图 2.3 的箭头所示),森林边界外移,与农业价值曲线相交,越过点 C 处的农业边界到达点 D。现在,是森林价值而不是农业价值,能够解释点 B 到点 D 之间扩大了的开放进入区域。这是很重要的区别。在地区发展初始阶段,农地转化是毁林的原因。而在第二阶段,毁林的主要原因是商业性林业活动(例如木材采伐)。人们仍然在开放进入的土地上进行农业生产,但是这些土地(图中 BC 两点之间的区域)仅占全部开放进入区域(图中点 BD 之间的区域)的一小部分。就像在第一阶段中采伐活动往往跟随着农业活动一样,在第二阶段中,农业活动会跟随着采伐活动向纵深发展。

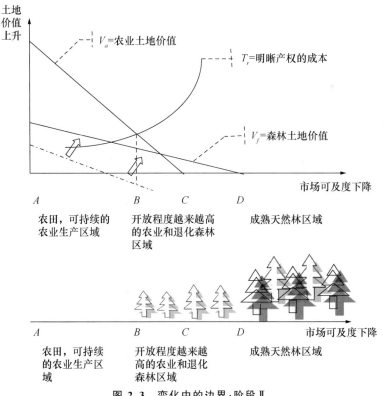

图 2.3 变化中的边界:阶段 Ⅱ

同样,获得和维护产权的成本确保了点 B 和点 D 之间的土地呈现出开放进入的资源状态。当然,很多政府会保护 B 点外围乃至 D 点外围的部分土地,但是他们必须承受不断增加的保护成本——而且即使这样,仍然无法避免非法入侵和实质上开放进入性质带来的开发行为。例如,世界各地的森林公园保护区仍遭受着非法入侵并且国家木材储备也遭到非法采伐。[①]

森林退化:开放进入区域的重要特征

开放进入区域不会遭到彻底毁林。相反,这些地区的森林会被择伐,直到保留这些低质量产品的预期收益低于获取这些资源的劳动力和资本的机会成本。图 2.3 下方的图形展现了纯林受到的影响。退化资源在点 D 处的林分材积要大于点 B 处的,因为点 D 距离市场更远,劳动力和资本的机会成本更高。

点 D 的立木资源是一个有趣的特殊案例。对于现场采伐成本高的商品材等产品,存在着两种情形。第一种情形是,在边界点 D 的两侧,留存的森林立木的材积和树种有着显著的差别。就立木的价值而言,这种差别等于现场采伐木材的成本加上交付到市场之前的成本(包括采伐、造材、集材和装载的成本,但不包括交付本身的成本)。显然,现场采伐成本对木材而言是昂贵的。因此,很容易找到木材采伐活动的边界。我们可以在此观察到采伐活动的边界和纯天然林的边缘。对于温带林区而言,上述的情形是很普遍的。这些森林往往由几种树木组成,人们通常会对大量立木进行一次性皆伐或高强度择伐。

第二种情形在热带森林中更加普遍,这些森林往往是混交林和异龄林。此时,在点 D 的伐木包括一些采伐活动,但这种采伐活动有点像狩猎大型动物:伐木者搜寻那些散布在林中的高价值树种,并仅仅采伐这些树种。因此,点 D 处附近剩余的天然林由低价值树种组成,并且大都保持原样,采伐点附近的立木材积下降可能不太大,采伐活动对当地环境的影响也较小。第二种情形很像非木质林产品的采集。采集这些产品不需要巨大的采伐和装载成本,采集的地理边界也不那么容易观察到。

在任何情形中,采集森林资源的劳动力和资本的机会成本都是毁林和森林退化程度的重要影响因素;当该机会成本较高时,毁林和森林退化程度就不会那么显著。上一段解释了不同采伐成本对生产的影响不同。对两个地区的相同产品而言,上述结论仍然适用。由图 2.4 可知:考虑两个具有相似农业和林业价值、产权管理和森林特征也相似的地区,它们的唯一区别在于获取林产品的机会成本不同。伐木者和其他森林资源的收集者会开发森林直到获得的收

---

① 在本书的第 7 章,我们将讨论生产经营一体化的公司在点 D 附近的经济边界留下少量成熟活立木的基本原理,即使他们在这附近采伐其他木材。没有人会在没有补贴或没有其他不同生产活动援助的情况下在点 D 的外围进行采伐。

第 2 章 经济发展过程中的林业模式

益等于机会成本为止。机会成本越低,人们就会愿意到越远的地方获取市场价值相同的产品。因此,在较高机会成本的市场,森林价值曲线与横轴相交于离市场较近的点,而在较低机会成本的市场,这一交点在较远的点。在机会成本较低的区域,毁林更加严重。我们的结论是:随着资本与劳动力的机会成本升高,资本和劳动力在其他市场的机会将是影响一个地区毁林程度的关键因素。

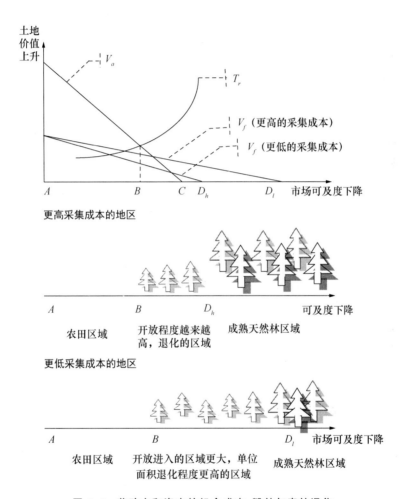

图 2.4 劳动力和资本的机会成本,毁林与森林退化

在低成本市场中,森林退化会比较严重,因为更小、更低质的产品带来的报酬就可以抵消林地使用者们为采集林产品所放弃的收益。因此,工资机会成本较低的工人们更愿意进行森林实物资源采集。图 2.4 下方的图形说明了这一点。低工资市场的点 B 和点 D_l 之间的区域比起更高工资市场的点 B 和点 D_h

之间的区域，森林退化更加严重。低工资市场的点 B 附近区域甚至可以退化到只剩零散的灌木丛。当然，在两个市场中，点 D_l 处剩余的资源会多于点 B 处的资源，因为点 D_l 处的劳动机会更大，其要求的回报也要高于点 B 处。

两个分别来自发达国家和发展中国家的例子可以说明开放进入森林、毁林和森林退化的普遍性。在干旱的印度东南部农村地区，人们生活十分贫困，劳动机会非常匮乏。家庭从木本灌木中获取的薪材甚至小到和成人手指一样粗。在非农业地区，木本植被不仅仅是退化，而是已经基本完全消失。

而在美国弗吉尼亚州西南地区的农村，一些流动家庭会在常绿森林中采集冬青木等材料，用以作为圣诞节装饰材料出售。这些家庭同样较为贫困，但是他们的劳动机会比印度东南部农村的贫民们多。因此，他们的采伐行为仅仅会使森林林分轻微退化，并不会显著地影响森林增长蓄积。森林退化也并不那么引人注目。尽管如此，这种采伐行为通常没有获得本地土地所有者的允许。因此，这种行为的本质仍然是开放进入活动。在同一地区，一些具备相应技能的人主要采集西洋参——一种高价值的药材。1991 年，弗吉尼亚州 6.5 吨的西洋参植株价值约 180 万美元（Hammett and Chamberlain, 1998）。一些西洋参采集者冒着非法侵入他人私有林地的风险进行盗采，尽管他们尽力避免被发现。这些人所青睐的采集地点是保密的，而在很多盛产西洋参且易于进入的地区，西洋参几乎被洗劫一空。在两个例子中，弗吉尼亚州西南地区的劳动机会多于印度东南部，因此开放进入森林的退化程度就会更低。不过，还是有一小部分森林出现了退化。[①]

非法采伐，开放进入区域的第二大特征

薪材、圣诞绿植和西洋参都是非木质林产品，但开放进入导致毁林的讨论大多集中于木材采伐。开放进入的土地是非法采伐的主要来源，而这种行为几乎遍布世界各地。无论产权安排如何正规，无论招募多少训练有素和尽职尽责的护林员，都无法完全阻止这一行为。例如，贫穷国家的砍柴人向来不在乎林地的边界究竟在哪里，因为这是国家林业部门的责任。他们砍伐并运走木材，很少遭受法律制裁：两人一组的行动可以高度机动灵活，在广袤的森林之中很

[①] 在另一个例子中，McLean（2002）讲述了加拿大不列颠哥伦比亚的库特尼地区纳卡斯普的一个小镇，在黄金蘑菇季，人口可以增加 20 倍。蘑菇的采集本质上是在周边省份的林地进行的开放进入活动。个体采集者每年收入可以高达 4 万美元，并且他们对自己偏好的采集点进行保密，就像弗吉尼亚地区西洋参采集者那样。

Linde-Rahr（2005）提供了关于越南采集非市场化林产品的经过严谨计量经济学检验的例子。他观察到那些拥有较少其他好的资源禀赋的农户（即比较贫困的家户）更依赖于在开放进入的森林中采集物资，这些森林由于价值低而没有得到更好地管理，因此处于开放进入状态。相反，更高收入的家庭（意味着劳动力的机会成本更高）更少从事非市场化林产品的采集，而如果他们进行采集，会倾向于从更容易进入的私人所有的森林中获取。Jodha（2000）在印度中西部的拉贾斯坦邦也得到相似的观测结论。

第 2 章 经济发展过程中的林业模式

难发现他们的踪影,即使是最富有环保热情的林业管理者也对他们的行为无可奈何。

然而,现实中的问题远不止少量非法采伐者那么简单。近年来,全球对于非法采伐的关注日益增加,其中也涉及木材交易的腐败问题,这些问题已经是众多国家、地区和国际组织的主要治理对象。自 1997 年起,对非法采伐的管制成为 G7/G8 峰会(世界上数个最发达的国家组织的峰会)的重要议题,而在 2005 年的 G8 峰会,这一议题进入了优先议题的行列。

非法采伐会使本国政府遭受高达每年 150 亿美元的税收损失,近乎全球硬木材贸易值的四分之一(Sizer,2005;Seneca Creek,2004)。对于巴西、玻利维亚、俄罗斯、柬埔寨、喀麦隆、印度尼西亚、缅甸和巴布亚新几内亚等国来说,非法采伐占据了全国圆材生产的一半乃至更多(Contreras-Hermosilla,2001;Tacconi,Boscola and Black,2003)。①

这发生在一些发展中国家或经济转型国家——然而,发达国家也存在着偷砍盗伐现象,只不过没那么严重而已。仅仅不列颠哥伦比亚每年就会因木材盗窃和欺诈损失 2 亿—3 亿美元(Smith,2002)。在美国,来自私人土地的 3% 的木材采伐与来自国有林地的 10% 的木材可能是非法的。美国阿巴拉契亚山区的土地所有者每年会因盗伐而损失 400 万美元。2007 年,非营利性的阿巴拉契亚圆桌组织对当地超过 50 户受害家庭进行了援助(Timber,2007)。然而,在 2001 年,全美仅有 3 起非法采伐案件被侦破(Mendoza,2003)。一名同时在政府任职的木材商人就曾向我展示他自己在蒙大拿州西北部公有林的非法采伐点。他解释说:他之所以能够进行非法采伐,关键原因是政府的林业监管机构不能始终对所有的木材运输道路保持监管。美国政府的林业部门不赞成这种行为,但是他们对此无能为力,因为他们的预算不足,进行监管所带来的潜在收益无法弥补所花费的成本。

总之,当木材价值大于零且土地所有者认为维护产权的成本大于存在风险的森林的价值时,非法采伐就可能发生。在一些发展中国家,伐木者面临的风险很小,因为他们一次成功的盗伐就可以换取几个月的工资。在斯里兰卡,对于很多农民来说,一次冒险非法采伐所带来的回报甚至可以超过他们的年收入(Gunatilake,2007)。非法采伐在发达国家不那么普遍的唯一原因,就在于铤而走险的回报较低,不值得去冒险:那些能够操作伐木所必需的重型设备的高技

---

① 国际市场的贸易运输量证实了非法采伐的存在。许多发展中国家上报的国际货物运输量低于从同一国家进口原木的上报数,特别是对于东亚发达国家或快速发展的国家。这个差异就是出口国没有被上报的(通常是非法的)原木采伐。

能劳动力会选择去从事风险更低、收入更高的职业，而没有必要去盗伐。①

小结

作为对目前所讨论的总结，图 2.1A 符合一般初始定居的情况。树木妨碍了农业的发展，而森林价值曲线的位置很低。在点 D 处，净森林资源价值非常低，此时，森林价值曲线和横轴相交，森林价值下降到 0，位于点 C 的左侧，在点 D 右侧的点 B，农业土地使用价值也下降到 0。这描述了美国 17 世纪到 19 世纪在西进运动中的移民定居以及 19 世纪北欧人到南非殖民定居后森林发展的情形。同样的模式还适用于一些南美的定居者、印度尼西亚苏门答腊岛的移民、菲律宾的山地移民，以及 20 世纪末赞比亚的移民。②

在其他情况下，农业无法再延伸到成熟天然林的边界中，如阶段 II 和图 2.3 所示，点 D 位于点 C 右侧，而点 B 和点 D 之间的区域面积可能很大且严重退化。这一模式适用于当今很多发展中国家的贫困农村地区。这样的例子有很多，而且来自不同地区：马拉维南部 2/3 的地区、印度泰米尔纳德邦的部分地区、尼泊尔的山区、干旱而偏僻的中国青海省等。原始森林能够带来的正净值及其开放进入的特性导致最优质的森林资源被采伐。一些留存下来的退化植被也许会随着时间自然再生长。当零散分布的植被生长到最低可开发规模，或者当它们的果实成熟时，那些最贫困的家庭会继续开发这些退化的资源。③

阶段 II 还可以描述如玻利维亚的亚马逊地区、印度尼西亚的东加里曼丹地区，甚至美国的阿巴拉契亚山脉及落基山脉南部地区的木材采伐行为，在这些地区，伐木工作需要重型机械，而能够操作这些机械的技工并不多。与私人主导的、小规模的伐木工程相比，资本密集型的伐木工程更能深入内地。这些区

---

① 我们的模型意味着非法采伐存在成本梯度。这种想法在分析非法活动与执法活动的经济学文献中是比较常见的。Clarke et al.(1993)首次将其应用到林业上。

② 当前存在大量描述这种模式的文献。Richter(1966)清晰地描述了 19 世纪早期在美国俄亥俄州山谷的森林边界定居的模式。他描述了在树林中定居的家庭的日常生活，以及他们如何建造住房、环剥树木以从事农业生产，这些家庭有时还会为了那些更新的、更西边的边界地区放弃土地。Chomitz and Gray(1996)、Lopez(1998)、Amacher et al.(1998)和 Pfaff(1999)分别提供了伯利兹、科特迪瓦、菲律宾和巴西的农业定居与现代林业边界的转化的计量经济学分析。Heydir(1999)从描述苏门答腊岛历史森林利用延伸到对现代边界定居的描述。他观测到这是自愿移民，而非政府诱发的迁徙，这些人自愿定居并将林地转化为农田。Alston, Libecap, and Mueller(2000)提供了巴西亚马逊森林边界处制度、土地利用冲突与毁林之间关系的计量经济学证据。

③ 最近的一些实证评估建立了与相对劳动机会与森林利用有关的观点。Hyde and Seve(1993)开发了一种经济模拟法，用于研究农业土地边界外围的薪材收集，这验证了马拉维的情况。Foster et al.(1998)和 Amacher et al.(1999)分别提供了印度与尼泊尔地区劳动机会对森林利用的影响的计量经济学证据。Foster et al.(1998)还研究了低工资收入家户之所以利用开放进入地区的经济学原理。Amacher et al.(1999)论证了相对工资的下降能够带来开放进入地区资源利用的增加。Escobal and Aldana(2003)观察到在秘鲁高地只有那些可以找到与森林不相关职业的森林利用者能够切断贫穷与森林退化的关系。Young(2003)推进了产权、劳动机会与毁林之间更一般的关系，并用巴西亚马逊的证据进行计量经济学验证。Tachibana, Nguyen, and Otsuka(2001)证明了在越南更多的农业劳动机会能够阻止毁林。

域的森林退化是利用重型机械在选定地点进行开采造成的,而不是由于在土地扩张过程中将所有植被完全移除,正如我们在例子中观察到的那些劳动机会成本较低的地区。Long and Johnson(1981)的估计表明,在印度尼西亚的东加里曼丹地区早期的砍伐行为中,仅有不足 20% 的树木被砍伐。伐木者将价值高、易砍伐的树木砍伐下来送往港口出口,把价值低的树木与那些难以运输的硬木留下来,非专业人士很难分辨附近未砍过的森林与已砍伐过的残余森林。

在森林发展的第二阶段中,人们持续利用天然林,毁林也在持续,点 D 的森林边界缓慢扩张,离市场中心越来越远,林产品的运输成本不断增加。尽管如此,更高价格的动机不足以促进最小规模的树木种植或者森林经营,任何森林经营的尝试都将无法持续。这类土地的唯一管理就是采伐进度,这需要与伐木及木材加工过程中一些必要的更昂贵的资本设备的使用相协调。[①]

2.1.3　一个成熟林边界:第三阶段

最终,经济活动的边界点 D 会变得足够远——相应的运输成本与产品价格也会变得足够高——从而导致替代品的产生。当砍伐和运输到市场的成本等于替代品的生产成本时,替代品会出现。替代品可能是可以替代林产品的新消费品,例如人们可能会用砖、石头、混凝土等代替建筑用木材,用煤油、液化气和更高效的炉子代替薪材。类似地,替代也可能在生产端发生,例如长期在产权更明晰、距离市场更近的土地上进行森林经营以替代从开放进入的天然林中获取产品。此时,初级林产品价格长期缓慢上升的趋势将会停止。[②]

当然,随着当地的经济发展,在最集约经营的森林和粗放管理的农业之间的用地转化带上,森林经营本身也会变得日益复杂。我们观察到,在现代林业中,首先是整地和种植,然后是在一些区域商业化前的疏伐和施肥,接着是修

---

① Berck(1979)和 Johnson and Libecap(1980)证明了 19 世纪美国木材砍伐西进轨迹服从这种经济学路径。Hofstad(1997)发现在坦桑尼亚达累斯萨拉姆周边扩张的用于木炭生产的木材采伐有相似的模式。Chomitz and Griffiths(2001)介绍了供非洲中部乍得中心人口使用的薪材生产中也有相似的情况。

② Von Amsberg(1996)也列举了价格对天然林和施业林有不同影响的概念性案例。上升的价格诱致森林投资的实证证据是有限的,尽管轶事证据很多。不同市场条件之间的数据整合困难是问题之一。在一项特别的评估中,Zhang,Uusivuori and Kuuluvainen(2000)证明了在中国海南省,上升的价格既导致了施业林土地面积的增加,同时也导致了天然林面积的减少,就如我们预测的那样。为其他目的设计的多个案例分析也说明了价格上升对投资的诱致影响。例如,Shively(1998)和 Garrity(1995)讨论了上升的价格(和增加的不确定性)对菲律宾小农场主种植树木的正向影响;Yin and Hyde(2000)证明了上升的价格(和明晰的产权)对中国北部中央平原以控制侵蚀为目的的树木种植的正向影响。Amacher et al.(1993)证明了尼泊尔薪材价格较高地区的家户种植树木,而薪材价格较低的邻近区域的家户则继续从天然林中收集薪材。(这些观察与 Demsetz(1967)关于模糊的产权(在我们的例子中即指森林的产权)与丰裕度相关,且稀缺度上升会使财产的确权逐渐改善的基本观点一致。)在消费端替代品的两个例子中,Chomitz and Griffiths(2001)和 Hofstad(1997)观察到,在乍得的薪材生产和坦桑尼亚的用于制作木炭的木材生产中,替代性能源和烹饪技术会导致额外的价格上升,并且带来采集范围的扩大。

枝。我们还观察到，在集约经营程度高的土地上，差异化程度更高（例如，Yin and Sedjo，2001）。

很显然，当前世界的林产品市场价格的上升没有达到在所有地方引入森林经营的程度，很多地区还没有进入森林发展的第三阶段。但是，也有些地区到达了这个阶段——在工业用木材以及其他种类的森林或森林生态系统服务方面。这说明，持续森林经营并非无处不在，但也绝非微不足道。全世界的人工林覆盖面积超过1.87亿公顷，除此之外，还有数量未知的有人工干预的天然林。人工林占全世界森林面积的比例超过4%，占世界全部可用土地总面积的比例超过了1.4%。人工林种植面积每年增长大约450万公顷，并且为全世界提供约22%的工业用圆木（FAO，2001）。[①] Sedjo（1994）发现，在热带和亚热带的人工林区，工业用木材产量的份额从1977年到1992年翻了一番。毋庸置疑，这一数额自1992年以后又增长了很多，并肯定会在21世纪持续增长。

我们来考察两个例子：中国和印度尼西亚。中国仅仅人工林面积就达4 600万公顷，其中包括商用材人工林、其他商用的树林（如果树林）以及非商用目的的人工林（如侵蚀控制等）。人工林占据了中国森林蓄积量的10%。商用材人工林占人工林面积的50%（中国统计年鉴，2001）。

印度尼西亚往往被当成毁林和森林经营不善的典型，这样说是有原因的。然而，在印度尼西亚有260万公顷的人工林和1 450万公顷的多年生木本作物，生产棕榈油、丁香、椰子和橡胶等（又称"地产作物"，GOI/MFEC，1997）。正规的工业人工林只占印度尼西亚森林的1.9%。然而各种各样的人工林总面积超过了170万公顷，相当于印度尼西亚全部土地面积的9.4%（GOI/MFEC，1997）。印度尼西亚的人工林和地产作物都是人工生产的替代产品，可以替代以往生长在天然林中的同类产品，后者也许资源丰厚，但输在经济可及性低。

用图2.1A和图2.3来说明的话，上述例子意味着森林价值曲线会随着采伐和运输成本的增加而上移（在图2.5中价值曲线从虚线上移到实线V_f），直到其与农业价值曲线相交，交点位于农业价值曲线与明晰产权成本曲线交点的左方。

我们可以把图2.5称为成熟林边界图。图中展示的地区和市场就代表"成熟的"，因为可持续的林业活动（在点B'和点B''之间的区域）和资源掠夺行为（点D处）之间存在竞争。这里仍然存在边界条件，因为在边界上仍存在对天然林不可持续采伐活动与可持续采伐活动的竞争。在这种情况下，施业林抚育、采伐和林产品运输的边际成本等于在更远、更难进入的成熟天然林中直接采伐和运输相同产品的边际成本。在这两种林地中采伐的具有可比性的产品可以

[①] 人工林种植数据一般不包括农业木本作物，如果树、为了获得油而种植的棕榈树以及椰子等。中国的数据除外。

第 2 章 经济发展过程中的林业模式

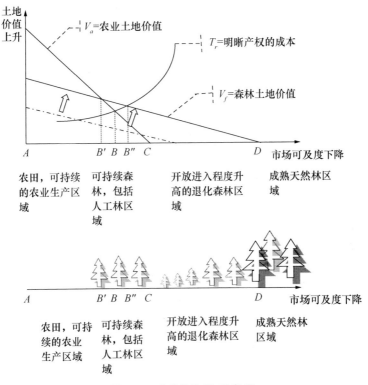

图 2.5 成熟林边界,阶段 Ⅲ

在当地市场上获得具有可比性的交易价格。①

新的施业林可能会采取多种形式——工业人工林,或混农林业,也可能仅仅是私人住房周边、庭院中、篱笆和道路旁边或者乡村公园中的几棵树而已。后者通常不计入森林蓄积量的一般统计中,但是在世界各地,它们的数量和经济意义都是不可小视的。

举例来说,英格兰的东南部(包括伦敦)是英国人口最稠密的地区,同时,该地区的森林密度也是最高的,其森林面积扩大的速度比该国其他任何地区都快。仅伦敦一个城市就有 65 000 片林分,森林覆盖面积接近 7 000 公顷。其中,近 5 000 公顷由单片面积大于 9.5 公顷的树林组成(UK/Forestry Commission,2001)。

另一个例子,在美国丹佛大都市区干旱的高地平原上,树林仅占土地的 7%。这些树木并不计入美国大部分地区的官方森林蓄积统计中,但它们所起

---

① 显然,距离更远的天然林的边际运输成本更高。因为天然林的林产品不像施业林的林产品那样具有统一的大小或原木形状,所以天然林的边际采伐成本也可能更高。然而,天然林不需要抚育成本。因此,施业林培育森林的正的边际成本会抵消其较低的采伐和运输成本的优势。

到的作用相当于一套价值 4 400 万美元的地区雨水管理系统,每年净化 220 万磅的大气污染物,并为每个家庭节省 50 美元的空调成本(Stein,2001)。

在整个南亚和东南亚地区,小片森林由于过于分散和稀疏很难满足官方森林蓄积量的统计标准,但是它们却在木材和薪材市场上占据了 65%—85%的份额(FAO RWEDP,2000)。在人口稠密的爪哇岛上,它们构成的树林甚至覆盖了整个岛屿面积的 47%,远大于政府官方估计的 24%的森林面积。[①] (另外的 23%之所以没有计入,是因为它们是由分散的树林和林分构成的,而不是成片的森林,而且它们的价值在于提供荫蔽、燃料、果实和地产作物而非商用材)。

在中美洲的萨尔瓦多,20 世纪 80 年代的内战后,天然林仅占国土面积的 5%。随着经济复苏和政局稳定,一些新的施业林开始出现。到 2001 年,林下咖啡树和果园、灌木树篱、城市绿化以及荒废草原的森林恢复共同造就了覆盖国土 60%的大森林。这些崭新的森林可以供应木制品,涵养水源,并且为 520 种鸟类、120 种哺乳动物以及 130 种爬行类和两栖类动物提供栖息地(Hecht et al.,2006)。

在非洲,种植在农场上的树木是马拉维地区薪材的重要来源(Hyde and Seve,1993),是肯尼亚地区木材的重要来源(Scherr,1995)。事实上,很多农场都有一定的森林覆盖。Wood,Sebastian and Scherr(2000)的计算表明,拉丁美洲、非洲、南亚和东南亚的大部分农场具有 10%以上的森林覆盖率,其中约四分之一的农业用地里有 30%以上的森林覆盖率。

2.1.4 总结与来自全球的证据

在发展的三个阶段中,伐木者都集中在点 D 周围的天然林获取资源。距离市场更近的成熟天然林,或者位于点 D 左边的森林,会更早被采伐。点 D 右侧存在市场现值低、无法给当地持续提供价值的成熟林,它们往往位于穷乡僻壤和难以穿越的深山老林。有时这些无法市场化的森林面积很小,因为四通八达的道路网络和周边带有高价值农业、工业和商业活动的市场开始与图中的市场重叠。在这种情况下,森林的边界甚至可能会消失。事实上,如果两个邻近市场中间的土地具有更高价值的用途,那么这块区域可能不存在任何商业化的林业,这些区域会进口林产品。

然而,有些时候,无法市场化的天然林会在点 D 之外延伸到很远,其蓄积量占据所报道森林蓄积量的大部分。现在,地球上还存活着大面积的非商品化森林——在西伯利亚、阿拉斯加北部和中部、加拿大北部、亚马逊流域的大部分地

[①] 47%的估计数据来自作者 2000 年 5 月与 D. Garrity 的个人通信。24%的官方统计数据来自 GOI/MFEC(1998)。

第 2 章 经济发展过程中的林业模式

区、中非部分地区、印度尼西亚加里曼丹岛大部、巴布亚新几内亚大部分地区。这些地方的成熟、过熟天然林面积远超施业林面积。

大部分的林产品不是笨重就是易于腐烂,因此很多国家的不同区域处于森林发展的不同阶段。利用陆地运输这些林产品是比较不便的。因此,林产品的初级市场就在其所处区域中,而加工林产品的地点也趋向于靠近初级产品的原产地。有的区域包含无管理的森林,这些区域的采伐行为只在天然林中发生(阶段Ⅰ和Ⅱ)。在同一个国家的其他区域,一些企业和家庭种植树木并管理一定面积的森林,这些区域的采伐行为既在施业林分中发生,也在天然林中发生(阶段Ⅲ)。

考虑美国的木材生产状况。我们观察到在沿海平原和南部山麓地带以及太平洋西北部沿岸地区有人工种植和森林经营,而在内陆和高海拔地区则是无管理的天然林,这两个区域都有木材采伐发生。这些地区具备阶段Ⅲ的特征。我们同样观察到在落基山脉以及干旱的俄勒冈州、华盛顿州地区有木材采伐,但却很少有来自施业林的木材。在后两个地区,不存在明显的商用材人工林种植,因此这些地区具备典型的阶段Ⅱ的特征。

作为发展中国家的印度尼西亚,其爪哇岛和加里曼丹岛的情况与美国相似。爪哇岛是阶段Ⅲ的典型例子,它既包含人工林也包含天然林,并且在这两类森林中都存在着采伐现象。然而,印度尼西亚的加里曼丹岛包含大面积的天然林,几乎所有采伐的木材都来自天然林。近年来,加里曼丹岛人工林萌芽初现表明其处于阶段Ⅱ,并朝着阶段Ⅲ演化和发展。同样,不具经济性的天然林保护地往往位于爪哇岛和加里曼丹岛一些道路不通的山地以及内陆地区。

总而言之,根据森林发展的三阶段特性可将森林分为三类:① 施业林,包括工业林、人工林、分散的居民区树木,以及受到良好管护的混农林区,这些林地可由图 2.5 中的 $B'B''$ 区域来表示;② 退化的天然林,如图 2.3 中点 B(或图 2.5 中点 B'')到点 D 的区域;③ 目前难以市场化的成熟天然林,如点 D 右侧的区域。有时将后者再细分为两类,其中包括④ 点 D 周围成熟天然林中的非可持续采伐区;⑤ 远离点 D 的难以市场化的成熟天然林。①

---

① 三个阶段的特征提供了一个分析采伐量与增长量之间比率的重要视角。该比率经常被在没有清晰理解其含义的情况下使用。事实上,在森林发展的前两个阶段,采伐量通常超过增长量,这是因为在这两个阶段,边界内和外围遗存的成熟天然林分的增长量是可忽略的,而采伐水平都为正值。在森林发展的第三阶段,采伐量大概等于施业林分的增长量,但是边界仍是采伐的部分来源,因此,施业林分和边界混合区域的采伐量会超过增长量(大部分发生在施业林中)。

只有在将遮阴、建造公园、侵蚀控制和其他非以采伐为目的的森林包含在森林立木蓄积测算的地区,或者将荒废的农地重新造林的地区,增长量可以超过采伐量。在后面这些情况下树木与森林蓄积量增长会比较大。例如,在美国 20 世纪的最后几十年,蓄积量已经足够大,使得总增长量超过采伐量。在中国,由于同样的原因,增长量已经开始超过采伐量。农业用地在减少,而且非商业目的的林下区域的蓄积量在快速扩张。

来自全球的证据

联合国粮农组织提供的全球森林数据(FAO,2001)概略性地描绘了上述四类森林的规模(见表2.1)。这些数据由各国政府提供,偏向于实物量的估计,不一定符合我们经济评估的目的。尽管如此,仍然可以做出一些初步的判断。

表2.1 全球森林

i) 施业林	ii) 退化的天然林	iii) 过去未市场化的成熟天然林	iv) 目前从天然林中获取资源的区域(iii的一部分)	全球森林面积
16.86亿公顷有经营方案,其中1.87亿公顷是人工林	?总面积未知,但是退化的森林面积会很大。以印度为例,官方估计的退化森林面积几乎是森林总面积的60%	7.75亿公顷(Bryant et al.,1997)。世界森林面积15.48亿公顷的40%(FAO,1998)。[FAO(2001)的估计值只有1.09亿公顷,但是这个估计值反映的是土地上资源的可获得性而不是经济可及度]	当前,1.55亿公顷受到威胁(Bryant et al.,1997)。目前采伐只发生在该区域中最靠近经济边界的部分	38.69亿公顷,4.28亿—4.78亿公顷在公园和野生动植物保护区

注:关于施业林与过去未市场化的成熟天然林的总估计值为24.61亿公顷,比FAO对全球可用森林的估计值大约少10亿公顷。总体而言,存在低估的现象,因为没有计算混农林业、道路两旁树木、城市公园中的树木等。因此,从这些数据中可以得出的唯一可信结论是这四种类别的森林在全球范围内的分布是很大的。

资料来源:FAO(2001),特别标注来源的除外。

FAO估计的全球森林面积为38.69亿公顷,其中包括大致4.28亿—4.78亿公顷处于公园中、以野生动植物保护和其他公共价值为目的的森林。FAO估计值很好地测算了总的全球森林面积,但它却无法代表树木的全球影响。因为这38.69亿公顷森林几乎没有包含连片的森林之外的树木,诸如家庭庭院和街道两旁的树木、防风林带或是农林兼营区之中的树木。

约一半不受保护的森林,即16.86亿公顷的森林,存在正规的森林经营规划方案。这16.86亿公顷的森林和前文提到的施业林大体重合。还有一些林地也有人经营,但是没有官方承认的经营方案。另外,很多在FAO数据中确认为有森林经营方案的林分包含非商品化森林的部分。还有一些是官样文章的经营方案,与现实中的实地活动关系不大。[①] 因此,可以肯定的是,全球有1.87

---

① 例如,Stone(1998)研究了亚马逊东部地区,该地区应巴西环境部(IBAMA)管理计划的要求,每立方米伐木增加1.30美元伐木操作成本,并为林务咨询员创造就业,但是对当地森林环境没有起多少作用。Bowles et al.(1998)推断在20世纪90年代后期,考虑了所有这类型的调整,只有低于0.2%的热带森林被管护。

第 2 章　经济发展过程中的林业模式

亿公顷的人工林(其中一半用于木材生产)属于具有经济性的施业林。经济性施业林的实际规模应该远大于 1.87 亿公顷,但也远不足 16.86 亿公顷。

联合国粮农组织 2001 年的一份报告指出,仅剩余 1.09 亿公顷(仅占全部不受保护森林的 3% 左右)的森林是难以进入的(类似我们上文中说到的第三类,未市场化的成熟天然林)。然而,联合国粮农组织推断"可用于木材供给"的比例会随着与运输基础设施的距离增加而增大——这显然是错误的。很明显,木材供给会随森林变得越来越难以进入而不断下降。因此,联合国粮农组织的观测结果仅当它的真实意图是阐明随着与公路或者其他简单运输方式的距离增加木材供给的竞争需求会减小时才有意义。我们必须寻找更好的方法去估计难以市场化的森林。

Bryant,Nielson and Tangley (1997) 估计得出,地球上约 1/5 的森林(约 7.75 亿公顷)仍以完整的自然生态系统的形态存在。这更符合我们对第三类森林的描述。然而,7.75 亿公顷仍可能低估了难以市场化的成熟天然林的面积。例如,即使在美国这样具有发达的森林道路交通系统的国家,也有 20%—30% 的森林区域难以实现经济上可行的木材砍伐。① 联合国粮农组织的一项更早的估计(FAO,1998)显示,全球森林的 40%(约 15.48 亿公顷)是难以市场化的。总之,难以市场化的森林(第三类森林)占据了地球上森林总量相当大的比例,但可能比施业林(第一类森林)的面积略小。这两种森林的真正面积都很可能大于表 2.1 中 FAO(2001)的估计值。

Bryant et al.(1997)估计边界森林的 39%,或者 1.55 亿公顷,正在遭受威胁。砍伐对天然林是一个威胁,但是非林业目的的土地利用同样是不可忽视的威胁。因此,1.55 亿公顷这一估计值一定是第四类森林面积(非可持续商业采伐区)的上限。

森林退化与地方制度及农村劳动机会的关键作用

那些开放度不断扩大的已退化森林(即第二类森林)的面积更难估计。在那些劳动力机会成本占林地价值比例最低、建立和维护产权的制度最不健全的发展中国家,这类森林的土地面积最大。前文讨论过较低的机会成本对森林采伐的影响。当劳动力机会成本相对较低时,农村伐木者会花更多的私人时间获取森林资源,这也使得他们会更深入远离市场中心的森林地区进行采伐活动。也就是说,图中的森林价值曲线会更加平缓,成熟天然林的边界(点 D)会离当地商品市场更远。由于劳动力机会成本较低,开放进入区域会遭受严重的退

---

① 在美国的 3.02 亿公顷林地中,有 1.28 亿公顷是公共土地(USDA Forest Service,2005)。这些公共土地中的一部分,可能不超过一半或更小的部分,在没有道路额外改善或新道路建设的公共财政支持下可以进行纯商品林木材采伐。

化,并且在森林资源耗尽之前,从事森林采伐工作的回报始终要大于从事其他职业的潜在收益。此外,在欠发达国家和地区,有关建立和维护产权的制度普遍不完善。因此,在这种情况下,维持任何特定水平的森林保护的交易成本都相对较高。总之,较低的劳动力机会成本与较高的交易成本预示着更多的开放进入区域以及更严重的森林退化。

我们可以将这一逻辑应用于分析那些开放进入和已退化森林面积较大的国家。对总体工资或总体劳动力机会成本的测算方法并不总是适用的。然而,工资较低的情况一般发生在人均收入较低的地区。因此,我们可以预期人均收入和人均森林覆盖较低(这一点意味着现存森林的价值较高)的国家可能拥有更多开放进入的森林,且其中的部分森林由于退化严重而不能被计入官方的森林统计之中。而具有相反情况的国家,即人均收入和人均森林覆盖率较高的国家,则倾向于保留更多的天然林。这些森林更可能处于森林发展的第一或第二阶段,农业用地往往毗邻天然林,并且开放进入区域的退化程度也较低。当然,还存在其他影响人均收入和森林覆盖率之间关系的因素。例如,乌拉圭的人均收入较高(2007 年人均收入 9 420 美元),但其人均森林覆盖率处于中等到低水平之间(0.4)。这一现象的主要原因在于乌拉圭的大部分森林毗邻阿根廷和巴西,这两个相邻国家可以为乌拉圭人提供用于商品和非商业品用途的森林资源。

表 2.2 对南亚、南美和撒哈拉以南非洲的一些国家进行了比较,并得出了以下一般性的结论。

- 南亚国家的情况是人均收入以及人均森林覆盖率较低。开放进入是这些国家森林经营面临的关键问题,特别是印度。印度的官方统计资料显示,其 7 550 万公顷的土地(占印度土地总面积的 23%)都属于荒地范畴,这些地区恰是农业用地和天然林之间的开放进入区域。此外,退化的森林、牧场以及迁移农业区又占去了印度 2 400 万公顷的土地,而且这些地区在我们的分类中大多都属于开放进入区域(NRSA,1995)。相反,印度官方估计的林地面积仅为 6 410 万公顷(FAO,2001)。

- 南美国家的情况则是具有较高的收入和人均森林覆盖率。对于南美洲国家而言,天然林开放进入性的开采是一个值得关注的问题,但是在这些国家,农业用地常与林地邻接,荒地问题远没有南亚那样严重,开放进入性采伐与森林退化问题也不像南亚那样普遍。

- 世界其他国家或地区的森林发展状况更难描述。例如,在撒哈拉以南非洲的博茨瓦纳、加蓬和纳米比亚等国家,人均收入和人均森林覆盖率与南美洲国家的情况相似,开放进入区域较小。相反,埃塞俄比亚、尼日利亚和马拉维的人均收入和人均森林覆盖率与南亚国家的情况相近,其开放进入性的森林区域

表 2.2 退化的开放进入森林预测

	南亚			南美			撒哈拉以南非洲	
国家	GDP/人口总数 (2004 年美元)[a]	森林/人口 总数(公顷)	国家	GDP/人口总数 (2004 年美元)[a]	森林/人口 总数(公顷)	国家	GDP/人口总数 (2004 年美元)[a]	森林/人口 总数(公顷)
孟加拉国	1 870	n.s.	阿根廷	13 300	0.9	博茨瓦纳	9 950	7.8
不丹	290	1.5	玻利维亚	2 270	6.5	加蓬	6 620	18.2
印度	3 170	0.1	巴西	8 200	3.2	纳米比亚	7 420	4.7
尼泊尔	1 490	0.2	智利	10 870	1.0	津巴布韦	2 070	12.0
巴基斯坦	2 230	n.s.	哥伦比亚	7 260	1.2			
斯里兰卡	4 390	0.1	厄瓜多尔	3 960	0.9	安哥拉	2 180	5.6
			圭亚那	766	19.7	喀麦隆	2 170	1.6
			巴拉圭	4 810	4.4	刚果	710	7.7
			秘鲁	5 680	2.6	科特迪瓦	1 550	0.5
			苏里南	4 100	34.0	肯尼亚	1 140	0.6
			乌拉圭	9 420	0.4	赞比亚	940	3.5
						布隆迪	680	n.s.
						埃塞俄比亚	760	0.1
						尼日利亚	1 150	0.2
						马拉维	650	0.2
						乌干达	1 480	0.2

注:a=购买力平价;
n.s. = not significant,不显著。
资料来源:GDP/人口总数来自 Economist(2006);森林面积来自 FAO(2001)。

较多,森林退化较为严重。

- 在一些发达程度较高的国家,同样存在开放进入的区域,但很难识别。这些地区的农村工资较高,而且这部分工资仅仅是采集林产品所需的成本的一小部分(资本和设备才是最重要的成本),森林价值曲线较为陡峭。此外,在这些更为富有、劳动力机会成本较高的国家,产权制度更为完善。这些国家的交易成本曲线也较低,其斜率更为平缓。相对较陡的森林价值曲线与相对较低的交易成本曲线结合只允许存在小部分开放进入区域,因此,这些发达国家的森林退化程度较低,这是由于破坏森林来获取资源的边际收益不足以补偿其成本。

总之,全球森林由三个大类组成:施业林、开放进入性的退化森林,以及成熟的天然林。第一类和第三类森林在全球范围内数量较多,但是很多国家兼有以上三种类别的森林。在发达国家,第二类森林的面积也许很小,但在一些较为贫穷的发展中国家,第二类森林占据很大的比例。显然,相对的劳动力机会成本和交易成本是决定森林开放进入和退化程度的主要因素。这些因素同样会影响成熟天然林边界上的采集活动的频繁程度。

初步的政策建议

政策制定者需要把握的关键点在于:第一,我们至少可以区分三种类别的森林;第二,森林的合适测度取决于政策目标。

区别森林种类非常重要,因为相同的市场和政策因素会对不同种类的森林产生截然相反的影响,以下我们将用几个例子说明。木材价格的刺激在阶段Ⅲ中是增加和扩展施业林区域的重要动机,但它也是造成天然林过度开采与开发的原因。对于阶段Ⅰ和阶段Ⅱ的区域来说,价格激励只会导致天然林被毁林,对天然林造成负面影响,这些区域并不存在能从价格激励中获益的施业林。

类似地,森林经营的公共成本分摊以及技术支持项目有利于处于阶段Ⅲ的区域的施业林面积增加和扩展,但其对处于阶段Ⅰ或阶段Ⅱ的区域没有影响,对于包含天然林而没有施业林的区域没有影响。此外,在阶段Ⅰ,农业政策会促使林地转换成农地,形成新的森林边界;而对处于阶段Ⅱ的区域而言,农业政策会促使已退化的林地转化成农地,但这些已退化的森林是否计入官方森林调查取决于地方政府的林业数据统计标准;农业激励对阶段Ⅲ中成熟天然林的影响甚微,但有可能会导致在集约边界处农业取代施业林(如图 2.5 中的点 B' 所示)。

通过比较旨在提高碳封存或保护濒危栖息地的政策,可以诠释森林蓄积的不同测算方法差别的重要性。一方面,所有的树木都可以吸收二氧化碳。因此,以此为目标的政策影响的精确测算必须包括以下施业林,如果园、庭院、城市公园、防风林、行道以及混农林区植被系统中的树木。而这些树木往往不计入官方的国家森林统计中。若忽略这些树木,就会低估实际的碳封存总量。(本章附录将详细讨论森林测算的问题。)

另一方面,大部分基于森林的濒危栖息地都属于现存天然林,即图中超过点 D 的区域。仅仅把三类林地加总的森林测算不能很好地估计自然栖息地的留存量,而且那些一般性的影响森林但着眼于拓宽施业林面积或是改善开放进入区域环境条件的政策也很难对濒危栖息地产生影响。

总之,森林发展的三阶段分类法及其相应的三类森林,可以帮助我们考察政策和市场活动的溢出效应对森林中各个组成部分的影响。这一分类对于评估直接的林业政策、其他部门的市场和政策的溢出效应以及第 4—6 章所阐述的相关制度的调整具有核心意义。它也将有助于我们在第 7—10 章中检验森林产权以及不同类型林地所有者的行为。

2.2　模型的改进与相关定性讨论

至此,关于森林发展的基础模型已经接近完成。(第 3 章将通过讨论森林的长期变化以及经济相关的农业、木材加工业部门的影响来进一步完善基础模型。)前面的例子已经证明了该理论。尽管如此,我们已经知道交易成本会随着地区制度的变化而变化,因此产权问题并不像交易成本曲线 T_r 那样简单。此外,在点 A 市场周围的环境景观并不是同质的。这就意味着图中的三个函数曲线都不是固定不变的,土地利用边界也不总是清晰的。[1] 我们还知道森林具有多重的市场价值,同时还会供给重要的非市场环境服务,这在模型中并没有考虑,我们也只是略有提及。在本章最后这部分,我们将会逐一介绍。[2]

2.2.1　多重市场价值

图 2.1—图 2.5 代表了一般情况。当森林只产出一种产品,如薪材或树种和林龄一致的商用材时,这些图是最容易理解的。然而,真实情况是森林会产出多种产品,而商用材包含不同树种和品级,每一类别的价格都有所不同。这就意味着,前文图中的曲线应该是一组曲线的组合,每一条曲线对应一种林产

---

[1] Albers(1996)和我的同事的一系列文献(Robinson,Williams and Albers,2002;Robinson,Albers and Williams,2008)证明了这些差异在概念上的重要性。

[2] 在第 7 章和第 10 章中关于工业所有者和公共所有者行为的讨论将会介绍真实土地利用边界不像它们在图中那么明显的其他原因。很明显,土地所有者和其他森林利用者并不会一直获取资源直到退化森林或天然林边缘的开放进入经济边界。在这种情况下,留存下来的立木蓄积会在充满不确定性的时期发挥关键作用,我们将在第 6 章对此进行讨论。第 3 章的附录将进一步明晰,遵循生物森林经营法则的公共土地所有者通常会补贴经济边界外围的采伐。

品和品级,各自有其斜率和截距。①

下面将以亚马逊森林边界的三种产品为例进行讨论:用作当地锯材厂初级原料的低价值树木、用于生产高级木制品的高价值桃花心木,以及巴西坚果——一种高价值的非木质林产品。

占当地加工木材较大比例的低价值树木可用图 2.6 中的价值曲线 V_{fl} 表示。在亚马逊当地的大部分市场中,这些树木的价值并不足够使森林经营有利可图。人们会一直砍伐直到点 D_l 周边。

桃花心木是一种价值更高的产品。它比较稀有,一般存在于名为"曼查"的树丛中,这些树丛在空间上分布不均匀,且平均 10 公顷才有一株成熟的桃花心木。锯材厂会聘请侦查人员花费数月时间在森林中搜寻桃花心木。(早在 1997 年,这种搜寻活动的搜寻范围就非常广,深入森林腹地,甚至与从未发现过的土著民族接触)。当发现桃花心木丛林时,锯材厂会铺设临时道路,只为采伐少数的桃花心木(Gullison et al.,1996)。这一事实表明,桃花心木的价值曲线应如图 2.6 中的 V_{fm} 所示。该曲线在代表土地价值的纵轴上的截距高于低价值树木的纵轴截距,但低于农业或巴西坚果的纵轴截距。对桃花心木的人工种植研究有限,其价值并不足以开展人工种植。然而,桃花心木的砍伐范围会一直延续到点 D_m,远远超越了低价值树木的采伐范围边界点 D_l。

巴西坚果是一种有趣的产品,因为它是一种典型的难以移植的天然产品。然而,近年来巴西坚果的市场显著扩大,吸引了少数投资者对成功改良的施业林分进行投资(Viana et al.,1996)。这意味着一条如图 2.6 中的 V_{fb} 所示的巴西坚果的价值曲线。巴西坚果的施业林分位于图 2.6 中的 $B'B''$ 区域,而在天然林中,采集坚果仍发生在 D_b 周边。因为大部分的木材砍伐工作都只到点 D_l,在超过点 D_l 的区域以及包含巴西坚果树的点 D_b 处还留存着相当规模的森林。在 D_b 外部的区域中,仅有少量的桃花心木采伐活动。

上述讨论表明图 2.1—图 2.5 中的概念在一般情况下成立,也说明清楚地识别具体森林产品价值曲线和整个森林资源的具体组成部分是非常重要的。只有明确了这一点,才能制定合理的政策,实现高效的管理。

为了更好地理解这一点,考虑森林退化和毁林的概念,并将其应用于亚马逊森林的例子中。一直到农业利用边界点 C,森林都将持续被毁坏。倘若拓宽毁林的概念,我们甚至可以认为森林的破坏一直延伸到 D_l 附近,即商用材采集

---

① Asner et al.(2005)描述了在巴西东部伐木的空间分布与选择。Ruiz-Perez et al.(2001)描述了喀麦隆潮湿森林区域非木质产品的空间分布。他们对产品多样化和专业化的观测与我们模型中描述的价值、可及度及产权的一般模式一致。Ruiz-Perez and Byron(1999)在对 9 个不同发展中国家的 9 种特定的非木质林产品的研究得到相似结论。

第 2 章　经济发展过程中的林业模式

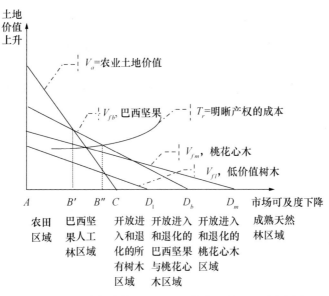

图 2.6　多重市场价值：巴西坚果、桃花心木和低价值树木

区的周围——虽然部分比 D_l 距离市场更近的区域被用于巴西坚果($B'B''$)的施业林以及在点 BB'' 与点 D_l 之间存在一些非商品化的森林和木本灌木。在点 D_l 到点 D_m 之间的区域，部分成熟的巴西坚果和几乎全部的桃花心木都被采伐。然而，我们并不会说这个区域遭受毁林，因为组成亚马逊丛林的主要树种——低价值树木在此仍然得到了保留。

在第 4 章中讨论有关流域保护、生物多样性和碳封存等政策问题时，对森林价值曲线、"森林退化"、"毁林"的定义显得尤为重要。在进行政策或者林产品的附加市场价值讨论时，森林退化和毁林是两个完全不同的概念。

2.2.2　非市场价值

图 2.1—图 2.5 描述了提取森林资源的经济发展，但并没有涉及森林中重要的非市场价值以及非消费品性质的生态系统服务。这是一个严重的缺点，我们将在第 4 章和第 10 章关于公共政策、公共土地和公共规章制度的作用的讨论中进行详细说明。

事实上，图 2.1—图 2.5 可以很好地帮助我们理解林区在不同土地用途之间的分配，包括非市场土地用途。从图中可以看出，森林价值曲线和交易成本曲线之间的垂直距离就代表了同一片区域具有市场价值的产品和具有非市场价值的产品的贡献。这一贡献也说明了将森林配置为非市场商品或服务的生产所需要的机会成本。

举例来说,对图 2.7 中点 j 处的土地而言,$V_f(j)-T_r(j)$ 表示将此处的土地用于非市场用途的市场价值机会成本。为了将土地有效配置给不兼容的非市场用途,非市场土地用途的价值必须超过这一市场价值。如果该地块生产木材的价值是 $V_f(j)-T_r(j)$,但将此处的土地转化为濒危物种保护区或荒野游憩区域的收益大于 $V_f(j)-T_r(j)$,那么这种土地用途的配置就是有利可图的。

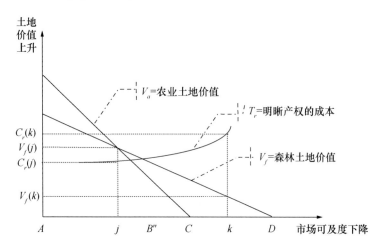

注:$V_f(j)-T_r(j)$ 为将 j 单位的土地转化到非市场价值用途上的机会成本。

$V_f(k)$ 是指 k 单位土地上市场与非市场价值总产出中市场价值用途的比重。为了说明土地总产出的有效性,非市场价值用途的净贡献至少应为 $T_r(k)-V_f(k)$。

图 2.7 市场价值的机会成本

或者,倘若兼顾市场价值和非市场价值产品的共同生产是可行的,例如某些地区的森林既是木材产地又是野生动物保护区,那么 $V_f(j)-T_r(j)$ 就是这一地区的市场价值产品对于共同生产的贡献。在点 B'' 以外的区域,单纯以实现市场价值为目的的生产在经济上已无利可图,除非同样的管理活动能够同时带来有效的共同生产。例如在图中的点 k,如果野生动植物的保护要求一定程度的木材砍伐以改善野生动植物的栖息地质量,那么保护野生动植物的非市场价值就会超过为了保护区而砍伐木材所造成的净木材损失 $T_r(k)-V_f(k)$。

在图 2.7 中,超过点 C 的全部土地都应该得到公共管理,并且这片区域的大部分都应该提供非市场化的环境服务。问题是点 C 和点 D 之间的土地所获得的产品的市场价值仍然是正值。正的市场价值刺激了开放进入条件下的偷砍盗伐行为,除非相关部门可以承担驱逐非法使用森林人员的费用。但是,我们知道这些成本超过了相关部门可以从市场价值中获得的收益。[对于第 k 公顷的土地,相关部门进行公共管理的成本不小于 $T_r(k)-V_f(k)$]。国家森林公园的管理者会对此类情况下的偷砍盗伐行为非常敏感。只有在点 D 以外的区域,森林公园的树木才能远离盗伐。

2.2.3 不同类型的产权

对于所有的土地和森林资源,都存在一些一般性的论断。然而,这些论断的可信性是在变化的。就像用单一产品(如商用材)来定义森林价值梯度是更容易的,用统一的产权束来定义涵盖整片景观的交易成本函数也是更容易的。但是事实上,正如在同一片林地上可能存在着不同种类、不同价值的林产品那样,土地管理者也会考虑多种不同类型的产权配置。管理者会选择适应当地状况的特定产权束。完全保障的产权并非适用于所有的土地,人们对于产权束的偏好取决于当地资源面临的风险、保护资源的制度安排以及这些资源的潜在用途。

举例来说,一些居民区通过搭建围墙、设置守卫等方法阻止一切不速之客,从而维护属于各自资源的所有权。而在其他的一些领域,例如庄稼地和森林种植区,维护产权的措施可能只是搭建简单的栅栏。盗伐通常就发生在栅栏缺口处或者栅栏不牢靠的地方。监察产权的界限和修复栅栏也许是一种常规的行为或者只是闲暇季度的一项任务,这些行为取决于受保护的作物或牲畜的价值和可能造成的损失。还有一些领域,只有土地上的饲料和草料的产权,它们被那些拥有牲畜的家庭周期性派出来放牧的孩子所监管着。而且,他们在放牧时无法完全阻止其他人在同一块土地上的活动,尤其是当这些孩子们另寻他处放牧的时候。

显然,在上述的三种情况下,产权很少是完整和安全的。每项财产都有自己的权利束,每个权利束都有其对应的成本曲线。对于不完备的权利束,其维护产权的成本曲线会更低。如图 2.8 所示,随着产权维护成本曲线下降,只有一些特定用途的土地会受到保护,土地遭到入侵的可能性上升。

在第 5 章中讨论非法采伐行为时,产权的相对安全性非常重要。产权的完备性以及相对应的产权维护成本都是当代关于权力下放和从中央政府林业部门到地方政府甚至私人土地管理者的权利转移讨论的重点。在不同国家,这些问题的提法有所不同,但都引发了广泛的关注。从美国公共森林经营的"社区参与"、不列颠哥伦比亚的"社区管理"、印度的"联合森林经营"到很多发展中国家中央政府森林经营推崇的"基于社区的森林经营",以及中国和很多东欧前社会主义国家改进的私人激励主导的土地管理制度,都是上述问题的集中体现。在第 4 章中,我们将进一步讨论这些政策,同时分析产权转移潜在的好处。

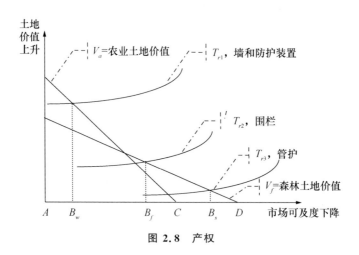

图 2.8 产权

2.2.4 环境景观的多样性

图 2.1—图 2.5 描述的是一片环境同质性的平原。然而,现实中的景观不可能总是同质的,即便是单一树种、具有相同林龄的成熟林。公路和铁路使得到达一些地块更容易,道路条件越优,进入地块越容易,而天然的环境障碍如山峦、沼泽和峡谷则会使进入另一些土地更加困难。土壤质量的异质性同样会有显著的影响。上述这些异质性可以通过将图 2.5 转化为空间透视图来表示。经济活动仍集中在市场即图 2.9 中的点 A,此时,公路、山峦和沼泽等被包含在景观中。我们无法在图中表示交易成本曲线,但是从图 2.1—图 2.5 中总结的空间差异在这里是保持不变的。

道路使得人们更容易进入森林,也拓宽了所有土地利用类型的边界。相比之下,山峦和沼泽会使得人们难以进入森林,缩小市场与任意特定土地利用边界的距离。尽管如此,任何从中心市场点 A 扩散出去的截面都可以表示出土地利用价值从高到低的典型模式:从农业用地开始,到施业林,再到逐渐增加的开放进入区域,最后到成熟天然林。图 2.9 中的这些土地利用边界分别与图 2.5 中的点 B'、B''、C 和 D 对应。

土地、水源和树木等资源在物理属性方面的差异再次体现了异质性。高价值和低价值的资源并不总是位于沿着市场中心扩散出去的同一曲线,它们往往出现在分散的地方。森林管理者会回避和控制低价值资源,并对高价值资源投入更多的保护,尽管这些资源位于分散的位置。有两个事例能提供有力的说明:19 世纪美国西部开阔草原上水潭的权属问题(Anderson and Hill,1975);在一些欠发达地区的传统社区中,经常出现在开放进入森林中为个别高价值果树

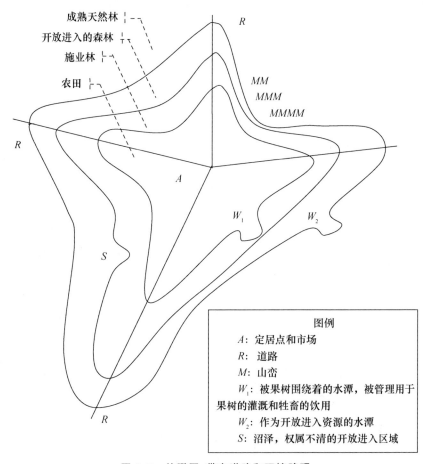

图 2.9 俯瞰图:带有道路和环境障碍

建立"终身所有权"的现象(例如,Peluso,1996;Fortman and Bruce,1988)。图 2.9 展示了这种异质性:W_1 和 W_2 代表高价值的水潭和果树,S 代表低价值的沼泽地。

总之,环境景观不是同质的,而且土地利用边界随着资源获取难度和质量而改变,但土地利用的特征模式与我们所提出的基本原则一致。

2.3 总结

本章描述了森林发展的三个阶段,为后面章节的讨论打下了基础。在第一阶段,天然林妨碍新的农业发展。在第二阶段,天然林不再妨碍农业发展,但仍是林产品的唯一来源。在这两个阶段,只要产权的维护仍需要付出一定的成本,那么一定程度的不可持续的森林活动就不可避免。当从天然林中获取资源导致资源变得稀缺后,价格的上升会刺激产权的建立与适度的森林经营,这时就进入第三阶段了。

森林发展的三个阶段表明至少存在着三类森林:施业林和施业林分、越来越开放进入的退化森林,以及成熟天然林。出于一定的目的,第四种类别同样重要。第四类森林指的是第三类现存的成熟天然林边界处存在采伐活动的周边森林。森林发展的三个阶段和林地的四种分类是后面几个章节讨论森林政策和土地所有者行为的基础。

森林发展的三个阶段是静态的概念。下一章中,我们将引入森林中生物成长和区域经济中可用技术进步的长期影响,从而将单一区域市场的情形更加全面地描述出来。

我们还讨论了为描述特定地区的状况而对模型进行的一些必要的修正。多样产品、多重等级和地形多样性造就了森林的多样性,这些多样性被 Schneider et al. (2002) 称为"非固定"边界。本章介绍的森林的三个发展阶段追踪了非固定边界的出现,森林的多重价值和多样的地理特性意味着森林的物理边界并不是固定的。对应三个阶段的发展模式,不同森林经济活动的边界也是不同的,一些活动会延续到距离市场更远、更加分散的天然林区之中,远远超过其他经济活动的边界。[①]

此外,上文对模型的修正——引入多种林产品、非市场价值、产权的多重结构,以及异质性的景观——提醒我们要注意森林数据的不同测度以及衡量毁林与森林退化的不同标准。本章的附录将会细致地探讨这些数据问题。最重要的是要认识到,国家和世界层面的林业数据并不是基于经济变量而收集的。它们本身是物理性质的数据,与森林发展的三阶段模型或其他经济分析框架都无法直接搭上关系。因此,附录关注在处理任何林业经济问题时数据的合理性以及在利用国家或全球层面的林业数据得出经济、管理和政策时结论的严谨性。每一项具体的分析都要考虑自己的研究目标以及与之相关的树木和森林,还要注意数据缺失可能带来的偏差。并不是所有的森林或树木都与所有的政策问题相关,大多数国家的官方林业数据都会包含一些与很多问题不相关的森林和树木,但却忽略了其他一些和重要问题相关性很大的数据。

参考文献

Albers, H. 1996. Modeling ecological constraints on tropical forest man-

---

① 详见 Bowles et al. (1998) 和 Deininger and Minten (2002) 关于此观点的其他讨论。

agement: Special interdependence, uncertainty, and irreversibility. *Journal of Environmental Economics and Management*. 30:73—94.

Alchian, A., and H. Demsetz. 1973. The property rights paradigm. *Journal of Economic History*. 33: 17—27.

Alston, L., G. Libecap, and B. Mueller. 1999. *Titles, conflict, and land use: The Development of property rights and land reform on the Brazilian frontier*. Ann Arbor: University of Michigan Press.

Alston, L, G. Libecap, and B. Mueller. 2000. Land reform policies, the sources of violent conflict, and implications for deforestation in the Brazilian Amazon. *Journal of Environmental Economics and Management*. 39(2): 162—188.

Amacher, G., W. Hyde, W. Cruz, and D. Grebner. 1998. Environmental motivations for migration: Population pressure, poverty and deforestation in the Philippines. *Land Economics*. 74(1): 92—101.

Amacher, G., W. Hyde, and B. Joshee. 1993. Joint production and consumption in traditional households: Fuelwood and agricultural residues in two districts of Nepal. *Journal of Development Studies*. 30(1): 206—225.

Amacher, G., W. Hyde, and K. Kanel. 1999. Nepali fuelwood consumption and production: Regional and household distinctions, substitution, and successful intervention. *Journal of Development Studies*. 35(4): 138—163.

Anderson, T., and P. Hill. 1975. The evolution of property rights: A study of the American West. *Journal of Law and Economics*. 18(2): 163—179.

Angelsen, A. 2007. *Forest cover change in space and time: Combining von Thunen and forest transition theories*. Washington, DC: World Bank.

Asner, G., D. Knapp, G. Broadbent, P. Oliviera, M. Keller, and J. Silva. 2005. Selective logging in the Brazilian Amazon. *Science*. 310: 480—482.

Barnett, H. J., and C. Morse 1963. *Scarcity and growth: The economics of natural resource availability*. Baltimore, MD: The Johns Hopkins University Press.

Berck, P. 1979. The economics of timber: A renewable resource in the long run. *Bell Journal of Economics*. 10(1): 447—462.

Boeke, J. 1948. *The interests of the voiceless Far East*. Leiden, The Netherlands: Universitare Pers.

Boeke, J. 1953. *Economics and economic policy of dual societies*. New York: Institute of Pacific Relations.

Bowles, I., R. Rice, R. Mittermeier, and G. da Fonseca. 1998. Logging and tropical forest conservation. *Science*. 280: 1899—1900.

Bryant, D., D. Nielsen, and L. Tangley. 1997. *The last frontier forests: Ecosystems and economies on the edge*. Washington, DC: World Resources Institute.

Chomitz, K., and C. Griffiths. 2001. An economic analysis and simulation of woodfuel management in the Sahel. *Environment and Resource Economics*. 19: 285—304.

Clarke, H. R., W. J. Reed, and R. M. Shrestha. 1993. Optimal enforcement of property rights on developing country forests subject to illegal logging. *Resource and Energy Economics*. 15: 271—293.

Chomitz, K., and D. Gray. 1996. Roads, land use, and deforestation: A spatial model applied to Belize. *World Bank Economic Review*. 10(3): 487—512.

Coase, R. 1937. The nature of the firm. *Economica* (New Series). 16: 386—405.

Contrcras-Hermosilla, A. 2001. *Forest law compliance: An overview*. Rome: Food and Agricultural Organization of the UN.

Demsetz, H. 1967. Toward a theory of property rights. *American Economic Review*. 57(2): 347—359.

Deininger, K., and R. Minten. 2002. Determinants of deforestation and the economics of protection: An application to Mexico. *American Journal of Agricultural Economics*. 84(3): 943—960.

Escobal, J., and U. Aldana. 2003. Are nontimber forest products the antidotes to rainforest degradation in Madre de Dios, Peru. *World Development*. 31(11): 1873—1877.

Finish Forestry Research Institute. 2000. *Finnish statistical yearbook of forestry*. Helsinki: Finish Forestry Research Institute.

Food and Agriculture Organization of the United Nations (FAO). 1995. *Forest resource assessment 1990: Global synthesis*. Rome: Food and Agriculture Organization of the United Nations.

Food and Agriculture Organization of the United Nations. 1998. *Global fibre supply model*, http://www.fao.org/docrep/006/x0105e/x 0105e00.htm (accessed April 7, 2004).

Food and Agriculture Organization of the United Nations. 2001a. *Global forest resources assessment 2000*. Forestry paper 140. Rome: Food and Agriculture Organization of the United Nations.

Food and Agriculture Organization of the United Nations. 2001b. *Comparison of forest area and forest area change estimates derived from FRA 1990 and FRA 2000*. Forest Resources Assessment Programme working paper 59. Rome: Food and Agriculture Organization of the United Nations.

Fortmann, L., and J. Bruce (Eds.). 1988. *Whose trees? Proprietary dimensions of forestry*. Boulder, CO: Westview Press.

Foster, A., M. Rosenzweig, and J. Behrman. 1997. *Population and deforestation: Management of village common land in India*. Unpublished manuscript, Department of Economics, University of Pennsylvania, Philadelphia.

Furnival, J. 1939. *Netherlands India: A study of rural economy*. Cambridge, UK: Cambridge University Press.

Furnival, J. 1948. *Colonial policy and practice: A comparative study of Burma and Netherlands India*. Cambridge, UK: Cambridge University Press.

Garrity, D. 1995. Agroforestation: Getting smallholders involved in reforestation—market driven smallholder timber production on the frontier. In A. Tampubolon, A. Otsamo, J. Kuusipalo, and H. Jaskari (eds.), *From grassland to forest: Profitable and sustainable reforestation of Alang-Alang Grasslands in Indonesia*. Jakarta, Indonesia: Enso Forest Development Oy Ltd., pp. 109—112.

Ginsberg, N. 1973. From colonialism to national development: Geographical perspectives on patterns and policies. *Annals of the Association of Geographers*. 63(1): 1—21.

Government of Indonesia, Ministry of Forestry and Estate Crops. 1997. *Statistical estate crops of Indonesia*, 1996—98. Jakarta, Indonesia: DG of Estate Crops.

Gullison, R., S. Panfil, J. Strouse, and S. Hubbell. 1996. Ecology and management of mahogany (Swietenia macrophylla King) in the Chimanes Forest, Beni, Bolivia. *Botanical Journal of the Linnean Society*. 122(1): 9—34.

Gunatilake, H. 2007. *Efficient technology and the conservation of natural forests: Evidence from Sri Lanka*. ERD working paper 105, Asian Development Bank.

Hammett, A., and J. Chamberlain. 1998. Sustainable use of non-traditional forest products: Alternative forest-based income opportunities. *Proceedings, Natural Resource Income Opportunities on Private Lands*. pp. 141—147.

Hecht, S., S. Kandel, I. Gomes, N. Cuellar, and H. Rosa. 2006. Globalization, forest recovery, and environmental politics in El Salvador. *World Development*. 34(2): 308—323.

Heydir, L. 1999. Population-environment dynamics in Lahat: Deforestation in a regency of South Sumatra province, Indonesia. In B. Baudot and W. Moomaw, eds., *People and their planet*. New York: St. Martin's Press. pp. 91—107.

Hofstad, O. 1997. Deforestation by charcoal supply to Dar es Salaam. *Journal of Environmental Economics and Management*. 33(1): 17—32.

Hyde, W., and J. Seve. 1993. The economic role of wood products in tropical deforestation: The severe experience of Malawi. *Forest Ecology and Management*. 57(2): 283—300.

Jodha, N. 2000. Common property resources and the dynamics of rural poverty: Field evidence from the dry regions of India. In W. Hyde, G. Amacher, and colleagues, *Economics of forestry and rural development: An empirical introduction from Asia*. Ann Arbor: University of Michigan Press. pp. 181—202.

Johnson, R., and G. Libecap 1980. Efficient markets and Great lakes timber: A conservation issue reexamined. *Explorations of Economic History*. 17: 372—385.

Lanly, J-P. 2003. *Deforestation and forest degradation factors*. Paper presented at XII World Forestry Congress. Quebec City, Canada. September 23.

Linde-Rahr. M. 2005. Extractive non-timber forestry and agriculture in rural Vietnam *Environment and Development Economics*. 10: 363—379.

Long, A., and N. Johnson. 1981. Forest plantations in Kalimantan, Indonesia. F. Mergen, ed., *International Symposium on Tropical Forests*. New Haven, CT: Yale School of Forestry and Environmental Studies.

Lopez, R. 1998. The tragedy of the commons in Cote d'Ivoire agriculture: Empirical evidence and implications for evaluating trade policies. *World Bank Economic Review*. 12(1): 105—132.

McLean, S. 2002. *Welcome home: Travels in Smalltown Canada*. New York: Penguin.

Mendoza, M. 2003. Timber thieves in the U. S. saw forests for the trees. *Denver Post* (May 18) p. 9A.

Muller, D., and M. Zeller. 2002. Land use dynamics in the Central Highlands of Vietnam: A spatial model combining village survey data with satellite imagery interpretation. *Agricultural Economics*. 27(3): 333—354.

Nail, P. K. R. 1993. *An Introduction to Agroforestry*. Dordrecht, The Netherlands: Kluwer Academic.

National Remote Sensing Agency (NRSA). 1995. *Report on area statistics of landuse/land cover generated by using remote sensing techniques*. Hyderabad, India: Department of Space, National Remote Sensing Agency.

North, D. 1990. *Institutions, institutional change and economic performance*. Cambridge, UK: Cambridge University Press.

Peluso, N. 1996. Fruit trees and family trees in an anthropogenic forest: Ethics, access, property zones, and environmental change in Indonesia. *Comparative Studies of Society and History*. 38: 510—548.

People's Republic of China. State Forest Administration. 2001. *China's forest resource statistics*. Beijing: China's Forestry Press.

Pfaff, A. 1999. What drives deforestation in the Brazilian Amazon? Evidence from satellite and socioeconomic data. *Journal of Environmental Economies and Management*. 37: 23—43.

Richter, C. 1966. *The trees*. Athens: Ohio University Press.

Robinson, E. 2008. India's disappearing common lands: Fuzzy boundaries, encroachment, and evolving property rights. *Land Economics*. 84: 409—422.

Robinson, E., H. Albers, and J. Williams. 2008. Spacial and temporal modeling of community non-timber forest extraction. *Journal of Environmental Economics and Management*. 56: 234—245.

Robinson, E., J. Williams, and H. Albers. 2002. The influence of markets and policy on special patterns of non-timber forest product extraction. *Land Economics*. 78: 260—271.

Ruiz-Perez, M. O., Ndoye, A. Eyebe, and A. Puntodewo. 2001. *Spatial characterization of non-timber forest products markets in the humid forest zone of Cameroon*. Unpublished manuscript. Center for International Forestry Research, Bogor, Indonesia.

Ruiz-Perez, M., and N. Byron. 1999. A methodology to analyze divergent case studies of non-timber forest products and their development potential. *Forest Science*. 45(1): 1—14.

Samuelson, P. 1983. Thunen at two hundred. *Journal of Economic Literature*. 21(4): 1468—1488.

Scherr, S. 1995. Economic factors in farmer adoption of agroforestry: Patterns observed in western Kenya. *World Development*. 23(5): 787—804.

Schneider, R., E. Arima, A. Verissimo, C. Souza, and P. Barreto. 2002. *Sustainable Amazon*. World Bank technical paper no. 515. Washington, DC: World Bank.

Sedjo, R. 1994. *The potential of high-yield plantation forestry for meeting timber needs: Recent performance and future potentials*. Resources for the Future discussion paper 95—08. Washington, DC: Resources for the Future.

Seneca Creek Associates, LLC and Wood Resources International. 2004. *"Illegal" logging and global wood markets: The competitive impacts on the U. S. wood products industry*. A report prepared for the American Forest and Paper Association. Poolesville, MD: Seneca Creek Associates, LLC and Wood Resources International.

Shively, G. 1998. Economic policies and the environment: Tree planting on low income farms in the Philippines. *Environment and Development Economics*. 3(1): 83—104.

Sizer, N. 2005. Halting the theft of Asia's forests. *Far Eastern Economic Review*. 168(5): 50—53.

Smith, W. 2002. The global problem of illegal logging. *Tropical Forest*

Update. 12(1): 3—5.

Stevens, S. 1988. Sacred and profaned Himalayas. *Natural History*. 97(1): 26—35.

Stein, T. 2001. Savings grow on trees along Front Range. *Denver Post* (April 18) 1A, 9A.

Stone, S. 1997. Economic trends in the timber industry of Amazonia: Survey results from Para state, 1990—95. *Journal of Developing Areas*. 32: 97—122.

Stone, S. 1998. The timber industry along an aging frontier: The case of Paragominas (1990—1995). *World Development*. 26(3): 433—448.

Tacconi, L., M. Boscola, and D. Black. 2003. *National and international policies to control illegal forest activities: A report to the Ministry of Foreign Affairs, Government of Japan*. Bogor, Indonesia: Center for International Forestry Research.

Tachibana, T., T. Nguyen, and K. Otsuka. 2001. Agricultural intensification versus extensification: A case study of deforestation in the northern-hill region of Vietnam. *Journal of Environmental Economics and Management*. 41(1): 44—69.

Templeton, S., and S. Scherr. 1999. Effects of demographic and related microeconomic change on land quality in hills and mountains of developing countries. *World Development*. 27(6): 903—918.

Timber thieves make away with leafy bounty. 2007. (December 30, 2007). http://www.cnn.com/2007/US/12/30/stealing.trees.ap/index.html?eref=rss_topstories (accessed January 15, 2008).

Tomich, T., M. van Noordwijk, S. Budidarsono, A. Gillison, T. Kusumanto, D. Murdiyarso, F. Stolle, and A. Fagi,(eds.). 1998. *Alternatives to slash-and-burn in Indonesia: Summary report and synthesis of phase II*. ASB-Indonesia Report No. 8. Bogor, Indonesia: ASB-Indonesia and International Center for Research in Agroforestry.

Tomich, T., M van Noordwijk, D. Murdiyarso, F. Stolle, and A. Fagi. 2001. Agricultural intensification, deforestation, and the environment. In D. Lee and C. Barrett (eds.) *Tradeoffs or synergies? Agricultural intensification, economic development, and the environment*. Wallingford, UK: CAP International. 221—244.

UK/Forestry Commission. 2001. Forestry Statistics 2001. Edinburgh. Also http://www.forestry.gov.uk/pdf/forestrystatistics2001.pdf/$FILE/forestrystatistics2001.pdf

USDA Forest Service. 2005. USDA Forest Service Forest Inventory and Analysis, http://apps.fs.fed.us/fiadb-downloads/datamart.html (accessed March 5, 2008).

Viana, V. M., R. Mello, L. deMorais, and N. Mendes. 1996. *Ecology and management of Brazil nut populations in extractive reserves in Xapuri, Acre*. Unpublished research paper. Department of Ecology, University of Sao Paolo.

von Amsberg, J. 1996. *Economic parameters of deforestation*. World Bank Policy Research Working Paper no. 1350. Washington, DC: World Bank.

Wood, S., K. Sebastian, and S. Scherr. 2000. *Pilot assessment of global ecosystems: Agroecosystems*. Washington, DC: World Resources Institute and International Food Policy Research Institute.

World Bank. 2003. *Sustaining forests: A World Bank strategy*. Washington, DC: The World Bank.

Yin, R., and W. Hyde. 2000. The impact of agroforestry on agricultural productivity: The case of northern China. *Agroforestry Systems*. 50: 179—194.

Yin, R., and R. Sedjo. 2001. Is this the age of intensive management? A study of Loblolly pine on Georgia's Piedmont. *Journal of Forestry*. 99(12): 10—17.

Young, C. 2003. Land tenure, poverty and deforestation in the Brazilian Amazon. Unpublished research paper available from the author at young@ie.ufrj.br.

Zhang, Y., J. Uusivuori, and Y. Kuuluvainen. 2000. Econometric analysis of the causes of forest land use changes in Hainan, China. *Canadian Journal of Forest Research*. 30(1): 1—9.

第 2 章 经济发展过程中的林业模式

附录 2A

2A.1 林业数据

用于经济分析的基础数据是价格和数量。此外,在自然资源系统(如森林)的生产活动的经济分析中,还广泛利用资源蓄积这一数据,因为今天的蓄积可以被视为储存在自然仓库中的存货,可于未来某个时期在市场上进行交易。本附录会逐步讨论价格、数量以及蓄积数据。

2A.1.1 价格和数量数据

理想的价格和数量数据应该基于完全市场并且能完全反映所分析问题的全部林业相关产品及服务的市场交易。显然,这个想法不切实际。事实上,一些森林产生的非市场产品本身就缺乏交易证据。广泛的数据只存在于多种商业林产品中的一类——木材,但木材的交易数据甚至都有缺陷。

林业中最常见的交易证据是指在三个不同交易时点的商品材。

- "立木"指的是那些可以砍伐却还未砍伐的立木及其价格。
- "原木"和"纸浆木材"指的是那些已经被砍伐、滚动或运输到路边,堆放准备装运送到锯材厂、单板厂、胶合板厂或造纸厂的立木。"原木"一词还可以指那些被运输的木材。对于伐木工和工厂管理者而言,堆放在路边的原木和被运往工厂的原木的区别是很明显的,但是在文献分析中并不是区分得很明确。("圆木"是原木和纸浆木材的蓄积组合。)
- "锯材"和"纸浆"指的是在生产伐木或纸张的过程中,第一道加工程序中的中间产品。"商品纸浆"指的是那些卖给其他造纸商的纸浆,而不是留存在整合纸浆和纸张制造的纵向一体化生产者的生产过程中的纸浆。

因此,立木、原木或纸浆木材,以及锯材或商品纸浆都各自代表伐木和木制品生产或纸张和卡纸生产中的一种中间产出品,并且每一种都暗含了其进行市场交易时所处的位置。

问题

市场交易地点的一致性对于比较不同时期或不同市场上任意两个相似产品十分重要。市场交易的位置对于立木和原木或纸浆木材尤其重要,因为比较这些产品可以发现运输成本是存在差异的,而运输成本在交易价格中占很大比例,与其他大多数产品或服务相比,这个比例大得惊人。举例而言,三个不同市场的原木价格可以用图 2.1—图 2.5 所示的森林发展的三个阶段来表示。在所有三个图中，从天然林中采伐的原木如果在点 D 附近的路边进行售卖，那么大多都是相似的低价。然而，这些原木在工厂会以不同的交易价格进行出售，这是由于在其他条件相同的情况下，运输到工厂的距离有所不同，因此，图 2.3 所示的发展中的边界市场的运输成本比起图 2.1A 所示的新边界市场的运输成本会更高，也比图 2.5 中所描述的成熟市场经济中面临的运输成本更高。

在 $B'B''$ 附近的施业林道路边的立木或原木比在点 D 处的天然林边界的立木或原木对工厂的价值更高，因此成熟林经济中的市场比较更为复杂，即使这两处的立木或原木可能没有任何物理属性上的差异。两地原木价格的差异在于从天然林运输立木或原木的运输成本更高，任何忽略运输成本差异的市场比较对土地所有者和工厂主而言都是毫无用处的。此外，对两地的价格取平均具有欺骗性，因为这不能代表这两个森林中任一森林的产品情况。

因此，在任何时刻对不同市场或同一个市场不同时间的原木或立木价格进行简单比较，并不能很有意义地反映木材的稀缺价值。有意义的比较需要考虑位置（运输成本）的调整。比较纸浆木材价格也面临着同样的问题，因此也要有相似的调整。

第一个解决方法

对这个问题最优的解决方法是使用工厂的原木或纸浆木材的交货价格（delivered prices），即图 2.1—图 2.5 中的点 A 对应的价格。交货价格代表了不同市场不同时间具有可比性的位置上具有可比性的产品。交货价格包含运输成本，因此该价格才真正度量了林地位置的距离和砍伐难度增加所导致的物质上和经济上的稀缺性。然而在大部分国家，市场价格引用了立木的价格或者路旁准备装运的原木价格，交货价格在市场报告中非常罕见。

这个问题究竟有多重要呢？我们可以通过搜集同时存在立木或路旁原木和交货原木的地点的价格数据，并观测比较两个价格随着时间变化的趋势来检验其实证相关性。在修正了工厂交货原木和立木或路旁原木的时间滞后效应后，价格之间的差异应该完全可以由地点的差异来解释。因为收获和砍伐地点不断变化导致立木和路边原木的位置也随着时间变化，所以立木或路边原木价格不会与交货价格随时间同步变化。

但是，如果两个价格趋势出乎意料地一同变化，那么地点和运输成本造成的差异就不是导致基础木材资源相对稀缺性变化的关键因素，一定有其他没被考虑的成本是交货原木和立木价格的主要决定因素。在这种情况下，分析相对稀缺性时，我们可以使用路边原木或立木价格代表交货原木价格。

因为交货价格的趋势无法获得，Toppinen (1997)、Jung, Krutilla and Boyd (1997) 以及 Sun and Zhang (2006) 分别通过对比芬兰、美国太平洋西北部

第 2 章　经济发展过程中的林业模式

和美国南部的立木和木材价格的跨期变动,验证这些价格趋势一起变动的假说。(注意交货原木价格比木材价格早一个生产阶段)。这三个地区的评估结果都不能论证立木价格是木材价格的重要预测因子。[1] 因此,由于在评估中锯材厂成本和木材价格在更短的时间内一定遵循相似的模式,那么位置的不同或砍伐及运输成本(扣除锯材厂成本后的残余)的不同一定是造成差异的重要根源,正如我们所说的,这些问题仍然存在。

Barnett and Morse(1963)在关于美国自然资源稀缺性的经典研究中识别了地点和运输成本问题。他们拥有其他主要资源的价格趋势数据,但是林业方面他们只能依赖于木材和纸浆木材的价格。他们注意到超过一个世纪的时间里木材的相对价格一直在上升,但他们对于这表明基础木材资源的稀缺性增加的结论比较犹豫。这是考虑到① 他们还观测到纸浆木材的相对价格下降,而且纸浆木材价格也受到运输成本的影响;② 木材是一种还包括了其他木材加工成本的次生产品,而这些成本与初级产品无关。因此,Barnett 和 Morse 不能够搜集到木材作为原材料时随着时间或空间变化具有可比性的价格,所以他们不能解决这个问题。[2]

第二个解决方法

当交货价格或能够合理代表交货价格的指标缺失时,这个问题该如何解决?第二个解决方法就是在所报告立木价格的基础上增加估计的采伐和运输成本,从而获取工厂的原木或纸浆木材价格估计值。这个方法要求很多独立计算,包含各个市场各个时期的各个立木销售位置的计算。这或许是一种地方性案例研究的可接受的方法,也是林业咨询人士、工厂主和伐木工人在自身所在地区市场分清状况常用的计算方法。然而,大量的计算使得这个方法对绝大多数规模更大的政策分析而言是不可取的。

事实上,寻找一个完全令人满意的方法从而能够应用于大规模的跨期或跨市场的价格(或其他更好的经济稀缺性的测量方法)比较,仍是林业政策分析中的难点。

---

[1] 更准确地说,Toppinen 发现即使调整了自变量的各种时间滞后效应,出口木材价格和国内锯材价格都不能统计显著地预测芬兰的其他价格。(出口消耗了芬兰近 70% 的木材产量(FRI,2000)。)Jung 等发现美国太平洋西北部的立木、原木与木材价格都没有同期共同变化。Sun 和 Zhang 发现美国南部的立木或木材交货价格也没有共同变化。(用计量经济学术语来说,这些价格中的任意两个都不是协整的)。Buongiorno(私人通信,2000 年 3 月 14 日)发现了相似的结果,立木价格不是预测现在或将来美国太平洋西北部的木材价格的重要因子。

[2] Lyon(1981)也检验了美国木材价格的增加,而且和本书所做的一样,将其与不同时期的自然林采伐进行关联。

2A.1.2 实物蓄积的度量

个体土地所有者会对自己所拥有的森林蓄积进行调查,但是他们的信息是个人所有的,而且对其他土地所有者或工厂主的规划活动或政策研究而言这一般都是难以获得的。大部分政府都对森林蓄积进行更大范围的地区或是全国性的测算,这个信息是可供公众使用的。这些政府调查常被称为森林资源评估(forest resource assessments,FRAs)。就像市场价格和数量数据,森林资源评估有很强的商品材导向。①

森林资源评估常需要收集关于土地利用以及森林覆盖率四个属性(面积、行宽、树高和林冠覆盖率)中的一个或多个信息。② 表 2A.1 展示了一个包含 128 个国家的样本中有多少个国家分别依赖于一个或多个上述属性的阈值标准来给出其关于"森林"的官方定义。③ 这个表格也列出了各个属性的阈值范围。巴布亚新几内亚的森林分类最小面积是捷克共和国最小面积的 10 000 倍。津巴布韦的森林分类的最小林冠百分比是伊朗的 80 倍。④ 很显然,各个国家森林资源评估的标准千差万别,有意义的国际比较最好保留一定的不确定性讨论。联合国粮农组织是拥有各个国家森林资源评估数据的国际资源库。联合国粮农组织会在收到这些国家的数据后及时公布(FAO,2001)。因此,基于这些汇总数据的有意义的国际比较也留有一定的不确定性。

此外,通过一些推荐的阈值,如表中最后一列所示的联合国粮农组织推荐的标准,试图标准化不同的国际数据仍有难度。在 2002 年,联合国粮农组织的 128 个样本中就有 65 个的森林资源评估不满足联合国粮农组织的任何阈值标准。基于此,联合国粮农组织正在推动整合国家森林资源评估与卫星影像、专家意见以及已发表的科学分析工作,以建立一个国家森林账户的标准体系。在 1990—2000 年,这个进展被用在联合国粮农组织关于森林面积的国际比较方面(FAO,2001 ch.46;2001a)。然而,想要建立一套可供比较的国际账户还需要大量的努力与工作。

---

① Janz and Persson(2002) 从专业评估者的角度对林业资源评估中的问题进行了回顾。他们观察到的现象与本附录中的基本一致。
② 这一段与下面两段内容是由与 G.Lund(2000)的私人讨论及他的调查报告(Lund,2000)总结而成。
③ 一些国家使用完全不同的指导准则。例如菲律宾的官方林业统计数据中包含了所有坡度大于 18 度的地块。一些北欧国家认为林地就是任何能在一年里长出一立方米以上木材的地块。此外,大部分国家在进行森林资源评估时都不统计种有树木的农地信息,即使它们符合森林的官方阈值定义。这也就意味着大部分国家的森林资源评估中不包含园艺作物、棕榈作物、一些小块林地和混农林系统中的树木。
④ 一个国家内的不同政府机构会使问题变得复杂。例如,美国联邦政府的十个政府机构在定义"森林"时各自使用不同的属性和最小值标准。

表 2A.1　各个国家和地区林木蓄积定义的特征阈值

森林属性	使用该属性划分标准的国家数量	最小值		最大值		众数	均值	联合国粮农组织2000年森林资源评估
		数值	国家/地区	数值	国家/地区			
面积（公顷）	40	0.01	捷克	100	巴布亚新几内亚	0.1或0.5	3.4	0.5
行宽（米）	20	9	比利时	50	中国台湾地区	20	27.6	20
树高（米）	33	1.3	爱沙尼亚	15	津巴布韦	5	5.7	5
林冠覆盖（%）	54	1	伊朗	80	津巴布韦	10	27.6	10

数据来源：整理自 Lund(2000)。

在每个国家，森林清查专家使用国家标准阈值和一系列从地面采样到卫星影像的技术，作为即时测量立木森林面积或材积的基础。当后续阶段性更新测算结果时，他们一般更倾向于在相同的样本点上重新使用相同的标准进行测算。这样，他们创造了具有可比性实物数据的连续森林清查（continuous forest inventories，CFIs）。森林资源评估的成本昂贵，因此，森林资源评估不能经常开展且没有任何国家的连续森林清查数据包含多期的观测值。北欧国家在20世纪20年代开始开展官方清查，到2004年他们也只完成了七到八份的森林资源评估。美国自20世纪30年代开始官方森林清查，到2000年也只完成了五份森林资源评估。（现在美国林务局每年都会更新报告。）意大利至今只完成了一份森林资源评估，还是在20世纪80年代完成的。中国已经完成了六份森林资源评估，但是中国在第五次评估中更改了森林覆盖率的标准，所以中国第五份和第六份的森林资源评估与前四份评估不具有严谨的可比性。全球对林业的关注从毁林向热带地区转变。但截至2000年，90个热带国家中仍只有21个国家开展过一次以上的森林资源评估。[①]

问题

显然，如果用于比较的国家数据基础之间存在很大的分歧，或者跨期的观测数据缺少时，那么毁林、增长的蓄积或其他任何数据的相对变化率都必须谨慎、适度考虑后才可以接受。对很多只向联合国粮农组织提供一期或少数几期跨期森林清查的国家而言，有意义的估计往往是更加困难的。

更为不幸的是，对经济分析而言，森林清查数据的问题不止于此。还有第三个问题：森林资源评估中的实物数据不能代表经济蓄积。事实上，即使在任

---

① Morris，Mulcauley and Sedjo（2010）持有的部分观点与本文相同。

何特定的森林资源评估当期中,实物蓄积数据也不能很好地代表国家的经济森林蓄积。此外,估计实物蓄积的最小阈值一成不变意味着连续森林清查数据不能将应对动态经济系统的长期技术变化纳入考量。因此,森林蓄积的实物和经济度量间的差异会随着新调查的变化而变化。接下来我们依次考虑以上所有的论点。

使用实物存量数据来代表静态经济蓄积的错误可以从图2.5中成熟经济林的部分形象地体现出来。第一,实物存量包括所有超出边界点D,即满足国家测算阈值的成熟天然林。第二,实物存量也包括那些位于点B与点D之间满足国家对"森林"定义的阈值标准的退化森林。这两种类别的森林存量的大部分都不具有经济性。第三,实物存量也包含了$B'B''$区域代表的人工林和施业林分,当然这些树木都具有经济性。然而,一些长在城市公园和住宅区域的树木、农地上长有的少数树木、防风林、混农林区的树木通常都被排除在外,而这些树木也为林产品和生态系统服务提供经济性产出。

当把所有这些原因考虑进来,使用官方国家森林清查数据作为经济性测量指标所产生的误差的符号与大小都会随着市场的不同、国家的不同以及统计时期的不同而发生变化。误差大小的变化在一些情况下是至关重要的。例如,没有出现在官方调查中的农户和家户种植的树木占南亚和东南亚薪材市场的65%—85%(FAO RWEDP,2000)。这意味着这些国家的森林存量官方测算一直低估了其经济性的供应量。[①] 相反,像美国、加拿大、喀麦隆、巴西和俄罗斯等国家在内陆有大量的非经济性森林实物蓄积,实物蓄积的官方测算会严重高估其经济性的供应量。

连续森林清查的阈值标准一成不变的性质加重了实物蓄积和经济蓄积的不确定差异。不变的实物标准会使得任何的经济有效性检验都失效,因为经济存量会随着价格上升或下降而变化。例如,在20世纪90年代前期,美国太平洋西北部的花旗松地区的立木价格涨了两倍多。毫无疑问,伐木工人会愿意深入到原先较难进入的区域砍伐木材,因为当期木材价格远高于前期的价格。在不列颠哥伦比亚地区,短期的价格供给弹性能高达7—8,这意味着伐木工人可以迅速扩张他们的砍伐区域至原本非经济蓄积的地区以应对价格的提高。[②]

森林经济蓄积还会随着砍伐和加工技术的提高而增加,也会随着道路延伸至更远的边界而增加。为了更深入理解这一点的重要性,可以考虑美国砍伐技术变化的例子。当美国在20世纪30年代开展第一次官方调查时,美国西部一

---

① 搜集森林外分散树木的数据的方法是已知的,一些地方森林清查包含了此类信息(Singh,2001;Pandey,2000)。

② 私人通信,D. Haley,University of British. Columbia,July 15,2001。

些地方的工厂可接受的最小尺寸的原木至少长为32尺(9.75米)。但到了20世纪80年代,在全国所有区域加工的多为8尺(2.4米)的原木。然而,美国关于"商品"森林清查的标准一直没有变过。在1970年至今的这段较短的时期内,至少山杨、桤木和西部铁杉三个树种的经济地位从不可生产的树种转变为有价值的树种。但是在过去的40年里,美国官方森林清查中关于测算这些树种的材积和面积的标准都没有修改过。

最后一个问题是森林蓄积的实物估计量不是为了衡量森林的其他非木材价值的指标而设计的。[①] 森林在保护流域价值、森林游憩、野生动植物和鱼类等方面的作用很明确,但其在薪材、保护生物多样性以及碳封存能力等依赖于树木自身方面的价值也应该是明确的。大部分薪材都来自树木和木本植物,但其因为量太少而没有被计入森林蓄积的估计中。在森林的官方统计中,被选择为单一物种提供栖息地的区域与至关重要的生物多样性联系最为紧密。这些区域大部分位于天然林未开发的地区,对应图中超过边界和点 D 右侧的区域。官方森林测算并不能很好地指代栖息地的生物多样性程度,因为官方统计中包含了大比例的人工林、退化森林以及天然林,这些不能为濒危生物多样性的保护提供很大的支持。

另外,所有的树木都能固定碳,包括果树、居民区的遮阴树木、在大部分农村地区田边和路边的树木,也包括那些位于林区内,但没有达到国家森林资源评估实物测算标准最小阈值的树木。美国新泽西州和印度尼西亚爪哇岛的情况都说明了这一点。新泽西和爪哇岛都是人口众多的地方,而且它们往往也不会被认为有很高的森林覆盖率。但这两块土地的树木覆盖率都高达70%,不过分别只有38%和24%的地块满足官方森林资源评估标准中的最低阈值(USDA Forest Service, 2005; GOI/MFEC, 1998)。另一个例子是印度面积大于一公顷的、不计入官方森林清查的林地占其森林总面积的13%。小于一公顷的林地面积创造了另一个增量。在印度一些地区,这些小地块上的林木面积总和比官方调查还要多。[②] 新泽西、爪哇岛和印度实际林地覆盖面积与官方统计森林调查之间的差异不仅会在这三个国家的其他地区出现,还会在世界上的其他国家出现。若忽略官方森林清查未统计的森林覆盖率,在分析碳封存时就会出现低估,甚至可能会严重低估。对任何两个时期之间变化的估计可能更不准确,因为树木材积最大量的增长可能发生在不被纳入官方统计范围的树木中。

---

① 林业调查专家自20世纪80年代开始讨论多资源评估法(multiple resource assessments, MRAs)。多资源评估法包含木材资源和非木材资源。到2003年,只有6个国家开展过一次及以上的多资源评估调查,但木材资源仍是这些调查评估的主要关注点。

② 私人通信, J. K. Rawat, Director, Forest Survey of India, September 21, 2003。

因此，立木蓄积的官方测算并不是一个描述薪材、生物多样性和碳封存趋势变化的好指标，甚至这些趋势指标的偏差方向都受到质疑。总而言之，立木蓄积的官方测算只是工业级别木材实物测算的一个指标，对经济价值而言并不是一个可靠的尺度。

解决方法

经济研究青睐的解决方法是修正实物蓄积的估计值，将供给的经济特点和实物特点结合，并在测量供给时考虑其特定的社会价值。

Krutilla, Xu, Barnes and Hyde(2000)提供了一个案例，并且提出了一个由于使用未经修正的实物蓄积而导致误差的指标。Krutilla et al. (2000)对所有可消费林产品的原材料的经济供给很感兴趣。他们在一开始使用卫星影像数据作为计算森林生物量的基础，并且根据道路密度、地形和水分来调整生物量测算，以此修正实物蓄积与经济供给的差异。（一般而言，人类更难使用更为陡峭和更为湿润地区的森林资源。）他们的修正解释了评估中 8 个热带国家的 31 个城市在 300 英里(480 千米)半径内森林蓄积差异的 40%。8 个国家的政策和制度差异只能解释不超过 20%的差异。显而易见的是，测量方法、基础设施和地形都是至关重要的。这些变量主要影响样本中国家之间所有政策和制度的差异。

第一个方法更适合解决一个市场或小区域的森林经营或政策分析问题。事实上，美国南部的林业咨询师们常根据地形、道路通道等地区特点区分手中持有的木材销售数据。对于地域综合分析，如 Krutiila et al. (2000)对多个国家的 31 个区域市场进行评估，这些修正工作会消耗大量的财力和时间。

第二个方法可能更适合更广泛的政策分析，它按照反映经济可比性的蓄积标准区分各个国家的实物森林数据，然后独立评估各个国家群组。一个群组所包含的地区或国家的全部自然蓄积均是经济的，而其他群组反映的经济与自然蓄积的比率可能是下降的。

在第二个方法中，为了更好地将国家划分到各个群组，就要求对每种蓄积的关键经济变量的地理敏感性和自然敏感性作基础评估。尽管这个方法可能不需要像第一个方法那么耗时和耗财，但仍需要消耗大量的资源进行分析。此外，即使在同一个地区或国家，每一个时期的新的蓄积都需要重复基础评估工作。这是因为对于大部分国家的森林蓄积，当地的经济条件和基础设施每 6—10 年就会发生变化，尽管连续森林清查有责任按照不变的实物标准报告森林存量。

第三个方法适用于更广泛的政策分析，它利用合适的地区案例的实证证据从严格的理论和良好的常识直觉来论证。幸运的是，很多地区案例研究确实存

第 2 章 经济发展过程中的林业模式

在,在本书中就引用了其中一些案例。对特定问题选择合适的案例要基于人类对森林需求的可比性以及实物森林清查的最低标准的经济可比性。最后,这个方法还要求根据研究中的政策或管理问题选择不同的森林材积和森林面积经济性标准,即使是在同一个国家内。正如我们所看到的,即使在一个国家内,为了木材评估的经济性森林调查与为了生物多样性的评估也是不同的,而且与为了碳封存等问题而进行的评估也不同。

最后一个方法常用于一些国际比较,主要依赖于国家森林蓄积测算的变化率。FAO(2001a)和 Bhattarai and Hammig(2001)在比较毁林速率时就使用了这个方法。因为变化率不依赖于实物单位,所以这个方法只要求样本中每个国家两个时段的度量具有可比性,不要求国家间的实物标准具有可比性。只要国际样本中包含众多拥有重要森林的国家,而且这些国家至少已经完成了两次森林资源评估,那么就可以成功使用这个方法。如果样本中不同国家不纳入统计的,存在于住宅周围、公园、栅栏、路边和混农林系统中的树木的变化率不同,那么这在一定程度上也会存在偏差。

总而言之,联合国粮农组织以及各个国家的林业机构不断更新国家和全球的森林清查信息。但是考虑到森林的经济价值不断变化的本质,一个让人满意的经济性调查似乎是不切实际的目标。对这些机构而言,定期更新实物数据是更为现实的目标。事实上,他们就是以此为目标的。然而,这也意味着在经济分析中使用这些森林清查数据时要十分谨慎。使用这些数据时,分析者有义务基于自己的研究目标来分析这套数据的优缺点。他们也有义务告知读者他们使用这套数据所引起的预期偏差的方向,以及由于使用的数据不是特定设计来解决文中所分析问题而引起的结果的不确定性。

参考文献

Barnett, H. J., and C. Morse. 1963. Scarcity and growth: The economics of natural resource availability. Baltimore, MD: The Johns Hopkins University Press.

Bhattarai, M., and M. Hammig. 2001. Institutions and the environmental Kuznets curve for deforestation: A crosscountry analysis for Latin America, Africa and Asia. *World Development* 29(6), 995—1010.

Food and Agriculture Organisation of the United Nations. 2001a. *Global forest resources assessment 2000*. Forestry Paper 140. Rome: Food and Agriculture Organization of the United Nations.

Food and Agriculture Organisation of the United Nations. 2001b. *Comparison of forest area and forest area change estimates derived from FRA*

1990 and FRA 2000. Forest Resources Assessment Programme working paper 59. Rome: Food and Agriculture Organisation of the United Nations.

Government of Indonesia, Ministry of Forestry and Estate Crops(GOI/MEFC). 1998. *1997—1998 Forest utilization statistical yearbook*. Jakarta: DG of Forest Utilization.

Krutilla, K., J. Xu, D. Barens, and W. Hyde. 2000. Estimate of economic supply from physical measures of the forest stock: An example from eight developing countries. In W. Hyde, G. Amacher, and colleagues, *Economics of forestry and rural development: An empirical introduction from Asia*. Ann Arbor: University of Michigan Press. pp. 103—120.

Lyon, K. 1981. Mining of the forest and the time path of the price of timber. *Journal of Environmental Economics and Management*. 8(4): 330—344.

Morris, D., M. Mulcauley, and R. Sedjo. 2010. Why we need accurate maps of the world's forests. *Resources*. 174: 25—28.

Janz, K., and R. Persson. 2002. *How to know more about forests? Supply and use of information for forest policy*. CIFOR Occasional paper no. 36. Bogor, Indonesia: Center for Forestry Research.

Jung, C., K. Krutilla, and R. Boyd. 1997. Aggregation bias in natural resource price composites: The forestry case. *Resource and Energy Economics*. 20(1): 65—73.

Lund, H. G. (coord.) 2000. Definitions of forest, deforestation, afforestation, and reforestation. Manassas, VA: Forest Information Services. http://home.comcast.net/~gyde/DEFpaper.htm (accessed October 9, 2008).

Pandey, D. 2000. Methodologies for estimating wood resources in South Asia. *Wood Energy News*. 15(1). FAO/RWEDP.

Singh, K. 2001. *Guidelines on national inventory of village forests*. Bogor, Indonesia: Center for International Forestry Research.

Sun, C., and D. Zhang. 2006. Timber harvesting margins in the southern United States: Temporal and spacial analysis. *Forest Science*. 52(3): 273—280.

Toppinnen, A. 1997. Testing for Granger causality in the Finnish roundwood market. *Silva Fennica* 31(2): 225—232.

USDA Forest Service. 2005. Forest Inventory and Analysis webpage: http://fia.fs.fed.us. (accessed March 5, 2008).

第3章 森林的长期发展

当林农们在讨论森林资源受到的长期影响时,通常都会关注生物生长。他们认为从采伐、更新和经营直到下一轮采伐的完整周期内,森林资源的所有元素都是可再生的。这与经济学家们的看法一致:长期是指在一个周期内,生产过程中的所有要素都可变,而树木本身也可以被取代。林农和经济学家的观点意味着,长期是指与成熟林或林分的林龄相关的周期,这些树木或林分已经可以砍伐并能够用新树苗替代了。这个周期对于一些薪材树种和混农林经营的树种可能只要3—5年,而对于许多商用材树种则可能需要20—75年以上才能进行最后的采伐。此外,某些森林甚至需要超过一百年的时间才足够成熟以维持某些特定的生物多样性。

当我们想到长周期时就会想到可持续的概念。事实上,林农们很快注意到了原生林和次生林的差异以及这些差异对可持续采伐带来的影响。通常最早被砍伐的是边界上的过熟林。大自然决定了这些森林的位置,而价格和进入与砍伐的经济成本决定了人们在什么时候进行采伐。原生林里的树木通常都比较古老,单株树木和单片林分的材积也比较大。

次生林来自在被砍伐过的原生林地上新生的树木。它们出现在人们比较容易到达的地方。在这些次生林中,有一些已经被人们管理起来。其他的次生林则都是在有限管理或开放进入区域自然更新的。价格、管理成本(针对施业林分)、树木的生物生长速度以及进入并砍伐森林的成本等诸多因素决定了次生林被砍伐时的林龄与材积都较小。由于原生林和次生林采伐材积上的潜在差异,林农们不得不考虑次生林的生长速率和大面积砍伐原生林存在的不可持续性,同时,林农们还要考虑转向小规模砍伐次生林所需要的调整周期,以及相应的规制管控或可允许的采伐水平来应对小规模砍伐的调整所需要的经营周期。

当经济学家考虑较长周期的生产活动时,他们会预期技术进步带来的重要影响。只要经过一个商用材轮伐期,技术进步就会随着周期产生巨大的影响。例如,20世纪的几十年内,美国整个经济的年平均技术进步率都在2.5%左右。[1] 按此速率,大约每29年生产力就可以翻一番。对于商品林而言,这意味着在以29年为一个周期的轮伐期内,消费者一年的需求量只需要实物采伐量的一半或者原来所需林地面积的一半即可满足。因此,技术进步对资源短缺和森林可持续性有巨大的影响。

事实上,技术进步对近年来的全球木材消费产生了不可忽略的影响。以纸制品生产为例,从1980年到2000年,纸浆和造纸业对全球工业圆木的消耗仅增长了10%,而纸制品的全球产量增长却十分迅速。同时期,木浆产量增长超过45%,而纸和纸板的全球产量增长了90%(FAO/UN,2005)。这就是说,木浆产量、纸和纸板的工业产出的增长量分别是其木材投入需求增长量的4.5倍和9倍。

当想起林业的技术进步的时候,我们常常会想到农业的绿色革命(Green Revolution)。我们已经知道绿色革命如何增加农业产量,也了解选种、育苗以及生物工程技术可以潜在地大大促进森林的增长和产量的提高。技术进步还能够通过提高更新、施肥、除草和疏伐等森林作业活动水平来影响森林经营。技术进步对林业的影响不仅能够改善树木及林分,还能够影响加工工业对于树种的偏好以及每棵被砍伐树木的可恢复部分的材积。技术进步甚至会影响人们对林产品生产用地的选择。

本章的第一部分通过介绍美国南方的经验来引入技术进步的话题。美国南方的林业从相对简单的采集工业开始,到现在其林业技术比世界其他地方更先进。美国南方林业在过去一个世纪经历了森林发展的三个阶段(如前章所述),也体现了技术进步的重大影响,而在众多技术进步之中,森林经营、木材增长和产出的技术进步相对较慢,木材砍伐和木材加工的技术进步较快。

紧接着,本章对一组影响森林和林业的技术进步进行讨论并检验这些技

---

[1] Solow(1957)和Denison(1962,1967)对于美国的技术进步和经济发展有经典的论述。Solow观察到1955年之前,87.5%的人均收入增长是来自技术进步,只有12.5%来自资本累积。Solow和整个经济学界所估计的2.5%是基于过程导向的技术进步。过程导向的技术进步必须伴随现有产品的改进。技术进步的另一个层面,即新产品的技术变化,对整个经济增长的贡献会随着时间推移越来越大。然而,迄今仍然没有好的方法可以估计产品导向的技术变化。因此,2.5%的估计值一定低估了技术进步对美国经济增长的全部贡献。

Scherer(1984)在1980年对此课题进行了一个全面的调查。Parry(1999)对自然资源工业的技术进步进行了评估(尽管他在对林产品的讨论中混淆了伐木和锯材工业)。

第 3 章 森林的长期发展

进步在森林发展的三个阶段的不同效应。最后,本章会对美国林业的技术进步的历史速率进行回顾,并将其与美国经济体系的其他部门的技术进步速率进行比较。显然,技术进步能够改善森林经营和木材增长,而林业技术进步的一个独特特点是其对木材砍伐区位和可恢复部分材积的影响大于对森林的实物增长量与产量的影响。我们会证明森林发展的三个阶段怎么解释这个结果以及在什么情况下森林经营的进步最终会变得更重要。

我们用美国,尤其是美国南方的例子来进行讨论是十分便利的。美国林业的历史被人熟知,统计记录完整,并且对美国技术进步进行分析的文献也很全面。尽管如此,这些分析都是具有普遍意义的,和世界其他地区的林业都是相关的。

技术进步对商品林的显著影响也可以应用到分析其他有市场价值的林产品,如同我们在第 2 章的知识既适用于薪材、木炭、乳胶、蘑菇、水果和坚果等,也适用于工业木材。我们用木材作为例子来简化这个讨论,不仅因为木材的数据比其他林产品更全,而且因为其一般产自施业林分,因此,其可以覆盖森林发展的三个阶段。

本章中对技术进步和经济长期发展的讨论完善了林业基础模型。本书余下部分的每一个更具体的讨论都依赖于该模型,是其整体的一部分。本章最后以完整模型对林业经济学的启示的总结作为结尾。这个主题的独特性在哪里呢?这些特殊的特征对于管理决策和管理行为又有什么意义?

本章还有两个附录,综述了森林经营的传统经济学模型和生物学模型,并描述了它们在三阶段空间模型下的情况。传统经济学模型——Faustmann 模型只适用于重要但特定的单一树种的人工林。基础的生物学模型,即对"可采伐量"的计算,有时也被称为 Hanzlik 模型,在林业经济学的教科书上罕有介绍。这意味着经济学家很少对专业林农和政府林业机构的管理思想有深刻的认识。因此,我们无法了解林农和政策制定者们对一些术语的定义,例如"可采伐量"和"回报率",也无法全面理解这些不同对木材供给的影响。附录二中的解释就是试图促进对这些关键的林业话题的讨论。[①]

3.1 技术进步:美国南方的经验[②]

首先,我们先对经济体中林业部门的一些常见分类进行区分。林地的所有

---

① 将三阶段模型的图形描述转换成一个正式的(最优控制)数学模型可能是有用的。好处之一就是可以显示此模型与 Faustmann 模型、可采伐模型之间明显的数学差异。这一具有挑战性的工作就留给更优秀的数学家吧!

② 本部分基于 Hyde and Stuart (1999)的内容,并根据美国农业部森林署、美国人口普查局和联合国粮农组织的新数据进行了修正。

者通常分为工业化的所有者(或者说是森林和木材综合处理加工业的所有者)、非工业化的私有者(包括农民和其他小土地所有者),以及公有者。① 林产品工业进一步分为伐木业、制材和木制品(包括锯材厂以及胶合板和其他板材的制造商)、家具以及纸和纸制产品。当然,伐木业对于其他三个工业类型而言是补给性工业。家具类包括金属家具、金属家具部件、床垫、家具装饰品以及木制家具,而只有木制家具才是真正的林产品。这些分类在大多数有关林地面积、立木森林材积和采伐水平的国际统计报告以及工业原材料和制品的报告中是常见的。② 本章剩下的内容和本书其他部分内容的讨论都使用这一分类。

美国南方拥有全世界技术最为先进的林业部门。森林约 8 600 万公顷,或为南方景观的 55%。南方森林约占世界全部森林的 2%,其中包括 1 500 万公顷的人工林,其人工林占全球人工林的 8%(USDA Forest Service,2005;FAO/UN,2001)。美国南方在世界商品林和专用于商用材生产的人工林中所占份额是巨大的。在 21 世纪早期,美国南方森林的生产满足了世界工业用材的 15%。大部分的木材供应给了美国南方的 14 000 个工厂和众多的家具制造商,其中包括一些全球最大和技术最先进的锯材厂、胶合板厂和纸浆造纸厂。举例说来,本区域内有超过 40 个年生产力超过 50 万短吨(453 500 吨)和 2 个超过 100 万吨的纸浆造纸厂(CPBIS,2005)。林产品工业中两个更大的部分为制材和木制品业以及纸和纸制产品产业,它们共同构成了当今美国南方最大的单一产业。第三大类的行业是家具行业,在美国南方的规模要远远大于美国其他地区。制材和木制品业以及纸和纸制产品产业雇用了将近 40 万名工人,在 2002 年,创造了将近 1 000 亿美元的产值(U.S. Census Bureau,2006),其大部分产品都出口到美国的其他区域和世界各地。

3.1.1　美国南方的四类森林

林业部门对美国南方经济并不总是如此重要,并且美国南方林业也并不是一直处于全球森林技术的前沿。在整个 20 世纪,美国南方林业从采集活动逐渐演化成包含木材经营的林业。

林业专家认为美国南方有四类森林。第一类森林是以高耸的长叶松著称的成熟天然林。在对这里的森林进行初始采伐之后,人们开始了农业扩张,从

---

① 后面的第 8 章将介绍第四种土地所有者,即大机构土地所有者。他们就像非工业土地所有者一样,拥有自己的林地,但不像工业土地所有者那样,他们没有自己的加工厂。

② 这里所说的统计报告系统是国际标准工业分类(International Standard Industrial Classification,ISIC)。在美国,它被简称为 SIC。加拿大、墨西哥和美国在 1997 年改用了一个相关的体系,即北美工业分类系统(North American Industrial Classification System,NAICS),并在 2002 年对这一系统再次进行修正。

第 3 章　森林的长期发展

大西洋、墨西哥湾沿岸地区向内陆地区蔓延，林地转化为用于进行棉花、烟草和大米的农业生产。早期森林工业的劳动力供给也与农业有关，因为大多数的伐木工人都是寻找额外收入的农民。

早期的美国南方工业依赖于地方河流将木材运至海岸边的锯材厂。沿海的工厂都是针对出口市场。随着铁路的发展，伐木业改变了出口市场导向，因为火车方便其向美国东北部和中西部开拓市场，并可以深入到其他早期难以到达的南方地区，这些南方区域后来成为内陆伐木厂和锯材厂的中心。

建立铁路占伐木业成本的很大一部分，铁路一旦建成，变更路线的成本很高。修建铁路的固定成本促使人们希望尽可能获得每英里更高的产值，因此造就了伐木厂和锯材厂的整合和集聚。这些工厂需要大量可靠而长期的劳动力来维持，于是企业生活区出现了。同时，土地所有权也更为集中。1919 年，925 个土地所有者拥有这个区域内超过半数的林分，而其中 67 个土地所有者拥有这半数林分的一半。

到 1919 年，前期木材砍伐的累积影响导致美国南方超过 4 000 万公顷的森林被砍伐。农业用地面积也在这一时期达到峰值，于是将原始天然林地转为农田的需求降低，这也导致南方制材业产量开始萎缩。在 20 世纪 20 年代，经历了近 20 年的经营后，很多较大型锯材厂的经营者们"砍完就跑"。他们清算资产，关闭工厂，然后搬到美国的西部。这个时期，从价税促使人们加快砍伐，不鼓励再造林，因此进一步加剧了早期南方林业"砍完就跑"的模式。

采伐迹地并没有一直荒芜。南方松树作为一种具有很强开拓性的树种，很快地在荒地上自然更新。这些自然更新的天然松树成为美国南方的第二类森林，并在 20 世纪 30 年代和 40 年代成为锯材厂和新兴纸浆造纸业的主要原料来源。

在 20 世纪 30 年代和 40 年代，汽油引擎和电力马达给制材行业带来了新的变化。这两项新技术，以及大型集聚的锯材厂离开之后留下的劳动力，还有铁路运输原木开始之后存留的更分散的树木，这些因素都构成了当时这个地区的锯材厂的竞争优势。卡车代替了火车成为运输木材的主力，这使得之前无法到达的、使用铁路运输无利可图的小片森林里木材的砍伐与运输成为可能，伐木厂也变得更小而灵活。正是由于这种灵活的电力锯材厂的不断发展，即使在 30 年代的大萧条中，南方林业仍然供应着全美制材生产的 35%。

同一时期，新兴的制浆造纸业也开始从美国南方第二类森林中获取原材料。新的硫酸盐制浆法使得利用富含树脂的南方松树制浆成为可能。1909 年，Roanoke Rapids 锯材厂成立于弗吉尼亚的海岸平原。到 20 世纪 30 年代，海岸平原上又成立了 15 家制造牛皮纸的工厂。（直到 1940 年，人们发现南方幼龄松树不含树脂之后,美国南方才开始有第一家新闻用纸制造厂。)这些牛皮纸造纸厂很多都依赖锯材厂的余料作为重要的纤维供应,而随着制材业的衰退,它们的原料供应也面临危机。这些早期的造纸厂都是大型的资本密集型企业,随着当地的纤维来源消耗殆尽,它们并不会像锯材厂那样很快转移到其他供给更丰富的地区。对于它们而言,可持续的本地原料供应对长久经营至关重要。

事实上,资源供应在这个时期已经成为林业工业面临的普遍问题。原料供应的不稳定性推动了 19 世纪 90 年代美国森林署和公共用地国家森林系统的建立。20 世纪 30 年代,由于公有林的成功保护,职业林农们开始转向私有土地。他们意识到私有林管理落后,而这种落后的管理很可能在未来造成木材供应短缺。与此同时,几个大型工业土地所有者开始在自己的土地上重新造林(路易斯安那的 Urania Lumber 公司、弗吉尼亚的 Chesapeake 公司、阿肯萨的 Crossett、开始在路易斯安那后扩张到密西西比的 Great Southern-Gaylord-Crown)。由于他们的这项尝试,政府对于工业化林地所有者的审查有所放松,开始将注意力转向小的私有土地所有者。政府管控的目的是确保重新造林,并保证持续的木材供应。然而,监管数以千计的分散且独立的私有土地所有者是非常困难的。

联邦政府的财政和技术支持对于土地所有者而言是一种很好的方案。在早期,一个重要的项目是对火灾的防护。一旦将火灾防护做到位,大面积废弃的农业用地和采伐迹地就很快经由自然演替发展成为松树林或松树—硬木混合林。直到今天,美国的职业林农们仍把这一时期的南方森林火灾防护视为他们最成功的项目之一。

3.1.2 第三类森林和第四类森林

美国南方的第三类森林和第四类森林都是人工林。第三类森林是在第二次世界大战后由储备的野生种子栽培而成。第四类森林则是从 20 世纪 60 年代中期开始由经过选育改良的树苗发展起来的。人工林一直都不算是南方森林的主体。当天然林能够提供足够的木材时,发展人工林显得没有那么必要。时至今日,人工林仅占美国南方森林的 17%。尽管在区位优势和树种组成方面不尽如人意,但天然林始终保证了足够的木材存量。

从 20 年代开始,大型锯材厂大批离开美国南方,纸浆造纸厂也在拓展纤维来源地,这个趋势在第二次世界大战后得以延续。小型锯材厂开始替代前期的大型锯材厂。它们可以移动作业,所用设备也就是一台农用拖拉机带动的圆锯。它们依靠农闲时的劳动力以及可以找到的剩余的木材进行作业。

与此同时,纸浆造纸业逐渐取代制材业成为美国南方木制品工业的优势部

第 3 章　森林的长期发展

门。在 50 年代早期,纸浆造纸业的附加值超过了锯材厂和刨木厂的附加值。美国南方的纸浆造纸业至今仍在不断扩张。

劳动力短缺促进了新的技术调整。农业开始机械化,地区劳动力需求下降,当地大量农村人口往外迁移。为了留住劳动力,林产工业不得不提高工人工资,而这意味着成本的增加,于是他们也将视线转向机械化。从五六十年代开始,机械化伐木开始变得更有竞争力。

在这一时期,纸浆用材的需求超过了锯材原木的需求。纸浆用材相比锯材原木更小、更轻,而越轻、越相似的产品越容易机械化。此外,60 年代开始出现的小零件厂和胶合板厂也依赖较小的原材料。从 1954 年到 1972 年,对伐木业的新的资本投资实际增长了 4 倍。对锯材厂和刨木厂的投资增加了 1 倍,对胶合板和结构物件工厂的投资增加了 12 倍,对纸和纸制品的投资增加了 1 倍。1954—1972 年,锯材厂和刨木厂的劳动生产率提高了 1 倍以上,而伐木、胶合板和纸浆造纸业则提高超过 2 倍,而劳动生产率可以用于衡量机械化程度的提高。

20 世纪的最后二十多年,机械化持续快速发展。对木材和木制品的新的资本投资先增加,然后逐渐下降,但其实际水平仍比 20 世纪 60 年代高出 50%。新投资继续快速增长,首先是在胶合板领域,然后是在重组木制品上,这是因为建筑业不再将胶合板作为结构材料,而且定向刨花板(oriented strand board,OSB)之类的新替代品成为利用丰富山地硬木资源的方式。在这一趋势下,20 世纪 90 年代后期和 21 世纪初有七家新的定向刨花板厂在弗吉尼亚西部和西弗吉尼亚州开始运营。

造纸业机械化的发展更为迅速。1972—2002 年,新资本年投资实际增长了 2 倍,产出价值也增加了 2 倍,而雇用的工人数量则只有 1972 年的 60%。以单位成本的真实价值计算的劳动生产率增长超过 70%。与此同时,和胶合板业一样,造纸业除了继续增加硬木使用,还开始开发山地森林资源。

长期的资本投资增加和机械化意味着更多的林产品部门的投资都集中在了工厂和设备。资本回报率已经成为评价工业成功与否的主要参数。运行资产的高固定成本和低可变成本使得维持生产连续性的价值升高,特别是在纸浆造纸业。因此,可以预见林产品工业,特别是纸浆造纸业,为了保证工厂不停工,会有动机持有一定数量的、由它们自己控制的林地。

事实上,这些产业拥有自己的林地,并且一直在领衔改善森林增长和产量。在 20 世纪 60 年代,它们第一次引进在苗圃中培育、改良的第四类森林树苗。同一时期,一些公司开始与大学合作研究。一些公司开始开展独立的森林经营研究项目。在 70 年代,出现了一些产业所有的纤维农场。他们在管理方面考虑化肥和灌溉设施的改进,以进一步提高单一纤维的产量。

尽管如此，森林研究费用和人工林只是整个林产工业资金投资里很小的一部分，从人工林采伐的木材仅够用于确保在纤维原料最紧俏的时段供应不间断。① 20世纪末期，林产工业所有面积占美国南方总森林面积不到20%，其中只有45%是人工林。② 21世纪初，美国南方砍伐的三分之二木材仍来自非工业私有林地，其中90%依旧处于粗放经营状态。③ 也许这些非工业私有林不处于殖民地开拓意义上的"边界"，然而在经济学意义上可以说是处在"边界"状态，这些林地的财务回报接近于零，也几乎没有更高价值的其他用途。

显然，集约化森林经营的趋势在增加，但即便在这个高产且技术先进的区域，也还没有呈现压倒性的趋势。美国南方的林业虽然尽享繁荣，但是木材采伐的重心已经逐渐转向内陆和高地。南方生产的木质纤维出现了两个替代来源，一是伐木与加工剩余物，二是5000万公顷的硬木林和针阔混交林，包括接近3000万公顷的无人管理的低价值高地硬木林。这两个来源以其低价格与高成本的集约经营的人工松林纤维进行着竞争。制浆厂有额外的纤维来源，即锯木厂剩余物、回收纸和旧瓦楞纸板等。美国南方大面积粗放经营的非工业林与替代纤维来源提供了超过60%的南方工业所需纤维，这也是森林集约经营范围难以进一步扩大的原因。

3.1.3 更一般的观察

在世界其他地区，森林工业在发展与新技术应用方面也遵循类似的模式。④ 某些地区，如北欧国家南部，在人工林管理、伐木作业和加工设备方面的技术先进程度至少与美国南方相当。其他一些地区在森林发展与新技术的应用方面处于初级阶段。那些处于初级阶段的人们不一定了解美国南部和北欧国家的最先进的技术。处在初级阶段的地区，由于经济激励机制的差异，在采用已知但对森林发展到第一、第二阶段不太适用的新技术方面裹足不前。

---

① National Science Foundation(1981)的调查表明在二位编码标准工业分类(SIC)的14个产业中，在研究支出占总收入的比例方面，纸及相关制品和木材及木制品工业，分别排名第八和第十。1960年到1980年的20年间，制材和木制品工业用于研究与开发的费用不到其总收入的0.8%。同期，纸及相关制品业的研发投入不到总收入的1.1%。这些并不是最新的数据，但在1980年以前，研发费用所占比例及其二位编码SIC工业中的排名是稳定的，我们推测之后也不会有太多变化。

② 在21世纪早期，美国南方林产工业已经撤出其占有的大部分林地。目前这些林地多数为机构土地所有者拥有或管理。第8章将讨论森林土地所有权的最新趋势。

③ Alig et al.（2001）预测了到2020年南方森林土地的利用情况。他们预测在此期间现状不会改变。这种情况并非美国南方独有。Hoen,Eid and Ok（2001）研究了挪威这个同为技术发达的林业经济体。他们观测到天然更新是挪威森林资源存量的主要来源，并预测在林业生产回报率上升的情况下，天然更新的面积在下一个10年仍会呈现增加的趋势。

④ Stone（1997,1998）认为亚马逊东部森林工业在开发和技术进步方面表现出了相似的模式，尽管时间很短。我们将在第7章回顾Stone研究的细节，特别是对木材加工业的观察。

在美国南部、北欧国家和世界的其他地区,木材采伐和加工技术的改进一般都快于森林经营的改良。出现这种接受顺序的原因在于,在当今世界的大部分地区,木材纤维原料仍然主要来自天然林,而不是人工林。通常在低成本的纤维来源殆尽之后,改良的森林经营才会被采用。因此,我们可以预期在天然林资源丰富的地区,采伐和木材加工技术进步的速度仍然会快于森林经营变化的速度。同时,我们也可以预期随着更多地区的森林发展到第三个阶段以及人工林在商用材方面的竞争力比天然林增强,森林经营方面相对缓慢的技术进步将会提速。

3.2 技术进步和生物生长:对林业的长期影响

我们可以参照森林发展的三阶段模式以及第 2 章的图形将美国南部的经验加以提炼和概括。这样做时,首先需要区分邻近的农业部门的技术进步对森林的影响和林业自身技术进步对森林的影响。农业技术进步会影响对林业用地的需求。三种林业技术进步——工厂木材利用率、伐木和森林经营的改进——对森林也产生影响。此外,农村基础设施的改善也对森林产生影响。这些不同类别的技术进步对森林的影响,即使在同一地区和森林发展的同一阶段,也可能不同,甚至相反。

3.2.1 农业技术

农业技术通过改变边际土地上农业的竞争优势影响林业。在森林发展的不同阶段,农业技术对森林产生的影响也不同。

农业技术的改进提高农业生产率,农业净价值函数上移,如图 3.1A,从 V_a 到 $V_{a'}$。在森林发展的第一阶段,森林仍受农业活动的干扰,点 B 处的农业生产的边界超过了点 D 处森林采伐活动的边界。土地是一种丰富的资源,相比于将农业劳动力或资本输送到较难进入的生产区域的成本,土地的成本是较低的。因此,在第一阶段中,最成功的农业新技术必须相对更偏重土地的使用,并能够节省劳动力或资本。农业新技术使农业净价值函数与交易成本的交点推移到原先交点(点 B)的右边,农业用地进一步扩张到天然林林地中(如图中箭头所示)。①

---

① Cattaneo(2005)提供了巴西亚马逊的实证案例。该亚马逊地区处在森林发展的第一阶段,畜牧业实践的创新导致了森林用地向农业用地的转换,这和我们的分析是一致的。但是,Cattaneo 还证明,当分析超出一个区域以包括区间贸易时,会出现更大的复杂性。他观察到其他区域的农业创新提高了这些地区的生产力,使得亚马逊区域的劳动力转移,因此减少了本区域内的森林采伐。总而言之,亚马逊地区的农业创新与远离亚马逊地区的农业创新对亚马逊地区的森林采伐造成了相反的影响。第 6 章将区域内分析拓展到多区域,并探讨区域间贸易的影响。另一个例子是来自 Young(1996)关于巴西亚马逊的研究,该研究将进一步说明可能出现的复杂性。

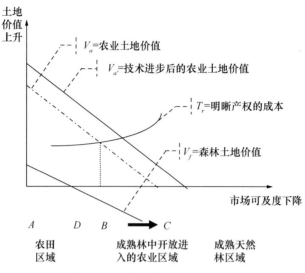

图 3.1A　新边界上的农业技术

在森林发展的第二阶段,很多新的农业技术刺激着农业扩张。对农业而言,土地仍是充足的资源,然而森林采伐活动已经超越农业生产活动的极限。新农业技术再一次造成农业价值函数和交易成本函数的交点右移。但是,此次农业用地扩张到已经退化的林地区域,如图 3.1B 中点 B 和点 C 之间的区域,箭头表示土地使用的变化。此开发阶段的一个特征是农业技术不再对成熟天然林产生影响。

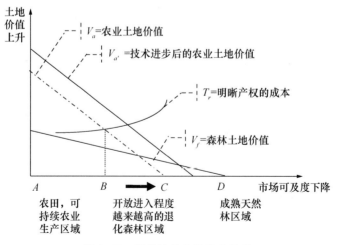

图 3.1B　开发边界上的农业技术

在森林发展的第三阶段,在对于农业是粗放边界但对于林业是集约边界的区域,森林经营和农业是存在竞争的。对于农业或林业来说,土地资源不再是充沛的资源。在这一阶段,农业相对高的价值驱动着劳动力和资本密集但土地节约的农业技术的采用,比如机械化和高产作物。对于农业技术,这种驱动力一直都在,但农业和人工林的竞争加剧驱动了节约土地技术的发展。如图3.1C-Ⅰ所示,随着土地节约型技术减少农业基础用地,在点 B' 的共享土地边界上,人工林用地超过了竞争力正在下降的农业。随着人工林扩张到原先的农业用地,边界向左移动。

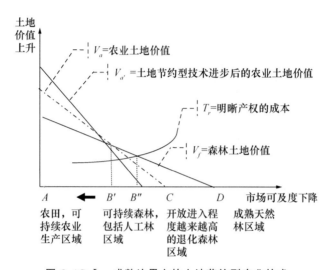

图 3.1C-Ⅰ 成熟边界上的土地节约型农业技术

事实上,在美国西进运动的早些年,土地消耗型农业技术在北美占有主导地位。① 在接下来的 20 世纪的大部分时候,土地节约型农业技术占主导。自 20 世纪 30 年代起,美国农业土地利用规模保持了相对稳定,与此同时,农业总产出持续增加。对于美国南方,我们注意到在 20 世纪 50 年代农业机械化引起了农业用地集中化和对农业劳动力需求的减少。这些导致了 20 世纪 60 年代该地区居民向外迁移和一些遗弃的农田重新被森林覆盖。在 20 世纪 60 年代和 70 年代,农场林业的面积增长超过 50%(USDA Forest Service,2005)。

然而,并非所有的新农业技术都源自农业和林业的竞争。到了 20 世纪 70 年代,南方进入森林发展的第三阶段。这时产生了一些非土地节约型的农业技术,如湿地排水的技术。这些非土地节约型的技术有相反的影响,提高了农业对森林经营的相对竞争力,并导致了林地向农田转化。这些技术使林业和农业的竞争边界从点 B' 向右移动,如图 3.1C-Ⅱ 箭头表示。

---

① 详见 North(1966)对早期美国经济增长的经典描述。

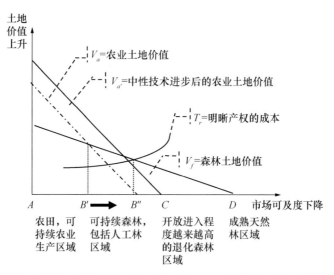

图 3.1C-Ⅱ 成熟边界上的中性和土地消耗型农业技术

可见,在成熟林开发的第三阶段,在农业和林业的共享边界上,新农业技术的净影响是不确定的,它可能随着时间变化,取决于土地、劳动力和资本的相对价格,也取决于最新推广的技术是土地节约型的还是土地消耗型的。然而,此阶段,新的农业技术对点 B'' 和点 D 之间开放进入的退化森林或点 D 外留存的成熟天然林没有影响。

总之,农业新技术的影响是复杂的。农业技术在某些情况下影响天然林,在某些情况下影响人工林,还有一些情况下几乎没有影响。这些不同的情况都取决于区域森林发展的阶段以及农业技术的性质。从更广的角度来看,在考虑地区间贸易后,我们会看到(在第 6 章)地区相对优势和对更多农产品的需求弹性都是决定对森林最终影响的重要因素。①

3.2.2 农村基础设施建设、伐木和木材利用技术以及新的森林经营技术

在新边界上,立木森林会阻碍很多生产活动。因此,减少阻碍的技术改进吸引了新迁入的定居者并促进了采伐活动。可以想到两种改进的方法:改善当地的基础设施和改进采伐技术。改进基础设施,特别是新的或更好的道路和更广泛的道路网络,为农业开发和天然林开发提供了巨大的便利。它们降低了运

---

① Tachibana,Nguyen and Otsuga (2001)和 Cattaneo (2005)分别展示了他们在越南和巴西考察农业集约化的替代来源和影响的各种可能性。Kaimowitz and Angelsen(1998)也介绍了一系列的例子。

输成本,进而带来了净价值函数 V_a 和 V_f 的移动(如图 3.2A 所示)。新的或改进的道路建设使得以前无法到达的地区成为可能作业的区域,而这些区域往往离位于城镇和市场中心的集中发展区域比较远。因此,由于到市场的距离增加,新道路所节约的运输成本也增加。这意味着,对于难以到达的区域,函数 V_a 和 V_f 的移动可能更多,而点 B 和点 C 的农业生产边界以及点 D 处的森林发展边界会向右移动。在这种情况下,改善区域交通网络使农业可以进一步扩展到退化森林的开放进入区域,也为采伐活动深入到成熟天然林创造了条件。

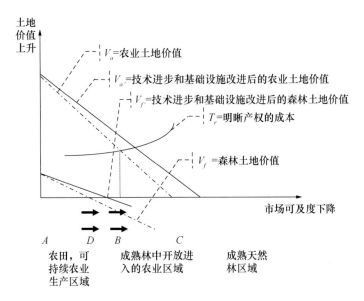

图 3.2A 新边界中农村基础设施和伐木技术的改进

其他方面的基础设施的改进,如通信网络和相关治理机构的改进,都带来土地管理信息的改善以及 V_a 和 V_f 类似的移动,或者说促进了交易成本 T_r 下降。① 两种解释对新的边界都有相同的边际效应,交点 B 向右移,且农业活动进入开放进入的天然林区域。(我们将在第 4 章讨论林业政策时再次研究道路和治理的改善。)

---

① 全球定位系统(GPS)和手机就是两个例子。GPS 提供了快速且低成本的方式来核查环境状况,这在以前只能用大量现场采样的方式完成。这两项技术也提供了发现和跟踪森林里非法入侵行为的手段。例如,在一些非洲国家的公园管理者应用这两种技术来阻止野生动物的偷猎行为;喀麦隆的村民使用他们的手机来报告侵犯农村产权的情况。随着手机使用的增加,识别侵犯农村产权行为的反应时间缩短了,侵权行为本身也有所下降(J. Xu,个人通信,July 1,2004;*Economist*,2004;J. Vincent,个人通信,May 20,2004;Global Forest Watch,2005)。就我们的图而言,农村通信技术的改进降低了监督和执行产权保护的成本,因此,交易成本函数 T_r 向下移动,开放进入区域的面积减少。

伐木技术的改进，从更好的链锯到改良的重机设备如集材机，降低了清除天然林植被的成本。这使得木材的净价值函数沿水平轴外移——与道路改善的效果类似，也使得森林采集边界由点 D 向右移。对于开始有人类活动的区域（此时，点 D 在点 B 的左侧），新的伐木技术使森林减少、农业扩张。在这种情况下，新的技术推动林业向农业转化，同时也扩大了天然林采伐范围。对于那些稍微发达一些的地区（点 D 在点 B 和点 C 之间），森林不再阻碍农业生产，新的伐木技术的唯一作用是将采伐活动扩展到更远的天然林中，从而增加了开放进入区域。

开发过程中的森林边界

本地基础设施和伐木技术的改进对处于森林发展第二阶段的地区有类似的影响（如图 3.2B 所示）。道路的改善提高了农业和林业用地的净价值，将农业活动扩展到退化的开放进入区域，即点 B 的右侧，并将采伐活动拓展到更远的成熟天然林，即点 D 的右侧。其他基础设施的改善，如通信和治理的改进，也有助于农业活动扩展到退化的开放进入区域，即点 B 的右侧。

这些技术还有第二个作用，即提高森林的出材率，使得返回已经采伐过的区域（点 B 和点 D 之间）进行进一步采伐有利可图。我们在 20 世纪 30 年代的美国南部观察到这个情况，在卡车取代了铁路后，伐木工人开始进入到过去无法到达的由小规模森林覆盖的小峡谷。图 3.2B 用箭头标识了这个效果。

在某个时刻，木材加工部门意识到提高木材的利用率和提高对森林中较低质量材料的利用率具有成本优势。通常情况下，当传统的资源供给在森林发展的第二阶段后期开始衰退时，该优势就出现。以美国南方的纸浆厂为例，他们意识到 20 世纪 30 年代和 40 年代纤维供应潜在的短缺，并开始从锯材厂回收残留的纤维。后来，他们学会了使用树脂较少的幼龄松树制造新闻用纸，而后又开发了用阔叶材生产纸浆的技术。再后来，新的定向刨花板技术开始使用高地阔叶材，这些阔叶材往往来自已采伐过的森林。

随着工厂废料的回收和来自退化森林的材料增加，这些原先没有经济价值的资源有了新价值，也给这些木材所生长的土地增加了价值。在图 3.2B 中，森林的净价值函数 V_f 上移。（为了减少混乱，我们没有在图 3.2B 中画出 V_a 和 V_f 的移动）。

森林利用率的提高是否也使森林价值函数外移呢？这有可能。但利用率的提高也有保护森林的效果，减少了一部分在缺乏新技术时可能要进入工厂的木材的砍伐，降低了天然林边界的砍伐率。这两个相反效应综合作用的结果取决于工厂的需求和资源供给的弹性。其中保护森林的效果可能很明显，在很多情况下甚至是主要的影响。在美国，桁架住宅结构的引入节约的

第 3 章 森林的长期发展

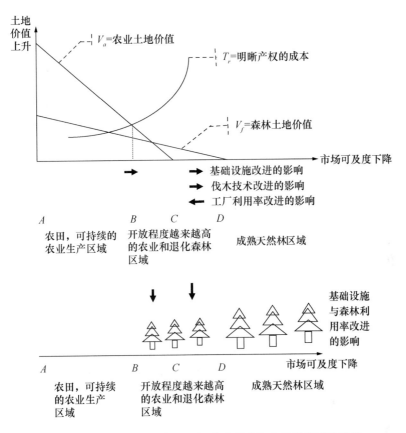

图 3.2B 发展边界中基础设施、伐木技术和森林利用率的改进

木材相当于所有荒野区域潜在木材年砍伐量。[①] Gunatilake and Gunaratne (2010) 计算了在斯里兰卡通过关闭效率低下的锯材厂和使得锯材厂的生产向更高效转变后,锯材厂的原料需求减少并替代或推迟了超过 360 万公顷天然林的年砍伐量。[②]

总之,在森林发展的第二阶段,基础设施、伐木技术和森林利用率的改善带来的综合净效应是人工管理农业用地的边界外移,开放进入土地上已经耗竭的森林蓄积进一步减少。在图 3.2B 中,这使得点 B 向右移,减少了点 B 和点 D 之间的森林蓄积。它们对点 D 处天然林边界的净影响则是不确定的。

[①] 具体来说,RARE Ⅱ 政策提案中撤回 2860 万英亩荒野地区。(美国林务局计算的数据,由 H. G. Wahlgren 提供给 R. Buckmand,1989 年 2 月 15 日。)

[②] Kneese and Schultz(1975)首先发现了技术进步具有更一般性的环境保护特性。Smith(2008) 对此话题也提供了更新的思考。

成熟森林的边界

在森林发展的第三阶段,基础设施、伐木技术和森林利用率的改进带来的影响与上一阶段类似。

此外,基础设施、伐木技术和森林利用率的改善也影响了在第三阶段开始出现的施业林。林地已经成为相对稀缺的资源,而森林经营的改善如疏伐、除草和施肥,以及改良种子库方面的生物技术改进首次发挥作用。图 3.2C 展现了技术进步对点 B' 和点 B'' 之间的施业林的影响。

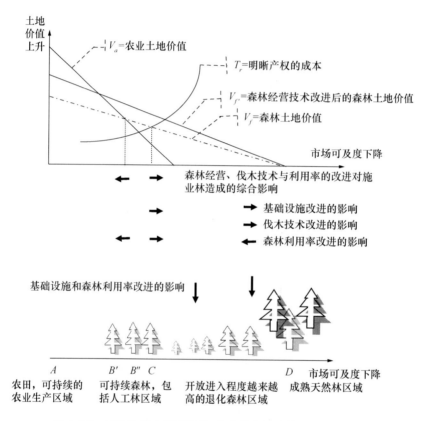

图 3.2C 成熟边界中基础设施、伐木技术和森林利用率的改进

这三类改进(基础设施、伐木技术和利用率、森林经营)使森林净价值函数 V_f 上移。施业林价值的提升加强了集约化森林经营对粗放农业的竞争力——随着林业相对农业的竞争优势增强,点 B' 林业集约化的土地使用边界向左推移。森林生物学的进步和管理的改进会导致粗放管理边界 B'' 外移,由于新技术有利可图,人们会加剧天然林砍伐,为集约经营的森林腾出空间。美国南方一

些洼地原始阔叶林为松树人工林替代、印度尼西亚的一些天然林地改种油棕榈都是相关的例子。

阶段Ⅲ和阶段Ⅱ的情况一样，新技术提高了施业林生产的原料利用率和天然林生产的原料出材率，从而可以替代对僻远的天然林的采伐。这些技术提高了施业林的产品份额，降低了天然林中的采伐比率，但还没有完全替代天然林的开发活动。

这个概念结构以及新生物技术和新的森林经营手段的延迟应用与我们在美国南方看到的情况十分一致。第二次世界大战前，南方林业已经引入了许多改进的基础设施、伐木技术和工厂技术，但直到第三类森林出现才开始引入改善森林经营的手段。之后，人工林和森林经营才可以与天然林采伐相竞争。此外，即使对于南方的第四类森林甚至对于当前，最集约化的森林经营也仅发生在森林集约边界的小区域内。此种林地多出现在南部沿海的平地，这里土地生产力高且靠近资本密集型的纸浆造纸厂。很多新增的人工林仍处在粗放经营的状况下。还有大量私有林在林木生长周期里主要依靠自然更新、粗放经营。这些观察与图中的森林净价值函数也一致：在点 B' 集约边界处，森林净价值函数曲线是上移的，但在点 B'' 施业林的粗放边界则相对不变。

最后，即使到今天，我们仍然观察到，南部的纸浆造纸厂有超过60％的纤维原料来自回收材料；包括其他木材加工活动的纤维废料。我们还观察到差不多3 000万公顷的高地阔叶林尚未被开发，还有差不多同样数量的洼地阔叶林和针阔混交林处于粗放经营状态，这些加起来超过美国南部森林面积的一半（USDA Forest Service，2005）。这些天然林仍然支持有限采伐。这些天然林边界相对一些成本较高的森林经营技术仍是一个廉价的替代方案。即使在现代技术先进的成熟南部森林工业里，天然林边界仍然是木纤维的重要来源。

替代材料的存在解释了为什么林业方面生物技术改善的影响远不如绿色革命对农业的影响那么显著。农业生产中，野生作物的分量是很小的。绝大多数农产品需要通过栽培和经营获得生长。林业则不同。农业和林业潜在的生物所得可能相似，但只要美国南方和世界木材加工业仍有自然生长的纤维来源，林业生物技术改进所带来的经济所得就不会太强，应用范围也不会很宽。这意味着，改进伐木技术和工厂利用率的潜力会高于改进林业生物技术与经营管理的潜力，尽管在达到森林发展第三个阶段的地方，后者的重要性在提高。

3.2.3 小结

表3.1A和表3.1B分别以两种形式总结技术进步的影响。表3.1A记录了不同开发阶段每个类别的技术进步及其对土地利用的边际影响。表3.1B从不同方向

记录了这些影响,总结了不同开发阶段土地利用的边际影响所对应的技术来源。

技术进步对森林发展起着至关重要的作用,尤其是由于森林生产周期很长,即使技术进步年变化率很低,其累积起来给生产力和边界土地利用带来的影响也很重大。但是,我们已经看到了技术进步的复杂性。这种复杂性,至少部分是由于林业特殊的生产活动中有三个或四个边界。技术进步的效应因具体技术和区域相对稀缺性的不同而不同。在森林工业不同部分的技术进步对森林本身的影响不同,对工业发展不同阶段的影响也不同。其中,改进森林经营的技术进步要到森林发展的第三阶段才开始有经济影响。

森林经营改进的应用凸显了两个有趣的地方。第一,当提到"可再生"资源如森林的时候,我们会想到生物增长。然而,至少在森林发展的前两个阶段,其他类型的技术进步比生物增长和森林经营的改善重要得多。第二,在森林发展的第三阶段,物价上涨和各类技术进步都导致来自施业林的产品市场份额增加。随着这个份额增加,天然林产品的市场份额下降。因此,在森林发展的第三阶段,技术进步有助于遏制毁林和改善天然林保护。由于施业林的供应占全球林产品市场份额的比例越来越大,现代技术进步在遏制毁林方面的责任不断增加,即使无法完全克服毁林。

表 3.1A 技术和制度进步对土地利用的影响

类别	森林发展阶段和边际土地利用的变化
1. 农业	Ⅰ:耕地扩展到开放进入区域(点 B 右移),畜牧业扩张到天然林区域(点 D 右移) Ⅱ:农业活动扩张进入快耗竭的开放进入的森林(点 B 右移) Ⅲ:农业对森林经营集约边际(点 B')的影响不确定
2. 基础设施	Ⅰ & Ⅱ:扩大农业活动和森林采伐(点 B 和点 D 右移) Ⅱ & Ⅲ:提升开放进入森林(BD 或 $B''D$ 区域)的恢复能力 Ⅲ:扩大森林经营活动区域,在天然林推广进行所有活动(点 B'' 和点 D 右移)
3. 伐木	Ⅰ:减少森林对农业发展的阻碍,提高农用地转化(点 B 和点 D 右移) Ⅰ, Ⅱ & Ⅲ:提升开放进入森林(BD 或 $B''D$ 区域)的恢复能力 Ⅱ & Ⅲ:成熟天然林利用的净增长(点 D 右移) Ⅲ:同时扩展森林经营的粗放边际和集约边际(点 B' 左移和点 B'' 右移)
4. 森林利用率	Ⅰ:减少森林对农业发展的阻碍,提高农用地转化(点 B 右移) Ⅰ, Ⅱ & Ⅲ:提升开放进入森林(BD 或 $B''D$ 区域)的恢复能力 Ⅰ, Ⅱ & Ⅲ:对成熟天然林的保护效应(点 D 左移) Ⅲ:同时扩展森林经营的粗放边际和集约边际(点 B' 左移和点 B'' 右移)
5. 森林经营	Ⅰ & Ⅱ:无影响 Ⅲ:同时扩展森林经营的粗放边际和集约边际(点 B' 左移和点 B'' 右移)

总之，技术进步对理解不同时间的森林生产和林地利用很重要。但是，可以肯定的是，所有技术进步对特定地点的森林的净效应最终是一个实证问题，需要经验研究，其净效应取决于技术进步本身以及当地林产品的市场需求和森林状况。如果我们对世界不同地方的森林发展进行观察，会找到各种各样的实例。但实际情况是，对林业技术进步的分析结论十分缺乏，而技术进步对土地利用的边际效应的经验评估则是一个空白。本章的下一部分将评述美国现有的经验研究成果。

表 3.1B　森林发展的不同阶段和边际土地利用变化的原因

森林发展阶段	影响	边界移动	技术进步的类别
Ⅰ. 新边界	1. 农地扩张	点 D 右移	农业，基础设施，森林利用率
	2. 其他农业活动向天然林扩张	点 B 右移	农业，基础设施，伐木技术
Ⅱ. 发展的边界	1. 农业活动扩张到采伐过的开放进入森林	点 B 右移	农业，基础设施
	2. 提升开放进入森林的恢复能力	BD 区域森林储量下降	基础设施，伐木技术，森林利用率
	3. 对成熟天然林的不确定性采伐	点 D 不确定	基础设施，伐木技术，森林利用率
Ⅲ. 成熟的边界	1. 提升开放进入森林的恢复能力	$B''D$ 区域森林储量下降	基础设施，森林利用率
	2. 扩大成熟天然林采伐	点 D 不确定	基础设施，伐木技术，森林利用率
	3a. 施业林的粗放边际扩大	点 B'' 右移	基础设施，利用率，森林经营
	3b. 施业林的集约边际不确定	点 B' 不确定	农业不确定，其他使得点 B' 向左推移

3.3　有关技术进步率的经验证据

可观察的技术进步率告诉人们这些论点不只是理论和推断。过去 70 年间，美国总体经济的长期年平均技术进步率在 2% 到 3% 左右。某一个部门，如林业，在特定的技术创新推广应用的短期内，其技术进步率偶尔会在几年里超过整个经济的增长率。技术进步降低生产成本，而新技术的应用也减少了进一步降低成本和技术进步的机会。这意味着，如果某一部门的技术进步与其他行业相比更快，该部门的相对成本下降，那么这个部门应用进一步改进的技术的激励比起其他没有运用新技术的竞争部门要低。随着激励的下降,第一个部门的技术进步率最终会下降到与整个经济的增长率一致。另外,如果一些部门在总体经济中的相对重要性在下降,那么它们的长期技术进步率可能会低于整个经济的增长率。

这个推理表明我们应该先了解一下林产品在长期经济活动里的市场份额。实际上,木材加工业占美国经济的份额从1977年的1.75%下降到2002年的1.06%,而且由于美国住房市场的停滞,市场份额还可能继续下降。[①] 因此,制材业和造纸业在同一时期的技术进步率只有1.5%到1.9%,处于总体经济技术进步的低端这一现象就毫不奇怪了(Stier and Bengston,1992)。[②]

森林经营在经济中所占的份额是难以计算的,因为有关木材收入和森林经营支出的统计记录有些年份不完整,有些年份甚至没有。但是我们知道,1950年至1990年美国南部森林经营的年技术进步率低于0.6%,这个比例低于总体经济的技术进步率和木材加工产业的技术进步率(Newman,1991)。[③] 此外,森林经营的技术进步在美国南方以外的、人工林发展较晚的区域可能还要更慢一些。

森林经营技术进步的低速率意味着初级林产品成本的下降无法赶上其他经济活动成本下降的速度。这也导致在整个20世纪,木纤维价格相对昂贵。事实上,一些研究表明出厂原木与锯材的相对价格存在长期上涨的迹象(Barnett and Morse,1963;Ruttan and Callahan,1962;Phelps,1975;Olson,1971)。木材价格上涨给相关工厂带来原料供给问题,同时也激励了这些工厂对木材节约型技术的开发。在过去40年中,一些技术,如确定锯片配置的计算机程序,使得锯材厂实际产量增加了10%;支撑辊驱动增加了17%的胶合板产量;一些环境改善技术,尽管没有增加产量,但是有助于纸浆厂减少有害化学品的排放(Hyde,Newman and Seldon,1992;Horvath,1980)。另外,浇水和压制技术的改进不但增加了纸的产量,而且还改善了环境质量(Damani,2004)。

然而,问题不在于木材加工技术是否得到了改善,问题在于木材利用的改进速度与其他木材加工中间投入品(劳动力和生产资本)相比是快些还是慢些,与经济体内其他部门的技术进步相比是快还是慢。最直接的是在同一行业不同投入之间的比较。如果在木材加工行业中,木质原料相对劳动力和资本日益稀缺,那么我们可以预计木材节约型的技术进步率会高于劳动节约型或资本节

---

① 由木制品、家具和纸业的附加值之和除以国民生产总值计算而来(http://www.bea.gov/industry/gdpbyind_data.htm,获取日期为2007年7月21日)。

② 在对加拿大制材业的各种评估中,技术进步更低,从负数到+0.61(从 Nagubadi and Zhang (2006)和 Zhang and Nagubadi (2006)的文章中总结和重新评估得到)。

③ 即便只有0.6%的技术进步率,产量每隔120年也可以翻一番,或者每过120年要提供同样数量的木材仅需要原来一半面积的森林。

约型的技术进步率。

Stier and Bengston(1992)对有关美国和加拿大木制品工业的 24 个经验评估进行了梳理,认为主要是劳动力节约型和资本节约型的技术进步在发挥作用。[①] 这与美国第二次世界大战以来的总体情况是相符的。Stier 和 Bengston 只找到小部分木材节约型技术进步的证据,且在参考的过程中发现很多评估存在木材使用的偏差。因此,我们可以推断,木材节约型的技术确实进入了木制品工业中,但其引入的速率相对低于劳动力节约型和资本节约型的技术进步。

唯一的解释是,随着木材相对价格的提高和木质纤维供应成为美国林产工业发展的难题,成本增加加上对未来原材料供应的担心刺激了对人工林和森林经营技术创新的投资。尽管如此,劳动力成本对于木材加工行业而言仍是相对较重的负担。当木质原材料的相对成本增加时,其他替代产品如建筑业所用的砖块和混凝土以及其他替代投入品如木质废料、其他纤维废料和木材加工业使用的其他初级天然纤维等,抑制了原材料成本上涨的速度,也限制了新的生物技术及森林经营技术快速推广的积极性。

3.4 结论:林业的特质

本节将对林业发展模式加以归纳总结。第 2 章介绍了森林发展的三个阶段。第 3 章引入了技术进步对不同森林发展阶段的影响。技术进步至关重要,因为即便缓慢的技术进步也对处在生长周期内的初级林产品的供给来源及林产品需求有巨大的影响。

对林业来说,五种技术进步有重要作用:(1) 农业技术进步,影响农林交错地带的推移,以及由此决定的某些森林发展阶段的林业生产用地面积和林业生产规模;(2) 区域内基础设施的改善有利于获取森林资源;(3) 伐木技术的改进;(4) 工厂对林产品利用率的改进;(5) 森林经营的改进。后四种技术进步影响已有林地的生产力和林地利用边界。森林管理者和森林政策分析人士经常强调第五类技术进步。然而,前四种技术进步对森林活动边界的影响要大得多。因为它们使人们可以进入原先无法到达的天然林,可以使用质量较低的树种和规格更小的树木,提高对各类树种及各个规格木材的使用率,在木质板和纸生产过程中增加了木材加工剩余物的使用从而替代了大量原生林的开发。这些大大增加了纤维的来源,也是多数国家林业历史上木制品生产增加的主要原因。

---

① Bengston and Gregerson(1992)和 Smith and Munn (1998)也得出了类似结论。

事实上,直到进入森林发展的第三阶段,即施业林和人工林的出现,森林经营的改进才有作用。从天然林中总是可以获取较为廉价的纤维。即便到了森林发展的最后阶段,森林经营改进的产品也得与其他影响林业的技术进步以及其他来源的替代原材料的产品竞争。这些替代品减缓了森林木质原料价格的上涨,同时也降低了应用森林经营创新的驱动力。

除了技术进步和木质原材料替代品来源的重要性,我们可以从森林发展的三阶段模式中得到哪些一般性的结论?第 2 章的结论总结了关于三个不同类型森林——施业林、开放程度越来越高且退化的农田与森林、成熟天然林——的经验教训,还总结了产权和相对工资在决定这些类别森林地理边界时的重要作用。

此外,通过区分林业与其他经济活动特点的差异,可以给出另一种概括。林业的首要特点是其土地利用的三种边际和从退化天然林获取资源的额外边际,罗列如下:

(1) 施业林的集约边际;
(2) 施业林的粗放边际;
(3) 成熟天然林的可到达边际;
(4) 从采伐过的、开放进入的退化森林获取低质量原材料的边际。

相比于大多数经济活动的两类边际,林业有特殊的四类边际,这也增加了林业经济分析的复杂性。本章的一个附录将介绍林业的经典经济学模型。此模型适用于前两个边际内的固定区域问题,它没有考虑施业林的粗放边际、集约边际的可调整性,也未涉及成熟天然林和开放进入区域的调整。另一个附录将介绍标准的森林生物学模型。基于此模型进行林业规划也是失败的,只是原因不同。它忽视了第一类边际和第四类边际,并曲解了第三类边际的局限性。

第三类边际和第四类边际在森林发展的前两个阶段是林产品的唯一来源,甚至在林业经济成熟的最后一阶段也是重要的来源。作为一种经济资源,林业在这两类边际下与重金属采矿业有一定可比性。然而,重金属矿物往往在地理位置上更集中且单位面积价值更高,而初级林产品的价值相对较低,分布更分散。这些差异意味着重金属矿物产权的界定比林业容易,而林业更容易出现开放进入及过伐的现象。

森林是可再生的生物资源。它们可以自然生长,在砍伐后自然恢复,而后再生。在森林快速恢复、自动生长方面,林业经济活动就像是海洋渔业一般。林业和渔业的一个共同特点就是第四类边际的情形,在资源耗竭后可以等其自然再生长。

然而,我们必须谨慎对待过度应用林业的生物可再生性。森林可以被经营,一些林分在森林发展的第三阶段被当作经济学意义上的可再生资源管理着。在这种情况下,被管理的林业和畜牧业相似,被作为一项经济活动。其相同的基础资源是在一个时段内培育和生长中的投入(幼树或小兽)以及未来时段可以收获的产品(成熟的树或待宰的牲畜)。然而,直到这一森林发展的最后阶段,森林生物量的增长在解释森林生产力方面的作用仍十分有限。

林学家们会喋喋不休地谈论森林资源的可再生性和林业活动的长周期性。确实,施业林可能需要 20 年或 50 年,甚至 100 年的照管时期。尽管如此,有两个原因说明需要审慎对待这些观点。第一,森林经营的改善会缩短这一漫长的生产周期。事实上,一些纤维用人工林需要的周期可能小于 20 年,一些农用林业树种和产品的生长周期可以短至三四年。第二,施业林生产活动的长周期性并非独一无二。许多制造业,甚至零售业和农业也有长期的固定资本投入。

森林经营的特别之处在于其总投资中的很大一部分都与固定资本,即树,绑在一起。这意味着在评估施业林产品的需求时,未来市场的不确定性以及林产工业对不确定性的适应能力是非常重要的。这也意味着在长期森林经营决策上,满足未来市场不同需求的资本投入的灵活性是一个关键的因素。技术进步提高了工厂的灵活性,也扩大了树木本身用途的多样性。这有助于理解林业在长期经济中的发展规律。

参考文献

Alig, R., D. Adams, J. Mills, R. Haynes. P. Iuce, and R. Moulton. 2001. Alternative projections of the impacts of private investment on southern forests: a comparison of two large-scale models of the United States. *Silva Fennica* 35(3): 265—276.

Barnett, H., and C. Morse. 1963. *Scarcity and growth*. Baltimore, MD: Johns Hopkins University Press for Resources for the Future.

Bengston, D., and H. Gregersen. 1992. Technical change in the forest-based sector. In P. Nemetz, ed., *Emerging issues in forest policy*. Vancouver. Canada: University of British Columbia Press. 187—211.

Cattaneo, A. 2005. Inter-regional innovation in Brazilian agriculture and deforestation in the Amazon: Income and environment in the balance. *Environment and Development Economics* 10: 485—511.

CPBIS (Center for Paper Business and Industry Studies). 2005. http://www.cpbis.gatech.edu/research/projects/gasification/webtool/Main.php

(accessed June 17, 2008).

Damani, P. 2004. *Vertical integration in the American pulp and paper industry*. Unpublished M. S. thesis. Center for Paper Business and Industry Studies. Georgia Institute of Technology, Atlanta.

Denison, E. 1962. *The sources of economic growth in the United States and the alternatives before us*. New York: Committee for Economic Development.

Denison, E. 1967. *Why growth rates differ*. Washington, DC: Brookings Institution.

Economist. 2004, June 12. Hunter-programmers 371(8379): 79.

FAO/UN (Food and Agriculture Organization of the United Nations). 2001. Global forest resources assessment 2000. FAO Forestry paper 140. Rome: Food and Agriculture Organization of the United Nations.

FAO/UN (Food and Agriculture Organization of the United Nations). 2005. Yearbook of forest products. FAOSTAT statistics database. http://apps.fao.org/ (accessed June 17, 2008)

Global Forest Watch. 2005. *Interactive forestry atlas of Cameroon* (version 1). Washington, DC:WRI-MINEF.

Gunatilake, H., and C. Gunaratne. 2010. Technical efficiency of sawmilling and the conservation of natural forests: evidence from Sri Lanka. *Journal of Natural Resources Policy Research* 2(2): 149—169.

Hoen, H., T. Eid, and P. Okseter. 2001. Timber production possibilities and capital yields from the Norwegian forest area. *Silva Eennica* 35(3): 249—264.

Horvath, G. 1980. Lumber, pulp, and paper. Ion J. Ullman, ed., *The improvement of productivity: Myths and realities*. New York: Praeger, pp. 158—174.

Hyde, W. D., Newman, and B. Seldon. 1992. *The economic benefits of forestry research*. Ames: Iowa State University Press.

Hyde, W., and W. Stuart. 1999. The US South. In B. Wilson, G. van Kooten, I. Vertinsky, and L. Arthur, eds., *Forest policy: International case studies*. New York: CABI International, pp. 23—46.

Kaimowitz, D., and A. Angelsen. 1998. *Economic models of tropical deforestation—A review*. Bogor, Indonesia: Center for International Forestry

第 3 章 森林的长期发展

Research.

Kneese, A., and C. Schultz. 1975. *Pollution, prices, and public policy*. Washington, DC: The Brookings Institution.

National Science Foundation. 1981. *Research and development in industry*. NSF 82—317. Washington, DC: National Science Foundation.

Nagubadi, R., and D. Zhang. 2006. Production structure and input substitution in Canadian sawmill and wood preservative industry. *Canadian Journal of Forest Research* 36: 3007—3014.

Newman, D. 1991. Changes in southern softwood productivity: A modified production function analysis. *Canadian Journal of Forest Research* 21(8): 1278—1287.

North, D. 1966. *The economic growth of the United States*. New York: W. W. Norton.

Olson, S. 1971. *The depletion myth: A history of railroad use of timber*. Cambridge, MA: Harvard University Press.

Parry, I. 1999. Productivity trends in the natural resource industries: A cross cutting analysis. In Simpson, D. (ed.). Productivity in natural resource Industries. Washington, DC: Resources for the Future, pp. 175—204.

Phelps, R. 1975. *The demand and price situation for forest products, 1974—75*. USDA Misc. Publ. 1315. Washington, DC: USDA.

Ruttan, V., and J. Callahan. 1962. Resource inputs and output growth. *Forest Science* 8(1): 68—82.

Scherer, F. 1984. *Innovation and growth*. Cambridge, MA: MIT.

Smith, V. 2008. Reflections on the literature. *Review of Environmental Economics and Policy* 2(1): 130—145.

Smith, P., and I. Munn. 1998. Regional logging function analysis of the logging industry in the Pacific Northwest and Southeast. *Forest Science* 44(4): 517—525.

Solow, R. 1957. Technical change and the aggregate production function. *Review of Economics and Statistics* 39(3): 312—320.

Steir, J., and D. Bengston. 1992. Technical change in the North American forestry sector: a review. *Forest Science* 38(1): 134—159.

Stone, S. 1997. Evolution of the timber industry along an aging frontier: the case of the Paragominas (1990—1995). *World Development* 26(3): 433—

448.

Stone, S. 1998. Economic trends in the timber industry of Amazonia: Survey results from Para State, 1990—1995. *Journal of Developing Areas* 32: 97—122.

Tachibana, T., T. Nguyen, and K. Otsuga. 2001. Agricultural intensification versus extensification: A case study of deforestation in the northern-hill region of Vietnam. *Journal of Environmental Economics and Management* 41: 44—69.

U. S. Census Bureau. 2006. 2002 Economic census, Industry series reports, http://www.census.gov/econ/ccnsus02/guide/INDRPT31.HTM (accessed June 17, 2008).

USDA Forest Service. 2005. Forest inventory and analysis webpage: http://fia.fs.fed.us (accessed March 5, 2008).

Young, C. 1996. Economic adjustment policies and the environment: A case study of Brazil. Unpublished PhD thesis. Department of Economics, University of London.

Zhang, D., and R. Nagubadi. 2006. Total factor productivity growth in the sawmill and wood preservation industry in the United States and Canada: a comparative study. *Forest Science* 52(5): 511—521.

附录3A Faustmann 模型

本附录介绍一个施业林分的标准经济（企业理论）模型。该模型由 Martin Faustmann 首先提出，被称为 Faustmann 模型（Faustmann, 1849）。

该模型假定规模报酬不变，林地面积固定，树木从种苗开始生长直到经济成熟的采伐龄。经济学文献在讨论这个模型时似乎认为它的应用具有普遍性。事实上，不加其他限制的话，它只是一个对于商用材人工林某一重要子集而言恰当的模型，而商用材人工林又仅是所有森林和木制品来源的一个子集。如果想要将 Faustmann 模型推广到其他类型的人工林和施业天然林，需要两个简单但是鲜见的修正。Faustmann 模型不考虑土地利用的边际变化，因为其限定人工经营的面积不变；它也不适用于发生在天然林中的任何经济活动。该模型还假定在研究期间没有技术进步或没有任何人工林管理成本的下降，因此更加具有局限性。

3A.1 基本模型[①]

该模型的起点是一块面积固定的裸地,隐含的假设是土地使用中没有规模经济。(这个假设并不是普遍有效的,但在很多情况下是合理的。第 9 章将考虑在非工业私有林经营者中的例外情况。)生产的目的是通过在这块土地上种植一期或多期树木获得最大的财务回报。

产量 Q 是时间 T 和造林努力 E 的函数。造林努力包括林木管理活动中的劳动力和资本投入,如整地、种植、疏伐以及森林保护。Faustmann 模型的许多版本将这些造林活动限制为单一的初始事件。这种限制使得模型能够捕捉到一般商用材人工林经营最重要的成本(整地和种植),而且简化了最优条件的推导。[②]

产量随着时间推移遵循生物增长中常见的逻辑斯蒂或 S 形路径。它是关于造林努力的凹函数。因此,

$$Q = Q(T, E) \tag{3a.1}$$

$Q_T > 0, \quad 0 < T < T_x$[③]

$Q_{TT} > 0, \quad T \leqslant T_i$

$Q_{TT} \leqslant 0, \quad T > T_i$

$Q_E > 0, \quad Q_{EE} < 0$

$Q_{TE} = Q_{ET} > 0$

其中,下标表示一次导数和二次导数。

最终销售的产品是立木或活立木。在森林生长一段时间后,达到适销大小,预期价格为 p。[④] 生产成本是每单位造林努力的成本 w 和土地的周期租金 R。最后,引入土地经营者资本的机会成本 r,以使所有支出和预期收入可以转换到一个共同的参照时间点。

3A.2 完整的经济模型

完整的经济模型中追求已贴现的预期收入总和最大化,扣除造林努力成本和周期内的地租。

---

① 详见 Gaffney(1957)、Bentley and Teeguarden(1965)、Samuelson(1976)和 Chang(1983,1998)对 Faustmann 模型和林业的经济成熟问题各种范式的经典讨论。

② 多个离散的造林投入会引起生产函数的多重离散变化和最优化问题的多个解。这个问题不易于进行简单的代数运算,但大型计算机模拟可以很容易解决这个问题。

③ 原文($0 < Q < T_x$)在此有错。——译者注

④ 在某些情况下,木材销售是按照木材销售合同中约定的,将原木切割并搬运到某一个位置。这种情况下,预期价格是交付的原木价格减去伐木、造材、集材、装载和拖运到约定地点的费用。

$$V = \max_{T,E}\left[pQ(T,E)e^{-rT} - wE - R\int_0^T e^{-rt}\,dt\right] \qquad (3a.2)$$

如果产品市场和要素市场都是完全竞争的,造林成本包括对企业家才能的回报和森林经营的劳动力和资本回报,那么地租就是最优确定的成本和预期收益间的差异。地租具有区位性,在具有经济生产力的林地的粗放边界,地租是零。

由于大多数情况下地租是不知道的,另一种模型形式更为普遍。这个模型预期无论在现在还是在未来,木材生产都是最高并且土地得到最好的使用。在这种情况下,最大收益来自一系列的树木轮伐。

$$V = \max_{T,E}[pQ(T,E)e^{-rT} - wE](1 + e^{-rT} + \cdots + e^{-nrT} + \cdots)$$
$$= \max_{T,E}[pQ(T,E)e^{-rT} - wE](1 - e^{-rT})^{-1} \qquad (3a.3)$$

除了 T 和 E,其他项在第一个轮伐期和其后的轮伐期内不变,而 T 和 E 对 Q 的周期性影响在不同轮伐期间并不改变,因此我们认为第一个和其后的轮伐期及其造林作业都是等同的。公式(3a.3)被称为 Faustmann 公式。周期租金收益为 rV,也被称为"土壤预期"或"土地预期"价值,或者简称 SEV 或 LEV。

Samuelson(1976)证明了对于最优选择的单一轮伐期和一系列无限轮伐期,公式(3a.3)和公式(3a.2)是等同的。他延续着公式(3a.2)中对地租就是最优确定的成本和预期收益间的差异进行证明,推断 $V(1-e^{-rT}) = R\int_0^T e^{-rt}\,dt$。

3A.3 最优条件

最大化的必要条件有:

$$V_T = \frac{[pQ_T(1-e^{-rT}) - r(pQ - wE)]e^{-rT}}{(1-e^{-rT})^2} = 0 \qquad (3a.4)$$

和

$$V_E = \frac{pQ_E e^{-rT} - w}{1-e^{-rT}} = 0 \qquad (3a.5)$$

其中,下标仍表示偏导数。最大化的充分条件为:

$$V_{TT} = \frac{[pQ_{TT}(1-e^{-rT})^2 - 2rpQ_T(1-e^{-rT}) + r^2(pQ-wE)]e^{-rT}}{(1-e^{-rT})^2} \leqslant 0 \qquad (3a.6)$$

$$V_{EE} = \frac{pQ_{EE}e^{-rT}}{1-e^{-rT}} \leqslant 0 \qquad (3a.7)$$

和 $V_{TT}V_{EE} > (V_{ET})^2$,

其中 $$V_{ET} = V_{TE} = \frac{[pQ_{TE}(1-e^{-rT}) - r(pQ_E - w)]e^{-rT}}{(1-e^{-rT})^2}$$。

公式(3a.6)和公式(3a.7)是非正的,因为生物增长函数 Q 在相关区间内是关于

E 和 T 的凹函数。

我们可以使用 Cramer's Rule 来确定最优投入量 T^* 和 E^*。

$$T^*: Q_T = \frac{r\left(Q - \frac{w}{p}E\right)}{1 - e^{-rT}} \tag{3a.8}$$

$$E^*: Q_E = \frac{w}{p}e^{rT} \tag{3a.9}$$

也就是说,当额外增长的价值恰好等于延迟采伐所损失的收入减去由于延迟下一个轮伐期初始更新成本获得的收益时,轮伐期将是最佳的。当由于额外一单位造林投入所带来的采伐时木材产量增量的价值正好等于单位造林投入的成本贴现到采伐时的值,造林努力的水平是最佳的。

3A.4 变化

在附录开始时,我们说到 Faustmann 模型只适用于特定的人工林,两种不常见但简单的修订可以使其适用于工业人工林和施业天然林。

工业人工林是人工种植而非自然更新的,由垂直关联的木制品企业所有。种植这些人工林的主要目标是在考虑企业总体利益的前提下,保障企业木材加工厂的原材料供应。对于那些开设在木材市场竞争激烈的区域机动性较差的资本密集型企业,可靠的木质原材料来源是非常重要的。比如,美国东南部的纸浆厂通常会拥有或控制一些面积有限的人工林,而且比起周围分散的私人土地所有者,它们的经营管理通常更为集约化。我们可以通过在 Faustmann 模型的公式(3a.3)中将预期价格 p 里加入一个额外费用来解释它们的行为。这个额外费用是工业企业为了保证木质原料供应从而确保资本密集型的加工设施不停运行所愿意支付的费用。

世界上 90% 的施业林是天然林而非人工林(表 2.1)。其中,一些森林在采伐之后快速更新,这或者是由于当地自然条件适宜快速更新,或者是由于在成熟林分内进行择伐促进了快速更新,还有一种可能就是采伐后立即种上已有三年以上树龄的树苗。很多情况下,依靠自然更新的森林需要较长的时间。比如,在太平洋沿岸的美国西北,一些公有林地中状况比较好的高产花旗松的自然更新可能需要 25 年,比最优经济轮伐期的 1/3 还要长(Hyde,1980)。像这样的情况,在这些更新周期很长的区域内,通过公式(3a.3)的时间投入里加入一个预期更新滞后项(对于种植三年的树苗这项可能为负,对于一些花旗松公有林区这项可能为正,甚至为一个较大的值),Faustmann 模型就可以适用了。

换一种说法,这些森林更新的差异也是应用技术的差异。像修正更新周期差异一样,应用 Faustmann 模型时可以通过改变潜在生产 $Q(t)$ 和相关的造林

投入 wE 来调整其他技术变化的影响。

在林业经济学文献中,很少提及确保木材供应的额外费用、更新滞后或其他技术变化,而这些会带来最优轮伐期、造林投入水平以及施业林的最优采伐量的显著改变。[①] 将它们列入模型可以改善很多经济模型的预测能力。

3A.5 特殊情况

林业经济学文献考虑各种各样的特殊情况:价格随时间上涨、木材质量随林龄增加而提高、造林技术进步、价格和产量的不确定性以及自然灾害对森林作物的影响等。[②]

人们经常关注三种特殊状况。第一种很新颖,但受到普遍关注。在自然更新下,最初的造林成本是零,通过对公式(3a.8)的简单修正可以看出资本的成本成为最优轮伐期的唯一决定因素,而价格不起作用了。

$$\frac{Q_T}{Q} = \frac{r}{1-e^{-rT}} \qquad (3a.10)$$

这是林业文献里常用的一个公式,但是实际应用很有限,因为施业林分总是需要一些少量的周期性投入。

第二种特殊情况是简单承认标准 Faustmann 模型仅仅适用于"同龄"林分。同龄林分由同一年龄层或几个间隔均匀的年龄层的树木组成。在世界温带地区,构成商品林的多数针叶树和先锋树种都有这个特征。异龄林分则由一些不同树龄的树木组成,而且它们的周期比较随机。许多温带阔叶林和大多数热带雨林有这样的特征。同龄林分往往在成熟时被皆伐,而异龄林分通常对其中特定的成熟树木和商品林进行皆伐。但是,在这两种林分中,我们也都观察到了不同的采伐方式。[③]

第三种特殊情况是试图在 Faustmann 模型内加入非木材价值。最早的尝试来自随着用材林林龄的增加带来越来越多的非木材价值。因此,有人认为应该延长最佳轮伐期(Hartman,1975;Calish,Teeguarden and Fight,1978)。之后,人们认为森林多样性越丰富,非木材价值往往越大,包括成熟的林分、开放的草地、风景秀丽的景观、大量为野生动植物提供栖息地的森林边界等。Bowes(1983)、Bowes and Krutilla(1989)和 Swallow,Parks and Wear(1990)认为,

---

[①] 因为林产工业公司通常会限制自己的人工林的采伐直到市场紧俏时期,所以采伐时木材的树龄和材积要比简单 Faustmann 模型推算的最佳轮伐期时的树龄和材积大得多。一个资深经理指出,这意味着树木的胸径会更大,胸径增大意味着可利用这些树的加工范围也扩大了。由于无法预测不同大小锯材的未来市场,他解释说在人工林地中保留一些更大的树木能保证他的企业可以面对各种未来市场状况。

[②] Newman(1988)回顾了这类文献。

[③] Chang(1998)讨论了一个一般化的异龄林 Faustmann 模型。

在这些条件下，最优化条件的决定需要一个多林分模型（而不是经典 Faustmann 模型和 Hartman 修订中的单林分）。这些情况也需要我们仔细分析重要的区域价值及其与森林经营的关系。在这种情况，非木材价值不一定随着林分年份的增加而增加，所有区域相关的木材和非木材价值的最大化可能会缩短一些林木的最佳轮伐期而延长另一些林木的最佳轮伐期。

3A.6 有关模型适用情况的评论

对不同类别的土地所有者和不同土地生产目标加以调整后，Faustmann 模型可以用来描述在一个固定地块上的人工林地或施业天然林地内的经营决策，其考虑的林地相当于森林开发的第三阶段 B' 和 B'' 之间一块固定的区域。①

然而，人工林只有 1.87 亿公顷，占世界森林的 5%。即使在美国，也只有 1 600 万公顷，占全部森林的 1.8%（FAO,2001）。此外，即使认真修正，Faustmann 模型的长远盈利能力目标也不能完全考虑到每个类型的土地所有者的不同动机和不同机会。小型私人农场土地所有者对短期价格波动和实时私人财务需求特别敏感。其他小的私人土地所有者可能更关注各种非市场价值。工业土地所有者可能会更注意对原材料的内部需求或短期企业现金流。也就是说，早期的木材采伐可以保证一个公司的工厂连续运作，也可以在公司需要增加资金来支付股东红利或整合木制品加工厂时提供一个现金流途径。那些没有木材加工设施的大型机构林地所有者可能对林地的利润动机最低，但他们也会在更大的金融投资组合范围内考虑森林产权所带来的资金流。第 7—9 章将对不同土地所有者类型及其经营目标进行更详细的介绍。

参考文献

Bentley, W., and D. Teeguarden. 1965. Financial maturity: A theoretical review. *Forest Science* 11(1): 76—87.

Bowes, M. 1983. *Economic foundations of public forestland management*. Quality of the Environment discussion paper D-104. Washington, DC: Resources for the Future.

Bowes, M., and J. Krutilla. 1989. *Multiple-use management: The economics of public forestlands*. Washington, DC: Resources for the Future.

---

① 固定地块的限制是非常关键的，但对于木材价格的巨大差异来说，这种限定并不合理。在公式(3b.3)中，通过采伐量对价格求导，Faustmann 公式得到一个向后弯曲的木材供应曲线（Clark,1976；Hyde,1980）。实际上，这种情况并不会发生。因为当木材价格大幅上涨时，森林经营者会增加现有森林的造林投入并扩大森林经营面积。价格显著下降带来的效果则相反。

Calish, S., D. Teeguarden, and R. Fight. 1978. How do nontimber values affect Douglas-fir rotations? *Journal of Forestry* 76: 217—221.

Chang, S. J. 1983. Rotation age, management intensity, and the economic factors of timber production. *Forest Science* 29(2): 267—278.

Chang, S. J. 1998. A generalized Faustmann model for the determination of optimal harvest age. *Canadian Journal for Forest Research* 28: 652—659.

Clark, C. 1976. *Mathematical bioeconomics: The optimal management of renewable resources*. New York: John Wiley and Sons.

Faustmann, M. 1849. On the determination of the value which forest land an immature stands possess for forestry. In M. Gane, ed., *Institute Paper 42 (1968)*. Commonwealth Forestry Institute, Oxford University.

Food and Agriculture Organization of the United Nations (FAO). 2001. *Global forest resources assessment 2000*. Forestry paper 140. Rome: FAO.

Gaffney, M. 1957. *Concepts of financial maturity of timber and other assets*. Economics Information Series no. 62. Unpublished manuscript, North Carolina State College, Raleigh.

Hartman, R. 1975. The harvesting decision when the standing forest has value. *Economic Inquiry* 14(1): 52—58.

Hyde, W. 1980. *Timber supply, land allocation, and economic efficiency*. Baltimore, MD: Johns Hopkins University for Resources for the Future.

Newman, D. 1988. The optimal forest rotation: a discussion and annotated bibliography. General Technical Bulletin SE-48. Asheville, NC: USDA Forest Service Southeastern Forest Experiment Station.

Samuelson, P. 1976. Economics of forestry in an evolving society. *Economic Inquiry* 14(4): 476—492.

Swallow, S., P. Parks, and D. Wear. 1990. Policy relevant nonconvexities in the production of multiple forest benefits. *Journal of Environmental Economics and Management* 19: 264—280.

附录3B 可采伐量

本附录将介绍确定木材采伐量的标准生物学模型,分析它向森林经营的扩展,并讨论它对经济效率的偏离。该模型有一些不同的名字,如"允许采伐量"

或"年允许采伐量",因为它的既定目标是最大限度地提高实际产量。这个模型也以其最初数学形式的作者的姓名命名,即 Hanzlik 模型(Hanzlik,1922)。[①] 世界各地的大多数公共林业机构在规划活动时多使用这一模型的不同形式。[②] 一些林产工业企业也使用该模型的变形。

这个模型对经济效率的偏离是比较大的。Clawson(1976)估计在 20 世纪 70 年代,由于偏移有效的采伐水平,美国国家森林系统过去每年平均损失 6 亿美元的木材收入。Hyde(1980)估计大约在同一时间,由于美国太平洋西北地区花旗松地区偏离土地利用的经济标准,美国国家森林系统采伐面积扩大了四分之一,原本不通道路的原始林区域缩小到了有效水平的三分之一以下,实际采伐量比经济有效的采伐水平下降了 70%。

3B.1 基本模型

模型一开始将固定的区域分为两个部分,一部分是存在活跃经营或"干预"的森林,而另一部分是成熟天然林或"原始林"。可采伐量的目标是从这块土地上获得"均匀"的年实际采伐量,同时逐步将未受干预的森林转化为有经营干预的森林。从根本上讲,可采伐量模型是一个生物量最大化模型加上一个原始森林的转化项。它没有明确的经济原则或内容,但林农可以用它推算自己的回报率。

和 Faustmann 模型一样,可采伐量模型可以用于"同龄"或"异龄"林分。本附录介绍了比较常见的同龄林分模型,有兴趣的读者可以自己了解异龄林分模型(如 Davis and Johnson,1987)。

任意年份 i 的可采伐量 AC 由以下两个元素得到:(1) 面积为 A_m 公顷的有经营或干预的土地的最大年采伐量,其中累计立木材积 Q 是关于时间 T 的逻辑斯蒂函数;(2) 在其余 A_g 公顷的无干预的成熟林里,每年采伐和更新相同份额,时间跨度为 T_c。整片森林($A_m + A_g$)在转化周期结束后成为一个单一的、被充分经营的森林。该模型假定不受干预的森林增长会停滞在每公顷 G 的材积,在两个区域内砍伐之后都能立即成功地造林。

$$AC_i^1 = \max_T A_m \frac{Q(T)}{T} + A_g \frac{G}{T_c}, \quad i = 1, 2, \cdots, T_c, \ T_c \leqslant T^* \quad (3b.1)$$

唯一的决策变量是不受干预的森林的转换周期 T_c 的长度。在许多应用

[①] "可采伐量"这个术语至少有三种不同的含义——第一,优化模型本身;第二,从其应用中产生的长期计划采伐水平;第三,正式获批的特定年份计划年采伐水平。第三种不一定是基于可采伐量的优化模型。显然,这三者可以有很大的不同,在使用时需要明确该术语的具体用法,否则产生误解的可能性很大。

[②] 事实上,我还没有看到过例外。

中,转换周期设定为最优轮伐林龄,并与最优轮伐林龄同时确定。在另一些应用中,它是外生的。林农知道人工经营森林的最优采伐林龄是指能实现最大平均年实际增长率或者"年平均增量峰值"(culmination of mean annual increment, CMAI)的时期。在森林立即更新和所有成本与利率为零时,CMAI 和 Faustmann 确定的最优经济采伐林龄是相同的。(这一被广泛认可的情况可能在数学上存在,但在现实中罕见。)

一旦最优采伐林龄 T^* 被确定,人工林就被划分成 T^* 个相等的部分,林龄分别从零到最优采伐林龄。没有干预的森林则按转化周期分成相应部分。如果转换周期 $T_c = nT^*$,其中 n 是正整数,那么公式(3b.1)右边的第二项在转换期结束时消失,整个森林变为有干预的森林,并进入稳态,年采伐量等于最大年平均增长量。

$$AC_i^2 = \max_T (A_m + A_g) \frac{Q(T)}{T} \tag{3b.2}$$

由于木材轮伐期和森林转化周期非常漫长的实际原因,大多数可采伐量模型应用公式(3b.1),而公式(3b.2)只能在全变为有干预森林后使用。此外,大多数林农知道在如此长的周期里,各种情况都会变化。这些不时发生的变化会影响模型的参数,因而可采伐量需要重新计算。

3B.2 限制和变异

公式(3b.1)中的第一个变异来自采伐量控制和采伐面积控制的不同。采伐量控制是指不考虑所处地块的面积而追求相同的年采伐量。采伐面积控制则只要求每年砍伐相同面积的森林而不考虑采伐量。当所有土地的实际生产力都一样时,两种控制下的年采伐量一致。当有干预的森林中含有不同生产潜力的土地或没有干预的森林中含有不同密度、每公顷蓄积量不同的原始森林时,这种差异就变得重要。实际操作中,公式(3b.1)可以用来分析面积控制和采伐量控制两种情况。

当经营者对特定产品有偏好时,比如偏好锯材原木或者特定大小或质量的锯材原木,第二个变异发生。我们可以用以下公式来表现这种偏好:

$$AC_i^3 = \max_T \left\{ A_m \frac{Q(T)}{T} + A_g \frac{G}{T_c} + \lambda(T - T_k) \right\} \tag{3b.3}$$

其中,λ 是拉格朗日乘子,T_k 是法正林中的树木达到最小可接受尺寸时的林龄。

然而,更普遍的情况是森林经营者在考虑最小尺寸目标时,会给定一个具体的材积,用以衡量可接受的最小尺寸材积。在这种情况下,对所有 $T < T_k$,$Q(T) = 0$。在 T_k 之后,Q 取正值,在 $Q(T_k)$ 基础上根据标准逻辑斯蒂形式进行生物增长。

当然,这个目标和允许采伐量公式没有考虑市场情况,即同样的森林可能生产更多木材或创造更高价值。它也没有考虑即便对于偏好的产品,最小尺寸标准也会随时间和技术进步发生变化。比如,尽管现在锯材厂已经可以处理胸径为 4 英寸的锯材原木,美国的公共森林管理者多年来仍坚持可采锯材原木的标准为胸径不小于 11.5 英寸。Sullivan,Bell and Usher（1975）证明如果将 11 英寸标准改为 5 英寸,那么 20 世纪 70 年代中期美国国家森林系统的年可采伐量可以增加 30%。

最后,有的森林经营者引入了第三个变化来解决转化期末采伐量下降的问题。这个下降被称为"衰退"。它的发生是因为最后一公顷无人管护的原始森林包含过熟林,其材积 G 会超过法正林达到最大年均生长量（CMAI）时的材积。关注这一问题的经营者们通过延长转化周期来应对,从而降低了未受管护成熟天然林现有的年采伐水平。这就了最后采伐量的下降水平,创造了一个更"均匀"的长期年木材采伐量。

当然,转化周期的延长意味着减少当前采伐量和收益。Hyde(1980)计算得出至少在一个美国的案例中转换周期的延长降低了总体的木材价值。对于"跌落"的担心也没有考虑如下的合理的预期——从长期来看,市场情况的变化将带来森林经济存量和木材生产基础用地的调整。

3B.3 森林经营和财务收益

可采伐量模型无法评判森林投资。然而,通过建立现金流(不考虑来源)和森林投资(不考虑分配)的联系,这种评判可以建立起来。

比如,考虑一笔在休耕土地上重新造林的投资。重新造林增加了 A_f 公顷的法正林到公式（3b.1）中,于是有

$$AC_i^A = \max_T \left\{ (A_m + A_f) \frac{Q(T)}{T} + \left(A_g - A_f \frac{Q(T)}{G} \right) \frac{G}{T_c} \right\} \quad (3b.4)$$

新造林土地上的年增长量,即右手边的第一项,提供了一个更高的可采伐量,但这些幼苗在很长时间内都没有可市场化的蓄积量。因此,采伐量的实际增长要依靠原始森林的活立木蓄积量,即右边的第二项。原始森林的年采伐量在 T^* 年之前会保持较高水平,直到新造林地上的树木达到可采伐水平。这时候我们把一片土地上造林和另一片土地上伐木两种不相关的活动联系了起来,从而带来采伐量增加,这种现象可以被称为"可采伐量效应"（allowable cut effect,ACE）。

森林计划者们计算这笔森林经营投资的收益率 r,这个收益率使公式（3b.4）中总年采伐增量价值的贴现值等于新造林成本 C,即

$$\sum_{i=1}^{T_c} p\,\frac{AC_i^1 - AC_i^1}{(1+r)^i} = C \tag{3b.5}$$

其中，p 是立木价格。

在采伐活动前期的间伐或施肥等造林投资也可以用类似公式(3b.4)和(3b.5)来进行计算。在这种情况下，将重新造林的相关项从公式(3b.4)中去除，右边的第一项产量 Q 变为间伐或施肥活动和时间的函数。年采伐增量的确定是由现有施业林分 A_m 的额外生长量确定的，而非公式(3b.5)中新造林和新土地 A_f 的生长量确定。

以这种方式计算，年投资回报率可高达 390%（USDA FS,1969）。显然，年投资回报率是高盈利性的天然林的采伐与盈利性不确定的新投资两种因素的综合反映。这种投资回报率的计算方式很明显会误导决策，不适用于对比各种森林投资的可行性，也不宜用于将林业投资和其他基于标准会计制度的非林业企业的活动加以比较。[1]

3B.4　经济意义

简单的生物量最大化模型，即公式(3b.1)中的第一项，起源于德国人对永续林的概念。这种模型或许对 18 世纪初德国北部的土地所有者是适用的。[2] 当地的经济稳定，很大程度与外部影响隔绝，以手工业为主，缺乏技术创新，运输和通信条件有限，加上高关税壁垒，统统限制了与外部市场的交换。小而自给自足的政治和经济单位居于主导地位。

木材的相对价值较高。因此，高产林地具有很高的价值，比现在更靠近经济中心。本地树种通常能够快速自然更新，这种良好的生态状况便于应用简单的生物模型。另外，成熟的树木采伐后，大量的林下树木很快替代了成熟林木，使得造林投资及正规的木材经营可能很不必要。种种迹象表明此时森林处于某种稳态。[3]

18 世纪和 19 世纪，第一批为德国大地产所有者服务的专业林业队伍出现了。这些地产所有者使用他们的土地作为生物保育场，在这上面保护也捕猎了数量惊人的鹿。木材生产并非重要目标，公众被排除在这些森林的利用之外。

---

[1]　Hyde(1980)提供了一个量化的例子，证明了 60 年轮伐期的花旗松 2% 的财务回报率如何等同于 90% 可采伐率的回报。

[2]　早在 13 世纪，首次尝试调节木材采伐在德国可能已经发生。

[3]　详见 Behan (1975)、Gould (1962) 和 Raup (1964)。Von Thunen (1826) 认为林业位于围绕当地市场的地理经济圈的内环。在第 2 章和第 3 章的模型中，林业生产发生在靠近市场的地方，其他低价值经济活动发生在远离林业生产且产权独立的土地上。开放进入的土地和天然林一般远离中心。因此，开放进入的土地对于永续林的早期应用并不重要。（以第 2 章的模型来看，森林发展处于成熟的第三阶段）。Spurr (1964) 描述了适用永续林的生态状况。

第 3 章 森林的长期发展

对他们和他们的地产而言,森林生物量的最大化可能是合理的目标。

然而,即使永续林和生物量最大化模型曾经看似合理,但到了 19 世纪中期,其合理性已经大不如前。1848 年大革命的主要原因即公众对森林地产的法律和行为不满。[①] 今天,永续林已完全不合时宜。地方经济不再封闭和稳定,而现代林业生产源于天然林边界的成熟林或施业林的有目的性的投资,可采伐量模型都无法对此进行完整的描述。

尽管如此,今天很多大型的以利润为导向的工业企业仍然使用它们各自的各种可采伐量模型。它们每年需要一定的资金来运行业务和给股东分红,这使得这种模型的现金流功能仍然具有吸引力。它们对原材料的安全来源的关注使采伐和投资之间保持平衡。此外,工业人工林普遍较高的生物生产力使得这些商业企业免于落入可采伐量模型的陷阱——用生产力较高的土地的收入来支持新造林和管理那些质量较差以至于没有收益的土地。

然而,即使工业企业也有例外。许多遵循可采伐量模型原则的公司的年度财务报告显示,当其最终产品市场遭受衰退或当它需要财务资源用于其他投资时,它们会出售额外的木材(有些企业也出售林地)。这意味着,该公司把森林蓄积作为一种财富储存,它是一种经济行为,而不是将生物最大化作为其首要的操作规则,这与可采伐量模型的设定大不相同。

当然,许多其他企业,尤其是那些并不拥有优质林地的企业,它们的操作规则更接近经济原则,很少遵循森林生物量最大化的原则。它们也许关心工厂所需要的原材料供应的稳定,但是它们林地部门的会计原则更倾向于将森林投资与每块土地的预期回报直接联系起来(第 7 章将详细探讨工业土地所有者的行为)。

如果可采伐量模型的变异对于工业人工林的管理行为预测是不可靠的,那么在其他情况下应如何评价它的应用呢?我们很难指望林场主和其他小块林地所有者遵循刚性的可持续生物学的原则。他们持有的土地一般都太小,无法提供稳定的采伐量,而他们的财务需求也往往是不规则的(第 9 章将仔细研究这些土地所有者的行为)。

另一个大类的土地是由各国政府管理或至少管辖的森林边界。在世界各地,各国政府或林业机构制订森林计划时都遵循可采伐量模型的原则。他们认为这一原则会比其他任何原则,包括经济运行原理带来更大的可持续收获。

仔细考虑这种说法。在特定情况下,生物产量确实大于经济产量,具体来说,对于在固定和边界清楚的土地上自然更新和自然生长的森林林分,生物最

[①] 参观德国达姆施塔特(Martin Faustmann 的故乡)附近的克莱尼斯坦狩猎城堡的博物馆,可以看到森林地产管理和 1848 年大革命关系的证据。

大化模型的实际采伐量会比经济最大化模型的采伐量大。但是，这种情况不包括两个重要的生产可能性：(1) 在某些林地上，按照经济合理原则可以实施集约经营，提供更高产量；以及(2) 在其他土地上，遵循生物量最大化原则导致采伐推迟从而进入一个整体不经济状态，这些土地如果按照不同于可采伐量标准的原则进行管理和采伐会是经济的，但在独立核算中是基于生物量最大化原则报告最大的净财务损失。[①]

这组限制条件隐含在这一说法中，但很少被意识到。有证据表明，一旦这些限制条件被取消，可采伐量模型带来更大可持续采伐量的结论可能就不成立了：对于任何给定的单位土地，生物产量和经济产量相比可能更大或更小。对没有限制的可采伐量模型的准确评估取决于当地的市场情况和当地的土地生产力。对于在地理上处于边缘地位的共有林经营者们而言，应用生物最大化原则会迫使一些土地由高效林地转换为不具经济性的林地。即使这些土地在可采伐量模型区域内，即使政府机构可以行使财产权利，也没有伐木工人愿意在缺乏外部财援助的情况下在这些地方作业。正因为这样的财政成本，美国国家森林系统作为一个整体，在其历史上从来没有从木材经营中盈利（Barlow and Helfand，1980；Barlow et al.，1980；Forest Sense，2001；Zimmermann and Collier，2004）。没有美国财政部的资金援助，一些符合可采伐量原则的公有林地将退出木材生产，从而使总采伐量下降，这与生物最大化模型保证了产量更高的论断相矛盾。

参考文献

Barlow，T.，and G. Helfand. 1980. Timber giveaway—a dialogue. *The Living Wilderness* 44：38—39.

Barlow，T.，G. Helfand，T. Orr，and T. Stoel. 1980. *Giving away the national forests: An analysis of U. S. Forest Service timber sales below cost*. Washington，DC. Natural Resources Defense Council.

Behan，R. 1975. Forestry and the end of innocence. *American Forests* 81(5):16—19.

Clawson，M. 1976. The national forests. *Science* 191(4227)：762—767.

Forest Sense. 2001. Forest service lost $407 million selling trees in 1998. *Forest Sense* 3(2):1.

Gould，E. 1962. *Forestry and recreation*. Harvard Forest Papers No. 6.

[①] Hyde（1980，ch. 2）提供了关于生物产量或可采伐量模型决定的产量并不一定比经济产量高的原因的一个图和更全面的讨论。

Petersham, MA: Harvard Forest.

Davis, L., and K. N. Johnson. 1987. *Forest management*. New York: McGraw-Hill.

Hanzlik, E. 1922. Determination of the annual cut on a sustained basis for virgin American forests. *Journal of Forestry* 20(5): 611—625.

Hyde, W. 1980. *Timber supply, land allocation, and economic efficiency*. Baltimore, MD: Johns Hopkins University Press for Resources for the Future.

Raup, H. 1964. Some problems in ecological theory and their relation to conservation. *Journal of Ecology* 52 (Supplement).

Spurr, S. 1964. *Forest ecology*. New York: Ronald Press.

Sullivan, R., E. Bell, and J. Usher. 1975. *Information relating to RPAT timber policy issue #1*. Washington, DC: USDA Forest Service Timber Harvest Issues Study Team.

USDA Forest Service. 1969. *Douglas fir supply study*. Portland, OR: Pacific Northwest Forest and Range Experiment Station.

Von Thunen, J. 1826. Der Isolierte Staat in Bezeihung auf Landwirtschaft und Nationalokonomie [The Isolated State]. Berlin: Schmaucher Zarchlin. Translated by Carla M. Wartenberg. Edited with an introduction by Peter Hall. New York: Pergamon Press, 1966.

Zimmermann, E., and S. Collier. 2004. *Road wrecked: Why the $10 billion Forest Service road maintenance backlog is bad for taxpayers*. Washington, DC: Taxpayers for Common Sense.

第 4 章 林业政策

前两章探讨了林业中市场运作的基本准则。然而，许多林业活动并非发生于完全自由、完整和竞争的市场。许多活动甚至完全与市场不相关，例如有些森林游憩活动不是通过买卖发生的。森林中的一些市场活动也会产生超出森林范围的非市场效应，例如木材采伐可能导致下游河道、河岸土地的侵蚀和沉积。此外，有些非林业的市场行为可能对森林产生影响，例如农业发展可能导致毁林并且对非市场化的生态服务体系造成损害，其中包括森林带来的生物多样性和碳封存。总之，基于市场的林业经济活动，除反映其生产价格外，还需承担一定的公共服务负担，以便为道路、教育和警察等一般公共服务提供财政支持。

在仅靠市场无法实现社会最优水平的生产和分配的情况下，往往需要政府干预，以促进就业和区域发展。在林业方面，政府常常干预以确保木材的长期供应。这些干预措施主要包括各种税收政策、财政激励、规章制度，还有对资源的公有化管理。由于这些原因，仅靠对竞争市场的理解是无法充分解释与森林相关的人类活动的。

本章内容着眼于理解各类公共的市场干预手段，通过分析政府的相关政策在森林发展各个阶段所具有的调节作用，有助于我们理解为什么有些政策在实现其更广泛的社会目标上相对成功，也有助于日后提出更优的公共政策。还有值得注意的一点是，这也有助于我们理解为什么另外一些政策会失败。

关于政策的研究，一般从政策工具的分类或者各种政策目标本身着手。本章将讨论 20 世纪以来林业历史

第 4 章 林业政策

上最常见的几种政策工具。随后,针对每种政策工具相关的目标,将结合实例加以讨论。本章附录部分将重点探讨政策目标,并对五种大家广泛讨论的现代林业目标,以及达成这些目标的最优方法进行着重分析。

直接林业政策工具主要有税收、补贴和对发生在私有林地上的活动制定的各种规定或标准。我们将对这三类政策(税收、补贴和各项规定)以及它们常见的具体形式进行详细分析。林业具有四种土地利用边界这一特殊属性,使得选择适当的政策工具变得复杂。因为任何特定的政策工具都可能只影响部分边界而不是所有的边界,而且一些政策对这些不同的边界同时产生相反的影响。例如,在林业经营方面,价格工具虽然能鼓励土地扩张,但它也同时刺激了采伐的增长,减少了天然林的林地面积。

通过前面几章的讨论,我们了解到① 相比于其他经济活动,林业活动在地理上较为边缘化;② 许多森林资源和基于森林的环境服务,享有较低的单位价值;③ 这些价值在地理分布上趋于分散。林业的这三个特点在选择有效的直接政策工具方面具有十分重要的作用。

以上特征也意味着,林业很容易受到与之相邻且具有高附加值的部门,比如农业部门,或当地基础设施和制度安排的变动所带来的溢出效应。这些溢出效应,尽管对人工林和天然林的影响程度不同,但都不容忽视。在本章第二部分,我们将回顾一些以农业和木材、纤维加工业这两个相邻经济部门为主要目标的政策及这些政策的溢出效应。第三部分则分析讨论能影响市场活动或政策执行的基础设施(比如主要道路)和制度安排(特别是产权制度)的变迁。尽管基础设施和制度很少被看作政策的组成部分,但二者从设计、计划层面看,往往都是由政府部门决定,并且是影响林业发展的重要因素。通过讨论,我们可以明确的一点是,相邻的两个部门内以及与地方基础设施或体制相关的政策变化,在某些情况下,能比林业税收、补贴或规定更加有效地达成目标。

本章附录部分将主要探讨具体的政策目标本身。在本章的第一部分,我们发现许多林业规定都不能有效地实现期望的目标,有些甚至适得其反。因此,了解林业政策的核心目标并寻找实现这些核心目标的最佳方法,将是一个有用的方式。附录集中讨论了五个重要目标:第一,旨在应对全球气候变化的碳封存;第二,保护重要栖息地和生物多样性;第三,保护自然环境和森林资源的娱乐、游憩、休闲价值;第四,侵蚀控制和流域整体保护。这前四个目标隐含了非市场价值,它们同时也受到市场活动和以调整市场价值活动为目的的政策的影响。第五个目标是可持续的林业发展和应对森林退化。可持续林业经常就被看作讨论的目标,但它的基本目的是实现从森林资源获得长期的、可持续的价值。保护森林可持续性的有效政策取决于如何定义这一可持续性。狭义的定义是指对全部现有的森林实现永续森林经营。这种定义是无意义的。一个更好的定义应该是提高可持续发展的总体水平并保证每一处森林资源及其对社会有益的、独一无二的生态服务持续存在。尽管有些政策设计比其他的更加有效,但可持续发展可能更依赖于地区经济发展,而不是取决于某项专门针对森林本身的特定政策。

关于现代林业政策的中心要素及影响森林资源的重要原因,我们将在后面的章节中进行探讨。本章关注的重点是政府对私营林业部门的干预政策。归公共(国家)完全所有也是一项可选的林业政策工具,特别是针对天然林。关于天然林产品的销售也是目前各国关心的重要问题。这些产品的销售,无论它们是合法的还是非法的,都会对森林和森林资源产生影响,包括大量的政府财产收入都会因之受到影响。关于如何处理这些公有林产品和环境服务,我们将在第 5 章详细讨论。第 10 章将更深入分析研究森林资源的公有(国有)制以及公共(国家)林业部门的目标。

最后,宏观经济计划和政策以及宏观经济活动都会对森林资源和林业部门产生重大影响。因此,第 6 章将分析林业在宏观经济和国际贸易中的作用,并讨论宏观经济政策和宏观经济整体大环境对林业的溢出效应。

4.1 直接林业政策工具

一般来说,经济学理论将政府对市场的干预分为两类——制定标准和收取税费。标准是指硬性的限制,比如以约束木材采伐和木材运输为目的的规定,或者与控制河岸地区木材采伐活动有关的环境制度。税费则属于经济类工具,它允许私人自由经营,以达到社会适宜的资源配置水平。收税或者对许可证收费是这类工具中最为常见的。还有一类林业政策使用较为广泛的经济类工具,包括减少生产成本的经济奖励或其他政府支持手段。本节将针对林业税、经济激励、标准或规定的作用进行系统回顾。

4.1.1 税收

政府通常对林业征收三种税:收入税、财产税(或类似替代税收)以及开采税。本章我们将只讨论收入税和财产税。而开采税,也称特许权使用费,是对非可再生资源比如石油和矿产或成熟林木征收的费用,它将是第 5 章讨论有关使用成熟林的契约形式的重点。

一些税收是公共财政的基本来源。这些税收的目标是在征收费用的同时,不改变投入和产出的水平,这样的税收形式被称为"中性"。而其他"非中性"的

第 4 章 林业政策

税收形式,是以限制"不良活动"为目的,比如导致环境污染的经济活动。这些"非中性"税收形式在林业范畴内并不常见,因为硬性的标准或规定通常被认为是更好的控制有不利影响的经济活动的政策工具,这一点将稍后在本章深入讨论。

收入税

收入税是指对个人收入所得或企业利润所得征收的税。收入税是许多国家中央政府的主要财政收入来源。当对生产性活动进行收税时,如果对所有的收入或利润征收同等比例的税费,那么对任何活动而言,税负是一样的。因此,从土地资源以及其他投入要素在各竞争性生产活动中的分配来看,收入税是中性的。

用图和三阶段模型来说明,收入税使得森林价值函数 V_f 在其整个利润范围内向下移动一定比例——在图 4.1 中,虚线到实线的移动就反映了收入税的比例。等比例的移动意味着当净值越大,函数的左极值移动的绝对值就越大。然而当超过点 B'' 后,土地的净回报为 0,也就没有变动。因为收入税也对农业活动产生影响,使农业价值函数有同样比例的下移,所以,在点 B'、B'' 和 D,同等比例的收入税不改变对土地的利用。

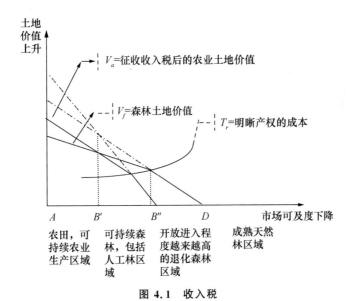

图 4.1 收入税

然而,有些国家的税法以及相关规定,并非对所有生产活动征收相同比例的税费。例如,对资本所得征收的收入税税率就低于对其他收入所得征收的税率。资本所得是指个人持有的某项资产在一定期限内的增值部分。大部分木材是被长期持有的,因此也存在资产增值。那么,征收较低的税率就会鼓励对木材的投资(和对其他资产形式比如房产不动产、矿产和石油的投资,这些不是在体积上增加就是在价值上增加)而不是对生产周期较短的农业、零售业和制造业等的投资。其产生的效果是显著的。美国公司资本所得有利的处置方式可能是整个林业税后利润的 20% 的来源,该处置方法直到 1986 年仍是有效的(Russakoff,1985)。[①]

对资本所得的有利处置以及它对盈利能力的正向作用,刺激了对土地、劳动和资本要素的投资由农业活动转移到周期较长的活动,比如林业。这一转移使得互为竞争关系的农业和林业土地使用边界(图上点 B')左移,从而增加了可经营的林地面积总量,也就意味着这些林地的总产出得到增加。

在点 B'' 的可经营林地边界上,针对资本所得的有利处置则不产生任何作用,这是因为收入税是按利润的一定比例征收的,而在这一点上林地经营的利润为零。基于同样的原因,资本所得的有利处置对超过点 B'' 的土地利用也没有任何影响。[②]然而,当点 B' 的集约边界左移后,所带来的额外经营产量可以替代一些点 D 所代表的天然林边界的产出。因此,资本所得的有利处置可能会间接对天然林资源起到保护作用。这一作用的大小取决于资本所得在集约边界上对边界采伐量影响的大小以及这两点所代表的相对生产成本的大小。目前,还没有针对这种对天然林资源的保护作用的实证评估,但有一点可以明确的是,只有在处于森林发展第三阶段并存在资本所得税收优惠政策的国家和地区,这一作用才为正。

房产税和继承税,统称遗产税,是许多国家收入税法的另一个组成部分。它们可能对土地资源和林业其他生产投入的分配产生影响。土地所有者如果是企业则不受遗产税的影响,因为企业的寿命可以为无限。但对于个人土地所有者而言,如果继承的财富来自意外死亡,那么可能会使得他们处于不利情形。因为他们将需要支付一笔金额巨大的税费,而不得不出售大量继承的遗产比如林地。但这只是猜测,这些税费对林业的影响有多大并不清楚,因为并不明确到底有多少林地的所有权由于遗产税被改变并因此成为非林业用地。现在还缺乏实证证据支持这一猜测。

而英国和智利的税法则与上述情况相反,它们规定如果林地属于继承则无

[①] 20 世纪 90 年代初,美国针对个人收入资本所得的优惠待遇重新生效。在 90 年代末期,林业资本所得针对个人的优惠待遇的综合影响,加上美国税法中允许林木管理费用支销的规定,使得个人和公司所得税的减少额每年高达 2.2 亿美元(Joint Committee on Taxation of the U. S. Congress,引用自 Kripke and Dunkiel,1998)。

[②] 那些在边界以一定价格购买木材但推迟采伐直到木材的价值上升的人有资格获得增值部分的资本所得税优惠待遇,在这种情况下,资格是必需的。

第 4 章 林业政策

须缴纳遗产税。这一优惠政策可能使得林地所有权与一般的遗产税对冲,导致人们倾向于继承林地而不是其他需要缴纳遗产税的资产形式。这项优惠政策对土地利用和木材生产的影响大小还不确定,同样是因为缺乏证据和严谨的实证研究。

财产税

财产税是对法人和自然人拥有的真实个人财产征收的一类税,包括土地、资本增值、设备以及包含股票和债券等在内的无形资产。财产税是许多地方政府部门财政收入的主要来源。与收入税相同,财产税也是每年征收一次(或者,有时两年一次)。

财产税的计税标准是对每项财产的估计价值——通常是指该项财产的"最高和最佳"的市场价值——课征一定比例作为税费。如果对于一个地区的所有土地,其评估价值与真实市场价值之比相同并且征收的税率都相同,那么财产税导致农业和林业的土地价值函数在其整个利润范围内向下移动同等比例的量。如用图说明,将与说明收入税影响的图 4.1 完全一样。财产税对土地产生的影响也是"中性"的,即相应的投入和产出决策不会受到影响。

然而,活立木和包括土地在内的其他各种资产,都属于财产税的征收范畴,而税收会扭曲这类资源的配置。由于木材生长成熟所需的时间较长,每年对活立木征收的财产税包含了对过去所有年份内未采伐木材的重复征税,因此当最终采伐时,加总以往每年缴纳的财产税总额将大于假设木材每年采伐一次且每年只根据木材在此期间的生长量征收一次财产税时的税费。财产税的这种影响被称为森林经营的"时间偏差",它会刺激土地所有者为了避免重复计税而提前对木材进行采伐。①

累积的木材财产税使得一部分位于点 B'' 粗放边界上的土地的林业产出无利可图。施业林的时间偏差以及粗放边界上的土地转为无利润土地正是 20 世纪 20 年代美国南方森林工业内许多企业"砍伐然后转移"跑到美国西部的一个主要原因。这些企业采伐之后抛荒了数千万公顷林地,而没有进行任何的重新造林,更谈不上缴纳相应的财产税了。②美国湖区各州的森林工业也经历了类似情况,以至于在 1920—1940 年期间,被抛荒的土地重新收归州政府所有并给予这些土地一个新的名称——"新公共领域"(这是为了与原来就既非州所有也非

---

① 时间或者增加资本的成本,只是森林经营的一项投入。我们还能知道其对林业中的劳动和制造资本投入的影响。但是,对于大多数森林经营,这些投入较少,而财产税对采伐时间决策的影响比它对劳动或资本投入的影响重要得多。因为后面的这些影响只与施业林有关,所以表示这些情况最简单的方法就是在 Faustmann 公式(3a.3)的生产函数 $Q(.)$ 中引入一项累积税 t_r,并确定所导致的采伐期以及所有劳动和制造资本投入的最优条件的变化,即公式(3a.8)和公式(3a.9)。

② 详见第 3 章关于美国南方原始森林的介绍。

私人所有的无人地区分开)。

财产税对森林经营集约边界的影响大小并不确定。时间偏差影响木材经营的相关决策,而其他用途的、与林业属于竞争关系的土地(比如农业)没有类似的在最终采伐之前需要重复累积征税的产品。但是,在这个边界上与林业相互竞争的、用途更复杂的土地往往需要在单位土地上配备更多的建筑设施和设备,而这些建筑设施和设备仍属于财产税征收的范畴。基于这些用途的土地需要缴纳比经营林业的土地更高的税收。那么是不是这个原因导致了农业用地缴纳的税费超过对木材生长重复征收的税费?至少现在关于财产税对农田和林地的影响还是不确定的,也缺乏实证研究。

在美国南方和湖区州等地,财产税对木材经营的影响促使政府决策者重新审查当地税收体系。有的地方适当降低了对林地的估计价值。另外一些地方出台了一种产量税来替代财产税。产量税仅在采伐时征收,一般低于每年征收的财产税总和。由于产量税只在最终采伐时征收一次,因此对最佳采伐林龄的影响较小。如果产量税产生的税费低于每年征收财产税的总和,则对集约和粗放边界上的土地使用的负面影响比不受限制的财产税要小。

最后到 20 世纪晚期,环境保护问题成为许多国家的重大政策目标,许多地方政府也致力于保护森林与公共资源。不少地方已展开对林地和农地的当前使用价值的评估,而不是基于"最高和最佳"的使用价值。这就减少了森林和农业用地应承担的税负,因为如果它们被更充分地利用,所评估的价值就会更高,而且这也保持了森林经营在集约边界的竞争优势。但是,如果土地用途的更高潜在价值一直增加,那么这种优势只能暂时维持,直到这种潜在的更高价值超过当前林地价值加上该土地基于两种用途的应缴税费之差。这些税对林地的总体影响可能已经非常小了(Boyd and Turnbull,1989)。

4.1.2 经济激励

森林激励包括各种有关森林经营的直接财政援助、免费树苗或关于森林经营的各种建议和技术支持。这三种激励方式的基本目标都是增加木材供给,并且一般针对非工业的私人土地所有者。经济激励在发达国家较为常见,因为他们具备更强的经济实力。比如美国、加拿大许多省份、英国和北欧国家均为小规模的土地所有者提供财政援助。以市场完全自由而闻名的智利,也开展了一项森林经营援助项目。智利林业部门的成功使许多其他国家的政府认为这些补贴形式是成功发展林业的重要因素。免费或以一定折扣提供树苗和技术支持也是较为常见的林业政策,而遍布全球的农村发展项目,不论国家的发展阶段如何,往往都会涉及树苗的分配与分发。

第 4 章 林业政策

这三种激励手段——直接财政援助、提供树苗和技术支持,节约了林地经营的成本。因此,它们的影响很大程度上局限于处在森林经营第三阶段的地区。处在第二阶段、即将进入第三阶段的地区也能适用,但条件是成本的节约足以刺激森林经营长期盈利。政策制定者和项目经理人往往会忽略这一基本原则而将公共资源浪费在向仍然处于第一发展阶段甚至更早的地区提供激励,这些地区的林业经营往往是不可行的。另外,因为天然林的林产品价值低于人工林的林产品,这些地区的土地所有者也很难对激励产生反应。在这些地区,拥有高生产力的土地如果用作其他非林产业将能产生更高回报。

财政援助

直接财政援助,或森林奖励金(forest incentive payments,FIP),是以金钱形式鼓励人们参与森林经营。例如,美国从20世纪20年代就开始实施各种形式的财政援助项目,最近的一个项目始于1974年。政府部门分担了土地面积少于210公顷的土地所有者高达65%的全部重新造林和管理成本。在中国,政府从2001年开始以每亩4.5元(15亩=1公顷)的价格支付给农民用来植树造林(Can et al.,2007)。智利,作为第三个例子,从1974年开始实施了森林奖励金——目标是提高林业部门的国际竞争力。智利的该项目以1992年拥有土地面积小于500公顷的土地所有者为对象,在成功造林一年之后向其返回75%的造林成本,并且要求他们采伐后必须无偿重新造林,以保证将来的轮伐。[①]

图4.2说明了森林奖励金项目对处于第三发展阶段地区土地使用的影响。财政援助能替代一些私人经营的成本,因此导致森林价值函数 V_f 向上移动,移动距离等于单位公顷所获得的援助价值。位于集约边际和粗放边际的土地,即点 B' 和 B'',都从其他的利用方式转向森林经营,因此施业林的总产值增加。在财政援助充足的情况下,处于第二发展阶段的地区能实现向第三阶段的转变,一些原属于开放进入的土地也会因此转变为经营的林地。

私人土地所有者获得补贴也可能影响到除土地以外的其他要素投入,对点 D 的天然林采伐也会有间接影响。补贴还会使得劳动和生产资金投入的最优水平有所上升,降低施业林的最优采伐林龄。[②]该政策对天然林间接影响的潜力与收入税中关于资本所得的优惠政策对天然林保护的作用相似,同样能通过施业林产量的增加减少对天然林的采伐。

美国的森林奖励金项目产生的上述影响可能不会很大,因为许多土地所有

[①] 来自作者与 E. Morales 的个人通信,2002年11月8日。
[②] 利用 Faustmann 模型和其优化条件,公式(3a.8)和公式(3a.9),可以很容易地证明对施业林劳动和制造资本利用的影响。这些优化条件中的成本每公顷减少了政府财政激励的数量,并且最佳投入水平相应变化。

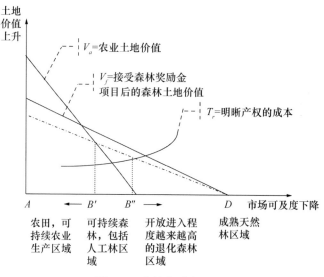

图 4.2　森林奖励金项目

者并不能获得政府援助,而对于那些享有政府援助的人,还有其他更重要的因素产生影响。有些土地所有者虽然接受政府援助,但从无采伐的计划(Boyd and Hyde,1989)。

政府的财政援助在智利和英国的影响相对较大。这些援助项目显著影响了森林经营即将处于有利可图阶段的土地所有者。在智利的项目中,财政承担的成本占非工业私人土地所有者全部总成本的比例远大于在美国的比例。甚至可以说,如果不是政府承诺给予财政援助,许多智利的土地所有者根本不可能进行造林。该国获得资助的土地所有者为全国大规模木材加工业提供了近 40% 的木材,成为国内生产总值的第五大来源,也是全国出口收入的第三大来源。[1]因此,政府财政援助可能是智利施业林和木材产量增长的一个非常重要的来源。

英国的情况略有不同。1988 年之前,英国通过一项全面的税收激励计划鼓励对商品林进行投资,直到人们反映许多公共空间被林木占用。政府随后重新调整了这项计划,不再过多鼓励投资造林。英国目前实施的森林奖励金项目林地奖励方案(Woodland Grant Scheme)要求符合当地的环境和景观,而且对本地阔叶树种的重新造林补偿力度更大。此项目已为原生阔叶林的经营带来了小幅度的效益增长。

有关森林奖励金项目的评估,除了从木材供给角度出发,通常还要从分配

---

[1] http://economist.com/countries/Chile/profile.cfm? folder= Profile-Forecast(2007 年 7 月 22 日)。

角度分析。这一点需要谨慎对待。在许多发达国家,即便是小规模林地的所有者,也可能不是最贫穷或者最需要帮助的人群,也就不应该成为政府制定再分配政策的目标人群。例如,Boyd and Hyde(1989)对美国北卡罗来纳州的土地所有者和森林奖励金项目进行评估时发现,那些受到森林奖励金项目资助的人并不全是私人土地所有者中收入较低的,林地规模也不是较小的。而且对于森林奖励金项目到底是为土地所有者还是为木材加工业带来了好处,并没有明确的答案,因为森林奖励金项目通过政府支持森林经营为木材加工业提供了价格较低的木材原料。可以明确的是,这类木材加工业是排除在收入再分配目标之外的。

提供免费树苗和造林财政支持

许多国家都通过各种公共项目向小农户和社区提供免费树苗,或者修建苗圃并为树苗提供价格优惠。这些措施具有与森林奖励金项目相似的效果,都降低了森林经营的成本。

与森林奖励金项目一样,提供免费树苗或价格优惠带来的效用只对处于森林发展第三阶段或将过渡到第三阶段的地区的施业林才有用。对于仍在第一或第二发展阶段的地区,那些发放树苗的援助项目和森林保护项目往往忽略了经营行为,即使是免费提供种苗,也存在机会成本,相比之下,这些地区天然林提供的资源所需的成本就比较小。

还有一点和森林奖励金项目相似的是,我们可以通过追溯免费树苗所节省的私人成本带来的森林净价值函数 V_f 的变化来估算该项目的效果。尽管许多例子可以证明不同经济发展阶段的国家的农民都乐于接受免费树苗或一定的价格优惠,然后经营这些林地直到林木成熟,但从土地利用和林业产出的最终效果来看,即使是在处于森林发展第三阶段的地区,这类森林激励政策带来的效果也可能不大(Godoy, 1992;Amacher, Hyde and Rafiq, 1993; Molnar, Scherr and Khare, 2003)。

技术支持

技术支持项目通常以森林推广项目为主要形式,这在许多国家都很普遍。这些项目旨在为地方的森林经营活动提供最新的技术信息。和森林奖励金项目一样,项目对象都是小规模土地所有者。在某些情况下,项目也为如何提高采伐技术提供相关建议。对于后一种情况,项目对木材采伐产生的影响贯穿森林发展的所有三个阶段——对于开放进入的森林,可用资源能够得到额外的恢复;对于当前的采伐地区,木材资源也能得到更加完全的恢复;甚至在有的地区,对自然环境的负面影响也能得以减轻。

更为概括地说,森林推广项目与农业推广项目一样,旨在帮助土地所有者改善土地经营。因此,大多数林业技术援助项目和森林奖励金项目以及免费树苗或苗木价格优惠项目一样,其效果都可以通过追溯它们对处于第三发展阶段或邻近阶段的森林价值函数的影响来得到。

对许多森林推广项目来说,更大的难题在于如何快速和广泛地获得并使用更好更新的技术。其实,这也是森林激励项目和免费树苗项目同样面临的重要问题。农业推广项目的经验值得借鉴。在农业方面,往往是那些掌握了更多信息的土地所有者与能够承担得起尝试新品种或新生产技术的不确定性的土地所有者成为最初的援助对象。其他人则可以在观察到这些人的成功经验后,再迅速跟进。[①]当然,如果采用一项新技术所能节省的经营成本越多,对森林价值函数 V_f 的正影响就越大,而且推广速度就会越快,那么最终的使用水平就越高。

4.1.3 规定

林业领域的政府规定历史久远,最早要追溯到为国王、贵族和其他大地主提供狩猎场而保护森林的规定(例如 Robin Hood 在 Sherwood 森林非法狩猎的故事)。后来的规定演变成旨在为国王的军队保护树林。对国王和大地主权利的保护自19世纪后半叶开始转变。木材的持续供给和森林所提供的更多环境服务的可持续性,先后成为政府规定的新目标。

表4.1归纳了20世纪各国林业的一般性规章制度,以大多数国家引入的时间为序,列出了最常见的林业规定。表中还列举了每项规定出台的主要原因,其中最根本的原因是保护某种更广义的社会价值。

表4.1 关于私有林地的常见规定

规定	公共目标
对人工造林和营林的要求	第一,保证木材长期供给;第二,保护生态环境
对以下具体活动的规定:	
木材采伐及运输	长期木材供给,保障工作、工厂和社区稳定
皆伐	出于审美价值和环境保护的考虑
除草剂和杀虫剂的使用	公共健康
水质管理要求	公共健康,环境质量
河滨管理	栖息地保护
最近为大家所关注的问题,但还停留在讨论层面而未执行:	
对濒危动物栖息地的保护	环境质量,未来公共福利
森林认证	林业可持续发展,环境保护

---

① Feder et al. (1985)回顾了农业经验。尽管分析证据并不那么广泛,农林复合的经验与农业经验类似。Pattanayak et al. (2003)和 Mercer(2004)回顾了这一文献。

第 4 章 林业政策

早在 20 世纪 30 年代,许多北美和北欧国家就已要求采伐后进行人工造林。如今,许多发展中国家要求办理采伐许可,甚至私有林地也是如此。其他一些国家则严格控制省际木材运输。这些规定的目的是控制采伐以确保当地企业的木材供给充足。

随着发达国家的政策和法规对环境越来越重视,许多国家对采伐体系实施了新的限制。在北美,限制皆伐或确保择伐式森林经营的规定很普遍。一旦公众意识到某些做法会产生有害影响,那么相关的限制性规定就会出台。例如,当公众认为某些有害成分比如 DDT 会危害人类健康时,关于严格控制除草剂和杀虫剂使用的规定就会相应出台。

另一个相关案例是关于水质的规定。由于水质越来越成为公众关注的焦点,政策法规保护水质的核心首先放在了对点源污染物的控制,比如造纸厂排出的纸浆及污染物。到 20 世纪 80 年代中期,关注焦点从点源污染扩大到非点源,例如农业和林业。我们称造纸厂为点源是因为我们能通过它们排放的污染物精确识别污染源的所在。而农业和林业被称为非点源是因为我们无法简单通过所产生的污染物来追踪到它们是如何破坏水质的,然而它们对水质的影响往往源于诸如除草剂的使用或者大面积翻动土地等生产行为。

最近在北美地区,私有林业部门规章制度考虑的问题主要是濒危动植物和森林认证。

接下来,本章将首先回顾林业规定的设计方案,然后以下面四类规定为例,考察它们的影响:① 限制采伐和运输;② 人工造林要求;③ 出于环境考虑的要求,比如对除草杀虫剂使用、河滨管理和皆伐的限制;④ 森林认证。本章附录回顾了另外五类与公共利益相关的规定——基于这些政策的目标进行讨论而非基于政策的影响讨论。

林业规定的制定及其优点

规定通常指需要绝对遵守的具体标准,比如皆伐不能超过一定面积,在离某河道一定范围内禁止砍伐,对可采伐树木的径级要求以及伐倒木之间距离的规定,还有绝对不能干扰濒危物种栖息地等。

经济学家往往认为明确特定的具体行为更加有效,比如我们提到的风景改善、侵蚀控制、天然林更新以及濒危物种栖息地保护等,然后对没有达到期望目标的土地所有者进行收费。这类方法能对不同程度实现规定目标的土地所有者进行区别性收费。对那些离期望目标较远的人收取更多的费用能促使这部分人采取更优的行动。

收费体系也能鼓励土地所有者调整自己的经营计划以适应他们各自土地不同的特征。例如,当政策目标是控制侵蚀时,对土地所有者的收费是基于河道出口或者土地边界的泥沙流。每个土地所有者都会根据其所经营土地的特征制订合适的经营方案，以达到最有效的管理。有的人可能通过最小化泥沙流量来减少需缴纳的费用，为此，对位于坡度不陡的河道而言，河边的隔离带可能最多5米宽，而对坡度较陡并且侵蚀度更大的土地，隔离带可能达到30米。其他人依据土地的侵蚀特性可能做出不同的决策。

事实上，环境收费已成为一个大家较为接受的方案，以取代针对某些污染的规定。在荷兰和中国，都有例证表明这些环境收费能促使造纸厂采取更优的行为(Bressers and Lulofs, 2004; Xu, Hyde and Amacher, 2003)。污染最重者支付最高费用，收费越高，他们治理污染的动机就越强。

但是，考察某个工厂排出的污染物只是一方面，而对像林业这样的非点源污染的考察则要困难很多。识别林地是否被砍光了较为容易，但要识别河道沉积物的来源或者对濒危物种栖息地的改变程度，就需要公共部门花大力气尽心监督并且确保这些规定得以实施。就环境标准而言，由于森林资源价值较低、分布较为分散，监督和实施较为容易。这也是为什么林业政策经常采取环境标准的形式，而不是累进收费的原因之一。

对采伐和运输的限制

对采伐的限制旨在保证长期的木材有效供给以及遏制天然林的退化和减少，后者在近期受到更多重视。对木材运输的限制源于控制外部需求并确保当地木材供给的初衷，同时考虑了对当地集体福利的保护。一些国家将木材运输限制在一州或一省的范围内。另外一些国家限制木材的出口，这与限制木材被运输出森林或地区并无本质差异。

对采伐的限制呈现出两种形式。一些限制性规定，比如禁伐，其目的是完全或者基本上完全停止对特定树种的采伐，包括保留的天然林或国有林。许多亚洲国家在最近几年陆续颁布了禁伐的规定(Durst et al., 2001)。其他限制性规定，如采伐限额、官方采伐指标等，都是为了遏制对特定树种的采伐或总采伐量。禁伐是难以有效执行的，因为政府无法聘用足够多的人力来保护所有林木，而且运输中的木材也难以识别出到底来自受保护的林区还是农场式的林地。对禁伐的争议使得非法采伐的问题迅速为人们所关注，这将在下一章中讨论公有林的林产品销售时再做分析。

其他限制性规定(比如采伐限额)存在同样的问题，并且这些规定还增加了土地所有者和工厂经营者对所拥有的未来采伐权利的不确定性：未来的采伐限额是否会缩减？政府是否会加强政策的实施力度？当土地所有者期望采伐或是工厂经营者需要木材的时候，是否能顺利得到许可？这一系列的不确定迫使土地所有者将采伐时间提前以确保能得到经济收益。因此，不确定性在短期内

第4章 林业政策

带来采伐量的增加主要是由于土地所有者期望保有一定的经济收益。不确定性的长期影响却是相反的,因为部分土地所有者会将一些林地转作其他经济收益受限较少、确定性更高的非林地,最终长期的木材供给会下降。

土地所有者为取得木材采伐限额而付出的成本同样会降低最后的经济收益。有时候这些成本很小,相应的影响就微不足道。而在其他情况下,获得许可需要付出大量的时间和财物,即使如此,能否获得许可也是不确定的。此时,高额的成本使得将林业经营中的集约边界和粗放边界上的土地用作林地缺乏竞争力,致使土地所有者对于余下边界林地和林木的管理不再集中。[①] 政策的最终结果还将导致活立木资源及其长期供给的下降,这与政策制定的目标恰恰是相反的。

印度尼西亚、印度以及斯里兰卡也有相似的经验。印度尼西亚在殖民时期开始对高附加值的檀木进行限制。在最近几年,印度尼西亚政府与印度政府都加强了对这类天然香木的限制性管理。印度全面禁伐檀木,而印度尼西亚则将檀木价格固定在市场价格的一个较小比例上。二者都是为了保护剩余的檀木资源。但是,在两个国家都出现了非法采伐活动加剧以及檀木的活立木存量减少的情况。Garcia Garcia(1997)描述了印度尼西亚限制砍伐南洋桐也面临同样的问题。

斯里兰卡禁止对本国国内现存的所有天然林进行采伐并要求在私有土地上的采伐必须事先获得许可和检查。这是为了确保采伐的木材不是来自受保护的天然林。采伐许可已经对木材供给造成了严重的约束,以至于最终木材的到货价格甚至达到木材出厂价格的七倍。这类价格差距主要源自获得采伐许可所付出的各类成本。如果高价格对土地所有者没有激励,他们就会降低对林地的管理水平,最终降低林地上的林木资源和木材产量。此外,较高的市场价格成为对天然林非法采伐的主要经济刺激——这同样有悖于原本的政策目标。如今的木材生产总量仅有施行采伐限额前的四分之一,而最终被运输到斯里兰卡各大工厂的木材中至少有四分之一来自非法采伐(Gunatilake and Gunarantne,2001)。

即使是在那些采伐限额实施初期效果不错的地区,政策的间接影响也可能不是有益的。柬埔寨政府在国际非营利性组织和捐赠者施加的强大压力下,于2002年颁布了禁伐令,其目的是保护现存的濒临消失的天然林。现在,对该目标的实现是有限的。非法采伐并未得到遏制,而当地的硬木供给却出现了不足。从2002年到2004年上半年,木材价格翻了一番,这造成了两个意想不到

[①] 再一次,Faustmann等式中最优条件的变化,即公式(3a.8)和公式(3a.9),可以证明许可对保留经济可行的林地的影响。在这些条件中,价格项减少的金额等于土地所有者获得许可所付出的成本。

的结果。首先,城市贫民再也无法获得他们所需要的房屋建筑原材料,棚户区房屋搭建转向了锡箔和纸板。其次,原来所用的热带硬木材料被较差的棕榈树材料所替代。棕榈树是油料、糖料、酒精、水果等多种产物的来源,也是农业家庭的重要收入来源。如果不能在短期内对采伐后的棕榈树地块进行更新造林,将棕榈树作为替代的建筑材料就会破坏其作为农村收入来源的作用。这里存在一个重要的政策问题,就是禁伐带来的对天然林的保护,是否足以抵偿对城市贫民以及棕榈树相关产物的负面作用。这个问题并没有在政策讨论中被提及。

对木材运输的限制规定对森林产生的影响与采伐限制的影响类似。首先,限制木材运输减少了能竞争木材资源的伐木工和工厂的数量。在美国、菲律宾、尼泊尔和中国,这类规定都或多或少限制了当地工厂的木材销售(Hyde et al.,1997;Dangi and Hyde,2001;Hyde et al.,2003)。这些国家可能在保护当地缺乏竞争力的工厂方面取得了短期的成功。但是,当地集体的福利是否因此而显著提高还是未知数。因为木材加工在当地经济活动中只占据很小的部分,而伐木工以及工厂的工人还有其他工作机会(Stevens,1978;Daniels,Hyde and Wear,1991;Ruiz-Perez et al.,2003)。限制木材运输的长期效应与限制采伐的长期效应是相似的。当经营林地有利可图时,限制性规定减少了需求,因此降低了土地所有者出售木材的价格以及他们长期经营和生产木材的意愿。经营林地的集约边界和粗放边界能带来的收益降低,其他非林地用途逐渐替代林地经营。毫无疑问地,这并不符合当地的集体福利。

人工造林要求

规定采伐后进行人工造林的初衷是保证长期的木材有效供给。最近,该规定的目标逐渐转向环境可持续发展上。在1903—1950年间,美国16个州从法律层面规定了人工造林以实现第一个目标。1968年后,其中9个州修改了或者制定了新的法律以强调第二个更为宏观的目标。北欧国家、西欧国家、巴西、智利以及加纳也基于相似的目标制定了相关法律。

在某些地区,森林的自然更新速度很快。在这些地区,人工造林要求的执行几乎不需要什么成本。但在其他地区,由于人工造林只是采伐后可能发生的事件,规定的人工造林在木材采伐的费用上加入了额外的造林成本,这使得森林价值函数向下移动。当人工造林要求被强制执行时,在边界线上的采伐会下降,这被认为是对环境的改善。

对处于发展第三阶段的森林而言,人工造林的要求并没有对施业林产生什么影响。这是因为对这些林地而言,人工造林本身在经济上是可行的。Boyd和Hyde(1989)对弗吉尼亚州森林经营中人工造林的实证分析证实了这一点。

Boyd 和 Hyde 还分析了弗吉尼亚和北卡罗来纳州相邻州的私有林地管理,这些州的林地有相似之处。弗吉尼亚要求私人土地所有者进行人工造林,而北卡罗来纳州没有。如果弗吉尼亚州的人工造林规定是有效的,该州应该能实现较大面积的造林,并在一段时间后实现活立木森林存量的增加。但是,在控制住立地质量和地区价格的差异后,Boyd 和 Hyde 观察到两个州的活立木资源材积并没有显著性差异。正如期望而言,弗吉尼亚州的人工造林规定对已经实现经济性森林经营的私有土地并没有影响。

营林的指导建议

许多发达国家和一些发展中国家对木材采伐以及后续的森林经营实施了一系列关于营林和环境的额外指导建议。这主要包括了对皆伐的限制、为保证混交林更新对采伐品种的限制、对除草剂和杀虫剂使用的限制以及对河滨管理集材道路的建设和使用方面的规定。

这些环境相关规定中暗含的额外成本使得森林价值函数以两种方式向下移动。一是增加的管理成本,比如由于限制除草剂的使用而增加的成本,使得函数向下旋转,这只对施业林产生影响。二是增加的采伐成本,比如源于对皆伐的限制增加的成本,使得函数整体下移,减少了在集约边界和粗放边界上经营林地的面积,同时还降低了余下林地的经营管理力度。在第二种情况下,在边界线上的采伐也会减少。

政策的净效应可能非常大。Sedjo(1999)对美国南部、不列颠哥伦比亚以及芬兰的估计表明,营林指导建议平均增加了 5% 到 18% 的林业成本——尽管对个体土地所有者的影响随着土地质量和政策执行力度的不同而不同。如果这些增加的成本大致与土地所有者面临的立木价格减量相当,而且木材供给对价格的弹性在 0.36 到 0.50 之间(许多研究所得),那么研究估计在这三个地区木材的供给会下降 2 到 9 个百分点。现实中,芬兰的木材供给价格弹性可能高达 2.25,这意味着木材供给会下降至少 35%。[①]

这些营林指导建议无疑会在很大程度上改变森林生产,在改善当地森林环境的同时减少产量。政策带来如此大的成本以及对生产的影响引出了另外两个新的问题:一个是与私人土地管理者相关,另一个涉及公共环境价值。

当政府实施新的规定以限制私人土地所有者做出某些决定或者限制他们从这些机会中获得利益时,私人土地所有者面临着土地使用权被"夺走"的危机。在美国的南部,非工业用途的私人土地所有者管理着三分之二的林地,采

---

① 详见 Buongiorno et al.(2002)对供给弹性估计的总结。Kuuluvainen and Salo(1991)给出了芬兰的估计结果。

伐量达到了每年生产总量的60％，而且近些年有关人工造林、水质和濒临灭绝的物种的限制越来越严格，这使得上述担忧在这一地区非常严重（Flick，Tufts and Zhang，1996；Zhang and Flick，2001；Zhang，2002）。在加拿大的部分地区和北欧的一些国家，"夺走"问题也存在争议。事实上，公众环境意识的提高会对私人的森林所有者造成威胁，而且对他们没有任何补偿，这是普遍存在的问题。

正如采伐限制存在的不确定性，对于是否增加环境管制的不确定性也会促使一些土地所有者采取先发制人的行动。他们会在政策正式施行前就进行采伐，来保证他们从木材投资中获得一定的收益。这样的行为实则是放弃了未来木材能带来的更大收益，同时也对这些新管制试图保护的森林环境造成了永久性的伤害。

关于公共环境价值的新问题与生产地的转移是密不可分的，同时也与针对特定地区环境管制所造成的环境损失相关。消费者需求是不受这些规定影响的。因此，在美国南部、不列颠哥伦比亚以及芬兰等地木材产量的显著降低将大部分由相邻的没有受到这些规定影响的地区增加的产量——分别是美国其他各州、加拿大内陆以及俄罗斯卡累利阿共和国——以及从发展中国家进口的增加量所抵消。无论哪种情况，木材生产都从达到森林发展第三阶段的施业林区域（也就是规定实施的地区）大规模地向仍处于森林发展第二阶段的天然林边界的区域转移。这些作为替代产出的地区要么环境标准较低，要么根本还未实施环境标准。因此，尽管较严格的环境标准有助于美国南部、不列颠哥伦比亚以及芬兰等地环境质量的提升，但同时也对出口国的环境造成伤害，造成了相关国家其他地区或者其他国家森林的退化。

关心森林环境改善的人大多忽视了上述影响的转移。出于国内环境改善以及遏制全球森林退化的需求正促使木材生产总量中的一部分从国内可持续经营的林区向其他不可持续采伐的林区边界转移。虽然并没有实证研究对一个地区环境改善与另一个地区环境恶化的权衡取舍进行评估，但在本章所提及的美国南部、不列颠哥伦比亚以及芬兰等地区，新增的环境成本之大可以说明这样的权衡取舍是巨大的。上述三个地区的木材产量仅仅减少9％就意味着全球工业圆材产量中的20％将转移到其他环境标准较低的地区。①

森林认证

森林认证是对源于可持续施业林的林产品进行正式的担保。这项担保通

---

① 计算公式是 $\left[\dfrac{0.09\times(200\,000+80\,000+50\,000)}{1\,590\,000}\right]\times 100$，其中四个值是2002年三个地区以及全球1 000立方米的工业圆木的估计值（USDA Forest Service，2005；Ministry of Forests，2004；FAO，2002）。

第 4 章 林业政策

常由独立监察机构对林产品或生产流程进行检查后给予,并提供该机构的批准标签。这项程序与可持续标准的许可批准程序有相似之处。

尽管现在森林认证并不属于政府的官方政策,但受到民众,特别是西欧国家中具有环境意识的公众的大力支持。在未来,一些国家可能将其纳入官方政策当中。除非对林产品的认证要求成为正式的官方政策,否则我们可以预期到当土地所有者意识到只需要付出较少的认证成本就能带来产品市场上更大的回报时,他们会试图对产品进行认证。这些回报可能是价格优势,可能是市场份额的提高,可能是未来进入已有市场的便利性,也可能是进入新市场的契机。[①] 这意味着森林认证的期望收益,较高的产品价格或者在一个有环境意识的市场里份额的增加,一定能抵消获得认证所付出的成本。

森林认证本身是对土地经营者决心长期进行森林经营的反映,同时也表明了管理者希望能满足未来的环境标准(Forsyth,1998;Ozanne and Smith,1998;Bass et al.,2001)。巴西的部分土地管理者利用森林认证向债权人表明长期管理森林的意愿,这样有助于提高他们获得贷款的能力。一些巴西木材生产商承认这类承诺并相信这样有利于自己的工厂获得长期稳定的生产原料(Sobral et al.,2002)。

用图和三阶段模型来分析,我们能预期到处于森林发展第三阶段地区的林地的经营者能够提供合法证据并且成功申请到森林认证。认证是否会带来边界上土地利用的转变取决于土地所有者认证后获得的收益是否超过认证所付出的成本。对处于森林边界上的土地所有者和采伐者,认证可能是困难的,我们可以怀疑它的有效性。

因此,北欧国家的木制品行业似乎接受了森林认证的想法也并不奇怪。[②] 北欧大部分地区都处于森林发展的第三阶段,许多公司都依靠施业林提供木材。森林认证没有增加这些公司太多的成本。到 2000 年,北欧国家里已经有超过 2 500 万公顷的林地被认证(Bass et al.,2001;Hansen and Juslin,1999)。这个面积已经超过了北欧国家森林面积的 40%,占据了全球已认证森林的一半。南非共和国也有类似的经历。南非的所有商品材都来自 19 世纪 90 年代政府为应对欧洲木材需求而建设的人工林。对南非人工林而言,森林认证并没有增加管理成本,几乎所有的人工林都参与了认证。

巴西的情形也十分相似。巴西海岸平原上的木材加工企业非常重视原材料来源的稳定性,而亚马逊边界上的企业则并不是很在乎这点,因为当地的资

[①] 例如,详见 Karna 及其团队的研究(Karna et al.,2001;Karna,Hansen and Juslin,2003)。

[②] 同样地,Schwartzbauer and Rametsteiner(2001)的模拟结果显示西欧的森林认证对木材供给的影响也是适度的,这并不奇怪。

源十分丰富。所以,参与调查并表明从森林认证中获得收益的巴西企业中有63%坐落在海岸平原也就不奇怪了(Sobral et al.,2002)。

位于热带的发展中国家的消费者也表现出了对林产品认证的极大兴趣。这些国家的林产品有很大一部分来自处于第一和第二森林发展阶段地区无人监管的天然林。① 来自印度尼西亚、墨西哥和危地马拉的案例表明这种情况下的森林认证是存在问题的。印度尼西亚是亚洲最大的林产品出口国。林产品出口是该国出口收入的第三大来源。到2003年,印度尼西亚最大的生产商迫切希望获得森林认证以进入欧洲市场。但印度尼西亚新兴的小型认证机构并不能跟上服务需求的变化。

尽管如此,也很难想象印度尼西亚的林产品认证能获得成功。印度尼西亚每年的采伐中只有不到10%的木材来自人工林,而该国绝大部分的木材市场还处于第一和第二森林发展阶段,没有实现经济上的可持续经营。森林认证还面临着另一个问题,就是在所有林产品中以不可持续方式经营的比例太大。来自施业林的林产品与来自天然林的林产品具有相似性,在工厂里二者几乎可以相互替代。在这种情况下,我们可以推断出与认证相关的监管费用可能很大,认证本身也可能不能完全保证林产品来自施业林而非天然林。② 此外,在认证过程中还存在规模经济。到2003年印度尼西亚的较小规模生产商还很难获得认证的原因可能部分归结于此。在某些情况下,规模经济能促使小型人工林的所有者离开认证的木材所在的市场——这毫无疑问并不是支持森林认证的具有环境意识的消费者所希望达到的目标。③

墨西哥和危地马拉的情况有所不同。这两个国家的森林并非全部处于森林发展的第三阶段,但在这两个国家里经营着110万公顷林地的五十多个社区已经通过森林管理委员会认证系统获得了认证。认证帮助这些社区以及小农户从中央政府获得了更加稳定的土地权和国外捐赠者更好的技术支持。有的时候,这类认证有助于社区与小农户进入市场,但他们并不能从更高的价格中获益(Molnar,2003)。

对这些社区而言,认证过程本身已经耗费了大量财力——五年的认证约花费6万美元。那么这些小规模的、一般较穷的尚处在森林发展第一或第二阶段

---

① 实际上,国际热带木材组织(International Tropical Timber Organization)估计只有2 500万公顷土地,或大约所有热带森林的1%处于被管理状态(ITTO,2006)。毫无疑问,这2 500万公顷土地中的部分只是名义上被管理。也就是说,这部分森林虽然被纳入了管理计划范围内,但几乎没有得到什么实质的管理。

② Guariguata(2011)也质疑了认证的可信度,因为认证过程中不同的参与主体拥有不同的目标,这可能造成达成一致的认证标准较低。

③ 一些小农户或许能通过获得集体认证来解决这一问题,但这会增加额外的费用。

的社区为什么要花费如此庞大的一笔开支呢？答案是他们并不会去花费这笔钱。来自西欧和北美的那些关心环境的捐赠者会为此买单。因此，值得关心的问题应该变成"捐赠者能继续买单到何时，能负担起多少社区和森林"以及"当捐赠者停止捐赠时，这些社区没有其他的动机去维持林地的可持续经营，那现有的可持续经营又能维持多久"。①

综上所述，认证的概念还不成熟，相关的行政程序还在发展中。它所面临的最大挑战来自尚处于森林发展第一和第二阶段的生产区以及依赖天然林的地区，尽管这些地区也是期望有认证保证的消费者的重要供给源。事实上，对于认证是否成功的衡量应该取决于认证带来的收益是否能成为在森林边界上的采伐作业转化为有助于森林可持续管理项目的正当理由。

认证以及其他力图实现可持续森林经营的项目是当代全球森林政策的核心。② 可以预期的是，这在很长一段时间内都将是非常重要的政策事项。因此我们可以就此进一步进行讨论并思考，如果政府解决了这些政策执行中的难题并且在现在可观测到的基础上大力加强了可持续森林经营的发展，我们应该如何描述政策的影响和效果。

森林认证以及其他促进可持续林业的政策和项目的成功推行，只能通过观测森林边界上采伐活动的减少来衡量。在森林边界上的采伐活动可以被处于森林发展第三阶段地区的生产量提高、工厂里木材利用率的提高以及其他林产品的使用所替代。这首先意味着当认证成功施行时，在认证的地区，其他致力于减少边界采伐的政策和项目（例如采伐限制、人工造林要求）就相对不那么重要，同时那些针对施业林的政策和项目（例如森林激励项目、技术支持、营林指导建议、大部分的林业税）将成为林业政策中更有效的工具。其中的关键在于认证足够成功以确保这些发生。

4.1.4　直接林业政策——小结

政府已经采用了一系列的直接林业政策，包括税收、经济刺激和规定。收入税和财产税以及相关的各种调整都主要是为了保证政府的收入，而这个目标已经达到了。现代税收并没有对林业施加有别于其他土地利用方式的负担。事实上，一些有关个人和企业收入税的法律条款对森林经营是非常有益的。

大多数森林经济刺激和规定都出于不同的理由，经历了不同的历史。大部

---

① Hunt（2001）提供了另一个例证。他通过计算认为20世纪90年代末在巴布亚新几内亚为使认证可行所提供的锯材溢价大约是47美元/立方米。相比之下，当时锯材的平均市场价格只有132美元/立方米。土地所有者只有将立木价格提高到一个不可能的价格——179美元/立方米——才能抵消掉认证带来的额外成本。

② 详见本章附录中关于可持续林业的部分。

分这类政策都希望能刺激木材供给或者保护特定的树种、林地或环境。经济刺激政策在发达国家比较常见。技术支持和免费或有折扣的树苗发放在发达国家和部分发展中国家也较为常见。无论这类项目能发挥什么作用,都需要谨慎地设定项目目标到底是处于森林发展第三阶段的施业林,还是处于两个边界上的施业林。后者若有财政援助或能帮助节约成本的技术,将随时对森林经营发挥支持作用。

许多森林规定的效用是存在疑问的。一些规定(如对采伐和运输的限制)实际上阻碍了木材的长期供给。其他规定(比如人工造林的要求)通常没有什么作用。最新的营林指导建议可能影响巨大,在改善特定区域环境的同时减少了木材供给。但是,这些供给的减少在多大程度上被在其他规定不严的地区扩张的木材采伐和环境恶化所抵消,还是个未知数。

森林认证是林业中新兴的规定性概念。完全实施森林认证并达到期望的效果是具有难度的。对其作用的公平度量并不能只看可认证的森林比例,因为这一类森林从定义上看,本身就已经是可持续经营的,是否认证对这些森林而言没有什么影响。对森林认证的公平考察应该关注认证是否能促使在森林边界上进行的采伐行为转变为可持续林业,或者促使其他施业林地扩大产出以替代这些采伐。

4.2 针对相关部门所制定政策的溢出效应

虽然政策改变引起了其他同林业竞争投入要素的部门的扩张或收缩,这些政策同样也引起林业部门自身的变化。类似地,那些以林产品作为投入的部门如果因政策的变化而扩张或收缩,也会引起林业部门的变化。对土地的争夺,大多发生在农业和林业之间,就是前一种情形的典型案例。[①] 对第二种情形,许多行业在生产过程中会用到林产品:橡胶、热带水果、坚果和天然草药的加工品以及森林户外游憩等。当然,木制品行业对森林的影响最大。在本章的后续章节里我们将重点讨论农业和木制品这两个行业政策变化的影响。

4.2.1 农业政策的溢出效应

农业政策影响农业土地利用,包括那些与林业相互竞争的土地。因此,农业政策也可能影响到森林。第 2 章和第 3 章的讨论表明,农业与林业土地利用

---

① 劳动力是另一种重要的投入。农业政策(本小节所讨论的)以及影响迁移的政策,特别是道路和区域发展的政策对林业的劳动力有着极为重要的影响。本章的下一小节将会考虑道路的影响;附录中对可持续的讨论以及后面第 6 章对宏观政策作用的讨论将包含对区域发展影响的考虑。

第 4 章 林业政策

的关系在林业发展的三个阶段并不是完全一致的,农业上的改良并不一定意味着占用更多土地。农业政策对森林的影响因此是非常复杂的。

许多国家已经出台了鼓励发展农业的政策。例如,美国和加拿大在 19 世纪鼓励在其边界上进行农业开垦;印度尼西亚在 20 世纪 80 年代通过"移居"的政策对森林边界的新移民进行财政支持;芬兰在 20 世纪 90 年代早期对进行农地开垦的农民进行补贴(Hibbard,1965;Heydir,1999)。在 20 世纪 90 年代的一段时期内,巴西亚马逊平原上的农民有权利将林地砍伐后用作农业或畜牧业用地(Binswanger,1998;Serôa da Motta,1993;Schneider,1994;Young,2002)。这些农业政策(或人口政策)促使农业价值函数 V_a 向上移动,并且鼓励了处于森林发展第一阶段的地区的农业扩张。

随着森林发展逐步进入第二和第三阶段,原本为当地农业设计的政策不再对森林边界发挥作用。此时,更常用的农业政策是对农业投入的补贴和对农业产出的价格扶持。

投入补贴倾向于鼓励化肥和灌溉的使用,这降低了单位资本的成本,并增加了这些私人资本带来的边际收益。这些补贴还会促使生产者改变各种投入的比例,提高受到补贴的资本的相对比例而降低其他替代的劳动力和土地投入的使用。从图中来看,这些使用资本、节约土地的政策使得农业生产函数沿着纵轴上移,并增加了函数的斜率——如图 4.3A 中虚线到实线的移动。根据这些补贴的规模以及资本和土地之间的替代关系,投入补贴能扩大或缩小农业上对处于森林发展第二阶段已退化的开放土地(点 B 与点 D 之间)的利用,也能增加或减少农业在处于森林发展第三阶段的林业经营集约边界 B' 上的竞争能力。[①]

农业投入补贴的效果还与政府研究项目的效果相互叠加,后者指的并不是政府干预市场时常讨论的项目。与农业相关的政府研究项目吸收了相当多的公共资金,其中一些项目已经促使农业生产力显著提高并减少了农业开支。[②] 这些项目倾向于降低资本投入成本并提高资本投入的生产力。因此,公共资助的农业研究,就像其他投入补助,趋向于相对的资本使用和土地节约,同时其对森林的影响与农业投入补助的影响相似。

对农产品的价格扶持所产生的效果与投入补贴及政府研究的效果形成了对照。农业价格扶持鼓励生产和各种投入的使用。这使得农业价值函数在其范围内上移——如图 4.3B 所示——并引起农业向处于森林发展第二阶段的部

---

① 在农业扩张到开放进入边界(阶段Ⅱ)或使原本为施业林的土地变为其他用途(阶段Ⅲ)的情形下,政策导致了资本和土地利用量的绝对增加,但仍保持了相对的资本使用和土地节约。

② 详见 Ruttan(1982)对农业研究经验的调查。

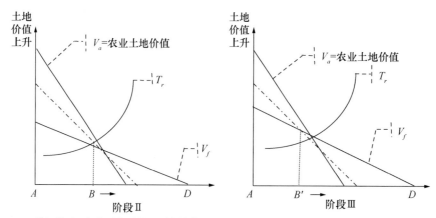

A. 投入补贴：相比于土地投入更支持资本投入。这使得农业价值函数的斜率上升。函数是整个外移还是只移动纵轴部分（如图所示）取决于补贴的程度。因此，它们既可以扩张也可以缩小森林发展第二阶段中农业到开放进入退化森林里的规模，既可以扩张也可以缩小森林发展第三阶段中农业到施业林的规模甚至允许施业林在集约边界上扩张。

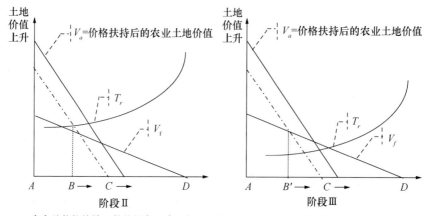

B. 农产品价格扶持：整体提高了农业价值函数，清楚地将农业土地利用扩张到第二阶段的开放进入退化森林和第三阶段的施业林。

图 4.3　农业政策

分退化的开放土地扩张。对处于第三阶段的地区，这些政策提高了农业与处于集约边界上的施业林竞争的能力。因此，这使得部分林地转向其他用途。[①]

部分其他国家也通过出台经济刺激政策来减少农业生产用地。这些土地

[①] 一些发展中国家的政府采取了相反的政策，进口农产品并将食品价格人为地控制在较低水平，以支持城市人口所需和鼓励工业化（Timmer，1986）。食品价格调控政策降低了当地商业性农业的价值功能以及其对劳动力的需求。在这些情况下，对处于阶段Ⅰ和阶段Ⅱ的地区，部分失业的农场工人回到更为基本的自给农业活动当中，这些活动占地更多，并对开放进入的退化地区和天然林造成威胁。

第 4 章 林业政策

中至少有一部分是转变成了林地。实际上,美国土地休耕计划的补贴目标正是退耕还林的土地。欧盟对爱尔兰减少农业用地也进行了补贴(Forest Service, Government of Ireland, 2000)。中国退耕还林的项目向农户提供免费的树苗、现金和粮食作为补贴,以减少在坡地上的耕种和放牧。在项目实施的头五年中,超过 700 万公顷的土地已经登记在册(Hyde, 2003; Xu et al., 2004)。因此,尽管在美国和其他国家存在部分公共项目支持将林地开垦为农地,其他的项目还是支持农地转为林地的。

农业政策效果的叠加由于各农产品相关的政策不同而变得十分复杂。举例来说,在美国小麦种植可能从产品价格扶持政策中受益较多,而棉花和畜牧可能从投入(灌溉和牧草)补贴政策中受益更多。美国农业项目的总体效果促使部分产品,比如牛奶、棉花和花生的生产地如果没有政府资助几乎不可能种植这些作物。就所有情况而言,政策效果的影响模式需要追溯到整个农业部门。政府对高附加值农作物的资助会影响到与其竞争土地的低附加值农作物的土地利用边界,最终改变了部分低附加值农作物与开放退化森林(阶段Ⅱ)或施业林(阶段Ⅲ)竞争土地的能力。任何国家的农业政策对森林的净效果都仍有待实证检验。许多时候,在没有详尽分析的情况下,即使对净效果的方向进行思考都是困难的。但是,我们可以预期的是在许多国家农业政策肯定会改变林地面积和活立木森林材积。

4.2.2 影响木制品行业的政策的溢出效应

针对木制品行业设计的政策会影响这些行业对原材料的需求,并且通过这些需求的改变影响到林业和森林。

这些政策的共同目标是保护国内产业在国际上的竞争力以及提升行业的发展——尽管控制行业的环境污染,特别是纸浆造纸行业的污染也是十分重要的。禁止原木出口是常见的保护加工业的手段。它们的效果与前文讨论的限制国内木材运输的效果相似。禁止出口将国外的竞争与国内市场分割开来。由于只有国内加工商竞购木材,总需求下降,国内的价格水平下移。这对国内木制品行业来说是有利可图的,但对森林经营而言却是抑制效果。森林净价值函数 V_f 在其范围内下移——如图 4.4 所示。对森林发展的所有阶段而言,在天然林边界上的采伐都会减少,而且处于第三阶段的施业林的面积和产量也会下降。

许多亚洲国家实施了原木出口禁令,美国和加拿大也禁止了太平洋西北沿岸特定级别原木的出口。印度尼西亚就是一个好的例子。印度尼西亚对原木出口的禁止是为了保护国内与林木相关的工业化发展和就业。禁令在实现该

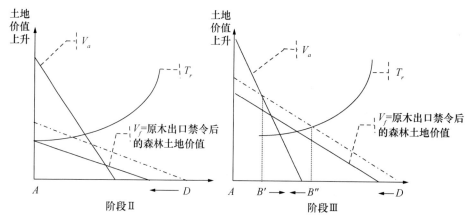

图 4.4 针对木材加工业的政策

目标上发挥了积极的作用,特别是胶合板工业的发展。印度尼西亚在 1980 年是全球最大的热带硬木原木出口国,出口量占全国采伐总量的 60%。随后对原木出口限制逐渐收紧,到 1985 年演变为完全的禁令。① 印度尼西亚国内木材加工行业从此迅速扩张。胶合板和锯材出口从 20 世纪 70 年代中期非常低的水平开始迅速增加,到 80 年代中期它们的出口超过了印度尼西亚加工木材总量的一半。在 1997 年亚洲金融危机前,印度尼西亚是全球最大的硬木胶合板出口国,木制品也成为印度尼西亚的第三大出口收入源(ITTO,2004;BPS Statistics Indonesia,2005)。

但是,胶合板工业的扩大也付出了代价。20 世纪 80 年代到 90 年代期间,印度尼西亚国内的原木生产逐渐减少,国内的原木价格相对于国际价格也有所滑落。Fitzgerald(1986)的估计表明,印度尼西亚每出口 1 美元的胶合板,将损失 4 美元的原木出口。木材加工业中的就业增加低于伐木产业中的就业损失(GOI,1985,1997)。原木需求和价格的下跌同时还伴随着采伐量减少了一半。大部分减少的采伐一定是发生在天然林分的边界,因为印度尼西亚的人工林在所有森林中的占比只有 3%。

由政府资助的、关于木材加工的研究项目,与研究农业的项目一样,成为工业发展的另一个动力——同时也是木材作为原料需求减少的重要因素。举例来说,20 世纪 60 年代和 90 年代美国政府资助的、对南部松木胶合板产业的研究在周边产生了每年 300% 的收益率(Seldorn,1987;Seldon and Newman,1987)。单独的一个研究改进,即动力支持的滚轮,就提高了木材利用率并减少

---

① 原木出口禁令在 1992 年被废除。对原木出口征税代替了禁令——但产生同样的净效果。

了胶合板工业对原木17%的需求。在南方松木胶合板产业中,研究带来的总费用降低是1964—1981年间产业快速发展的重要原因,在此期间公司数由3家增加到66家。成本控制是南方松木原木需求激增的主要来源。但是,南方松木胶合板是对西部松木胶合板的近似替代,也是部分建筑木材的替代。南方松木胶合板的加工通常使用原木而非前文所述的产品。不仅如此,南方松木区域处于森林发展第三阶段,大量的木材产自施业林,而美国西部的森林更多处于第二阶段,并且大部分的木材获取来自成熟的天然林。基于这些原因,我们可以认为尽管政府资助的南方松木研究降低了成本,提高了对南方松木木材的需求,该研究仍然对整个美国的原木需求发挥了保护作用,特别是天然林边界(以西部为主)的采伐。

最后,污染控制政策也可能对原木的需求产生影响,进而对净的森林价值函数和森林本身产生影响。污染控制政策将边际生产力从受保护的资本、劳动力和原料投入转移到减轻污染的方式上。这意味着污染控制政策使得对原木的需求减少,并对森林产生影响——包括任何森林发展阶段的施业林和天然林。但是,这类作用可能很小。发达国家纸浆和纸制品的原料是由许多木材代替品(旧的瓦楞纸板、报纸、木材生产中的副产品木屑等)以及实木组成。在许多发展中国家,农业废弃物同样是木材作为纸浆和纸制品原料的又一替代品。举例来说,中国积极采取管制和经济手段来控制纸浆造纸行业中的污染,农业废弃物占了中国工业投入原料中四分之三的份额(Xu et al.,2003)。如果木材在整个工业原料中的份额很小,或者如果用其他原料作代替的机会很大,那么这些政策对森林的影响应该很小。

4.2.3 来自相关部门的溢出效应——小结

总而言之,最初旨在影响农业和木制品业的政策的溢出效应对林业的影响不尽相同。农业政策和人口政策已经对处于森林发展第一阶段的森林产生了重要影响——促使向林业边界的大规模转移。农业政策对处于森林发展第三阶段的地区的影响是多重的。许多独立的农业政策已经促使了在较少地块上的高密度种植,因此减少了农业与林业的竞争。但是,其他政策(特别是对产出品价格的补贴)同样促使了农业的扩张,加大了农业与林业经营竞争土地的力度。因此,很难在林业发展较后的阶段推断所有农业政策对森林经营的综合效果。尽管如此,许多国家在农业项目上巨大的公共开支使得项目的影响成为一个重要的问题。第6章将回到这个问题并加入宏观经济和贸易政策对森林影响的考虑。

另外,我们能推断那些关注林产品工业的政策,虽然效果也是混合的,但已经对森林产生了保护效果,增加了每单位木材消耗带来的效用,减少了木材作为生产原料的总消耗,也降低了在施业林和天然林边界上的木材需求。这个事实具有值得关注的环境意义,即旨在提高国内木制品工业的政策可能导致木材需求和木材采伐的减少。在这种情况下,这些政策可能产生对环境有利的效果。其中已经实现木制品生产中木材利用率提高的政府研究投资可能提供了另一个方案来代替更难监管和实施的环境管制。

4.3 基础设施和制度

大多数地方性的基础设施扩张以及大多数地方和国家制度的修正是公共机构活动或公共政策决定的结果。二者都没有被视作林业政策的组成部分,但都是能决定林业发展的重要因子。

4.3.1 基础设施

这里的"基础设施"包括了公共设施和公共服务,比如教育、医院、交通和通信网络。Antle(1983)有力地证明了与基础设施相关的项目总体上对农村经济发展产生了正面的效果。具体而言,他用 66 个国家的农业生产样本证明了基础设施投资的产出弹性系数在 0.20 到 0.25 之间,并且在统计上显著。对林业而言,道路可能是最重要的基础设施组成。我们可以预期交通的改善会影响天然林的整体状况,对施业林的影响较小,大致与对农业的影响相当。这是因为施业林同农业一样,发生在至少已经拥有有限交通的地区。

在森林发展的最初阶段,社区和森林是非常接近的。所有影响社区的道路同样影响着农业发展和天然林。由于道路提高了可达性,道路还提高了当地农业和森林的价值,将各个价值函数右边的极值右移。价值提高带来的结果之一是当地农民将部分林地永久地用于农业生产,他们或其他当地的社区还会破坏和砍伐额外的林地——见图 4.5A。

在森林发展的第二和第三阶段,延伸至森林的道路依然直接作用于森林。道路带来的可达性提高使得地区土地的所有使用价值都更高。又一次,农业和森林的价值函数极值右移,也改变了重要的土地价值边界(第二阶段的点 B 和 D,第三阶段的点 B'、B'' 和 D)。在第二阶段,这些道路扩大了永久性农业的需求,将整个退化的开放进入区域推向更远端。在第三阶段,这些道路将农业扩展到了之前施业林的区域,而将施业林转移到曾是退化森林的区域,天然林的边界推至更远的内部。在第二和第三阶段,砍伐的区域都变得更大。

这样的例子是数不尽的。19 世纪末期的美国,窄轨铁路扩展至落基山脉时伴

第4章 林业政策

随着木材消费扩张。铁路扩张在20世纪初期还使南方大面积的木材可以用于采伐——正如我们在第3章讨论的一样。20世纪70年代泰国开始在其人口稀少的东北部修建铁路。该政策是出于安全的目的——便于军队到达以及鼓励当地居民保卫国土,在越南战争期间不被老挝和柬埔寨侵犯。当然,木材采伐紧跟而上。

实际上,在相邻土地和木材上的权利通常是政府赋予私人道路承包商的报酬的一部分。在19世纪,美国政府将一些平方英里的公有备用地块转换为铁路两边10英里的公共土地,以鼓励铁路的建设。老挝政府在20世纪90年代也进行了类似的交易,用采伐权换取在其东北部林区改建一条公路,以此获得与中国南方快速发展的市场的贸易(Hyde and Kuuluvainen,1995)。

道路还能通过其对整个地区的发展间接影响森林。在森林发展的第二和第三阶段,一些新修或改善后的土地可能只通往农村社区而不是森林。这些道路提高了当地产品和劳动力与外界市场的联络。当地的农业和森林价值可能因此得到提高,其中劳动力是非常关键的因素。

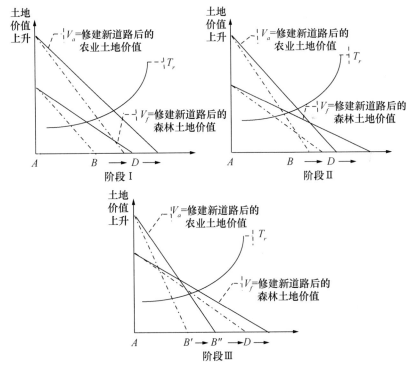

图4.5A 道路改善:直接影响

一些劳动力发现在当地具有更高产值的农业能提供新的劳动机会。另一些劳动力则发现在其他区域能有更好的劳动机会,道路的改善使得他们能利用这些机会。由于当地劳动力供给减少,当地的工资会提高。伴随着更高的工资,森林价值函数与横轴的交点向内移动,对剩余天然林的利用边界也向内收缩——正如在第 2 章分析所言。退化森林和采伐的面积下降,一些天然林得到恢复——见图 4.5B 第三阶段的例子。

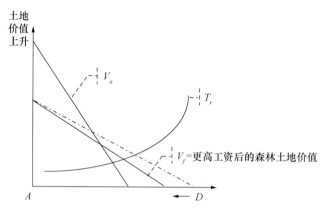

图 4.5B 道路改善:间接影响

Bluffstone(1995)率先揭示了尼泊尔的外部工作机会对森林采伐的间接作用。其他研究(Gunatilake,1998;Foster et al.,1997;Escobal and Aldana,2003;Tachibana,Nguyen and K. Otsuka,2001;Rudel Perez Lugo and Zichal,2000;Lamb,Erskine and Perotta,2005;Fisher and Shively,2005)分别通过对斯里兰卡、印度、秘鲁、越南、波多黎各和马拉维的案例研究证明了这点。美国 20 世纪的情况也支持该论点。在美国工业化和城镇化的同时期,国内的高速路网迅速发展,农村人口降低而森林蓄积得到提高。(我们在第 3 章已经讨论过对南方林业工业的影响。)20 世纪 80 年代和 90 年代菲律宾的经验从一个相反的、经济下滑的角度验证了劳动机会的间接影响。由于菲律宾的经济受到重创,工资水平下滑,城市人口比例下降,农村人口增加,自给性农业规模扩大并与高地上剩余的天然林竞争(Amacher et al.,1998)。

总而言之,农村道路的设计是林业发展的一个重要问题。通往森林边界的道路,即便是越过森林的道路,也会扩大在各个发展阶段人们对森林利用的范围。在第二和第三阶段,对只通向社区(但并不到达森林)的道路进行改善能减少采伐活动对森林边界的压力。

4.3.2 制度

和基础设施一样,与当地交易有关的制度安排,特别是与当地产权有关的制度安排,影响着森林发展。在发达国家,我们倾向于认为产权是对土地或其他资源的正式所有权。但是,Feder et al.(1988)用泰国的一个例子说明正式所有权还不足以保护土地等资源,除非这些所有权是强制实行的,并且在表现出高价值用途时能轻松转移。另一方面,Migot-Adholla et al.(1991)用撒哈拉以南非洲的例子说明,当传统习俗允许转移发生并且当地社区认可这样的权利和转移时,正式所有权并不是必要的。

这两点对于当今的林业发展是非常重要的,因为许多国家已经发现大面积天然林的正式所有权更像是中央政府的官方责任,而林业部门对此难以实施。另一方面,他们还观察到一些当地的社区即使在没有关于资源正式所有权的情况下也会保护森林。实际上,这两点考虑提供了关于将公共森林区域以一定形式交给当地私人或集体经营的理由。常说的"社区林业""联合森林经营""公共参与"和"产权下放"都是指将部分或所有森林权利转移给当地的使用者。此前,中央政府林业部门对这些森林的责任往往是不明确的。

关于这些转移的经济学观点认为,当地土地和森林的使用者比林业管理部门更了解资源和需求。他们居住在森林附近,日常活动与森林息息相关。他们同样了解其他森林使用者的行为、习惯和目的。他们能更有效地管理资源,在实现管理目标上获得更大的成功。① 图 4.6 说明地方性管理减少了交易成本函数 T_r,更多的土地最终实现了可持续经营(点 B 或 B'' 右移),被破坏的开放进入林地面积也在下降。森林土地价值函数 V_f 也可能上移(未显示)而将点 B 或 B'' 推向更右端。

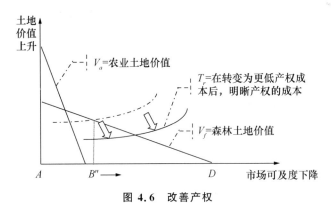

图 4.6 改善产权

---

① 例如,在墨西哥,80%的森林由大约 8 000 个当地农业社区进行管理。这些社区的森林毁林率与国家保护区的毁林率相当,都非常低。与之相反,全国范围内的年毁林率为 1.1%,几乎全部来自由国家林业机构管理的墨西哥剩余 20%的森林(Bray,Merino-Perez and Barry,2005;FAO/UN,2001)。相比之下,Palmer and Engel(2007)对印度尼西亚东部加里曼丹 60 个社区的调查发现,"很多社区在产权下放之前和之后都进行了自我实施",而且"很少证据存在"表明其从产权下放中有财务或环境所得。

当森林价值是当地的、由大家公有而且这些价值大到足以论证资源管理有效性时,这些观点以及所有权的转移运作得很好。当这些价值主要由社区享有时,地方性管理能改善有关农业、木材以及森林其他获取性产品的长期土地管理,并且对于当地的非市场价值,比如一些侵蚀控制以及森林审美价值等也有正面作用。关于社区管理的成功案例数不胜数,遍布全球。① 但是,地方性的产权制度和管理也有自身的局限性。②

成功的地方性管理

最为成功的地方性管理在为当地股东创造了高额净效益的同时也避免了由于地方性管理而导致的严重的外部性。这类成功的安排包括了从个人所有的私人产权到个人或家庭构成的集体经营,再到更为广泛的社区经营模式,也包括了从短期资源部分特征的使用权到土地及其所有资源的永久的、可转让的权利。

集体决策似乎是一些实践者优先的解决方案,也有很多例子支持他们的偏好。然而,确实存在从中央成功转移到地方责任(包括产权的各种地方性安排)的例子,同时最成功的转让也并不总是涉及广泛的社区经营活动。③

成功经营的要素可以从净价值函数 V_f 和产权成本 T_r 中总结出来。越在有效经营的现有边界(图中的点 B 或 B'')附近,净值越大。我们可以预期在这些边界处的土地转让比起接近和超过边界且可及度低的土地转让会经营得更成功。此外,如果转让包含地方经营者随后能无限期转让的权利,那么随着时间的推移,更大的净价值将会得到保证。这种权利保证了当前使用者从使用或交易资源的选择中获得最高价值。因此,它保证了资源本身被用于价值回报最高的活动中。

与产权相关的成本取决于制度安排,不同的制度安排带来不同的成本。最小成本的安排通常是最有效的。它最大化地利用了经营的规模经济效应。因为林业是一个相对低投入的活动,最大化的规模经济通常与监管和执行边界有

---

① 例如,尼泊尔25%的森林面积(119万公顷)已经转移到14 227个社区森林经营团体手中;印度联合森林经营委员会管理1 700万公顷的森林;泰国社区森林项目覆盖20万公顷的森林,由5 331个社区进行经营(Chhetri,2006;Bahuguna,2004;Wichawutipong,2005)。White and Martin(2002)估计22%的发展中国家森林在社区所有权或经营下运作。另可见 Landell-Mills and Ford(1999)。
② Stroup(2000)总结了不同层级集体决策在制度安排方面的概念性争论,无论是中央政府还是地方委员会。他警告说,在一个政府层面上不太完美的成功不一定意味着在另一个层面更大的成功,并且它不能排除即使不完全的私人市场活动也存在接近完全市场的集体决策的可能性。
③ 例如,Bluffstone,Boscolo and Molina(2007)从玻利维亚32个社区的证据分析表明,在识别和归纳成功产权经营的因素方面存在困难。

第4章 林业政策

关。由于这个原因,拥有众多较小或可及度更低的林地的个体通常会组成协会以管理一片综合地块,单位总面积的周长更短,围栏和监管的单位成本更低。一个例子是发达国家林区的休闲住宅协会,协会的形成是为了防止破坏行为或防止森林火灾。另一个例子就是中国在20世纪80年代早期的农村改革。中国的集体林地被再分配给个体家户,一些家户分到6块分散的林地,总计平均只有0.5公顷,一些地区的家户就此形成协会去更有效地经营他们的复合林地(Liu and Edmonds,2003)。在南非,对难以到达的草地进行成功集体管理是另外一些例子(Runge,1981)。

对更容易进入的地块的集体经营也是成功的,在这些情况下,每个个体或家户只能获得相对较小的、随机的或非固定盈利的地块,但全社区可以获得固定且显著盈利的地块。世界很多地方的中央社区公园就是很好的例子。由社区成员担任单一当权者的经营成本既低于更小地块的个体经营的成本,也低于所有获益者构成的委员会联合经营的成本。

然而,如果我们假设全部当地人口总是最好的地方性管理组织,那是欠考虑的。假设社区经营总是好于个体私人经营可能也非明智的。个体家户对具有相对较高地区价格的同龄纯林的成功经营就是很好的例子(Fortmann and Bruce,1988)。事实上,对于具有市场价值的森林资源如木材、园艺作物、竹子和薪材,个体私人经营比起集体所有可能是更常见的形式。私人经营者更可能仅就他们经营管理相关的一部分活动组成集体协会。他们可能会在购买和使用昂贵的制造资本(如拖拉机),或在进行专项活动(如森林火灾管控或产品营销)方面进行合作(如Hammett于1994年对尼泊尔的研究;Hultkranz对瑞典的研究;RECOFTC于2008年对老挝的研究)。事实上,这也是农业的经验,因此不用太惊讶——土地所有权趋向于个体与私有化,但特定活动如收割和销售通常都被集体经营。收割通常要求昂贵设备的短暂使用与额外的人工,这就要么要求地方农民的集体参与,要么要求与外部专业人士签订合同。销售是一种专业化的技能,而这项技能并不是大部分农户的竞争优势。因此,这就是地区农户参与合作、联合销售他们的相似产品的好处。著名品牌新奇士(Sunkist)就是佛罗里达柑橘种植业者的一种合作。然而,在种植与生长过程中,绝大部分地方的农户都更倾向于独立经营自己的土地。

总之,当存在多种地方制度安排时,寻求成功地方性管理的政策制定者应该更加谨慎,将土地转移范围限制在从公共林业机构到地方价值占主导的地区,并且要利用地方对转让产权安排的偏好。此外,有效的政策应允许地方经营者改变土地后续的用途,允许之后转让土地和使用权,并接受符合当地需求的制度自发演变。①

局限性

当林产品的地方价值低于将土地与时间另作他用的社区价值时,将权力下放给地方社区是不太成功的。这是在森林发展的第一阶段常见的情况。森林是丰富的,地方社区的成员缺少使用自身稀缺的资源去保护它的兴趣。这也是在森林发展第二阶段和第三阶段中最优制度安排下保持开放进入的土地的情况(在点 B 或 B'' 到点 D 之间的土地)。

在森林发展第二阶段和第三阶段的其他情况下,地方性经营也很少成功。当社区中一些突出的团体在对森林的需求上存在竞争时,地方社区转移就很少成功。例如,在尼泊尔巴山塔布地区村落附近,山坡侵蚀的社区经营就不成功。该社区中的高收入农户倾向于不在这些山坡森林里从事任何活动,这是为了控制侵蚀以及滑坡对他们农田造成危害。同一社区中,贫穷少地的家户依靠这些山坡森林的木材来作为薪材。在巴山塔布地区的高收入农户形成了一个森林保护委员会,雇用巡护人员,但是巡护人员无法阻止附近贫穷的入侵者采伐薪材且进一步造成森林退化(Dangi and Hyde,2000)。②

在巴山塔布地区,一些允许共享森林的制度可能是有效的,但是成功的共享制度并不简单,特别是当共享发生在当地与一个距离较远的机构之间时。洪都拉斯的一个案例可以说明这种情况。一个中央政府机构(COHDEFOR)拥有洪都拉斯木材的所有权,但是它允许地方割胶工人协会去收集乳胶与树脂。割

---

① Heltberg(2001)和 Campbell(1994)从发展中国家与发达国家的例子出发来支持这个观点。Heltberg 根据印度拉贾斯坦邦 37 个村落的数据进行分析,发现依赖于前期制度的要求对成功集体决策的可能性有负向影响。他认为地方性家户必须被允许发展他们自己偏好的、可以解决当前具体问题的制度安排。参考澳大利亚成功的土地养护项目,Campbell 得出了相似的结论——负责制度安排和经营惯例的地方当权者是集体决策成功的重要规划者。Larson(2002)进一步研究了地方性制度。她研究了尼加拉瓜 21 个地方政府,发现他们管理能力的差异性以及其他经济与政治特征,都是权力成功下放的重要预测因素。

② Heltberg(2001)在拉贾斯坦的经历相似但更具体。他认为"改善集体经营的努力不能仅限于最贫困的家户"。Agrawal and Gupta(2005)从一个积极的角度重新研究了这个问题。他们证明尼泊尔平原公共池塘资源的成功权力下放取决于广泛参与。然而,他们强调参与共同活动的可能性对于那些经济富裕、社会地位高的人群是更高的,而位于边界的家户往往被剥夺权利。Kumar(2002)也得出相关的结论,即联合森林经营(印度的社区林业形式)反映了农村非贫穷农户的偏好,而穷人在 40 年间一直是输家。Bwalya(2008)对赞比亚的研究再一次支持了这些论点。他证明富裕的家户和对森林依存度高的家户的社区森林活动参与度更高。另外,他认为要谨慎看待社区差异性对参与度有负向作用的观点。一些形式的差异性(在 Bwalya 样本中的种族多样性)可能会增加社区经验的宽度,实际上提高了参与度与成功经营的可能性,而其他形式的差异性(样本中的宗教多样性)会降低参与度。Sikor and Nguyen(2007)提供了来自越南中央高地的证据,进一步说明权力下放与社区经营可能无法使一个地区的贫困家庭受益。

第 4 章 林业政策

胶阻碍树木的生长，导致砍伐时成熟木材材积减少。COHDEFOR 建立了指导方针以限制对中幼林的割胶活动从而试图最小化对采伐蓄积的影响，但是指导方针很难执行且割胶工人没有动机去遵循该方针。COHDEFOR 不愿意与割胶工人分享木材采伐的利润，而分享利润对割胶工人将是一个激励。因此，割胶工人从幼林里榨取乳胶与树脂，且作业时长远超过最优时段，这阻碍了树的生长，森林产出少于木材与乳胶最大的产出（Johnson，1998）。

当两个不同群体间的共享能够发挥作用时，就像印度的联合森林经营的情况，Kant（1996）证明了共享安排取决于共享的风险价值水平。这之间没有简单的准则，而且关于在政府机构与所有个体社区间共享安排的统一准则也不是最优的。成功的安排必须考虑社区的差异性，因为共享的风险价值各不相同。

除了这些局限性，当地方产权不完善或者政策环境不明确时，地方性管理也不会比林业部门的管理更成功。产权不完善是森林转移过程中常见的问题，因为中央政府部门倾向于保留部分监督的权力，但这往往不利于对地方性管理的激励。菲律宾存在这种产权不完善的情况。菲律宾森林发展局（Bureau of Forest Development，BFD）在 1994 年建立了将土地转移给社区的政策。该政策向亚洲开发银行贷了 4 000 万美元。然而，很多公共利益团体（NGOs）关心转移中的利益分配，而森林发展局关心社区有没有遵循好的森林经营方案。因此，BFD 要求每个社区都雇用林务官向地方和中央咨询委员会报告经营计划以获得批准，并将社区森林总利润的 44% 归还给中央账户以用于偿还贷款。这些要求太苛刻，导致没有一个社区申请该项目，直到 1997 年这些要求被撤销（Hyde et al.，1997）。

Yin and Newman（1997）通过对比中国两个地区的情况说明政策环境不明确的问题。在 1978 年农业改革后，中国政府逐渐扩大个体农户的权利，允许其在以前的农地和集体林区进行经营和木材采伐。在北部中央平原，政府没有关注林业。农户在获得产权后，一开始就砍伐了剩余的树木，但他们也种植。在 10 年间，活立木和采伐水平都在增加（每年分别增加 8% 和 20%）。在另一个位于更南方一点的地区，政府将土地使用权给了农户，之后又撤销了部分农户的使用权。事实上，政府在 20 年的改革过程中，又三次变更了权属。当面临权力下放的不确定性时，南方地区的农户在取得使用权之后就尽快砍伐，然后不再造林。尽管在 1985 年两个地区对林木与土地的权利相似，但几年后，南方活立木的水平与后几年的砍伐水平都下降了。① 总之,两个地方的不确定性是不一样的。不确定性对南方地区的可持续性生产的负面影响远大于土地使用权从集体下放给家户带来的好处。

最后,当公共价值涉及更广泛的地区、国家、全球的利益时,地方性管理就不是对地区、国家、全球管理的成功替代。碳封存、生物多样性和各种形式的游憩都是全球利益。在这些情况下,更大范围的制度安排可能对于确保更大范围的利益是有必要的,但是地方性参与也是必要的——这是为了确保在搜寻具有价值的地方产品时,地方人员是合作者而非入侵者。在很多发达国家和发展中国家的国家公园,都成功允许地方性的参与并分享公园的利益(例如,提供游客服务或公园管理中的就业)。然而,即使在这样的情况下,入侵行为仍是不可避免的。由此,我们可以预测在地方实行碳封存、保护生物多样性的项目将更困难。②

我们应该清楚,最有效的制度安排是将所有风险价值的最大部分的管理激励内部化到自身运作中,但这往往没有被清楚地认识到。对于全球的财富,如唯一的栖息地或高价值的国家公园,国家或全球的制度是合适的,但在管理条例中必须考虑地方性利益,否则监督执行管理条例的成本非常高。对于地方性利益,如小流域侵蚀控制,地方性制度会更有效。

4.4 总结

本章概括了通常会影响林业的政策工具与政策。一开始讨论了直接林业政策工具——税收、财政激励与规定,紧接着讨论了除林业部门外的、对森林和林业产生溢出效应的政策和其他公共决策。

政策的差异性与政策的影响是巨大的。本章列举了各种政策,发现很多现代林业政策对最初政策目标的影响很小甚至有反向作用。因为一些政策对那些在政策前为非林地的土地或由于政策导致的非林地的土地的影响是无法确定的。很多政策对森林和环境的不可测算的影响不是作用在目标地块,而是影

---

① 关于地方林业制度不确定性的第二个例子,是菲律宾自然资源与环境部门的部长曾解释林业在环境问题上不被信任。在他的观点中,经营林业最好的方式是商讨一个适合最近趋势的制度安排,在一段时间后,再次谈判并且坚持更具限制性的解决方案。当然,这个过程会给该行业带来不确定性。因此,只要伐木工人有机会进行采伐,他们就会尽可能采伐更多可采伐的树木,而对未来的机会不抱期望。对于林业的再投资就推迟了,最后剩下的就是旧的、低效的设备。该部长的政策只能导致短视的行为与糟糕的环境状况。

② Songorwa(1999)提到了坦桑尼亚的野生动植物管理,提供了组织有效的地方性参与全球资源管理存在困难的例子。Fischer,Muchapondwa and Sterner(2005)也提到了坦桑尼亚的公园与野生动植物管理,表示资源共享并不总能够改善管理或者使得地方社区获得更多净收益,这值得注意。

第 4 章 林业政策

响了其他国家、其他森林甚至是其他可以提供目标地块林产品替代品的非森林环境。另外,其他部门和为其他目的而设计的政策和项目对林业的影响也是巨大的。有一些令人困惑的观测结果。[①] 这使我们对于现代林业政策的目标设计产生了一些疑问。本章附录将考虑五个目标。

参考文献

Agrawal, A., and K. Gupta. 2005. Decentralization and participation: the governance of common pool resources in Nepal's terai. *World Development* 33(7): 1101—1114.

Amacher, G., W. Cruz, D. Grebner, and W. Hyde. 1998. Environmental motivations for migration: population pressure, poverty and deforestation in the Philippines. *Land Economics* 74(1): 92—101.

Amacher, G., W. Hyde, and M. Rafiq. 1993. Local adoption of new forestry technologies: with an example from Pakistan's Northwest Frontier Province. *World Development* 21(3): 445—454.

Antle, J. 1983. Infrastructure and aggregate agricultural productivity: international averages. *Economic Development and Cultural Change* 31(3): 609—619.

Bahuguna, V. 2004. Root to canopy: An overview. In V. Bahuguna, K. Mitra, D. Capistrano, and S. Saigal, eds., Root to canopy—Regenerating forests through community state partnerships. New Delhi, India: Commonwealth Forestry Association and Winrock International, pp. 15—24.

Bass, S., K. Thornber, M. Markopoulos, S. Roberts, and M. Grieg-Gran. 2001. *Certification's impacts on forests, stakeholders and supply chains*. London: International Institute for Environment and Development.

Binswanger, H. 1991. Brazilian policies that encourage deforestation in the Amazon. *World Development* 19: 821—829.

Bluffstone, R. 1995. The effect of labor market performance on deforestation in developing countries under open access: an example from rural Nepal. *Journal of Environmental Economics and Management* 29(1): 42—63.

Bluffstone, R., M. Boscolo, and R. Molina. 2007. Does better common property forest management promote behavioral change? On-farm tree planting

---

① 实际上,Persson(2003,p. x)在总结其参与的国际项目的大量经验时发现林业援助的历史并不是很清晰。

in the Bolivian Andes. Unpublished Manuscript, Economics Department, Portland State University, Oregon.

Boyd, R. G., and W. F. Hyde. 1989. *Forestry sector intervention: The impacts of public regulation on social welfare*. Ames: Iowa State University Press.

Boyd, R. G., and J. Turnbull. 1989. The impact of greenspace laws on urban development. *The Review of Regional Studies* 19(2): 20—39.

BPS Statistics Indonesia. 2005. Foreign trade sector webpage: http://www.bps.go.id/sector/ftrade/tables.shtml (accessed July 17, 2008).

Bray, D., L. Merino-Perez, and D. Barry (Eds.). 2005. The community forests of Mexico: Managing for sustainable landscapes. Austin: University of Texas Press.

Bressers, H., and K. Lulofs. 2004. *Industrial water pollution in the Netherlands: a fee-based approach*. In W. Harrington, R. Morgenstern, and T. Sterner, eds., Choosing environmental policy: Comparing instruments and outcomes in the United States and Europe. Washington, DC: Resources for the Future Press, pp. 91—116.

Buongiorno, J. S. Zhu, D. Zhang, J. Turner, and D. Tomberlin. 2002. *The global forest products model*. Rome: Food and Agriculture Organization of the UN.

Bwalya, S. 2008. Forest dependence, socio-cultural heterogeneity and participation in joint forest management in Zambia. Working paper, Economics Department, University of Zambia.

Campbell, A. 1994. Landcare: *Communities shaping the land and the future*. St. Leonards, Australia: Allen & Unwin.

Can, L., W. Sen, Z. Wei, and L. Dan. 2007. Compensation for forest ecological services in China. *Forestry Studies China* 9(1): 68—79.

Chhetri, R. 2006. From protection to poverty reduction: a review of forest policies and practices in Nepal. *Journal of Forests and Livelihoods* 5(1): 66—77.

Dangi, R., and W. Hyde. 2001. When does community forestry improve forest management? *Nepal Journal of Forestry* 12(1): 1—19.

Daniels, S., W. Hyde, and D. Wear. 1991. The distributive effects of Forest Service attempts to maintain community stability. *Forest Science* 37

第4章 林业政策

(1): 245—260.

Durst, P., T. Waggener, T. Enters, and L. Tan. 2001. *Forest out of bounds: Impacts and effectiveness of lodging bans in natural forests in Asia-Pacific*. RAP publication 2001/08. Bangkok, Thailand: Food and Agriculture Organization the UN.

Escobal, J., and U. Aldana. 2003. Are nontimber forest products the antidotes to rainforest degradation in Madre de Dios, Peru. *World Development* 31(11): 1873—1877.

Feder, G., T. Onchan, Y. Chalamwong, and C. Honladarom. 1988. *Land ownership security, farm productivity, and laud policies in Thailand*. Baltimore: Johns Hopkins University Press.

Feder, G. R. Just, and D. Zilberman. 1985. Adoption of agricultural innovations in developing countries: a survey. *Economic Development and Cultural Change* 33: 255—297.

Fischer, C., E. Muchapondwa, and T. Sterner. 2005. Shall we gather around the campfire? Zimbabwe's approach to conserving indigenous wildlife. *Resources* 158 (Summer): 12—15.

Fisher, M., and G. Shively. 2005. Can income programs reduce tropical forest pressure? Income shocks and forest use in Malawi. *World Development* 33(7): 1115—1128.

Fitzgerald, B. 1986. An analysis of Indonesian trade policies: countertrade, downstream processing, import restrictions and the deletion program. Discussion paper SPD 1986—22. Washington, DC: World Bank.

Flick, W. A., R. Tufts, and D. Zhang. 1996. Sweet home as forest policy. *Journal of Forestry* 94(4): 4—8.

FAO/UN (Food and Agriculture Organization of the United Nations). 2001. *Global forest resources assessment 2000*. FAO forestry paper 140. Rome: FAO.

FAO/UN. 2004. *Forest products: 1998—2002*. FAO forestry series no. 37. Rome: FAO.

Forest Service, Government of Ireland (GOI). 2000. *Afforestation grant and premium schemes*. County Wexford, Ireland: Department of the Marine and Natural Resources.

Forsyth, K. 1998. Certified wood products: The potential for price premiums. Edinburgh, UK: LTS International.

Foster, A. , M. Rosenzweig, and J. Behrman. 1997. *Population and deforestation: Management of village common land in India*. Draft manuscript, Department of Economics, University of Pennsylvania, Philadelphia.

Fortmann, L. , and J. Bruce (Eds.). 1988. *Whose trees? Proprietary dimensions of forestry*. Boulder, CO: Westview Press.

Garcia Garcia, J. 1997. *Rural markets and local institutions in Indonesia: the case of the provinces of Jambi and East Nusa Tanggara*. Jakarta: report to the World Bank. Washington, DC: World Bank.

Godoy, R. 1992. Determinants of smallholder tree cultivation. *World Development* 20(5): 713—725.

Government of Indonesia. 1985, 1997. *Statistic industry: Besar dan Sedang*. Jakarta, Indonesia: Budan Pusat Statistic.

Gunatilake, H. 1998. The role of rural development in protecting tropical rainforests: evidence from Sri Lanka. *Journal of Environmental Management* 53: 273—292.

Gunatilake, H. , and L. Gunaratne. 2001. *An assessment of alternative policies for conservation of natural forests in Sri Lanka*. Unpublished report (submitted to the Environmental Economic Program for South-East Asia) Department of Agricultural Economics, University of Peradeniya, Sri Lanka.

Hammett, A. 1994. Developing community-based market information systems. In J. Raintree, and H. Francisco, eds. , *Marketing of multipurpose tree products in Asia*. Proceedings of an international workshop held at Bagio City, the Philippines, Winrock International. Bangkok, Thailand, pp. 289—300.

Hansen, E. , and H. Juslin. 1999. The status of forest certification in the ECE region. Geneva timber and forest discussion papers. UN Economic Commission for Europe discussion paper 14. Geneva: ECE.

Heltberg, R. 2001. Determinants and impact of local institutions for common resource management. *Environment and Development Economics* 6: 183—208.

Heydir, L. 1999. Population-environment dynamics in Lahat: Deforestation in a regency of South Sumatra province, Indonesia. In B. Baudot and W. Moomaw, eds. , *People and their planet: Searching for balance*. New York:

St. Martin's Press, pp. 91—107.

Hibbard, B. 1965. *A history of the public land policies*. Madison: University of Wisconsin Press.

Hultkranz, L. Commitment, irreversible investment & the utilization of forest resources: The role of forest owners associations in the development of paper pulp production in Sweden 1959—1985. Arbetsrapport 103. Umea, Sweden: Sveriges Lantbruksuniversitet Institutionen for Skogsekonomi.

Hunt, C. 2001. *Production, privatization, and preservation: PNG forestry*. Unpublished report for the International Institute for Environment and Development.

Hyde, W., B. Belcher, and J. Xu (Eds.). 2003. *China's forests: Global lessons from market reforms*. Washington, DC: Resources for the Future.

Hyde, W., M. Dalmacio, E. Guiang, and B. Harker. 1997. Forest charges and trusts: shared benefits with a clear definition of responsibilities. *Journal of Philippine Development* XXIV(2): 223—256.

Hyde, W., and Y. Kuuluvainen. 1995. *Timber price policy in Lao PDR*. Unpublished report prepared by Helsinki University Knowledge Services for GOL and World Bank.

Hyde, W. 2003. *Natural forest protection program*. Unpublished report prepared for the Chinese Academy of Forestry.

International Tropical Timber Organization (ITTO). 2006. Status of tropical forest management 2005. Yokohama, Japan: ITTO.

Johnson, R. 1998. Multiple products, community forestry and contract design: the case of timber harvesting and resin tapping in Honduras. *Journal of Forest Economics* 4(2): 127—145.

Karna, J., E. Hansen, and H. Juslin. 2003. Environmental activity and forest certification in marketing of forest products—a case study in Europe. *Silva Fennica* 37(2): 253—267.

Karna, J., H. Juslin, V. Ahonen, and E. Hansen. 2001. Green advertising: Greenwash or a true reflection of marketing strategy. *Greener Management International* 33: 59—70.

Kant, S. 1996. The economic welfare of local communities and optimal resource regimes for sustainable forest management. Unpublished PhD thesis, University of Toronto, Canada.

Kripke, G., and B. Dunkiel. 1998. Taxing the environment. *Multinational Monitor* (*September*): 9—15.

Kumar, S. 2002. Does "participation" in common pool resource management help the poor? A social cost-benefit analysis of joint forest management in Jharkhand, India. *World Development* 30(5): 763—782.

Kuuluvainen, J., and J. Salo. 1991. Timber supply cycle harvest of non-industrial private forest owners: An empirical analysis of the Finnish case. *Forest Science* 37(4): 1011—1029.

Lamb, D., P. Erskine, and J. Perotta. 2005. Restoration of degraded tropical forest landscapes. *Science* 310: 1628—1632.

Landell-Mills, N., and J. Ford. 1999. Privatising sustainable forestry—a global review of trends and challenges. London: International Institute for Environment and Development.

Larson, A. 2002. Natural resources and decentralization in Nicaragua: Are local governments up to the job? World Development 30(1): 17—32.

Liu, D., and D. Edmunds. 2003. Devolution as a means of expanding local forest management. In W. Hyde, B. Belcher, and J. Xu (Eds.). China's forests: Global lessons from market reforms. Washington, DC: Resources for the Future, pp. 27—44.

Mercer, D. E. 2004. Adoption of agroforestry innovations in the tropics: A review. *Agroforestry Systems* 61(1): 311—328.

Migot-Adholla, S., P. Hazell, B. Barel, and F. Place. 1991. Indigenous land rights systems in sub-Saharan Africa: a constraint on productivity? *World Bank Economic Review* 5(1): 155—175.

Ministry of Forests, British Columbia. 2004. The state of British Columbia's forests. http://www.for.gov.bc.ca/hfp/sof/2004/pdf/sof.pdf (accessed July 7, 2006).

Molnar, A. 2003. *Forest certification and communities: Looking forward to the next decade*. Washington, DC: Forest Trends.

Molnar, A., S. Scherr, and A. Khare. 2003. *Who conserves the world's forests?* Washington, DC: Eco-agriculture Partners.

Ozanne, L., and P. Smith. 1998. Segmenting the market for environmentally certifies wood products. *Forest Science* 44(3): 379—389.

Palmer, C., and S. Engel. 2007. For better or for worse? Local impacts of decentralization of Indonesia's forest sector. *World Development* 25(12): 2131—2149.

Pattanayak, S., D. E. Mercer, E. Sills, J. Yang, and K. Cassingham. 2003. Taking stock of agroforestry adoption studies. *Agroforestry Systems* 57: 173—186.

Persson, R. 2003. *Assistance to forestry: Experiences and potential for improvement*. Bogor, Indonesia: Center for International Forestry Research.

RECOFTC (Regional Community Forestry Training Center). 2008. Is there a future for forests and forestry in reducing poverty? Unpublished working paper. Bangkok, Thailand: RECOFTC.

Rudel, T., M. Perez Lugo, and H. Zichal. 2000. When fields revert to forest: development and spontaneous reforestation in post-war Puerto Rico. *The Professional Geographer* 52(3): 386—397.

Ruiz-Perez, M., B. Belcher, M. Fu, and Xiaosheng Yang. 2003. Forestry, poverty, and rural development: perspectives from the bamboo sector. In W. Hyde, B. Belcher, and J. Xu, eds., *China's forests: Global lessons from market reforms*. Washington, DC: Resources for the Future, pp. 151—176.

Runge, C. 1986. Common property externalities: isolation, assurance and depletion in a traditional grazing context. *American Journal of Agricultural Economics* 63(4): 595—606.

Russakoff, D. 1985. Timber industry is rooted in tax breaks. *Washington Post* (March 24) pp. A2 ff.

Ruttan, V. 1982. *Agricultural research policy*. Minneapolis: University of Minnesota Press.

Schneider, R. 1994. *Government and the economy on the Amazon frontier*. LAC Regional Studies Program Report no. 34. Washington, D.C.: The World Bank.

Schwartzbauer, P., and E. Rametsteiner. 2001. The impact of SFM-certification on forest products in western Europe—an analysis using a forest sector simulation model. *Forest Policy and Economics 2*: 241—256.

Sedjo, R. 1999. Land use change and innovation in US forestry, In R. D. Simpson, ed., *Productivity in natural resource industries*. Washington, DC: Resources for the Future.

Seldon, B. 1987. A nonresidual estimation of welfare gains from research: the case of public R&D in a forest product industry. *Southern Economic Journal* 54(1): 64—80.

Seldon, B., and D. Newman. 1987. Marginal productivity of public research in the softwood plywood industry: A dual approach. *Forest Science* 33(4): 872—888.

Serôa da Motta, R. 1993. *Policy issues concerning tropical deforestation in Brazil*. Rio de Janeiro, Brazil: IPEA.

Sikor, T., and T. Nguyen. 2006. Why may forest devolution not benefit the rural poor? Forest entitlements in Vietnam's central highlands. *World Development* 35(11): 2010—2025.

Sobral, L., A. Verissimo, E. Lima, T. Azevedo, and R. Smeralsi. 2002. Acertando o alvo 2: consume do madiera e certificacao floresta; no Estado do Sao Paulo. Belem, Brazil: Imazon.

Songorwa, A. 1999. Community-based wildlife management (CWM) in Tanzania: Are the communities interested? *World Development* 27(12): 2061—2080.

Stevens, J. 1978. *The Oregon wood products labor force*. Unpublished manuscript Agricultural and Resource Economics Department, Oregon State University, Corvallis.

Stroup, R. 2000. Free riders and collective action revisited. *The Independent Review* 4: 485—500.

Tachibana, T., T. Nguyen, and K. Otsuka. 2001. Agricultural intensification versus extensification: A case study of deforestation in the northern-hill region of Vietnam. *Journal of Environmental Economics and Management* 41(1): 44—69.

Timmer, P. 1986. *Getting prices right*. Ithaca, NY: Cornell University Press.

White, A., and A. Martin. 2002. Who owns the world's forests? Forest tenure and public forests in transition. Washington, DC: Forest Trends.

Wichawutong, J. 2005. Thailand community forestry 2005. In N. O'Brien, S. Matthews, and M. Nurse, eds., *First Regional Forestry Forum—Regulatory frameworks for community forestry in Asia*. Bangkok: Regional Community Forestry Training Center, pp. 101—129.

Xu, J., W. Hyde, and G. Amacher. 2003. China's paper industry: Growth and environmental policy during economic reform. *Journal of Economic Development* 28(1): 49—79.

Xu, Z., M. Bennett, R. Tao, and J. Xu. 2004. China's sloping land conversion program four years on: Current situation, pending issues. *International Forestry Review* 6(3—4): 317—326.

Yin, R., and D. Newman. 1997. The impact of rural reforms on China's forestry development. *Environment and Development Economics* 2(3): 289—303.

Young, C. 2002. Land tenure, poverty and deforestation in the Brazilian Amazon. Unpublished draft manuscript available from the author at young@ie.ufrj.br

Zhang, D., and W. Flick. 2001. Sticks, carrots, and reforestation investment. *Land Economics* 77(3):443—456.

Zhang, D. 2002. *Endangered species act and timber harvesting: The case of red-cockaded woodpeckers*. Unpublished manuscript, College of Forestry, Auburn University, Auburn, Alabama.

附录 4A 当代政策目标

在过去的 40 年,林业政策讨论的焦点已经发生转变。在至少一百年里,北美和欧洲林业政策讨论的核心是为工业与经济增长保证木材供应,以及策略性地建立木材储备。这两个大陆的殖民力量将他们的想法传播到发展中国家的政府林业局和林业学院,以至于最后,木材供应几乎在所有国家都成了占主导地位的林业政策议题。然而最近,林业局面临了更为紧张的预算约束、木材和木制品国际贸易的扩张,以及更为富裕、更具环境意识的公众,这些因素开始使得这种情况有所改变,林业政策讨论的焦点发生了变化。21 世纪初,政策讨论集中于几个与森林生态系统服务有关的因素:碳封存可以削减气候变化的影响;保护生物多样性与重要栖息地;以支持生态旅游的方式管理资源,基于森林游憩提供的更宽泛的美感与体验;侵蚀控制与流域整体保护;可持续林业和控制全球森林退化。

在这些环境议题中,前两个比较新,而后三个一直都以某种形式出现在我们的视野中。几乎在全球各地,更富裕而更具流动性的公众都对森林游憩产生了爆炸性增长的需求。对于当地居民来说,他们一直都清楚有植被的流域是清洁可靠的水源地，也是防止侵蚀的重要屏障。有关于水对公众健康的重要性、公共工程对我们的水道和海岸的影响，现在有了更全面的信息，这大大提高了人们对这些事情的重视程度。第五个议题，可持续林业和控制全球森林退化，包含了其他四个议题的元素，也包含了已有的对木材供应的关注。这个附录回顾了这五个议题，并且讨论了实现它们的有效手段。

在很多重要情况下，与这五个议题相关的市场都是薄弱或不完全的。仅这一点就可以使得这五个议题成为公共政策的适合议题。幸运的是，每一个议题都有其自身的经济和物理特点，而在几个议题共存的情况下，某一个议题的价值和重要程度往往是具有主导地位的。因此，在某些混合生产的地方，往往只有几种关键产品是重要的———一般是一种有市场价值的商品，比如木材或农作物，和一个无法市场定价的商品。[①] 当然，高价值产品的组合是因地制宜的。由于这些原因，我们可以考虑这五种非市场定价的商品在不同的典型地理区位的价值，并探索可能的混合生产或者只与其中某个商品有关的溢出效应。

4A.1 碳封存和全球气候变化

作为一种现代的忧虑，人们担心全球气候正在变暖（Watson et al.，2000；Stern，2007），并由此引出了一系列的讨论，包括碳封存的话题。[②] 全球变暖是因为我们使用含碳物质作为燃料，并将其产生的气体排放到大气中。关于气候变化，对林业扮演的角色的讨论有两个方面：第一，气候变化对森林的影响，这关系到与预测的气候变化相关的森林覆盖面积的改变（Sedjo and Solomon，1990；Lewis and Clough，2009）；第二，森林减缓气候变化的能力（Sedjo and Amano，2006）。后者也许更有趣，而不同的研究者已经展示了森林封存碳的成本有效性（Richards et al.，1993；Sohngen and Mendelsohn，2003；Tavoni，Bosetti and Sohngen，2007；*CIFOR News*，2007b；Langford，2007）。后一个话题在现今关于 REDD+（Reducing Emissions for Deforestation and Forest Degradation，减少毁林和森林退化所致排放量）的讨论中获得了更多的注意。[③]

---

① 事实上，在 Bowes and Krutilla(1989)准备关于森林多重经济用途的研究时，他们以一个复杂的理论开始，试图解决同一片土地共同产生的多种有益和有害的产出的问题（Bowes, 1983）。然而，他们发现现实更为简单。任何林地上，即便是最复杂的情况也不过涉及两种高价值的、有竞争力的产品。因此，在汇总其研究成果的书籍中，五个实证案例都是木材与某单一产品共同生产的情况：① 水；② 放牧；③ 采矿；④ 捕猎；⑤ 非消费性的森林游憩。

② 另见 Nordhaus(2007)，*Review of Environmental Economics and Policy*（Winter 2008）中的专题论文集"The economics of climate change: the Stern review and its critics"，以及该期刊下一期（Summer 2008）上的更多评论。Aldy et al.(2010)总结了关于减缓气候变化的政策选择的讨论。另见 *American Economic Review* 上 2011 年论文和会议论文中题为"Critical Issues in National Climate Policy Design"一节的内容，第 101 页。

③ 详见 Angelsen(2011)的简要总结。

第 4 章 林业政策

　　大气中二氧化碳含量的增加导致了全球变暖。在这一点上,大部分人都是赞同的。对于一些人来说,全球变暖的程度和重要性还是一个需要辩论的议题,尽管绝大部分科学家(包括很多诺贝尔奖获得者,甚至布什政府)都承认全球气候在变暖,而变暖的原因是二氧化碳的排放量增加(Mendelsohn and Neumann,1998;Nordhaus and Boyer,1999;Millenium Ecosystem Assessment,2005;Landner,2007)。对于一些人来说,森林在减缓气候变化中起到的重要性仍然是一个可供辩论的话题。但是,化石燃料焚烧和土地利用变化(大部分是由林地转为农业用地)导致二氧化碳排放大气中的事实是比较明确的。林木砍伐和木制品加工的行为也会排放二氧化碳,但这比前两种行为的贡献要小得多。的确,木制品加工只会释放原来木材中所含有的一部分碳,因为其他的碳都被封存在土壤里(根、土壤碳、林地上的腐物)、产品里(木材)或在垃圾填埋场中(纸制品)。

　　如果我们能够减少林地向农地的转化,尤其是转化过程中的烧林过程,那么我们就可以阻止大气中二氧化碳的浓度升高。因为温室气体中几乎五分之一都来自林地转化,"减少毁林"就变成了一个关键的国际政策议题(Stern,2007;*CIFOR News*,2007a)。① 进一步说,碳排放的全球社会成本如此之高,以至于转化更多的林地来用于农业或商业发展并不能产生净经济收益——平均而言,每吨碳当量的排放只能产生低于 5 美元的收益。比如在印度尼西亚,只有不到 2% 的新林地转化能够产生明确的经济收益(Swallow et al.,2007)。

　　另外,在新地上植树造林、砍伐并最终储存生物质的过程都会吸收更多的二氧化碳。实际上,除了封存在岩石和沉积物中的碳,全球约三分之二的陆地碳都封存在活立木、林下植物、叶子、其他腐物以及林地土壤中(Sedjo and Amano,2006)。然而,种植林木并将碳封存在立木中只能带来碳封存量的短期增加,因为一旦树木接近成熟期,其生长速度会减缓,可增加的碳封存量就变得很少了。不过,额外种树和树的成长可以为我们赢得更多的时间,让世界市场以其他的能源替换化石燃料。Sedjo and Amano(2006, p.20)认为"在接下来的 50 年中,近 20% 的超额排放可以被森林及其他生物碳汇捕获"。

　　即便是在短期内,以森林来减缓气候变化的努力都面临着同样的问题:全球公共影响是具有非排他性的,但是为控制全球气候变化而付出更多的努力只能是某个地区做出的,这之间就存在矛盾。更广泛的意义上,减缓气候变化是一种公共产品,所有人都会受益,我们不可能排除任何一个人作为受益者。但是,在热带的发展中国家的森林边缘,成熟天然林的消失和碳封存的减少最为

---

① 有些估计甚至更高。Kindermann et al.(2008)和 IPCC(2007)表明仅热带森林的破坏就会造成每年碳排放量的五分之一至四分之一。

剧烈。在这些地方,砍伐树木的数量是由当地居民独立决定的,他们要实现自身的利益最大化,而这些问题是极难监控和限制的。

为解决这个问题,不同的进口限制、税收与补贴都曾被提出。进口限制,比如要求认证,是现在比较受欢迎的一个政策手段,但是执行这些认证所需的森林经营(及相应的可持续管理)对于当地的伐木者来说过于困难,他们仍然可以在天然林的边缘砍伐相对便宜的木材。对于经济学家来说,一个自然的解决方式是对负外部性(土地利用改变和化石燃料利用)征税,并用征税所得给予正外部性活动(森林经营)补贴。然而,在许多国家,对土地利用改变征税是非常困难的,因为这种改变往往由人口增长、不明晰的土地产权或者国内的发展政策导致。

对化石燃料的征税吸引了许多的注意。Weimar(1990)展示了,即便是一个很小的化石燃料排放税(相当于一桶石油价格上升0.5%),就可以从发达国家获取每年90亿美元的收入。① 这样的税可以减少一些碳排放,而这种效果在发达国家——也常常是碳排放大国——尤为明显。然而,要把这种税施加到在森林边缘将林地用作其他用途的人身上却很困难——即便碳税的收入可以用来补贴森林边缘的居民,鼓励他们保护森林。在后一种情况中,即便是很大的税收也会被迅速地用完,这是因为① 为了使热带森林的边界使用者停止他们的活动而进行的必须转移的花费是巨大的;② 监督和执行的难度过大,这些个体分散在广阔的地块上;③ 整个转移的行政成本过高。

近来,自发的碳市场变得越来越吸引人。在2009年10月就召开了五个有关此议题的年度国际会议,而且许多讨论围绕着REDD展开(Ecosystem Marketplace,2009)。这个概念与以前的征税和转移支付类似,但碳市场是自愿的。碳排放者(绝大多数在发达国家)会为自己的碳排放量支付一部分费用,并用这些钱补贴其他人(一般在发展中国家,但并非绝对)以使他们不进行林地改造活动,并且种植更多树木以封存碳,来抵消前者的排放。现在还有几个类似的制度安排正在尝试。然而,对于这种方式的忧虑与对于征税和转移支付的忧虑类似,而且,曾经试图减少毁林的努力并没有取得什么成效。比如在哥斯达黎加,碳市场对毁林的抑制只涉及不到1%的登记在册的林地——剩下99%的林地不适合转换为高价值的土地利用(Robalino et al.,2005),也就是说,它们超过了商业价值的边界,在三阶段模型图示的点D之外。②

三阶段的森林发展图示可以说明这种困难——即便对于森林边界的地块

---

① Parry and Williams(2010)认为,由于它的量级,这样的税也可以减少中央政府的财政赤字,这是一个额外的好处。

② Andam et al.(2008)和 Blackman et al.(2009)增加了一个墨西哥的例子并得出了相同的结论。

第 4 章　林业政策

而言,它们也展示了两个潜在但充满挑战性的解决方式。

对全部三个开发阶段的地块,在天然林边界(点 D)建立和保持产权的成本都高于资源的市场价值。在前两个开发程度较低的阶段,这种成本也超过了边界附近(从点 B 到点 C)的边际农业用地价值。这说明监督和执行的成本,无论是出于碳封存还是其他目的,都比被保护的自然资源的价值要高。极少有发展中国家的资源管理机构有预算或人力能在这种条件下完成监督和执行任务,而当地居民继续面临与保护相违背的个人激励,从而转换用地并利用森林资源。

然而,这也暗含了一个制度解决方法:完善产权。任何能够减少建立和维护产权成本(降低点 C 的水平)的政策改进,都能扩大可持续管理的面积(将点 B 或点 B″移向右方)。这会减少阶段 I 的地块上的林地转换,也会减少阶段 II 和阶段 III 地块上开放进入的退化森林面积——由此保护在阶段 I 受到威胁的森林和储存的碳,增加阶段 II 和阶段 III 森林退化区域的木材蓄积量,以及增加阶段 III 的施业林面积和封存的碳。两种符合这个描述的改变就是制度修正——允许当地农民更轻松地注册土地用途,以及将公共机构管理的天然林地转给当地居民管理。成功的社区林业是后者的一个案例。第三个例子是总体宏观政策环境的改进,在第 6 章中我们会详细讨论这个例子。这些改进会在总体上增加当地土地利用者对他们未来收益的信心,并且引导他们放宽他们计划的视野。这样的结果是,对森林和其他保护活动的长期投入会对他们更有吸引力。

第二组潜在的解决方法与农业活动的溢出效应有关。农业产出补贴的下降会在阶段 I 减少农业对天然林的影响(点 C 左移),在阶段 II 降低农业对开放进入的退化森林的占用(仍是点 C 左移),并且在阶段 III 允许森林经营能力的相对上升以使其能够与农业竞争,扩张到以前的农地中去(点 B′ 左移)。北美、日本和欧盟的农业补贴非常高,所以它们的减少对森林、碳封存产生的正向影响也会相当可观。当然,改变农业激励不会非常简单,因为它们的政治支持几乎在所有发达国家都很强。

其他农业激励的效果不那么明显。有一些政策,比如鼓励农民提高农产品多样性的政策,可能导致农业密集化。因此,与现在的高额农产品补贴不同,它们也可以造成一个正向的效果。也就是说,保持对于多样化农产品的高额补贴和减少对农业扩张的各种补贴对森林和碳封存有着同样的正向效果。进一步说,农业密集化通常会增加对劳动的需求,提高农业工资,并吸引劳动力离开林业,这也会减少森林开发,并且保护已经储存在成熟林中的碳。

因此,任何试图增加碳封存而修改农业激励的政策是有选择性的,要考虑所针对的激励是什么。许多农业激励增强了农业与森林的竞争,并且减少了碳封存。其他的激励可能减弱了农业与森林的竞争,并允许森林扩张,有利于碳封存。①

最后,同这个附录中讨论的其他政策目标一样,许多人认为我们需要找到一个方式来解决为全球提供公共价值的困难。即便不同意现今全球气候变化问题的重要性和碳封存的必要性的人也会同意,这个问题不易解决。世界最终必须找到减少碳排放和减缓气候变化的方式,即便不一定立即如此。

4A.2 生物多样性和重要栖息地

保护生物多样性的概念是基于这样的想法:现在未开发,甚至未知的物种可能拥有一些未知的特性,而这些特性可能在未来具备潜在的价值。保护这些物种的栖息地可以帮助保护它们,以及在我们对它们有更多了解之后可以从它们身上获益。不同的例子证明了保护某些我们先前无科学认知的物种可能带来的社会经济收益(比如,Putz et al.,2001;Norton,1988;Ehrenfeld,1988)——尽管有些人仍然因收益不确定而怀疑保护未知物种的重要性(Simpson,Sedjo and Reid,1996)。②

许多人赞同保护物种的重要性,传统观念也总是假设现存的天然林(在图中点 D 以外的森林)包含了大部分的重要栖息地。这也就是说,天然林(不是人工林、其他施业林或开放进入的退化林地)将会是绝大多数全球保护计划的焦点,因为只有这些森林包含未经人为干扰的栖息地。在天然林中,热带雨林包含了一半以上的动植物物种,其中许多我们还尚未了解。这类型的森林格外重要,因为它的边界栖息地受到的威胁远大于热带旱林、温带北方森林受到的威胁。因此,现存的热带雨林应该是全球范围内保护生物多样性的重点。

这里面临的经济学问题仍然是最关心生物多样性的群体所在的区域和最关键的栖息地之间存在错位。这个问题与碳封存的问题有着类似的特质——更富裕的发达国家的人们有更好的条件去开发生物多样性的潜在未来价值,并且支付相应的费用来保护受威胁的栖息地,然而更为穷困的当地居民和热带森林的攫取开发者将会承担放弃发展、保护栖息地的大部分成本。

如果我们观察碳和生物多样性的物理来源,那么这些相似之处的重要性会降低。碳封存随着森林保护和森林扩张而提高。几乎所有的土地和树,无论其

---

① 得到这些结论之后,我了解到 Humphreys and Palo(n.d.)分享了以下评估:最好的减少毁林和减缓气候变化的工具是:① 取消有偏的税收或补贴,并降低道路建设的速度;② 完善监管森林资源的系统。他们的第三个政策建议与森林可持续性建议(本附录后续会提及的内容)相类似,也就是促进经济增长和多样化。

② Meilleur and Hodgkin(2004)回顾了现在世界各地对于保护有商业利用价值的农业作物的野外近亲品种的栖息地的努力。

第 4 章　林业政策

在什么位置(比如在后院、街旁或是在天然林中),对碳封存都有相似的价值,但对生物多样性却不是这样。生物多样性要求我们选择性地保护特定栖息地。从三阶段森林发展模型来看,大多数独特但未受保护的栖息地都在天然林的边界或超过该边界。与之相关的被放弃的未来开发机会通常小于现在在经济活动边界上为保护森林碳封存而放弃的机会(点 B, B', B'', D)。这意味着许多重要栖息地到今天还未受威胁仅仅是因为它们超过了经济活动可接触到的范围——不论是林地转换为农业用地,还是攫取森林资源的活动。它们的不可达性保护了它们——至少现在如此。

在其他情况下,有些栖息地可以在正常管理、生产林产品和森林环境服务的过程中得到保护。就如美国南部松树林区,这也是许多红顶啄木鸟的栖息地。通过对木材生产活动的仔细规划,保证整体活动本身没有很大的变化,可能就能够保护这片受威胁的栖息地了(Hyde,1991)。

该政策留下了两个基本的问题:在与森林的其他消费用途有竞争的情况下,保护现在受威胁的栖息地(或监督并保证森林的用途不与受威胁的栖息地存在竞争关系),以及识别出额外的、现在不可达的特殊栖息地,并保护它们使其在未来也不受威胁。

要保护森林边缘附近的、受威胁的栖息地,需要在栖息地周围建立边界,永久驱赶不相容的土地利用者,或监管相容的土地利用者。这意味着边界以内栖息地的公有化,或是实行公共管制,以确保私人土地所有者排除不相容的土地利用方式。在森林发展的第一阶段,防止土地利用方式的改变和森林中的农业活动对于处森林边缘的栖息地会是一个问题。所以,减少对农业扩张的激励对于新开发区域中的栖息地保护十分重要。

另外,在森林发展的第二阶段和第三阶段,即开发程度更高的林业区域,对森林栖息地多样性的威胁来源于新基础设施的建设或是在现存天然林中的攫取活动。前者意味着保护栖息地的一个重要组成部分是设计避开重要栖息地的道路。后者则常常是由砍伐者或其他人的暂时性活动造成,他们行踪不定,很难限制。这些人都有攫取自然资源的动机,尤其是砍伐树木的私人经济激励,而控制他们的活动是非常困难的任务。只要我们想保护栖息地,禁止这些攫取性质的活动就要求我们持续监控保护地的边缘。这就又带来了另一个问题。绝大多数发展中国家的资源管理机构既没有人力也没有财力资源来支撑重要栖息地的保护。国际捐赠者可以帮助他们,但捐赠者中有许多只愿意在短期提供支持,绝大多数人不太愿意支付长期的保护费用。因此,受威胁的栖息地的长期保护仍然是一个未解决的政策问题。进一步说,在资源有限的情况下,还有一个额外的问题,就是在许多重要栖息地中,哪几个最值得长期保护。

第二个基本问题与现在不可达,因此也未受威胁的重要栖息地有关。识别这些重要栖息地是实地考察的一个关键性任务,而且这使得开发森林质量的指征变量工作显得十分有意义(WCFSD,1999)。随着现在生物科技的机会越来越多,一些受威胁的栖息地的价值可能会对私人投资者更清晰,这使得他们愿意付出努力来保护它们。① 另外,这也是一个公共问题,适合由发达国家的捐赠者和公共研究机构来解决。一旦公共研究者识别出重要栖息地,政策制定者仍然会面临我们之前讨论而未解决的任务:找到公共财政支持来永久消除重要栖息地上对森林的攫取活动。

最后,迁地保护也可以是一个长期保护的解决方案。迁地保护就是将受威胁的生物保护在与其原栖息地不同的地方。一旦我们可以识别出受威胁的动物或植物,它的生殖细胞就可以被记录、储存在公共机构中,这个公共机构可以为这一代和后代的人类保存这些遗传信息。动物园、冷冻生殖细胞的国际农业研究咨询组织等机构就是很好的例子。然而,基因库是静态的机构,它们并不能捕捉和保存基因的动态进化,但它们可以保护现有的生物多样性,让我们能够与此同时寻找识别和永久保护重要森林栖息地的方法。

4A.3 环境旅游和森林游憩

许多人都会参与环境旅游(生态旅游),而许多森林都能提供这种体验。受益者可以是富裕的环球旅行者、当地的野营者,或是任何想享受自然的游客。他们观赏的景点可以是独特的全球景观资源:黄石国家公园、塞伦盖蒂平原、赛迦玛塔,也可以是令人愉悦的当地小森林、乡间公园。独特的景观经常是大量旅游服务需求的焦点:餐馆、旅馆、导游、户外运动装备,对于当地经济来说,这些可能是就业的重要来源。

再一次地,与此相关的经济问题是保护对于其他攫取性使用者有价值的地块中特定的森林"小岛"(在我们的图示中,到点 D),或是识别出现在不可达但对环境旅游有特殊吸引力的地块(点 D 之外)并且在它们变得可达之前保护这些地块。在过去,后一种方式更为普遍(黄石国家公园是在 1872 年成立的,当时它在许多公有地中)。前者的例子则正在开始变得更为普遍(比如坦桑尼亚的塞伦盖蒂平原,或建立于 1968 年的美国的红杉国家公园,它在 1978 年通过购买私有土地扩大了面积)。但这些国家公园的建立一般更为昂贵,而对于当地受影响的经济利益的特殊安排占了支付的很大一部分。

---

① 现在已有一些例子。世界上最大的制药公司,Merck & Co.,向哥斯达黎加国家生物多样性研究所(National Biodiversity Institute, INBio)一次性支付了 100 万美元(以及最终利润的一部分)。INBio 将会为该公司收集植物、昆虫和土壤样本,筛选并从中开发可能适销对路的产品(Richards,1999)。

第4章 林业政策

对于最特别的地方来说,我们可以在限制进入的同时收取费用,并用这些收入建立边界,监督和执行对不相容的土地利用方式的限制。比如,肯尼亚对国际游客收取更高的门票,尼泊尔要求国际游客在导游处先取得登山许可证明,许多其他国家也会对有自然边界的国家公园征收门票。

然而,即便对于这些特殊的资源,仍然存在两个问题。第一,收费是一致的。它不能区分费用所包含的景点内特定的资源或服务。比如,在国界上征收的费用不能区分一个国家内的不同公园或是一个公园内的不同资源。所以,现在没有市场信号来帮助管理者将收入分配给自然景观内的不同资源和服务。有时候这个问题可以这样解决:将所有资源的管理交给一个机构整体管理,比如国家公园管理局,同时,允许不同的景区在其边界内提供定制化服务,比如导游、旅馆,而这种特许经营可以对这些定制化服务进一步收费。

即便第一个问题能够解决,第二个问题仍旧存在。虽然我们可以向长途旅客收费,但无论是在国界上还是在景区边界上,要禁止当地的使用者仍然是十分困难的。因此,监督和执行对当地特殊资源的竞争性使用者的限制格外困难。在东非的公园内的偷猎和东南亚自然保护区内的非法砍伐就是很好的例子。

对于这个问题的解决方案是将当地居民与公园的旅游配套服务联系起来,或者是将公园得到的收益分配一部分给当地居民。如果当地居民获取部分利益,不论是从公园的特许经营的雇佣中,还是从提供导游服务中,那么当地居民就会有激励帮助监督、执行公园边界的规则,也会愿意帮助维持或提高公园的质量,并反对他们的邻居违背公园的管理目标。然而,要决定一种有效的收益分配机制是困难的,而且,即便有这种机制,一定程度的当地违规活动仍然是存在的。[①]

对于那些非特殊的森林资源而言,它们不会吸引国际旅游者,对它们最常见的非消费性使用者就是当地的社区。由此,地方制度一般会更适合用来管理这些资源,我们也观察到了世界各地许多保护得很好的乡村公园和森林圣地。当地机构的雇员能够更好地理解对于这些资源的需求规律,以及它们最具吸引力的物理特性。然而,管理的成本仍旧是高的,而且因为禁止当地使用者的违规行为十分困难,所以当地的社区必须承担这种成本,无论是将其纳入社区预算,还是依靠大家自觉遵守规则,不去攫取保护地内部的资源。

4A.4 侵蚀控制和流域整体保护

侵蚀控制和流域保护包括了所有树木和流域提供的生态系统服务:调节

---

① Naidoo and Adamowicz(2005)讨论了乌干达地区自然旅游具体案例中遇到的这些问题。

风、水和土壤运动。比如,提供一定量的水质达到可接受程度的水,防止暴雨——尤其是在海岸地区,以及控制上游土壤营养质的流失和下游的沉积效应。与碳封存一样,流域保护可以被分为两种活动类型:一是那些需要新的干预的保护活动,比如种植防护林来防止风沙侵蚀,或是在河流与小沟边种树来防止水流侵蚀;二是保持现有森林流域的水土以及减缓侵蚀活动。

流域保护与碳封存经济效果的区别在于流域的影响往往是地区性的,个人或团体受益者往往容易辨识,而碳封存和重要栖息地的保护是全球的公共产品。根据流域管理的具体情况,一个私人土地所有者可能通过流域保护方面的投资获取更多的利益,因为这会提高土地的生产能力,或者,一些下游或同一流域其他地区的土地利用者也可能由此获益。在后一种情况下,流域管理仍然是一种公共产品,但它牵涉更小、更具地区性的公众,而不是受碳封存和生物多样性影响的整个国际社会。相比之下,这种活动的益处对于当地社区来说也更为清楚,因此对于侵蚀的控制,利用当地的政府来支持和保证遵守管理目标可能是更为容易的。

第一类流域管理活动大多需要新的保护投资,对应着人类的发展。这是一种提高现有地(常常是农业)生产能力的方法。这些投资经常在私有地上发生——在农业与森林价值函数的交点的左边,并随着产权费用的函数上升,在图中是点 B 或点 B''。因此,管理者的私人长期生产力的增加经常已经足以引致私人保护投资了。实际上,这种观察符合发达国家的经验——发达国家的土地利用权利往往比一些发展中国家更清晰(Crosson,1985;Crosson and Stout,1984)。近来,Yin(2003)和 Alemu(1999)证明了在发展中国家,一旦农户获得了长期的土地使用权,这个结论也具有适用性和可靠性。20 世纪 70 年代中国的农户和 20 世纪 80 年代埃塞俄比亚的农户几乎立刻对确定更清晰和长期的土地利用权的农村改革做出了反应。他们增加了所有投入,包括保护投入,比如种植防止风沙和侵蚀的防护林。Yin 和 Alemu 将私人农业生产力提高的一部分直接归因于这些保护投入。[①]

第二类流域管理活动是保护上游流域或海岸湿地,受益者包括同一地区其他地方的居民。放牧是导致上游侵蚀和下游沉积的一个普遍原因,比如中非的维多利亚湖流域和菲律宾的吕宋岛中部上游(Ikiara,Kazoora and Kulindwa,2003;Cruz,Francisco and Conroy,1988)。上游的薪材和草料采集是造成一些林区严重退化的另一个原因,比如尼泊尔的山地(Dangi and Hyde,2001)。即

[①] Landell-Mills and Portas(2002)为证明某些流域管理的私人市场性质提供了更多的证据。他们从全球各国和众多地方机构安排中识别出 180 多个流域生态服务市场的案例。Katoomba 集团的网站主页上列出了更多例子(www.ecosystem marketplace.com)。

第 4 章　林业政策

便是影响较小的活动,比如野炊,也可能严重影响当地的水资源供应,以至于俄勒冈州的波特兰市出台限制了邻近胡德山流域的重要区域中的一切人类活动。最后,在许多海岸地区,砍伐和土地用途转换影响了当地的渔业,并且影响了当地森林防止热带飓风和海啸的能力(Ruitenbeek,1992;WWF,2005)。

这些例子都出现在处于森林发展第二、第三阶段的开放进入的退化森林中,或是成熟天然林边界附近的森林中(在点 C、D 之间)。在这些地区,保护流域的费用超过了私人使用这些开放资源的收益(放牧、收集薪材、游憩、伐木或土地利用的转换)。因此,不受限制的私人管理将是不成功的,而公有制或管制,以及一定程度的监督和执行才是保证当地社区能从流域中共同受益的普遍手段。

如果当地社区的几乎所有成员都共享流域的收益,而且他们也几乎都共享保护流域的激励,那么监督和执行可能是一件相对容易的事情。在其他情况下,如果当地保护流域的激励不同,社区成员针对流域的不同利用方式进行竞争,那么监督和执行就会消耗更多的资源,而保护公共利益就变成了更为艰巨的任务。

比如,我们之前讨论过尼泊尔山地上的巴斯塔布村,一些穷困的无地农户依赖流域获取薪材。这种活动使得流域退化,并且增加了泥沙的沉积,对下游相对富裕家户的农业生产力产生了负面影响。这两个社区在流域利益方面是互相冲突的,而社区森林看护者则无法完全约束他们对森林资源的获取。流域的退化由此继续下去(Dangi and Hyde,2001)。

最后,一些情况需要更大范围的地区或全国监管。在这些情况下,私人或当地的集体行动是不足够的。在大流域中,上游的活动会影响距离很远之外的下游社区活动。在 1998 年黄河和松花江发生大洪水的时候,中国领导人就觉得情况是如此。上游的毁林和建设导致下游超过 1500 千米的农地受到破坏。对此,中国的解决方案是在 2000 年开始一项长期大型的国家项目以改善这些流域上游地区的管理。

纽约为更大范围的地区监管提供了另一个案例。在 1997 年,纽约意识到现有农业的改变意味着它必须行动起来保护其饮用水的质量。纽约本可以安装新的过滤装置,但这会花费 40 亿至 60 亿美元。纽约选择了另一个成本更低的方法:保护它的卡兹吉尔山流域。纽约购买了一部分土地,并在上面限制开发,也支付补贴给流域中的一部分农户,要求他们不进行污染性的农业活动(Kenny,2009)。

4A.5　可持续林业及控制森林退化

对可持续林业的担忧源于早期对资源耗竭的担忧。这种担忧原来集中于具有市场价值的资源——在森林中,尤其是木材。这种担忧的事实依据或许起源于所罗门利用黎巴嫩的雪松来建造寺庙。早在1546年就有更为正式的公共记录,墨西哥城的总督写信给西班牙国王,提醒他北美的木材已经耗尽。在1876年,F. B. Hough在对美国科学进步协会的致辞中,描述了毁林之后环境遭受的破坏。这个组织随后成立了一个委员会,鼓励美国国会处理他们预计会发生的木材短缺。美国国家森林协会在1891年最终成立以解决这个问题——同时也为解决东部流域管理的问题(Clepper,1977)。西欧对木材短缺的忧虑则至少从Jevons(1865)在19世纪中叶谈到英国的采矿支架只有有限的资源来生产起就有了。此外,欧洲过去几百年间间歇性的战争经常耗尽当时所有的成熟木材——由此也证明了木材的供应是一种战略性产品。

当然,北美还没有用尽过木材。实际上,美国现在的木材储量比50年、100年前都多。幸运的是,西欧似乎已经进入了一个战争更少的阶段,而作为一种战略性资源的木材的需要也减少了。进一步地,从经济角度来说,绝大多数具有市场价值的森林产品的蓄积没有减少,也就是说,它们的生产成本没有随时间增加。

然而,关于是否可能存在潜在的木材短缺,许多人仍旧抱有疑虑。其他人即便不担心市场上森林产品的耗竭,却很担忧我们可能正在耗尽能够提供非市场的环境服务的全球蓄积。这些论点是对于森林可持续性和控制毁林及森林退化的现代讨论的基础。

现代学者从多视角对此进行讨论。① 可能对于我们有用的一个视角是"可持续的选择"。也就是将可持续性重新表述成一个有用的目标:"永远保存对于森林资源的所有不同用途的选择,无论它是否具有市场价值、是否具有消耗性、是否可知。"这就意味着防止环境破坏,意味着为了未来而保存对于森林和土地资源的所有不同用途的可能性,意味着利用森林帮助保持其他未来的选择。② 这包括利用森林帮助控制侵蚀、保护重要栖息地和重要的游憩资源,以及防止全球气候变化。这样的可持续宣言将会允许一部分森林转为农业,另一部分农业转回森林,还有一部分从天然林转为人工林,只要土地的生产力和森林生物群落的基因不受损失。相对价值会随时间改变,而土地利用的偏好组合也会改变,但我们可以保证这些改变不会损伤未来新的、不同用途的土地或森林资源

---

① 详见Toman and Ashton(1996)的总结。

② 这种观点与Ciriacy-Wantrup(1968)首次提出的"安全的最低标准"的观点是一致的。它与"可持续生计"的理念也是一致的,也与欧洲森林保护部长级会议和"赫尔辛基进程"(The Helsinki Process,1993)以及CSCE研讨会和"蒙特利尔进程"(The Montreal Process, 1993)选择的定义一致。这些会议产生的可持续森林经营的定义侧重于保持森林的多样性和生产力,同时保证森林未来的机会(FAO,2002)。"可持续的选择"的视角不依赖于"永久的森林资产"。事实上,具有永久边界的森林资产是一个不可能达成的目标,正如我们所看到的,森林的边界会随着当地相对价格的调整以及森林发展的三个阶段不断变化。

第4章 林业政策

利用的机会。

在森林发展的三阶段模型中,可持续性视角与以下做法是一致的:使开放进入的退化森林的面积最小化,同时在退化地内外管制某些退化的流域、重要栖息地和具有重要美学价值的资源。最小化退化的面积之所以是一个目标,是因为只要产权的确定需要成本,而管理这片土地的公共机构预算有限,那么完全消除它就是不可能的。

最小化退化地面积的基本方式包括:① 减小建立和维护产权的费用;② 将攫取性活动吸引到森林以外。第一点需要找到最小的产权费用束及相应的制度,并由此保证费用函数 T'_r 最低,见图4A.1。当然,最有效的产权与相应的制度依照当地价值观不同而不同——我们在本章正文中已经讨论过这个问题。不同的私人产权、社区产权或是公有产权的安排会在不同的当地条件下成为适合的安排,但没有任何一个放之四海而皆准。

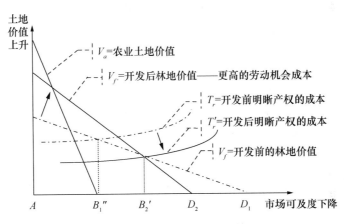

图 4A.1 可持续林业和毁林控制

我们在第2章中讨论了劳动机会成本对天然林的影响。机会成本更小的森林使用者能够有时间往天然林更深处走以采集产品。因为他们的机会成本低,所以在退化的地区采集许多资源以至于总资源存量降低到一个较低的水平,对于他们来说也是行得通的。为这些工资低或者机会成本低的森林使用者提供森林之外的工作机会,可以帮助他们停止森林中的采集攫取活动,而从事森林外更有利可图的工作。以图4A.1中描述的成熟林经济来说,森林的净值在市场上保持不变,但森林价值函数整体在横轴上内移,并随着一些使用者离开森林寻找更高工资的工作,曲线变得更陡峭,边界的劳动力变得更稀少,工资上升,而放弃在森林边界取得额外资源的劳动机会成本也会增高。

这两个基本变化的联合效应使得开放进入的退化森林的程度降低(从 $B''_1 D$

到 $B_2''D$)以及在剩余开放地区的森林的密度和材积增加。

换一种方式来说,贫困是森林退化和毁林的一个重要源头。经济发展会带来森林环境的改善,因为它会将土地转向可持续的活动。事实上,经济发展还可能带来第二种有益的效果。随着第一种效果(更高的工资和更好的就业机会)带来整体福利的提高,在整体经济发展的过程中,当地的制度也会变得更为有效。他们的预算可能提高,而他们保护产权、管理经济转型、提供经济稳定性的能力也会提高。更好的制度和更加稳定的经济会降低交易成本函数,从而导致原退化区情况的第二轮改善。

图 4A.2 进一步阐释了这个论点。它将两个区域进行了对比,其中一个区域比另一个在整体经济福利上更为发达。在这个图示中,两个地区都处于森林发展的第三阶段,对处于第一、第二阶段的森林也可以做出相似的比较。两地的农地价值是可比的。在更发达的地区,产权的交易成本函数更低,森林利用者从事其他工作的工资更高,因此,点 B'' 与 D 之间退化的面积更小。

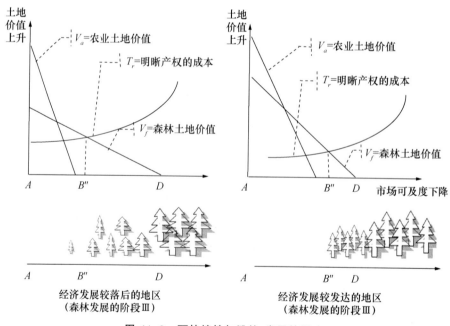

图 4A.2　可持续性与毁林:发展的影响

在图中,对开放进入的退化森林和成熟天然林的描述表现了整体经济发展相对发达和不发达地区的退化程度的差别。在右边更发达的地区,只有小片的开放森林是退化的,即便是这片森林也并不是退化得很厉害。它的面积更小,蓄积更多,因为当地居民的收入比更穷困、退化更厉害的地区(图示左边)的许多森林利用者要高,因此他们在有正式规定的开放森林违规攫取资源的风险大于收益。

事实上,我们知道,即便在经济最发达的地区,开放森林也是存在的。在一些情况下,开放攫取的行为可能对于不甚关心的观察者来说不是很明显。在第2章中,我们提到了弗吉尼亚州西南部的开放进入区域中人参和圣诞节相关绿色植物的过度采伐,以及美国西部和加拿大的非法采伐。这种行为的效果经常非常小,以至于在发达国家很难发现,而这正是这种开放进入区域过度采伐活动持续的原因之一——即便这些森林具有明晰的正式产权(但规则不一定完全执行)。

在欠发达地区和国家,非法活动的规模可能更大。经历了经济上快速变化的国家为我们提供了很好的例子,其中最广为人知的就是苏联。苏联中的许多国家在适应新的制度安排时,经历了严重的经济衰退和不稳定,国内正式制度的有效性也降低了。它们从更高的经济福利(图4A.2右侧)移向了更低的经济福利(图左侧)。非法采伐在许多苏联国家中都大幅度增加,并与整体经济福利的下降同时发生了。比如,在爱沙尼亚,1998—2002年间,将近四分之三的木材是非法采伐的(Hain and Ahas,2004)。

更广泛的历史证据与这些论点也是一致的。国家在进入经济发展初级阶段的时候往往会利用它们的自然资源存量,比如树和森林。但是,它们在发展到一定阶段也会补充一些森林蓄积。比如,自19世纪前叶和中叶,瑞士和法国的森林覆盖率翻了一番,丹麦则变成了原来的三倍(Mather,2001;Kuechli,1997)。在较为发达的美国东北部,森林覆盖率已经从20世纪初的约15%增长到21世纪初有些州的90%(USDA Forest Service,2005)。在中国,第一次农业改革之后的25年,经济增长年均超10%,农村收入增长到原来的6倍,森林覆盖率也增长了超过30%(Hyde et al.,2003)。在这些国家和地区,农业用地保持了基本不变,或是随着经济增长有所下降,并且森林覆盖率的增长比任何农业用地的减少都要大。对这种现象唯一的解释是,在经济发展的过程中,原先退化的地区也变成了森林。

印度的旁遮普提供了一个更具体的例子。旁遮普是印度农业生产率最高的省。从1960年开始,这片地区开始了快速而持续的发展。到1990年,每亩农作物产量变成了原来的三倍,真实人均收入也翻倍了。农作物的面积增加了一倍多,而主要农产品的价格基本不变,有些农产品稍有下降。同时,这个地区的农村人口比例稳定不变。旁遮普的森林覆盖率增加到了原来的六倍,植被覆盖率增加了超过250%。在1960年之前,一大片森林被清理,只剩下一片开放的荒地。自1960年以来,农地面积和森林蓄积量都增加了。进一步地,荒地面积大幅度减少,因为之前开放的荒地绝大部分变成了农地,另一部分变成了森林(Singh,1994)。①

总而言之,不管在哪里,可持续性——为未来保存土地和资源利用的选择——都是重要的,但这种原则可能在欠发达地区更难保持。这些可以在森林发展的前两个阶段中被刻画为某些天然林的非市场价值的损失是不可避免的。管理这些地区的天然林的制度可能尚未建立好,或是没有很好的资金支持。因此,在欠发达地区,建立保护的优先地区和资源特别重要。然而,农村的经济发展和农村贫困的消除对于长期森林可持续性的改善以及降低全球毁林的速率来说都是重要的。② 农村的经济发展是所有人的目标,而不仅仅是林业政策的目标。要成功达到这个目标以实现可持续林业、降低毁林速率并非易事,但也不会比通过政府管制限制分散而贫困的农户们使用相对低价值而分散的森林资源更难。

参考文献

Aldy, J., A. Krupnick, R. Newell, I. Parry, and W. Pitzer. 2010. Designing climate mitigation policy. *Journal of Economic Perspectives* XLVIII (4): 903—934.

Alemu, T. 1999. *Land tenure and soil conservation: Evidence from Ethiopia*. Unpublished PhD thesis, Economics Department, Goteborg University, Sweden.

Andam, K., P. Ferraro, A. Pfaff, J. Robalino, and A. Sanchez. 2008. Measuring the effectiveness of protected area networks in reducing deforestation. *Proceedings of the National Academy of Sciences* 105 (42): 16089—16094.

Angelsen, A. 2011. What does REDD+ really cost? POLEX (July) [Blog].

Blackman, A., A. Pfaff, J. Robalino, and Y. Zepeda. 2009. Mexico's natural protected areas: enhancing effectiveness and equity. *Interim narrative report to the Tinker Foundation*. Washington, DC: Resources for the Future.

Bowes, M. 1983. *Economic foundations of public forestland manage-*

---

① 以上两段的例子说明了存在一个拐点,当地区的福利达到一定水平时,森林就会恢复。在第6章,我们会回到这一点:对环境库兹涅兹曲线在林业上的应用的讨论。

② 实际上,Heath and Binswanger(1996)认为资源退化对贫困造成的影响大多是政策诱致的。因此,我们再一次强调,现在的任务不仅是设计好的政策,还包括修改现有的欠佳的政策。

第 4 章 林业政策

ment. Resources for the Future discussion paper D-104. Washington, DC: Resources for the Future.

Bowes, M., and J. Krutilia. 1989. *Multiple use management: The economics of public forestlands*. Washington DC: Resources for the Future.

CIFOR News. 2007a. *Forests and climate change: Tough but fair decisions needed* 43: 2—4.

CIFOR News. 2007b. *CIFOR and CPF launch first "forest day" at UN global climate change talks in Bali* 44: 1, 4.

Ciriacy-Wantrup, S. 1968. *Resource conservation: Economics and policies*. Berkeley: University of California Press.

Clepper, H. 1977. *Professional forestry in the United States*. Baltimore, MD: Johns Hopkins University Press for Resources for the Future.

Crosson, P. 1985. Impact of erosion on land productivity in the United States. In S. el Swaify, W. Moldenhauer, and A. Lo, eds., *Soil erosion and conservation*. Ankeny, IA: Soil Conservation Society of America, pp. 217—236.

Crosson, P., and T. Stout. 1983. *Productivity effects of cropland erosion in the United States*. Unpublished manuscript, Washington, DC: Resources for the Future.

Cruz, W., H. Francisco, and Z. Conroy. 1988. The onsite and downstream costs of soil erosion in the Magat and Pantabangan watersheds. *Journal of Philippine Development* 15(1): 48—85.

Dangi, R., and W. Hyde. 2001. When does community forestry improve forest management? *Nepal Journal of Forestry* 12(1): 1—19.

Ecosystem Marketplace. 2009. Voluntary carbon markets. http://www.ecosystemmarketplace. com/documents/cms _ documents/StateOfTheVoluntaryCarbonMarkets_2009. pdf (accessed April 9, 2010).

Ehrenfeid, D., 1988. Why put a value on biodiversity. In E. Wilson and F. Peter (eds.), *Biodiversity*. Washington, DC: National Academy Press, pp. 212—216.

FAO/UN (Food and Agriculture Organization of the United Nations). 2002. Proceedings: Second expert meeting on harmonizing forest-related definitions for use by various stakeholders. Rome: FAO.

Guariguata, M. The timber may be certified: But is it sustainable?

CIFOR News Update (May): pp. 1, 2—5.

Health, J., and H. Binswanger. 1996. Natural resource degradation effects of poverty and population growth are largely policy-induced: the case of Colombia. *Environment and Development Economics* 1: 65—83.

Hein, H., and R. Ahas. 2004. The structure and estimated extent of illegal forestry in Estonia. Unpublished manuscript, Institute of Geography, University of Tartu, Estonia.

Humphreys, P., and M. Palu. n. d. *Forests in global warming*. Tokyo: UNU World Institute for Development Economic Research.

Hyde, W. 1991. The marginal costs of endangered species management: The case of the red-cockaded woodpecker. *Journal of Agricultural Economics Research* 41(2): 12—19.

Hyde, W., B. Belcher, and J. Xu (eds.). *Introduction to China's forests: global lessons from market reforms*. Washington, DC: Resources for the Future.

Ikiara, M., C. Kazoora, and K. Kulindwa. 2003. *Environmental sustainability in the Lake Victoria Basin: A proposal for economic policy analysis and capacity building*. Unpublished manuscript, Environmental Economics Unit, Gothenburg University, Sweden.

Intergovernmental Panel on Climate Change (IPCC). 2007. Climate change 2007: The physical science basis, in S. Solomon, D. Qin, M. Manning, Z. Chen, M. Marquis, K. Averyt, M. Tignor, and H. Miller, eds., *Contribution of working group I to the fourth assessment report on climate change*. Cambridge, UK: Cambridge University Press. Available at http://www.ipcc.ch/publications_and_data/ar4/wg1/en/contents.html

Jevons, W. S. 1865. *The coal question: An inquiry concerning the progress of the nation and the probable exhaustion of our coal-mines*. London: Macmillan.

Kenny, A. 2009. Ecosystem services in the New York City watershed. Available at http://www.ecosystemmarketplace.com (accessed June 27, 2009).

Kindermann, G., M. Obersteiner, B. Sohngren, J. Sathaye, K. Andrasko, E. Rametsteiner, B. Schlainadinger, S. Wunder, and R. Beach. 2008. Global cost estimates of reducing carbon emissions through avoided deforestation. *Proceedings of the National Academy of Sciences* 105(30): 10302—10307.

Kuechli, D. 1997. *Forests of hope: Stories of regeneration*. London: Earthscan.

Landell-Mills, N., and I. Portas. 2002. *Silver bullet or fool's gold: A global view of markets for forest environmental services and their impacts on the poor*. London: International Institute for Environment and Development.

Landner, M. 2007. Nobelists feel validation on climate. *International Herald Tribune* (October 11), pp. 1, 4.

Langford, K. 2007. Less than \$1.00 per ton of CO_2: Research suggests Indonesia can reduce emissions with sustainable benefits. *CIFOR News* 44: 4.

Lewis, S., and G. Clough. 2009. Average tree size increasing as trees absorb more carbon. *CIFOR News* (June), pp. 3—4.

Mather, A. 2001. The transition from deforestation to reforestation in Europe. In A. Angelson and D. Kaimowitz, eds., *Agricultural technologies and tropical deforestation*. Wallingford, UK: CAB International, pp. 35—52.

Meilleur, B., and T. Hodgkin. 2004. In situ conservation of crop wild relatives: status and trends. *Biodiversity and Conservation* 13: 663—684.

Mendelsohn, R., and J. Neumann (Eds.). 1998. *The impacts of climate change on the American economy*. Cambridge, UK: Cambridge University Press.

Millenium Ecosystem Assessment. 2005. *Ecosystems and human well-being: Synthesis*. Washington, DC: Island Press.

Naidoo, R., and Wictor Adamowicz. 2005. Biodiversity and nature-based tourism at forest reserves in Uganda. *Environment and Development* 10: 159—178.

Nordhaus, W. 2007. A review of the Stern review on the economics of climate change. *Journal of Economic Literature* 45(3): 686—702.

Nordhaus, W., and J. Boyer. 1999. *Warming the world: Economics models of global warming*. Cambridge, MA: MIT Press.

Norton, B. 1988. Commodity, amenity, and morality: the limits of quantification in valuing biodiversity. In E. Wilson and F. Peter, eds., *Biodiversity*. Washington, DC: National Academy Press. pp. 200—211.

Parry, I., and R. Williams. 2010, Is a carbon tax the only good climate policy? *Resources* 176: 38—41.

Putz, F., G. Blate, K. Redford, R. Fimbal, and J. Robinson. 2001. Tropical forest management and conservation of biodiversity: An overview. *Conservation Biology* 15(1): 7—20.

Richards, K., D. Rosenthal, J. Edmonds and M. Wise. 1993. *The carbon dioxide emissions game: playing the net*. Unpublished manuscript Available from K. Richards, Duke University, Durham, NC.

Richards, M. 1999. '*Internalising the externalities' of tropical forestry: a review of innovative financing and incentive mechanisms*. European Union Tropical Forestry Paper 1. London: Overseas Development Institute and European Commission.

Robalino, J. A. Pfaff, G. Sanchez-Azofiefa, F. Alpizar, C. Leon, and C. Rodtiguez. 2008. *Deforestation impacts on environmental services payments: Costa Rica's PSA program 2000—2005*. Environment for Development discussion paper 08—24. Washington, DC: Resources for the Future.

Ruitenbeek H. 1992. *Mangrove management: An economic analysis of management options with a focus on Bintuni Bay, Irian Jaya*. Unpublished manuscript, Dalhousie University, Halifax, Nova Scotia.

Sedjo, R., and M. Amano. 2006. The role of forest sinks in a post-Kyoto world. *Resources* 162: 19—22. Also see the more detailed version, Forest sequestration: Performance in selected countries in the Kyoto period and the potential role of sequestration in post-Kyoto agreements. 2006. Available at http://www.rff.org/rff/Documents/RFF-Rpt-ForestScqucstratinKyoto.pdf

Sedjo, R., and A. Solomon. 1990. Climate and forests. In N. Rosenburg, W. Easterling, P. Crosson, and J. Darmstadter, eds., Greenhouse warming: abatement and adaptation. Washington, DC: Resources for the Future, pp. 105—119.

Simpson, R., R. Sedjo, and J. Reid. 1996. Valuing biodiversity use in pharmaceutical research. *Journal of Political Economy* 104(1): 163—185.

Singh, H. 1994. *The green revolution in Punjab: The multiple dividend, prosperity, reforestation and the lack of rural out-migration*. Unpublished student paper, JFK School of Public Policy, Harvard University, Cambridge, MA.

Sohngen, B. and R. Mendelsohn. 2003. An optimal control model of forest carbon sequestration. *American Journal of Agricultural Economics* 85(2): 448—457.

Stern, N. 2007. *The economics of climate change*. London: Cambridge University Press.

Swallow, B., M. van Noordwijk, S. Dewi, D. Murdiyarso, D. White, J. Gockowski, G. Hyman, et al. 2007. *Opportunities for avoided deforestation with sustainable benefits*. Bogor, Indonesia: World Agroforestry Centre.

Toman, M., and M. Ashton. 1996. Sustainable forest ecosystems and management: a review. *Forest Science* 42: 366—377.

Tavom, M., V. Bosetti, and B. Sohngen. 2007. *Forestry and the carbon market response to stabilize climate*. Working paper 15.07. Rome: Fondazione Eni Enrico Mattei.

USDA Forest Service. 2005. USDA Forest Service forest inventory and analysis webpage: http://fia.fs.fed.us (accessed July 17, 2008).

Watson, R., I. Noble, B. Bolin, N. Ravindranath, D. Verardo, and D. Dokken (Eds.). 2000. *Land use, land-use change, and forestry*. Special Report of the Intergovernmental Panel on Climate Change. Cambridge, UK: Cambridge University Press.

WCFSD (World Commission on Forests and Sustainable Development). 1999. *Final report*. Cambridge, UK: Cambridge University Press.

Weimar, D. 1990. An earmarked fossil fuels tax to save the rainforest. *Journal of Policy Analysis and Management* 9(2): 254—259.

Weitzman, M. 2007. A review of the Stern review on the economics of climate change. *Journal of Economic Literature* 45(3): 703—724.

WWF (World Wildlife Fund). 2005. Tsunami issues paper, http://www.iema.net/news/envnews? aid=4974 (accessed November 1, 2005).

Yin, R. 2003. Measures of the effects of improved property rights, a stable policy environment, and environmental protection. In W. Hyde, B. Belcher, and J. Xu, (eds.), *China's forests: Global lessons from market reforms*. Washington, DC: Resources for the Future, pp. 59—84.

第 5 章 特许经营权：一个林业政策与经营的特殊话题

本章将延续第 4 章开始的林业政策讨论，但是相对集中于一个现代林业的特殊话题：林业财产权利的阶段性转让。土地所有者（和政府资源管理机构）常常在一段时期内与提供某种专业化服务的其他人签订合同，并且在这种情况下，土地资源所有者一般保留自行确定土地使用基本目标的权利。以森林公园的旅游特许权为例。承包商从土地所有者和公园管理者手中获得提供旅游服务（食品、住宿、导游等）的权利，但他们会对土地所有者和公园管理者进行补偿，并且他们会在合同规定的范围内经营，不会超出土地所有者设定的总体管理目标的限制。

木材销售或木材特许经营权是第二个例子。在现代林业政策中，木材销售或木材特许经营权是一个具有争议性的话题。承包商向土地所有者提供经济补偿，换取在某一时间段内采伐成熟林的权利，而且他们还要遵守关于采伐的限制性条款并承担土地管理的责任。

这两种资源权利交易的经济学原理是相似的，但木材权利流转具有其自己的传统，最早起源于 18 世纪德国的森林地产的经营管理。木材权利流转是本章的重点。通常人们将木材销售和森林特许经营权当作两种不同的流转类型，有所区别。木材销售是短期合约，内容可以是在一个林农的小片林地上，以数周或数月为期限，砍伐几千板方英尺的木材；也可以是在美国国家森

第 5 章 特许经营权：一个林业政策与经营的特殊话题

林系统内的明确界定的林地上，在 3—5 年内砍伐几十万板方英尺的木材。森林特许权是指在 25 年或 50 年这样一个较长时期里，经营管理几万甚至几十万公顷的公共土地的权利，这种情况在加拿大和一些发展中国家可见。尽管存在差异，但是木材销售和森林特许权经营暗含的经济学原理是相似的。在本章中，我们可以把两者合在一起讨论，"承包商""伐木者"或"特许经营权获得者"和"销售"或"特许权转让"等术语可以互换使用。

土地所有者和承包商（或是特许经营权获得者、伐木者）的谈判主要围绕着如下几个普遍问题：木材权益的经济补偿、合同期限和承包商的环保责任。这些是私人土地所有者和私人承包商签订合同的核心问题，也是公有林地木材特许经营权政策讨论的焦点。非法采伐、土地所有者监督和执行合同条款的效力问题也是广泛讨论的另一个重要问题。最后，权利流转过程本身、拍卖结构和木材销售的其他机制，对于公共土地的管理者来说也日益成为重要的政策性议题。

本章首先试图在森林发展的三阶段空间模型里加入特许经营的区域。接下来的内容是对几种常用的权利转让合同安排加以评估（附录提供了正式的数学模型）。本章最后一节回顾了若干实例，包括西欧、美国国家森林系统、美国南部的私有林、加拿大安大略省以及印度尼西亚的公有林的例子。这些实例进一步阐明了先前的概念性讨论中提到的问题，以及森林特许权合同存在的争议和改进的空间。

5.1 在空间模型里加入木材特许经营

不论是施业林还是天然林，采伐权所蕴含的经济学原理是相似的。图 5.1 对此加以描述——该图与森林开发的三阶段模型密切相关。用于交换的基本产品是一种在交付形式上被称为"原木"的成熟木材。在图 5.1 中，纵轴指的是特定材积原木的交货价格。同质的原木无论它生长在哪里，交货价格都一致。横轴是指未采伐的活立木相对于加工厂或中心市场的可获得性。

伐木者和特许经营权获得者感兴趣的是成熟林木或是在砍伐时将会成熟的林木。在施业林分上，土地所有者已经承担了林木从生长到成熟所必要的支出。在天然林分的边界上，树木均已成熟，不再有生长成本。因此，在这两种情况下，对于施业林和天然林来说，签订合同时相关的费用仅仅是采伐和运输成熟材到加工厂的费用而已。

随着可及性降低，采伐和运输成本 c_{th} 上升。随着采伐进入可及性更低的地点，或是距离加工厂的位置更远，成本都会继续增加，直到某一点时，采运成本

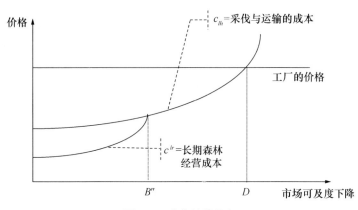

图 5.1 成熟林的承包

上升到与加工厂的木材成交价相等的水平。在图 5.1 的点 D，木材成交价恰好覆盖从林中采伐运输一单位木材的全部成本。这些成本可以是天然林从采伐到运输的所有成本，也可以仅仅是从施业林中采伐木材的短期成本。

如果是施业林，那么在 D 点采伐后的收益不能补偿木材经营和生长期的成本。施业林所有者会计算长期成本，如图 5.1 中的 c^{lr}，包括轮伐期内的林木经营成本与短期采伐和运输成本。在点 B''，木材成交价足以弥补其长期成本。在超过点 B'' 的天然林边界，采伐成本要低于种植和采伐施业林分的成本。在 B'' 以外，林地所有者愿意以超过 c_{lh} 的价格出售其成熟林木。随后他们不会认真经营这块土地，甚至有可能将其放弃。因此，图 5.1 中的点 B'' 与森林发展三阶段模型的点 B'' 相对应，而水平价格线和 c^{lr} 的垂直距离与三阶段模型中森林净值函数 V_f 和农业净产值函数 V_a 或交易成本函数 T_r 之差较大者相对应。

在图 5.1 中，点 D 也与三阶段模型的点 D 相对应，价格和 c_{lh} 之间的距离相当于森林净值函数 V_f 和模型横轴之间的距离。在图 5.1 中，任意一点的这种距离都代表未采伐林木的定点价值（活立木价值或林价）。如在三阶段模型中，先前的采伐已经导致点 B'' 和点 D 之间的天然林退化，在木材成交价上涨或是采伐成本下降之前，采伐者不会把采伐活动扩大到 D 点以外的成熟林。

5.1.1 土地所有者的目标

有的土地所有者自己采伐，但是多数土地所有者会将采伐作业外包给拥有专业设备和技术的其他人。多数土地所有者与伐木者签署合同的目的是在保护周边森林环境某些特征的同时，获得最大的资本回报率。

建立森林环境的约束是必要的，因为多数土地所有者希望在完成采伐、伐木者离开后，林地保有可持续的生产力。采伐任务完成后，伐木者对土地和剩

第5章 特许经营权：一个林业政策与经营的特殊话题

余的森林资源并不关注，所以他们也不关注长期的森林环境。因为采伐作业往往会对林地的可持续生产造成潜在的损害，为了确保长期利益，土地所有者会把环境限制条款写进合同，并在伐木者同意这些条款后才允许他们进行采伐作业。

环境保护的条款会因土地和树木的特征以及土地所有者特有的长期目标不同而不同。例如，如果森林更新和木材的持续生产是土地所有者的目标，那么合同会详细地说明采伐树种、采伐位置、剩余活立木的最小规格。采伐完成后，剩余活立木构成了森林更新和木材未来增长的基础。当存在侵蚀问题时，合同就会在采伐技术、沿河地带采伐、垫木和伐木道路的地点及维护上做一些限制。如果考虑到鱼类和野生动物的生存，那么合同就会限制某些采伐活动，规定采伐后栖息地的条件。如果景区有重要价值，那么合同会对采伐本身的位置、采伐残渣的清理和采伐边界的生态设计加以限制。当然，许多土地所有者都有多重环境目标，会在合同中提出多种限制条款。

对于处在经济价值边界的天然林来说，环境问题尤为重要。公共机构负责大部分边际地带森林的环境保护，这些森林在私有化时经济价值就不高。公共机构通常会默认拥有这片土地并对其行使管护职责。这里环境问题较为重要，很大原因是公共机构的主要职责就是保护这些林地的非市场价值。另外还因为，与那些提供森林经营强度较大、坡度平缓和海拔较低的林地相比，这些土地本身在地形、地质和环境方面更加具有多样性。多样性使这些边际森林在审美上更具吸引力，也使伐木中产生损害的风险增大。最后，由于在边际地带的天然林立木价值低于施业林价值，即使其环境价值和风险并不突出，后者的相对重要性也使边际森林的保护相对重要。

事实上，第2、3章中的分析曾预测森林边际的木材的市场价值降至零点。这种说法需要更多的验证。与木材价格跌至零点的观点相反的是，伐木公司为了获得一些边际森林的木材销售权耗费巨资，例如在竞争性市场上获取美国林务局下属的林木销售权的例子。用经济术语说，这些价值就是租金——其来源并不是对木材本身的投资。这些能观察到的大额租金需要得到解释。解释清楚后，我们就可能预测未来在边际森林上木材转让的价格和机会。

逐渐上涨的原木价格和下降的采伐成本只会创造出小额租金。而且，当参与竞标的人能预测到这种情况时，租金就消失了。当较高租金出现时，一定有其他原因。一个明显的可能性就是放松了对木材采伐活动的某些约束。过去有些森林利用的限制和有些公共政策会使得采伐无利可图，在这两种情况下，租金就仅仅是放宽限制的红利，而不是土地或木材采伐运营本身带来的盈利。

在泰国东北部、亚马逊和美国内陆地区，许多森林由于交通不便而无法进行采伐,直到在其中修建了道路,而森林资源价值本身不足以证明修建道路的代价合理。在 20 世纪 60 年代,泰国军方将道路一直修到东北部,是出于国内安全的考虑。这些道路扩大了人们定居的区域,同时也使伐木由不经济变得有利可图。在亚马逊的一个例子中,一条 360 英里的输气管将玻利维亚的气田与巴西的配销中心联系起来。输油管及与其相连的道路在 2001 年完成,这个工程也带动了 Chiqditano 森林 1 500 公顷的林地的采伐(Grimaldi,2002)。在美国,Barlow 与其同事(Barlow and Helfang,1980;Barlow et al.,1980)以及 Wolfe(1989)的研究表明尽管国家森林系统通过销售木材可获得大量收入,但是每年都在亏损。这常常是由于在木材采伐期修建道路所造成的成本(Zimmermann and Collier,2004)。事实上,在世界众多森林茂密的地区,外部财务援助修建道路以深入森林茂密地区的行为已经创造并将继续创造大量的租金。

在森林边界,可采伐量政策是第二大租金来源的例子。附录 3B 讨论了这个政策以及它对森林的影响。可采伐量政策是森林长期经营和可持续林业中的一个基本模型,世界各国的林学院都教授这一内容。在西欧和北美的林业部门以及发展中国家的大多数政府部门,这个政策都耳熟能详。在那些可采伐量政策强制执行成功的地方,它限制了一些经济可行的木材采伐,并且在一些高价值的公共森林中推高了租金——比如美国西部的俄勒冈和华盛顿州(Walker,1974;Kutay,1977;Hyde,1980;Clawson,1976)。同时,这个政策的存在使道路和租金延伸到过去无利可图的区域——比如生长在高山峻岭之中的西部森林(Hyde,1981)。

合同的执行力是土地所有者的终极利益所在。无论是在租金巨大并且土地所有者愿意把其作为收入的地方,还是在租金为正但森林环境价值很高的地方,或者两者并存的情况,监督和实施合同条款都会增加土地所有者的成本。我们可以预期,与施业林相比,边际森林在监督和实施方面更困难。监督和实施是建立和保持财产权利成本的重要组成部分,这个成本随着可及度的降低而增加。

5.1.2 完整的模型:土地所有者的目标和伐木者的目标

图 5.2 可以包含重获收入、环境约束、违约和强制执行这些因素中的每一个——图 5.2 仅是在图 5.1 基础上做了一些修改。图 5.2 既可以表示全部的边界,作为图 5.1 的进一步扩展,也可以描述具有一定特点的林分,或者位于边界的森林特许经营权林分。图 5.2 的坐标轴与图 5.1 是一样的,能继续描述交货的原木价格以及采伐和运材到工厂的成本,点 D 可继续用于确定经济边界。

第 5 章 特许经营权：一个林业政策与经营的特殊话题

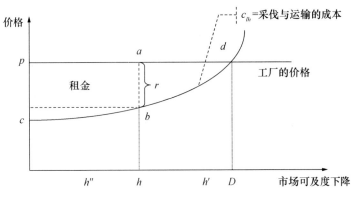

图 5.2 统一使用费下的租金

总价合同

在价格线和伐木成本方程之间的 pdc 区域是租金。如果土地所有者决心获得最高租金收益，那么就会以一个总价销售此区域的木材，竞标者最高出价为全部活立木的净值，即 pdc 区域。这样的合同被称为总价合同，销售安排覆盖目标区域内的全部木材资源，通过竞价产生一个总出价额。受各自木材原料替代来源、自身的加工能力、产品市场范围及自身评估林木的能力限制，每个参与竞标者对 pdc 的估计不同，出价也会不同。土地所有者邀请潜在伐木者为 OD 范围的木材资源提交出价，从中选择出价最高者，以此最大化自身收益。

竞标成功者将开始采伐，伐区可扩展到点 D。在林分或森林特许经营的任何位置如点 h，伐木者都会尽量采伐大径级高品质的树木，其净值要大于或等于 bh。低品质的小径材收益太低，无法弥补采伐和运输费用。伐木者会留下这些低品质小径材不砍。这些小树也可能在采伐大径材过程中受到破坏，因为伐木者只求以最低成本、最省事的方式作业。因此，在不容易到达的地方，比如 h'，相对于点 h 的采伐量会较少，当然同时也就会遗留大量林分。

伐木者决定采伐具有最高价值的木材并放弃其余木材的采伐行为被称为"择优伐"[①]。关心森林长期质量的林业人士自然不喜欢择优伐的方式，因为遗留下来的低质树木最后成为未来森林生长的基础，而以这些树木为基础成长的新一轮的森林也将是质量低下的。不论是否带来长期危害，也不论合同框架如何，伐木者总是倾向于采伐高价值的树木。要想避免择优伐，只有通过土地所有者和伐木者合同的改变，强调伐后剩余林分的特征要求并严格实施。

---

① 在中国东北林区称此为"拔大毛"——译者注。

立木价格合同

遗憾的是,传统的木材销售不同于这个模型。通常情况下,林业人士根据原木材积或立木材积进行木材价值评估,而不是依据林地面积。因此,他们倾向于按照统一规定的单位活立木价格出售木材,经济学家称其为特许权使用费,林业人士称其为林价。例如,当特许权使用费水平为 r 时,伐木者采伐到点 h,特许权使用费就等于原木的交货价格减去采伐和运输的成本。另一种可能是,土地所有者希望出售一定面积的木材,如到点 h,但要求对原木价值进行竞标,最后伐木者投标价会高达特许权使用费 r。与使用总价销售时一样,竞标成功的伐木者会采伐大径级高品质的活立木,其净值大于或等于 r 值,采伐完成后剩余的是小径级低品质的树木。

以使用费 r 卖出木材的土地所有者收获的利润等于 r 乘以到点 h 的木材数量,或面积 $pab(p-r)$。想要在此承包安排中获得最大利益的土地所有者设定使用费的水平,在这个水平上能够使得中标者采伐到使用费对于利润的弹性为 1 的地方。在这一点上,采伐者成本函数的弹性也等于 1。更高的使用费(和更低的采伐量)导致总利润下降到该点的左侧,降低使用费标准(和增大采伐量)也使总收益下降,到达此点的右侧。

采伐者将超过 r 值的原木价值收入囊中。因此,采伐者在木材采伐到点 h 时获得一部分的租金为三角形区域 $(p-r)bc$。图 5.2 中的剩余区域 adb 代表了合同采伐完成后,保留下来在森林中的立木净值为正的林分。这个正价值使得采伐者有获得此地并进行采伐的动机。也给伐木者违反合同规定采伐更大范围(从点 h 到点 D)的具有经济价值的木材提供了刺激。因此,合同协议本身为非法采伐提供了激励。[①]

5.1.3 监控和执行

土地所有者管控伐木者的两类合同责任:满足环境要求的责任和支付林地使用费的责任。合同中规定的这些责任需要额外的监控和执行成本。[②] 因此,这使得系统变得更加复杂。当土地所有者没有环境要求并且允许一直采伐到图 5.2 中的经济有效边界点 D 时,这些成本最小。这些成本会随着土地所有者增加了环境的限制和使用费而增加,因此,激励了非法采伐。对于任何既定的

[①] 本节和后续小节中的一些论点可能通过数学推演表达得更清楚。详见附录 5A。

[②] 外国政府和国际组织已经参与到管制非法采伐原木的国际贸易中。由于这些外国政府和国际组织的参与,加上国内中央到地方各级政府和个人,这个管制的链条会很长,监控和执行也变得很复杂。当然,当更多层级被涉及时,支出的花费会更多,而违法活动出现的概率更大。Gunatilake(2007)研究表明,在斯里兰卡的木材采伐中,由于政府渎职造成的损失占总原木价值的 40%。Paudel,Keeling and Khanal(2006)估计在尼泊尔的林业管理中渎职造成的损失是政府收益的 6 倍。

环境标准和使用费,当更多土地需要满足环境限制时,单位土地或林分的监控和执行成本就会上升。或者当我们移动到图的右侧时,由于土地地形复杂、可及性降低,采伐其中树木的环境风险可能变大,监控和执行成本也会上升。

总价合同

在总价合同中,伐木者在采伐开始之前同意支付一个总的承包费。伐木者支付承包费,而土地所有者的监控和执行活动可以专注于伐木者是否遵守环境限制。土地所有者和伐木者都意识到了新的成本,即土地所有者的监控和执行成本以及伐木者遵守环境限制的费用。土地所有者的监控和执行成本的增量上升到在最低采伐水平时的交付价格水平——图5.2点 D 的左侧。同样,伐木者的采伐增量与遵守环境要求的成本也会上升到在更低采伐水平时的交付价格水平。然而,土地所有者的监控和执行边际成本应等于伐木者的遵守环境要求的边际成本,这一说法没有先验的理由。因此,没有理由认为双方的新的最佳采伐水平是一样的。

土地所有者对于引导伐木者行为合规有两个选择:土地所有者可以设计监控和执行成本的模式,使得土地所有者的监控和执行成本增量等于伐木者执行环境要求费用的增量。这是困难的,因为当地的环境条件千差万别,而且伐木者没有激励与土地所有者分享遵守成本的可靠信息。①

或者,土地所有者可以评估在一开始就有的环境成本总额。这将使伐木者不用每天对环境增量思考作决策,而土地所有者只需要关心监控和执行的模式是否能够促使采伐者付出改进环境的努力。

统一固定的使用费

非法采伐的可能性给实施统一固定的使用费带来全新的问题。实施统一固定的使用费一般分两步。首先,土地所有者和伐木者接受商定的使用费作为合同条款之一,这是第一个步骤。该使用费合同会有明确的采伐量水平。第二步是伐木者决定实际采伐量。在这种合同形式下,伐木者仍有动机去进行合同允许范围之外的采伐或非法采伐,因此伐木者的实际采伐水平包括了合同限制之外的和非法采伐的量。

---

① Becker(1968)最早构建了最优执法的一般性经济学框架,包含了收取贿赂的可能性与监控和执行成本,当然,收取贿赂是林业行业的难点之一。Becker 也指出完全消除非法活动并非最佳选择。Mookherjee and Png(1995)、Burlando and Motta(2007)、Klerman and Garoupa(2002)和 Macho-Stadler and Perez-Castrillo(2006)都针对一般性问题和环境问题对这些观点做了拓展。Burlando 和 Motta 证明在执行成本高并且监督困难的地方,政府最好允许一定程度的非法活动。Macho-Stadler 和 Perez-Castrillo 证明在政府监控和执行的预算不足时,企业会参与非法活动。在预算有限的情况下,政府的最优选择是关注容易监督的事情。这些综合性的案例在林业中都有发生,其复杂程度超出本书的范围。Robinson and Lokina(2008)将这些想法应用于林业分析,依据的是坦桑尼亚的例子。

加入环保标准使问题进一步复杂化。环境标准对这类合同的影响比得上其对于总价合同的影响,该影响使土地所有者和伐木者双方都降低了对最优采伐水平的估计量。但是,就像前面的例子所分析的,没有理由预期土地所有者和伐木者各自最终的最优采伐量是相等的。

另外,伐木者和土地所有者都会意识到与非法采伐的潜在可能性相关的成本:土地所有者有了第二轮的监控和执行成本;对于伐木者,存在预测土地所有者的监控以实现规避监测的成本,或当土地所有者确实检测出伐木者进行非法活动,实施惩罚所造成的成本。当采伐地点到加工地点的途径有限时,土地所有者的监控活动会更容易些,可以在工厂进行监控。同样地,当转运仅限于路过几个有限的监测点时,监控也更容易。不过,监控责任人总是在寻求成本最小化,而伐木者几乎总能找到避免监控的办法。

这些监控和执行费用促使土地所有者提高承包采伐量从而减少新的监控和执行费用。当土地所有者施加于伐木者的限制减少时,监控和执行成本就会降低。伐木者的规避成本或罚款本身的成本使其有动机减少非法活动,从而能实际降低规避成本或罚款损失。然而,由于监控和执行的成本以及规避的成本因地而异,土地所有者和伐木者都不知道对方的成本构成,仍然没有理由预期双方的最佳采伐水平将收敛于一。

由于政府部门管理边界上绝大多数的土地,这些地方的木材承包合同的双方往往是政府机构和伐木者,或者是政府机构和特许经营者或安排自己采伐的工厂主。因为承担许多林地的责任,政府机构往往依赖于标准化的规则、监管程序和处罚标准来规范违反合同的行为。在这样的安排下,由同一机构管理的所有地区的处罚类别一般都是相同的。更专业的、地区性的程序和处罚将是另一种管理负担。因此,在伐木活动的特定地点,这些标准化的安排却没有特定的地区性。这使得土地所有者和伐木者之间存在更多的分歧,以及更多的理由让我们预期到一些非法采伐将会普遍。

这是林业政策的重要一点。它意味着采伐合同的结构是森林中非法采伐活动的来源。非法活动往往被归咎于管理不善和政治意愿缺乏。当然,它们是一些非法活动的来源,但将它们归咎为唯一来源而忽视了森林价值功能的特性、合同本身的作用以及执行的安排是不正确的。

5.1.4　合同中的特殊问题

在木材销售及森林特许权的很多讨论中还涉及另外四类问题:伐木期限或合同有效期、使用环境保证金确保伐木者或特许经营者的良好表现、少量投标人数的影响,以及木材租金的分配优先权问题。

第5章 特许经营权:一个林业政策与经营的特殊话题

伐木期限或合同有效期

伐木合同期限从短暂的几个月到25年甚至50年时间。短期合同一般以采伐作业为主要内容,常常存在于私有林的施业林分上,有时候也涉及边缘的天然林分。较长期限的合同通常涉及大面积的边际林分的特许权经营。当然,参与长期合同的伐木者或特许权获得者有机会在未来的时间回到他们曾采伐过的地块收获更新生长出的木材。因此,在他们进行采伐之后,签订长期合约的特许权获得者更有激励去改进采伐作业方式以使得剩余的森林在未来有更好的生长条件,也更有动力在采伐活动后参与土地经营方式的改进,以便他们进行第二轮采伐。

然而,改进特许权获得者的行为是有限度的。即使长期特许权获得者的目标也不一定与土地所有者的总体目标一致。例如,如果特许经营者能在其他地方找到可采的成熟林木,其采伐成本低于在本地参与精细采伐和后续管理的成本,那么特许经营者将不会与土地所有者有相同的长期木材管理目标。此外,即使特许经营者和土地所有者拥有共同的长期木材管理目标,土地所有者也可能与特许经营者有不同的额外的环境目标。

因此,我们可以得出结论,长期合同可能改进特许经营者的行为,这是长期合同的优势,但即使是长期合同也需要很多的监督以确保特许经营者遵守满足合同和土地所有者的环境要求。

环境保证金和奖励

罚款、没收非法木材和取消木材合同都是对违反了合同条款的采伐行为的处罚。最近,有人建议将环境保证金作为一种替代手段,以确保特许经营者遵从合同的环保标准(如 Paris, Ruzicka and Speechly, 1994; Magrath et al., 2007)。

环境保证金作为财务保证金,是特许经营者能令人满意地履约的保证。特许经营者在采伐作业开始之前向土地所有者或独立机构缴纳这些保证金。土地所有者既可能因为特许经营者令人满意地完成合同而返回保证金,也可能因为不令人满意的结果而保留一部分或者全部的保证金作为罚金。要回保证金是伐木者遵守合同条款的动力。

任何形式的有效惩罚本身必须与潜在危害的大小相匹配。因此,环境保证金的多少必须与由于采伐作业可能对环境造成潜在危害的大小相匹配。这意味着,在土地所有者或管理者制定合同和设定保证金水平之前,针对该地区的环境评估和减轻潜在环境破坏成本的环境评估是必需的。环境风险和减轻环境破坏的成本随着地区的不同而不同,因此,保证金的多少也随着地区和合同的不同而不同。解决这个问题没有简单的方案。例如,没有理由预期有效的保证金与所承包的木材利润成比例,因为具有较低价值的木材的地方通常地形陡峭、土壤较浅,所以具有较高的环境风险,要求较大额度的环境保证金。

环境绩效奖励类似于环境保证金。他们用财政的形式或在未来合同谈判中更多的认可来奖励表现良好的、遵守合同的伐木者。这些也可以有效,但必须根据地区不同而有所不同,就像环境约定金随着地区不同有所不同。

有限数量的竞标者

有些木材销售在许多投标人之间存在竞争,而有的只吸引一个或极少数人投标。事实上,后者很常见。木材市场依赖于伐木者运送原木的可盈利距离,而在世界的任何地方,该距离很少超过350公里。从任何木材特许经营的地方到木材加工厂(伐木者为他们工作)的距离内,木材加工厂的数量几乎都并不多。长途运输的成本太大,这一区域半径内成熟木材的蓄积并不能满足众多有效规模的工厂的生产。而且,一个范围内的所有加工厂并不是都会选择在每一种可行的木材销售上都投标。某些工厂的设计限制了他们首选原木投入的规模和种类。其他工厂可以从前期合同规定的原木或活立木中得到足够的木材储备。[1]

在投标人数量很少的地方,参与竞标的人可能会在当地的土地所有者中具有市场支配力,并且投标者为木材提供的价格可能比竞争市场的价格更低。在这种情况下,希望提高收益的土地所有者可能会自己来估算竞争市场的价格,并试图采用这种估算的价格作为最低销售价格,而不是采用工厂或伐木者们的投标价格。土地所有者可以将自己林地所产的木材特性、地点的可达性和采伐的难易程度与同一区域其他地点和其他市场来比较,然后再根据其他地区的木材价格以及其他地区木材与自家木材的差异调整得出参考价格,在此基础上,为他们所拥有的木材估算一个公平合理的价格。只要所对比的市场本身是拥有足够多卖方和买方的竞争市场,这种基于市场的对比方法就能准确反映竞争市场的价格。

另外,土地所有者可以首先通过观察加工过的木制品在竞争市场中的价格,来获得一个估算的竞争市场价格,比如说在竞争木材市场中伐木的价格。对土地所有者自己的立木,土地所有者们可以在伐木价格上减去估算出的工厂生产成本和伐木与运材成本,然后得到一个估计的竞争价格。[2] 这个估计价格

---

[1] Mead(1966)对美国太平洋西北部的国有森林木材投标的回顾提供了详细的案例。Mead 认为寡头垄断(有限的买者)是共谋的结果。当然,共谋可能存在,但是寡头垄断是市场的地理位置和有限买方的自然结果。这些买方了解彼此的木材存量以及竞标下一轮木材特许经营权的意愿,未必进行共谋。Baldwin,Marshall and Richard(1997)也讨论了美国林务局木材销售的投标者共谋问题。

[2] Weintraub(1959)回顾了美国林务局应用第二种方法的经济学基本原理。

成为土地所有者最低的提供价格(经济学术语中的"保留价格")。

在某些情况下,估计价格仅仅是竞争性招标的起始点,最终销售价格会高出许多。一个高得多的销售价格证明估价是错误的,而错误的估价会导致计算中估算成本是否有可信度这一问题。这也可以引起更多的土地所有者,例如公共土地管理机构,来探究他们为其他木材销售提供的相似估价是否有可信度。幸运的是,其他的竞争市场可以为工厂生产、运材和伐木这些成本在非竞争市场中准确进行估算提供基础,因此,根据非竞争市场价格可以对错误估算价格进行正确修改。

木材收益的分配

国有森林的木材收益分配已经成为许多发展中国家林业部门的观察者们争论的问题。一些观察者认为国家林业部门或者国库应该得到这些收益的较大份额(FAO,2001;Vincent and Gillis,1998;Gautam et al.,2000)。另一方面,这些观察者中的一部分(FAO,2001;Gautam et al.,2000;World Bank,1995)和其他一些人(Jakarta Post,2000;Cerutti,Lescuyer and Mvondo,2010)发现这些政府机构将实得收入投资于不明智或没把握的项目,或者将其变成个人报酬,坦白地说就是贪污腐败。这些木材收益最好的分配方式是什么呢?答案有时取决于这些收益的来源,有时取决于这些收益的去向。

在这一问题的讨论上,施业林和边际森林的区分至关重要。施业林的木材报酬是土地所有者或土地管理者先前在土地和森林做出投资的回报。这些报酬的前景激励土地所有者最初做出投资。因此,这些报酬属于土地所有者。没有这些报酬,土地所有者就失去了投资的回报,也失去了继续在所属土地和立木上投入的动力。当国家是这些施业林的所有者时,这种报酬成为林业部门或政府财政的正当收益。

然而,来自边际森林的木材销售收入不是森林投资的回报。这些收入可能是类似于道路建设这样活动的回报,或者是林业政策改变带来的收益。来自道路投资的回报可能作为道路建设激励的一部分而成为修路人的财产。林业政策变化可以使先前不具备开发条件的森林得以开发,产生的收益可以变成政府决策部门的财产。然而,这种政策租金的产生会引起对最初政策和政策制定机构的质疑。如果当局部门做出限制采伐的不明智决策并创造租金,现在又决定进行修改,那么同一部门是否会在将来做出同样不明智决策且不明智地使用新的木材销售收入呢?这样的部门是否是租金最好的使用者?如果其他公共计划使用这些租金是否能创造更大效益?每个部门对这些问题的回答是不同的,甚至个人意见也是不同的。

无论在何种情况下,由于采伐政策变化产生的木材采伐收益都不能被称为木材投资的回报。在经济学术语中，它们是"非经营性的增值"，并且它们的分配对于未来的森林投资最优决策没有影响。未来森林的投资应该根据它们本身的价值做出决定，而不是由这些先前已经存在的租金通过非经营的积累所得决定。①

因此，合理配置这些边际森林的租金的原则是哪里来哪里去，以及投入公共收益最大的地方。它们或许被存放到公共财政部门，从中政府可以为社会各种有益的活动分配基金。然而，我们应记得观察者们认为某些政府机构没有令公众和国家受益而是浪费了木材销售的收入。此外，我们也知道私人投资者通常在他们自己的兴趣点上进行投资，这需要购买当地产品和雇用当地工人。通常，这些私人投资比起错误的公共支出对国家更有利。唯一可能的结论是这些边际租金的最佳分配是一个需要经验验证的问题。每个情况的答案都不同，取决于公共或私人接受者对资金的预期使用情况以及更广泛的公众可期待的效益。

5.2 实际案例

本章的最后部分对不同情况下临时木材经营权的安排做一些回顾——在短期和长期、在发达国家和发展中国家，以及公有和私人土地所有者。这些例子阐释了前面所讨论的大多数问题。

5.2.1 19世纪的德国

专业林业的历史可以追溯到19世纪德国的森林庄园管理。德国很早就由林业专业人士经营森林，包括伐木作业。每个庄园都有自己的专业队伍，他们在庄园林务员的指导下工作：采伐木材，把砍伐好的树木拖运到路边，堆叠好准备销售并监督木材销售。庄园出售木材而不出售林木采伐权。对于销售者榨取产品的全部价值来说，根据原木材积和价值制定销售价格是最好的定价机制。这种森林作业的组织方式在当今德国仍然沿用。林务员掌管土地，监督伐木工组，安排采伐木材的销售。在这种情况下，木材是真正的产品，以原木为单位进行销售，是市场交换最显而易见的核心。

然而，在美洲、非洲和亚洲多数地方，木材销售的组织与此不同。多数土地所有者不出售砍伐下来的木材，而是出让活立木的采伐权。他们把需要出售的林分做上标记，将其采伐权卖给他人，然后对采伐过程实施一定程度的监督。

---

① Hirschleifer(1974)讨论了与此相关的允许采伐量的政策。

伐木公司或特许经营权获得者在购得此林分后,组织队伍实施采伐。卖家的利益在于从一种不同的产品中获得最大的价值,在这里产品是成熟的活立木森林。我们前面展示过这种整体出售的方式可以达到预期目标,而以原木定价或单株活立木定价的方式则不能。然而,传统很强大,许多当代的木材销售仍然遵循着在19世纪德国使用的操作方式。

5.2.2 美国林务局

北美的专业林业以及政府森林管理部门发端于几位曾在德国受训的杰出公务员以及在德国受训后在美国或加拿大教书的林学家的工作。[①] 政府部门沿袭了德国的林学传统,但在以森林活立木为销售对象而不是销售堆放在路边的原木方面有所改进。例如,美国林务局遵循的流程以估算立木价格开始。林务局评估人员记录当地锯材价格,将其减去木材加工、运输和砍伐的成本,加上伐木工和工厂所有者面临的风险和不确定性的保险费。评估师把单位锯材计算的价值剩余转变为单位原木价值,林务局通过广告将标记清晰的、通常少于50公顷的森林面积内的活立木以每单位立木蓄积的价格出售。潜在购买者以密封竞拍的方式参与投标活动,林务局的广告价格是起始价。为单位立木提供最高价格的竞标者将获得以竞标价格采伐立木的权利,采伐期一般不超过三年。

一些潜在的木材销售估价为负。有的只有为数不多的人投标——Mead(1966)曾有提及。也有很有竞争力的地块,有时竞标价格会超过建议价格的300%。在后者的情况下,估价很明显没有准确反映市场情况。除此之外,图5.2的预测分析表明,在这种合同安排下,伐木者有巨大的激励进行合同规定外的非法伐木行为,据我们所知,非法采伐确实存在。是该考虑用总价合同代替当前美国林务局的评估及合同体系了。[②]

5.2.3 美国南部私有土地所有者

在美国南部私有土地所有者的木材销售,与欧洲西部一样,为我们提供了不同的例子。南部非工业私有林的个体规模较小,但是作为一个整体他们很重要,每年提供超过南方60%的采伐量(USDA Forest Service,2005)。这些土地所有者的主要职业通常与林业不同,自身并不专注于林业传统。他们甚至可能在自己的主业上有丰富的销售经验。许多人经营自己的森林只是一项业余爱好,或是作为附加收入的来源。一旦他们准备好采伐木材,有些会雇用森林顾

---

① 详见Clepper(1971)关于该段历史的深入讨论。
② 自1991年关于斑点猫头鹰的法院判决以来,美国林务局每年的木材销售量大幅下降。然而,林务部门销售的木材仍然遵循与之前同样的流程。

问,向其征求意见,但他们自己并不进行伐木。他们销售立木,就像美国林务局所做的那样,但通常以总价进行销售。总价销售的成功使美国林务局严肃对待此种合同方式的建议更加令人信服。

5.2.4 安大略省

在加拿大多数地区和许多发展中国家,有一种有特色的制度安排兼顾了土地所有者和特许经营权获得者之间的短期和长期责任。加拿大安大略省就是很好的案例。

该省已经协议安排了为期 20 年最高达 180 万公顷的土地特许经营权,五年期评估表现良好者可以延长合同期。在 20 世纪 20 年代,最初的合同规定特许经营者要建造工厂。有的特许经营者也建造了道路和其他公共设施。今天,所有的特许经营者都必须拥有自己的工厂。他们在最初并没有以固定的费用或固定的立木材积作为合同内容。相反,他们根据每年的木材采伐量和评估后的立木价格进行支付(OMNR,2001)。因此,特许经营者可以根据市场需求以及自身工厂变化的要求来调整他们采伐水平(不超过安大略省自然资源部门规定的限度)。这种系统存在统一固定使用费(每年)的缺点,正如美国林务局系统存在的缺点一样。然而,安大略省的长期合同为年度采伐水平的灵活性创造了机会。从特许经营者的角度考虑,这是安大略省的合同令人满意的特点。

允许采伐水平波动将本来由特许经营者承担的风险一部分转回给了土地所有者(Leffler and Rucker,1991;Niquidet and van Kooten,2006)。比起根据木材实际采伐量进行销售,长期总价销售对于特许经营者来说存在更多的不确定性,因此,伐木者或特许经营者在竞争长期总价合同时会相应地降低竞标价格。因此,对于 OMNR 的长期特许经营权,有效的长期总价拍卖定价与基于周期采伐蓄积的、更高竞争性的市场竞拍价格之间存在着一个权衡的关系。优先的选择必须取决于收入总额、非法采伐木材的蓄积以及监督和执行成本。对于长期特许经营权的情况,哪种选择更优并非显而易见。

安大略省的木材加工业高度倾斜于资本密集型的纸浆和造纸工业。这种产业资本的密集度使其不便移动,而且使其比资本密集度低且易于移动的产业比如锯材厂,更依赖于可靠的木材供应。而且,安大略省特大规模的纸浆和造纸作业意味着多数林区只能支撑一个工厂。这意味着长期特许经营权可以确保原木供应安全,促进产业发展,也意味着当地市场大多缺乏竞争,因而根据竞争市场价格定价是不可能的。在此情况下,不管合同形式如何,通过 OMNR 方式估价成为必须。

OMNR 出于为特许经营者年采伐量定价的目的进行短期估价。它根据类

第5章　特许经营权:一个林业政策与经营的特殊话题

似于美国林务局木材销售的公式来进行估价。每个特许经营权所属的工厂是估计加工成本的基础。在省内其他地方拥有多样化技术的工厂可能有更低的成本,但是 OMNR 并不尝试在其他竞争性技术下估算成本。通过利用每个特许经营权专属工厂的成本,OMNR 的估价系统允许为较旧的、效率较低的工厂扣除更高的加工费用。这种费用估算无法为生产现代化提供激励,也会导致低估某些特许经营权的立木竞争价格。

安大略省拥有现代森林工业,其资本密集型的纸浆和造纸企业有其他市场化的激励,用最先进的标准衡量也是有效率的。因此,很难推测与当前估计值不同的立木竞争价格水平。尽管如此,基于当前的最优技术进行成本估价,从而修订当前的估价体系,既可以改进立木竞争价格的估计,也可以给工厂现代化提供原材料价格激励。它还有可能提高 OMNR 所能创造的立木收益,这是因为安大略省资本密集型的工厂不可能改动它们的生产能力或转移他们的作业来应对其立木价格的适度调整。

5.2.5　印度尼西亚

安大略省的经验与许多发展中国家相似——尽管大部分发展中国家并没有规模集中的纸浆和造纸设备作为长期特许经营权的理由。印度尼西亚提供了一个尤为有趣的例子:印度尼西亚拥有规模巨大的森林和森林工业,许多国际环保和经济学人士对印度尼西亚超低的立木费用、非法木材以及政府木材利润的大额损失表示担忧(Gautam et al.,2000;Brown,1999;Casson and Obidzinski,2002;World Bank,1995)。Sizer(2005)估计印度尼西亚半数的木材采伐是非法的,在 2003 年没有上报的木材出口就高达 14 亿美元。

印度尼西亚林业部将多达 40 万公顷面积的长达 35 年的特许经营权授出以支持新的工厂。它向所有特许经营权获得者收取几乎一样的单位原木使用费。① 国际货币基金组织(IMF;参考来自世界银行的建议)要求政府部门提高使用费,并将此作为向遭遇 1997 年东亚金融危机的印度尼西亚提供援助的条件之一。国际货币基金组织和世界银行顾问预测使用费的增加会加快政府收入的恢复,并且降低采伐水平(IMF,1998)。

一些长期的特许经营权对于印度尼西亚可能是合适的,其原因可能与安大略省的情况有点不一样。印度尼西亚,像安大略省一样,要求其森林特许经营

---

① 在印度尼西亚,真实的系统更复杂些,但是其原则与安大略省的一致。印度尼西亚的使用费实际上由两部分费用构成,一部分是使用费本身(IHH/PSDH,分配到一般收入),另一部分是人工造林成本(Dana Rebosasi,最初用于人工造林),均按单位蓄积收费,直到 1998 年都由林业部收取,之后由财政部门收取。两者的微调是根据树种的不同与离岛的不同价格做出的,所有的特许经营者都需要额外支付小额的执照费用。到目前为止,最大的利润来源于这两种基础的费用,IHH/PSDH 和 Dana Rebosasi。

权与木材加工设施绑定。然而,许多印度尼西亚的木材加工业是胶合板业务,资本密集的程度比加拿大的纸浆和造纸厂低。基于加工业务的资本密集度来做长期安排的解释对于胶合板厂不像对纸浆厂那样有效。因此,在印度尼西亚,更长期的特许经营权一定是基于特许权经营者可以比林业部门更好地管理森林。也许,他们在森林经营上有一些林业部门所没有的资源,因此,他们可以更好地管理。也许不是。但是,如果他们确实有,并且特许经营者会管理他们的森林而不是像在天然林边界的伐木者那样简单作业,那么长期特许经营权就有存在的基础,而且基于每期采伐木材材积来定期回收收益的风险转移好处可以成为印度尼西亚统一固定使用费的依据。①

但是,接近统一的国家使用费的必要性仍然值得怀疑。印度尼西亚是一个庞大且多元的国家,东部到西部超过4 800公里。在这个距离内,私人原木价格相差很大。为了使收入最大化,政府特许经营权使用费也必须是差别化的。计算使每个特许经营权收入最大化的使用费是一项困难的任务,正如在安大略省,估计每个特许经营权的立木竞争价格也很困难。已有数据可以用来估计地区采伐和运输成本函数及相应的弹性系数。(本章附录显示这两个弹性完全相同。)可以预见,这些结果也会因地而异。政府部门可以使用估计的地区成本弹性来表征哪些地区可以通过使用费的调整来增加收入。当然,只有在成本弹性大于1的情况下,使用费的增加才会增加地方收入。没有明确的证据证明印度尼西亚39个林业省份属于这种情况。根据地区弹性来调整使用费也无法确保收取的收入最大化。然而,定期对弹性再估计并对地区使用费做调整可以确保使用费的收取是向着收益最大化方向的,这样做也可以对采伐和运输成本、市场价格的周期性调整做出响应。

使用费的调整也会影响非法采伐的动机。因此,政府部门应该结合观察到的非法活动和执法情况对弹性的估计做出调整。这将有利于提高不同地区执法的有效性。将这部分信息融入采伐与运输成本的弹性的估计中——在附录中有描述——可以更好地指导对地区使用费的调整。

5.3 总结

本章回顾了与树木和林地的短期使用权转让有关的特点。相关的问题,特别是定价和非法采伐的问题,对于当前的林业政策与管理尤其重要。

转让的两种主要合同形式是总价转让和以产品的统一固定单价进行转让。

---

① 每块采伐木材土地的总价支付方案,以及每年采伐数量的灵活性在印度尼西亚的优势和安大略省一样。

第5章 特许经营权:一个林业政策与经营的特殊话题

总价转让是土地所有者和特许经营权获得者或伐木者在一段固定期限内就承包土地使用或可砍伐的树木达成一致的总使用费的转让形式。如果合同规定的是活立木,那么伐木者会采伐所有价值高于采伐和运输成本的木材。土地所有者根据合同协商的结果从转让中获取最大化的收益。

不幸的是,林业的传统是不一样的。多数的转让是基于单位价格,即单位采伐原木的立木价格或使用费。在这种情况下,土地所有者通过制定使用费,使得使用费相对于总收益的弹性为1,同时通过合同限定采伐范围,以维持采伐结果与此弹性一致,这样就可以从木材销售中获得最大化收益。然而,一些采伐范围之外的活立木价值仍会超过其采伐与运输成本。这使得特许经营权获得者或伐木者有动机违反合同规定采伐额外的木材,这也是世界范围内非法采伐存在的一个原因。

考虑到土地所有者与伐木者长期环境目标的不同以及潜在非法采伐的可能性,两种合同形式都可以适当修改。但是这样的修改又进一步加大了土地所有者与伐木者的分歧,使得他们预期的最优采伐水平更为不同,有可能增加非法采伐的可能性。

在实践中也存在很多其他的调整形式,特别是在天然林边界的公有林的转让方面。美国国家森林系统通过3至5年的合同销售这种木材。许多其他国家的林业部门可以将数千公顷长达50年的特许经营权进行转让。后者的安排导致了长期风险管理与非竞争市场的新问题。我们可以预料到其中的一些问题,我们也可以理解一些首选的解决方案,但许多最优解决方案会随当地市场和当地环境条件的不同而有所不同。

该讨论最重要的结论是,土地所有者和土地管理者必须清楚自己的目标,同时要通过合同设计实现这些目标。此外,合同还必须反映土地所有者对伐木者或特许经营权获得者目标的理解。最后,土地所有者必须认识到,要满足自己的多个目标,必须在财务上有所牺牲。(参考附录中的数学推导有助于更好地理解有关财务上的权衡决策。)任何合同的最终成功都在于理解所涉及双方的目标的差异以及各方都要理解为了增加某个目标的所得或者使对方做出自己希望的改变,自己愿意在其他方面放弃多少。

参考文献

Baldwin, L., R. Marshall, and J.-F. Richard. 1997. Bidder collusion at forest service timber sales. *Journal of Political Economy* 105(4): 657—699.

Barlow, T., and G. Helfand. 1980. Timber giveaway—A dialogue. *The Living Wilderness* 44: 38—39.

Barlow, T., G. Helfand, T. Orr, and T. Stoel. 1980. *Giving away the national forests: An analysis of U.S. Forest Service timber sales below cost*. Washington, DC: Natural Resources Defense Council.

Becker, G. 1968. Crime and punishment: An economic approach. *Journal of political Economy* 76: 169—217.

Brown, D. 1999. *Addicted to rent: Corporate and spatial distribution of forest resources in Indonesia*. Jakarta: DFID/ITFMP.

Burlando, A., and A. Motta. 2007. Self reporting reduces corruption in law enforcement. Working paper 0063, Dipartimento di Scienze Economiche "Marco Fanno," University of Padua, Italy.

Casson, A., and K. Obidzinski. 2001. From new order to regional autonomy: shifting dynamics of "illegal" logging in Kalimantan, Indonesia. *World development* 30(12): 2133—2151.

Cerutti, P., G. Lescuyer, and S. Mvondo. 2010. The challenges of redistributing forest-related monetary benefits: A decade of logging area fees in Cameroon. *International Forestry Review* 12(2): 130—138.

Clawson, M. 1976. The national forests. *Science* 191(4227): 762—767.

Clepper, H. 1971. *Professional forestry in the United States*. Baltimore, MD: Johns Hopkins University Press for Resources for the Future.

Food and Agriculture Organization of the United Nations (FAO/UN). 2001. *Governance principles for concessions and contracts in public forests*. FAO/UN Forestry Paper 139. Rome: Food and Agriculture Organization of the United Nations.

Gautam, M., U. Lele, H. Kartodihardjo, A. Khan, I. Erwinsyah, and S. Rana. 2000. *Indonesia: The challenges of World Bank involvement in forests*. Washington, DC: The World Bank.

Gray, J. 1983. *Forest revenue systems in developing countries*. FAO/UN Forestry Paper 43. Rome: Food and Agriculture Organization of the United Nations.

Grimaldi, J. 2002. Enron pipeline leaves scar on South America. *Washington Post* (May 5), A01.

Gunatilake, H. 2007. *Efficient technology and the conservation of natural forests: evidence from Sri Lanka*. ERD Working Paper no. 105. Manila, Philippines: Asian Development Bank.

第 5 章 特许经营权：一个林业政策与经营的特殊话题

Hirschieifer, J. 1974. Sustained yield versus capital theory. In B. Dowdle, ed., *Economics of sustained yield forestry*. Unpublished conference proceedings. Seattle: College of Forest Resources, University of Washington.

Hyde, W. 1981. Timber economics in the Rockies: Efficiency and management options. *Land Economics* 57(4): 630—639.

Hyde, W. 1980. *Timber supply, land allocation, and economic efficiency*. Baltimore, MD: Johns Hopkins University Press for Resources for the Future.

IMF (International Monetary Fund). 1998. *Memorandum on economic and fiscal policy*. Washington, DC: IMF.

Jakarta Post. 2000. 'Illegal' logging involves central government officials. August 19.

Klerman, D., and N. Garoupa. Optimal law enforcement with a rent-seeking government. *American Law and Economics Review* 4(1): 116—140.

Kutay, K. 1977. Oregon economic impact assessment of proposed wilderness legislation. In Oregon Omnibus Wilderness Act. Publ. 95—42, part 2: 29—63. Hearings before the Subcommittee on Parks and Recreation of the Committee on Energy and Natural Resources, United States Senate, 95 Cong, 1 sess., April 21. Washington, DC: Government Printing Office.

Leffler, K., and R. Rucker. 1991. Transaction costs and the efficient organization of production: A study of timber-harvesting contracts. *Journal of Political Economy* 99(5): 1060—1087.

Magrath, W., R. Grandalski, G. Stuckey, G. Vikanes, and G. Wilkinson. 2007. *Timber theft prevention: Introduction to security for forest managers*. Washington, DC: The World Bank.

Mead. W. 1966. *Competition and oligopsony in the Douglas fir lumber industry*. Berkeley: University of California Press.

Mookherjee, D., and I. Png. 1995. Corruptible law enforcers: How should they be compensated? *Economic Journal* 105(1): 145—159.

Niquidet, K., and C. van Kooten. 2006. Transaction evidence appraisal: Competition in British Columbia's stumpage markets. *Forest Science* 52: 451—459.

Ontario Ministry of Natural Resources. 2002. *State of the forest report, 2001*. OMNR Forest Information series. Toronto, Canada: The Queen's

Printer for Ontario.

Paris, R., I. Ruzicka, and H. Speechly. 1994. Performance guarantee bonds for commercial management of natural forests—early experience from the Philippines. *Commonwealth Forestry Review* 73(2): 106—112.

Paudel, D., S. Keeling, and D. Khanal. 2006. *Forest products verification in Nepal and the work of the commission to investigate the abuse of authority*. Country case study 10, VERIFOR. Forest Policy and Environment Programme. London: Overseas Development Institute.

Robinson, E., and R. Lokina. 2008. *To bribe or not to bribe*. Working paper, Department of Economics, University of Dar es Salaam. Tanzania.

Sizer, N. 2005. Halting the theft of Asia's forests. *Far Eastern Economic Review* 168(5): 50—53.

USDA Forest Service. 2005. USDA Forest Service Forest inventory and analysis webpage: http://fia.fs.fed.us (accessed July 18, 2008).

Vincent, J., and M. Gillis. 1998. Deforestation and forest land use: A comment. *World Bank Research Observer* 13(1): 133—140.

Walker, J. 1974. *Timber management planning*. San Francisco: Western Timber Association.

Weintraub, S. 1959. Price-making in Forest Service timber sales. *American Economic Review* 49(4): 628—637.

Wolfe, R. 1989. Managing a forest and making it pay. *University of Colorado Law Review* 60(4):1037—1078.

World Bank. 1995. *The economics of long-term management of Indonesia's natural forests*. Draft forestry report. Washington, DC: World Bank.

Zimmermann, E., and S. Collier. 2004. *Road wrecked: Why the $10 billion Forest Service road maintenance backlog is bad for taxpayers*. Washington, DC: Taxpayers for Common Sense.

附录5A 合同、租金和使用费

本附录将提供土地所有者与伐木者或特许经营权获得者之间有关成熟树木林分承包行为的正式数学描述,与本章讲述的顺序一致。附录第一部分考察土地所有者如何在无约束条件下最大化净收益,这个目的可以通过总价合同实现。第二部分考察当木材销售是以统一固定立木费用或使用费完成时如何最大化收益。这两个部分都是从最简单的分析情形出发,其中的土地所有者不关心环境标准,伐木者也没有违法行为。然而,环境标准和违法行为都是合同与现代政策讨论的关键因素。因此,后面的小节在收益最大化公式中添加了新变量解释这些标准和行为,这些变量使得土地所有者和伐木者或特许经营权获得者的最优行为发生偏离。

5A.1 收益最大化:总价合同

一个立木林分上可获的净收益等于总收益减去为获取这个收益所付出的成本。总收益等于单位木材到厂价格 p 乘以交货材积 V。成本就是伐木的成本加上运输到厂的成本 c_{lh}。它们随着采伐面积和材积的变化而变化($dc_{lh}/dV>0$)。对于没有前期管理的成熟天然立木林分,其净收益也被认为是经济租金 R。

$$R^1 = pV - c_{lh}(V) \tag{5a.1}$$

净收益最大化的采伐材积量可以利用将公式(5a.1)对材积求导数,并令求导结果等于 0 得到。

$$\frac{dR^1}{dV} = p - \frac{dc_{lh}}{dV} = 0 \tag{5a.2}$$

因此,对于图 5.2 所示的代表性立木林分,在最后一单位的交货价格等于单位采伐成本时,土地所有者可以实现净收益最大化。在图中即为点 D。最大化的净收益即为面积 pdc,有竞争力的伐木者为获得采伐到点 D 的木材权利的总价合同会出价到这个数额。如果超出这个点,伐木者就没有兴趣进行采伐。因为超出这个最优点后,单位采伐成本会超出采伐增量所获得的收益。

环境限制

当土地所有者将环境限制条款纳入合同中时,问题就会变得更加复杂。土地所有者现在必须承担监督与执行环境承诺情况的成本 c_{me1},而伐木者必须承担遵循环境限制的成本或者因为没有遵守环境限制而需要付出的罚款 c_e($dc_{me1}/dV>0, dc_e/dV>0$)。

土地所有者的目标函数 R_{lo} 和伐木者的目标函数 R_{lg} 不再一致,并且最优行为准则也发生偏离。

$$R_{lo}^2 = pV - c_{lh}(V) - c_{me1}(V) \tag{5a.3a}$$

$$R_{lg}^2 = pV - c_{lh}(V) - c_e(V) \tag{5a.4a}$$

土地所有者预期在伐木者采伐到某个点时实现净收益最大化,即当

$$p = \frac{dc_{lh}}{dV} + \frac{dc_{me1}}{dV} \tag{5a.3b}$$

这一点小于前面所求的无约束条件下最优点,在图 5.2 中点 D 的左侧。伐木者的最优出价点满足如下条件,即

$$p = \frac{\mathrm{d}c_{lh}}{\mathrm{d}V} + \frac{\mathrm{d}c_e}{\mathrm{d}V} \tag{5a.4b}$$

这个点也小于无约束条件下最优点 D。没有理由说该点应该与土地所有者收益最大化的点一致。

除非 $\mathrm{d}c_{me1}/\mathrm{d}V = \mathrm{d}c_e/\mathrm{d}V$,否则土地所有者与伐木者的最优点存在偏离。土地所有者的监督和执行成本以及伐木者的遵守成本都会随着当地环境情况的变化而变化。因此,它们在地区与地区间、合同与合同间变化,土地所有者与伐木者的目标收敛的条件也会发生类似的变化。

解决方法:环境保证金

在确定合同协议的一开始,土地所有者可以通过设定一个环境保证金来控制分歧的程度。土地所有者设定保证金数量,其增值量减去土地所有者为确保伐木者遵守合同所必须付出的监督和执行成本,等于受保护环境的价值。如果土地所有者在合同伊始以总价的形式设定这个保证金数额,且只有伐木者完全遵循合同中的所有条款时才能取回保证金,那么此约定就不会影响到伐木者增加采伐量的决定。但是,如果约定保证金在部分满足合同的环境条款时部分返回,那么它就会影响到伐木者增加采伐量的决策,而且在这种情况下,设定一个监督和执行的系统以满足土地所有者的最优目标将是一个复杂的问题。

5A.2 统一固定的使用费

总价合同的替代选项是统一固定的使用费。如果土地所有者对单位采伐量要求收取固定费用(使用费)r,那么其总收益等于使用费乘以采伐量 V。

$$R_{lo}^3 = r \cdot V(r) \tag{5a.5a}$$

在这种情况下,采伐材积本身就是使用费的函数,因为随着统一固定的使用费在单位材积交货价格中占有越来越大的份额,采伐面积和采伐量都会减少($\mathrm{d}V/\mathrm{d}r < 0$)。

土地所有者收益最大化时的使用费可以利用将公式(5a.5a)对使用费求导数,且使导数结果为 0 获得:

$$\frac{\mathrm{d}R^3}{\mathrm{d}r} = V(r) + r \frac{\mathrm{d}V(r)}{\mathrm{d}r} = 0 \tag{5a.5b}$$

重新调整顺序:

$$\frac{\mathrm{d}V(r)}{\mathrm{d}r} \cdot \frac{r}{V(r)} = -1 \tag{5a.5c}$$

公式(5a.5c)左边的项是采伐量关于使用费的弹性系数 e_r。观察图 5.2,可

以看出这个弹性的绝对值等于采伐量关于采伐成本的弹性系数 e_{lh} 的绝对值。因此,在统一固定的使用费下,土地使用者通过确定 $e_r = e_{lh} = |1|$ 时的使用费来获得最大化的净收益。这些弹性系数的实证估计需要不同地方采伐量的数据,也需要这些地方的使用费或采伐成本的数据。统一使用费被定义为不变的,但是采伐成本随着地方的变化而改变。因此,采伐成本的弹性系数会更容易估计。

参照图 5.2 可知,当 e_{lh} 小于 1 时,采伐点为点 h 右边的点 h';当 e_{lh} 大于 1 时,采伐点为点 h 左边的点 h''。在 $e_{lh} < 1$ 的情况下,增加使用费会使得伐木者沿成本曲线下移,投标一个更小的总采伐量,但增加了土地所有者的收益。在 $e_{lh} > 1$ 的情况下,增加使用费也会使伐木者沿成本线下移,投标一个更小的总采伐量,但减少了土地所有者的总收益。在这两种情况下,土地所有者的收益都小于在总价合同中可得的收益,即区域 pdc。

伐木者的决策涉及不同的两个步骤。第一步,伐木者与土地所有者就使用费达成一致,这可能是通过土地所有者出价,伐木者同意,或者伐木者在竞标中胜出,赢得了特定采伐量或面积的采伐权。接着第二步就是伐木者试图去最大化净收益。

伐木者的目标函数与公式(5a.1)一样,当 $p = dc_{lh}/dV$ 时,伐木者实现最优化采伐水平。这与公式(5a.2)的条件一样,即在总价合同下的最优采伐水平。图 5.2 表示点 D 满足这些条件,位于统一固定使用费(即 $e_r = e_{lh} = |1|$)的情况下土地所有者最优的采伐面积和采伐量的右边。显然,伐木者可以通过采伐到土地所有者最优点处来满足合同条款和支付单位承包量的使用费。然而,对于伐木者来说,潜在额外的资本回报激励伐木者在可以逃避监督且避免支付更多使用费的情况下采伐超出合同规定的量。这就是土地所有者与伐木者最优情况的偏离,财务激励使得伐木者或其他可能的人采伐超出合同约定数量的木材。

环境限制

对采伐活动加入环境限制会增加土地所有者和伐木者的成本,就像总价合同的情况一样。对于土地所有者而言,他们在公式(5a.5a)中增加了执行环境监测的成本 c_{me1}($dc_{me1}/dV > 0$)。

$$R_{lo}^4 = r \cdot V(r) - c_{me1}[V(r)] \tag{5a.6a}$$

将其对使用费求微分,重新排列项,即公式(5a.6b):

$$\frac{dV}{dr} \cdot \frac{r}{V} = -1 + \frac{\frac{dc_{me1}}{dV} \frac{dV}{dr}}{V} \tag{5a.6b}$$

对比公式(5a.5c)和图 5.2,可以看出当增加环境限制的约束时,土地所有

者最优情况是对采伐进行更多的限制。土地所有者最优采伐水平小于$e_r=e_{th}=|1|$时所处的点,因为在公式(5a.6b)右边的第二项的分子是负的。使用费越高,采伐量越小;采伐量越小,环境风险越低,土地所有者的环境监督和执行成本越低。

当然,伐木者仍然更倾向于实现净收益最大化。这就意味着在存在环境遵循成本的情况下,伐木者的目标函数仍记为公式(5a.4a),而且伐木者的最优采伐量仍由公式(5a.4b)确定,$p=dc_{th}/dV+dc_e/dV$。因此,在存在环境限制的情况下,伐木者的采伐量小于没有环境限制的情况(在图5.2中点D的左边,但可能在$e_r=e_{th}=|1|$的右边)。

总之,土地所有者和伐木者最优采伐量的准则是不同的,没有理由预期伐木者和土地所有者的偏好或行为会收敛到一处。只有伐木者的合规成本较大而土地所有者的监督和执行简单且成本小时,他们才可能会趋于收敛。但这是不可能的。更有可能的情况是两个最优准则有明显的不同,而这个不同是在统一固定使用费的合同下非法采伐进一步增加的原因。

非法采伐

非法采伐的存在使得土地所有者有了第二个监督和执行的任务以及与之相对应的监督和执行成本c_{me2}。[①] 这个成本随着使用费的增加和采伐量的减少而提高,因为这意味着更多的木材可以通过非法采伐而得,因此,非法采伐活动的可能性和限制的成本就大大提升($dc_{me2}/dV<0$)。

$$R_{lo}^5 = r \cdot V(r) - c_{me2}[V(r)] \tag{5a.7a}$$

当存在统一固定的使用费时,土地所有者的最优情况为

$$\frac{dV}{dr} \cdot \frac{r}{V} = -1 + \frac{\dfrac{dc_{me2}}{dV}\dfrac{dV}{dr}}{V} \tag{5a.7b}$$

公式(5a.7b)右边第二项的分子是正的。因此,土地所有者的最大化采伐水平稍稍大于$e_r=e_{th}=|1|$的情况。

如前所述,伐木者的兴趣仍是实现自己最大化的净收益。伐木者的目标函数与公式(5a.4a)相似,只是增加了非法采伐的成本。这些成本包括评估土地所有者的监督和执行模式的成本以及避免被侦查或被抓后需要缴纳的罚金c_a。这些成本随着非法采伐的增加而增加,或者随着合法采伐的减少而增加,因为留下的更多剩余林分可能被非法采伐($dc_a/dV<0$)。

$$R_{lg}^5 = p \cdot V - c_{th}(V) - c_a(V) \tag{5a.8a}$$

[①] 我们将对环境标准和非法采伐的估计分开,以便清楚阐述。

伐木者最优情况的条件是

$$p = \frac{\mathrm{d}c_{lh}}{\mathrm{d}V} + \frac{\mathrm{d}c_a}{\mathrm{d}V} \qquad (5a.8b)$$

因此,伐木者有价格激励在超过土地所有者总收益最大化的点($e_r = e_{lh} = |1|$)进行非法采伐,但是避免被侦查到的成本使得伐木者不会过度非法采伐,会在边界(点 D)处实现伐木者的总收益最大化。

在经济边界点 D 和使用费收益最大化的点之间,伐木者与土地所有者的最优化情况都会下降。然而,两种最优化情况的收敛情况将会不同,因为公式(5a.7b)和(5a.8b)不一样。收敛需要土地所有者去设计监督和执行活动来同时满足环境限制的条件和伐木者规避的机会成本。在每一个地方,这两者都不相等。因为大多数非法采伐活动都发生在森林边界,几乎都是公共所有的,这样细致设计的监督和执行是不可能的,管理部门的政策倾向于以统一的监督和执行标准限制公共土地管理者并以标准化的罚金限制非法采伐活动,这些是为政府管理下的多样化的林地所制定。因此,统一固定的使用费本身就一定是很多非法采伐的来源。

5A.3 结论

总价合同和根据单位产出制定价格的合同是两种交易采伐成熟木材权利的基本方式。在总价合同最简单的形式中,伐木者和土地所有者的目标是一样的,他们的最优采伐水平也是一样的。根据单位产出制定价格的合同倾向于对不同种类的木材使用统一的价格(使用费或立木价值)。依赖这样的合同在较低采伐水平上实现自身收益最大化的土地所有者会比那些依赖总价合同的人留下更多的有利可图的活立木。剩下的立木的可盈利性会刺激伐木者和那些有进入条件的人做出违约的事情。

除了短期的木材收益目标,有环境目标的土地所有者和有机会进行非法采伐的伐木者会在两种形式的合同中引入新的条款。不管是在总价合同中还是统一使用费的合同中,土地所有者监督环境限制的成本和伐木者遵守环境约定的成本一定会减少参与合同的对象的最优采伐水平。这个减少额会随着地方的变化而变化,就像森林的分布也是随着地理分布和立地质量的不同而变化的。因为新增加的成本是不同的,土地所有者和伐木者的最优采伐水平也会不同。

非法采伐可能性的存在对于土地所有者而言是第二项需要监督和执行的任务并且带来新的成本(遵循成本或规避成本),对于伐木者而言是新成本和潜在的新收益。在土地所有者和伐木者最优采伐水平不一样的地方,这些可能性就存在,在采用统一固定使用费的地方可能性更大。认识到这个可能性会增大土地所有者的最优采伐水平,减少伐木者的最优水平——这两者很难收敛,非法采伐的激励犹存。因此,显而易见,非法采伐是由于合同自身结构所致。

这个讨论表明关于采伐合同的真实挑战来自制度问题。也就是说,改进与采伐合同相关的制度是一种挑战。这需要改进对采伐合同的总体理解并改进这些合同的设计与选择。

第6章 贸易、宏观经济、经济增长与发展的影响

根据定义,贸易至少涉及两个市场。宏观经济包括一个经济体中各部门和各市场之间的贸易,也包括不同经济体之间的贸易。因此,我们的分析自然就从单个市场的林业微观经济学——前面章节的主题——延伸到林产品贸易。此外,正如前几章增加了相关部门的市场和政策对森林的影响,市场间的贸易必须包括宏观经济活动对森林的影响。所以,贸易和宏观经济将是本章讨论的主题。随着时间的推移,整个经济都在增长与发展。宏观经济学的动态分析与第3章中讨论的林业微观经济学的跨期分析类似。本章还探讨这些动态宏观经济因素对森林的影响。

宏观经济学既研究目标部门对更大经济体的影响,反过来也研究更大经济体的调整对目标部门的影响。对林业而言,后者往往更加重要。在全球范围内,林业部门雇用了约0.4%的劳动力,占国内生产总值(GDP)的1.2%左右,约占全球商品贸易总额的2.3%。除瓦努阿图、所罗门群岛的小型岛国外,芬兰是世界上唯一一个全部林业部门总产值占国内生产总值6%以上的国家(Lebedys,2004)。这就意味着林业通常是国民经济中的一个小部门。比较常见的是外生的市场和政策调整对小部门的影响大于旨在直接影响小部门的政策带来的影响,因此,对于对林业感兴趣的人,这本身就是研究林业、总体经济和宏观经济政策之间关系的一个好

理由。

近年来,林业中越来越重要的议题就是国际贸易的影响。尽管林业对全球贸易和全球 GDP 的贡献只有很小一部分,但对全球林产品贸易影响的认识日益加强。全球木材出口量占所有木材产品总产量的比重从 1961 年的 4% 增加到 21 世纪初的 8% 左右。20 世纪 90 年代中期之后的十年中,林产品贸易增加了 400%,直到现在超过 1.4 亿立方米的工业圆木当量。加拿大和美国占据全球林产品出口总值的 1/3,而日本和美国则占据了全球林产品进口总值的 30%。然而在所有的进口中,发展中国家的份额正在增加,尤其是亚洲的发展中国家。对出口而言,热带地区的发展中国家占全球总值的比例略高于 10%。这些国家是胶合板出口的中坚力量,而且在木制家具中的份额也迅速增加(Rythonen,2003;FAO,2005)。[①]

贸易问题是关于从更高成本市场转向更低成本市场的产品交易的问题。交易改善了两个市场的经济福利——否则双方都不会参与交易。然而,进口市场中被替代的生产商可能会遭受经济损失,而且参与交易的市场之一会获得环境改进,而另一方会遭受环境损失。这些潜在的损失是公众质疑贸易价值的原因之一。例如,1999 年的世界贸易组织西雅图会议就遭到了大规模示威游行反对,这传达了人们的这种质疑。[②]

为了理解贸易的不同影响,有必要区分初期或短期影响和长期或永久影响。大规模冲击对贸易模式的短期影响是打击支持贸易自由化的证据。1997 年的东亚金融危机及其对印度尼西亚森林的影响,以及俄罗斯经济衰退对西伯利亚木材运输到中国的影响,是最近的两个例子。然而,对短期影响的关注可能不利于公众利益。很多短期影响不是永久性的,而贸易的长期影响往往会带来更大的经济影响和环境影响。[③]

本章的分析解释了这些观点,并为其中大多数提供了实例。本章第一部分建立在前几章的分析框架上,但这次是两个市场而不是单一市场,以反映贸易对两个市场的林业经济和森林环境的影响。经济影响很明显,但是对两个市场森林环境的综合净效应并不明显。分析是直观的,但是结论不确定,而且进行实证分析后仍具有不确定性。我们所能做的最好的事情就是建立关于贸易经济的森林环境净效应的合理假说。

[①] Buongiorno et al.(2003)和 Hashiramoto,Castano and Johnson(2005)总结了林产品全球贸易的当前趋势。

[②] Buongiorno et al.(2003)和 Mersmann(2005)调查了关于林产品贸易的当前议题与制度。

[③] 比起第 4 章讨论的国内林业政策对森林的影响,对于贸易与宏观经济政策对森林的影响区分长期和短期可能更重要。国内森林政策调整会以较小的增量发生,只产生很小的边际效应,而宏观经济政策即使是很小的增量调整也会对一些区域经济的林业部门产生很大的影响。

第 6 章 贸易、宏观经济、经济增长与发展的影响

如果贸易本身的影响是多重的,那么贸易政策的影响也是多重的。对于大多数国家和大多数产品而言,直接政策限制和刺激对林产品贸易的影响往往很小。此外,贸易政策的调整通常发生在大量谈判之后,而且往往是逐渐发展并以小幅度增长的。因此,贸易政策中很多单一调整的影响可能都是有限的。我们将简要回顾贸易政策的直接工具,然后在本章的第二部分考察对贸易及森林本身的外部性影响。在一些重要案例中,这些外部影响具有更大的影响。

由于贸易导致经济福利的普遍改善,这些改善和其他外生因素均会对森林产生反馈作用。某一因素可能在一个经济体或另一个经济体中很重要,但是有五个因素特别突出:

(1) 外部冲击,如 1997 年东亚金融危机;

(2) 来自经济体内部但来自林业部门之外的冲击,如其他多个部门的政策调整或者严重内战造成的冲击;

(3) 特定的国内财政政策和货币政策,包括贸易条款的管理(汇率政策);

(4) 大量长期的国外政策,如可能会影响其他国家森林的欧盟和北美农业政策;

(5) 大量长期的国内政策,如为扶持区域发展的干预模式,或是整体税制的变化。

上述的前三类因素具有显著的即时和短期影响,可能会偏离其对长期均衡的影响。后两类因素通常会逐渐发展,并可能变得更长久,但它们的影响经常被忽略。本章的第二部分将分析所有的五个因素。所有五个因素对林产品的生产和土地利用都有影响。多地区或国家之间的这些影响,以及通常在两个或多个贸易经济体中的相反影响,使得这些贸易和宏观经济影响比第 4 章讨论的政策影响更复杂。

本章的最后部分反映了宏观经济的增长与发展对森林的总体影响。观察发现,发展中国家在发展过程中倾向于消耗森林蓄积,这与成熟经济体的观察相反,后者往往在发展的过程中增加森林资源蓄积。"环境库兹涅茨曲线"(environmental Kuznets curve,EKC)就整合了这两个不同的观测结果,后面将探讨它的概念及其在林业中的运用。最后,附录介绍了森林对国民收入账户的贡献,以及扩展这些账户以纳入非市场环境价值,也就是环境或绿色账户的相关话题。

6.1 贸易

对于林产品的贸易,我们可以关注处在森林发展第二阶段和第三阶段的地区。处于第一阶段的地区较少参加各种类型的对外贸易,并且参与贸易的林产品一般不会运输很远,或者至少不会在初始加工之前进行远距离运输。而处于第二阶段和第三阶段的一些地区积极参与工业用材等初级产品以及一些非木

质林产品的贸易。① 这就意味着所有四种林地利用都和贸易相关：处于第三阶段区域施业林的集约边界和粗放边界，处于第二阶段和第三阶段区域天然林的活跃采伐边界，以及两个阶段开放进入区域中处于边界的优质树种和大小合格的木材及其他产品。正如我们之前所提及的那样，在很多情况下，开放进入区域有大量的活立木森林存量。在人口依然稀少、产权制度不发达的发展中国家，这可能是其工业用材的重要来源。

我们可以假设大多数商业活跃地区在进行贸易之前看起来像处于第二或第三阶段。只有当两个地区的一些参与者从交易中获得收益，两个地区才会进行交易。当进口产品的成本低于当地市场生产的相同产品的成本时，一个地区的消费者从另一个地区购入产品。当该地区的消费者愿意支付运输成本并且支付至少与产地市场一样的产品价格时，另一个地区的生产者将出口产品。由于贸易，消费地的产品价格下降，产地的产品价格上升，直到两个地区达到新的市场均衡。②

6.1.1 经济福利和土地利用的影响：森林经营和天然林边界

贸易对林地利用的净影响将是不确定的——与贸易双方的森林初始状况几乎无关。当我们将分析从两个地区扩展到多个贸易地区时，这些影响会变得更加不确定。然而，很明显的是并非所有贸易都会造成环境损失。事实上，所有贸易都会涉及不止一个地区的森林，并且往往会创造全球环境净收益。后面的图示将有助于明确这些要点。

考虑两个处于森林发展的成熟第三阶段地区之间的贸易。从芬兰到德国，从加拿大东南部到美国东北部，乃至从芬兰和瑞典到越南的锯材贸易都是现代的实例。在这些市场开放贸易后，进口地区的消费者意识到他们可以通过从出口地区购买产品以降低成本。这些消费者现在只愿意为林产品支付新的较低价格，并且消费者的部分需求从国内市场转移到出口地区。随着进口地区当地产品需求的下降，森林价值曲线 V_f 下移（如图 6.1 左侧图中的宽箭头所示）。这一地区的林地价值下降，同时该地区自身林产品的产量也在下降。随着林产品生产的减少，林业工人的就业及生产林产品的其他投入品的需求也在下降。

出口地区吸收了进口地区新消费者所带来的需求增加，其价格会上升到更高的水平。随着该地区价格的上升，森林价值曲线向右上方移动（如图 6.1 右侧图中的宽箭头所示）。森林经营的土地面积扩大。地区林产品产量也有所增加，其中一部分增量来源于更大的施业林区域，一部分则来自天然林边界的额外采伐，可能还有部分来源于开放进入区域的新增采伐。随着产量的增加，林业部门的就业人数也在增加。

---

① 当然，所有三个阶段的地区都参与非消费性产品的贸易，如森林游憩。
② Samuelson(1948)提供了古典经济学的描述。

第6章 贸易、宏观经济、经济增长与发展的影响

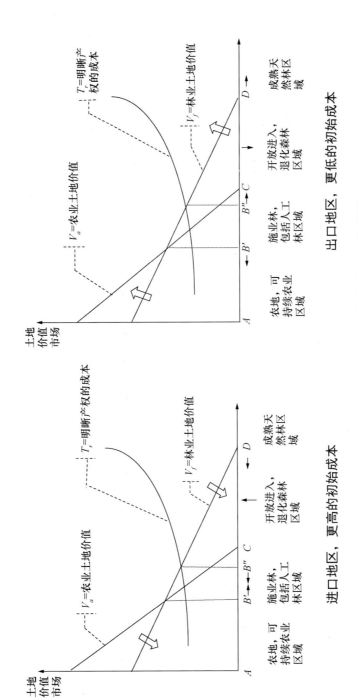

图 6.1 处于森林发展成熟阶段的两个地区间贸易对土地利用的影响

只要地区的现有资本和基础设施状况良好,而且采伐活动的收益可以覆盖其伐木作业的可变成本,那么进口地区的一些伐木者就可能继续从其旧采伐点采伐木材。然而,随着时间的推移,进口地区的较低木材价格一定会使伐木者减少采伐活动,使得森林经营边界的一些土地恢复到其他土地利用,允许在开放进入区域恢复一些森林,并推迟成熟林边界处的采伐。①

两个地区综合的贸易对土地利用的净效应是不确定的。它取决于这两个地区的消费者需求弹性,以及两个地区各个边界上的土地相对生产力。从出口地区的低成本、高产量的施业林中采伐木材,可以替代从进口地区天然林边界采伐木材。在这种情况下,对出口地区施业林的投资将会增加。许多人将此视为环境改善,大多数人也将进口地区的天然林得以保留视为环境改善。

但是,施业林通常由成本花费更高的生产者所拥有,而成熟天然林中每单位土地的采伐量趋向于更多。因此,贸易可能会导致人们转而更多地依赖出口地区的天然林。大多数人认为这是环境损失。②

以上两种情况都有可能。关于土地利用,唯一确定的是进口地区的采伐活动强度下降,而一些采伐活动仍可能在出口地区天然林中继续——因为其生产的成本很低,并且制止所有的非法采伐行为基本上是不可能的。

处于森林发展成熟阶段的两个地区之间的贸易特征只是四种可能的情况之一。处于第二阶段的两个地区之间也可以进行贸易。从柬埔寨和老挝到泰国的原木运输就是例子。处于第二阶段的地区也可以向处于第三阶段的地区出口。很多热带国家运输原木到发达国家,例如卡累利阿向芬兰出口,西伯利亚向中国东北出口。最后,第三阶段的地区也可以向第二阶段的国家出口,然而很难想到第四种情况的实质性案例。

图 6.2 中的三组图表示了上述存在可能性的情况。粗箭头显示了森林价

---

① Prestemon(2000)为进口国情况提供了实证案例。他研究了贸易自由化对墨西哥森林的影响。他将墨西哥森林分成私有林与公有林两个部分,并进一步将公有林分成施业林(或保护区)和开放进入区域,然后估算每种类别森林的不同供给函数。(Prestemon 的整体框架与三阶段模型的施业林、开放进入区域和边界、边远地区相似。)在大多数情况下,Prestemon 发现尽管施业私有林地的森林覆盖率可能在短期内下降,但贸易自由化带来的较低价格会使得墨西哥整体森林覆盖率净增加。

② Sedjo 同样认为限制国内生产是增加贸易的诱因。例如,美国森林管制加强导致美国国内生产的减少,而美国进口木材的需求大大提高。因此,鼓励美国国内的森林保护会使得其贸易伙伴的环境恶化(Sedjo et al.,1994;Sohngen Mendelsohn and Sedjo,1999)。相似地,Bolkesjo,Tromborg and Solberg (2005)表明,挪威政策引发的森林保护增加导致当地价格上涨(并且挪威森林土地所有者获益而锯材厂经营者并没有获益),而且其他不受新环境政策影响的地区和国家的采伐量明显增加。Uusivuori and Kuuluvainen(2001)发现国内木材和进口木材之间的替代效应在软木方面尤其明显,而北美与西欧最积极保护的正是软木林。Buongiorno et al.(2003)在另一个例子中证明了中国最近的天然林采伐限制可以通过进口东南亚圆木来填补,尽管其对全球森林的净影响微不足道。

第6章 贸易、宏观经济、经济增长与发展的影响

值曲线在各种可能性下的变动。而图下方的箭头表明了对每个地区林地利用边界的影响。表6.1总结了贸易在四种可能情况下对森林经营、退化的开放进入区域和纯天然林的影响。

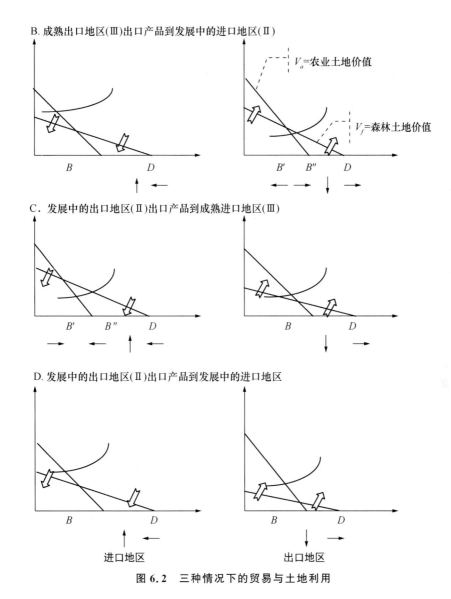

图6.2 三种情况下的贸易与土地利用

表 6.1　贸易对进口和出口地区消费者、就业和生产、森林经营和纯天然林的影响

情形	受影响的因素	进口地区	出口地区	净效应
A. 阶段Ⅲ的地区从阶段Ⅲ的地区进口产品	消费者	获利	不确定	获利
	生产与就业	减少	扩大	获利
	施业林	收缩	扩张	不确定
	成熟天然林	恢复	收缩	不确定
	退化森林	恢复	进一步退化	不确定
B. 阶段Ⅱ的地区从阶段Ⅲ的地区进口产品	消费者	获利	不确定	获利
	生产与就业	减少	扩大	获利
	施业林	不适用	扩张	扩张
	成熟天然林	恢复	收缩	不确定
	退化森林	恢复	进一步退化	不确定
C. 阶段Ⅲ的地区从阶段Ⅱ的地区进口产品	消费者	获利	不确定	获利
	生产与就业	减少	扩大	获利
	施业林	收缩	不适用	收缩
	成熟天然林	恢复	收缩	不确定
	退化森林	恢复	进一步退化	不确定
D. 阶段Ⅱ的地区从阶段Ⅱ的地区进口产品	消费者	获利	不确定	获利
	生产与就业	减少	扩大	获利
	施业林	不适用	不适用	不适用
	成熟天然林	恢复	收缩	不确定
	退化森林	恢复	进一步退化	不确定

结论

从表 6.1 中得出的第一条结论是，贸易对进口地区的消费者福利以及两个地区的就业和森林本身都会产生影响。公众讨论似乎很容易忽略消费者所得，而关注进口地区就业损失和出口地区环境损失的可能性。事实上，进口地区就业损失的经济价值小于该地区消费者所得的价值，而且就业损失是暂时的，只要那些失业的伐木工和其他木材工人在由消费者所得带来经济繁荣的当地经济体中找到另外的工作。在出口地区，就业和产出必定增加，而且增量一般要大于进口地区就业和产出的减少量。这是因为进口地区整体价格更低意味着两个地区木材产品的总需求量会提高，从而带来总产量和总就业量的提高。最后，贸易会影响两个地区的环境。由于进口地区的采伐水平下降，区域环境必然会得到改善。

中国最近的经历可以帮助说明这个结论。从 1978 年到 20 世纪 90 年代末的经济快速增长期间，中国的天然林急剧减少。超过 900 万公顷的天然林遭到了砍伐（Rozelle，Huang and Benzinger，2003）。国际环保主义者表示了担忧。

第 6 章 贸易、宏观经济、经济增长与发展的影响

中国领导人认为上游山地毁林对下游地区造成了负面影响。1998年,中国多数天然林地区禁伐,并限制其他林区的砍伐。在 4 年间,仅仅中国北部和西部的计划采伐水平每年就减少超过 1 800 万立方米(Hyde,Belcher and Xu,2003)。然而,中国对林产品的需求基本上不受影响,其通过进口需求的增加来应对国内采伐水平的下降。这 4 年间,林产品的进口从 4580 万立方米圆木当量增加到了 9810 万立方米,主要是来自西伯利亚、印度尼西亚和其他东南亚国家,并且至今还在增加(Sun,Katsigris and White,2005)。当然,其中许多进口是来自天然林,且中国对其他国家天然林的需求给出口国造成了环境损失。很多曾经对中国天然林日益减少表示担忧的国际环境利益集团,受到政府采取采伐限额政策的鼓舞,现在已经很少评论中国森林覆盖率的恢复,而是对中国进口量给予新的关注(Lague,2003;*Economist*,2005a)。显而易见的结论仍然是贸易对于每个贸易伙伴的森林环境造成了相反的影响,我们不能忽略任何一方面。

第二个一般性结论是关于贸易对两个地区综合的林地和森林环境净影响的不确定性。重要的全球环境问题是进口地区森林活动减少所获得的收益是否超过出口地区森林活动扩张带来的环境破坏。以上面的例子来说,中国森林的恢复对全球的重要性比同期西伯利亚和东南亚森林的减少更大还是更小?

回到表 6.1 中的讨论,森林经营的土地面积仅在从第二阶段的地区向第三阶段的地区进口的情况下才明确增加(表 6.1 中的情形 B)。在四种情况下,贸易对天然林的净效应都不确定:进口地区森林边界上的采伐活动减少而出口地区的采伐活动增加,但净效应是什么?是否有可能一个地区的森林恢复比另一个地区的森林减少更重要?此外,当我们把分析从两个地区或国家拓展到全球贸易时,两个地区间净效应的不确定性只会更加严重。对于大多数的商品化林产品,全球贸易无疑包括了表 6.1 中四种情况中任何一种所描述的地区与国家。考虑贸易对世界林地的净效应的一般观点时,诸多不确定情况肯定是需要更加谨慎的理由。

到目前为止,讨论仍是概念性的,虽然我们已经为每个讨论点提供了有效的例子。我们可以通过对国际贸易每个案例中土地利用转变的实证分析来确定是否可以解决环境不确定性。Prestemon(2000)为单一进口国提供了很好的例证。然而,当包含所有的贸易伙伴时,计算就会变得非常困难,答案可能会在相对较短的时间内发生变化。正如第 2 章附录中所解释的,现有数据是实物数据,而非经济数据,而且施业林、退化森林和天然林的经济测度因市场而异。很多国家都有多个木材市场(或三阶段模型分析中的"地区")。因此,每个国家官方森林清查中的实物数据只能给每个经济边界发生的情况提供一个大致的印象。

甚至这种印象会随着采伐技术、木材利用技术和农村基础设施（尤其是道路）的变化发生变化。这是至关重要的一点，因为技术和制度变革的速度会超过商品林的增长率，而且肯定会超过成熟天然林的增长率——正如第3章中所解释的。从长期来看，技术和制度变革可能是决定长期工业用材的首选树种和大小规格趋势的最重要因素。它们解释了为什么伐木者会反复在以前退化的森林中进行采伐，以及为什么林业技术和制度变革的主要类别——道路、工厂利用率或伐木利用率——是大部分地区和国家长期土地利用边界最重要转变的常见原因。

关于贸易和环境的进一步讨论

虽然我们的图表和大多数可用的调查结果都不能为贸易和森林环境之间关系的一般性结论提供令人满意的基础，我们可以根据伐木成本和潜在环境损害之间关系的知识进一步推测。我们还可以考察那些贸易开放度较低的国家的情况。它们的环境状况一般如何，特别是森林环境？它们的经验可以帮助说明贸易对环境有何影响。

更高的伐木成本与可及度较低的土地相关，而可及度的降低与更难到达的地形相关——在一种情况下，是陡峭的山坡和易受侵蚀的土壤，或者在另一种情况下，是更平缓的地形中不利于排水的土地。这些类别的土地往往比排水良好、更平缓的地形更具有环境多样性。因此，我们可以推测，在更广泛的意义上，更高的采伐成本与更大的环境风险相关，而允许从森林生产成本较高地区转移到成本较低地区的贸易与两个贸易地区综合森林环境的净改善有一般关系。

上述讨论既非观测，也非结论，相反，这是一个值得进一步研究的一般推断。现实中会出现例外。美国加利福尼亚州的高产量、低成本的沿海红木林，以及更一般的大部分河岸带就是两个例子。两个地区的环境价值都很高。那些导致这些地区森林开采额外增加而另一个地区生产减少的贸易，可能不会产生净环境改善。尽管如此，贸易改善两个贸易伙伴总体森林环境的推测作为一个广泛的一般规则仍是正确的。

对朝鲜和缅甸的观察为贸易通常有利于森林环境的推测提供了额外的视角和进一步的基础。朝鲜和缅甸可能是当今世界最封闭的经济体，它们也遭受了一些最严重的环境问题。尽管这两个国家的数据都需要谨慎处理，但是粮农组织的官方数据显示其人均森林面积分别为 0.3 公顷和 0.8 公顷，按全球标准衡量则较低。缅甸现在还有较高的森林覆盖率，但是毁林率已经达到了 1.4%，是世界上最高的，而且国内的非法采伐引起国际关注（FAO/UN，1999）。（至于朝鲜的年毁林率，没有最近的官方数据可供计算。）

第 6 章　贸易、宏观经济、经济增长与发展的影响

此外,这两个国家与其邻国形成鲜明对比。它们各自的邻国——韩国和泰国,与其具有相似的生态基础但经济相对开放。韩国和泰国的人均森林面积相似(0.1—0.2),都处于较低水平,但是其毁林率比朝鲜和缅甸低得多,分别为0.1%和0.7%(FAO/UN,1999)。

朝鲜与韩国、缅甸与泰国的比较尚无定论。封闭的经济和快速恶化的森林环境可能并不相关。更大的原因可能是其他一些问题。尽管如此,当大部分封闭经济体出现一些大的环境问题时,它们的经验表明应该对提倡减少贸易和减少经济开放的观点持谨慎态度。事实上,这些国家的经验似乎支持相反的做法,即验证了贸易有利于森林环境的推断。[①]

6.1.2　贸易政策工具

接下来将从讨论贸易对森林环境的影响转向讨论贸易政策工具。三种基本工具是关税、非关税贸易壁垒以及出口限制。前两种工具主要限制进口,而第三种工具限制出口。

关税

关税是对进口产品征收的费用。它会使得消费者消费的进口产品价格上升。这会限制消费者对进口产品的需求,使得部分消费需求转移到国内产品,从而使得国内价格上升。就我们的图形而言,进口国的关税会降低出口国的需求和森林价值曲线,从而减少出口国的生产。进口国国内产品的需求增加会提高该国的森林价值曲线,并使其产量高于没有关税情况下的水平。

美国对进口加拿大软木木料所征收的关税就是一个例证。[②] 2002 年,美国对加拿大进口产品征收 27% 的关税。这一政策的目标是保护美国的木材生产商,特别是美国太平洋西北部地区的木材生产商。关税导致大约 50 家加拿大工厂关闭,解雇了数千名工人(*Economist*,2004)。加拿大仍然供应约三分之一

[①] Antweiler,Copeland and Taylor(2001)利用他们拥有的 40 个国家的统计调查完整数据证实了贸易对环境有正向影响。对于我们的兴趣点而言,不幸的是,像大部分研究这个问题的学者一样,他们关注的是环境污染而不是自然资源,如森林。Copeland and Taylor(2004)回顾了关于贸易和环境的文献,总结出"大部分有效的研究表明贸易对环境的影响是很小的"。Esty(1994)总结了截止到 20 世纪 90 年代中期的林业评估,发现贸易并不是森林环境问题的重要来源。Buongiorno et al.(2003)推测出关税自由化对于全球天然林环境的直接影响可能是中性的。另外,他们推测由于林业贸易自由化是全球贸易壁垒普遍下降的一部分,确保总体经济增长会导致非消费性森林设施的需求增加,从而改善森林环境。

[②] 美国认为加拿大省级政府销售公有木材给美国工厂的方式为加拿大工厂创造了相对于美国竞争对手的市场优势,而要消除这种不公平的优势,关税是必要的。美国政府不承认反证据,即美国林务局同样用低于成本的价格销售大量木材,从而为美国的生产者提供了优势,这与加拿大省级政府为加拿大工厂提供的优势一样。(详见第 5 章末加拿大安大略省和美国林务局关于木材销售过程的讨论。)Zhang(2007)提供了关于加拿大和美国软木木料贸易争论的政治经济学视角的总体回顾。*Forest Science*(2006,v.52,n.3)的专题也研究了美国和加拿大的经历。

的美国市场,但是比关税征收之前要少。Boyd and Krutilla(1987,1992)估计得出,对加拿大木材征收 10%的关税会导致加拿大对美国的软木出口至少降低 4.5%,使美国消费者的福利由于多出 5%的木材总支出而减少,并使加拿大生产者的福利因减少 7%的木材收入而减少。目前 27%的关税肯定产生了更大的负面影响,而它对于美国木材生产商的帮助则只是杯水车薪。

尽管如此,与许多非林产品的关税相比,21 世纪初林产品的关税通常较低。因此,关税的一般影响通常很小。对于发达国家进口的大多数林产品而言,关税税率低于 5%是常见的,尽管一些国家对木质板材和某些纸制品的关税高达 20%,这些高关税所带来的影响可能是显著的(Bourke and Leitch,1998)。继 1967 年"肯尼迪回合"、1979 年"东京回合"和 1994 年"乌拉圭回合"之后,关税及贸易总协定(GATT)的总体趋势是降低关税,特别是限制对更多加工品的关税升级。此外,很多国家都是区域贸易协会(如北美自由贸易协会、东南亚国家联盟)的成员,一些国家与密切的贸易伙伴或前殖民地有针对性的安排(如,欧盟—非加太、英联邦国家)。[①] 这些协会通常会为其成员协商确定较低的税率。最后,很多发展中国家通过普遍优惠制从发达国家那里获得较低关税。总之,虽然各个国家和产品之间的关税存在差异,但林产品关税通常不会成为严重的贸易壁垒,它们可能不会严重扭曲大多数林产品市场(Bourke,2003)。[②]

非关税壁垒

非关税壁垒(non-tariff barries,NTBs)是对进口产品的最低实物标准。一些非关税壁垒旨在保护进口国森林的健康,如限制外来物种的进口,或者是保护出口国的热带森林。其他非关税壁垒旨在保护工程标准或公共安全,如进口建筑木材等级的最低标准。[③] 还有一些非关税壁垒仅仅是关税的替代品,如用贸易限制来保护国内工业。所有这些壁垒都会产生和关税一样的影响:减少进口的需求,减少贸易,并且将一部分生产从更低成本的出口国转移到更高成本的进口国,提高没有非关税壁垒情况下会进口更多产品的国家的价格。

目前争论中一个更重要的问题是非关税壁垒能否在保护热带森林方面取得很大成功。非关税壁垒通常被建议作为发达国家减少其对热带森林砍伐影响的一种手段,特别是帮助控制热带国家的非法采伐(Brack,Marijinssen and Ozinga,2003)。非关税壁垒在控制毁林方面的成功取决于第 4 章中讨论的认

[①] Barbier(1996)总结了"乌拉圭回合"对全球林产品的影响。

[②] 此外,Buongiorno et al.(2003)表示在向 WTO 提交加快关税自由化(Accelerated Tariff Liberalization)的提案后,林产品关税进一步的减少只有很小的影响,使得全球消费总值增加 2.3%,全球生产成本降低 1.4%。

[③] WTO 为其成员制定了非关税壁垒规则。其《动植物卫生检疫标准协定》为制定保护人类和植物健康的标准制定了规则。其《技术性贸易壁垒》规范了技术法规的使用,如建筑规范。

证的所有不确定性。事实上,当这种认证成为进口国的要求时,它就是一个非关税壁垒。①

此外,成功的非关税壁垒的一个影响是生产的地域转移,而这种地域转移必须是类似产品的替代来源。在实践中,这通常意味着消费的转移,从热带国家生产的硬木产品转移到发达国家生产的温带硬木产品。温带硬木通常不受管护。因此,针对热带林产品进口的非关税壁垒包含对未经管护的温带森林产生负面环境影响的元素,而且往往是同一个发达国家在考虑实施非关税壁垒以实现保护全球森林的目标。在这种情况下,政策目标无法实现。(发达国家的生产者欢迎这种环境"改善",但全球环境改善的支持者应该更全面地评估他们自己的偏好。)

出口限制

出口限制旨在控制生产国的货物运输。这些限制主要有两个目标。通常的目标是协助生产国加工部门的发展,但亚洲和太平洋地区的多个国家实施采伐禁令是为了应对自然灾害,如由于上游地区毁林而造成的洪水。这类采伐禁令的区域性效果好坏参半。此外,即使这些禁令可能在一定程度上减少当地的毁林,它们也将问题转移,存在不确定的净全球效应。例如,1989 年泰国实施的采伐禁令就导致了缅甸、柬埔寨和老挝附近高地的采伐增加;1998 年中国实行的采伐限额使中国对进口木材和林产品的需求增加了 35%(Durst et al.,2001;Sun et al.,2005)。

如果目标是保护和发展以前出口原木的国家的国内加工部门,那么常见的限制形式就是对原木运输采取出口关税或限制(或禁令)。就我们的数据而言,这些限制会减少甚至完全消除出口原木的需求,从而降低出口国原木的当地需求。森林价值曲线下移,森林产量减少,并减少受木材采伐影响的面积。随着需求下降,国内生产的市场价格也会下降,国内木材加工工业现在可以以更低的价格获得原材料投入。Kishor and Constantino(1993)计算得出,哥斯达黎加的木材出口禁令导致国内原木价格下降至原来水平的 20%—60%。这意味着国内木材加工工业的原木投入成本会下降,并且加工工业在国际市场上的竞争地位会提高。也就是说,国内木材生产工业衰退,但国内木材加工工业扩张。

许多发展中国家以及美国和加拿大,都曾一次或多次实行某种形式的原木出口禁令。第 4 章回顾了印度尼西亚的戏剧性经历。简而言之,在 20 世纪 80 年代中期实行原木出口禁令之前,印度尼西亚是世界最大的热带硬木出口国。

---

① Taylor,Tomaselli and Hing(2005)提出这样的观点,即非关税壁垒对热带木材和木产品的出口商来说是一个日益严重的问题。他们列出了多种非关税壁垒以及倾向于采取限制并特别关注生态标准的国家,欧盟和北美的政府采购已经提出了这样的要求。

印度尼西亚的年采伐水平因禁令下降了约 50%,但国内的锯木和胶合板行业受益,从小基数到 20 世纪 90 年代中期扩张成为世界最大的硬木胶合板出口国。普遍预期是木材生产行业的亏损超过加工业的获利,从而导致印度尼西亚的净经济福利可能下降。(真正获利的是一些与政治领导人密切联系的商业,即投资于胶合板和航运业的商人(Barr,1998)。)

在另一个案例中,Maroglick and Uhler(1992)表明不列颠哥伦比亚的原木出口禁令导致 20 世纪 80 年代的国内价格下降到比其他太平洋岛国生产者生产同一品种和等级的产品价格低 28% 的水平。取消禁令(在合理的需求和供给弹性的假设下)会使不列颠哥伦比亚的原木价格上调,从而使木材加工业的需求量减少 25%,但原木出口的市场需求量增加 300%。不列颠哥伦比亚伐木行业就业的增加量少于木材加工业就业的减少量,这引起了政策关注。然而,1983 年对不列颠哥伦比亚整体经济的净影响已经超过一亿美元的获利。

近期趋势

总之,林产品的贸易自由化可能存在全球化趋势。然而,尽管很多国家减少了出口税和进口关税,但它们已将其替代为其他出口限制(如非关税壁垒)和生产者补贴(第 4 章中已讨论过)。因此,近年来政策调整的净效应仍有待进一步研究。

6.2 宏观经济活动对森林的反馈

多种宏观经济影响因素会反过来对一个地区或国家的森林产生影响。这些影响可能有外部来源,例如主要贸易伙伴的经济低迷,在这种情况下,它们与本章前一部分的贸易和贸易政策主题相关。更广泛的影响也可能源于区域内或国内经济,可以源于国内宏观政策或整体宏观经济调整和增长等。一般来说,这些影响比前几章中讨论的森林市场或政策的直接影响更加难以追踪。然而,当这些更广泛的影响足够强时,它们对森林的影响可能会大于森林市场或森林政策的直接影响。

本节将回顾对森林有更广泛影响的五种影响因素,而在最后一节我们将讨论更一般的整体经济增长和发展以及它们对森林的影响。

6.2.1 外生性的冲击

如果与另一个国家或地区的贸易在国内一般生产特别是森林生产中占很大部分,那么贸易伙伴的经济下降会对生产和出口国的森林产生相当的影响。这种影响可能分为两个阶段。

第 6 章　贸易、宏观经济、经济增长与发展的影响

在第一阶段,进口地区的总需求下降。该地区减少了对所有进口产品的需求,包括从出口国家进口的林产品。价格一定下降。最初,尽管价格较低,但出口国的生产商可能还会试图保持原来的生产水平,短期内对森林的影响可能会继续保持相对不变。(事实上,道路和加工设备等高固定成本的存在使得对应价格下降的短期供给没有弹性。)生产商将维持生产水平,以便覆盖其资本设备和施业林可获得的财务收益。只要产品价格能够高于森林作业的可变成本,他们就会维持生产。

最终,制造资本(如加工业中的伐木设备、工厂和机械)、基础设施和施业林都需要大量维修或者更新,这标志着第二阶段。大量维修和更新是森林作业的固定成本。在出口市场恢复且价格恢复到较高的水平之前,支付固定成本没有意义。因此,一些森林作业仍然使用老旧的、低效的设备。其他的将停止作业。低效的设备比起保养更好、更现代化的设备会给森林带来更大的破坏。也就是说,它会对留存的立木造成更大的破坏,而且对于任何给定的树木或林分,它使得可用木材材积恢复较少。净效应会使施业林与天然林边界的采伐作业在长期下降,这一下降会持续到制造资本彻底不能继续使用为止。在此之后,森林经营和天然林采伐只会维持在比进口国经济衰退之前更低的水平,一些天然林甚至可能开始恢复。[①]

印度尼西亚在东亚金融危机时的经历就是一个很好的例证。印度尼西亚是世界上最大的硬木胶合板出口国,在危机之前的 1996 年,出口了价值 860 万美元的胶合板,占胶合板总产量的 90%(GOI/BPS,2001)。这些出口大部分流向其他亚洲地区——尤其是日本、韩国和中国台湾地区。1997 年 7 月,许多东亚国家的经济衰退,并且货币严重贬值。印度尼西亚本国货币下跌至原来的 1/4 左右。整个东亚的总需求下降,随之而来的是印度尼西亚的林产品出口需求下降。由于北美和欧洲的经济正在进入自己的停滞增长阶段,它们也没有为印度尼西亚突然便宜的出口提供替代性需求来源。

尽管如此,印度尼西亚的产量仍然以之前的水平维持了几个月。官方报告的木材采伐量在 1997 年和 1998 年年初再次增加。1998 年,锯材和胶合板生产的长期趋势开始放缓。锯材产量从 1997 年的 720 万 m^3 骤降到 1998 年的 250 万 m^3,而资本更加密集的胶合板行业产量则仅从 1997 年的 780 万 m^3 降低到 1998 年

---

① 外部需求突然急剧增加的情况比急剧减少的情况少见。需求急剧增加创造了类似的两阶段调整过程。最初,出口国的生产者通过增加现存固定资本和成熟林的固定区域中的可变资本和劳动力来增加产出。他们可能会尽快增加新的固定资本和森林经营活动,但这可能会推迟直到新的设备和改善的森林能够投入生产。在第一阶段,森林作业既不是经济有效的也不是环境友好的,但生产将会增加。最终,随着更多的需求吸引新的固定资产以及新施业林的成熟,森林作业将会回到更经济有效、更环境友好的状态。

的740万m³。林产品行业中固定成本最高、可变成本相对最低的纸浆和造纸业,在1998年仍然保持原有产量水平,到1999年才开始降低,纸浆从2 000吨下降到1 200吨,下降了40%。即使在这些较低的水平,生产也无法继续。所有三种木制品行业的生产都持续受到影响。高固定成本、低可变成本的纸浆和造纸业下降最少,并且在2001年显现出最早的复苏迹象。锯材和胶合板的产量下降到低于以前水平的四分之一,并且在2003年才开始略有恢复(GOI/DF,2004)。

总之,印度尼西亚的经历证明了对大规模外部冲击所预期的两阶段调整。正如预期的那样,在木制品行业中具有最高固定成本和最低可变成本的纸浆和造纸行业在初始调整中推迟了最长时间,但最早开始复苏。尽管如此,在整体经济萎靡期间,整个林产品部门确实出现衰退且印度尼西亚贸易伙伴的需求也下降。随后,在21世纪的第一年以及之后的每一年,木材采伐、锯材和胶合板的生产都发生很大的变化,有迹象表明这些行业即使到2008年之前,也就是新一轮的全球经济与金融危机出现之前,也没有完成对经济状况变化的第二阶段调整。

6.2.2 国内经济的冲击

我们可以从国内经济中识别出四类一般的冲击:重要的社会或制度变化和调整、其他(非林业)经济部门的急剧增加、全面的宏观经济政策调整,以及宏观经济政策中更专业的财政和货币工具的影响。内乱是第一类的情形,而内战则是极端的例子;"荷兰病",以北海发现天然气对荷兰经济产生的经济影响而命名,则属于第二种情形;所谓的"结构调整",通常由国际借贷机构外部强加,这是第三类例子。结构调整通常是由一系列财政、货币以及其他宏观政策工具组成。在本节,我们将考虑社会和制度变迁、荷兰病,以及结构调整,而在下一节中讨论特定的财政政策或货币政策的具体影响。

社会和制度变迁(包括内乱)

大量社会和制度变迁孕育着不确定性。一般来说,当存在不确定性时,管理者会推迟投资。对于林业而言,这意味着不可预测的更广泛的社会调整会使伐木者推迟大修他们的设备,而森林管理者们会推迟对林业的新投资。他们会在覆盖其可变作业成本的同时减少现有的森林存量,直到一般的社会和制度前景变得更加稳定和可预测。[1]

在这种情况下,伐木者和森林经营者最初的行为与之前外生冲击中的第一

---

[1] Page(2006,p.1058)总结了对不稳定性和所有自然财富的观察:"政治与经济的不稳定会导致资源肆意开发和生态系统管理不善。因此,政治不稳定造成环境退化。"当然,采伐并非完全不受约束。短期可变成本就是对其的限制。

第6章　贸易、宏观经济、经济增长与发展的影响

阶段行为相当。与外生冲击中的第二阶段相比,长期行为取决于社会和制度变迁以及最终的新稳定性会导致林产品需求的增长还是减少。

在存在极端不确定性的情况下,伐木者和经营者不仅会推迟投资,而且他们在采伐现存经济性森林蓄积时会变得更加积极。军事活动就是一个例子,不受约束的军队可以成为森林采伐的主要劳动力来源。军队可以将通常不用于伐木活动的士兵、卡车和其他设备指派去采伐不属于私人或政府林业机构范畴之内的树木和森林。军队劳动力与资本的财政支持至少部分来自其他来源。因此,军队只与伐木相关的可变成本要低于政府组织或私人的采伐成本。这就意味着军队的短期经济边界可以进一步延伸到腹地,并进一步延伸到正常市场活动的伐木边界以外的山边。

然而,在存在较大不确定性的情况下,即使存在现役军队等的低成本伐木作业,这种不确定性也限制了采伐活动的程度。这些限制确定了新的财政边界,相当于任意一个图和森林发展三阶段中任何一个阶段的点 D。尽管这些限制可能比一个有效且稳定的私人市场和平时期的限制影响范围更广。①

考虑20世纪80年代和90年代柬埔寨军队竞争性的伐木行为。这些军队将一部分的人力和物力投入伐木作业,并且在泰柬边界贩卖这些木材,以便为后续的军事活动提供资金。他们将伐木范围扩大到平民伐木者可以负担的伐木范围外,到1992年该国每年木材出口收入增加了十倍以上(Lebedys,2004)。2005年,各种军事团体的成员仍然活跃在柬埔寨。当地的政治不稳定和经济不确定伴随着持续的毁林也就不足为奇了。

同样不令人惊讶的是,在2000年,非法采伐在柬埔寨国民生产总值中所占的比例高于世界上任何其他国家。实际上,我们应该预测,对于产权保护制度不健全的国家以及存在严重社会动乱的国家而言,非法采伐价值占总体经济活动的比率将会较大。②

利比里亚为我们提供了另一个案例。1997—2003年,利比里亚遭遇了类似的经历。木材出口增加了300%以上,以支持查尔斯·泰勒的军事和政治野心。木材采伐的增加始于泰勒用木材收入支持其反叛军队,并在他获得政治权利后持续增加。只有当联合国对利比里亚所有的木材出口进行了制裁后,采伐才有所减少。

---

① Deacon(1994)展示了来自84个国家的内乱和毁林的短期效应。管理最为薄弱的国家承受了最高的毁林率。

② 柬埔寨的比例是2.3∶1。同期遭受金融与政治不稳定的另一个国家印度尼西亚拥有世界上第五高的比例(0.7∶1)。第二高的是巴布亚新几内亚(1.2∶1),其次是喀麦隆(0.9∶1),之后是巴西(0.7∶1)。后面三者没有遭受同样的不稳定,但是其森林边界的产权制度并不完善。计算基于Contreras-Hermosilla(2001)引用的各种来源的非法采伐报告。

大规模社会变迁甚至是内乱造成的不确定性也阻碍了人们对长期投资的兴趣,包括对林业的投资。四个曾是计划经济体制的国家——中国、越南、老挝和柬埔寨——之间的现代化对比具有说明性。中国和越南都经历了长期的稳定政策。中国的市场改革始于1978年的农村土地改革。这些改革使基本的家庭联产承包合同得到更新,并且尽管讨论了额外的改革,但中国的农民似乎对长达25年不会有重大的土地使用政策逆转充满信心。他们的信心体现在长期投资的意愿上,包括林业投资。以前的集体所有土地现在通常由家庭进行经营,森林覆盖率增加了60%以上,而这些土地上的木材产量也显著增加了(Hyde et al.,2003)。越南最近的经历也与之相仿。20世纪90年代中叶,越南开始了经济革新的改革。从此,越南的经济在没有实质性政策逆转的情况下增长,其农民也开始种植树木(Tachibana,Nguyen and Otsuka,2001)。20世纪90年代初,人工林的面积小到可忽略不计,但截至2005年,其面积增长到208.9万公顷。①

老挝和柬埔寨的情况则相反。两个国家的整体经济存在不确定性。老挝存在过度管制,而且政府透明度不高。一名家具制造商讲述了他在获得出口许可前要通过14个不同政府部门的官员签字的故事。在官方许可完成之前,卡车在桥上排队以等待获得更多的签名。而2006年,柬埔寨还在努力从持续15年的国内动乱中恢复过来。目前政府是稳定的,但在2006年,反对派的军队势力仍然控制着国内的很多地区,甚至现在仍有四十多个国际捐助方和国际非政府组织为该国提供相互矛盾的政策改革建议。虽然这两个国家的土地使用特点和国际市场情况与中国南方省份、越南相似,但是长期森林经营在老挝非常罕见,而在柬埔寨几乎不存在。②

荷兰病

经济体中某一非林业部门的大幅扩张对于森林的影响更难以预测。两种相反的效果会产生不确定的结果。Wunder(2003;2005)提供了一种解释,并且用8个热带国家的新石油或矿产发现对森林的影响做了例证。他观察到,新石油资源推动了外汇流入,带来本国货币价值增加,这弱化了林业部门在其他国家中的价格竞争力,但也提高了国内对林产品的需求。对森林部门和森林本身的净效应取决于这些互相对抗的势力的相对力量,这因国家而异,具体取决于

---

① 详见 http://www.kiemlam.org.vn.,原为越南语,由 Le Cong Uan 翻译,2006年5月27日。
② 老挝有1 256.1万公顷的森林,其中只有0.6万公顷或者少于0.5%的面积是人工林。柬埔寨有933.5万公顷的森林,其中8.2万公顷或少于1%的面积是人工林。相比之下,越南和中国南方分别有1 209.4万公顷和64 200万公顷的森林,其中人工林面积分别为208.9万公顷和28 700万公顷,占比分别为17%和45%(多种来源,引用自 Hyde,2005;Hyde et al.,2008;FEDRC,2006)。

货币调整水平和林产品国内与出口需求的平衡。在 Wunder 的例子中,欠发达国家的货币效应往往占主导地位,而毁林率会下降。在中等收入国家,国内需求的增加更有可能抵消木制品出口下降的影响,并且对天然林的影响更加扑朔迷离。

结构调整

大多数一般的宏观经济政策调整对地区或国家森林的影响同样难以评估。政策调整的广度往往会产生一系列影响,其中一些可能对国家森林产生相反的影响。20 世纪 90 年代,国际贷款机构在多个面临严重货币失衡和国际支出赤字的发展中国家推行了财政改革,这就是一个结构调整的例子。这些结构调整旨在改善收支平衡中的赤字问题并减少公共债务和通货膨胀。

显然,这些政策对森林的初始影响类似于前面宏观经济影响的第一阶段。它们的长期影响却复杂得多,并且由于结构调整的实施和其他政策的范围各不相同,它们也因国家而异。[①] 因此,通过各种政府政策和项目以及通过经济体内各个经济部门受到的影响来评估基础结构调整方案的因果关系链,是一项艰巨的分析任务。

巴西在 1970—1995 年的经历就是一个例子。在 1974 年石油危机和 20 年多样化的国内经济政策之后,巴西的国际债务增长了 22 倍,长期利率增长了 40 倍,并且年通货膨胀率高达 2 560%(Young,1996)。1982 年,国际货币基金组织要求巴西实施一项结构调整计划,作为其援助巴西国际债务的条件。

Young(1996)追踪了这一项目对亚马逊天然林边界的影响。他发现了宏观经济政策和森林覆盖率之间的两个基本关系:

- 一般政府支出的减少,包括(1)农业信贷补贴的减少以及(2)道路建设支出的减少,都会阻碍毁林并改善天然林边界处的森林条件。
- 旨在改善巴西收支平衡的出口激励政策使得资本密集型的商业农产品(如大豆)的价格上涨。这(3)增加了那些可以转变为更大商业型农业经营的小农场的土地价值,以及(4)降低了实际农业工资,导致农业工人和小农场主失业。中央政府设计的旨在降低最低工资的其他项目加强了后者的效应。因此,农业工人和小农场主都迁移到他们可以将亚马逊森林改造成新的小型农业活动的边界处。[②]

[①] 详见 Benhin and Barbier(2004)、Sunderlin and Pokam(2002)和 Anderson et al.(1994)对加纳、喀麦隆和玻利维亚的具体案例分析。Kaimowitz et al.(1997)对比了喀麦隆、玻利维亚和印度尼西亚的情况。他们唯一的结论就是那些成功实现非农就业的结构调整也许可以减少毁林。

[②] 其他人(Mahar,1988;Mahar and Schneider,1994;Schneider,1995;Binswanger,1991)在研究巴西的情况时得出相似的结论。

农业工资、道路建设和农业信贷对森林的破坏影响具有最大弹性，都在0.4左右。也就是说，农业工资下降1%造成边界地区毁林面积增加0.4%；相反，道路建设减少1%，使得毁林率下降大致相同的幅度。[①] 农业信贷的减少使得利率上升，并导致利用更多土地的短期农业活动。因此，他们会将亚马逊边界转化成农业用地，从而增加毁林。

值得注意的结论是效果是相反的。农业工资和农业信贷的下调增加了毁林，而道路建设的减少会减缓森林破坏。总之，巴西的结构调整计划对森林边界产生了多重且混合的影响，对毁林的长期净效应是不确定的。毫无疑问，对巴西施业林的影响也是混合的。巴西只是一个例子，但我们可以推测其他国家的其他宏观经济政策计划对他们的森林也有混合的影响。净效应取决于每一单个更一般的宏观经济政策调整的具体效应的综合。

6.2.3　国内的财政政策和货币政策

虽然我们不易估计宏观经济政策调整对森林的净效应，但是我们可以预测两种基本的宏观经济政策的直接影响，即财政政策和货币政策。财政政策指政府支出或税收的调整，而货币政策一般是指利率的调整，或反过来影响利率的货币供给的调整。如果一国的货币相对于其他国家货币的价值受中央银行或中央政府控制，那么汇率政策也可以被视为一种货币政策。Young所举的巴西的例子提供了很多见解，但是这些宏观经济政策对森林的影响都没有得到广泛的研究，更深入的探讨将是有益的。

财政政策

财政政策往往作为短期应对经济停滞或者衰退的第一步。财政政策利用政府支出创造新的需求，从而使得闲置的人力物力资源得到利用。当接受政府资金注入的部门能够自己应对并迅速发展，而且通过对其他部门产品的需求或原材料供应与经济体中的其他部门紧密相连时，财政政策的效果往往最有利。这些联系意味着第一部门的增长是其他部门增长的来源。[②]

建筑业就是一个很好的例子，它通常是财政调控的主要对象。建筑业对其产品的新需求反应迅速，无论是家庭住房还是作为其他行业部门的生产投入品的住房。作为建筑业的投入品，木材的利用使得建筑业需求对林业和木制品行业至关重要。（例如，在美国，建筑业的消费占圆木消费量的40%。）因此，以建筑业为目标的财政政策对木制品业和林业都有重要影响——尽管这种影响并

---

① 这些影响正是第3章中对农业工资和道路的预期以及第4章对农业工资的预期。
② Hirschman(1958)是一篇经典文献。

不是直接的,因为它必须考虑建筑业中新政府支出的引入、建筑业对木制品需求的增加以及木制品行业对原材料需求的增加之间的时间滞后。然而,建筑业扩张的最后一个影响就是导致所有森林边界的作业活动增加。

政府将支出投入其他部门所产生的对森林的影响取决于这些部门与林业部门之间的关系。对于很多政府支出投入,这种关系微乎其微,对林业的影响很小,并且也存在时间滞后性。在一些美国人眼中,减税作为刺激经济停滞的财政工具(称为"供给侧"经济学)是很受欢迎的。推测认为随着税收减少,消费者可以保留更多的收入,因此他们将更多地消费,从而推动经济发展。当然,额外消费中仅有一小部分是林产品,对林业部门和森林本身的影响可能很小。

财政政策(无论是税收还是支出)的长期影响取决于政策在促进经济增长方面的有效性以及一般宏观经济增长对林业的影响。这是本章最后一节的主题。

货币政策

中央银行可以控制利率:在充分就业时,提高利率以抑制增长并控制通货膨胀;在经济停滞时,降低利率以推动新投资并利用闲置资源重振经济。

货币政策对林业的影响在林业经济学家之间一直存在争议。Faustmann模型(附录3a)预测较低的利率会导致森林经营者降低采伐率,因为他们会延长轮伐期并增加森林蓄积。然而,这是有偏的预测,因为Faustmann模型仅涉及现存施业林分。它所提供的内容没有说明利率对土地利用边际的影响。更可能的短期情形是较低利率增加经济体中其他所有非林业部门的建筑需求。建筑需求的增加带来了每个部门木制品需求的增加。在考虑到这个调整过程中每一阶段的时间滞后性后,林地边界的木材采伐水平提高。

同样,长期情形取决于政府政策在促进经济增长方面的有效性以及一般宏观经济增长对林业部门和森林的影响。

汇率政策

自20世纪70年代以来,大多数国家的货币价值根据全球市场的日常交易而浮动。那些不浮动的货币价值因为官方政府政策或国家中央银行的官方政策而维持在特定水平。但是,没有政府和中央银行拥有足够的外汇储备来保护本国货币免受所有长期调整的影响。

当那些控制货币兑换的政府允许调整时,调整可以是向上或向下的(即升值或贬值),而这些调整可能产生相反的影响。货币升值是荷兰病的主要结果——先前已经讨论过。即使这种影响不会像荷兰病的影响那样明显,效果的方向和解释也是类似的。

货币贬值意味着所有国内产品对于其他国家而言都变得不那么昂贵,包括林产品在内的所有国内产品的出口就会增加。因此,货币贬值的短期影响是消耗施业林和天然林的蓄积以满足增长的外国需求。实际上,伐木作业较低的可变成本,使得它在货币贬值和财政困难时期成为有吸引力的外汇来源。在较长时期内,额外的外国需求也可能是那些货币贬值前处于森林发展第三阶段的国家增加森林经营和施业林生产的充分动力。

当然,货币贬值的长期影响更为广泛,因为出口商和出口品的生产商获利,而进口商和依赖进口品的消费者蒙受损失。它对于林业部门的净效应可能是混合的,因为原木出口和木制品成品出口的增加会导致边界上的采伐活动增加,但对处于森林发展第三阶段的经济体而言,森林经营也会增加。然而,伐木和木材加工中所使用进口资本设备的成本也在增加,这抑制了森林生产全部潜在性的增长。

6.2.4 重大的长期农业政策

宏观经济政策通常指的是由政策引起对整体经济的短期冲击,旨在纠正某些总体经济失衡。政府行为还包括许多基础广泛的长期计划,虽然通常不被视为宏观经济政策,但仍对森林产生重大的影响。下面的两个小节中,我们将考察外国政府的长期政策对国内经济的广大地区和部门的溢出效应,以及国内政府的长期计划对国内增长模式的影响和由此对国内林业部门的影响。相对于大部分宏观经济政策调整而言,这些长期计划在其发展过程中更加平缓,因此我们不容易观察到明显的短期影响。然而,它们全部的影响可以持久且巨大。

北美、西欧国家和日本的农业计划可能是长期计划的最好例子,这些计划对其他国家的森林有溢出效应。在前面几章中,我们已经讨论过农业和农业政策对森林的影响。在这些章节中,我们主要关注农业对同一地区森林的影响。在本章中,我们关注的是影响其他国家森林的地区或国家的农业政策。

美国、欧盟和日本每年在农业补贴和价格支持上的总花费超过 3 000 亿美元。仅美国在各种农业支持计划的花费就高达 600 亿美元(Watkins and von Braun,2002)。① 相比之下,美国 2005 年在林业计划上的公共预算投入却不到 60 亿美元(USDA Forest Service,2007)。这些巨大的公共农业支出为所有农业投入的额外使用提供资金,包括北美与欧盟大部分本来应该覆盖森林的土

---

① 这些资金分配的误用是惊人的:美国 93% 的农业补贴是用于玉米、大豆、水稻、棉花和小麦,仅玉米就占据了 46%,有效地压低了这些商品的全球价格。10% 的美国农民得到 72% 的补贴,而有另外 60% 的农民没有收到联邦政府补贴。此外,超过半数的美国农业补贴集中在 435 个国会选区的 25 个选区中。对于欧盟而言,共同农业政策(Common Agriculture Policy)每年大约有 40% 的预算用于支持欧盟 2% 的劳动力,这些劳动力创造的产值在欧盟国家国内生产总值中所占的比例更小(*Economist*,2005;2006a;2006b)。

第6章 贸易、宏观经济、经济增长与发展的影响

地。这些额外投入的使用产生了大量农业剩余,其中一些出口到发展中国家,主要通过人为低价与当地商业型农业竞争。在发展中国家,由此带来的当地农业生产的较低水平意味着商业型农业的就业水平下降。一些当地农民和农业工作者不再从事商业型农业,而回到自给自足型农业中。相对商业型农业而言,自给自足型的农业利用土地更加粗放。这意味着,发达国家农业政策的一个影响是,导致边界森林转换为由新自给自足型农民耕种。总之,发达国家的农业计划会造成本国和世界范围内发展中国家的森林损失。

全球效应只是一种推断,但可以想象的是,北美、欧盟和日本的农业支持项目对全球森林的破坏性要大于发展中国家边界处的所有商业化森林活动。这一破坏性的影响尚未被定量研究过。然而,如果发达国家的农业支持项目是发展中国家严重破坏森林的根源,那么这些农业政策的修订将对全球环境和许多发展中国家的经济福祉最有利。我们可以推测,农业政策的修订将比森林认证、森林标准提高或加强打击非法采伐等的直接环境政策具有更大的森林保护效应。此外,它们的行政管理会更简单,因为修订只需要现有政府减少或中断补贴。减少或取消现行政策不会存在森林认证、森林标准提高或非法采伐有效控制带来的监管困难问题。[①]

6.2.5 其他的长期国内项目

两种更为一般和长期的国内项目可能会对林业有显著影响:区域发展项目,以及所有有利于资本投资而非劳动力(特别是非熟练劳动力)的政策和项目。

区域发展计划一般针对较贫困的农村地区或完全未开发的地区。多年来针对美国南阿巴拉契亚设计的许多计划和中国西部大开发计划(以及相关的天然林保护计划)就是旨在改善经济体中较为落后地区经济福利的计划范例。20世纪90年代的印度尼西亚移民计划和19世纪美国的宅地法案(Homestead Act)等计划,则是旨在发展以前未开发的地区。

贫困地区和未开发地区往往是天然林的来源。相比之下,施业林则更多见于靠近主要市场的较发达地区,如美国的沿海平原地区和南部山麓地带。较发达的地区也包含一些天然林,但是大部分区域发展计划的重点放在拥有更多山地的内陆地区,如阿巴拉契亚山脉(美国南部)和中国西南部地区,那里的大部分森林都是天然林。因此,我们可以预测,成功的区域发展往往会鼓励对森林边界的开发,将发展深入更远的腹地和山边。此外,如果受益于公共发展计划

---

① 当然,更大的困难在于改变北美、西欧和日本的农业支持政策与制度所涉及的政治交易成本。

的区域林产品替代了其他地区的生产,那么这些区域发展计划也会推迟较发达地区森林可持续经营的进展。

劳动力和资本投资政策是我们关注的第二类更一般的计划,但人们很少讨论其对森林的影响。尽管如此,在某些情况下,这些影响可能很重要。大多数国家有一系列旨在鼓励全国性投资的税收政策。一些国家还提供有利的进口关税以鼓励进口资本设备投资。相对于劳动力,这些计划更有利于资本投资。另外,很多国家设有最低工资,有效地支持技术工人而不是非技术工人。这些政策中的每一项都试图改善经济增长的条件,并且可以实现这一目标,但它们也会降低劳动力的相对地位,尤其是非技术工人。如果实现增长,就业机会可能会改善,工人可能会被更好的劳动机会吸引,远离森林覆盖的农村地区。结果,边界处天然林的状况甚至可能得到改善。然而,在这些政策作用下,最低工资工人的相对地位一定下降。[①] 甚至可能导致失业率上升。低工资的自给自足型农业的就业可能增加,农村贫困人口往往到森林中去开垦土地进行农业活动。倘若如此,天然林将会遭受退化甚至毁林。

经济增长但农村贫困人口就业机会减少对森林边界的净效应是另一个未经检验的实证问题。它的答案往往因为不同国家中利于资本的政策和农村贫困人口的劳动机会的不同而不同。对答案的范围与意义的审慎猜测应该是引入旨在鼓励农村经济增长的项目的先决条件,特别是对于那些旨在改善农村社会最贫困成员福利的项目。

区域发展计划以及有利于资本投资和技术工人的政策范围都不是我们通常认为的对林业重要的政策。事实上,我们经常认为存在天然林是区域发展潜力的象征。也许我们应该重新考虑在什么条件下,这些政策对森林边界的潜在破坏性影响抵消了它们对经济增长的预期有利影响。

6.3 经济增长与发展

经济增长与发展通常需要整个经济体或者大部分部门的充分参与。多个部门的经济增长意味着对其他部门产品的各种需求的增加,包括林业部门采伐的林产品。而经济发展意味着改善总体经济福利,并且经常引入对环境保护和森林非消费性服务的新需求,也增加了对采伐林产品的消费需求。因此,经济增长与发展对森林的影响是不可小觑的。

---

① 详见 Boyd and Hyde(1989)分析美国最低工资水平对伐木工和林产品业工人的影响。就整体观察而言,最低工资水平上升 1% 只能带来美国林业工人工资总额上涨 0.5%。与此同时,这些行业的就业人数减少了 0.3%,因为劳动力需求的降低伴随着提供就业的生产者成本的增加。

第 6 章　贸易、宏观经济、经济增长与发展的影响

很多因素在经济增长与发展中起作用。因此,识别出对森林有显著影响的少数特征因素成为一项艰巨的任务。然而,我们可以推测一个经济体或国家林业部门的相对规模的重要性、林产品贸易对经济体的相对重要性,以及增长的一般模式对森林的影响。

6.3.1　林业部门的相对规模

如果林业部门是国内经济的重要组成部分,但总体经济增长主要是其他部门扩张的结果,总体增长可能会推动当地林业部门的增长,不过总体增长对林业部门的影响相对于林业部门的规模而言可能是很小的。也就是说,区域经济中其他部门增长的需求不大可能吸纳这些部门中林产品投入的增长量,也就不会改变区域森林与区域林业部门的基本模式。

更一般地说,当林业是国内经济的主要组成部分时,有趣的是从林业到整体经济部门的影响,对林业部门需求的增长将在总体经济增长中发挥作用。这意味着外部需求以及跨区域与跨国的贸易一定是总体经济增长的来源,这是因为贸易一定是大型林业部门需求的最大来源。当地其他经济部门对林产品的需求相对较少。它无法吸收产量的增长,而这相对于国内其他经济部门而言已经是大规模的林业部门增长所必需的。

表 6.2 提供了一些分析思路。它显示了 26 个国家中林业部门相对于总体经济的规模。这些国家要么拥有异常庞大的林业部门,要么是世界上最大的林产品出口国或进口国。2000 年仅有 6 个国家的整体森林和木制品部门(包括林业本身和林产品制造业)占据总体经济的 4% 以上:芬兰 7.6%,加蓬共和国 5.0%,拉脱维亚 4.9%,马来西亚 4.7%,圭亚那 4.6%,巴西 4.1%。表中第 3 列和第 4 列的比较表明,森林本身对于国内生产总值的贡献远小于整个林业部门的贡献。因此,我们可以得到的结论是,在所有国家经济中,森林自身的直接贡献只占整个经济的一小部分,而包括林产品制造业的整个林业部门贡献也不大。

尽管如此,林业部门在一些区域案例中十分重要。在马来西亚的萨拉瓦克州,林业部门就业占据 40%(Anon,2007)。美国有 6 个州存在处于森林发展第三阶段中的大型林业部门(表 6.3)。这些州的林业部门,包括林业本身及林产品制造业,占州生产总值的 5.6%。当地经济吸收不到一个百分点。它们将大部分林产品出口到其他州和国家的外部市场。显然,在这些州中,林产品外部需求和贸易的小幅增加对森林和当地经济的所有林业部门的绝对影响要大于当地林产品需求增加相等幅度所带来的影响。由于林产品外部需求的增加对当地森林生产有影响,它对就业、工人在服务方面的需求以及整体国内经济的

表 6.2 作为国家经济组成部分的林业部门[1]

国家	GDP	GDP 中林业的贡献	GDP 中林业制造业（家具除外）的贡献		林业部门的贸易 进口		林业部门的贸易 出口	
			价值	份额	价值	占总进口额的比例	价值	占总出口额的比例
澳大利亚	390 113	389	3 355	0.9%	807	1.3%	1 769	2.5%
白俄罗斯	29 950	161	250	2.5%	173	2.4%	171	2.1%
巴西	595 458	11 682	19 098	4.1%	3 024	5.5%	978	1.7%
喀麦隆	8 879	163	260	2.9%	536	29.2%	18	1.2%
加拿大	687 882	4 292	19 843	2.3%	27 714	10.0%	4 203	1.7%
智利	70 545	276	1 872	2.9%	1 787	9.8%	185	1.0%
中国	1 079 948	799	14 930	1.3%	3 640	1.5%	14 699	6.5%
爱沙尼亚	4 969	111	277	3.8%	381	12.0%	106	2.5%
法国	1 294 643	2 185	8 249	0.7%	5 790	1.8%	7 897	2.4%
芬兰	121 687	2 460	7 914	7.6%	10 974	23.8%	904	2.6%
加蓬共和国	4 932	142	176	5.0%	333	10.6%	2	0.3%
德国	1 873 568	1 145	15 252	0.9%	11 497	2.1%	12 520	2.5%
圭亚那	712	12	27	4.6%	38	7.7%	3	0.5%
印度尼西亚	152 255	1 765	3 977	2.5%	5 517	8.9%	1 376	4.1%
拉脱维亚	7 150	104	306	4.9%	627	33.6%	93	2.9%

第6章 贸易、宏观经济、经济增长与发展的影响

(续表)

国家	GDP	GDP中林业的贡献	GDP中林业制造业（家具除外）的贡献		林业部门的贸易				
					进口		出口		
			价值	份额	价值	占总进口额的比例	价值	占总出口额的比例	
马来西亚	89 659	2 195	3 694	4.7%	2 793	2.8%	972	1.2%	
新西兰	49 903	672	1 837	3.9%	1 483	11.2%	265	1.9%	
挪威	161 769	255	1 632	1.1%	1 344	2.2%	1 021	3.0%	
葡萄牙	105 054	683	1 938	2.1%	1 311	5.4%	976	2.4%	
韩国	457 219	1 022	6 352	1.6%	1 627	0.9%	3 708	2.3%	
俄罗斯联邦	251 106	249	1 750	0.8%	3 792	3.6%	388	0.9%	
南非	125 887	432	1 856	1.6%	791	2.6%	486	1.6%	
苏里南	846	19	29	3.5%	3	0.8%	2	0.5%	
瑞典	227 319	1 759	6 912	3.4%	10 127	11.6%	1 577	2.2%	
英国	1 414 557	254	9 696	0.8%	2 194	0.8%	9 006	2.6%	
美国	9 837 406	13 717	116 014	1.3%	16 612	2.1%	25 706	2.0%	

注：¹ 所有的价格都是2000年的数据，单位为百万美元。
资料来源：由Lebeys(2005)编制完成。

影响要大于较小的当地市场对林产品需求的等量增长带来的影响。

表 6.3 作为区域经济组成部分的美国林业部门

美国各州	州生产总值（GSP）	林业部门		
		林业（包括渔业和相关的活动）	林产品（包括家具）	GSP中林业和林产品所占比例
亚拉巴马州	114 576	734	4 387	4.46%
佐治亚州	290 887	817	6 320	2.47%
密西西比州	64 266	622	2 951	5.56%
北卡罗来纳州	273 698	664	6 072	2.46%
俄勒冈州	112 438	1 526	3 318	4.31%
华盛顿州	221 961	2 078	3 124	2.34%

注：[1] 所有的价格都是2000年的数据，单位为百万美元。
资料来源：美国商务部经济分析部门网站：http://www.bea.gov/bea/dn/home/gdp.htm。（2006年7月14日）

在处于森林发展第二阶段的一些地区，林业部门也可以大到足以引领经济增长。加蓬共和国、圭亚那以及美国华盛顿州西部和加拿大不列颠哥伦比亚省的历史发展都是例子。再次参见表6.2。在这些情况下，天然林是资本的一个来源。随着伐木工人减少了天然林蓄积，原木和木制品的出口创造了可用于再投资的金融资本流入。如果存在良好的本地投资机会和投资环境，部分金融资本可能会再投资于国内经济。

投资机会非常重要。当缺乏投资机会时，区域经济可能会经历森林生产的"繁荣"时期，但紧接着就是无限长时期的停滞。这是华盛顿州西部和不列颠哥伦比亚的早期经历，因为伐木工人首先在西雅图和温哥华的新定居点周围采伐，随着他们耗尽当地的天然林，他们就逐渐向华盛顿海岸和不列颠哥伦比亚海岸处迁移。尽管华盛顿州和不列颠哥伦比亚的广大地区继续生产原木，而西雅图和温哥华的城市规模在扩大，但每个地区都先经历了一段短暂的伐木繁荣时期，然后紧接着几乎没有再投资和永久性的活动。无论是在林业部门还是在多元化的区域经济中，一般的投资机会都需要时间酝酿。

在投资机会有利的情况下，再投资就会发生。森林本身并不是新投资的最初接受者，因为在森林发展的第二阶段，森林经营并不是有利可图的。因此，随着投资机会出现，国内经济变得多样化，也更具弹性。在早期，森林生产在发展中处于领先地位，随着当地经济多元化，其他部门对区域经济整体福利的相对重要性在不断提高。林业部门可能仍很重要，但林业部门对总体经济的相对贡献有所下降。总体经济变得更具弹性，并且因为它再不依赖于单一部门的活

第 6 章　贸易、宏观经济、经济增长与发展的影响

动,所以更少受外部市场冲击所可能带来的损害性影响。

同时,林业部门在绝对值方面仍然增长,如芬兰、美国华盛顿州、加拿大不列颠哥伦比亚省、智利、巴西帕拉州、印度尼西亚爪哇岛。在上述的每个例子中,林业部门本身已经多样化,并且林产品制造业的作用在提高。这些区域都从森林发展的第二阶段迈入了第三阶段,并且或多或少都投资了施业林。当然,在每种情况下,天然林的采伐仍在继续,而新增施业林往往与每个地区或国家剩余的天然林相隔一段距离。①

这是具有大型林业部门的区域经济模式,但是林业部门相对于国内经济的其他部门而言较小是比较常见的情况。林业部门从未超过国民经济的 7.6%,即使在芬兰,即表 6.2 中所展示的最大比例的国家。在相对较小的林业部门更常见的情况下,林业部门可能对总体经济增长几乎没有影响,但总体经济对林业部门和森林本身都有重要的影响。

6.3.2　整体经济增长对森林的影响

在第 4 章和第 5 章中,我们研究了森林市场和直接林业政策的特定影响;在第 4 章我们还讨论了相关部门的影响;在本章前面部分,我们讨论了贸易、贸易政策、国际市场的影响。总体经济的快速扩张和经济福利的整体改善对一个较小林业部门的影响仍未得到充分考虑。这将是本章最后一小节的主题。

因为总体经济由很多小规模且往往有着相反变化方向的市场和政策组成,并且森林的不同组成部分并不总是以类似的方式应对这些市场和政策的转变,所以其影响是相当复杂的。例如,我们已经解释过,林产品价格对施业林和天然林的土地有着截然相反的影响,而农产品价格更可能影响施业林的土地;而且我们预计总体福利的改善对天然林环境服务的需求产生的影响可能要大于对施业林产品的影响。这些观点在前几章已经明确了,但总体经济增长和发展对森林的整体影响的可获得证据仍是分散且不完整的。

我们将分两步对总体经济效应进行评估。第一步是基于一个案例说明一种情况下的影响,这个案例也说明了检验其他情况的基本方案。海南岛就是一个案例,它是中国东南部的一个省份。海南是一个很好的案例,因为它的经济在过去 30 年中异常迅速地增长,可以对增长的效果进行统计测算;而且在这期间,施业林和天然林都经历了实质性和可衡量的转变;此外它是一个岛屿,其市场边界很清晰。第二步是验证三阶段模型的广泛且一般的假设,假设发展过程始于森林开发,但在一定程度的发展之后,森林开采的激励转变,森林和相关的

---

① 在第 11 章讨论森林与当地人的相互关系时,会重新审视这个议题。

自然环境开始恢复。

海南岛

海南岛最初被热带雨林覆盖,而当日本在20世纪30年代占领它时,热带雨林仍然覆盖了全岛的1/2。日本人每年砍伐超过10 000 m³ 的原木以维持18间工厂的需求,然后在第二次世界大战期间为进行道路建设又砍伐了额外的木材。在20世纪30年代和40年代之间,大火还烧毁了很多的天然林。[①]

到20世纪50年代初期,森林覆盖率仅下降到土地总面积的30%。尚存的天然林大部分位于海南岛的中心山区。由于岛内和外部市场对木材的需求不断扩大,森林覆盖率持续下降。到20世纪80年代末,已经有40 000公顷的雨林遭到了砍伐,而且几乎没有造林的再投资。反复高强度的采伐使得大部分森林退化成灌木林乃至荒地,海南岛也从50年代的木材净出口地区变成了80年代的净进口地区。

20世纪初期,热带木本作物(橡胶、茶和热带水果)开始出现,但直到20世纪50年代这些作物的种植面积也没有显著扩张。其他农业作物的土地利用也保持相对稳定,直到20世纪70年代和80年代,当地少数民族人口的迁移农业的方式仍每年摧毁2 000—3 000公顷的天然林。到20世纪70年代末,海南岛的森林面积已经缩小到土地总面积的15%,而之前是林地而发生退化的面积扩大到全岛面积的四分之一。

政策也发挥了作用。从20世纪50年代开始,政府对大地主的农业土地进行了再分配,首先分配给了农民,之后到了集体,而后到了人民公社。农业生产力下降,这可能导致部分家庭转向自给自足型农业和迁移农业,而这造成了额外的毁林和森林退化。

1978年,中国开始逐步回归市场经济。最早的改革发生在农业,一项名为"家庭联产承包责任制"的政策,将一些土地的使用权还给了个体家庭。而后不久,政府对林地使用权也进行了类似的改革。结果,在1978—2000年,中国各地农村家庭收入飞速增长了六倍多。以前集体土地的森林面积与活立木森林材积均有所增加,但其扩张幅度不如家庭收入增加幅度大(Hyde et al.,2003)。海南岛也经历了这些与全国同样的改革。实际上,海南省总体经济的增长快于中国的其他地区。

同时,国家林业局继续经营着海南省内陆的部分森林。1982年,政府种植了约13万公顷桉树和一些其他树种的速生丰产林。到1995年,国有人工林占海南省施业林面积超过三分之一。这些森林为海南森林覆盖率增加了4%,而

[①] 关于海南岛的这部分是参考Zhang et al.(2000)。

第6章 贸易、宏观经济、经济增长与发展的影响

从1989年起,这一直是每年10万吨木片的出口来源。最后,政府意识到日益增长的环境问题,在1985年后禁止对剩余的天然雨林进行一切砍伐。另外,也将很多退化地区封禁起来,开始了森林恢复计划。到1997年,由于林业部(1998年更名为国家林业局)的再造林、森林封育以及集体与当地家庭之间的合同,海南6%—8%的土地面积得到恢复或森林再造。

总而言之,海南在20世纪的经历似乎遵循了一个地区从森林发展的第二阶段迈入第三阶段的一般模式。例外是在20世纪50年代到80年代初期,整体经济福利的下降导致了一些家庭恢复到森林发展第一阶段描述的迁移农业和森林开发。

然而,自20世纪80年代初以来,当地经济飞速发展,使得海南成为可以研究施业林和天然林变化来源的特例。当然,我们关注的是与整体经济福利改善直接相关的这些变化的份额。

Zhang, Uusivuori and Kuuluvainen(2000)整理了数据来评估1957—1994年间这些变化的来源,包括1978年以来最快速的市场驱动发展时期。表6.4再现了他们的回归结果。他们关于价格、人口和总产值(gross output value, GOV)的数据是自然对数形式。因此,这些变量的系数也就是弹性。

表6.4 1957—1994年间海南岛施业林与天然林面积变化原因的回归结果

变量名	施业林覆盖率(%)	天然林覆盖率(%)
常数项	−3.74*	2.98*
	(7.03)	(3.40)
木材价格	0.61*	−1.52*
	(5.81)	(4.80)
农产品价格	0.11	0.33*
	(1.16)	(6.55)
热带森林作物产品价格	−0.40*	1.29*
	(4.22)	(7.68)
人均总产值	0.59*	−0.31*
	(22.48)	(18.33)
人口密度	2.21*	−0.61*
	(42.57)	(21.51)
国有林占总林地的比率	0.42*	−0.77*
	(7.17)	(7.80)
HRS土地占集体土地的比重	0.79*	−0.54*
	(8.56)	(16.06)

(续表)

变量名	施业林覆盖率(%)	天然林覆盖率(%)
代表不确定性的虚拟变量	-0.09*	-0.76
	(2.73)	(0.88)
HRS和不确定性的交互影响	-1.55*	0.66*
	(15.49)	(17.07)
ρ(自相关系数)	0.64	0.53
Log-likelihood	134.7	144.6

注：这是 GLS 回归。星号表示满足 99% 置信区间的检验。括号中是 t 值。地区虚拟变量没有显示在表中。

资料来源：根据 Zhang et al. (2000) 进行修订。

  关键的价格系数符合我们的预期。提高木材价格是扩大施业林面积的一种激励，但也是采伐和消耗剩余天然林的动力。农产品价格上涨与天然林的面积有关，但是对于施业林的影响在统计上不显著，这可能是因为比起热带木本作物(果树、橡胶和茶叶)，农业的竞争更加激烈。这与改善农业机会使工人远离天然林的论点一致。包含热带木本作物是这一分析重要的贡献——正如混农林业和其他树木及树木价值的纳入对于其他分析的重要性，这样的其他分析可能是当那些树木的材积和土地面积很大的情况，或者是分析目标侧重于必须包含所有树木而不仅仅包括标准森林清查测度，如研究碳封存等话题(见第 2 章的附录)。在表 6.4 中，热带木本作物的价格系数显示，这些作物会与施业林竞争土地，但其生产可以替代对天然林中同样产品的采伐。

  回归中，政策和制度项的符号同样符合预期，这进一步为分析提供了信心。海南的国有森林企业的建立是为了开发天然林和绿化退化土地。它们的系数反映了这些政策的有效性。20 世纪 70 年代末和 80 年代，权力下放和家庭权利的改善伴随着家庭对施业林投资的增加——尽管投资取决于家庭对权力下放政策长期延续的不确定性。权力下放还导致一些天然林转变为其他家庭用地。

  我们最感兴趣的是总体经济福利的影响。Zhang et al. 使用总产值(GOV)作为总体福利的指标。(分析的前几年无法获取关于 GDP 的数据。)在他们分析的 37 年间，人均总产值大约增加了 10 倍。GOV 的系数表明，整体经济增长对施业林土地面积产生了正向影响，但对现存天然林面积有负向影响。两个影响都没有弹性。GOV 的增长解释了 1957—1994 年间施业林面积增加的 17%，以及天然林面积减少的 13%。

  这些结果也不足为奇。随着经济增长，总需求增加，区域基础设施也普遍改善。道路的改善和旨在提供与保护产权的制度完善对于林业尤为重要。道路改善和需求增加都使得天然林采伐增加，天然林覆盖率下降。然而，产权完

第 6 章　贸易、宏观经济、经济增长与发展的影响

善和需求增加也是森林经营和施业林地面积扩张的诱因。事实上,在 20 世纪 90 年代初,海南的施业林扩张加速,就如在该时期经济经历其最快速增长一样。此外,较富裕的社会可能能够更长期地承担森林非消费性功能的增值。海南大约 20% 的人工林是以环境为目的的事实似乎证实了这一观点。从 1985 年开始,限制天然林采伐的政治决定似乎给出了进一步肯定。

总之,总体经济增长对施业林和天然林都有可衡量且统计显著的影响(弹性分别为 +0.59 和 -0.31)。这些很重要,但并非这两类森林调整的最大来源。木材价格和其他影响价格的各种因素更重要。木材价格对施业林的影响与整体经济增长对施业林的影响(弹性为 +0.61)相仿,但对天然林的影响却更大(弹性为 -1.52)。总之,1% 的经济增长对施业林的正向影响,与所有税收、补贴以及其他因素合起来导致木材价格上涨 1% 带来的影响相似。但木材价格上涨 1% 对剩余天然林造成了更大的负面或破坏性影响。从可持续发展的角度来说,比起木材价格同等增长所带来的负的净效应,整体经济增长对两类森林的总体净效应更有利,而且总体经济增长的影响要比影响木材价格的任何一个单一市场或政策因素重要得多。

表 6.4 中的弹性还表明,总体经济增长 1% 对施业林的影响要大于农产品价格(弹性为 -0.11)或热带木本作物价格(弹性为 -0.40)同等增长所带来的影响,尽管后两个价格增长对剩余天然林有恢复性的影响。

这些结果为林业的可持续发展提供了有趣的前景。如果木材价格随着经济增长而下降,那么经济增长可能会是施业林和天然林净改善的来源。此外,如果木材价格相对于农产品价格或热带木本作物价格是下降的,那么它们是可持续林业的第二个来源。(事实中,海南木材价格相对于农产品价格略有上涨,但相对于热带木本作物的价格略有下降。)

显然,无论是从绝对还是相对的角度来说,总体经济增长都对海南的森林有着相当重要的影响。然而,问题仍然存在:海南在 1957—1994 年间的经历是否只是特例,以及我们是否可以预期随着经济增长,世界其他的地区和经济体也会如此。一个更近期的评估,与 Zhang 等的研究类似,但是针对整个中国,提供的结果与海南岛的观测结果一致(Hyde,Wei and Xu,2008)。

其他的例子也从更广泛的范围支持海南的结论。1880—1910 年间,新英格兰地区的六个美国小州有超过 100 万公顷的退耕还林(Williams,1988)。其中的两个州,佛蒙特州和新罕布什尔州,森林覆盖率在 20 世纪大约从 15% 增长到了 77%(USDA Forest Service,2005)。在法国和瑞士,森林覆盖率是两个世纪前的两倍(Peyron and Colnard,2002;Mather,2001)。最近,法国的森林覆盖面

积从第二次世界大战前的不足 1 100 万公顷增长到了 20 世纪末的 1 600 万公顷。公共国家林业基金资助了法国森林覆盖率的初期增长,但在 2000 年计划停止后,森林覆盖率仍不受影响。在英国,到 14 世纪,森林覆盖率已下降至 10%,在 20 世纪初更是降为 5%,但现在已经恢复到 12%(FAO,2001)。在这些例子中,美国的新英格兰地区、法国、瑞士和英国,人均收入增长了好几倍,超过了 20 世纪森林覆盖率的增长速度。在较短的时间内,印度的旁遮普地区森林覆盖率在 1960—1990 年间增长了不止六倍,而人均收入翻了一番(Singh,1994)。上述的例子相当多样,但它们可能都是特例而不同于常态吗?本章的下一部分将考察更一般性的证据。①

林业的环境库兹涅茨曲线

环境库兹涅茨曲线(EKCs)指的是,发展始于自然资源和环境的消耗,但随着发展的进行,消耗速度逐渐减慢,最终随着增长和经济发展的进一步进行,自然环境开始恢复的假说。这就形成了发展和环境消耗之间的倒 U 形关系,如图 6.3 所示。最初,经济体过于贫穷无法承担控制污染的成本,一些自然资本存量成了再投资和增长的金融资本来源。最终,当收入达到关键收入水平以上时,环境质量的改善和非消费性的公共物品,如天然林带来的审美价值,变得比额外自然资源消费相对更重要,经济体投资于污染控制和其他环境改善,整体环境健康与人类健康和福利都得到了改善。

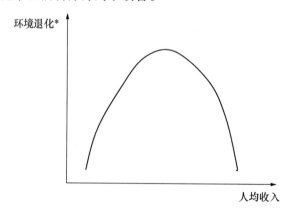

图 6.3 环境库兹涅茨曲线

* 对于林业,环境退化可以是毁林速度,也可以是人均森林覆盖率或单位面积森林覆盖率的相反指数。

---

① 详见 Lamb and Gilmour(2003)进一步的讨论以及更多的案例。

第6章 贸易、宏观经济、经济增长与发展的影响

关于环境库兹涅茨曲线的最初讨论(Grossman and Krueger,1993)是指整体环境的条件,但随后的很多实证研究涉及特定的环境条件,如二氧化硫等污染物(DeBruyn,1997)或者森林等资源(Bhattarai and Hammig,2001,2004;Said,2001;Mather,Needle and Fairbairn,1999;Koop and Tole,1999)。[①] 在后一种情况下,图6.3的纵轴通常指毁林的速度或水平。

数据通常是评估环境库兹涅茨曲线会遇到的一个问题,林业当然也是如此。跨期证据依赖于分散的例子,如本章前一部分最后一段中提到的新英格兰、法国、瑞士、英国以及印度的旁遮普地区,但是这些轶事证据不足以说明一般模式。另一替代选项是截面证据,要求在收入水平不同的多个国家和地区间进行森林覆盖率或毁林的可比测算。第2章的附录中描述了不同国家森林调查所使用的基本测算方式的极大差异,这些差异使得我们难以使用这些数据来完成截面分析。

如果没有可比的截面数据或大量长期的跨期评估,我们应该如何分析林业的环境库兹涅茨曲线呢?我们可以考察随着收入增加,对森林的需求模式有什么变化。为了与初始环境库兹涅茨曲线的广泛环境观点保持一致,我们应该考虑对木材的消费性需求以及对基于森林的环境服务的非消费性需求,包括那些不包含在大部分森林调查中的森林和树木所满足的非消费性需求。这两类需求模式以及农业用地与林地的竞争,再加上关于森林发展的三个阶段的讨论,为林业的环境库兹涅茨曲线的存在提供了支持。

主要的木材消耗品包括薪材、锯材、其他工业用圆木、胶合板、纸板和各种纸制品。Buongiorno et al.(2003)曾利用1973—1997年25年间64个国家的数据,计算了这些产品的收入弹性。意料之中的是,薪材和其他工业用圆木的收入弹性是负的,也就是说,随着收入增加,这些商品的消费量会减少。除纸制品以外,其他几种产品的收入弹性都是正的,但是小于1,也就是说随着收入增加,这些商品的消费量会增加,但是增长的比例要小于收入增长的比例。Buongiorno等还将样本进一步分为23个高收入国家和41个低收入国家,并且得出结论:除纸制品以外,高收入国家的木材产品收入弹性更低。[②] 总之,这些收入弹性表明,随着收入增加,木材产品(纸制品除外)的消费量至少相对减少,并且随着收入水平的进一步提高,相对水平进一步下降。

主要的非消耗性森林活动就是游憩和一些生态系统服务;减缓全球气候变

[①] Dasgupta et al.(2002)和Copeland and Taylor(2004)回顾了这篇文献。Copeland和Taylor总结认为证据支持收入的增加对环境质量有正向影响的观点。

[②] 在一个相关的估计中,Zhu,Tonberlin and Buongiorno(1998)计算出这些产品的短期和长期弹性。它们的长期弹性都小于1。

化的碳封存、生物多样性栖息地和侵蚀控制。目前还没有关于这些服务收入弹性的综合性总结。然而,我们可以确信至少对于发达国家而言,基于森林的游憩活动会随收入增加而增加。(基于森林的游憩活动的收入弹性会大于1吗?)此外,各种有关环境的国际谈判清楚地表明,收入更高的发达国家对于防范全球气候变化、保护生物多样性的重视程度更高。最后,发达国家通常会留出更多的公园和森林保护区,并且对保护和使用其自然资源设置更高的环境标准。这些都表明对森林的非消费性需求会随发展而增长,因此也随着收入增加而增长。

侵蚀控制的情况有所不同。处于发展各个阶段的所有收入水平的国家的政府和地方土地所有者都种植树木以防止侵蚀。然而,他们仅仅在拥有相对长期的土地产权和树木所有权的情况下才会种植这些树木。土地产权的安全性总体上随着整体经济发展和福利的改善而提高——就像所有公共制度的表现会随着经济发展而得到改善。因此,改善的制度和总体经济福利的关系表明,为了防止侵蚀而进行的森林保护也可能随着经济发展而改善。

最后,随着经济发展,与林地竞争的农业用地明显减少。农产品消费的收入弹性是正值,但很小,而且每公顷的农业生产力一直在增加。因此,在过去几十年中,许多国家的总农业用地面积略有下降。尽管很多发达国家人口不断增长且有大量农业支持计划,但在收入更高的国家,农业土地与林地的竞争力显然正在逐渐下降,并且在一项评估中,Waggoner and Ausubel(2001)认为对所有国家而言,随着时间推移,农业土地对林地的竞争力都在下降。

总之,许多消费性林产品的收入弹性会随经济发展而下降,而对于收入更高的国家,森林游憩的收入弹性甚至要大于大部分消费性林产品的收入弹性。其他非消费性的森林服务的需求似乎随着发展而增加。因此,随着收入的提高,对树木和森林的消费性需求和非消费性需求都会增加,但后者增加得更快。同时,农业用地的需求似乎会随收入水平的上升而下降。因此,我们可以合理地推测,随着经济发展,经营和保护森林与树木的需求最终会超过采伐需求和将林地转化为农业用地的需求。这一结论与林业的环境库兹涅茨曲线一致。

森林发展的三阶段模式几乎没有说明森林的非消费性用途,但森林消费性用途的顺序与森林的环境库兹涅茨曲线一致。正如我们所看到的,在第一阶段,森林甚至可能会阻碍发展,新定居者会砍掉那些阻碍农业生产的森林和树木。在发展的第二阶段,森林仍是一种自然资本的来源,森林会继续遭到破坏。而到了第三阶段,森林的商业价值会上升到使森林经营变成一项有利可图的活动的临界点。从天然林中获取一定资源仍存在,但新增的施业林和树木的增长会抵消其影响。森林消耗的速率下降,甚至可能逆转。

第 6 章　贸易、宏观经济、经济增长与发展的影响

因此,关于林产品收入弹性和森林发展三阶段模式的观察是接受林业环境库兹涅茨曲线假说的两个主要原因,即经济体在发展早期耗竭树木和森林,但随着发展演进和收入提高,相对价值转变,森林恢复。更高质量、更加完整的数据会更富有说服力,但是对于关注环境与发展的人而言,我们的推理是对世界未来森林保持谨慎乐观的基础。最后,很明显,即使从不完美的森林存量的官方证据来看,西欧和北美大部分发达国家的森林覆盖率在过去两个世纪中有所增长。事实上,根据联合国粮农组织最新的数据,全球 50 个森林覆盖率最高且人均年收入超过 4 600 美元的国家,没有一个面临着森林恶化(Kauppi et al.,2006)。

一些实证估计表明,环境库兹涅茨曲线的临界点一般在人均年收入为 5000—8000 美元之间(Dasgupta et al.,2002)。这是林业(包括森林覆盖率与天然林)的相关收入范围吗？一项关于中国在 1978—2003 年经济飞速增长期间的实证评估再次证明了林业环境库兹涅茨曲线的假说,也证明了林业环境库兹涅茨曲线的转折点要低很多(Hyde et al.,2008)。中国的森林数据是系统收集的,并且长期涵盖广泛的地理范围,这都使它具有进行计量经济学分析的优势。Hyde 等观察到中国天然林的环境库兹涅茨曲线转折点是农村人均年收入达到 563 元(约 64 美元,虽然中国的购买力平价可能是美国的四倍),这是一个很低的临界点,中国在 20 世纪 80 年代中期就达到了这一转折点。他们还观察到,收入的增加迅速带来中国施业林的充分扩张,从而创造了森林(施业林和天然林)总面积的净增长——即使在很低的收入水平上。①

越南是另一个有趣的例子。2004 年,越南的人均收入只有 440 美元,而且直到最近,它的森林面积始终在减小。然而,越南已经开始再造林,这表明其进入了森林发展的第三阶段。越南全国森林覆盖率的六分之一都是人工林,而人工林面积还在以每年 10% 的速度增长,或每年增加 20 万公顷(Hyde,2005)。那么,越南的经历是否与中国的观测一致,即林业的环境库兹涅茨曲线有很低的转折点,还是中国和越南都是特例？前者可能是一个令人满意的结论,但是还需要很多其他国家和地区的例子来支持我们的结论。而如果后者才是正确的,中国和越南都是特例,那么是什么导致它们的特殊性,它们的特殊性可以告诉我们哪些因素可能会降低环境库兹涅茨曲线的转折点吗？

这是一个非常重要的问题。究竟是什么因素导致环境库兹涅茨曲线的转折点下降——反映为总森林覆盖率上升,尤其是天然林覆盖率的上升？如果森林得以恢复的临界收入水平可以下降,那么数十亿人的自然环境将得到改善。

这个临界点与三个特定因素及两个条件因素相关。三个特定因素包括制

---

① Zhang et al.(2005)对中国施业林和天然林的总体估计得出了相似的结论。他们发现到 2001 年,中国 31 个省份中的 21 个都经过了转折点,处于环境库兹涅茨曲线的后期。

度的改善,尤其是产权制度的改善;社会经济确定性和宏观经济稳定性的提高;更公平的收入分配。两个条件因素是技术进步和更自由化的贸易。

在讨论森林发展时,这五个因素很常见。产权的完善会降低森林发展所有三个阶段的成本曲线,减少退化的开放进入的森林面积。[①] 改善长期宏观经济的稳定性有相似的影响,这对于正在考虑长期投资森林经营等活动的土地所有者而言尤为重要。更公平的收入分配意味着更少的低薪工人进而减少了森林的非法入侵,这也可能意味着与森林相关的环境服务需求的增加。当然,这些因素中的每一个都是发展本身的特征,每个因素的改进都是所有发展计划的基础目标,而不仅仅是森林发展。技术进步和自由贸易的影响是有条件的,正如第3章所示,并非所有种类的技术变革都会改善森林的状况,而本章的第一部分也表明,自由贸易改善了进口国的天然林状况,但我们只能推测它对全球森林的净效应。对所有五个因素更好的理解将加强我们对如何降低确定林业环境库兹涅茨曲线的关键转折点的收入水平的理解。

6.4　总结

本章回顾了总体经济活动对森林和林业的广泛影响,包括跨地区和跨经济体贸易的影响以及总体宏观经济增长的影响。

一些影响是确定的。贸易改善了进口地区和出口地区的福利,否则贸易不会发生。它导致进口地区林业部门就业的损失,但如果林业工人以及依靠林产品维持生计的人在当前更富裕的区域经济中能找到其他就业机会,那么这种损失就是暂时的。如果在生产和出口地区伐木和森林经营的更低财务成本意味着比进口地区更平缓的森林地形,那么生产地区的林业活动具有相对较低的环境风险,因此进口地区的天然林会得到改善,而两个地区的总体环境也会得到改善。当然,并非总是如此,贸易对增加生产的国家有输出环境问题的影响。在后一种情况下,对于两个贸易伙伴的环境影响是好是坏的问题仍然是一个未经实证检验的问题。

贸易政策对林业的影响是有限的,因为在大多数国家,原木和林产品的关税和非关税壁垒普遍较低。然而,有两个值得注意的例外。首先,印度尼西亚、加拿大和以前在美国西北部的原木出口管制减少了国内原木的总需求,并以较低价格形式为国内木材加工业创造利润,但它们对森林生产本身和整体经济有负向影响。其次,很多发达国家已经对其国内森林的环境标准进行了规范。提

[①] Dasgupta et al. (2006)在研究环境库兹涅茨曲线时也强调了收入和管制的独立影响。

第6章 贸易、宏观经济、经济增长与发展的影响

高的标准使得很多生产转移到成本更低、环境标准更低的其他国家。因此,对其自己的森林施加更高标准的发达国家可能不会改善全球环境,因为他们可能只会将环境负担转移到出口初级林产品的较贫穷的发展中国家。这些经济和环境影响的程度仍是猜想,值得进一步研究。

在大部分国家,相对于经济体的其他部门而言,林业是一个小部门,而整体经济的调整对国内森林有着十分重要的影响。我们认为,其对施业林和天然林的影响将是相反的,并且我们用中国海南做了例证。随着海南经济在 37 年内增长了十倍以上,整体经济增长对施业林和天然林的影响弹性分别是 0.59 和 −0.31,使施业林的增量大于天然林的耗损量。在海南乃至世界其他地区很难找到一项森林政策的调整效果与整体经济对这两类森林的影响一样大。

宏观经济政策的部分方面与森林增长的关系更难追踪。林业总体结构调整计划的影响就是一个例子。由于有太多潜在的影响渠道,每个渠道都根据特定区域经济的具体情况进行加权。尽管现在有一定的证据并且大家也认识到了问题的重要性,但宏观经济政策的其他问题仍然没有得到充分检验。虽然如此,我们可以提出一些假说:

- 假说1:不稳定性和不确定性不利于长期投资。因此,它们尤其对自然边界处的森林经营和森林有阻碍作用。它们鼓励在短期内扩大采伐和耗竭森林,并妨碍森林投资以及现代伐木设备的投资。不稳定的状况是导致诸多发展中国家林业活动的财务和环境表现不佳的重要原因。
- 假说1a:随着总体稳定性恢复,地方制度完善,更长期投资的信心恢复,在边界处的短期采伐活动会下降,森林经营和伐木及木材加工业的投资也会恢复。
- 假说1b:事实上,稳定性和有效治理可能决定其他更有针对性的政策的效果,如大多数特定的森林政策。例如,Stiglitz(1998)认为,治理一般是有效贸易自由化的关键,而 Richards(2005)则指出有效治理和总体稳定性(暗含)是林业部门有效贸易自由化的关键。
- 假说2:诱致加快短期采伐的市场和政策转变有其局限性。即使是再活跃的采伐活动也必须涵盖资本的可变成本,这些成本限制了采伐活动的速度和程度。此外,从长远来看,随着用在采伐活动中的制造资本老化且未被及时替换,短期采伐活动的速度一定会下降。例如,柬埔寨军队在 20 世纪 80 年代和 90 年代采伐木材的情况就是如此。
- 假说3:欧盟、北美和日本的农业支持计划扩大了这些发达国家一些地区的农业用地和生产,从而减少了森林的土地面积。这些国家会将一部分农产品剩余出口到一些区域商业性农产品不太有竞争力的发展中国家,导致发展中

国家的一些农业劳动力回到了自给自足型的农业中,损害了边界处的森林。一个可检验的假设是这些农业支持计划是全球毁林和森林退化的重要原因。

- 假说4:利于资本的投资、贸易政策以及最低工资政策(如果它们有效)会降低劳动力的相对地位,特别是非技术劳动力。廉价的制造资本导致边界处的商业性伐木。失业的低薪农村劳动力经常在天然林中找到适宜开展自给自足型农业的地方。因此,这些政策也是毁林和森林退化的原因。
- 假说5:林业在经济发展中起了一定的作用。当作为经济存量的森林资源可以进入市场时,其可能是发展资本的一个来源。(存在简单的活立木森林是不够的。)一旦当地价格和发展水平能够证明森林投资的合理性,森林经营就成为发展过程中的参与者。此时,林业甚至可能成为一些区域发展的主导部门,但最终经济多样化后,其他部门出现且对经济的重要性不断提高,林业部门的相对重要性会下降,甚至下降的变化量在不断变大。
- 假说5a:环境库兹涅茨曲线对林业是有效的概念。也就是说,森林和树木的存量会在经济发展的早期减小,但是最终,经济会达到支持森林环境的相对价值更高的水平。随着进一步的发展,再投资会发生,树木和森林的总体蓄积会恢复,特别是天然林的蓄积。

这些都只是假说,但理论和实证证据都支持这些结论。在一些重要案例中,对森林和林业的各自影响程度可能很大。它们应该得到更多的关注。

参考文献

Anderson, R., L. Constantino, N. Kishor, G. Labadie, and J. Panzer. 1994. *Structural adjustment, regional development and forest degradation: Loggers and migrants in Bolivia*. LATEN dissemination note #11. Washington, DC: World Bank.

Anon. 2007. Sarawak goes for sustainable forest management. Malaysian National News Agency http://www.bernama.com.my/bernama/v3/news.php?id=267978 (accessed June 18, 2007).

Antweiler, W., B. Copeland, and M. Taylor. 2001. Is free trade good for the environment? *American Economic Review* 91(4): 877—908.

Barbier, E. 1996. *Impact of the Uruguay round on international trade in forest products*. Discussion paper, FAO/UN. Rome: Food and Agriculture of the United Nations.

Barr, C. 1998. Bob Hasan, the rise of Apkindo, and the shifting dynamics of control in Indonesia's timber sector. *Indonesia* 65: 1—36.

第6章 贸易、宏观经济、经济增长与发展的影响

Benhin, J., and E. Barbier. 2004. Structural adjustment programme, deforestation and biodiversity loss in Ghana. *Environmental and Resource Economics* 27: 337—366.

Bhattarai, M., and M. Hammig. 2001. Institutions and the environmental Kuznets curve for deforestation: A crosscountry analysis for Latin American, Africa and Asia. *World Development* 29(6):95—1010.

Bhattarai, M., and M. Hammig. 2004. Governance, economic policy, and the environmental Kuznets curve for natural tropical forests. *Environment and Development Economics* 9: 367—382.

Binswanger, H. 1991. Brazilian policies that encourage deforestation in the Amazon. *World Development* 19: 821—829.

Bolkesjo, T., E. Tromborg, and B. Solberg. 2005. Increasing forest conservation in Norway: Consequences for timber and forest product markets. *Environmental and Resource Economics* 31: 95—115.

Bourke, I. 2003. *Trade in forest products, trade restrictions, and trade agreements affecting international.* Unpublished paper prepared for IIED and the FAO conference on Impact Assessment of Forest Products Trade in the Promotion of Sustainable Forest Management. Rome, February 2003.

Bourke, I., and J. Leitch. 1998. *Trade restrictions and their impact on international trade in forest products.* Rome: Food and Agriculture of the United Nations.

Boyd, R., and W. F. Hyde. 1989. *Forest sector intervention.* Ames: Iowa State University Press.

Boyd, R., and K. Krutilla. 1987. The welfare impacts of US trade restrictions against the Canadian softwood lumber industry: A spatial equilibrium analysis. *Canadian Journal of Economics* 20(1): 17—35.

Boyd, R., and K. Krutilla. 1992. The impact of the free trade agreement on the U.S. forestry sector: A general equilibrium analysis. In P. Nemitz, ed., *Emerging issues in forest policy.* Vancouver, Canada: University of British Columbia Press, pp. 236—253.

Brack, D., C. Marijnissen, and S. Ozinga. 2003. *Controlling imports of illegal timber, options for Europe.* London: Royal Institute of International Affairs.

Buongiorno, J. 2006. *Who will meet China's import demand for forest products*? Unpublished research paper, University of Wisconsin, Department of Forest and Wildlife Ecology.

Buongiorno, J. S. Zhu, D. Zhang, J. Turner, and D. Tomberlin. 2003. *The global forest products model: Structure, estimation, and applications.* Boston: Academic Press.

Contreras-Hermosilla, A. 2001. *Forest law compliance: An overview.* Rome: Food and Agricultural Organization of the UN.

Copeland, B., and M. Taylor. 2004. Trade, growth, and the environment. *Journal of Economic Literature* XVII (1): 7—71.

Dasgupta, S., B. Laplante, H. Wang, and D. Wheeler. 2002. Confronting the environmental Kuznets curve. *Journal of Economic Perspectives* 16(1): 147—168.

Dasgupta, S., K. Hamilton, K. Pandey, and D. Wheeler. 2006. Environment during growth: Accounting for governance and vulnerability. *World Development* 34(9): 1597—1611.

Deacon, R. 1994. Deforestation and the rule of law in a cross section of countries. *Land Economics* 70(4): 414—430.

DeBruyn, S. 1997. Explaining the environmental Kuznets curve: Structural change and international agreements in reducing sulphur emissions. *Environment and Development Economics* 2(4):485—503.

Durst, P., T. Waggener, T. Enters, and T. Cheng (Eds.). 2001. *Forests out of bounds: Impacts and effectiveness of lagging bans in national forests in Asia-Pacific.* Bangkok: Food and Agriculture of the United Nations.

Economist. 2004. Canada and the United States: Time to bury the hatchet. (September 18) 375:46.

Economist. 2005a. China: Green guise. (March 25) 376: 42.

Economist. 2005b. Europe's farm follies. (December 10) 377: 25—27.

Economist. 2006a. World trade: Under attack. (July 8) 380: 65—66.

Economist. 2006b. Farm subsidies: Uncle Sam's teat. (September 7) 380 (8494): 35.

Esty, D. 1994. *Greening the GATT: Trade, environment, and the future.* Washington, DC: Institute for International Economics.

FAO/UN (Food and Agriculture Organization of the United Nations).

2001. Global forest resources assessment 2000. Forestry paper 140. Rome: FAO.

FAO/UN (Food and Agriculture Organization of the United Nations). 2005. Yearbook of forest products, FAOSTAT statistics database. http://apps.fao.org/(accessed August 23, 2008).

FEDRC (China National Forest Economics and Development Research Center). 2006. *Forest resource analysis for China's forestry supply*. Unpublished report. Washington, DC: World Bank.

GOI/DF (Government of Indonesia, Department of Forestry). 2004. *Statistic Kehutanan*. Jakarta: Department of Forestry.

GOI/BPS (Government of Indonesia, Badan Pusit Statistic). 2001. *Statistik Industri: Large and medium manufacturing statistics*. Jakarta: BPS.

Grossman, G., and A. Krueger. 1993. Environmental impacts of the North American Free Trade Agreement. In P. Garber, ed., *US-Mexico free trade agreement*. Cambridge, MA: MIT Press, pp. 13—56.

Hashiramoto, O., J. Castano, and S. Johnson. 2005. Changing global picture of trade in wood products. *Unasylva* 219(55): 19—26.

Hirschman, A. 1958. The strategy of economic development. New Haven, CT: Yale University Press.

Hyde, W. 2005. Forest development and its impact on rural poverty. Unpublished report prepared for the Asian Development Bank, Manilla, Philippines.

Hyde, W., B. Belcher, and J. Xu, (Eds.). 2003. *China's Forests: Global lessons from market reforms*. Washington, DC: Resources for the Future.

Hyde, W., J. Wei, and J. Xu. 2008. *Economic growth and the natural environment: The example of China and its forests since 1978*. Unpublished research paper. Peking University and Economics Department, Gothenburg University.

Kaimowitz, D., Erwindo, O. Ndoye, P. Pacheco, and W. Sunderlin. 1997. *Forests under (structural) adjustment in Bolivia, Cameroon, and Indonesia*. Unpublished research paper. Bogor, Indonesia: Center for International Forestry Research.

Kauppi, P., J. Aussubel, J. Fang, R. Sedjo, and P. Waggoner. 2006. Returning forests analyzed with the forest identity. *In Proceedings of the National Academy of Science* 103(46): 17574—17579.

Kishor, N., and L. Constantino. 1993. *Forest management and competing land uses: An economic analysis for Costa Rica*. LATEN discussion note no. 7. Washington, DC: World Bank.

Koop, G., and L. Tole. 1999. Is there an environmental Kuznets curve for deforestation? *Journal of Development Economics* 58: 231—244.

Lague, D. 2003. Felling Asia's forests. *Far Eastern Economic Review* 166(51): 26—29.

Lamb, D., and D. Gilmour. 2003. *Rehabilitation and restoration of degraded forests*. Cambridge, UK: IUCN Publications.

Lebedys, A. 2004. *Trends and current status of the contribution of the forest sector to national economies*. Working paper FSM/ACC/07. Rome: Forests Products and Economics Division, FAO/UN.

Mahar, D. 1988. *Government policies and deforestation in Brazil's Amazon region*. Environment Department working paper no. 7. Washington, DC: World Bank.

Mahar, D., and R. Schneider. 1994. Incentives for tropical deforestation: Some examples from Latin America. In K. Brownand and D. Pearce, eds., *The causes of tropical deforestation*. London: University College London Press, pp. 159—171.

Margolick, M., and R. Uhler. 1992. The economic impact on British Columbia of removing log export restrictions. In P. Nemetz, ed., *Emerging Issues in forest policy*. Vancouver, Canada: University of British Columbia Press, pp. 273—296.

Mather, A. 2001. The transition from deforestation to reforestation in Europe. In A. Angelson and D. Kaimowitz, eds., *Agricultural technologies and tropical deforestation*. Wallingford, UK: CAB International, pp. 35—52.

Mather, A., C. Needle, and J. Fairbairn. 1999. Environmental Kuznets curves and forest trends. *Geography*. 55—65.

Mersmann, C. 2005. Links between trade and sustainable forest management: An overview. *Unasylva* 55: 3—9.

Page, S. 2006. Are we collapsing? A review of Jared Diamond's Collapse: How societies choose to fail or succeed. *Journal of Economic Literature* 43: 1049—1062.

Peyron, J., and O. Colnard. 2002. Vers des compts de las forest? *In Forest, Economie et Environnement: Rapport de la Commission des Compts et de l' Economie ole l' Environnement* [Forest Economy and Environment: Report of the Audit Board and the Economy of the Environment]. Orleans, France: Institut Francois de I' Environnement, pp. 169—190.

Prestemon, J. 2000. Public open access and private timber harvests: Theory and application to the effects of trade liberalization in Mexico. *Environment and Resource Economics* 17: 311—334.

Richards, M. 2005. Forest trade policies: How do they affect forest governance. *Unasylva* 219(55): 39—43.

Rozelle, S., J. Huang, and S. Benzinger. 2003. Forest exploitation and protection in reform China: Assessing the impacts of policy and economic growth. In W. Hyde, B. Belcher, and J. Xu, eds., *China's forests: Global lessons from market reforms*. Washington, DC: Resources for the Future, pp. 109—134.

Rytkonen, A. 2003. Market access of forest goods and services. *Background paper for the global project: Impact of forest products trade in the promotion of sustainable forest management*. Rome: Food and Agriculture of the United Nations.

Samuelson, P. 1948. International trade and the equalization of factor prices. *Economic Journal* 59(234): 163—184.

Schneider, R. 1995. *Government and the economy on the Amazon frontier*. LAC Regional Studies Program Report no. 34. Washington, DC: World Bank.

Sedjo, R. A., C. Wiseman, D. Brooks, and K. Lyon. 1994. *Global forest products trade: The consequences of domestic forest land-use policy*. Discussion paper 94-13. Washington, DC: Resources for the Future.

Seidl, A. 2001. *Intra-regional wealth-deforestation relationships in the Brazilian Pantanal: An examination of the environmental Kuznets curve hypothesis*. Unpublished manuscript presented at the Western Economics meetings in Logan, Utah.

Singh, H. 1994. The green revolution in Punjab: The multiple dividend, prosperity, reforestation and the lack of rural out-migration. Unpublished student paper, JFK School of Public Policy, Harvard University, Boston.

Sohngen, B., R. Mendelsohn, and R. Sedjo. 1999. Forest management, conservation, and global timber markets. *American Journal of Agricultural Economics* 81: 1—13.

Stiglitz, J. 1998. *Toward a new paradigm for development: Strategies, policies, and processes*. Prebisch lecture. Geneva.

Sun, X., E. Katsigris, and A. White. 2005. *Meeting China's demand for forest products: An overview of import trends, ports of entry, and supplying countries, with emphasis on the Asia-Pacific region*. Washington, DC: Forest Trends.

Sunderlin, W., and J. Pokam. 2003. *Economic crisis and forest cover change in Cameroon: The roles of migration, crop diversification, and gender division of labor*. Unpublished manuscript. Bogor, Indonesia: Center for International Forestry Research.

Tachibana, T., T. Nguyen, and K. Otsuka. 2001. Agricultural intensification versus extensification: A case study of deforestation in the northern-hill region of Vietnam. *Journal of Environmental Economics and Management* 41(1): 44—69.

Taylor, R., I. Tomaselli, and L. Hing. 2005. How to hurdle the barriers. ITTO *Tropical Forest Update* 15(2): 18—20.

USDA Forest Service. 2005. Forest inventory and analysis webpage: http://fia.fs.fed.us (accessed April 16, 2010).

USDA Forest Service. 2007. Highlights of the Forest Service performance and accountability report. Washington, DC: USDA Forest Service.

Uusivuori, J., and Y. Kuuluvainen. 2001. Substitution in global wood imports in the 1990s. *Canadian Journal of Forest Research* 31: 1148—1155.

Watkins, K., and J. Von Braun. 2002. Time to stop dumping on the world's poor. 2002—2003 Annual Report: Trade policies and food security. *International Food Policy Research Institute*: 18. Washington, DC: International Food Policy Research Institute.

Waggoner, P., and J. Ausubel. 2001. How much will feeding more and wealthier people encroach on forests? *Population and Development Review* 27(2): 239—257.

Williams, M. 1988. The death and rebirth of the American forest: Clearing and reversion in the United States 1900—1980. In J. Richards and R. Tucker, eds., World deforestation in the twentieth century. Durham, NC: Duke University Press, pp. 211—229.

Wunder, S. 2003. *Oil wealth and the fate of the forest: A comparative study of eight tropical countries*. London: Routledge.

Wunder, S. 2005. Macroeconomic change, competitiveness and timber production: A five country comparison. *World Development* 33(1): 65—86.

Young, C. 1996. Economic adjustment policies and the environment: A case study of Brazil. Unpublished doctoral thesis, Department of Economics, University of London.

Zhang, D. 2007. The softwood lumber war. Washington, DC: Resources for the Future.

Zhang, Y., J. Uusivuori, and J. Kuuluvainen. 2000. Econometric analysis of the causes of forestland use/cover change in Hainan, China. *Canadian Journal of Forest Research* 30: 1913—1921.

Zhang, Y., S. Takibana, and S. Nagata. 2005. Impact of socioeconomic factors on the changes in forest areas in China. *Forest Policy and Economics* 9: 63—76.

Zhu, S., D. Tonberlin, and J. Buongiorno. 1998. *Global forest products consumption, production, trade and prices: Global forest products model projection to 2010*. FAO Forest Policy and Planning Division working paper GFPOS/WP/01. Rome: Food and Agriculture of the United Nations.

附录6A 国民核算中的林业

国民收入账户是对一个地区或一个经济体的生产力总和的衡量,是所有部门的累计生产力。林业是促进经济发展的众多经济活动部门之一,因此,也对这些账户有贡献。

国民账户通常累计所有具有市场价值的产品和服务的货币测算。因为在开放经济中货币单位是由消费者行为决定,所以它是消费者赋予产品和服务的社会价值的衡量。因此,基于这些测算结果,国民账户是一个经济体社会福利的一种衡量标准,经济体账户在几年时间内的差异可以是该经济体福利水平取得进展的象征。

附录的第一部分将回顾国民账户的组成,并将林业活动纳入其中。关于账户中自然资源与环境组成部分的讨论倾向于关注账户遗漏的部分和活立木森林等自然资产价值的贬值。附录第二部分将总结纠正这些错误所需的修改,并建立对森林部门贡献的准确衡量。

国民收入账户

国民收入账户报告了整体地区或经济体的收入与生产或支出的累积。表6A.1总结了几种常见衡量指标的区别以及2002年美国经济中这些指标的衡量结果。国内生产总值(GDP)是在给定会计期内(通常为1年),生产出并且没有被再次销售的产品与服务的市场价值。国民生产总值(GNP)是根据流入或流出世界其他地区的收入来调整GDP。第三种常用的测算国民收入的账户是国民生产净值(NNP),即GNP减去资本消费的折旧(或者贬值)。第四种衡量指标是国民收入(NI),即NNP减去间接营业税(如不动产税),加上政府补贴,再减去政府部门的剩余。

表 6A.1 国民收入指标——基于美国 2002 年官方估值

(单位:10 亿美元)

标志	指标		2002 年美元价值
GDP	国内生产总值		10 469.6
	加:从世界其他地区获得的收入		305.7
	减:对世界其他地区的收入支出		275.0
GNP	国民生产总值,其中:		
	林业	?	
	木制品	30.2	
	家具	31.1	
	造纸业	50.3	10 500.2
	减:固定资本消费		1 292.0
NNP	国民生产净值	9 208.3	
	统计误差		−21.0
NI	国民收入		9 229.3

资料来源:美国商务部经济分析网站,http://www.bea.gov/bea/dn/home/gdp.htm,2006 年 7 月 14 日获取。

表6A.2的第一列是收入和生产账户。它总结了计入GNP的个人和企业的收入流。表格总结了美国2002年的账目。所有林业部门(林业本身和林产

第6章 贸易、宏观经济、经济增长与发展的影响

品)大约占美国 GDP 的 1.3%,占美国进出口总额的 2%左右。[①] 为便于比较,表 6.2 和表 6.3 报告了其他几个国家和地区林业部门的大致贡献。这些表格清楚地显示,即使林业部门很重要,它在整体地区或国家经济中的贡献也很少超过 4%。

表 6A.2　2002 年美国国民生产总值和国民支出总值

(单位:10 亿美元)

国民收入和生产账户		国民支出账户	
工资、薪水和补贴,其中:	6 091.2	个人消费支出	7 350.7
林业、渔业和相关产品	(15.7)		
木制品	(21.5)		
家具和相关产品	(22.4)		
造纸业	(32.4)		
经营收入,其中:	768.4	国内私人支出总额	1 582.1
林业、渔业和相关产品	(6.5)		
个人租金收入	152.9	净出口	−424.4
公司利润和存货估值调整,其中:	886.3	政府消费支出和总存货	1 961.1
林业、渔业和相关产品	(1.0)		
木制品	(2.0)		
家具和相关产品	(3.1)		
造纸业	(−0.8)		
净利息,其中:	520.9		
农业、渔业、林业和狩猎	(10.4)		
生产和进口的税收,其中:	762.8		
林业、渔业和相关产品	(0.04)		
木制品	(0.3)		
家具和相关产品	(0.4)		
造纸业	(0.5)		
减:补贴	38.4		
企业转移支付	84.3		
政府企业剩余	0.9		
国民收入净值	9 229.3		
加:贬值、统计误差和对世界其他地区的净支付	1 240.3		
国民生产总值费用	10 469.6	国民支出总值	10 469.6

资料来源:美国商务部经济分析网站,http://www.bea.gov/bea/dn/home/gdp.htm,2006 年 7 月 14 日获取。

[①] 2002 年,林业部门的增加值是:林业、渔业和相关活动 246 亿美元,木制品 304 亿美元,家具和相关产品 311 亿美元,纸制品 503 亿美元,总计为 1 364 亿美元(扣除渔业、捕猎和相关活动的贡献)。2002 年,这一数值不到美国 GDP 的 1.3%(美国商务部)。

表 6A.2 的第二列是支出账户。它列明了经济体中四个主要部门支出对 GNP 的贡献：私人部门、商业部门、政府部门和世界其他地区（国际贸易）。

任何时期的收入和支出账户都应该平衡。但是，由于这两个账户是独立核算的，它们的总和往往不相等。对于 2002 年美国账目，两者之间的差异为 768 亿美元，占 GDP 的 0.7%。

6A.1 账户中的错误

虽然国民账户积累所有具有市场价值的产品和服务的测算，但它对市场价值的依赖暗示着它忽略了至少三类为经济体创造价值的产品和服务。森林和林业在这每一类产品和服务中都发挥了重要的作用：树木和森林的碳封存等非市场的环境服务、非法砍伐等违法活动，以及家庭自产自用的情况，如家庭自用薪材占了世界最大份额。另外，市场估值可能错误地说明了政府活动的价值，而政府管理着世界上很大一部分的森林。因此，政府活动的衡量可能是另一个错误衡量林业部门对经济贡献的来源。最后，环境账户的讨论认为国民账户忽视了森林等自然资源的损耗，而且这种损耗是账户价值被低估的重要来源。由于国民账户将总体经济活动置于政策视角，账户中某一部门价值的低估可能导致政策制定者削弱该部门的重要性，或者相对于其他紧迫的国家政策研究，降低涉及该部门的公共政策综合研究（如长期的国家或全球毁林问题）的重要性。[①]

账户遗漏的内容

市场估值中至少有三类遗漏的内容包含了重要的林业组成部分。第一类遗漏是基于森林的环境服务。我们在第 4 章附录中考虑了三种这类非市场森林服务：应对气候变化的碳封存、生物多样性保护和侵蚀控制。

第一，碳封存，可能是价值最大的——环境账户本身的重要性随着全球变暖和碳封存的重要性被逐渐认可而增加。对森林碳封存的全球价值估算高达每公顷森林 30 美元。每公顷碳封存价值的年度增长或减少幅度非常小，而将这一价值的年度变化包含在全球收入账户中是适当的，因为这些收入账目的目标是衡量年度流量。

这只是与森林相关的碳核算的一部分。第二部分是由于林地向其他用途土地的净转换，导致额外的碳排放到大气中所造成的年度价值损失。由重新造林带来的收益主要发生在发达国家，而由林地转换造成的损失大部分发生在欠

---

① 在极端的情况下，尼泊尔政府将公共支出按比例分配给国民账户中的各个部门。Katila(1995) 发现尼泊尔官方账户由于犯了三类错误之中的一个而低估了林业部门的价值，进而造成政府资源对森林部门的潜在的严重分配不足问题。

第6章 贸易、宏观经济、经济增长与发展的影响

发达的热带国家。然而,更富裕的发达国家往往对造成的损失更加关注。因此,虽然全球收入账户可能衡量了非市场森林服务的年损失的价值,但是一个国家的损失值和另一个国家物质资源的减少量之间的不匹配使我们不确定如何分配损失。我们是应该把它们分配给对损失更关注的发达国家,还是物质资源损失更大的欠发达热带国家呢?

生物多样性损失的年调整额可能比碳封存损失的年调整额要小。但它的账户同样也面临与碳封存类似的不匹配问题,因为更富有的发达国家对损失更关注,而发展中国家的热带雨林破坏和毁林可能导致更大的年度实物资源损失。

侵蚀带来的损失,或由森林提供的保持水土的损失更容易分配,因为它们往往是地方或区域的,因此物质资源的调整和价值的调整主要都发生在相同的国家。每个国家账户的分配值更容易识别。适当的值仅是年调整值,而不是侵蚀或所有侵蚀控制的总价值。年调整值可能会很小,这是因为地方市场和地方机构往往会在侵蚀影响最严重的地区和时点采取必要的控制措施,并且许多(并非全部)成本都反映在市场交易中。例如,为建造和维持一些实物侵蚀控制,需要一些材料和劳动力成本(参见附录4A)。

所以,我们可以假设,虽然基于森林的碳封存和生物多样性价值对全球账户的影响可能很大,但可以分配给每一个国家国民账户的被遗漏的基于森林非市场环境服务的年度影响却是非常不确定的。

非法活动是第二类可以创造价值但在正式市场统计中没有被记录的活动,所以没有包含在国民收入账户中。非法采伐是林业中最重要的例子。例如,不列颠哥伦比亚地区的非法采伐年价值高达3亿美元(Smith,2002)。Contreras-Hermosilla(2001)估计巴西、玻利维亚、俄罗斯、哥伦比亚、喀麦隆、印度尼西亚、缅甸和巴布亚新几内亚的原木总值中有50%是来自非法活动。但是,即使如此,这些非法活动占国内生产总值的比例分别低于0.7%、0.4%、0.06%、2.3%、0.9%、0.7%、0.4%和1.2%。①

家庭服务是第三类被遗漏的国民账户内容。典型案例是配偶所提供的未被收取费用的服务。这些服务包括烹饪、打扫、照顾孩子等,而那些必须雇用他人来提供这些服务的家庭可以证明这些成本对家庭支出和家庭福利的影响。但是,除非是被雇用,否则这些服务及其价值都不会计入国民账户。

这些家庭服务在发达国家非常重要,它们在自给自足型经济体中创造的价值能占很大比例,而且在这些经济体中,森林活动成为被遗漏的重要部分。大

---

① 由2000年经济体中林业总价值的二分之一除以GDP计算所得。

概全世界消费的所有薪材中有四分之三是由自给自足型家庭为了自身使用而采集的(Arnold et al.,2003)。例如,de los Angeles and Peskin(IRG and Edgevale Associates,1994)观察到在菲律宾,包含家户采集的薪材价值的调整是所有调整中最大的部分,而这些调整是衡量自然资源和环境价值准确账户所必需的。

政府活动的价值

政府活动净效益的总体估计不容易计算。准确估计需要在有价格的地方(如公有木材)观测市场价格,以及在没有价格的地方(如一些森林游憩)为支付意愿进行非市场估值。这些指标乘以资源(木材)或资源使用(游憩)的年流量,减去政府生产的成本,将作为政府活动的改进估计值。但是,这种估计方法的成本极其昂贵,即便如此,它们仍然存在争议。因此,国民账户的惯例就是以其成本来评估政府活动的价值。这意味着理想状态就是所有政府的生产都近似于其边际上的社会价值。

对于许多部门而言,政府活动很小,对其价值的错误估计也不太可能对这个部门整体活动的估计带来显著影响。但是,在许多国家,政府活动都是林业部门的重要组成部分,错误估计政府账户可能大大改变林业部门对国民账户的贡献。[1] 尽管如此,政府林业活动的净价值估计并不存在。

政府林业机构的一般作用就是制定法规以确保私人享有公共林业服务、技术支持、研究以及公共产权。我们将在第10章中进一步评估这些内容。对于政府活动的边际收益是否等于这些作用的边际成本,人们还存在质疑。在某些情况下,政府林业管制的成本似乎过高,有些政府研究产生大量的正净效益,而其他政府研究的成本却远远超过其收益,最终公共产权的净效益也就存在争议。[2]

例如,美国公有木材的经营成本一般大于其立木的年度价值带来的收益(Barlow and Helfand,1980;Barlow et al.,1980)。然而,大部分学者都预测基于森林的公共游憩的净价值为正。对于公共游憩的成本收益的完整实证经济学分析指出,美国国家森林系统对蒙大拿州西部一山谷的营地使用设置的边际成本非常接近于其边际收益(Hyde and Daniels,1988)。因此,在这个例子中,公共游憩的净效益是正的。这个例子能否代表大部分的公共游憩呢?如果是这样的,那么公有林地游憩的净效益是否足够抵消公有木材经营的损失?所有

---

[1] 在美国、日本和欧盟,政府管理34%的森林;在其他发达国家,政府管理92%的森林(UN-ECE,2001)。对于那些有相关数据的发展中国家,公有份额超过所有林地的80%。

[2] 详见 Boyd and Hyde(1989)对美国林业领域政府规制的经济影响的评论,还包括政府技术支持的影响。Hyde,Newman and Seldon(1992)评论了美国政府林业研究的经济影响。

第 6 章 贸易、宏观经济、经济增长与发展的影响

政府林业项目的经济净效应是怎样呢？美国的结论对其他国家也适用吗？这些问题甚至还没有一些推测，并且我们也没有足够的信息去构造一个合理的假说。

6A.2 环境账户

我们都知道国民账户有遗漏的部分。对纠正账户所遗漏部分的关注，尤其是关于环境和自然资源部门遗漏所带来的影响，最早始于 20 世纪 70 年代，当时因为自然资源和环境资产随着时间推移被损耗，人们更加关注自然资源和环境资产贬值中存在的错误。争论的重点在于如何用合理的概念性方法来纠正这一错误，几个国家的临时账户现在已经包含了对森林部门这种或那种形式的调整。[①]

人们对于进行校正的优选方法尚没有达成共识，只是一致认为，大多数国民收入账户对制造资本和自然资本的处理不一致，使前者随着它的预期生命周期而折旧但忽视了后者的存量变化。[②] 这解释了森林部门账户讨论中所关注的森林耗竭——尽管耗竭可能并不是错误衡量森林部门的最大来源。

一个纠正制造资本和自然资本之间会计核算差异的方法建议对自然资源活动建立单独的实物账户，并将这些实物账户与收入账户联系起来。挪威和法国用了这种方法。另一种方法是联合国统计部门建议的将政府支出作为环境服务的支付意愿的代理值。新古典经济学推荐了第三种方法，即统一处理所有形式的资本，无论是制造的还是自然的。这意味着根据当前收入或生产中对自然资本所有非市场性利用的测量来修正国民收入账户和支出账户（表 6A.2），同时在一个单独的资本账户中纳入以前未核算的自然资源损耗或重新估值。

这些不同的方法反映了不同目标和国民经济中不同的关键部门。以挪威和美国为例，它们都将国民账户作为政策分析的数据基础，但是挪威是自然资源导向型经济，其实物数据可能比美国的更为重要。因此，一个独立的实物账户对挪威可能会比对美国更为重要。对一些学者（如 Repetto，1992；El Sarafy，1989）而言，目标是一个不会错误估计国民经济绩效的可靠账户。持这种观点的人将重点放在市场化自然资源的实物变化的贡献上，预测这些是错误估值的最大来源，特别是对于许多发展中国家。

我们之前关于账户中的错误和遗漏以及在当前收入和支出账户中纠正方

---

① UN et al.（2003）提供了替代方法的更多细节。Binkley（1999）提供了完整国民环境账户或绿色林业账户的总结。在一些其他地方，尤其是在中国，从 1999 年起就有一些因素已经被纳入计算（Zhang，2007）。

② 详见 Prince（1996）或 Peskin and Lutz（1993）对于一些文献的评论，包括概念的应用与争论。

法的讨论遵从新古典主义经济学。继续使用这种方法会引导我们得出以下建议：就是对于当前收入或支出账户中每种基于森林的产品或服务，都应该在资本账户中有对应的条目，以衡量活立木森林资产的任何变化对这些产品或服务的未来产值构成的影响。这种价值变化的术语是"资产折旧"（或者当价值增长时被称为资产重估）。资产折旧衡量账户期限内资产的经济价值损失。有关环境账户的文献确定了三种计算方法，其中只有一种对林业是可行的。

任何资产服务的净现值变化等于一个会计期初到下一会计期初之间，这些资产的未来净收入流的期望贴现值之间的差异。这一差异可能是由于资本存量变化或资产价格变化所导致，这两种情况在林业中都是常见的。资本存量的变化来自从天然林中采伐以及施业林的再投资与增长。价格上调是天然林蓄积减少的自然且可预期的结果，在第 2 章，我们解释了在新价格足以证明森林经营投资的合理性之前，市场或经济会持续上调价格的预期。此外，我们还知道，在许多情况下，移除腐烂的过熟林分是获得树木新的旺盛的增长和更高产的森林的必要先决条件。在后一种情况下，采伐实际上增加了资本账户。

这些概念不会引起争论。相反，争论侧重于如何计算资本调整的可靠估计这一难题。这种计算需要预测到在某个遥远的未来日期，所有基于森林的商品和服务的价格与实物流量的年度变化是怎样的（Binkley, 1999）。这项工作涉及大量的建模和数据，只有社会贴现为价格和资本存量的未来预期设定了合理的终结期，这一工作的技术负担才能得到部分缓解。

建模的高密度工作鼓励人们寻找更简单的解决方法，已经提出了两种替代方案。这两种替代方案都既没有反映新古典主义经济学对收入或支出流的关注，也不是对林业可行的，但是它们受到的关注提醒我们应该对其进行思考。第一种方法关注资产剩余寿命在当期利用存量前后的差异。（El Sarafy, 1989）。这种方法可以为那些没有近似替代品的不可再生资源资产提供合理的估计。它既不打算也并不适用于以下两种情况：第一，在经济激励下必然会减少的天然林蓄积；第二，能够种植新的施业林或吸收定期再投资的现有施业林的可用土地区域。这两者都是可再生的，都有相似的替代品。与不可再生资源的折旧不同，森林没有固定的剩余寿命。

第二种替代方案受到广泛关注。它将资本折旧视为砍伐木材变化的全部立木价值（Repetto, 1992）。它的好处在于简单。它的问题在于没有包含预期价格随着时间的改变（以应对预期木材的短缺），也没有包含价格变化导致的实物蓄积的增加。这二者对于林业都很重要。这种方法的支持者也倾向于认为现在的木材砍伐率太高通常是公共森林机构管理不善的结果（Repetto and Gil-

第6章 贸易、宏观经济、经济增长与发展的影响

lis,1988)。这种观点与账户核算方法不一致。① 当公共机构允许木材采伐超过有效比率时,采伐成本将超过收入,使净立木价值为负。因此,在采伐水平过高的地方,观察到的边际木材的正的立木价值完全是公共机构未能扣除经营成本而创造的补贴。这种方式形成的立木价值不能用于估计国民账户中的资源价值。最后,不考虑上一点,对于旨在估算新古典经济价值的方法的评价标准应该是其绩效。第二种替代方案的表现不佳。它创造的资本账户估计值比更优的新古典经济学的估计值大,如树的预期寿命多出好几年。

菲律宾账户的总结对此讨论具有指导意义。在新古典经济学方法的一些应用中,1988年菲律宾账户的优势在于资源和环境部门的详细信息。菲律宾账户应用了详细的新古典经济学方法计算林业部门的经常账户与资本账户(表6A.3)。两列反映了标准的收入和支出账户。表格的上半部分是传统国民账户,下半部分加入必须修正的环境和自然资源的估值,以便准确调整环境遗漏和资源损耗部分。我们感兴趣的条目是非市场化家庭生产和自然资源折旧。薪材是前者的主要体现,其价值超过了后者中森林的折旧和总自然资源的折旧。② (可再生资源折旧超过了不可再生资源的折旧,这是因为在菲律宾经济中,林业和渔业部门远大于不可再生资源部门。在其他更依赖不可再生资源的经济体中,结果可能不同。)

两个观察结果令人震惊。第一,菲律宾环境账户的林业部门调整净值是正的。这说明对森林环境服务更完整的核算增加了国家财富。这与大部分普遍预期相反,这是由于大量家庭使用的非市场化薪材的价值是正的。第二,修订的环境账户与传统账户相差不到3%。这种意外的发现反映了① 家户生产和资源耗竭的相反影响;② 菲律宾经济在很大程度上是一个现代市场经济。最重要的价值可以在良好的市场中进行交易,尤其是在菲律宾,森林是一种相对低价值的资源,对国民经济影响较小。对于比菲律宾更发达的国家,我们可以预期修订后的环境账户和传统国民收入账户之间的差距将更小。

总之,我们可以预期 El Sarafy 与 Repetto 的方法证明了在那些市场不发

---

① 第2章的附录讨论了用立木价格作为稀缺程度指标存在的问题。另见 Toppinen(2002)。

② 进一步考虑菲律宾薪材和森林损耗的估计。薪材的价值不太可能大于所有自给自足型农业的估计值,正如1998年的菲律宾账户所示。当然,家庭消费的自产作物的价值高于薪材。较大的薪材估计值可能是由于对收集薪材的劳动力的机会成本估计过高(菲律宾收入账户中作为单位薪材价值的替代值)。其他的检验表明收集薪材的劳动力投入事实上是多种产品的联合投入(Amacher et al.,1993)。因此,该时间隐含的工资是对单位薪材价值的高估。此外,薪材收集通常是季节性的,一般发生在劳动力机会成本很低的时候(Cooke,1998)。尽管如此,基于这两点对账户进一步调整可能不会改变环境账户的结果。即使菲律宾账户中薪材的隐含价格减少四分之一,薪材价值仍然超过由于森林损耗带来的损失。

人们对于森林损耗的估计有不同的见解。可以将 El Sarafy 和 Repetto 方法产生的替代估计值进行比较。独立的核算表明,El Sarafy 方法产生的估计值大约等于表6A.3的估计值,Repetto 方法的估计值则大了两个数量级(H. Peskin,私人通信,2005年4月)。

表 6A.3　1988年菲律宾收入与生产账户（调整后）

（单位：百万比索）

收入		支出	
劳动报酬	27 874	个人消费	558 765
间接税	56 763	政府消费	77 183
折旧（生产资本）	67 162	资本筹集	147 515
净盈余	399 747	出口	226 431
		进口（−）	(215 292)
		统计误差	12 917
针对国内生产总值的费用	802 519	国内生产总值	802 519
资本折旧	(67 162)	资本折旧（−）	(67 162)
针对国内生产净值的费用	735 357	国内生产净值	735 357
非市场化家庭生产投入的自然资源（+）	6 250	非市场化家庭生产（+）	6 250
(a) 山地农业	1 950	(a) 山地农业	1 950
(b) 薪材	4 300	(b) 薪材	4 300
环境废弃物处理服务（−）		环境损害（−）	(3 108)
(a) 空气	(3 317)	(a) 空气	(381)
(b) 水	(14 349)	(b) 水	(2 727)

第6章 贸易、宏观经济、经济增长与发展的影响

(续表)

收入		支出	
环境净效益(不利)	16 138	直接自然服务(+)	1 580
		(a) 潜水(珊瑚礁)	1
		(b) 参观国家森林公园	13
		(c) 海滨	1 566
自然资源折旧(-)	(2 541)	自然资源消费(-)	(2 541)
(a) 森林	(936)	(a) 森林	(936)
(b) 渔业	(838)	(b) 渔业	(838)
(c) 矿物	(387)	(c) 矿物	(387)
(d) 土壤	(380)	(d) 土壤	(380)
针对调整后的国内生产净值的费用	737 538	调整后的国内生产净值	737 538
资本折旧	67 162	资本折旧	67 162
自然资源折旧(+)	2 541	自然资源折旧	2 541
针对调整后的国内生产总值的费用	807 241	调整后的国内生产总值	807 241

注:除去非市场家庭生产针对调整后的国内生产净值的费用=731 288 百万比索
除去非市场家庭生产针对调整后的国内生产总值的费用=800 991 百万比索
资料来源:IRG with Edgevale Associates(1994)。

达而且自然资源是经济中重要组成部分的国家,侧重于环境账户是合理的。尽管如此,菲律宾的例子说明这一描述也不是对所有发展中国家都适用。所以,我们在假设改进的环境账户将大幅改变整个国民账户之前,必须谨慎选择特定的经济体。①

最后,菲律宾账户只是一个观察结果。总的来说,菲律宾的结论,尤其是林业部门的结论,是直观而具有吸引力的,但是也确实需要来自其他国家的可比较环境账户调整的证实。特别是,需要对非木质森林资源服务和家庭生产供自己使用的非市场性林产品的净价值做进一步探究。

参考文献

Amacher, G., W. Hyde, and B. Joshee. 1993. Joint production and consumption in traditional households: Fuelwood and agricultural residues in two districts in Nepal. *Journal of Development Economics* 17:93—105.

Arnold, M., G. Kolhlin, R. Persson, and G. Shepherd. 2003. *Fuelwood revisited: What has changed in the last decade?* Occasional paper 39. Bogor, Indonesia: Center for International Forestry Research.

Barlow, T., and G. Helfand. 1980. Timber giveaway—A dialogue. *The Living Wilderness* 44, 38—39.

Barlow, T., G. Helfand, T. Orr, and T. Stoel. 1980. *Giving away the national forests: An analysis of U.S. Forest Service timber sales below cost.* Washington, DC: Natural Resources Defense Council.

Binkley, C. 1999. Accounting for forest assets. In W. Nordhaus and E. Kokkelenburg, eds., *Nature's numbers: Expanding the national economic accounts to include the environment.* Washington, DC: National Academy Press, pp. 202—206.

Boyd, R., and W. Hyde. 1989. *Forestry sector intervention.* Ames: Iowa State University Press.

Contreras-Hermosilla, A. 2001. *Forest law compliance: An overview.* Rome: Food and Agricultural Organization of the UN.

Cooke, P. 1998. The effect of environmental good scarcity on own-farm labor allocation: The case of agricultural households in rural Nepal. *Environ-*

---

① Seroa da Motta and Ferraz do Amaral(2000)进一步用巴西林业部门的数据阐述了该观点。改进账户以应对巴西森林的快速消耗几乎没有效果,这是因为巴西森林的初始规模特别大,大的数量调整最后乘以一个非常小的价格调整。

ment and Development Economics 3(4): 443—469.

El Sarafy, S. 1989. The proper calculation of income from depletable natural resources. In Y. Ahmad, S. EI Sarafy, and E. Lutz, eds., *Environmental accounting for sustainable development*. Washington, DC: World Bank, pp. 10—18.

Hyde, W., and S. Daniels. 1988. Balancing market and nonmarket outputs on public forest lands. In V. Simth, ed., *Environmental resources and applied welfare economics: Essays in honor of John V. Krutilla*. Washington, DC: Resources for the Future. 135—163.

Hyde, W., D. Newman, and B. Seldon. 1992. *The economic benefits of forestry research*. Ames: Iowa State University Press.

IRG with Edgevale Associates. 1994. *The Philippine environment and natural resource accounting project (ENRAP Phase II)*. Washington, DC: IRG.

Katila, M. 1995. *Accounting for market and non-market production of timber, fuelwood and fodder in national income accounting framework: A case study*. IUFRO XX World Congress, Tampere, Finland, August.

Peskin, H., and E. Lutz. 1993. A survey of resource and environmental accounting practices industrialized countries. In E. Lutz, ed., *Toward improved accounting for the environment*. Washington, DC: World Bank, pp. 144—176.

Prince, R. 1996. *The challenge of incorporating environmental quality and natural resource availability into the national accounts*. Washington, DC: Global Planetary Change.

Repetto, R. 1992. Accounting for environmental assets. *Scientific American* 66: 94—100.

Repetto, R., and M. Gillis (Eds.) (1988). *Public policy and the misuse of forest resources*. Cambridge, UK: Cambridge University Press.

Seroa da Motta, R., and C. Ferraz do Amaral. 2000. Estimating timber depreciation in the Brazilian Amazon. *Environment and Development Economics* 5: 129—142.

Toppinen, A. 2002. *An environmental accountant's agony: Are stumpage prices reliable indicators of the scarcity of national forest resources?* Draft manuscript, Finnish Forest Research Institute, Helsinki.

UN Economic Commission for Europe. 2000. Forest resources of Europe, CIS; North America, Australia, Japan, and New Zealand. Geneva: UN.

United Nations, European Commission, International Monetary Fund, Organization for Economic Co-operation and Development, and World Bank. 2003. *Handbook of national accounting, integrated environmental and economic accounting*. New York: UN.

U. S. Department of Commerce N. d Bureau of Economic Analysis website http://www.bea.gov/bea/dn/home/gdp.htm (accessed July 14, 2006).

Zhang, Y. 2007. *Green wealth: Assessing and accounting for social benefit of forest*. Beijing: China's Environmental Science Publisher. (In Chinese)

第7章 工业林业

目前,我们研究了林业发展的一般模式以及林业经济发展三个阶段中森林的特征。本书接下来将介绍不同类型森林土地所有者的特征结构和行为:工业土地所有者、机构土地所有者、包括林农在内的非工业土地所有者以及公众。这些土地所有者的区别在世界各地都是相似的,它们在森林政策和经营分析领域也是经典的研究对象。

完整的森林工业包括林业本身以及二级林产品制造中加工木材和木质纤维的各类工业。本章将考察这些制造业,特别是影响他们所有或控制林地决策的各种因素。本章不包括提供森林游憩、狩猎、垂钓或其他通常被认为是森林非市场价值活动的多种工业。本章也不包括薪材和其他自给自足林产品的生产者。前者将在本书第10章公共土地管理部分进行讨论。后者将在本书第11章关于社区影响的讨论中加以阐述。

那些经营工厂且拥有部分林地所有权的垂直整合型工业企业被称为工业森林土地所有者。他们拥有为自己的制造业提供木质原材料以供深加工的手段。一些企业自己拥有或者持有上千公顷土地上林木的产权,这些林木不仅能够满足自己工厂对初级原材料的需求,还能够出售给其他林产品加工企业。如果不考虑这些企业拥有的林地所有权,大多数企业的主要资本投资都是加工设施。他们的经营目标与这些资本的盈利性有关,或者可能与在工厂和林地的综合资本投资的盈利性有关。因此,近年来,美国的大型工业企业已经从森林经营中剥离,以便专注于其在制造过程中更大的资本投资。下一章关于机构森林土地所有者的讨论将谈到这种剥离的原因和过程。在美国与世界其他地区,许多工业林业企业拥有少量的林木产权,还不足以满足自身工厂的生产需求。还有部分工业林业企业既没有林地的产权也没有林木的产权。这些企业在市场交易中获得生产所需的全部原材料。事实上,企业对土地的最优拥有规模、木材的最优配置以及林木经营者的最优表现方面的意见存在差异。

实际上,木制品工业及其中的企业并不是同质的。他们对资本、劳动力和土地的使用以及木质纤维的消费在整个行业的三大类别伐木和木制品、家具制造、造纸及纸制品中差异较大。甚至在这些行业类别中的企业间也各有差异。并不是对所有企业而言拥有自己的木材供给都是重要的,而且企业对木材供应的控制程度随着其面临的原材料竞争和自身资本密度竞争而变化是合理的。在森林发展第一阶段地区运营的企业,前者发生的情况往往较少,而在森林发展第三阶段地区运营的企业,这样的情况更常出现。这与前面六章的讨论有着重要的联系。

本章首先介绍巴西东亚马逊地区的工业发展案例。这个例子描述了不同的社区以及不同森林工业在森林发展的三个阶段中取得森林和林地的可及度的差异。巴西东亚马逊地区的发展模式与第 3 章描述的美国南部地区非常类似。但是,巴西的例子是最新的,而且发展进程没有那么快。以巴西作为例子的优势在于有好的关于不同类型企业的土地、劳动力和资本的成本数据。

美国南部和东亚马逊的证据都鼓励对制造业中重要类别企业的特定特征进行更细致的研究,本章后续小节将对此予以阐述。这些小节回顾了四个行业类别的组织和技术、经营规模的范围以及这些行业结构特征对采伐作业与土地管理的影响。最后一节进行总结,特别是关于工业土地所有权和森林经营的模式,附录补充了关于各种木制品行业相对于森林及其产品市场的邻近程度的讨论。

7.1 东亚马逊

芬兰、加拿大的安大略南部和魁北克以及其他发达经济体的木制品行业逐步发展,其模式与美国南部类似。位于巴西东亚马逊的帕拉州提供了第二种例子,该地区的发展方式不同,与美国南部地区相比,其发展起步更晚,但发展更快。巴西是世界上第六大硬木锯材出口国,帕拉州则是巴西一半硬木注册工厂的所在地。Stone(1997,1998)追溯了 20 世纪 90 年代帕拉州森林工业的发展,比较了三个主要集聚区:泰伦迪亚地区、布雷维斯地区和帕拉格米纳斯地区,并描述了进入边界和森林工业发展的连续过程。本章的讨论基于 Stone 的研究

第 7 章　工业林业

展开。

直到 20 世纪 80 年代,东亚马逊地区的采伐仅限于河流周边地区以及一些高价值物种。从那时起,森林工业的历史就是从天然林中持续采伐(与美国南部第一阶段森林相当),尽管 20 世纪 90 年代中期在一些伐后土地自然再生的树木也被砍伐(与美国南部第二阶段森林相当),而且从那时开始,一些企业开始进行森林经营中的首次适度投资。

由于东亚马逊地区可以很方便地进入拥有港口设施的首都贝伦市,并通过贝伦—巴西利亚高速公路与南部人口中心建立良好的陆路连接,它的发展非常迅速。1995 年,东亚马逊地区工厂数量迅速增加,有超过 1 500 家官方注册的工厂,雇用员工近 250 000 人。1995 年,帕拉州的行业运营范围已经从季节性采伐转变为永久性的森林经营并在施业林中砍伐木材,并且从数不清的非正规基础作业锯木厂发展到大型综合锯木厂,拥有胶合板和单板制造设备,并有出口额高达百万美元的出口公司。

7.1.1　泰伦迪亚

泰伦迪亚地区是三个地区中起步最晚、最不发达的城市。在 20 世纪 90 年代,泰伦迪亚地区是一个孤立的锯材厂中心,距离省会城市贝伦市约有 200 千米。当时,泰伦迪亚地区不通电,也没有良好的道路交通,甚至连便宜的水路运输条件也不具备。泰伦迪亚当时只有三十家锯材厂和两家单板生产企业,以及支持这些行业的许多伐木工人。

在泰伦迪亚地区,最初的木材采伐特征表现为择伐。常见的采伐技术非常简单,只需要用于伐倒和劈砍的链锯、为伐木车开路的电锯以及用于装载的手动绞盘。伐木者通常在不到 20 种高价值树种中采伐最好的树木,但采伐量相对不大($14—19 \text{ m}^3/\text{ha}$),大约占到林冠覆盖的 8%——尽管在伐木作业期间另有 4% 遭到破坏,而被损害的部分留在森林里。这样,在采伐完工后,仍有 88% 左右的原始森林保留下来。采伐队通常由三名男子组成,他们每年装载 $1\,500 \text{ m}^3$ 左右的木材,作业成本约为 6.35 美元$/\text{m}^3$。最小的运营商的单位成本甚至更低。

20 世纪 90 年代中期之后,由采伐造成的森林资源状况变动的证据仍不充分,但伐木者明显比 5 年前砍伐了更多种类,单位伐木面积的材积量也更多。随着采伐规模不断扩大,机械化程度也逐渐提高,价值 70 000 美元的推土机也投入使用。到 1995 年,较大的运营商平均拥有三台推土机和两台机械装载机。(伐木的资本与劳动力比也从 1990 年的不到 0.9 增大到 1995 年的 1.1 以上。)到 1995 年,平均由 9 名男子组成的采伐作业团队每年装载 $10\,000 \text{ m}^3$ 木材,作业成本约为 7 美元/m³。机械化程度的提高使得单位面积的采伐量和单位劳动力都增加了,但单位生产成本降低了。立木价格却一直保持在一个较低的水平——约为每公顷 77 美元或每立方米 2 美元。

即使在 1990—1995 年的短期内,采伐作业也进入了天然林深处。到 1995 年,与泰伦迪亚的平均运输距离增加到 40 千米。对运输的资本投资也相应增加。到 1995 年,大多数采伐作业已经在卡车上投入 200 000 美元。较大的运营商在卡车和装载设备方面的投资甚至超过 350 000 美元,并且他们与规模较小的同类企业相比更加资本密集(较大运营商的资本劳动比为 4.1,而小规模运营商的资本劳动比仅为 2.7)。对所有伐木者来说,单位运输成本都很低,但是每千米的单位成本仍然很高(0.17 美元/m³/km),这反映出道路的质量很差,也限制了森林的商业便利性。

1990 年,在木材加工行业,小型流动运营商占主导,他们每家都拥有一个圆锯。1990 年以后,小规模运营商数量开始减少,但截至 1995 年,小规模工厂仍然占主导地位。较小的作业往往是拥有一条或最多两条生产线的家庭经营企业。规模较大的工厂只是增加生产线,并没有改变生产过程。1990 年,在泰伦迪亚仅有 23% 的锯材厂进行垂直整合,包括自己的采伐和运输业务。剩余的锯材厂则从独立伐木工手中购买。到 1995 年,38% 的小规模锯材厂(一个锯)以及 2/3 的大规模锯材厂(多个锯)进行垂直整合,包括他们自己的伐木作业。1990 年,工厂平均年产能是 3 000—4 000 m³ 的粗切木材。到 1995 年,锯材厂的平均年产能上升到 5 000 m³,锯木平均成本约为 28 美元/m³。

7.1.2 布雷维斯

布雷维斯位于亚马逊河三角洲,只能够通过水路和空路到达。1990 年,布雷维斯没有独立的电力来源。在这个地区,择伐持续了三百多年,很多工厂到 1995 年仍在运转。

布雷维斯周边地区的采伐与具有商业价值的成熟维罗蔻木(苏里兰维罗蔻木)有关。传统上,伐木工人手动砍伐沿着江河两岸生长的成熟维罗蔻木,运到河岸边,木材沿着河流漂浮到工厂。这种采伐活动本身具有很强的选择性,采伐成本低,运输成本也低。除了成熟的树木被采伐,其余森林基本未受到影响。

近年来,随着成熟的维罗蔻木存量下降,采伐者和锯材厂开始开采其他生长在内陆深处的热带硬木。这项作业所需的资本设备要大得多。布雷维斯的硬木采伐与泰伦迪亚的机械化伐木相似。到 20 世纪 90 年代中期,这两个城市的每立方米采伐成本大致相当。(布雷维斯的资本劳动比略高一些。)但是,布雷维斯的立木价格和运输成本都要低很多。硬木的立木价格约为每公顷 15 美元,或远低于 1 美元/m³。这些较低的价格反映了采伐活动仅在采伐有利可图的地理限制附近进行,而且用于运输内陆硬木的资本设备需要大量成本。第一个因素是决定性的,因为到 1995 年,布雷维斯地区锯材厂的最终单位加工成本(包括所有原材料)仅比泰伦迪亚地区和帕拉格米纳斯地区略低。详见表 7.1。

运输通常是木制品制造业中资本密集度最高的活动,但是布雷维斯地区便利的水路运输极大地降低了运输成本——泰伦迪亚地区的资本劳动比大于等于 2.7,而布雷维斯地区用木筏运输维罗蔻木的资本劳动比为 0.4,驳船运输内陆硬木的资本劳动比为 1.3。(后者密度更大,不能漂浮。)1995 年,驳船代表着超过 1 700 美元的资本投入,是牵引漂浮维罗蔻木的柴油动力船的 12 倍。即便如此,驳船运输仍然降低了水运成本,只需 0.7 美元/m³/km。因此,布雷维斯的工厂能够从平均 74 km 的地方运输原木,一些工厂甚至从 234 km 的地方运输。

1990 年,布雷维斯地区的小型家庭运营商一般有一个带锯和 3—4 名成员,它们占所有加工企业的一半,其年均粗切锯木不到 1 000 m³。1995 年,它们在所有木材加工企业中的份额大体没有改变,但当地运营的规模逐渐分化。1995 年,拥有多条生产线的大型企业的每条生产线每年能够生产 4 000—7 000 m³ 的锯材。布雷维斯 4 个规模最大的锯材厂都拥有自己的远洋船舶装卸码头和采伐内陆硬木的资本设备,其中两个是进行垂直整合的。这两个锯材厂都运行着多达 4 条带锯生产线,水平整合了包括单板和胶合板的运营。Stone 推测,正是它们的伐木资本为其建设更大加工能力提供了成本优势。1995 年,较大型锯材厂的平均生产成本是 27.47 美元/m³,较小的锯材厂平均生产成本要低一些。无论规模大小,布雷维斯地区锯材厂的生产成本都略低于泰伦迪亚地区同等规模的锯材厂。

布雷维斯地区的行业存在较大的异质性,这一方面是由于采伐树种从维罗蔻木到内陆硬木的转变,另一方面是由于一些企业的规模回报,他们既投资机械化采伐又投资驳船以运输密度较大的硬木,这样能够获得更多的金融资本。像家庭运营商这样的小规模锯材厂的移动性能够帮助他们避免高额的劳动税,继续为他们采伐少量剩余的维罗蔻木提供优势,采伐这些剩余的维罗蔻木对于大型运营商是无利可图的。

7.1.3 帕拉格米纳斯

帕拉格米纳斯是三个城市中可及性最好、最发达的城市,距离森林边界也最远。这个地区拥有良好的道路条件和商业电力等基础设施。1995 年,在帕拉格米纳斯及其周边地区经营着 230 多家注册木材加工企业。

帕拉格米纳斯地区伐木作业的机械化程度比泰伦迪亚地区或布雷维斯地区都要高。在帕拉格米纳斯地区,小型运营商的资本设备投资是泰伦迪亚地区

表7.1 巴西东亚马逊地区三大林产品工业聚集区的特征比较[1]

特征(平均值)	泰伦迪亚 1990年	泰伦迪亚 1995年	布雷维斯 1990年	布雷维斯 1995年	帕拉格米纳斯 1990年	帕拉格米纳斯 1995年
立木价格(美元/A)	—	77	—	15	—	183
采伐蓄积(m³/ha)	14—19	2	—	≈0	38	<4.50
平均原木运输距离(km)	—	40	—	—	—	—
原木交货价格(美元/m³)	—	—	—	73	38	94
单位生产成本(美元/m³)[2]	—	—	—	—	—	43
采伐	—	5.34—8.92	—	6.12—10.26	—	8.72—8.15
运输	—	7.55—5.63	—	8.05—11.53	—	10.04—8.19
锯材厂加工	—	27.95—32.07	—	22.96—27.47	—	31.83—33.24
资本投入价值[2]						
采伐(1000美元)	<0.84	69—288	<0.84—	22—518	—	168—409
运输(1000美元)	—	97—186	—	99—715	—	227—376
木材加工设备(数量)[3]						
小型锯材厂——圆锯	—	2	—	12	—	0
小型锯材厂——带锯	—	22	—	7	—	20
大型锯材厂	—	6	—	4	—	7
单板和胶合板作业	—	2	—	2	—	4

注：[1]空白表示没有数据信息；[2]表格中第一个数字表示小规模木材加工企业，第二个数字表示大规模木材加工企业；[3]泰伦迪亚是全样本，布雷维斯是全部24个可得数据企业的样本，帕拉格米纳斯是从全样本238个企业中随机选择样本。三个地区额外的样本属于非正式部分。

资料来源：Stone(1997,1998)。

第 7 章　工业林业

小型运营商的 2 倍以上,是布雷维斯地区的 8 倍以上。而较大运营商投资的一半相当于泰伦迪亚地区同等规模运营商的投资,几乎与布雷维斯地区采伐内陆硬木的同等规模运营商的投资一样多。

1990 年,帕拉格米纳斯地区 3/5 的木材加工企业进行垂直整合,包括他们自己的伐木业务。到 1995 年,帕拉格米纳斯地区 4/5 的木材加工企业进行垂直整合,此后用于伐木的资本设备价值一直增加。

1990 年以前,帕拉格米纳斯地区周围大部分土地上的木材被择伐。因此,高价值树木和物种被保留下来的很少。帕拉格米纳斯地区企业更高的机械化使得它们可以通过更经济地采伐较小树木、低价值物种以及更高的每公顷开采量来克服这项劣势——在 1990 年,他们可以采伐九十多个树种,每公顷的平均采伐量为 38 m^3,其单位采伐成本低于另外两个城市,至少对于大型运营商是如此。更大的采伐量意味着采伐之后只有少于半数的森林材积(每公顷的材积量小于 60 m^3)会被留下来。1995 年,帕拉格米纳斯地区技术更先进的设备也意味着遗留在每个伐木场地的损坏木材会更少。

到了 1995 年,帕拉格米纳斯地区便宜原材料的时代已经结束。立木平均价格约为每公顷 183 美元,或接近 4.5 美元/m^3,是泰伦迪亚地区价格的两倍,是布雷维斯地区的四倍。更高的价格可以部分解释为稀缺性的增加,部分解释为以前远离边界的伐后地林木的产权得到了更好的界定并且更稳定。(更好界定的产权意味着伐木者能够在协商采伐权上投资更少,节省的部分成本使得土地所有者能够获得更高的立木价格。)帕拉格米纳斯地区资本密集度更高的伐木业务使得每公顷采伐量更高,这有助于弥补每公顷更高的立木价格。

与泰伦迪亚地区和布雷维斯地区一样,帕拉格米纳斯地区原木运输的资本成本同样突出。在 1990—1995 年间,由于很多伐木工为其运营购买了更大容量的卡车,帕拉格米纳斯地区企业对伐木卡车的平均投资几乎翻倍。在 1990 年与 1995 年,帕拉格米纳斯地区运输设备的投资均高于泰伦迪亚地区。帕拉格米纳斯地区交易原木的价格高于另外两个城市,且对于所有等级的原木,1995 年的交易原木价格都高于 1990 年的。这两个观察结果都符合我们的预期,因为帕拉格米纳斯的运输距离大于泰伦迪亚地区(帕拉格米纳斯地区的平均运输距离是 94 km,而泰伦迪亚地区的平均运输距离仅为 40 km),也因为较小运营商倾向于结束他们在当地的业务以便更靠近他们更有竞争力的边界。帕拉格米纳斯地区的单位运输成本比泰伦迪亚地区高出了 50%,但每千米的单位成本却更低(0.1 美元 v.s. 0.17 美元)——这是因为更好的道路交通条件以及更远的运输距离平分了运输资产的固定成本。[①]

[①] 帕拉格米纳斯地区的单位运输成本也呈降低趋势,从 1990 年的 0.20 美元降到了 1995 年的 0.10 美元。Stone 并没有提供泰伦迪亚地区和布雷维斯地区 1990 年的单位运输成本。

小型锯材厂约占帕拉格米纳斯地区木材加工厂的一半,就像在泰伦迪亚地区和布拉维斯地区一样,而且它们的年生产水平相似。然而,帕拉格米纳斯地区没有一个锯材厂使用低效率但方便携带的圆锯。1990—1995 年间,一些小型企业合并了它们的业务。而一些企业离开帕拉格米纳斯地区到了更靠近边界的地区。留下的小型工厂往往使用已经高度损耗的设备。

大型工厂寻找其他方法来应对日益激烈的竞争和远离森林边界所带来的高成本。到 1995 年,帕拉格米纳斯地区四分之一的大型工厂在靠近边界的地方建立小型卫星锯材厂,而一些固定成本较高的工厂则调查离其工厂较近的人工林的潜力。帕拉格米纳斯地区每条生产线的年产量仍可以与其他两个地方相媲美,但是其拥有具备多条生产线的更大型锯材厂,而且这些锯材厂的产量占总产量较大份额。帕拉格米纳斯地区锯材厂的加工成本在 32 美元/m^3 左右,仅比泰伦迪亚地区高一点,但比布雷维斯地区高出 25%。在帕拉格米纳斯地区有 4 个胶合板工厂和 4 个单板工厂。这些技术更先进的工厂每个都意味着将近 200 万美元的资本投资。它们经营多样化,其生产占城市最终实际产出的 40%。最后,帕拉格米纳斯地区还有两个不加工原木的出口公司。它们购买出口级别的锯材进行干燥处理、刨平并包装。这些出口公司各自代表了超过 50 万美元的投资。1995 年,它们综合生产的总利润超过 700 万美元。

7.1.4 小结

表 7.1 总结了 Stone 对三个城市的许多观察结果。Stone 调查了 1990—1995 年间从欠发达的泰伦迪亚地区到布拉维斯地区,再到较发达的帕拉格米纳斯地区,发现这些地区的增长模式对于世界上几乎所有地方的木制品行业来说都有一般性,只是布拉维斯地区的水路运输增添了一种特殊元素。到 1995 年,泰伦迪亚地区和布拉维斯地区处于森林发展的第二阶段,而帕拉格米纳斯地区则已经进入了第三阶段。

表 7.1 清楚地反映了原木交付价格、立木价格与采伐和运输成本的总和都随着距离增加而增加。而且基本上一致地,随着边界上最好的树木被伐尽并且采伐向内陆延伸,这些价格与成本总和随着时间推移而增加。[①] 随着原木交付

---

① 在东亚马逊地区,立木价格随着采伐距离的增加而降低,但正如第 2 章附录所讨论的,立木价格并不是一个很好的衡量指标,这是因为它们无法代表同一市场点。像帕拉格米纳斯这样地区的立木价格是锯材厂附近可及度高的施业林地区的木材高价与道路状况较差,不易进入且靠近森林边界地区的木材低价的平均值。因此,每个城市的平均立木价格都隐含了运输的不确定要素。此外,计算平均价格地区的立木价格的每次单独观测都包含自身的产权溢价。产权更加明晰的林地会带来更高的立木价格。产权不够明晰的林地会带来较低的立木价格,但通常隐含了额外的产权谈判成本。对于我们的比较分析而言,原木交付价格应该是一个更有用的指标,因为它们没有隐藏这些差异。

第 7 章　工业林业

价格上涨,木材加工业通过转向低价值树种并增加低价值树种中小树木的采伐量来应对。这个行业不断整合,开始出现可以采伐和处理更大采伐量的大型公司。随着采伐量增加,行业业务的各个层次都出现了专业化的机会。

更大且更专业的公司在为专业任务而设计的技术上进行更多的资本投资。随着资本密集度的增加,资本回报率成为衡量成功运营的一个更重要的指标。更多进行多样化经营的永久性工厂成为常态,原材料的定期供应对整个运营变得更加重要。因此,到1995年,帕拉格米纳斯地区的很多锯材厂已经与土地所有者就未来原木生产建立了长期关系,还有一些大型锯材厂正在考虑投资人工林。更高的资本密集度和更专业化的设备可能需要技能更高的劳动力——尽管Stone的观察结果并没有明确指出这一点。

同时,行业的技术范围仍然很广。拥有较少专业资本的小规模移动型工厂继续在边界附近运营。在小片可及度低的剩余木材的地方,它们的规模和移动性提供了优势。较小的运营商可以是机会主义的,它们跟随到发现资源的地方并及时充分利用良好的市场条件。对于这些小型运营商,劳动力回报率相对更为重要,但是它们通常以家庭为单位,而家庭劳动力往往在其他就业机会方面具有个人灵活性。这些小规模工厂的流动就业机会增加了其空间和时间流行性的灵活程度。

总之,随着时间推移和帕拉格米纳斯地区的木材采伐持续向内陆延伸,木材加工行业的工厂变得越来越大,而资本密集度也越来越高,它们也越来越呈现垂直整合的特征。到1995年,采伐作业和木材加工设备都使用了一系列技术——从基本的链锯到昂贵的推土机和用于伐木的机械化集材机和装载机,从在森林边界作业的、拥有单个圆锯的锯材厂到在更远的发达市场中心作业的、拥有带锯的多条生产线的锯材厂。这三个地区的木材加工企业主要以锯材厂为主,但到1995年,一些有多台车床的胶合板厂和单板厂开始运作。在帕拉格米纳斯地区更发达的城市,这些已经成为工业的重要组成部分。

这些模式整体来说类似于我们在第2章中所介绍的美国南部地区观察到的模式,并且我们可以预期它们对几乎任何地区的林业和林产品制造业都具有一般性。这表明,发展模式可能是逐步的,就像美国南部地区,也可能是快速的,就如巴西东亚马逊地区。对于发达和发展中的地区和国家,这也是相似的。然而,我们对增长模式的了解并不完整。我们提到的两个具体案例都没有提供木材加工业中劳动力使用的具体信息。实际上,林业文献并不是特别关注这一点。尽管如此,各种森林工业及有关它们之间差异的大量统计数据使我们对形成成熟的观点产生了信心。

7.2 产业组织:林产品制造业

政府对于工业数据的报告通常遵循国际统计工业分类(ISIC,或美国的SIC)。加拿大、墨西哥和美国在1997年转为北美工业分类系统(NAICS),于2002年进行修订。ISIC区分了42种具体的林产品工业,将其分为三个大类:木材和木制品、家具、纸张及其相关产品。NAICS将伐木从木材类别(之前伐木所属类别)中分离出来,并将41种剩余的SIC工业作为46个具体行业重新分成三个相似的类别:木制品制造、家具、造纸。[①]

在这三个大类的行业分类中,锯材厂、胶合板、重组木制品、家具、纸浆和纸张是迄今为止木材和木质纤维的最大消费者。伐木业是一个独立的行业,其特征结构和行为最好在伐木厂所服务的特定第二产业的背景下加以理解。因此,在接下来对各行业的介绍中,伐木业将是第七个也是最后一个行业。

这部分阐述的目的是建立对上文讨论过的美国南部地区和巴西帕拉格米纳斯地区观察到的模式更全面的了解。我们将观察到关于森林发展和资源投入利用的一系列运作。我们还将观察到,每个行业类别中的企业都在其生产过程中应用了一系列技术,他们所应用的技术(及由此产生的资本和劳动力利用模式)都与每个企业和行业对森林的需求以及每个企业成功运作所处的区域森林发展阶段密切相关。

7.2.1 木制品制造(NAICS 321)

木制品制造业生产木材、单板和胶合板、木制容器和木地板、桁架以及其他木质预制安装建材。这些行业从原木、螺栓(方形原木)以及粗锯木开始,通过锯材、平压、塑性和层压等生产过程,制造成最终产品。表7.2A和表7.2B总结了2002年美国14个木制品制造业中6个最大行业的NAICS数据。[②]

锯材、单板和胶合板是这些行业中最大的,也是最有趣的。近年来,使用较小原木、低价值树种以及锯材和胶合板生产后的木材剩余物来生产刨花板、纤维板、硬木板和定向刨花板的新技术已经进入了木材市场,特别是胶合板市场,尤其是在一些施工过程中,即使木材和胶合板行业都在不断创新。

[①] 美国人口普查局网站(http://www.census.gov/epcd/www/naicstab.htm)能够查询SIC和NAICS两套系统之间的对应关系。在美国,伐木业从SIC 2411(木材和木制品的一个组成部分)重新分配到自己的NAICS类别113310,该行业的报告和记录责任也从美国人口普查局转移到美国农业部。

[②] 关于加拿大和墨西哥的相同NAICS行业的相应数据分别来自加拿大国家统计局和西班牙国家统计局地理信息部门。

第 7 章 工业林业

锯材厂行业（NAICS 321113）

对三种初级要素——制造资本、劳动力和原材料——的独特使用率是描述任何行业的核心。在锯材厂行业，我们发现一系列特定的技术，因此，不同种类的制造资本与不同技能水平的劳动者相结合。这一系列技术使得将原木锯成木材的活动适应了几乎所有的自然和经济条件。极端情况下，在非洲和亚洲最不发达的农村市场，两个人组成的团队只需要一把铁锹来挖坑和一把横切锯能够在发现树木的地方将其切成粗切板，就能够将锯材提供给最不发达的农村市场。将移动圆锯连接在旧卡车或拖拉机上以获得动力源的方法，还在经济条件更发达一点的类似区域和其他地方运作。

即使在发达经济体中，最小的业务也在空间和时间上具有灵活性。灵活性使得它们可以在边界上作业，从而避免原木在木材生产中剩余部分所造成的运输成本。它们通常在剩余成熟木材的分散作业点上工作，而这些木材往往太小以至于对大型运营商没有吸引力。因为这些小作业往往建在轮式平台上，所以它们耗尽一个地点有利可图的采伐机会关闭作业并转向原木新来源的成本是很小的。

这类灵活度高的工厂倾向于将作业限制在材料和产品的市场条件都较好的时期。它们往往滞后于经济周期，在经营者/所有者认识到对锯材强劲的需求信号并有信心的时候才投入作业，并且即使在经济活动开始放缓的情况下也仍然保持运营——因为经营者对最新市场信号的感知缓慢，或是对市场需求仍将保持强劲或快速恢复过于乐观。

这些作业的劳动力也很灵活。一般由经营者/所有者和至少两名员工组成，每个员工可能都有其他收入的机会。全体成员都可以用锯材厂就业来补充其他活动的收入。

技术更先进的锯材厂往往在距离森林有一定距离的地方作业，灵活性较差。它们使用较重的设备和少量熟练工进行生产，但它们对制造资本的初始投资仍然低于很多其他的制造业，并且它们的劳动力还是会包括一些不熟练的工人。这些企业在池塘和院子对原木进行分类与存储，等待进行加工。它们的锯材作业从单一的带锯生产线到多条生产线，每条生产线都适用于不同直径等级的原材料和最终产品。技术更先进的锯材厂的每一条生产线都是从机械剥皮机开始，然后是输送机，它传输原木并借助光学激光帮助头锯确定初始切割的最佳位置。随后沿着生产线，附加锯进行后续切割，直到新生板刨成光滑木材并堆放进行干燥与运输。在技术最先进的工厂，整个生产过程都是机械化的，原木或者木材的人工处理绝对是最少的。

锯材行业规模扩大所带来的经济效益很小。发达国家锯材厂规模经济弹

表 7.2A 2002 年美国木制品加工行业的产业与企业规模

产业[1]	公司数量	工厂数量	单个工厂雇工人数			集中度（占交货值的%）				雇工总人数[2]	交货总值[3]	增加值[3]
			1—19	20—99	≥100	C_4	C_8	C_{20}	C_{50}			
321113 锯材厂	3 461	3 807	2 708	837	262	17.5	29.9	33.9	45.1	95.5	21 339	6 798
321211 硬木单板与胶合板	303	335	152	127	56	33.1	44.8	61.5	77.4	19.6	3 195	1 323
321212 软木单板与胶合板	85	147	34	36	77	57.3	72.2	88.6	99.2	24.5	4 704	1 336
321213 工程木类（桁架除外）	90	120	56	43	21	66.6	80.2	90.3	98.1	13.6	1 954	642
321214 桁架	897	1 036	465	483	88	10.0	14.6	24.8	40.9	40.2	4 488	2 296
321219 重组木制品加工业	177	278	83	96	99	35.2	50.5	79.1	90.6	22.3	5 753	2 475

注：[1] NAICS 中的数字和名称。
[2] 以 1 000 人为单位。
[3] 以 1 000 000 美元为单位。

资料来源：U.S. Census Bureau(2004 和 2005b,c,i,j,k,l)。

第7章 工业林业

性的测量范围很窄,只在 0 到 0.11 的范围内略微增加(Nyrud and Baardsen,2003;Baardsen,2000)。此外,锯材行业的技术革新速率并不快。虽然与较小原木、不同物种、能源来源变化和光学激光相关的技术进步值得注意,但观察到的锯材行业的技术变化率很低,每年仅在 0.6% 的范围(Stier and Bengston,1992;Nagubadi and Zhang,2006)。规模经济和技术变革这两个因素的较小变动程度预示着在锯材行业中,各种制造资本能够持续运作成功。

虽然在技术更先进的锯材厂中使用的制造资本不可移动,但大量非熟练的工人却往往是能够移动的。随着雇用他们的锯材厂调整其产出水平或者其他地方出现新的就业机会,这些工人很容易转换工作。[①]

交付原木是第三个基本的生产要素,占锯材厂所有成本中很大的份额。对于在木材供应源进行作业的移动型工厂,运输成本占生产成本的比重是最大的。对于大型运营商而言,劳动力和制造资本所占成本份额相对较大,但即使对于规模最大与资本密集度最高的锯材厂而言,交付原木的绝对成本份额仍然很大。这意味着运输成本(通常是交付原木成本的最大组成部分)限定了锯材厂原材料供应的地理范围。

因此,锯材厂绩效对原木交付价格比对劳动力成本或制造资本成本更为敏感就不足为奇了。而且,一些大型锯材厂往往在很少竞争工厂但原木供应充足的市场上运营——这通常在森林发展的前两个阶段。这些锯材厂可能对其原木供应商施加一定程度的市场力量——为自己带来有利的价格效应——而且这些工厂的生产决策对劳动力和制造资本的价格相对更敏感(Nagubadi and Zhang,2006;Abt and Ahn,2003)。[②③] Nyrud and Bergseng(2002)推测,这些大型锯材厂拥有的技术和市场的额外信息能够解释从该行业观察到的(有限的)规模经济。

[①] Stevens(1978)对俄勒冈州工人的调查显示,当锯材厂削减产量时,最年轻和缺乏工作经验的工人最容易遭到解雇,但是这些工人能够容易地找到其他工作,无论是在该地区其他地方的锯材厂还是从事其他的农村活动。据我自己在美国的经验,有一些人甚至期待季节性的短暂失业,以得到政府的失业补助。

[②] Mead(1966)提供了俄勒冈和华盛顿花旗松地区的锯材厂竞标历史中市场力量的统计证据。Stordahl and Baardse(2002)根据挪威的工厂和市场的证据,观察到挪威的锯材厂原木市场在 20 世纪 70 年代和 80 年代竞争没有那么激烈,他们拒绝了挪威锯材厂都是价格接受者的假设。Munn and Rucker(1994)从不同的角度看待问题,他们观察到美国南部森林所有者聘请林务员顾问协助其木材销售,能够比那些不雇用顾问的土地所有者获得更高的立木价格。他们的证据表明,与那些没有雇用林务员顾问而消息不灵通的土地所有者所拥有的工厂相比,这些锯材厂是在更好的市场信息基础上建立了市场势力。

[③] Williamson,Hauer and Luckert(2004)和 Latta and Adams(2000)总结了他们自己和以前对加拿大各地区估计的生产弹性和需求弹性。其他发达国家的弹性变动范围与加拿大类似(例如,Lewandrowski(1990)对美国的估计以及 Buongiorno et al.(2003)更一般的估计)。然而,所有这些已发表的关于弹性的评估均是针对广泛区域案例进行的综合评估。没有人推测在原木市场竞争性更强或竞争性较弱的不同地区运营的工厂之间存在差异——正如我们在本章所做的那样。

其他技术更先进的锯材厂在竞争更激烈的原木市场中运营，或者它们有其他理由关心交付原木的供应，这些工厂持有庞大的原木场用以储存，并且可能与伐木者和土地所有者建立安排以确保原木的有限定期供应。① 这些安排可能与垂直整合业务中的伐木工就业和林地所有权费用一样正式。或者，它们可能与某些可靠的供应商所表现的偏好一样非正式。在任何一种情况下，这些安排都很少能够确保工厂全面长期运营所需的全部原木供给。即使对于处在竞争最激烈的原木市场中的最大锯材厂，尽管其拥有最多的制造资本投资并且其在资本、劳动力和原材料决策中具有足够的灵活性，充分保证原木供应也不是必要的。一个足以保证工厂长期运作的可靠永久供应将比在原木市场紧俏时期高价购买有限原木或者调整生产更加昂贵。

NAICS（或 ISIC）数据可以更准确地描述美国工业。这是一个加总信息，隐含了工厂运营技术很大范围内存在的许多专业差异。不过，这些数据仍然具有丰富的信息——尤其是在本章后面介绍与其他林产品行业的对比方面。表 7.2A 和表 7.2B 的第一行总结了 2002 年美国锯材行业的这些数据。

表 7.2A 提供了工厂规模和行业总规模的信息。2002 年，有 3 461 家公司经营着 3 807 家锯材厂。另有未知数量的小型工厂在报告期内没有报告或者被关闭了，但仍然准备在当地市场条件改善时再次运营。美国几乎每个县都至少有一家锯材厂。这 3 807 家锯材厂共雇用了近 9.6 万名工人，运输产品价值约 240 亿美元，平均每个锯材厂 640 万美元。2002 年，锯材厂的平均制造资本投资不到 25 万美元（表中未显示），许多小型锯材厂的初始资本投资要少得多，一些移动性好的工厂的初始投资仅为 11 000 美元，而一些移动性超级好的工厂的购买价格仅为 4 000 美元。

进一步的就业和行业集中度数据加强了之前对锯材厂运营规模普遍较小的观察。2002 年，美国锯材厂平均雇用 25 名工人——但超过 70% 的锯材厂的全职雇工数量少于 20 名。虽然锯材厂平均出货 640 万美元的木材，但每家工厂这些出货量的附加值低于 180 万美元。2002 年，四家最大的锯材厂仅占该行业总出货量的 17.5%，即使是规模最大的 50 家锯材厂也仅占到了该行业总出货量的 45%。

表 7.2B 总结了锯材业在主要投入类别方面的运营特征。在 2002 年，行业仅以 75% 的产能运营。当然，如果包括未报告的小型工厂的未知数量，这个数字会更低一些。产能数据表明，正如我们预期的那样，启动或停止运营是一个

---

① 具有能力存储大量原木的储木场也可能出现在伐木是季节性活动的地区或者政治和社会不稳定或政府政策不可预测的地区。有了更大的存储量，工厂才能够在不适宜伐木的季节或存在其他影响交付原木流量的不确定性情况下继续运营。

第 7 章 工业林业

相对容易的决定。

要素比例表明,在美国,平均每个工厂的制造资本和原材料大约是劳动力成本的两倍。正如预期一般,我们将发现,比起大多数其他制造业,锯材业的资本劳动比(K/L)约为 2.6,是非常低的,而初级资源(未切割或未经加工的原木)与资本或最终产品的比例(分别为 $R_1/K=0.85$,$R_1/O=0.42$)却非常高。① 实际上,未切割原木的成本比锯材业生产过程中的附加值还要高出 25%(未显示,但可以从相同的表格和来源计算得到)。这些要素比率表明,在锯材厂管理者的短期运营决策中,劳动力和原木可用量相对于制造资本存量更加重要。

综上所述,这些数据描述了一个由许多小工厂组成的行业,每个工厂都太小以至于不能对其木材产品的全球市场产生个别影响。这是一个有低制造资本和启动成本的行业,因此,这个行业容易进入与退出,可以轻松适应未切割原木可用性或有利价格等一系列条件。初级原材料(未切割原木)的有利当地市场是成功运营的关键决定性因素。尽管大型工厂通常会在全年和整个商业周期中稳定运营,但有利的产品市场对最小锯材厂的不间断运作也至关重要。

单板与胶合板(NAICS 321211 和 321212)

单板与胶合板行业的技术选择范围比锯材行业窄,而且其基础技术更昂贵。单板和胶合板作业依靠车床从旋转的原木上连续切割或剥除木材(单板)上的薄皮。全世界的胶合板厂都拥有非常相似的机器,仅有细微的设备新旧和维护方面的差别。

胶合板的生产作业同样从剥皮开始。传送带将去皮的原木运输到将原木旋切为单板薄层的机器中,然后根据需要对薄层进行修补,切割成 4*8 英尺的规格,再根据选定的厚度和方向将其黏合在一起,压制、干燥和堆叠以等待运输。与锯材厂一样,单板和胶合板厂的制造过程也会残留一些包含很小原木芯的木质材料,或剥除的质量差的木材以及各种木材碎片。一些剩余物可能作为燃料为工厂提供电力,一些则被销售用于其他用途,还有一些被作为废料直接燃烧。

NAICS 将单板与胶合板行业划分成软木行业和硬木行业。我们将专注于软木行业(NAICS 321212),它在美国历史更悠久同时出货价值也更大。在美

---

① 在过去的半个世纪中,美国锯材厂的 K/L 比例逐渐增大,这是因为工厂数量稳定下降,剩余工厂的资本投资和出货价值也有所增加,同时劳动投入的绝对水平也在降低。根据这些趋势,锯材厂劳动力的技能水平有了大幅提升。尽管如此,即使美国该行业比许多其他国家相同行业的技术更加先进,其 K/L 比例仍然低于美国其他制造业的水平。

表 7.2B 2002 年美国几个木制品加工行业的主要投入品的运营特征

产业	生产能力%	资本/劳动力[1] K/L	资本/未加工木材 K/R_1	资本/所有木材 K/R_2	劳动力/初始材料[1,2]			产出率[3]			
					L/R_1	L/R_2	K/O	L/O	R_1/O	R_2/O
321113 锯材厂	75	2.58	1.18	1.11	0.45	0.42	0.46	0.18	0.40	0.42
321211 硬木单板与胶合板	67	1.10	1.76	0.64	1.74	0.58	0.25	0.22	0.13	0.38
321212 软木单板与胶合板	86	2.19	1.24	1.04	0.58	0.46	0.52	0.24	0.41	0.50
321213 工程木类(桁架除外)	64	2.61	dz	1.31	dz	0.50	0.39	0.05	0	0.30
321214 桁架	54	0.08	na	0.89	dz	1.17	0.23	0.31	0	0.26
321219 重组木制品加工业	72	5.47	11.06	4.06	2.02	0.79	1.02	0.19	0.09	0.23

注:[1] 资本由年初总资产减去年初存量得到。劳动力表示全部的劳动薪酬。产出是交货价值。
[2] 原材料:原生木材是立木、原木、螺栓和纸浆木支出之和。所有木材是指原生木材的支出加上木片、板材、刨花、工厂剩余物和粗切木材等的支出之和。
[3] 资本、劳动力和原材料的计量如前几列。产出是出货的总价值。这些比率不是百分份额,它们相加可能多于或少于 1。因为资本是耐用资本的总价值(非年度价值),原材料仅包含木材投入的年度支出,不包括其他材料或能源的支出。

dz 表示不适用——分母是零。

资料来源:U. S. Census Bureau,(2004 和 2005b,c,i,j,k,40)。

第 7 章　工业林业

国和其他发达国家,硬木胶合板行业正在增长,但它在以原始落叶林为主的热带国家更为重要。尽管胶合板技术水平并不高,但却比简单的锯材厂作业需要更高的劳动技能,这限制了它在一些发展中国家的运营。

2002 年,美国有 85 家公司经营着 147 家软木胶合板企业。它们雇用了 2.45 万名工人,出货价值达到 47 亿美元,每家工厂平均拥有 167 名工人以及 3 200 万出货价值。与很多制造业相比,这些仍是小规模作业,但它们比普通锯材厂大得多。2002 年,一家生产外层复面胶合板的工厂,其初始资本投资约为 200 万美元,但大多数胶合板的总资本投资水平更高。2002 年,平均一家企业的资本投资是 1 600 万美元,这是锯材厂平均资本投资的 5 倍多。平均而言,胶合板生产全年运营,并且雇用更为固定的劳动力。所有胶合板厂员工(包括管理者和生产工人)的平均总薪酬(包括福利)在 2002 年超过 46 000 美元,大致每个劳动力比锯材业高出约 6 000 美元(表 7.2A 中没有显示,但可以根据同一来源计算得到)。胶合板生产工人的平均年工资(不包括福利)仅为 33 000 美元,比锯材业工人多出 3 000 美元左右。[①]

软木胶合板厂的资本与劳动比($K/L=2.19$)表明,尽管这些工厂需要更多的初始资本投资,但与一般的锯材厂相比,这些工厂的资本密集程度较低,劳动力密集程度较高。原材料两种测算的比率表明,木材仍是胶合板厂的主要成本——尽管其成本份额略低于锯材厂。如预期的那样,胶合板厂消耗很少的加工木材,因此需要在更接近森林的地方。事实上,胶合板行业未切割原木的成本(R_l)比行业增加值要高 47%,甚至超过了锯材厂的数值。显然,去皮优质原木的可靠供应对其运营至关重要。

软木胶合板行业日益集中。在 20 世纪 80 年代后期,四家最大公司的产出占行业出货量的 38%,到 2002 年上升到 67%。C_l 表征的集中度如果超过 40%—50%,往往就意味非竞争性行业。然而,胶合板厂无法使其产品存在差异化,而硬质板、刨花板和定向刨花板等重组木制品的竞争日益激烈,这阻碍了软木胶合板行业中的大型工厂建立对其产品市场价格的强大控制力。

总之,软木胶合板厂比大多数锯材厂需要更多的资金和更熟练的劳动力。与锯木厂相比,可用于胶合板作业的技术选择更窄。胶合板厂所需的额外资本不鼓励流动,而对熟练工的要求则鼓励在劳动力丰富的城镇运营。然而,运输未切割原木的费用又要求其建立在靠近森林的地方。因此,胶合板厂和单板厂比最基本的锯材厂在更远离森林的地方作业,这就不足为奇。实际上,这正是

---

① 总报酬和福利数据源自第 260 页脚注①中的人口普查数据,并记录在本章的表格中。生产工人的年工资数据源自美国劳工统计局网站,www.bls.gov/oes/current/oes454022.htm(2008 年 6 月 28 日访问)。

我们在美国南部地区和巴西帕拉格米纳斯地区所观察到的经验。然而，美国南部地区和巴西帕拉格米纳斯地区的工厂往往在靠近大量木材来源的城镇运营。原材料仍然是胶合板运营成本中很大的一部分，而成功运营的单板和胶合板行业依赖于当地有利的未切割、剥除表皮的原木市场。

机械木类（NAICS 321213）、桁架（NAICS 321214）和重组木制品（NAICS 321219）

在美国，比起木材行业和胶合板行业，层积梁等工程木制品、在工厂或贮木场生产的桁架以及重组木制品的市场份额迅速增加。这些产品中的每一种都节省了部分原材料成本，我们已经看到，原材料成本在锯材厂与单板和胶合板行业的所有生产成本中占很大比重。

层积梁结合了木条和胶水，可以取代旧的宽且长的实木梁。桁架是在贮木场将梁和托梁组装成统一规格的框架。与在每个组装地点以非常小的批次进行制造相比，大规模组装减少了细碎木材剩余部分的浪费。重组木制品将锯材厂和胶合板厂的木材残留物与胶水结合在一起，制成 4×8 英尺规格的板材，这些板材要比胶合板制品更加结实。还有一些重组木制品也使用丰富但低价值且未充分利用的其他硬木原木的纤维。净效果就是大大节省了不那么丰富但很昂贵的原始软木原木的消耗。

表 7.2B 中的未加工原木（R_1）与部分加工的木材产品（R_2）之间的区别反映了对未经加工原木的节省。未切割的原木占锯材厂和胶合板作业中所消耗木质材料的 90% 以上。相比之下，工程木类和桁架行业所使用的原材料都不是未经加工的原木。后两个行业的全部原材料都来自锯材厂和胶合板行业的残余木质材料，或者少部分是粗切木材或低等级胶合板。同样，重组木制品行业的原材料超过 90% 是锯材厂或胶合板行业的残余物。剩余的 9% 主要是低价值硬木原木。

节约原材料成本的一个结果是对森林保护的有利影响。例如，美国林务局早在 1982 年就已经计算出，仅仅桁架技术每年节约的木材消耗量就超过了 2 860 万公顷林地上每年用于其他非木质用途的木材采伐量。[①]

此外，这三个行业的产品与锯材厂和胶合板行业的产品之间的替代关系也逐渐增强。Spelter（1984）观察发现，软木胶合板的价格弹性在下降（从 1970 年的 0.83 下降到 1980 年的 0.10），这表明替代关系仍然存在，甚至早在 1980 年，其他重组木制品就在取代软木胶合板的部分需求。在 Spelter 所研究的时期，结构刨花板（SPB）可能是主要的软木胶合板替代品。Spelter 还发现，结构刨花

---

① 数据信息由 Robert Buckman 提供，H. Gus Wahlgren 于 1989 年 2 月 15 日计算得到。

板的价格弹性在 1980 年同样是下降的,这一事实与仍然存在其他重组木制品替代品是一致的,如定向刨花板。表 7.2C 显示这种趋势持续到 21 世纪。表格显示了 1997 年和 2002 年的生产数据,这是美国人口普查局最新的两个行业报告的日期。锯材业和胶合板业的出货价值在这五年间下降,其木质原材料的消费也减少。与此同时,三个新兴行业的总出货价值增加,足以抵消锯材业和软木胶合板业产量下降的影响。这些新兴行业对木质原材料的消耗量同样在上升,而其中大部分上升来自低价值锯材厂和胶合板厂的残余物。硬木胶合板产业也得以扩张,这是一个年轻的产业,在很大程度上依赖于之前未被利用的低价值原材料。

表 7.2C 1997—2002 年美国几个木制品行业原材料消费和产品运输增加趋势

产业	原材料(R_2) 总消费的增加	交货总值 的增加	R_1/O (2002)
321113 锯材厂	−7%	−1%	0.35
321211 硬木单板与胶合板	+9%	+12%	0.13
321212 软木单板与胶合板	−15%	−20%	0.41
321213 工程木类(桁架除外)	+50%	+38%	0
321214 桁架	+5%	+24%	0
321219 重组木制品	+9%	+9%	0.09

资料来源:同表 7.2A 和表 7.2B。

总之,就本书关于产业与森林关系的观点,三个新兴木制品制造行业最有趣的特征是它们在一般木制品制造市场中的份额越来越大,以及它们用其他制造过程中的木材残留物替代未切割原木。净效应是所有木制品制造行业对未切割原木的需求减少,因此对天然林起到了保护的效果。

7.2.2 家具及相关制造品(NACS 337)

家具行业在家具和相关物品(如床垫、百叶窗、柜子和装配件)的制造中进行切割、扭曲、压模、涂层以及组装木材、藤条、金属、玻璃和塑料材料。设计与时尚在家具的生产中起着重要的作用,因此,专业化的劳动力也在这个行业扮演了重要的角色。[①]

家具行业由 3 个四位代码的行业构成(3371——家庭与机构家具和橱柜,

---

① 这个行业的经济学文献十分稀少。企业和机构家具制造商协会(北美贸易协会)是基础数据的另一个来源。

3372——办公家具,以及3379——其他家具及相关产品),又进一步分为13个六位代码的子行业。全部的三位代码行业都是木材的重要消费者,但13个六位代码子行业中只有5个将木材作为重要投入品(表7.3A和表7.3B中所描述的子行业),即使这5个子行业,也是木材、胶合板以及其他木制品的消费者,而不是初始原材料的消费者。

三位代码的行业是由众多小型企业组成。2002年,行业中有84%的企业雇用员工不到20人,而且不少家具制造厂是雇员少于3人的个体企业。2002年,家具企业的平均资本仅为550万美元。企业在生产过程中平均增加190万美元的价值,并交付价值340万美元的产品。这些数字与锯材业企业的相应平均值大致相当,但比软木胶合板企业的平均值要小得多。木质橱柜与台面行业(NAICS 337110)在整个家居行业的众多企业中占主导地位,其生产占据三位代码行业最终产值的20%。个体企业规模的可比较测度甚至会更小——2002年的平均资本为20万美元,年均增加值为90万美元,年均交付产品价值为140万美元。

劳动力与资本、原材料和产出的比率表明,劳动投入在家具行业的作用比锯材行业和胶合板行业大两倍到四倍。家具行业所有员工的平均年薪总额为4.5万美元,与胶合板行业相当,略高于锯材行业。仅生产工人的平均工资是2.5万美元,比锯材行业低了17%。

表7.3B中含有R_1的比率证实,家具行业并不是未切割原木的消费者。此外,与锯材行业或胶合板行业相比,家具行业对各种来源的木质材料的消费量非常少。对于那5个重要的木材消费家具子行业,木材与产出比率为0.1是常见的。当然,对于剩余的8个在生产中不需要大量木材或木制品的六位代码的家具子行业而言,这些比率甚至更小。这些比率与观测结果相一致,家具制造商几乎从不包括垂直整合的伐木部分,甚至没有与伐木工或森林土地所有者建立定期联系。

总而言之,家具行业由众多小规模企业所组成,其中许多小型企业专注于特定风格或设计的产品,而其他企业专注于生产一种或几种产品,如桌子、椅子或橱柜。这个行业似乎通过集聚经济或许多小型制造商聚集在一个对这些产业至关重要的地方来区分,而不是通过显著的规模经济或接近其初始材料来源地来区分(Hagenstein,1963;Scott,2006)。美国北卡罗来纳州的海波因特、意大利的曼扎诺、越南的大朗或印度尼西亚哲帕拉的爪哇中心地区都是工业集聚城镇。在这些地方集聚使得专业家具制造商在维持个体运营的同时获得在共同地理中心展示各种互补品的营销机会。

第7章 工业林业

表 7.3A 2002 年美国几个家具加工行业的产业与企业规模

产业[1]	公司数量	企业数量	单个企业雇工人数			集中度（占交货值的比重%）				雇工总人数[2]	交货总值[3]	增加值[3]
			1—19	20—99	≥100	C_4	C_8	C_{20}	C_{50}			
337 家具和相关产品	21 531	22 523	17 645	3 663	1 215	11.0	18.0	28.6	39.6	595.9	75 965	43 052
337110 木质橱柜与台面类	9 457	9 557	8 486	895	176	29.2	35.1	43.0	50.0	126.2	14 102	8 497
337122 无装饰木制家具	3 975	4 114	3 427	481	206	23.9	34.5	49.9	62.2	113.2	12 727	7 718
337129 木制电视、收音机与缝纫机柜	201	203	178	18	7	64.4	75.4	84.6	93.1	3.3	486	295
337211 木制办公家具类	547	569	353	161	55	34.1	43.3	55.8	71.6	24.3	2 817	1 720
337212 定制的建筑木制品类	1 543	1 557	1 041	466	50	10.1	14.9	23.0	35.6	33.6	3 846	2 408

注：[1] NAICS 中的数字和名称。
[2] 以 1 000 人为单位。
[3] 以 1 000 000 美元为单位。

资料来源：U. S. Census Bureau(2004 和 2005a,e,m,n,o)。

表 7.3B 2002 年美国几个家具加工行业的主要投入品的运营特征

产业	生产能力%	资本/劳动力[1] K/L	资本/初始材料[1,2]		劳动力/初始材料[1,2]		产出率[3]		
			资本/未加工木材 K/R_1	资本/所有木材 K/R_2	L/R_1	L/R_2	K/O	L/O	R_1/O	R_2/O
337 家具和相关产品	61	0.66	dz	na	dz	na	0.18	0.28	0	na
337110 木质橱柜与台面类	73	0.50	dz	0.99	dz	1.98	0.15	0.31	0	0.002
337122 无装饰木制家具	65	0.55	dz	1.08	dz	2.00	0.15	0.27	0	0.13
337129 木制电视、收音机与缝纫机柜	67	0.68	dz	1.97	dz	2.92	0.15	0.23	0	0.08
337211 木制办公家具类	42	0.88	dz	2.52	dz	2.86	0.27	0.31	0	0.11
337212 定制的建筑木制品类	66	0.39	dz	1.66	dz	4.28	0.14	0.37	0	0.09

注：[1] 资本由年初总资产减去年初存量得到。劳动力表示全部的劳动薪酬。产出是指交货价值。
[2] 原材料：原生木材是立木、原木、螺栓和纸浆和木材等的支出之和。所有木材指原生木材的支出加上木片、板材、刨花、工厂剩余物和粗切木材等的支出之和。
[3] 资本、劳动力和原材料的计量如前几列。产出是出货的总价值。这些比率不是百分比份额，它们相加可能多于或少于 1。因为资本是耐用资本的总价值（非年度价值），原材料仅包含木材投入的年度支出，不包括其他材料或能源的支出。

dz 表示分母是零。

na 表示不适用。

资料来源：U. S. Census Bureau(2004 和 2005a，e，m，n，o)。

第 7 章 工业林业

7.2.3 纸浆和造纸(NAICS 322)

造纸行业使用木材或其他纤维来制造纸浆、纸张和加工纸制品。它们的生产涉及机械或化学工艺,用于从木材、废纸以及其他纤维材料(如秸秆、甘蔗渣、竹子和碎布)中分离纤维素,然后将这些纤维压制成各种纸张和纸板。纸浆和造纸业在世界范围内不断发展。因为纸张需求的收入弹性通常被认为是 1.0 左右,我们能够预期到它们将随着全球经济发展而持续增长。快速发展的亚洲经济就是一个很好的例子:亚洲对纸张的需求激增始于 1985 年,现在大约半数的造纸新机器都销往中国。

我们将集中讨论纸浆(NAICS 322210)、造纸和新闻用纸行业(NAICS 322121 和 NAICS 322122)。这三个行业都是初始木质资源的消费者。纸制品加工业(NAICS 3222)的其他企业购买纸张并将其进一步加工成纸盒、纸袋、纸巾和层压纸制品(16 个六位代码的子行业)。[①]

纸浆业(NAICS 322110)

三位代码的纸浆和造纸业中有许多企业都是垂直整合的,企业生产纸浆以便于在其自己的造纸作业中进一步使用。2002 年,在美国较少的 32 家企业制造了美国总产量 15% 的纸浆,生产的纸浆仅用于销售给造纸行业的制造商。这 32 家企业构成了六位代码的纸浆制造业。

纸浆业的结构与木制品和家具制造业形成鲜明对比。纸浆厂家一般具有数十万吨的年生产能力,美国、加拿大和北欧几家工厂的产能超过一百万吨。显然,这些都属于资本密集型作业。2002 年,纸浆厂开拓一个新市场的初始资本投资约为 5.25 亿美元,美国现有工厂的平均资本约为 1.91 亿美元。后者是普通锯材厂平均资本的 750 倍,几乎是软木胶合板厂平均资本的 12 倍。纸浆业的资本密集度也是美国其他制造业的 2 倍(Butner and Stapely, 1997; Phillips, 1997; Yin, Harris and Izlar, 2000)。

由于行业运营的固定成本较高,而且造纸厂对其产品的需求相对缺乏弹性,因此无论一般经济的周期性条件如何,纸浆业都倾向于以高产能稳定地运营。纸浆业的短期运作成本较低,因此当收入可能无法覆盖工厂相对小的可变成本时,企业会选择继续经营而不是在经济衰退期间关闭运营,之后一旦市场

[①] 虽然这些行业近年来越来越受到林业研究人员的关注,但与之相关的经济学文献仍相对有限。Gillis and Buongiorno(1987)可能是最全面的阐述。佐治亚理工学院的造纸业和工业研究中心(The Center for Paper Business and Industry Studies)以及美国森林和纸业协会(American Forest and Paper Association)(造纸行业的行业组织)是很好的信息来源。联合国粮农组织定期发布国际贸易以及纸浆和造纸业工业产能的固定调查。IIED(1996)的《迈向可持续造纸周期》(*Towards a Sustainable Paper Cycle*)是一项关于该行业的全球化调查。

条件改善,就吸收更多的重新启动成本。

表 7.4A 和表 7.4B 支持了上述论点。2002 年,美国纸浆业的企业在生产过程中平均增加 4.6 亿美元,交货价值为 11 亿美元。资本与劳动力、原材料与产出的比率都证实了纸浆业的资本密集性。资本劳动力比和资本产出比(K/L=9.64 和 K/O=1.88)约为锯材厂和软木胶合板行业的 4 倍。

2002 年,行业仅雇用了 7 700 名工人,或平均每个工厂的雇工数约为 200 人。然而,这些都是能够操作昂贵的计算机驱动的制造资本的技工。2002 年,工厂员工平均获得了 8.1 万美元的薪酬,其中四分之三是薪水,另外的四分之一是附加福利。每名工人的薪酬总额比锯材厂和软木胶合板行业高出 80%—100%。鉴于行业的稳定就业,附加福利在总薪酬中的份额比木制品制造业的工人高出 5%—10%,这一点就不令人惊讶了。纸浆业中的生产工人仅工资薪酬就为 5.7 万美元,比锯材业高出 85%。

当然,本书更关注于行业对原材料的消耗。2002 年,行业的资本与所有纤维比(K/R_3)、资本与木质纤维比(K/R_2)以及资本与未加工木材比(K/R_1)分别为 6.67、7.57 和 17.05。(后者是锯材业对应指标的 15 倍。)这些比率进一步强调了制造资本的相对重要性,同时这些比率的比较也反映了该行业用木屑、其他制造过程产生的木材剩余物以及非木质纤维替代未经加工木材的能力。实际上,各种来源的木质材料占美国纸浆厂纤维总消耗量的 44%,而未加工木材仅占纤维总消耗量的三分之一多一些。

另外,由于在接近于满负荷稳定运营的实践中包含高固定成本,以及由此带来的对稳定劳动力的要求,成本相对低得多的纤维投入仍是纸浆生产中最重要的可变投入。因此,由于行业回报主要是资本回报,个体工厂通常愿意为其纤维投入支付溢价以确保其制造资本的持续运作和稳定的投资回报。这表明,如果该行业在木材和其他纤维的竞争性市场中运作,一些个体公司对林地和经营管理的投资可能会超过严格意义上的林业中市场立木收益所显示的水平。其他企业则可能通过提供优惠的财务待遇来确保大量独立伐木工或土地所有者仍是可靠的供应商。还有一些企业在纸浆木材市场紧缺的时期,会提供超过正常市场价格并超过工厂边际估值的价格——只是为了确保木材供给。[①] 总之,比起纸浆厂的其他运营成本,原材料成本可能很小,但原材料投入品是工厂不间断运营的关键可变投入品。在必要时,纸浆厂愿意支付溢价以确保木质纤

[①] 这解释了一种表面看来反直觉的观察结果,即一些美国南部的工厂为更远的立木支付了更多费用。他们可能已经与附近的纸浆木材供应商建立了长期的市场关系,而且相对于这些生产商,他们可能具有一定程度的市场力量。市场力量可以让他们去协商以获得更低价格的当地立木。在市场紧俏和价格上涨的时候,这些工厂必须将需求扩展到更远的市场,这些市场中,额外竞争者的出现迫使他们必须支付更高的价格才能得到更远地方的原材料。

第7章 工业林业

维的最小流量供给。①

这些关于相对运营费用和该行业使用替代纤维来源的观点通过观察得到了加强，即在较长的时间内，即使廉价木材纤维的当地供应在减少，很多工厂仍在运营。固定资本的巨大成本使得它们几乎不能移动，但是它们小得多的可变成本使得它们能够给土地所有者更多的支付和其他激励，促使这些土地所有者在当地天然生长的纤维耗尽时种植木质纤维。第3章提到了弗吉尼亚州的罗诺克拉皮兹纸浆和造纸作业的例子，该厂始建于1919年，尽管纤维来源发生了彻底变化，但仍在运营（经过多次投资以升级其设备后）。这家工厂曾依靠当地供应未加工木材，它们大多是自然生长的。如今，它消耗来自当地小规模土地所有者的施业林、锯材厂的木质剩余物以及可回收材料这样一些混合木材。我们可以得出结论，现有的自然生长木纤维的供应是有益的，但它对财务可行的大型纸浆厂的长期连续运作几乎不构成限制。

造纸业（NAICS 322121）和新闻用纸业（NAICS 322122）

造纸业包括制造用于自己纸张生产的纸浆的一体化公司，以及完全依赖于市场纸浆购买的非一体化公司。在全球范围内，造纸业包括广泛的运营模式——从偶尔使用手动生产的小型作业到数亿美元资本的运作。

像泰国清迈的新兴手工制纸运营商或中国年产能低于3万吨的1100家工厂的小规模运营，集成了纸浆和造纸业务。生产规模在三个数量级上变化的加拿大和美国工厂同时包括了整合业务和非整合业务。特种纸的制造商通常较小且不整合。大型运营商，尤其是新闻用纸行业，整合其纸浆和造纸业务以节省干燥纸浆所需的水和能源成本。它们直接将泥浆形式的纸浆转移到相邻造纸厂。美国大约六分之一的造纸厂和三分之二的新闻用纸制造商是垂直整合的。

造纸业是木质纤维的主要消费者，这被广泛认为是损害环境的。然而，与纸浆业一样，造纸业对未加工木材的消耗量是有限的。与其消耗水资源以及其悬浮颗粒物和化学污染物排放相关的其他环境问题已经产生了更严重的环境后果。②

在美国，未加工木材为造纸提供的纤维少于35％，而为新闻用纸提供的纤维不到25％。此外，到目前为止，这些百分比中最大的份额来自施业林地的可

---

① 作为进一步的证据——在大型纸浆（和造纸）业务中，大量投资制造资本的回报比木材供应更重要，我们观测到有些公司有时会在需要短期现金用于其他投资时，或需要向股东展示公司股权的短期回报明显改善的时候，出售其所拥有的大片林地。林地的出售使得公司面临木材市场更大的长期不确定性，但它满足了与制造资本即时回报更紧密相关的其他目标。

② U.S. Environmental Protection Agency（2002）对该行业的环境问题进行了全面的审查，首先讨论了造纸生产过程、行业结构和技术的历史趋势，进而讨论了污染排放及其合规性。

表 7.4A 2002年美国几个造纸业的产业与企业规模

产业[1]	公司数量	企业数量	单个企业雇工人数			集中度（占交货值的比重%）				雇工总人数[2]	交货总值[3]	增加值[3]
			1—19	20—99	≥100	C_4	C_8	C_{20}	C_{50}			
322110 纸浆厂	21	32	1	9	22	61.1	87.7	na	100	7.7	3 531	1 678
322121 造纸厂（新闻用纸除外）	193	307	55	78	174	53.1	69.5	84.5	96.5	96.5	42 502	24 437
322122 新闻用纸厂	18	22	0	1	21	59.9	78.2	100	100	8.4	3 597	1 650
322130 纸板厂	87	199	10	75	114	48.5	67.6	87.5	98.8	46.2	20 854	10 786
3222 纸制品加工业	3 345	4 959	na	na	na	17.6	27.8	43.8	58.4	332.8	83 735	37 668

注：[1] NAICS 中的数字和名称。
[2] 以 1 000 人为单位。
[3] 以 1 000 000 美元为单位。
na 表示不可获得。
资料来源：U. S. Census Bureau(2005d,f,g,h)。

第7章 工业林业

表 7.4B 2002年美国几个造纸业的主要投入品的运营特征

产业	生产能力%	资本/劳动力[1] K/L	资本/初始材料[1,2]			劳动力/初始材料[1]		产出率[3]		
			资本/未加工木材 K/R_1	资本/木质纤维 K/R_2	资本/所有纤维 K/R_3	L/R_1	K/O	L/O	R_1/O
322110 纸浆厂	87	9.64	17.05	7.57	6.67	1.77	1.88	0.20	0.11
322121 造纸厂（新闻用纸除外）	90	7.06	28.55	18.81	10.38	4.04	3.17	0.50	0.11
322122 新闻用纸厂	88	8.16	36.78	15.57	9.23	4.51	2.17	0.27	0.06
322130 纸板厂	93	8.56	21.62	11.32	6.88	2.53	2.36	0.28	0.11
3222 纸制品加工业	73	na	na	na	na	na	na	na	na

注：[1] 资金由年初总资产减去年初存量得到。劳动表示全部的劳动薪酬。产出是出货的总价值。
[2] 原材料：原生木材是立木、原木、螺栓和纸浆木等的支出之和。所有木材是指原生木材的支出加上木片、板材、刨花、工厂剩余物和粗切木材等的支出之和。
[3] 资本、劳动力和原材料的计量如前几列。产出是出货价值（非年度价值），原材料的总价值（非年度价值）。这些比率不是百分比份额，它们相加可能多于或少于1。因为资本是耐用资本的年度支出，不包括其他材料或能源的支出。
dz：耐用资本的年度支出（包含木材投入的年度支出），不包括其他材料或能源的支出。
na：指标未适用

资料来源：U.S. Census Bureau（2004，2005d，f，g，h）。

再生纤维,而不是来自天然林中。发展中国家的木质纤维份额并不大。例如,在中国,农业剩余物占纤维投入的四分之三(Xu, Amacher and Hyde, 2003; Xu and Hyde, 2007)。

自20世纪70年代引入的一系列环境控制导致了许多技术变革,这使得北欧和美国的运营更加清洁。然而,新技术并不是针对小型运营商和许多发展中国家典型造纸所需的农业纤维,因此,清洁技术的推广并不容易。以中国为例,造纸业的工业废水排放量仍占全国排放总量的10%,化学需氧量也占到全国的四分之一。造纸业是农村环境污染的最大源头。

表7.4描述了2002年美国造纸和新闻用纸业。这些行业由少数大型和成长型的企业构成。合并提高了四大公司的集中度,交货量从1983年约为30%增加到2002年的50%以上。事实上,自20世纪80年代以来,集中度的提高已经引起了美国司法部的注意,从那时起发生了五起重大的反托拉斯诉讼案件。在此期间,个体非整合造纸厂企业的数量已经减少了三分之一,但行业总产能增加了一倍。到2002年,造纸厂和新闻用纸厂的平均资本分别超过1.6亿美元和2.7亿美元。纸浆和造纸新设施的初始资本投资至少为5亿美元(Yin et al., 2000)。

2002年,新闻用纸业增加了17亿美元的价值,交货产品价值为36亿美元(平均每家公司分别为0.75亿美元和1.23亿美元)。这些行业的总产值介于锯材业和软木胶合板行业中间,但企业数却少得多。较大规模的造纸业(新闻用纸除外)增加值为425亿美元,交货产品价值约为244亿美元(平均每家公司分别为0.8亿美元和1.38亿美元)。

造纸和新闻用纸行业的要素比率遵循在市场纸浆行业中所观测的,即无论工厂的生产水平如何,这些要素比率都相当稳定。(这两个行业中年产能超过8万吨的工厂的特征是规模报酬不变(Yin, 1998, 1999)。)即使是造纸和新闻用纸行业中的非集成企业也是高度资金密集型的。它们资本的固定成本使得它们无论经济周期如何,都以接近于90%的年产能运营。

造纸业是技术工人的大雇主。2002年,仅造纸业的雇工数量就达到9.65万人(每个工厂约为300人),这与锯材业的雇工数大致持平。这些工人必须能够熟练操作行业中复杂的制造资本,并且他们的就业就像工厂的固定运营一样稳定。造纸行业所有员工的平均薪酬为7.3万美元,新闻用纸业为8.5万美元,中间为纸浆业的8万美元。和纸浆业一样,附加福利是总薪酬的四分之一,远远高于锯材业和家具业18%的份额。造纸和新闻用纸业生产工人的平均工资分别为5.2万美元和6万美元,纸浆业生产工人的平均工资则介于这两个数字之间。①

事实再次证明，原材料是成本最低但最可变的，因此是初始投入品中更易于管理的。造纸和新闻用纸业的资本资源比和劳动力资源比甚至高于在纸浆业中的，主要是因为纤维投入品相似，而造纸和新闻用纸的制造过程更完整。更完整的工艺需要额外的劳动力和制造资本，但并不需要额外的原材料。很明显，对于这些运作，木质纤维是关键的可变投入品，但同样明显的是，该行业在木质纤维来源和替代木材的各种其他纤维方面具有很大的灵活度。

7.2.4 独立的采伐作业（NAICS 113310）

出于 NAICS（和 ISIC）的报告目的，伐木业由切割和运输木材的独立公司组成。它不包括主要从事运输木材的公司，也不包括将伐木和工厂作业垂直整合在一家公司中的伐木部分，还不包括一些市场中联络伐木工和工厂运营的木材经销商。

伐木开始于树木采伐（砍伐），随后去除不能利用的枝叶和其他材料（造材），然后将原木运输到平台堆积起来（集材），最后装载运输到工厂。在最基本的采伐系统中，这些独立活动使用单独的基础设备：用于砍伐和造材的链锯，用于集材的食草动物。技术更先进的作业使用一台或多台机械设备，总成本变动可以从 10 万美元起。一些野外作业还将树干和树枝转化成用于制造纸浆的小木块。

在处于森林发展第一阶段的一些地区，采伐作业包括从边界向工厂运输原木的全部成本。在美国南部地区，成熟森林边界有竞争性木材市场，伐木在平均交付成本中约占 45%（Yin，1998），剩余的就是立木本身的成本。

对于那些在森林边界或森林中运营的基础锯材厂而言，伐木是一项综合作业。其他一些技术更先进的锯材厂、纸浆和造纸厂都有自己的伐木工。然而，很多工厂也外包它们的采伐作业，或者外包部分作业给独立的伐木工。② 它们外包的主要原因是转移员工福利待遇的成本。伐木是一项危险的活动。例如，伐木工的死亡风险仅次于安全相关职业（警卫、巡视员和门卫）（Thaler and Rosen，1975）。由于存在高风险，《职业安全与卫生条例》和健康保险的强制使

---

① 实际上，劳动力的高成本已经并将继续成为该行业创新的诱因。造纸和新闻用纸行业在所有森林工业参与者中对研究与开发的投入力度最大，可以用研发的绝对支出或支出占总收入的份额来衡量。行业研究中最重要的份额是新产品创新。第二个重要的份额是劳动力节约的创新。因此，自 20 世纪 60 年代以来，美国和加拿大的纸浆与造纸业的资本投入迅速增长，相应地，劳动力和物质投入的单位投入生产率增长最快（Oum and Tretheway，1992；Yin，1999）。这些趋势可能会持续下去，并且有人预测在 2030 年之前会出现单人操作的造纸机器。

② 在美国，工厂雇用了不到四分之一的伐木机、分类机、定标器和采伐设备操作者。其余部分都是由独立伐木工提供（http://bls.gov/oes/current/oes454022.htm#，2008 年 6 月 30 日）。

得每 1 美元的工资增加了 0.37 美元的成本(LeBel,1996)。[①] 较小的独立伐木作业不受与大型工厂一样的监管审查水平的约束,小运营商替代用其他成本节约(如退休计划)来抵消较高的健康保险成本的意愿解释了其在行业中的优势。

尽管如此,独立伐木工和工厂通常建立定期关系。确保原材料投入品的稳定供给对于大型工厂稳定运营很关键,与一些伐木工的定期合作关系确保了这种供应。独立伐木工通常有大型按揭设备,他们需要在气候和市场条件季节性波动的条件下确保稳定的现金收入。因此,大型工厂和独立伐木工都能从定期伐木作业中获益。我们观察到伐木工与工厂之间的各种长期安排,有些是正式合同形式。一些工厂保证了一定程度的定期需求。其他工厂拥有采伐设备,并与独立伐木工签订合同。还有一些工厂甚至帮助独立伐木工购买自己的设备。

在对美国南部地区 2 217 名全职独立伐木工的调查中,de Hoop et al. (2002)发现53%的伐木工与一家工厂有优先的供应商关系——尽管大多数伐木工也将木材供给其他工厂。一些伐木工直接从土地所有者那里购买木材,另一些人通过经销商获得木材,还有一些与工厂签订合同,工厂为他们提供采购的或需要先行支付费用以购买的木材。在 de Hoop 等的调查样本中,半数以上的伐木工拥有自己的采伐设备。其余的伐木工承包了部分或全部设备。同时,对工厂而言,利用良好的市场条件机会就像稳定的资源供应一样重要。因此,de Hoop 等还发现,首选承包商仅提供了工厂原木堆积场库存的 20%。总之,伐木工与工厂都依赖于首选供应商关系来获得原木交易的一些份额,但两者也都依赖于市场条件以获得更大的份额。

表 7.5 提供了美国伐木业的构成情况。这些表格是基于 1997 年的数据,与之前其他林产品制造业表格的 2002 年数据不同。1997 年是美国人口普查局报告的最近一年——在美国农业部负责记录伐木业数据和这些数据变得不那么公开之前。

1997 年,超过 1.3 万家伐木企业雇用了 8.3 万名员工,平均每家企业的雇工有 6.1 人。[②] 其中,5.4 人是生产工人,每家企业还不到一支伐木队。剩余的非生产员工通常是家庭成员,负责记账和其他办公职责。显然,这些都是小型运营商。2002 年,全职运营商的最低资本额接近 20 万美元(de Hoop et al., 2002; LeBel and Stuart, 1998; Stuart et al., 2007; Stuart, Grace and Grata, 2010)。LeBel 和 Stuart 观察到有利可图的作业从每年 25 吨延续到 25 万

[①] 作为对比,木匠的这一比率是每 1 美元工资投保额为 0.12 美元。

[②] 在该行业中,企业和工厂的数量几乎相等,同时每家企业或工厂的雇工人数很少,这些都表明,绝大多数独立伐木工都以一个经济单位进行作业,一般只有来自家乡的一个工作人员。到 2002 年,企业数量和雇工数量分别减少到 1.1 万和 6.8 万。

第 7 章 工业林业

吨,并且在较大范围内规模报酬不变(甚至可能规模报酬递增)。1997 年,平均企业增加值为 45.6 万美元,交付产品价值仅为 100 万美元。无论如何衡量,独立伐木企业的平均规模都小于其他林产品行业中对应的企业规模。

伐木业的产能利用率估计变化很大,但平均值在 70% 左右,即使对于全职独立伐木者也是如此(de Hoop 等在 2002 年对缅因州的研究,以及 Lebel 和 Stuart 在 1998 年对美国南部地区的研究)。这个数字再次表明伐木工的成功作业高度依赖于当地市场条件和天气状况。这也说明了,伐木工可以从与工厂建立起来的长期可靠的供应商关系中获利,因为没有长期联系的伐木工可能不得不经历市场不活跃的不盈利时期。

表 7.5B 中的要素比率反映了劳动力对伐木业的重要性。比起其他木材和纸制品行业,资本劳动比($K/L=0.27$)更低一些,而劳动力与初始材料比和劳动力与产出比($L/R_1=9.29, L/O=1.48$)则要高一些。对于 70 年前美国南部地区最基础的作业,获得可用木材至关重要,这些作业可能依赖于来自农业的较低工资季节性劳动力。现在已不再是这种情况。美国、加拿大和北欧国家的现代化伐木业的重型设备需要熟练的劳动力。如今,季节性农业劳动力较少,而且他们通常不具备操作现代采伐设备的技能。尽管如此,天气条件对伐木业的影响却一直存在,因此,就业人数从季度到季度的变化高达 7.5%(表中没有列出,但根据同样的数据来源计算得到)。如果我们加上那些在 1997 年没有向人口普查局报告的不活跃企业,那么季节性雇工数量的变化幅度还会增大。

1997 年,伐木业的年均工资是 3.1 万美元,生产工人的年均工资是 2.2 万美元。到 2002 年,生产工人中伐木工和伐木设备操作员的年均工资增加到 3 万美元。这些与锯材厂和家具业中生产工人的工资大致相当,但明显低于纸浆和造纸业。生产工人所得的总薪酬中,福利约占 22%,远大于锯材业 18% 的水平——并且表明了伐木工人的薪酬保险成本较高。福利份额小于纸浆和造纸业的 25%,这表明了工厂通过外包伐木而节省成本。

总之,伐木业的结构随着其服务的木材加工行业的发展而变化。与边界上基础锯材厂相关的伐木作业可能是这些工厂的集成部分。技术更先进的锯材厂,特别是纸浆和造纸厂可能会留下少量的伐木工人,以确保在市场紧俏时能够得到持续的原木流。不过,这些工厂一般更倾向于购买交付原木,并专注于自身资本设备的专业化操作。其余四分之三的伐木者是独立的企业家,他们一般拥有不超过一名员工。一些人砍伐、造材、集材和装载,很多人也自己进行卡车运输,而一些人也会在装载和交付到纸浆和造纸厂之前,将产品制成纤维状。雇员通常都是能够操作重型设备的熟练工。他们的薪水不高,但由于他们大多在该国工资水平较低的地方生活和工作,他们的薪水可能高于他们的许多邻

表 7.5A 1997年美国伐木业的产业与企业规模

产业[1]	公司数量	企业数量	单个企业雇工人数			集中度(占交货值的比重%)				雇工总人数[2]	原材料总成本[3]	交货总值[3]	增加值
			1—19	20—99	≥100	C_4	C_8	C_{20}	C_{50}				
113310 单独伐木作业	13 461	13 533	12 899	607	27	na	~10	<20	<30	83	7 427	13 613	6 166

注：[1] NAICS 中的数字和名称。
[2] 以 1 000 人为单位。
[3] 以 1 000 000 美元为单位。
na 表示不可获得。

资料来源：http://factfinder.census.gov/home/en/datanotes/exp_econ97.html。

表 7.5B 1997年美国单独伐木业的主要投入品的运营特征

产业	生产能力%	资本/劳动力[1] K/L	资本/原木 K/R_1	劳动力/初给材料[1] L/R_1	产出率[2]		
					K/O	L/O	R_1/O
113310 单独伐木作业	70	0.27	2.52	9.29	0.40	1.48	0.15

注：[1] 资金由年初总资产减去年初存量得到。劳动表示全部的劳动薪酬。产出是指产出价值。
[2] 原材料：原生木材是立木、原木、螺栓和纸浆木等的支出之和。所有木材是指原生木材的支出加上木片、板材、刨花、工厂剩余物和粗切木材等的支出之和。
[3] 资本、劳动力和原材料的计量如前几列。产出是出货品的总价值。这些比率不是百分比份额，它们相加可能多于1，因为资本是耐用资本的年度价值(非年度价值)，原材料的总价值仅包含木材投入的年度支出，不包括其他材料或能源的支出。
dz：指标是零。
na：不适用

资料来源：De Hoop et al. (2002)以及 LeBel and Stuart(1998)对行业产能的估计。http://factfinder.census.gov/home/en/datanotes/exp_econ97.html。

居。在伐木业中,资本与劳动力并不容易替代,而且所需的专业技能往往成为一些人就业的障碍(Smith and Munn,1998)。可用的熟练劳动力可能是某些地区现代伐木作业的约束,特别是在经济强劲增长期间而其他地方可能存在更好的就业机会时。

7.3 总结:森林发展三阶段下的林产品行业

关于林产品行业的发展模式,我们能说些什么?它是否与第2章介绍的森林发展三阶段有关并且一致,具体而言,林地的工业所有权如何适应行业发展模式和森林发展的三个阶段?第3章对美国南部地区,对巴西亚马逊东部更近期且更快速的行业发展,以及本章对美国行业结构和行为的描述都具有指导意义。

第一阶段在森林边界的初始行业作业是基础锯材厂。对于这些锯材厂,伐木是集成的活动。实际上,对于这些作业,同一名员工可能在不同时间甚至同一天既是伐木工又是锯材工,他们的伐木/工厂就业可能只是他们作为农民的主要活动的补充。作为伐木工,他们首选在最接近锯材厂的林地进行采伐而后马上进行锯材。具有这些作业特征的小型锯材厂是可移动的,当他们耗尽邻近的木材时,他们的员工就拿起设备并跟进退缩的边界。然而,随着森林边界的不断退缩和工厂的移动,它与当地市场的距离必然增加,而且粗锯材产品运输到市场的成本也必然增加。

最终,通过靠近劳动力供给和木材市场,但与成熟森林边界有一定距离,更密集地使用制造资本且规模稍大的锯木厂更具有竞争力。这些技术更先进的锯木厂的运作恰好与森林发展第二阶段的初期相吻合,并且出现在当地市场与产权更有保障、远离天然林的相邻土地之间退化森林所处的扩大开放进入区域中。这些工厂通过使用更专业的技术和从劳动力及制造资本中获得更高的生产率来抵消交付原木投入品的更高成本。其中一些工厂可能垂直整合以拥有自己的采伐团队。

随着木材采伐的继续和森林边界的进一步后退,原木交付价格必然持续上涨,最终低价值的原木替代品变得具有竞争力。可移动的基础锯材厂继续在边界附近或开放进入区域中有小片高质木材的地方运营。技术更先进的锯材厂在靠近市场中心的地方继续运营,但就如他们可能会增加资本一样,他们继续寻找方法以利用较小原木和低质量树种。胶合板厂——生产木材的一些用途的替代品——最终实现盈利。它们还需要更多的资本。它们工人的技能更高,要求的工资比支付给锯材厂工人的工资要高一些。

有些市场中的一些锯材厂和胶合板作业可能仍然不会因交付原木的投入品而经历太多竞争。对于这些工厂，天然林的可及性保证了工厂的稳定供给。因此，采伐与供应这些工厂的比例以及工厂生产率，取决于两个关键的因素，一是管理者对木材供给情况的信心，二是对工厂生命周期的预期。如果可获得的天然林资源丰富，但管理者担心政策或其他外部因素可能改变他们对木材资源的控制力，那么管理者就会加快采伐——并且更接近森林的短期经济边界，即原木采伐和交付的边际成本刚好等于工厂的即时交付价值。相反，在一般市场和政策环境更加稳定的情况下，工厂管理者并不是短视的。在这种情况下，管理者就倾向于以稳定采伐速率来确保在与其工厂预期寿命相当的期限内有持续的交付原木。

因此，我们观察到在一些拥有大量立木存量的国家和地区的工厂，会尽可能快地生产以确保赶在任何当地政策环境的潜在变化改变交付原木的可用性之前收回投资于工厂的初始资本。在难以预测长期林业政策、行业政策以及宏观经济政策的国家中，新兴工业企业往往就是这种情况。相比之下，我们还观察到在其他森林资源丰富的地区，工厂无论有或没有正式木材产权通常都运营得较为缓慢，旨在增加制造资本的长期回报——正如在加拿大东部更为确定的政策环境中资本密集的纸浆和造纸业一样。①

随着市场和政策环境的变化，我们可以随着时间推移得到两次相同的观察，甚至是在同一个国家内。例如，20世纪90年代中期，印度尼西亚的一位胶合板厂经理解释说，之所以决定限制其公司管控土地上的采伐率，是为了保护其现代工厂的长期木材供应。然而，时代变了。1997年的金融危机引发了金融不确定性和苏哈托家族政权垮台，从而也带来了政治不确定性，印度尼西亚的森林产权也出现了很多改变。同一工厂的管理者通过提高采伐率和工厂产量来应对不可预见的新环境。他试图在改变进一步发生和工厂运营变得更不确定之前，抓住一切可获得的收入。也就是说，他决定放弃一些不确定的长期回报，以换取当前更确定的经济回报。

在竞争性的交付原木市场中，关于林地控制的行业结构完全不同。技术更先进的锯材厂和胶合板厂可能需要找到保护其投资的方法。管理者可能会开始寻找方法来建立对原木流入的控制，以确保工厂能够稳定运营并获得成本高昂的制造资本的定期回报。他们可能会直接购买一些林地，或者与伐木工和林地所有者建立起联系，在当地市场紧俏时，他们可以依靠伐木工和林地所有者

---

① 从经济学的角度来看，处于第二种情况的工厂认为木材采伐过快会增加使用者的成本。这种使用者成本与预期的长期财务损失有关。这会造成尽管工厂本身在技术和经济上仍是可行的，也不得不停止运作。

供给有限数量的原木。当施业林和人工林在经济上可行时,这标志着森林发展第三阶段的开始。

随着采伐的继续,天然林边界退缩到更远的地方。通过用价值较低树种、小规格原木和其他行业过程中的木质纤维剩余作为替代,该行业继续得以运营。它还继续引入更先进的采伐和加工技术,以提高单位原木投入的产出。这些先进技术有效地用制造资本替代木质纤维。

在某个时候,纸浆和造纸业进入该地区。在某些方面,原材料不如该行业的其他投入品重要。未加工木材在行业原材料中所占的比重不到三分之一。现代纸浆和造纸厂中,制造资本与未加工原木的比率是美国普通锯材厂的20倍以上。纸浆和造纸业的制造资本与最终产出的比率是普通锯材厂的8倍以上,而未加工木材与产出的比率仅为普通锯材厂的四分之一。当然,这些比较对于纸浆和造纸厂与小型可移动锯材厂之间的差异来说甚至更加极端,这些锯材厂仍然存在于美国的少数几块可进入的成熟天然林中。

对于行业中最资本密集的经营者——纸浆和造纸厂,原材料只占总运营成本的一小部分,但它可能是最重要的可变成本。这些经营者通常愿意支付溢价以保证在立木市场最紧俏的时候能获得一些原材料的最小流量。这就解释了为什么我们普遍观察到,纸浆和造纸经营者比锯材和胶合板经营者在与伐木者或林地所有者协商确立有限的供应商安排时更活跃。这也是竞争性原木市场中的纸浆和造纸经营者比锯材和胶合板经营者更可能拥有自己的林地的原因,同时也是为什么纸浆和造纸经营者比其相邻非工业土地所有者在每英亩森林上投资更多,或者比最简单木材市场分析建议的可获利投资水平高。这也是为什么这些行业经营者可能会延迟采伐自己林地上的木材而使用市场上能够得到的木材,节约自己的立木资源以备不时之需。最后,这是纸浆和造纸厂比木制品行业其他部门在森林经营研究上花费更多的原因之一。

这些小规模原材料可变成本对资本密集型的纸浆和造纸业的重要性得到了所谓的行业资产专用性的强化(Yin et al., 2000)。行业的资产主要集中在纸浆和造纸生产中。行业中的工厂往往不会横向发展到其他生产活动中以帮助确保造纸市场疲软时的现金流。这加强了许多纸浆和造纸厂掌控其部分木材流的动力,再加上高昂的固定成本,共同解释了它们的寡头垄断市场行为(Murray,1995;Brannlund, Johansson and Lofgren, 1985;Kallio,2001;Bernstein,1992)。20世纪90年代末,美国纸浆和造纸业的木材自给率约为30%至40%,尽管个体公司的自给率为17%至60%(Yin,1998)。与资产专用性相关的产品市场不灵活性导致一些工厂在市场疲软时增加产量。它们增产是为了维持收入、公司股价和股息,也是为了避免停产后恢复生产所需的高昂的固定启动成本,但在经济疲软时期增加产量加剧了产品和立木市场的周期性下滑。

尽管如此,纸浆和造纸业中的企业在行为上显然并不统一,而且并非所有企业都在拥有竞争性纸浆木材市场的地区运营。在纸浆木材市场竞争较弱的地区运营的企业,在原材料供应方面表现出较少的特征。美国佐治亚州和加拿大魁北克省的纸浆和造纸业之间的对比具有说明性。两个地区的行业都是现代化并且技术先进的,但美国佐治亚州地区的纸浆木材市场竞争更加激烈。因此,不应该奇怪的是我们在佐治亚州观察到更广泛的合同安排以确保该地区工厂的原材料流,而且佐治亚州的森林经营和林业研究方面的行业投资比魁北克省要多。

随着产品市场的不断发展以及当地木材资源市场的竞争日益激烈,林产品行业的结构变得越来越复杂就不足为奇了。在每个木制品行业中,最大的专业化发生在最发达的地区。同样高度发达的地区也经历了支持多样化产业的伐木运营商的最大变化,还有木材加工企业和林地所有者之间合同安排的最大变化。[1]

总之,对现代林产品行业中的大多数大型公司来说,最基本的投资是制造资本而非林木,而制造资本的回报是其规划和持续运营的指导标准。因此,这些拥有自己林地的公司只依赖这些土地提供他们所需的木质纤维中的一小部分。即便是在美国南部地区,公共和非工业化土地所有者也供给了全部木制品行业80%的工业圆木年消费量,而余下的20%源于工业所有土地,不过这类土地正随着新类别的机构森林管理者的最新增长而迅速下降。

当行业已经成熟到包含广泛的技术先进的工业木材和纸制品业务时,成熟森林边界就不再是容易观察到的自然边界了。即使在发达经济体中的较小开放进入区域内,一些不容易进入、质量较低的成熟木材也将保持不变。相比之下,在成熟林深处,较高价值且容易进入的分散木材已经被采伐。在一些地方,非法伐木者会设法采伐木材到其短期财务边界,即其采伐和交货成本等于其交割价值。同时,大型综合木材加工企业的林地部门的经营者受经济激励,将设计出通往他们所有的森林的道路,使得他们能够进入林地监管并且有效控制进出,从而推迟采伐经济成熟的木材直到未来木材市场更紧俏或公司对现金流的需求更大时。因此,从这些土地上采伐木材的决策对整个公司的运营变得更加重要。

---

[1] 我们已经强调了美国南部地区的这些区别。Nurminen and Heinonen(2007)讨论了芬兰发达现代化伐木业的许多区别。

第 7 章 工业林业

参考文献

Abt, R., and S. Ahn. 2003. Timber demand: Aggregation and substitution. In E. Sills and K. Abt, eds., *Forests in a market economy*. Dordrecht, Netherlands: Kluwer Academic, pp. 133—152.

Baardsen, S. 2000. An econometric analysis of Norwegian sawmilling, 1974—1991, based on mill-level data. *Forest Science* 46: 537—574.

Bermstein, J. 1992. Price margins and capital adjustment: Canadian mill products and pulp and paper industries. *International Journal of Industrial Organization* 10(3): 491—510.

Brannlund, R., P.-O. Johansson, and K.-G. Lofgren. 1985. An econometric analysis of aggregate sawtimber and pulpwood supply in Sweden. *Forest Science* 31: 395—406.

Buongiorno, J., S. Zhu, D. Zhang, J. Turner, and D. Tomberlin. 2003. *The global forest products model*. Waltham, MA: Academic Press.

Butner, R., and C. Stapley. 1997. Capital effectiveness of the paper industry. *Tappi Journal* 80(10):155—165.

de Hoop, C., A. Egan, W. Greene, and J. Mayo. 2002. *Surveys of the logging contractor population—8 southern states and Maine*. Working paper 55. Baton Rouge: Louisiana Forest Products Development Center.

Gilless, J., and J. Buongiorno. 1987. PAPYRUS: A model of the North American pulp and paper industry. *Forest Science Monograph* 28.

Hagenstein, P. 1963. *The location decision for primary wood-using industries in the northern Appalachians*. Unpublished doctoral dissertation, University of Michigan, Ann Arbor.

Hyberg, B., and D. Holthausen. 1989. The behavior of non-industrial landowners. *Canadian Journal of Forest Research* 19(8): 1014—1023.

Kallio, M. 2001. Analyzing the Finnish pulpwood market under alternative hypothesis of competition. *Canadian Journal of Forestry Research* 31: 236—245.

International Institute for Environment and Development. 1996. *Towards a sustainable paper cycle*. London: IIED.

Latta, G., and D. Adams. 2000. An econometric analysis of output supply and input demand in the Canadian softwood lumber industry. *Canadian*

Journal of Forest Research 30: 1419—1428.

LeBel, L., and W. Stuart. 1998. Technical efficiency evaluation of logging contractors using a non-parametric model. *Journal of Forest Engineering* 9(2): 15—24.

Lewandrowski, J. 1990. *A regional model of the US softwood plywood industry*. Unpublished doctoral dissertation. North Carolina State University, Raleigh.

Munn, I., and R. Rucker. 1994. The value of information services for factors of production with multiple attributes: The role of consultants in private timber sales. *Forest Science* 40(3): 474—496.

Mead, W. 1966. *Competition and oligopsony in the Douglas fir lumber region*. Berkeley: University of California Press.

Nurminen, T., and J. Heinonen. 2007. Characteristics and time consumption of timber trucking in Finland. *Silva Fennica* 41(3): 471—487.

Nyrud, A., and S. Baardsen. 2003. Production efficiency and productivity growth in Norwegian sawmilling. *Forest Science* 49: 89—97.

Nyrud, A., and E. Bergseng. 2002. Production efficiency and size in Norwegian sawmilling. *Scandinavian Journal of Forest Research* 17: 566—575.

Oum, T., and M. Tretheway. 1992. A comparison of productivity performance of the US and Canadian pulp and paper industries. In P. Nemitz, ed., *Emerging issues in forest policy*. Vancouver, Canada: University of British Columbia Press, pp. 212—236.

Phillips, R. 1997. Impact of capital spending on paper industry profitability. *Tappi Journal* 80(10): 145—152.

Scott, A. 2006. The changing global geography of low-technology, labor-intensive industry: Clothing, footwear, and furniture. *World Development* 34(9): 1517—1536.

Smith, P., and I. Munn. 1998. Regional cost function analysis of the logging industry in the Pacific Northwest and Southeast. *Forest Science* 44(4): 517—525.

Spelter, H. 1984. Price elasticities for softwood plywood and structural particleboard in the United States. *Canadian Journal of Forest Research* 14: 528—535.

Stevens, J. 1978. *The Oregon wood products labor force*. Unpublished manuscript, Department of Agricultural Economics, Oregon State University, Corvallis.

Stier, J., and D. Bengston. 1992. Technical change in the North American forestry sector: A review. *Forest Science* 38(1): 134—159.

Stone, S. 1997. Economic trends in the timber industry of Amazonia: Survey results from Para state, 1990—95. *Journal of Developing Areas* 32: 97—122.

Stone, S. 1998. Evolution of the timber industry along an aging frontier: The case of Paragominas (1990—95). *World Development* 26(3): 433—448.

Stordahl, S., and S. Baardsen. 2002. Estimating price-taking behavior with mill level data: The Norwegian sawlog market, 1970—1991. *Canadian Journal of Forest Research* 32: 401—411.

Stuart, W., L. Grace, C. Altizer, and J. Sith. 2007. *2005 Logging cost indices*. Mississippi State: Mississippi State University, Wood Supply Research Institute.

Stuart, W., L. Grace, and R. Grala. 2010. Returns to scale in the eastern United States logging industry. *Forest Policy and Economics* 12(6): 451—456.

Thaler, R., and S. Rosen. 1975. The value of saving a life: Evidence from the labor market. In N. Terleckyj, ed., *Household production and consumption*. New York: Columbia University Press for the National Bureau of Economic Research.

U. S. Census Bureau. 2004. Survey of plant capacity: 2002. MQ-C1 (02). Washington: U. S. Government Printing Office.

U. S. Census Bureau. 2005a. *Custom architectural woodwork and millwork manufacturing: 2002*. EC02-311-337212 (RV). Washington, DC: U. S. Government Printing Office.

U. S. Census Bureau. 2005b. *Engineered wood members (except truss): 2002*. EC02-311-321213 (RV). Washington, DC: U. S. Government Printing Office.

U. S. Census Bureau. 2005c. *Hardwood veneer and plywood: 2002*. EC02-311-321211 (RV). Washington, DC: U. S. Government Printing Office.

U. S. Census Bureau. 2005d. *Newsprint mills*: *2002*. EC02-311-322122 (RV). Washington, DC: U. S. Government Printing Office.

U. S. Census Bureau. 2005e. Nonupholstered wood household furniture manufacturing: 2002. EC02-311-337122 (RV). Washington, DC: U. S. Government Printing Office.

U. S. Census Bureau. 2005f. *Paper (except newsprint) mills*: *2002*. EC02-311-322121 (RV). Washington, DC: U. S. Government Printing Office.

U. S. Census Bureau. 2005g. *Paperboard Mills*: *2002*. EC02-311-322130 (RV). Washington, DC: U. S. Government Printing Office.

U. S. Census Bureau. 2005h. *Pulp mills*: *2002*. EC02-311-322110 (RV). Washington, DC: U. S. Government Printing Office.

U. S. Census Bureau. 2005i. *Reconstituted wood product manufacturing*: *2002*. EC02-311-321219 (RV). Washington, DC: U. S. Government Printing Office.

U. S. Census Bureau. 2005j. *Sawmills*: *2002*. EC02-311-321113 (RV). Washington, DC: U. S. Government Printing Office.

U. S. Census Bureau. 2005k. *Softwood veneer and plywood*: *2002*. EC02-311-321212 (RV). Washington, DC: U. S. Government Printing Office.

U. S. Census Bureau. 2005l. *Truss manufacturing*: *2002*. EC02-311-321214 (RV). Washington, DC: U. S. Government Printing Office.

U. S. Census Bureau. 2005m. *Wood kitchen cabinet and countertop manufacturing*: *2002*. EC02-311-337110 (RV). Washington, DC: U. S. Government Printing Office.

U. S. Census Bureau. 2005n. *Wood office furniture manufacturing*: *2002*. EC02-311-337211 (RV). Washington, DC: U. S. Government Printing Office.

U. S. Census Bureau. 2005o. *Wood television, radio, and sewing machine cabinet manufacturing*: *2002*. EC02-311-337129 (RV). Washington, DC: U. S. Government Printing Office.

U. S. Environmental Protection Agency. 2002. *Profile of the pulp and paper industry, 2nd edition*. EPA/310-R-95-015. Washington, DC: U. S. Government Printing Office.

Williamson, T., G. Hauer, and M. Luckert. 2004. A restricted Leontief profit function model of the Canadian lumber and chip industry. *Canadian Journal of Forestry Research* 34(9): 1833—1844.

Xu, J., G. Amacher, and W. Hyde. 2003. China's paper industry: growth and environmental policy during economic reform. *Journal of Economic Development* 28(1): 49—79.

Xu, J., and W. Hyde. 2007. *Shadow pricing pollutants for China's paper industry*. Unpublished working paper. Peking University.

Yin, R. 1998. DEA: A new methodology for evaluating the performance of forest products producers. *Forest Products Journal* 48(1): 29—34.

Yin, R. 1999. Production efficiency and cost competitiveness of pulp producers in the Pacific Rim. *Forest Products Journal* 49(7/8): 43—49.

Yin, R., T. Harris, and B. Izlar. 2000. Why forest products companies may need to hold timberland. *Forest Products Journal* 50(9): 39—44.

附录 7A　关于要素成本和行业区位的说明

为什么初级木制品的市场,如原木和薪材,在地理上十分受限呢？即使它们有免除回程成本的优势,这些产品也很少运送到 300 千米远的地方。虽然木材、纸张和其他林产品成品的市场可能是国际化的,但初级林产品市场往往很多且是本地的,这是为什么呢？

实积,定义为重量与价值的比率,是决定运输任何产品的经济优势的关键因素。初级木制品、切割的木材以及一些次要木材产品(如木炭、木材)的实积是很大的。因此,实积及其对相对要素价格的影响,是工业生产设备的位置和许多木制品市场的地域限制的重要决定因素。

这些相对要素成本解释了为什么木炭生产商和基础锯材厂在原始天然林附近甚至其中作业,它们也预示着距离森林边界较远的技术更先进的锯材厂会为了成功地与那些在边界上作业的初级工厂竞争而进行重组。相对要素成本的类似比较可以解释生产区位的差异,以及产品(如薪材与木炭或木材与胶合板或纸浆与纸张)之间交货的差异。

7A.1　投入比例

考虑加工林产品的生产函数或供给函数,然后考虑其生产要素和运输产品到达市场所花费成本的关系。

在大部分情况下，生产和供给是以下因素的函数：

P：加工木制品的外生交付价格；

C_x：将产品从工厂运输到最终市场的交通成本；

C_r：木质资源投入品在初始加工、木炭烧窑、锯材厂、胶合板作业或者纸浆和造纸厂地点的交付价格；

C_o：加工设备的其他投入品（劳动力、制造资本、非未加工木材、非木质材料）的成本总和。

相对投入比例表明了生产在森林附近发生的两个条件。

第一，当初始资源成本与其他投入成本的比率（C_r/C_o）大时，初始生产会发生在初始资源附近，也就是在森林附近。比较薪材生产与家具生产，或者锯材厂与纸浆和造纸厂。对于薪材，交付木质资源的成本是显著的，但是其他加工成本几乎不存在。对于家具，我们可以参考本章正文中关于美国该行业的讨论。美国家具业很少使用未加工木材，部分加工的木材和其他投入品几乎是其全部的生产成本。所以，$(C_r/C_o)_{薪材} > (C_r/C_o)_{家具}$，在这两种产品中，薪材生产发生在离森林和初始木质资源更近的地方。事实上，我们观察到对于家具行业来说，其他投入品和市场机会的集聚经济似乎比森林可及性更重要，是家具行业企业区位的决定因素。

在另一个例子中，表 7.2B 和表 7.4B 展示了对于美国，$(C_r/C_o)_{锯材} > (C_r/C_o)_{纸浆和造纸厂}$ 成立。我们可以预期，这种比较对于世界上任何地方的木材和纸张生产都是成立的。因此，比起美国以及世界上多数地方的锯材厂，纸浆和造纸厂更远离森林也就不令人惊讶了。

第二，当产品运输成本 C_x 与其他投入成本 C_o 相比较大时，远距离运输将无法带来经济回报，并且产品市场将在可行地域范围内，生产将在森林附近。比较薪材和木炭。薪材生产成本很低，但运输单位薪材的成本确实限制了其市场。实际上，薪材市场经常在当地农村社区范围内，容易获取当地木本植物。木炭生产成本也很低，这是因为现场手工制作的窑炉可能是唯一的设备。然而，运输单位木炭的成本比同单位的薪材低得多。因此，尽管它们可能都会在森林附近进行生产，但是 $(C_x/C_o)_{薪材} > (C_x/C_o)_{木炭}$，并且木炭的运输范围比同样当地森林区域生产的薪材远五倍、十倍甚至是一百倍。

另外，根据这些要素比例比较木炭和纸张，木炭是行业的极端情况。对于木炭，每单位产品价值的运输成本明显更高。因此，$(C_x/C_o)_{木炭} > (C_x/C_o)_{造纸厂}$，就两种产品比较，木炭的生产必须更接近初始木材投入的成熟来源，其市场在地理上也更加受限。

当然，对于两种比例都相对较大的产品，比如薪材，则必须在森林附近进行生产而且每个薪材市场的地理范围必须非常有限。相比之下,对于两种比例都很小的产品,比如纸张制造,那么工厂在其初始木质资源的地理来源方面具有很大的灵活性,就纸张制造而言,木质资源并不是选址的重要决定因素。再次以美国弗吉尼亚的 Roanoke Rapids 造纸厂为例。正如我们在第 3 章和本章正文中观察的那样,自 1919 年以来,该工厂不断调整适应当地森林基数下降和资源成本上升的情况,同时继续投入运营。木材价格的提高和获取初始原材料运输距离的增加没有阻止其继续运营。

7A.2 要素产出率

要素产出率提供了一种相似的方法来预测相对于森林的制造厂选址——尽管它们隐含的关于任何产品市场的地理范围方面的信息量很少。

当单位产出的资源成本相对于交付市场价格(C_r/p)较大时,生产发生在森林附近。例如,对薪材而言,交付资源的成本和价格几乎是相等的,这个比率的值接近于 1,所以在这种可盈利空间很小的情况下,薪材总是在当地生产。就资源成本与市场价格的比率而言,木材大于胶合板,而纸张更大。因此,许多锯材厂比大多数胶合板厂坐落在更靠近森林的地方,并且胶合板作业往往比大多数纸浆和造纸厂更靠近森林,这就不足为奇。

同样的比较可以预测技术更先进的锯材厂管理者为了与在森林边界作业的初级锯材厂竞争而进行结构调整。对于技术更先进的锯材厂而言,交付资源成本(比率中的分子)必须更大,这是因为这些工厂往往距离森林更远。因此,即使立木价值相同,它们资源投入品的交付成本也更高。那么这些技术更先进的工厂如何竞争呢?它们需要找到方法来降低单位产出的资源成本,即有效地降低比率中的分子,或者提升市场价格,也就是比率中的分母。它们通过使用改善的制造资本和雇用能够增加单位资源投入品产出的熟练劳动力来降低单位资源成本。在某些情况下,它们通过额外加工创造附加价值来获得更高的市场价格,或者通过生产专业程度更高、价值更高的木材产品来获得更高的市场价格。

第8章 机构投资者

机构投资者是指在大型金融投资组合中既持有林地也持有大量其他资产的企业。与工业土地所有者不同，机构土地所有者并没有垂直整合其自己的木材加工设施——尽管他们可能与其他所有权的工厂签订提供木材的合同。金融机构是这类土地所有者的主要组成部分，而且众多金融机构投资于林地，包括养老基金、保险公司、银行、捐赠基金和基金会。其中一些自己管理林地投资，而大多数与专门为金融机构管理土地的公司签订合同。

仅从20世纪80年代中期开始，这些机构就成为美国森林土地所有者的重要一类。实际上，自首次出现后，过去的30年间，这类新型土地所有者一直是美国林业中最具戏剧性的发展。1975年，30个垂直整合的工业木材产品公司控制超过2 200万公顷的林地。从那之后，大部分大型工业企业放弃了它们拥有的大部分林地，到2007年只有一家企业拥有40万公顷的林地。它们通常把这些土地出售给新兴的机构土地所有者以及替它们管理土地的机构或企业，包括了现在美国13个最大的林地持有者中的10个。到2007年，它们控制超过1 200万公顷的林地，价值约500亿美元（Clutter, 2007；Mortimer, 2009）。它们在美国的土地持有量还在扩张，但是当达到能够购买的大块土地的极限时，其中一些企业开始关注国际林地市场。到2006年，全球林地机构投资大约有9%在南美、澳大利亚和新西兰（Hagler, 2006）。

木材加工业的财务状况必须改变，在林业进行多样化或者金融机构选择投资林地之前，必须对林地的财务特征有新的理解。本章接下来两部分介绍的投资环境能够证明这些改变是合理的。第一部分讨论美国联邦税法的改变,以及工业投资的低回报,这些投资有助于削弱对工业土地所有权的传统激励。第二部分描述了吸引机构投资者的林地市场的财务特征。总结部分讨论了机构投资者在森林发展三阶段模式中的地位,林地从工业土地所有者转到机构土地所有者的更广泛影响,以及这类新兴土地所有者未来发展的前景。简要的数学附录介绍了资本资产定价模型(CAPM),这个模型用于量化之前没有被认识的林地财务特征。

8.1 利润和税金

总体来说,第 7 章讨论的林地工业所有权或至少是有限控制权,仍然有其存在的理由,特别是对资本密集型的纸浆和造纸工业企业而言。然而,美国税法和一般投资政策的两个新特征成为 20 世纪 70 年代中期市场中大量持有林地的因素。它们竞争且削弱工业投资者持有土地所有权的合理性,并引得部分不动产有限合伙企业(real estate limited partnerships,REITs)、养老基金和保险公司对林地产生新兴趣。随后的财务评估揭示了先前没有识别的、与林地相关的风险水平与分布特征,并且这些特征再次证明了大型金融机构在其投资组合的众多其他资产中对持有林地的兴趣。

首先,1974 年的《雇员退休收入保障法》(Employee Retirement Income Security,ERISA)允许养老基金和那些持有养老金的机构投资者从传统持有政府和公司债券等固定收益资产开始实现分散投资。他们开始将不动产纳入其投资组合中。

此后不久,1976 年的《税收改革法》(Tax Reform Act)取消了持有林地所带来的企业资本利得优势。资本利得是在价值上升期间持有资产这一简单行为所带来的资产增值。它们与任何资本改善的投资无关——如林地营林投资。资本利得比其他公司收入征收更低的税率,因此,在 20 世纪 60 年代和 70 年代早期,它们可能占森林工业企业收益的 20%(Russakoff,1985)。取消资本利得税优势明显减少了整合工业企业持有林地的理由。

同时,人们越来越意识到股票市场低估了整合工业公司持有的林地。森林工业中的许多公司在很久以前买入林地,并且以与原始购买价格相当的账面价值持有这些林地。此外,持有林地和立木的企业目的是确保在未来立木市场紧俏时不间断地为自家工厂提供木材,这意味着公司林地的利润流低于相同价值市场投资的平均回报。两者都是林地价值被低估的可能正确原因。事实上,随后的证据表明,20 世纪 70 年代和 80 年代甚至更晚时期,公司持有林地的回报比其他企业林业投资或普通股票的一般平均回报都低(Binkley,Raper and Washburn,1996;Sun and Zhang,2001;Zinkhan,2007)。此外,随后的证据也表明企业林地所有权与森林工业企业普通股票的股价之间没有相关性(Yin,Harris and Izlar,2000)。

公司林地被低估的认识导致来自林业外工业的恶意收购以及行业内的资本重组。当购买充足公司股票以收购公司的成本低于企业的真实价值时,恶意收购就会成功。在收购后,新管理层通常会出售一些包括林地在内的公司资产以弥补其收购成本。在进行这一资产剥离后,新的所有者仍然持有剩余的公司资产,但是没有与收购成本相关的债务。

同时,伐木和运输系统的技术变革使得很多工厂扩大了木材采购区域,从而增加了木材的可用量,降低了(但没有消除)持有林地以应对立木市场紧俏时期的旧动力。

因此,两个因素正在重新确定任何工业林业经营中持有林地所有权的最佳水平,林地所有权成为一个值得商榷的问题,不同垂直整合公司的管理者有着多种观点。很多管理者认为在低于公司林地所有权的历史水平下,公司的需求仍可以得到满足,因此,很多公司将其林地的一部分置于有限合伙企业。这个策略使得他们可以逃避对这些土地的企业所得的双重税收(首先是对企业利润征税,然后是对个体企业股东收到的股息收入征税)。

其他人试图直接出售部分土地。这种出售行为使得一些公司可以在一段财务绩效疲软时期后整合公司债务,并能促进其他公司对其工厂增加额外的资本投资。然而,卖方在选择潜在买方时持谨慎态度。他们的销售对于个体私人购买者来说太大了。而出售给木材和纸制品行业的其他企业不会有吸引力,因为这些企业的购买可能使销售企业在立木市场紧俏时期处于竞争劣势。寻求资产多元化的养老基金就是答案,他们和其他的机构土地所有者一样会雇用大型林业公司代表他们进行管理。到20世纪90年代中期,五个大型林地投资管理组织(timberland investment management organizations,TIMOs)为这些新兴的机构土地所有者控制着价值近28亿美元的林地(Binkley et al.,1996)。

8.2 风险和回报

只有当金融机构了解了土地对于多元化投资组合的特殊贡献时,他们才会愿意参与到林地市场里。投资组合经理寻求承诺高回报的投资,投资组合经理寻求承诺高回报的投资,但是当经理的客户要求大量报酬的时候,没有一个经理能够承担一个强大投资组合陷入周期性价值暂时降低的情况。由于预测这类需求的时机十分困难,投资组合经理希望他们的整体投资组合既具有低的跨期变异性又有高回报。他们可以通过选择具有高潜在产出但抵消风险因素的投资来满足两个目标——这样当一个投资的风险因素导致回报暂时下降时,相似的风险因素会导致第二个投资回报暂时性上升。结果是包含两种投资的投资组合能够获得稳定高回报率。

林地投资的平均回报是已知的,但是人们只能推测林地风险与回报之间的关系,以及林地与其他投资的风险发生之间的相关性。20世纪80年代中期,机构管理者和分析师开始评估林地的这种关系。

出于投资组合分析的目的,风险是指从一定的资本基准无风险回报的统计变化。如果无风险投资能产生回报 r_f,那么更高风险的投资必须产生更高的回报以弥补更大的风险。例如,证明其回报模式的变化平均等于 σ 的投资必须获得的额外回报 $r_\sigma - r_f$(总回报为 $r_f + r_\sigma$)来补偿它们的风险。这就表明变化大于 σ 的投资必须获得大于 $r_\sigma - r_f$ 的额外回报。

金融投资的综合市场包括具有不同风险因素和多样个人风险的资产。这可以用图 8.1 描述的市场风险与回报组合表示。风险与回报坐标落在曲线左上方的投资会在市场中脱颖而出,而那些位于曲线右下方的投资则不尽如人意。

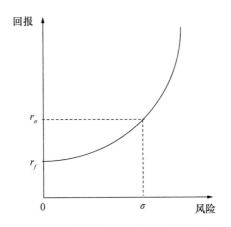

图 8.1 资产情况:风险 vs. 平均回报

美国政府国库券的回报常常被用作无风险回报的实证估计,因为美国政府保证了回报,而且大多数人认为美国政府的长期财务可行性比其他任何机构发行的金融证券都更有保证。例如,普通股票比国库券更具风险。因此,普通股票的回报一定会比国库券大。如果普通股票的投资组合是市场平均值的近似度量,那么投资组合的风险与回报坐标一定会落在图 8.1 所描述的曲线上,但它在曲线上的位置一定是在国库券坐标的右上方。

如果林地为广泛的金融投资组合的多元化提供了有效机会,那么其坐标一定会落在普通股票坐标的左侧。事实上，Zinkhan(2007)已经证实，自20世纪80年代中期机构开始对林地产生兴趣以来，这准确地描述了市场。他观察到，1987年至2006年间，林地的平均回报率(11.2%)与普通股票的平均回报率(11.0%)相接近，而林地回报率的标准差(6.4%)远低于普通股票(16.0%)。因此，林地的风险与回报坐标确实落在普通股票的左边，同时林地为投资组合多元化提供了一个有利的机会。

Zinkhan(2007)的估测是针对美国南部的林地，这个区域在他分析的20年里经历了林地的大规模市场交易。首先是Binkley et al.(1996)和Washburn and Binkley(1993)，然后是Sun and Zhang(2001)对美国的其他林业地区进行了研究，并与金融证券一般市场的其他估测进行比较。他们的评估可以帮助我们更全面地理解那些解释林地风险状况的各种因素。

Binkley et al.(1996)比较了美国三个区域的林地投资组合的历史回报与由四种不同类别金融资产组成的投资组合回报。他们使用CAPM模型的统计回归方法(在附录的公式(8a.4)有充分的描述)来测量每个投资组合的不可分散风险(CAPM中的β)，并区分了每个投资组合获得的回报与风险独特水平调整的回报(CAPM中的α)；也就是说，到图8.1曲线的左边(−)或者右边(+)的距离表示了市场平均水平。表8.1总结了这个结果。β(第三列)表明每个区域林地投资反映的不可分散风险比四个市场平均值中的任一个都低。事实上，负的β系数意味着每个区域林地在这方面都比代表无风险投资组合的零系数更好。α(第二列)表明三个区域林地所得回报都大于证明其可分散风险所需的回报——这意味着林地在市场上确实是被低估的。此外，三个区域中有两个地区

表8.1　1960—1994年地区林地组合与多种金融资产组合的CAPM比较

资产	α	β	R^2	DW
林地				
太平洋西北部	10.22*	−0.88*	0.14	1.40
东南部	5.89*	−0.54*	0.15	0.81
东北部	2.80*	−0.21*	0.09	0.82
所有地区	7.31*	−0.65*	0.18	0.99
金融资产				
普通股票	0.00	1.67*	0.85	2.17
小公司股票	3.04	1.98*	0.48	1.21
长期公司债券	−0.01	0.87*	0.53	1.85
美国政府债券	−0.01	0.60	0.42	1.96

注：* 在95%的置信水平上是统计显著的。
资料来源：Binkley et al.(1996)。

第8章 机构投资者

的林地在这方面优于全部四个一般的投资组合。即使在第三个地区——美国东北部,四个一般投资组合中只有一个普通股票的投资组合表现优于林地。①

Washburn and Binkley(1993)的发现大致具有可比性,他们也观察到区域差异的重要性。然而,他们更感兴趣的是林地价值和通货膨胀之间的关系。他们观察到美国西部和南部的林地在高于期望通货膨胀率的时期都被高估了,而不是东北部。因此,前两个区域的林地提供了有效的对冲以防止超过预期的通货膨胀。这意味着这两个区域的林地为低于期望通货膨胀率的金融资产的投资组合提供了平衡,如普通股票、公司证券和政府国债。Washburn 和 Binkley 推测他们观察到的地区差异是由于两个市场结构的特征,即东北部的林地中工业所有权占据更大份额以及更大的纸浆市场是在东北部。两者都可能成为当地锯材市场垄断价格的来源。当然,从这些观察中得出的更为一般的教训是,区域市场结构和管理会影响林木和林地的价格,因此,在自动假设所有林地资产对一般投资组合具有有益的风险分担时,应该考虑这些变量的地区影响。

Sun and Zhang(2001)提供了更新、更详细的证明。他们用八种不同森林相关投资的 CAPM 结果与更广泛市场表现的十种测量进行了比较。他们的结论显示,仅森林相关投资中的林地为投资组合多样化提供了低风险机会。其他森林相关投资(木材期货、立木价格、森林工业普通股票)并没有相同的风险与回报优势,特别是工业所有的林地没有获得风险调整回报。当然,许多人预期到了最后的观测结果。这是 20 世纪 80 年代林地的恶意收购和工业抛售的原因之一。

然而,Sun 和 Zhang 也发现 CAPM 方法仅限于一个解释因素,当然,市场远比这个复杂。通过扩展 CAPM 模型以包括风险因素的额外安排(套利定价模型,也在附录中有详细描述),Sun 和 Zhang 可以解释他们验证的所有 18 个投资组合回报大幅度变动的原因。他们的观察如下:

(1) 1987 年至 1997 年间的机构林地回报率比相同风险水平的平均市场回报高出 0.5 个百分点(统计显著);

(2) 林地的投资回报与其他金融投资回报的相关性较低;

(3) 此外(Washburn 和 Binkley 已证实),虽然地区市场存在差异,但林地一直是对冲通货膨胀的工具。

最后,Sun 和 Zhang 提醒他们的观察是基于历史数据。林地投资的未来表现可能会不同。事实上,我们应该预期,在美国,林地的工业销售和机构购买将继续,但是呈减少的趋势,残留的转换优势越来越少。最后,会产生一个均衡,

---

① Redmond and Cubbage(1988)得到了相似的结论。

这个均衡可以用与其他大型市场相比的林地未来流转的风险与回报坐标表示。

8.3 总结、影响和发展前景

机构投资者以为客户获得高额且固定的回报为目的整合金融资产组合。在过去20年里，他们积极投资美国林地，这是因为他们意识到这些资产不仅有令人满意的回报，而且还具有回报的反周期性质和低于市场风险的特征。由于机构的兴趣，在1995年至2005年的十年间，超过1500万公顷的土地变更了所有权(Clutter, 2007)。

通常，机构土地所有者要么与林地投资管理组织(TIMOs)签订合同由其来管理林地，要么投资管理土地的不动产投资信托基金(REITs)。前者侧重于金融资产的回报。后者关注总回报，包括资产的资本增值和土地利用的回报(立木费用、狩猎权的出售等)。机构土地所有者或管理者都不会整合运营他们的木材加工设施。相反，他们与森林工业企业签订合同，以出售成熟木材。

由于这些新机构投资者的土地很大程度上是从工业森林土地所有者那里流转累积的，而且这些新土地所有者的目标是商业性的，因此他们的林地属于森林发展第三阶段的施业林范围。然而，新机构所有权对土地管理和立木市场的影响与相同土地在之前被森林工业持有时的影响有所不同。机构土地所有者似乎对营林管理的投资更少，他们也不参与林业研究。特别是对于同样的林地，他们对火灾管理的支出大约比之前的森林工业企业支出少了50%。森林工业的私人企业不仅投资于集约化森林经营，也投资于林业研究，部分原因是为了确保在市场紧俏时为其工厂提供现成的私人木材供给。由于没有自己的加工厂，机构土地所有者没有这样的需求。

一些工业土地所有者在经济萧条时倾向于增加林木砍伐。在这段时期，额外采伐增加的收益可以用来弥补工业运营中其他部门收入的减少，从而有助于维持企业总利润流和总红利流。然而，机构土地所有者被分散到经济体的其他部门中，立木或林产品市场的衰退对他们的影响较小。因此，在立木价格较低的时期，他们更可能减少木材砍伐。因此，自机构土地所有者参与以来，木材价格和整个木材市场的波动性可能较低。[①]

金融机构快速进入美国林地市场，伴随着大片林地的可用性降低，这对机构土地所有者类别的未来发展提出了疑问。金融机构、TIMOs和REITs的参

[①] 个体工业土地所有者通过拥有多样化的林地以防范火灾、昆虫和疾病的流行。新的机构土地所有者是否需要由于相同的原因使其土地所有权多样化？或者他们更广泛的多种非森林投资组合是否能提供有效保护以抵御自然灾害和由此造成的林地回报中断？

与会稳定吗？或者我们能否预测它们进一步的增长？随着私人投资者和家庭意识到投资 TIMOs 和 REITs 的优势，更多金融资本变得可用。然而，即使立木价格停滞不前，林地价格和交易成本也在提高。森林环境日益提高的货币化增加了林地的价值，例如，一些机构土地所有者在保有土地林木所有权的同时，会出售狩猎权。尽管如此，在美国，大片林地交易的机会变得越来越罕见(Zinkhan，2007)。

全球投资可能是这类土地所有者类别的新选择。事实上，世界森林工业，包括美国的部分，变得越来越趋向全球一体化。随着世界上更多的区域进入了森林发展第三阶段，吸引机构投资的施业林分的土地面积正在增长。因此，我们可以预期这些投资林地的金融机构将会有更多的国际机会。

Washburn and Binkley(1993)和 Sun and Zhang(2001)都提醒，并非所有美国地区都为林地的机构投资提供同等的机会。当然，他们的提醒对于国际投资者来说也是好的建议，同样可以肯定的是，各个国家的不同风险状况将成为投资者选择投资一个国家而不是另一个国家的关键决定因素。然而，Zhang(2003)观察到中国林地的风险与回报投资组合的多样化机会与美国大部分地区相当。全球其他地区也可能存在机会。我们能预期到美国和其他地区的金融机构将会利用它们。然而，这些都是成熟的投资者。我们还可以确定他们将会考虑到每个区域可用林地资产的风险与回报的特点，他们也会意识到这些特征会受整体经济环境的稳定性、当地市场的结构与行为以及林地的特定特征影响。

同时，像美国南部这样，机构所有权很大程度取代了前工业所有权的区域，两种所有权类别下森林经营的不同引发了对未来林木供给的质疑，特别是对于 REITs 的土地，其中一部分已经由林木生产转变为其他更高收益的用途。当然，如果用于林木生产的土地减少，那么林地和林木的市场价格都会上升，同样可以肯定的是，市场调整将会刺激新森林转化为第三阶段的施业林，甚至是人工林。这也就意味着相关问题变成了森林生产中的转变会发生多少？这个转变会有多快？在哪儿发生？这样的市场调整对行业产生的其他影响是什么？历史很短暂，证据也是很少的，因此，答案必然只是猜想。然而，第 7 章已经证明了在锯木行业中，木材成本至关重要，调整往往是迅速的。在纸浆和造纸工业中，木材纤维的成本占所有生产成本的份额相对较小，调整可能是缓慢的甚至可以忽略不计。

参考文献

Binkley, C., C. Raper, and C. Washburn. 1996. Institutional ownership of US timberland: Historical rationale and implications for forest management. *Journal of Forestry* 94(9): 21—28.

Clutter, M. 2007. Current and future trends in U. S. forestland investment. In *Investing globally in forestland*. Portland, OR: World Forestry Center.

Hagler, R. 2006. *Why do pension funds invest in forests*? Summary of presentation to New Zealand Institute of Forestry, April. Boston Hancock Timber Resources Group.

Mortimer, J. 2009. *Investing in timberland: Another means of diversification*. New York: J. P. Morgan Investment Analytics and Consulting.

Redmond, C., and F. Cubbage. 1988. Risk and returns from timber investments. *Land Economics* 64: 325—337.

Russakoff, D. 1985. Timber industry is rooted in tax breaks. *Washington Post* (24 March) pp. A2 ff.

Sun, C., and D. Zhang. 2001. Assessing the financial performance of forestry-related investment vehicles: Capital asset pricing vs. arbitrage pricing theory. *American Journal of Agricultural Economics* 83(3): 617—618.

Washburn, C., and C. Binkley. 1993. Do forest assets hedge inflation? *Land Economics* 69(3): 215—224.

Yin, R., T. Harris, and B. Izlar. 2000. Why forest products companies may need to hold timberland. *Forest Products Journal* 50(9): 39—44.

Zhang, D. 2003. Policy reform and investment in forestry. In W. Hyde, B. Belcher, and J. Xu, eds., *China's forests: Global lessons from market reforms*. Washington, DC: Resources for the Future. pp. 85—108.

Zinkhan, C. 2007. *Timber: An asset class for all seasons. Investing globally in forestland*. Portland, OR: World Forestry Center.

附录 8A CAPM

资本资产定价模型,即 CAPM,由 Sharpe(1964)和 Lintner(1965)开发,它将无风险投资回报率从市场风险回报中分离出来。CAPM 表明,第 i 种单个投资或投资类别 r_i 的期望回报等于期望市场无风险投资回报率 $r_{m,f}$ 加上资产自身的风险溢价 $r_{i,p}$,这是相关资产所特有的。

$$r_i = r_{m,f} + r_{i,p} \tag{8a.1}$$

风险溢价是期望市场回报率 r_m 与相关投资的期望回报之差的函数。

$$r_{i,p} = \beta_i (r_m - r_{m,f}) \tag{8a.2}$$

结合两式得到，
$$r_{i,p} = r_{m,f} + \beta_i(r_m - r_{m,f}) \tag{8a.3}$$

其中，$r_{m,f}$ 常使用一些无风险投资回报率为代表，如美国政府国债。r_m 则使用整个金融市场的广泛度量，比如标普 500 普通股票的平均回报率。

最后一步是将公式(8a.3)整理成适合实证检验的形式：
$$r_i - r_{m,f} = \alpha_i + \beta_i(r_m - r_{m,f}) + \mu_i \tag{8a.4}$$

其中，μ_i 是随机分布的误差项。截距 α_i，即 CAPM 的 α，估计了由于除整个市场一般性条件之外因素的资产价值，如果为正（负），则说明预期收益大于（小于）市场回报。系数 β_i，即 CAPM 的 β，表明相对于整体市场风险的资产风险水平，大于（小于）1 说明资产比市场更敏感（更不敏感），因此，比一般市场更多（更少）风险。

CAPM 仅识别单一总风险因子。公式(8a.4)更直观的变形被称作套利定价模型，允许识别可能影响风险的多个因子，并且区分这些因子（Ross，1976；Roll and Ross，1980）。
$$r_i = \gamma_0 + \beta_{i1}\rho_1 + \beta_{i2}\rho_2 + \cdots + \beta_{in}\rho_n + \varepsilon_i \tag{8a.5}$$

其中，γ_0 是无风险利率，ε_i 是随机分布的误差项。ρ_i 是相互独立的风险因子。毫不奇怪，随着更完整的设定，套利定价模型的估计结果通常比更简单的 CAPM 模型获得的结果更稳健。

参考文献

Lintner, J. 1965. The valuation of risk assets and the selection of risky assets in stock portfolios and capital budgets. *Review of Economics and Statistics* 47: 13—37.

Roll, R., and S. Ross. An empirical investigation of arbitrage pricing theory. *Journal of Finance* 35: 1073—1103.

Ross, S. 1976. The arbitrage pricing theory of capital assets pricing. *Journal of Economic Theory* 12: 341—360.

Sharpe, W. 1964. Capital asset pricing: A theory of market equilibrium under conditions of risk. *Journal of Finance* 19: 425—442.

第9章 非工业的私人土地所有者

非工业私有林(non-industrial private forest,NIPF)土地所有者通常指拥有少量林地和树木,且与木材加工设备没有永久关联的所有者。他们所拥有的少量林地用来支撑偶尔的或者周期性的但很少定期的林木采伐。这部分土地包括世界上发达地区与发展中地区的农场林地,它们可能既是商业回报也是支持家庭自给自足的来源。非工业私有林的土地也包括保护性林地,如农田周边的防护林;还包括游憩性林地,如度假别墅、观光旅馆及狩猎或钓鱼俱乐部周边林地。

单块的非工业私有林面积可能很小,但加总后的面积却很大。例如,各大洲的代表国家美国、芬兰、中国、智利和南非,非工业私有林地分别占各国林地的56%、61%、51%、59%和52%(Butler,2008;Smith et al.,2004;Hänninen and Sevola,2009;*China Forestry Yearbook*,2000;INFOR,1997;GovUSAf,1953)。在欧洲,1 200万个家庭拥有森林,但每户平均只有11公顷(Jeanrenaud,2001)。在美国,1 000万个家庭平均每户拥有10公顷林地(Butler,2008)。在中国,超过5 000万个农村家庭平均经营的森林面积不超过1公顷(Hyde,Xu and Belcher,2003)。全球来看,非工业私有林地所有者可能占所有林地面积的25%以上,而这一巨大的全球占比是非工业私有林土地成为森林资源热门研究目标的原因之一。

相比于其他三种典型的土地所有者类型,非工业森林往往发生在较小的单个地块上,但是它们的其他区别

第 9 章 非工业的私人土地所有者

也是明显的,可以用三阶段模型来识别这些差异。本章的第一部分就是探讨这些区别。

本章第二部分探讨了非工业私有林土地所有者的各种动机。个体动机的多样化以及土地所有者目标与政策制定者期望之间的差异是非工业私有林土地被广泛研究的另一个原因。土地所有者的动机从财务或自给性收益——无论是周期性还是不定期收入支持,到土地保护或者获得市场可能无法直接估值的游憩与娱乐价值以及生态服务,再到更难以估量的愿望——将其作为有形价值传给继承人。对后两项的评估——保护、游憩和娱乐价值与遗赠动机——往往更复杂,这是因为土地所有者经常对同一块林地还持有从中采伐林产品以获得金融利得的期待。

本章的结论部分总结了森林土地所有者中非工业类别对市场的一般性反应的证据。附录将讨论两种旨在支持非工业私有林业的公共政策的传统理由:一是讨论小型林地所有者无法做出营林造林长期投资的理性决策;二是讨论旨在帮助非工业私有林土地所有者达到更广泛的国家或地区政策收入分配目标的公共项目。以上两点是林业知识中长期存在的部分,但这两点并未得到实证证据支持。

9.1 非工业私有林土地与其他土地所有者之间的区别

相比于前两章的工业土地所有者或机构土地所有者,及下一章将要提到的公共土地所有者,非工业私有林土地所有者是一个更为多样化的群体。非工业土地所有者拥有林地的动机及其在森林发展三阶段模型中的经历更为多样和复杂。

工业土地所有者和机构土地所有者是利益追求者。因此,他们所拥有的土地全部集中于商业化森林,这一般只发生在第三阶段——尽管工业土地所有者参与森林发展各个阶段中森林边界特许经营权的竞争。相比之下,在当地历史上某个时期,公众建立对这些土地的永久责任制之前,这些公有土地主要集中在对私有者没有经济吸引力的地区。从那以后,公众可能对这些林地进行投资(如美国的阿卡迪亚、大提顿和红杉国家公园),但超出现代商品林边界以外的土地绝大多数仍是公有地。

非工业私有土地的历史和现有区位与上述情况都是完全不同的。非工业私有土地所有者既可能拥有商品林,也可能拥有边界甚至次边界的森林,通常是与农田混杂在一起的小块土地,两者都是为了最终可以获得财务收益而经营。他们也会出于其他目的而拥有少量林地。后者通常发生在可以提供良好保护或审美机会的地方。有些可能沿着商业生产性农业用地的水源两旁或位于旨在保护所有者的农田免受土壤侵蚀或风蚀的林地区域内,或者是为了最小化农业对径流的破坏程度。其他一些地块可能位于伐后的区域和仍有游憩用途的废弃林地,还有一些是处于商品林边界外被公有林所包围的具有高价值非木材资源的林地。

在三阶段模型的框架内,第一阶段区域内的所有新定居者都可以被归类为非工业私人土地所有者——尽管很少有人拥有林地的清晰产权。正如第2章中所讨论的那样,这些定居者圈划土地直到图9.1(a)的点B,而且他们建立在这些土地上的家园可能包含一些果树。点B到点D之间的土地可以支持一些混农林业生产。一些当地定居者通常从森林中获取各种资源(如放牧家畜、自然生长的水果和坚果、草药等),一直到点C。

第二阶段区域内的非工业土地所有者拥有被更高产农田所包围的低价值森林的所有权,范围一直到图9.1(b)的点B。[①] 有些人在到点C范围内的伐后地进行农业生产,而另一些人则在到点D范围内的伐后地经营森林。除了上述目的,还有一些人在任何可以找到的土地上建立度假别墅、观光旅馆、滑雪胜地、私人狩猎或钓鱼俱乐部。

第三阶段区域的非工业所有者的森林情况与第二阶段类似——除了第三阶段B'和B''之间的土地是商业上可行的和永久经营的林地。与工业或机构土地所有者拥有的土地相比,非工业土地所有者通常拥有其中的一些小块林地。其中一部分是因商品林价值而被拥有,但有少部分因其不常见的动植物或特殊的审美价值或游憩机会而受到重视。

小片且分散的非工业林地,即使是地理格局分散良好,也面临着两个问题:一是非工业土地所有者的最小经营规模;二是非工业土地所有者的木材采伐计划和经济收益。我们将会考虑这两个问题。此外,小片低产林地包含在更高产且经济可行的土地范围内——分别超出第二阶段的点B或第三阶段的点B'。这是因为这些小块林地的生产力较低,却为非工业私有林土地所有者创造了经济机会,我们将对这种机会进行讨论。

9.2 土地所有者的目标

当将非工业私有林土地所有者视为一个群体时,他们决策的合理性可能难

[①] 他们持有小块的次边际林地,只是因为他们很难找到买方愿意购买这些小块的林地,而且持有这些林地的成本很低,分离这些林地反而会增加管理成本,这是因为一旦将这些小块分散的林地与周围的私人农田隔离开就必须增加建立更长边界的成本。

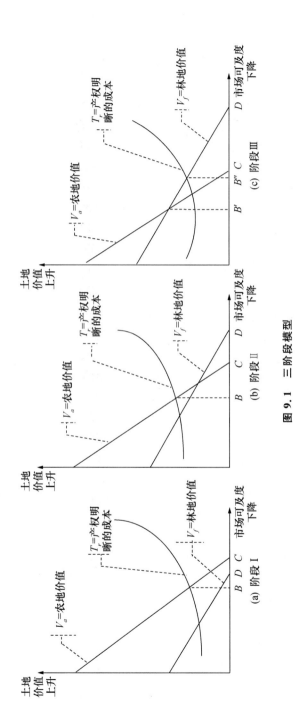

图 9.1 三阶段模型

以理解。不同的所有者因不同的动机持有财产,而任何地区的所有非工业私有林土地所有者的总体行为就是多种动机的复杂混合体。这种动机混合体造成了在种植、林分处理和采伐方面的森林经营决策差异,也造成了对市场激励和公共林业项目的不同反应。

通常,非工业私有林土地所有者的动机包括:

(1) 从销售所采集的资源中获取商业所得,或者在发展中国家的某些情况下,从采集和家庭消费中获取自给自足所得;

(2) 保护和娱乐价值——包括从游憩或休闲机会中获取的家户所得;

(3) 代际传承;

(4) 以上三种动机的任意组合。

接下来将对每种动机进行介绍。

9.2.1 商业或自给自足所得

一些土地所有者将森林作为收入来源或额外收入,一般是通过销售成熟林。其他所有者,特别是在自给农业地区,持有小片林子作为薪材来源或者其他自给自足产品来源。[①] 在这两种情况下,土地所有者倾向于从采集资源的生产中获得最大化商业所得或自给自足所得。然而,这一动机可能会受到土地所有者对森林经营和林产品市场了解的限制。特别是在欧洲和北美,很多非工业私有林土地所有者的主要职业越来越多是从事一些林业以外的活动。这些土地所有者可能是除拥有农田以外还拥有小块林地的农民,或者可能是在邻近城镇生活和工作但仍喜欢将林业作为第二职业的在外土地所有者。从经济角度来看,他们的"比较优势"在于森林经营以外的活动。[②] 因此,他们对森林经营的了解并不像专注于林业的工业或机构土地所有者那么完备和先进,他们对市场信号的反应也相对较慢。尽管如此,他们也会竭尽全力去抓住所了解的当地市场机遇。

通常,非工业私有林产权的较小规模意味着,无论市场条件如何,从任何土地所有者产权范围内进行采伐都是不规律的。小产权很难支持一片同龄林从幼苗到成熟活立木——林业工作者所称的"法正林"。然而,非工业私有林土地

[①] 即使在美国,所有家庭森林所有者的目标中,12%是薪材生产,而7%是采集非木材林产品。家庭拥有的森林占全国所有非工业私有林地的71%(计算来自Butler,2008)。

[②] 例如,在美国,20%的家庭森林土地属于家庭农场的一部分。家庭森林土地的40%属于在外土地所有者(Butler,2008)。20世纪50年代到60年代,林业经济学文献重复阐述了一个事实,即农场主和在外土地所有者在除了林业以外的活动中具有比较优势。详见 James(1950),Stoltenberg(1954),Yoho and James(1958),Stoltenburg and Webster(1959),James and Schallau(1961),Stoddard(1961),Lord(1963),Conklin(1966),Muench(1966),Gregersen,Houghtaling and Rubenstein(1979)。

上通常至少包含一些处于可采伐林龄广泛范围内的木材。如果不是法正林,采伐的时间和蓄积一定是不规律的,但在任何地区都有许多非工业私有林土地所有者可以在任何给定的年份采伐一定数量的木材。对他们而言,问题在于采伐的时间。① 一些采伐发生在他们观察到良好市场价格的时候。更多的采伐行为发生在个人或家庭有异常的收入需求时。

市场机遇、采伐计划和经济收益

在信息不对称的市场上,非工业私有林土地所有者是价格接受者。这就是说,个体土地所有者在自己信息有限的市场上扮演完全竞争的卖方。每个个体土地所有者的知识都集中在他自己的比较优势所处的不同市场上,他对林产品市场的参与很有限以至于无法证明获取额外信息的努力是合理的。② 然而,产品的买方、伐木工和工厂主是这些市场的专家。因为这些人全职投入到这些市场中,自然地,他们能够得到更完整的市场信息。因此,在任何一个地区,相较于数量更多的非工业私有林土地所有者中的个体,数量少很多的伐木工和工厂主更可能使用寡头市场力量。

任何土地所有者的小规模木材经营与不规律的定期供应都鼓励其推迟采伐,直到高于当地日常木材价格形成超常的经济激励促使其进行采伐。实际上,Gould and O'Reagan(1963)在随机调整市场价格的模拟后发现,比起规律的周期性砍伐或等到森林达到生物成熟林龄砍伐,拥有小片林地的非工业私有林土地所有者往往持有成熟木材直到当地价格有利,特别是推迟采伐直到观察到当地木材价格异常飙升时再进行,从而改善他们的长期净经济收益。通过这样做,他们在某一价格时损失了现值,却得到了木材额外的自然生长量和从未来高价中获得的更高的贴现经济收益。③

然而,对好的市场机遇的认识可能是个问题。土地所有者可能推迟采伐直到价格走高,但他们拥有的匮乏的市场信息意味着在识别最好价格方面进展缓慢,应对也会滞后迟缓,最后可能在价格过了市场高峰后才出售木材。④ 这一影响可能并非微不足道,因为短短几年内立木市场价格的峰值和谷值可能相差四倍。

---

① 在美国,20%的家庭森林在10年周期内采伐一些木材(Butler,2008)。

② Lonnstedt(1997)认为北欧国家的土地所有者依赖于来自邻国的木材市场信息以及他们自己的经验。(他们的邻居只是市场上有限的样本,并且由于他们之前的采伐可能是几年前的事,邻居的经验可能会过时。)他们并不是木材市场信息的良好观察者。

③ Kangas,Leskinen and Pukkala(2000)提供了一个关于适应性木材销售行为优势的更为近期的阐述。

④ 在过去40年中,对商业周期的市场反应的研究已经成为经济调查的一个主题。在森林经济学中,这一点也不逊色于其他经济专业。Zivnuska(1949)在这个问题上的早期研究在林业领域仍独树一帜。

对于土地所有者,一种解决方案是建立个人立木保留价格作为触发木材销售意愿的最小值。另一种办法是组成团体进行市场营销。类似于美国农业中的奶农和柑橘种植者,团体聘请消息灵通的专家为团体中的所有成员进行营销和产品分配——将私人土地管理责任留给每块土地的成员。

林业相关的例子并不多。Jeanrenaud(2001)和 Hultkranz(n.d.)介绍了瑞典一个成功的木材生产小土地所有者的营销团体;Hammet(1994)介绍了尼泊尔非木材林产品生产者的成功营销团体;RECOFTC(2008)介绍了由印度当地林农组成的营销团体使小豆蔻的价格翻了七十番,这是令人影响深刻的成就。Snelder,Klein and Schuren(2007)提供了关于菲律宾农民的反例,如果他们拥有更好的市场信息网络,那么他们在乔木作物方面的经验将获得更高的经济回报。

价格波动和信息不对称创造了有利可图的市场,这个市场在某时某地至少会被三种不同的服务所占据:林业顾问、报价服务、优先购买合同。这三种服务中的一种或多种往往出现在活跃的木材市场和众多非工业私有林土地所有者所处的地区。

林业顾问是森林经营和木材市场方面的专家。他们在活跃的林产品市场和拥有众多非工业私有林土地所有者的地区推出服务,以此为他们的林地所有者客户获得更好的价格。Munn and Rucker(1994)用美国南部的证据证明这些顾问服务的价值非常接近于有利可图市场的规模。也就是说,尽管雇用林业顾问的土地所有者确实从木材上获得了更多收益,但非工业私有林土地所有者和林业顾问之间的合同价值吸收了这些土地所有者得到的总木材价格和没有使用林业顾问服务的人得到的价格之间的差异。

报价服务可以通过提供即时市场信息来满足市场,而这些市场信息是许多土地所有者无法获得的。农业报价服务的历史悠久。任何在开车经过美国中西部时收听广播的人都知道玉米价格和生猪价格的每日报道。但是,林业报价服务的经验更有限。"Timber Mart South"是美国南部的一项报价服务,它是最好的例子。Boyd and Hyde(1989)证明这项服务对森林土地所有者具有价值,并推测工厂所有者之所以会反对这项服务的公共投入,是由于信息不对称以及一旦"Timber Mart South"建立他们就会丧失信息优势。

许多处于立木市场活跃地区的土地所有者都会与当地工厂商议长期合同。通常情况下,当土地所有者决定出售时,这些合同将赋予工厂在现有价格下的优先取舍权。这些合同无法保证高价,但可以确保在大多数市场条件下都有购

第 9 章　非工业的私人土地所有者

买者。①

这三项服务的每一项都可能帮助非工业私有林土地所有者改善其森林的经济收益，但无法改变不规律采伐安排的可能性——这来自生产性林地。许多非工业私有林土地所有者也拥有生产力较低的林地。这些边际林地加强了面对市场价格时采伐的不规律性。土地所有者拥有的这些林地，可以用第二阶段和第三阶段图中点 B 和点 D 之间的区域来表示，如较大森林或农田中的小块林地。在正常情况下，这些林地的收益甚微，但它们的持有成本很低。事实上，处理这些包含在次边际林地中的树木会增加保护相邻大块农地的边界维护成本。此外，这些边际森林资产的所有权也会获得偶然性收益。当木材价格异常高涨时，他们可采伐的资源也变得不那么边缘化。因此，这为土地所有者不规律采伐的模式和不规律的经济回报增加了另一个偶然增量。②

在任何地区，所有非工业私有林土地提供的可市场化产品的总流量都可能无规律可循，区域木材流动的不均匀性对工厂和当地社区产生负面影响。然而，更可能的是，非工业私有林土地所有者在需求较大时快速进入区域市场，并且在需求放缓或供给较大时较为容易地退出相同市场，这些特性有利于缓和初级林产品价格大幅度波动带来的影响。

土地所有者的需求、采伐计划和经济收益

一些非工业私有林土地所有者不是试图最大化森林回报，而是将采伐时间的安排与其一生的个人需求考虑结合在一起。因此，当年轻人从其他活动中获得收入较少、养活自己与建立家庭的成本较高时，他们可能会增加采伐，减少立木蓄积。在随后的几年中，其他来源的收入可能会增长，初期巨大的家庭财务需求可能会下降，在这一时期，土地所有者不会有大规模采伐从而使得森林逐步恢复。采伐的发生具有偶然性，与个人的异常需求一致，却不与市场价格峰值一致。否则，最早的非工业私有林土地所有者会让林分继续生长直到达到最大值。Kuuluvainen(1989)首次证明"生命周期"经验是对芬兰土地所有者行为的合理描述。(在 Kuuluvainen 看来，借贷能力同样是土地所有者采伐行为的关键决定因素。)Perz and Walker(2002)介绍了巴西亚马逊地区殖民定居者类似的生命周期行为。

中国南方的农民也有类似的行为。对个体林农的生命周期行为进行观察

---

① Desmond and Race (2000)对这样的安排做了全球性的调查。另可见 Baumann(1998)、Curtis and Race (1998)和 Roberts and Dubois (1996)。

② 对农场林农的经济生产率的实证估计通常将其描述为低回报率。其中一个原因可能是将森林土地所有的商业性林地和边际林地结合在一起进行估计。如果分开，生产性的商业用地将获得更大的森林经营回报。当然，这些次边际土地对农民而言持有成本非常低，而持有的原因仅仅是因为它们被包含在更有价值的农业用地范围内，所以估计得到较低的回报——并且降低了两类土地综合的回报。

是不可能的,但他们将树木视为"绿色银行",这表明他们经营树木以存储和增加财富直到特别需要的时候。类似地,Lofgren 将瑞典农民出售木材以为购买一辆新汽车提供资金的方式称为"沃尔沃效应"。当然,当农民的家或仓库需要翻修时,或者当农民的家庭面临大笔不可预知的或非固定的财务支出时,沃尔沃效应可能很容易出现。事实上,财务需求是美国 15% 的家庭所有林被采伐的首要原因(计算来自 Butler,2008)。

与此相关,发展经济学文献特别关注发展中国家较贫穷的土地所有者,指出树木或林产品提供了"社会保障网"。这些土地所有者意识到一些可利用的树木和林产品可以作为家庭困难时期——作物歉收、失业等——的紧急收入来源。(如 Scheer,1995;McSweeney,2005;Anderson,Mekonnen and Stage,2008;Salam,Noguchi and Koike,n. d;Neumann and Hirsch,2000,均是这一方面的文献)。

当然,绿色银行、沃尔沃效应和社会保障网均是不规律采伐和不规律收益对家庭特殊时期有效性的相似描述。生命周期假说为我们的理解带来的进步在于可以预测何时会发生一些特殊需要。在所有情况下,树木或其他林产品的采伐和销售都为不以林业为主要职业的土地所有者获得财富提供了很好的额外收入。

这种想法应该是熟悉的。非工业私有林土地所有者在需要时获得的现金流和家庭自用林产品类似于工业企业持有林地在木材供应不足和木材价格过高时为其工厂提供木材。同样地,这与森林为大型金融投资者的投资组合提供反周期回报也具有可比性。Dewees(1995)观察到马拉维林农最喜欢的森林投资是低风险投资,就像发达国家的大型机构投资者发现森林资产在风险较低和具有反周期性时最具吸引力。在非工业私有林、工业和机构投资组合的三种情况下,森林所有权都提供了一种财富存储方式和应对特殊时期需求的保险形式。

森林经营中的自由裁量权

本章前两节重点介绍了土地所有者在采伐计划方面的自由裁量权。管理方面的自由裁量权也是林业吸引非工业私有林土地所有者的一个特征,但过小的林地规模限制了非工业私有林活动的有效性。

对农场土地所有者而言,农业投入和产出存在很强的季节性。许多在外的非工业私有林土地所有者的主要职业有着自己的时间规划。比如,教师在学年里很忙;律师在客户需要的时候很忙;商人、家庭妇女和店主都有自己独特的时间表,在报税期或存货期几乎没有空余时间。

然而,许多森林作业可以提前一年或推后一年进行,这对生产几乎没有影

第9章 非工业的私人土地所有者

响,有时可以在一年中任何方便的季节进行。这种自由裁量权为林业成为补充性职业活动创造了巨大优势。例如,Scheer(1995)发现在肯尼亚,当自给自足的农民找到非农工作而不得不放弃培育农作物时,他们会把一部分农田转作林地。只有当他们的非农就业工作允许短期回家时,他们才会抚育森林,并且仍然可以从土地里获得一定收益。

另一个例子中马拉维的妇女表示,如果男性在其他活动中可行的时间完成栽树这样的重活,那么她们就会倾向于抚育幼苗,给其浇水并保护其不受放牧牲畜的破坏(Hyde and Seve,1993)。Amacher,Hyde and Joshee(1993)观察到在尼泊尔的家庭任务分配中存在相似的性别差异,男性在从事农业的同时会培育树木、收集薪材,女性在可以自由支配的时间里更多地参与森林经营和采集活动,在这种情况下,薪材的采集往往与照顾孩子一起进行。Cooke(1998)观察到,除此之外,尼泊尔妇女的薪材采集活动是季节性的,往往发生在高强度农业活动不需要她们协助时。

这些观察都是来自发展中国家,且通常来自自给自足型的农业家庭。然而,无论是方便的季节性还是自由支配的时间,它们也是发达国家森林活动的特征。春季和夏末/初秋是大多数农民栽种和采伐的关键季节。然而,冬季和盛夏却是许多农业活动的闲暇季节。在这些季节,即地面结冰的冬天或土壤已经从春雨后干涸的盛夏,是将未充分利用的农业劳动力分配到木材管理和采伐活动的便利时期。事实上,在世界上大多数地区,冬季或夏季的硬质地面正是采伐木材所需要的条件。

在一个特殊林产品的有趣例子中,加拿大东部和美国东北部的糖枫树树汁会在早春时节农民栽种前就流出来。农民在没有其他就业机会时会收集这一林产品并将其提炼成可上市的甘甜糖浆。

规模对森林经营的限制

对于通常较小的非工业私有林土地所有者而言,灵活的时间是一项优势。然而,对于一些特别小规模的作业也会是一个劣势。一些非工业森林的所有权范围可能不到一公顷,而为它们设置边界围栏和保护它们免受非法侵入、破坏和偷盗的成本可能会超过管理它们所带来的收益。[①]

这里有两个有趣的例子。一个是森林覆盖的地区是一块生产力较低的土地,完全包围在较大的农业区域范围内。在这种情况下,对农田周围边界的控制可以充分防止非法入侵森林。

---

① 非法入侵并不是一个微不足道的问题。在Butler(2008)的广泛调查中,44%的美国家庭森林土地所有者表达了对非法入侵的担忧。类似地,44%的人表达了对财产破坏或丢失的担忧,24%的人表达了对木材失窃的担忧。

第二个更有趣的例子是在自然分散的小片林地中不受约束的立木资源。由于这些资源是分散的,对它们的监督与免受侵犯和偷窃的保护就很困难。例如,围栏随着周长的增加而增加,围栏的单位成本也随着周长与面积的比例增加而增加。因此,越小的林地,单位成本越高。此外,对于较小的林地,建立经营的有效水平也是一个问题,因为森林经营计划和某些林业活动的单位成本也会随着作业规模的下降而上升。对许多不以林业为主要职业的非工业私有林土地所有者来说,从小块林地获得的收益不足以弥补他们从知识渊博的林业从业者那里获取技能的成本。

中国在20世纪80年代的经验印证了这个问题及应对办法。20世纪80年代早期,中国的集体将3100万公顷的森林重新分配给5700万农户。林地的分配是平等的。首先,根据树种、林龄、林分密度、位置、土质、距离村庄的距离及其他一些因素将林地划分成地块。这些地块再重新分配,使得家庭规模相似的家庭得到高质量与低质量混合的森林、易进入和不易进入组合的森林,等等(Sun,1992;Lu et al.,2002)。结果,一个村庄的许多家庭分配的土地都在同一个斜坡上,而各个家庭得到了很多分布在不同山丘和不同坡度的小块林地。中国南方和西南的家庭平均获得了4块或5块林地,总面积却只有1公顷或2公顷。例如,贵州省寨枣乡的家庭平均获得了14块林地,但总面积只有4.2公顷。镇上最大的一块林地是2.3公顷,最小的只有0.06公顷。在云南省景谷县益香村,45公顷林地被分成了169块,平均每块只有0.27公顷。每个家庭需要分派一名成员去照看众多的林块,而在之前的集体管理安排下,仅需要1到2名护林员就可以看管众多的森林地块。照看林地免受偷盗和火灾是一种负担,特别是对于成员较少的家庭而言(Liu and Edmunds,2003)。

然而,从集体林转变为家庭经营管理森林的成效是惊人的。这些家庭开始了造林和再造林活动,中国1984—1988年的第三次森林调查显示集体林区森林总面积增加了33%。

尽管收获显著,但众多小块林地的管理仍是许多家庭面临的问题,一些家庭最终将他们的林地与相邻地块连接形成更大的管理单元。一些家庭将林权转让给其他家庭,而后者随着林地的增加成为林业专业户。还有一些家庭将其森林资产结合在一起形成股份合作制企业,每家公司都有负责的管理者。在其他情况下,重新分配以前负责的集体则一再宣称自己对土地拥有所有权,认为个体家庭无法成功地经营森林(Xu and Hyde,2005)。[①]

显然,小块的土地对于有效的森林经营是不利的。除中国以外,还有许多

[①] 即使在2009年,这个问题在中国依然存在。许多家庭拥有多个分散的小林地的经营权。尽管在一些农民的积极性方面取得了显著的成功,但政府不愿允许权利的自由转让。

其他例子,当地社区团体为了公共产品而管理着私有林。① 尽管如此,世界上许多国家的个体农户确实只经营着稍大点的森林地块,而不考虑对其主要农业活动的更大占用。这表明,对规模非常适中的林地来说,规模不再是妨碍独立的私有林所有权的因素,即使是考虑了其木材价值。②

总之,对于小块林地而言,将边界较长的地块合并到某种形式的集体经营下所获得的成本降低,与考虑到各自土地和偏好的独立土地所有者构成的异质群体制定个体决策机会的放弃之间存在着一种权衡。然而,对一些最小规模以上的林地,土地所有者本身似乎更倾向于独立经营私有土地,尽管还伴随着集体安排如大片区域防火等选择性活动,或者像林产品营销与配售等大多数不属于个体土地所有者的专业经验范畴内的活动。③

9.2.2 游憩或休闲和保护的动机

本章前面部分重点介绍了利用自己森林生产可采集的产品的土地所有者,例如获得具有商业价值或家庭自给自足价值的木材或薪材。其他土地所有者因保护或审美价值持有非工业私有林土地,比如用防护林进行侵蚀保护,或者在这些地方度假或居住时进行游憩和休闲活动。森林里的家庭第二处房产通常用于假日或度假休闲,这属于后者的例子。森林中为登山者、滑雪者和生态观光客准备的小屋因风景秀丽或珍惜的动植物而知名,是后者的第二个例子。狩猎和钓鱼俱乐部通常拥有处于或与较大森林相邻的小屋,这是第三个例子。

一般来说,此类别中的个体森林资产很小,这是因为持有较大森林资产的机会成本很高,而且土地所有者完全可以从其他所有者的毗邻林地中获取审美和游憩价值。即便是商业休闲活动,位于游憩和休闲用途核心的主要小屋也只占到整个森林的一小部分。因此,规模可能不像对拥有木材价值的小林地那么重要。这些游憩资产有着更高的价值,因此需要锁具、大门、围栏和其他措施以便在必要时强制保证产权。

土地所有者从防护林等保护改善中获得的好处可以通过由此带来的邻近

---

① Jeanrenaud(2001)调查了西欧的情况。
② 在美国,92%的家庭森林所有者更愿意做出自己的土地管理决定。其他家庭成员做出土地管理决策只占剩余8%的一半(Butler,2008)。
③ 关于合作土地所有者合资企业的林业文献表明,那些依赖固定森林收入与面临不完善资本市场的芬兰土地所有者,可能会进入合资企业的规划,或联合制定采伐的策略,以此作为风险对冲的一种方式。尽管如此,这些土地所有者仍然管理着他们自己的土地(Uusivouri and Kuuluvainen, 2001)。在美国,作为保护野生动物走廊的一种方式,人们加入合资企业,延伸超越了任何一个土地所有者的财产界限(Jacobson, 2002)。我们之前认为尼泊尔和瑞典合作土地所有者的合资企业是为了推销森林产品(Hammett, 1994; Hultkranz, n.d.)。然而,土地所有者偏好的多样性显然使得制定一套可获得足够经济回报从而吸引许多非工业私有林土地所有者加入土地协调管理的管理方案变得困难(Sample, 1996; Koslowskietal., 2001; Kurtilla et al., 2001; Eid, Hoen and Okseter, 2001)。

农田的生产力提高中得到最好的衡量,即便是欠发达国家的贫困农民似乎也愿意将土地和努力用于防护林及相似的保护改善上。Mekonnen(1998)利用埃塞俄比亚的数据和农业生产框架证明了将一小部分农田用作田垄并且种树以保护余下农田免受风和水侵蚀而获得的收益。Yin and Hyde(2002)用类似的方法计算得出中国北部平原通过田间种树或种植防护林使得农业生产力提高了5.4%。

土地所有者从游憩与休闲功能中获得的效益是不同的。它们可以通过所有者对此资产本身的支付意愿得到更好的衡量,而不是通过该资产市场化产品的现金流改进来衡量。这些资产的支付意愿随着收入的提高而增加。当然,随着区域个人收入的增加,与游憩和休闲活动相关的私有资产的数目及单个资产的市场价值也会增加。显然,私人狩猎与钓鱼俱乐部以及为滑雪者和生态观光客准备的观光旅馆将吸引更多的高收入人群,无论俱乐部和观光旅馆的位置所在。①

有两个例子可以证明森林资产游憩和休闲功能的重要性。Butler(2008)的大规模调查发现,超过700万的家庭森林土地所有者从其林地的秀丽美景,或者在林地上狩猎、钓鱼或其他游憩活动中享受到林地的价值。其中,15%或超过100万的家庭林农拥有将近2 000万公顷的林地,包括度假别墅或小木屋。

中国近期的经验恰好证明了森林游憩机会及资产需求的增长与收入增长相一致。在中国,私人土地所有权的机会并不高。然而,所有来到中国的访客都会惊讶于中国森林旅游的快速扩张和配套旅馆、饭店、发达道路、救援中心、缆车和珍品店数量的增加。自1978年以后,随着实际人均收入增长超过6倍,从1983年各种形式的旅游人数777 710人次增长到2002年仅访问森林公园的人数就超过了8 300万人次。2002年,森林旅游对经济的贡献高达370亿元(40亿美元),仅在两年内就增长了25%(Sayer and Sun,2003)。

9.2.3 代际传承的动机

一些非工业私有林土地所有者保有林地的目的是为后代留下一些有价值的东西。例如,在美国,20%的家庭所有林是继承的,48%的现有所有者希望把森林留给他们的继承人(Butler,2008)。其他土地所有者出于前文所讨论的动机,很乐意通过管理实现土地的资金收入最大化,然后将收入留给他们的继承

---

① Jeanrenaud(2001)描述了欧洲的这些趋势。Hugosson and Ingemarson(2004)发现瑞典有相同的变化。Jacobson(2002)发现了佛罗里达州有相似的收入相关变化。Zhang,Zhang and Schelhas(2005)研究了亚拉巴马州的类似情况。伴随着这些转变,也出现了由农户为了财务目标而拥有森林向由在外所有者为了满足游憩和休闲目的而拥有森林的转变。

人。近期的文献研究了第一种情况并得出结论:传承林地的决策很大程度上取决于遗产税的设置。①

如果林地的继承要收税,那么可能需要出售部分或全部林地以便筹集缴纳税款所需的资金。最终传承到下一代的林地规模会比原始的规模小很多,也会随着税收比重增加而变小。因此,更高的遗产税会导致更少的净转移。

不过,遗产税是根据市场价值的份额进行计算。一些非工业私有林土地所有者及其继承人附加在林地上的个人价值超越了土地或林木的市场价值。例如,当土地包括承载了很多幸福家庭回忆的小房子时就是这种情况。这些记忆含有个人价值,无法在市场上进行交易——遗产税也无法根据个人价值份额进行计算。因此,当土地所有者及其继承人将这样的个人价值附加到林地上时,将增加继承行为发生的概率。

Amacher et al. (2002)利用弗吉尼亚州非工业私有林土地所有者样本来检验这些解释。样本中25%的土地所有者继承了林地。来自样本的一个重要观察结果是林木价格对传承行为有显著的负面影响,同时花费在林地上非消费性活动的时间和在外所有权对传承行为有正效应。观察结果与预期一致。更高的木材价格意味着更高的税额,因此降低了继承的可能性。非消费性活动和在外所有权都表明了个人对于土地的依赖,除了市场价值还存在个人价值,因此,当林地价值可以被传承给后代且不存在收取遗产税的风险时,传承行为发生的概率就增加了。

9.2.4 多元化的动机

一些商业性林地的非工业私有林土地所有者也享受着林地带来的狩猎、钓鱼或其他游憩和休闲机会,并且当他们打算采伐一些木材或其他可获取的产品时,也打算将包含剩余活立木及非市场化个人价值的资产传给他们的继承人。同样地,许多拥有游憩和休闲资产的所有者也会采伐木材或其他林产品,其中一些还希望留给其继承人除了那些能最大地为现有业主提供持续的游憩和休闲价值的资产之外的财产。在一些发展中国家,我们可以预见到木材/薪材和农地利用之间的权衡,或木材/薪材生产和流域保护之间的权衡,这些都比发达国家非工业私有林土地所有者间常见的木材和游憩/休闲之间的权衡更重要。然而,很明显,无论是在发达国家还是发展中国家,很多非工业私有林土地所有者都希望利用他们的土地来生产多种产品。

---

① Amacher et al. (2002)回顾了这些文献。Pan et al. (2003, p. 168)利用亚拉巴马州土地所有者的样本数据,研究认为较高的死亡率使得遗产税也更高,这是林地"分散和碎片化背后的驱动力"。DeCoster(1998)和 Mehmood and Zhang(2001)同意这一观察。

这意味着,非工业私有林土地所有者不大可能像工业或机构土地所有者那样在林地管理和利用方面动机单一。正由于动机的多样化,非工业私有林土地所有者群体对任何一种产品的价格或旨在改变其生产或利用的政策的反应都不像工业或机构土地所有者那样。本章的这一部分将更详细分析具有多元动机的土地所有者的问题,然后介绍两种考虑多元动机对单一木材产出影响的评估。

任何土地所有者资产的使用组合都取决于土地所有者可用的劳动力和资本、林地的自然特性以及土地所有者的个人偏好。每单位土地和每位所有者都是不同的——正如图 9.2 所示。

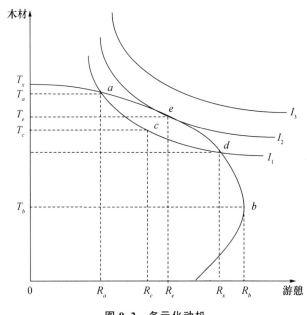

图 9.2　多元化动机

土地所有者可以分配家庭所有可用的劳动力和资本及所有林地来生产一种产品,例如,木材——这种情况下林地生产的商业或自用木材产量为 T_x。同一个土地所有者可以把所有的家庭和土地资源用于不同产品的生产,如游憩机会 R_x。事实上,土地所有者可以利用相同的家庭和林地资源生产沿着 T_x 和 R_x 之间生产可能性曲线上的任意木材和游憩性产品组合,如提供价值为 T_a 的木材和价值为 R_a 的游憩产品。换言之,土地所有者可以生产木材和游憩的组合产品,这会超过只用额外家庭劳动力或资本,或只用额外林地的生产可能性方程所描述的产品。

在点 b 与点 T_x 之间最大生产可能性的范围上,如木材,土地所有者只能通

第9章 非工业的私人土地所有者

过放弃更多其他游憩机会来获得一单位产出。然而,对于某些资产和一些特定用途,可能存在在额外生产木材的同时也改善游憩机会的生产可行性。例如,采伐少量木材可以增加某些野生动植物的栖息地。在图 9.2 中,点 R_x 到点 b 的生产可行区间描述了这种情况。当木材产出从 0 增加到点 T_b 时,与野生动植物相关的游憩机会也会从点 R_x 增加到点 R_b。

在这个意义上,图 9.2 仅描述了土地所有者的生产可能组合。土地所有者的消费偏好与其生产机会有所不同。对任意土地所有者来说,这些偏好可以用家庭无差异曲线 I_1、I_2、I_3 来表示。每条无差异曲线描述了一个消费者效用的水平,并且在每条无差异曲线上,木材和游憩的不同组合给土地所有者带来的效用是无差异的。例如,土地所有者从产出组合 T_a 和 R_a 上获得某一效用水平。同一个土地所有者可以通过享受更多或更好的游憩活动而减少一部分木材生产以保持效用水平不变,从而得到用 c 来标注的产品组合 T_c 和 R_c。为了维持不变的效用水平 I_1,随着土地所有者放弃更多的木材收入,就必须获得更多的游憩增长(正像从点 a 到点 c,再从点 c 到点 d 所表现的那样)。这解释了土地所有者无差异曲线的凹性。

土地所有者只有通过移动到更高无差异曲线的点上才能从木材和游憩的组合生产中获得更高的效用。给定家户和森林资源的数量,效用最大点可能是点 e,该点是无差异曲线 I_2 与生产可能性曲线的切点。在这一点上,土地所有者获得 T_e 单位的木材和 R_e 单位的游憩。

当然,每个土地所有者都有独特可用的劳动力和资本,这些家庭禀赋用于其林地生产,并且每项森林资产都有其自己的生产特征。这意味着每个土地所有者的生产可能性前沿都不同。另外,每个土地所有者对木材和游憩的消费偏好也是独一无二的。因此,每个土地所有者的无差异曲线组与其他所有者都不同。还有,许多不同的个人生产可能组合和无差异曲线组意味着我们将观察到众多不同的情形,每一种情况都对应不同的非工业私有林土地所有者:一些土地所有者只生产木材,一些所有者只将土地用作游憩和休闲,其他所有者生产和消费一系列木材和游憩的产品组合。更甚一步,因为生产机会和消费偏好会随时间发生变化(并且个体非工业私有林土地的所有权也会发生改变),我们可以预期到所有非工业私有林土地所有者的木材和游憩的生产与消费的总组合也必将发生改变。

Binkley(1981)和 Boyd(1984)分别用上文概述的一般均衡方法对美国新罕布什尔州和北卡罗来纳州的非工业私有林土地所有者进行评估。他们都非常关注非工业私有林的木材生产。因此,他们并没有比较木材动机与土地所有者另外的单一目标(如游憩),而是将木材与所有可能导致土地所有者放弃一些木材机会的其他动机/产品集合进行比较。他们没有评估木材生产和其他单一动机间的权衡关系,随后的研究者也没有这么做。[①] 目前也还没有人对发展中国家的非工业私有林土地所有者进行比较性评估。

尽管他们的关注点非常具体,Binkley 与 Boyd 的评估对所观察到的非工业私有林土地所有者的反应非常有意义。Binkley 对比了 1 年与 26 年的采伐行为。Boyd 只分析了 1 年的短期行为,但也分析了改善活立木的投资行为和木材采伐行为。Binkley 对美国新罕布什尔州的观察和 Boyd 对北卡罗来纳州的观察中一个重要的基本共性就是,他们会对市场价格做出反应,但是与木材作为唯一产品的市场激励的反应不同。[②] 当然,这符合我们对除最大化木材收入外的多元目标土地所有者的预期。

Binkley 特别观察到更高的立木价格(但在某些情况下还有纸浆价格)与非工业私有林土地所有者采伐木材的可能性正相关。事实上,采伐木材的新罕布什尔州土地所有者对市场价格很敏感,短期弹性处于 2 到 5 之间。[③] 严格正的价格效应预示着对大多数土地所有者而言,从木材采伐中获得的额外收益超过了随之发生的其他森林价值损失。

此外,Binkley 观察到名义价格比定值美元价格更能预测土地所有者的行为。实际上,这表明许多非工业私有林土地所有者确实在考虑保留价格的情况下运营。而名义价格的较好表现表示土地所有者对通货膨胀的预期滞后了,这意味着"土地所有者在其脑海中确定了他认为是'好'的价格……然后在价格达到或超过了这一价格时出售,无论销售时的实际价格是什么"(p.60)。短期中富有弹性的反应进一步证明,当土地所有者对名义价格做出反应时,他们的反应会很强烈。

在 Binkley 的样本里,拥有较多林地的土地所有者更可能采伐木材,但有较高收入的土地所有者采伐的可能性更小。Binkley 调和了可能存在的矛盾,他认为采伐量与森林面积之间的正比关系也许更能说明伐木工对其作业规模的考虑,而不是土地所有者的采伐意愿。一个不同的解释可能是更富有的土地所有者更可能受到游憩价值而不是木材价值的驱动,因此不大可能进行采伐。此外,经济状况良好的土地所有者拥有的游憩资产往往小于木材利润激励更大的

[①] 详见 Newman and Wear(1993);Kline,Abt and Johnson(2000);Pattanayak,Murray and Abt(2002)。

[②] Romm,Tuazon and Washburn(1987)、Max and Lehman(1988)以及 Hyberg and Holthausen(1989)都进行了与 Binkley 和 Boyd 类似的操作。无论是非工业私有林的木材管理还是木材采伐,没有人观察到明确的价格正效应。

[③] Kuuluvainen and Tahvonen(1999)用来自芬兰的证据再次验证了 Binkley 的观察,表明价格对非工业私人木材采伐有显著的短期影响。他们也观察到对于非工业私有林土地所有者,短期的供给价格弹性大于 2。

第 9 章 非工业的私人土地所有者

土地所有者拥有的森林资产。

在 Binkley 的样本里,土地所有者的年龄对采伐的可能性有正向影响,同时观察到了传承动机。由于即将到来的遗产税,年龄大的土地所有者采伐木材的可能性是否增加? 或者如 Binkley 的研究表明,终身收入假说是否提供了更好的解释? 后者和生命周期假说很类似。它表明土地所有者会在早期投资,而后持有这些包括土地和林木在内的投资,以对冲生命中期的财务需求。随着年龄增加,土地所有者财务需求的时间缩短,对不确定性的防范需求也减少。因此,年龄越大,采伐的可能性越大。比起传承动机,这可能是导致一些年老土地所有者采伐可能性增加的原因。

最后,Binkley 分析了涉农土地所有者和非农土地所有者之间的区别。当然,非农土地所有者往往是在外的土地所有者,他们主要从事其他职业而远离林地。他们对森林的利用更可能与各种休闲活动相关。Binkley 的观察结果与这一预期相符。他发现最老和最富有的非农土地所有者是这一类型中最可能采伐的成员。相反,涉农土地所有者的采伐决策不受年龄或个人财富的影响。在 Binkley 设定的几个自变量中,他们的采伐决策只对立木价格产生明显反应,而且他们的价格弹性是非农土地所有者的两倍。[①]

Boyd(1984)对美国完全不同地区的土地所有者样本的类似分析得出了相似的结论,即价格、收入和土地所有权的大小是采伐决策的决定因素。Boyd 增加了土地所有者对旨在帮助造林管理的政府项目的反应(如森林奖励支付计划,或第 4 章提到的 FIP)——即使他们最终无意采伐木材。他还认为距离是阻碍非农土地所有者采伐决策的重要因素——这一观察结论与本书所描述的商品林三阶段发展模型一致。

Binkley 或 Boyd 对非农土地所有者的观察可能变得越来越重要,因为在许多国家,这类土地所有者在非工业私有林土地所有者中所占比例越来越大。如果像 Binkley 与 Boyd 观察到的那样,采伐木材可能性随着土地所有者收入增加以及在外所有者因地区发展和个人收入增加而下降,我们可以预见到随着时间推移和区域增长与发展,木材生产动机和游憩/休闲机会动机之间的权衡会逐步转向后者。这是否意味着可用于采伐的木材较少,如果是这样,众多土地所有者的保留价格是否会上升并且立木的市场出清价格是否会上升? 由此带来的稀缺性增加是否会改善非工业私有林土地所有者的市场地位呢? 尤其是相对于今天购买木材的工厂主所享受的买方垄断地位。

[①] Loikkanen,Kuuluvainen and Salo(1986)对芬兰非工业私有林土地所有者的价格反应研究得出了相似的结论,农场森林土地所有者对价格反应敏感,而在外的土地所有者则没有。然而,Loikkanen 等也注意到,木材价格的波动是决定农场或在外的土地所有者出售木材的最重要短期决定因素。

9.3 综述

非工业私有林土地所有者被定义为拥有小片林地却没有木材加工设备的所有者。他们是多样化的群体,也是转型阶层。一些人管理林地以获得商业的或自给自足的木材价值,而其他人是为了获得环境价值、游憩价值、休闲价值或其他非木材价值。也许大部分经营是将木材和环境、游憩、休闲价值组合。

有些非工业私有林土地所有者是农民,他们的森林和农田混合在一起。其他是在外的土地所有者,他们的职业既不是农业也不是林业。无论是在发达国家还是发展中国家,随着前者数量的减少,后者的数量在增加。在发达国家,随着个人和区域收入的增加,休闲活动的需求也在增加,而这种需求增长的很大一部分表现为基于森林的游憩活动的增加,如狩猎、钓鱼、露营和滑雪等,也表现为在森林资产上建造度假别墅需求的增加。其中的许多资产都是从农民手中购得,并且随着这些产权转移给游憩型的土地所有者,从这些林地上采伐木材的可能性会下降。

在发展中国家,区域增长从农业中吸引了很多劳动力,随着时间推移,一些自给自足型的农民在离家一定距离的地方就业,从而成为农田的在外管理者,于是有些人就将部分农田转作森林。森林经营的劳动力投入需求不像农业那么大,而且劳动力需求的时间也有很大的自由裁量性——不像农业的种植和收获活动具有严格的季节性。因此,将农田转化为林地是一种可以从土地中获得持续收入,而不会给远离家乡就业的土地所有者带来额外负担的方式。

随着世界上大部分地区的经济发展,无论是在发展中国家还是发达国家,我们可以预见到这种转变会变得越来越普遍。

在森林发展模式的所有三个阶段中都存在小规模的土地所有者。第一阶段的小农通常是自给自足型的农民,对于森林并不行使产权,但有些可能在家中庭院经营树木,而且第一阶段中的所有先驱定居者都可以利用开放进入森林里的资源。森林发展第二阶段和第三阶段的农场土地所有者可能也在庭院中或在农田外围的防护带上经营树木,而一些人还在其农田边界内拥有小块商业化的次边际林地。第三阶段的一些农场土地所有者拥有额外的小规模商品林的完全产权。当然,无论是在森林发展三个阶段中的哪一个阶段,只要自然景观可用于森林游憩使用,其他人也拥有森林游憩的权利。

到了森林发展的第三阶段,涉农土地所有者和非农土地所有者之间的区别

第 9 章 非工业的私人土地所有者

至关重要。[①] 在北美和西欧的发达国家、南非联邦和其他地方,木材的商业所得似乎是农场主拥有林地的主要动因。同样地,对于发展中国家的农民而言,商业和家庭自给自足组合的所得似乎是持有林地的主要动机。有限的证据表明,这些混农林业者对木材价格非常敏感,特别是短期价格,也对家庭的特殊需求很敏感。就前者而言,混农林业者比起林业更加熟悉农业,导致他们会设定隐含的门槛"保留"价格,并将生产性商品林地的木材采伐推迟到市场价格达到这一水平。由于林地持有面积很小,采伐活动必定不规律,但一旦市场达到门槛价格,他们就会大幅采伐。他们额外持有的独立边缘林地是达到门槛价格后进行大幅采伐的第二个原因。在整个商业周期的大部分时间内,从这些边缘森林中采伐在商业上并不具有吸引力。它们在价格高于名义立木价格时具有商业吸引力,并且足够高的价格可以提醒土地所有者这是他们从采伐中获得经济回报的异常机会,应该做出反应。

家庭需求,无论是为了满足发达国家混农林业者的异常购买,还是为发展中国家应对经济困难时期,都可以被认为是混农林业者采伐可采集资源时机的第二个基本决定因素。在这种情况下,森林为非工业私有林土地所有者应对异常情况提供了保障,就像工业和机构土地所有者的森林分别在高于正常投入价格时或不利的周期性投资组合回报时为其提供的保障。

非农土地所有者的行为则不同。大多数非农森林土地所有者是在外的土地所有者,他们更容易受到与其林地相关的游憩/休闲价值的激励。这些土地所有者比混农林业者持有的林地更少,但他们的个人财富往往高于平均水平,而且来自经济更发达的地区。因此,在世界上的较发达国家,非农森林所有权在所有的非工业私有林所有权中所占的比重最大。在发达国家,非工业私有林所有权的游憩/休闲动机也更为重要。

作为一个群体,非农土地所有者确实从他们的林地上采伐木材,但他们不太可能对木材价格很敏感。在地产市场上观察到的价格可以更好地估计其土地价值,这些地产具有引人入胜的自然景观、独特的动植物和视觉审美,这是寻求个人或家庭森林游憩机会的购买者的额外奖励。然而,对于这个土地所有者群体中的卖方而言,这些土地上的个人经历,如特别的家庭聚会或成功的狩猎

[①] 现有的实证文献通常将涉农土地所有者和非农土地所有者合并在所有非工业私有林土地所有者的单一广义范畴内,尽管计量经济学的评估可能用一个变量来区分这两组土地所有者。这些文献倾向于关注这些土地所有者的木材供给反应。对非农土地所有者或严格的因非木材价值动机而持有林地的单独评估几乎不存在。详见 Amacher,Conway and Sullivan (2003) 和 Kuuluvainen,Karppinen, V. Ovaskainen (1996) 对文献的研究,或 Stordahl, Lien and Baardsen (2008) 以及 Zhang and Owiredu (2006) 分别对挪威和加纳等不同国家进行的更近期的研究。尽管这些评估侧重于非工业私有林决策的不同方面,且分析方法和提供数据的国家与地区可能会有所不同,但所有的评估结果都与 Binkley 和 Boyd 的总结基本一致。

和钓鱼之旅等历史都为这些地产增添了独一无二的个人价值。个人价值是土地游憩机会市场价值的附加。由于地产市场不包含额外的个人价值,这就成为销售的阻碍因素,是持有并遗赠特定土地单位资产给享有相同经历和相同额外非市场价值的继承人的理由。

总之,非工业私有林土地所有者是一个复杂的群体,包括涉农土地所有者和非农土地所有者。其中一些人住在森林里或紧挨森林,另一些人却不是;有些人想通过商用木材机会牟利,另一些人却有着额外甚至非常不同的动机。由于这些复杂性,对非工业私有林所有者动机或者他们对市场或政策激励的反应最具启发性的评估很可能来自两步分析过程:第一步是区分有关的子群体或动机(例如,农场森林土地所有者或立木供应者,在外的土地所有者或有游憩/休闲动机的所有者);第二步分析被选择的子群体或共享主要动机的人(如,立木供应或游憩/休闲价值)的决定性特征。相较而言,因为将不同动机的土地所有者混为一谈,对完全无差别的非工业私有林土地所有者进行评估不太可能揭示行为的任何特定模式,或者指导市场分析或政策。

参考文献

Amacher, G., W. Hyde, and B. Joshee. 1993. Joint production and consumption in traditional households: Fuelwood and agricultural residues in two districts of Nepal. *Journal of Development Studies* 30(1): 206—225.

Amacher, G., W. Hyde, and K. Kanel. 1999. Nepali fuelwood consumption and production: Regional and household distinctions, substitution, and successful intervention. *Journal of Development Studies* 35(4): 138—163.

Amacher, G., E. Koskela, M. Ollikainen, and M. Conway. 2002. Bequests and forest landowners: Theory and empirical evidence. *American Journal of Agricultural Economics* 84(4): 1103—1114.

Amacher, G., M. Conway, and J. Sullivan. 2003. Econometric analyses of nonindustrial forest landowners: Is there anything left to study? *Journal of Forest Economics* 9: 137—164.

Andersson, C., A. Mekonnen, and J. Stage. 2008. Impact of the productive safety net program on the livestock and tree holdings of rural households. Unpublished research paper, Environmental Economics Unit, Gothenburg University, Sweden.

Baumann, P. 1998. *Equity and efficiency in contract farming schemes.*

第 9 章 非工业的私人土地所有者

The experience of agricultural tree crops. London: Overseas Development Institute.

Binkley, C. 1981. *Timber supply from private nonindustrial forests. Bulletin no. 92*. New Haven, CT: Yale University School of Forestry and Environmental Studies.

Boyd, R. 1984. Government support of nonindustrial production: The case of private forests. *Southern Economic Journal* 59: 89—107.

Boyd, R., and, W. Hyde. 1989. Forestry sector intervention: The impacts of public regulation on social welfare. Ames: Iowa State University Press, pp. 90—119.

Butler, B. 2008. *Family forest owners of the United States, 2006*. USA Forest Service general technical report NRS-27. Newtown Square, PA: Department of Agriculture, Forest Service, Northern Research Station.

China Forestry Yearbook. 2000. Beijing: China Forestry Press.

Cooke, P. 1998. Intrahousehold labor allocation responses to environmental good scarcity: A case study from the hills of Nepal. *Economic Development and Cultural Change* 46: 807—830.

Conklin, M. 1966. The new forests of New York. *Land Economics* 42: 203—204.

Curtis, A., and D. Race. 1998. *Links between farm forestry growers and the wood processing industry: Lessons from the Green Triangle, Tasmania, and Western Australia*. RIRDC publication no 98/41. Canberra, Australia: Rural Industries Research and Development Corporation.

DeCoster, L. 1998. The boom in forest owners—a bust for forestry? *Journal of Forestry* 96(5): 25—28.

Dewees, P. 1995. Trees on farms in Malawi: Private investment, public policy, and farmer choice. *World Development* 23(6): 1085—1102.

Desmond, H., and D. Race. 2000. *Global survey and analytical framework for forestry out-grower arrangements*. Canberra, Australia: Department of Forestry, Australian National University.

Eid, T., H. Hoen, and P. Okseter. 2001. Economic consequences of sustainable forest management regimes at non-industrial forest owner level in Norway. *Forest Policy and Economics* 2(3—4): 213—228.

Gould, E., and W. O'Reagan. 1963. *Simulation: A step toward better forest planning*. Harvard Forest Papers no. I3. Petersham, MA: Harvard Forest.

Government of Union of South Africa. 1953. Forest policy in South Africa. *Unasylva* 7(4).

Gregersen, H., T. Houghtaling, and A. Rubenstein. 1979. *Economics of public forestry incentive programs: A case study of cot sharing in Minnesota*. Agricultural Experiment Station Technical Bulletin no. 315. St. Paul: University of Minnesota.

Hammett, A. 1994. *Developing community-based market information systems*. In J. Raintree and H. Francisco, eds., Marketing of multipurpose tree products in Asia. Proceedings of an international workshop held at Bagio City, the Philippines. Bangkok, Thailand: Winrock International, pp. 289—300.

Hänninen, R., and Y. Sevola (Eds.). 2009. *Finnish forest sector economic outlook 2008—2009*. Helsinki: METLA, the Finnish Forest Research Institute.

Hugosson, M., and F. Ingemarson. 2004. Objectives and motivations of small-scale forest owners: Theoretical modeling and qualitative assessment. *Silva Fennica* 38(2): 217—228.

Hultkranz, L. (n. d.). *Commitment, irreversible investment & the utilization of forest resources: The role of forest owners associations in the development of paper pulp production in Sweden 1959—1985*. Arbetsrapport103, Sveriges Lantbruksuniversitet Institutionen for Skogsekonomi.

Hyberg, B., and D. Holthausen. 1989. The behavior of non-industrial private forest landowners. *Canadian Journal of Forest Research* 19: 1014—1023.

Hyde, W., and J. Seve. 1993. The economic role of wood products in tropical deforestation: The severe experience of Malawi. *Forest Ecology and Management* 57(2): 283—300.

Hyde, W., J. Xu, and B. Belcher. 2003. Introduction. In W. Hyde, B. Belcher, and J. Xu, eds., *China's forests: Global lessons from market reforms*. Washington, DC: Resources for the Future and Center for International Forestry Research, pp. 1—21.

INFOR (Instituto Forestal). 1997. National de Estudisticas, vicenso National Agropecuario 1997 [National Statistics]. Santiago, Chile: INFOR.

Jacobson, M. 2002. Ecosystem management in the United States: Interest of forest landowners in joint management across ownerships. *Small Scale Forest Economics, Management, and Policy* 1 (1): 71—92.

James, L. 1950. Determining forest landownership and its relation to timber management. *Journal of Forestry* 48(4): 261—264.

James, L., and C. Schallau. 1961. Forestry applications under the Agricultural Conservation Program. *Land Economics* 37: 142—149.

Jeanenraud, S. 2001. *Communities and forest management in Western Europe*. Gland, Switzerland: International Union for the Conservation of Nature.

Kangas, J. P. Leskinen, and T. Pukkala. 2000. *Integrating timber price scenario modeling with tactical management planning of private forestry at forest holding level*. *Silva Fennica* 34(4): 399—409.

Kline, J., R. Abt, and R. Johnson. 2000. Fostering the production of nontimber services among forest owners with heterogeneous objectives. *Forest Science* 46: 302—311.

Koslowski, R., T. Stevens, D. Kittredge, and D. Dennis. 2001. Economic incentives for coordinated management of forest land: A case study of southern New England. *Forest Policy and Economics* 2(1): 29—38.

Kurtilla, M., K. Hamalainen, M. Kajanus, and M. Pesonen. 2001. Non-industrial private forest owners' attitudes toward the operational environment of forestry: A multinomial logit model analysis. *Forest Policy and Economics* 2(11): 13—28.

Kuuluvainen, J. 1989. *Nonindustrial private timber supply and credit rationing*. Umea, Sweden: Swedish University of Agricultural Sciences, Department of Forest Economics. Report No. 85.

Kuuluvainen, J., H. Karppinen, and V. Ovaskainen. 1996. Landowner objectives and nonindustrial private timber supply. *Forest Science* 42: 300—309.

Kuuluvainen, J., and O. Tahvonen. 1999. Testing the forest rotation model: Evidence from panel data. *Forest Science* 42(4): 539—549.

Liu, D., and D. Edmunds. 2003. Devolution as a means of expanding local forest management in South China: Lessons from the last 20 years. In W.

Hyde, B. Belcher, and J. Xu, eds., China's forests: Global lessons from market reforms. Washington, DC: Resources for the Future, pp. 27—44.

Loikkanen, H., J. Kuuluvainen, and J. Salo. 1986. *Timber supply of private nonindustrial forest owners: Evidence from Finland*. Tutkimutsia research report no. 30. Institute of Economics, University of Helsinki.

Lonnstedt, L. 1997. Nonindustrial private forest owners' goals, timber perspective, opportunities and alternatives: A qualitative study. *Scandinavian Forest Economics* 36: 89—98.

Lord, W. 1963. A reconsideration of the farm forestry problem. *Journal of Forestry* 61(4): 262—264.

Lu, Wenming, N. Landell-Mills, L. Jinlong, J. Xu, and L. Can. 2002. *Getting the private sector to work for the public good: Instruments for sustainable private sector forestry in China*. London: IIED.

Max, W., and D. Lehman. 1988. A behavioral model of timber supply. *Journal of Environmental Economics and Management* 15(1): 71—86.

McSweeney, K. 2005. Natural insurance, forest access, and compounded misfortune: Forest resources in smallholder coping strategies before and after Hurricane Mitch, northeastern Honduras. *World Development* 33(9): 1453—1471.

Mekonnen, A. 1998. *Rural energy and afforestation: Case studies from Ethiopia*. Unpublished doctoral dissertation. Environmental Economics Unit, Gothenburg University, Sweden.

Mehmood, S., and D. Zhang. Forest parcellization in the United States: A study of contributing factors. *Journal of Forestry* 99(4): 30—34.

Muench, J. 1966. The impact of public versus private ownership on timberland in a rural economy. *Journal of Forestry* 64(11): 721—724.

Munn, I., and R. Rucker. 1994. The value of information services for factors of production with multiple attributes: The role of consultants in private timber sales. *Forest Science* 40(3): 474—496.

Neumann, R., and E. Hirsch. 2000. *Commercialization of non-timber forest products: Review and analysis of research*. Bogor, Indonesia: Center for International Forestry Research.

Newman, D., and D. Wear. 1993. Production economics of private forestry: A comparison of industrial and nonindustrial forest owners. *American*

Journal of Agricultural Economics 75(3): 674—684.

Pattanayak, S., B. Murray, and R. Abt. 2002. How joint is joint forest production: An econometric analysis of timber supply conditional on endogenous amenity values. *Forest Science* 48(3):479—491.

Pan, Y., Y. Zhang, and I. Majumdar. 2003. Population, economic welfare and holding size distribution of private forestland in Alabama, USA. *Silva Fennica* 43(1): 161—171.

Perz, S., and R. Walker. 2002. Household life cycles and secondary forest cover among small farm colonists in the Amazon. *World Development* 30 (6): 1009—1027.

RECOFTC (Regional Community Forestry Training Center). 2008. *Is there a future role for forests and forestry in reducing property*? Unpublished research paper. Bangkok, Thailand: RECOFTC.

Roberts, S., and O. Dubois. 1996. *The role of social/farm forestry schemes in supplying fiber to the pulp and paper industry*. London International Institute for Environment and Development.

Romm, J., J. Tuazon, and C. Washburn. 1987. Relating investment to the characteristics of nonindustrial private forestland owners in northern California. *Forest Science* 33(1): 197—209.

Salam, M., T. Noguchi, and M. Koike. n. d. *Understanding why farmers plant trees in the homestead: Agroforestry in Bangladesh*. Unpublished manuscript. Faculty of Agriculture, Shinshu University, Japan.

Sample, A. 1996. Sustainability in forest management: An evolving concept. *International Advances in Economic Research* 2(2): 165—173.

Sayer, J., and C. Sun. 2003. Impacts of policy reforms on forest environments and biodiversity. In W. Hyde, B. Belcher, and J. Xu, eds., *China's forests: Global lessons from market reforms*. Washington, DC: Resources for the Future, pp. 177—194.

Scherr, S. 1995. Economic factors in farmer adoption of agroforestry Patterns observed in western Kenya. *World Development* 23(5): 787—804.

Smith, W., P. Miles, J. Vissage, and S. Pugh, 2002. Forest Resources of the United States, General technical report NC-241. St. Paul. MN: U. S. Dept. of Agriculture, Forest Service, North Central Research Station.

Snelder, D., M. Klein. And S. Schuren. 2007. Farmers preferences, uncertainties and opportunities in fruit-tree cultivation in Northeast Luzon. *Agroforestry Systems* 71(1): 1—17.

Stoddard, C. 1961. *The small private forest in the United States*. Washington, DC: Resources for the Future.

Stoltenberg, C. 1954. Rural zoning in Minnesota. *Land Economics* 30: 153.

Stoltenberg, C., and H. Webster. 1959. What ownership characteristics are useful in predicting response to forestry programs? *Land Economics* 35: 292—295.

Stordahl, S., G. Lien, and S. Baardsen. 2008. Analyzing determinants of forest owners' decision-making using a sample selection framework. *Journal of Forest Economics* 14: 159—176.

Sun, C. 1992. Community forestry in south China. *Journal of Forestry* 90(6): 35—40.

Tomich, T., 1991. Smallholder rubber development in Indonesia. In D. Perkins and M. Roema, eds., *Reforming economics systems in developing countries*. Cambridge, MA Harvard University Press, pp. 250—270.

Uusivoury, J., and J. Kuuluvainen. 2001. Benefits of forest-owner collaboration and imperfect capital markets. *Forest Science* 47(3): 428—436.

Xu, J., and W. Hyde. 2005. From centrally planned economy to vigorous rural enterprise: China. In M. Goforth and J. Mayers, eds., *Plantations, privatization, poverty and power: Changing ownership and management of state forests*. London: Earthscan, pp. 154—174.

Yoho, J., and L. James. 1958. Influence of some public assistance programs on forest landowners in northern Michigan. *Land Economics* 34(4): 357—364.

Zhang, D., and E. Owiredu. 2006. Land tenure, market, and the establishment of forest plantations in Ghana. *Forest Policy and Economics* 9: 602—610.

Zhang, Y., D. Zhang, and J. Schelhas. 2005. Small-scale non-industrial private forest ownership in the United States: Rationale and implications for forest management *Silva Fennica* 39(3): 443—454.

Zivnuska, J. 1949. Commercial forestry in an unstable economy. *Journal of Forestry* 47(1): 4—13.

第9章 非工业的私人土地所有者

附录9A 传统非工业私有林业的迷思与谬论

本章的讨论为非工业私有林地所有者的动机和行为建立了合理性。尽管如此,众多森林政策制定者仍认为,这些土地所有者未能从长期私人市场木材投资或从森林和林地环境或保护投资中认识到自己的优势。他们的时间范围对于森林投资而言太短了,从保护投资中获得的私人收益不足——或者正如前文讨论的那样。因此,非工业私有林土地所有者对其森林的投资不足,这种投资不足也是旨在鼓励营林活动的公共项目存在的理由。

此外,这些政策制定者中的一些人认为,旨在帮助非工业私有林土地所有者的公共项目也具有分配意义,因为这些土地所有者作为小规模经营的农民,应该得到财富转移。无论是在发达国家还是发展中国家,投资不足和分配问题都会出现在政策讨论中。

本附录将总结争论双方的优势,首先反思非工业私有林土地所有者数据的最好安排,以解决这些争论,而后提出了新的问题。也就是说,如果这个争论的双方观点都无法得到印证,那么经济推理能否支持其他旨在帮助非工业私有林土地所有者的公共项目的理由?

9A.1 非工业私有林土地所有者营林投资不足

第一个论点是非工业私有林土地所有者对营林管理的投资不足。通常的理由是非工业私有林土地所有者的管理规模较小,不具备林业中常见的长生产周期所需的长期投资眼界。

这种观点可能有两个来源,即训练有素的林农拥有更长期的眼界,以及美国20世纪30年代采取的森林政策。林农一直关注木材长期供应。他们受过训练,认为木材采伐后要重新造林。正如我们所见,当地市场与自然环境一起造就了森林发展三阶段的顺序,而不是局限在所有土地可持续生产上。专业化林农和政治上活跃的环境保护主义者一直鼓励公共干预以确保被采伐地块上的持续林业经营,如处于第一阶段和第二阶段的林地并没有在砍伐后被立即重新造林。

枯竭的公共森林是他们的首要关注点,但随着19世纪90年代美国林务局的建立,专业林农最终将关注点转移到了剩余(私人)土地的可持续木材生产上。就在公共监管开始强制伐后私有林地的再造林的同时,一些工业企业也开始自己再造林——正如我们在第3章所讨论的那样。这使得非工业私有林土地最终成为公共关注的焦点。美国各州在20世纪早期开始规范其私有林地以保证木材供给，并在 1968 年后进行环境保护。一些西欧和北欧国家、巴西、智利和加纳也按照类似流程引入自己的规制——同时带来第 4 章讨论的混合效应。

实施的重点似乎一直在非工业私有林方面。我们可以推测，由于这些土地单块面积很小且数目众多，推行某种形式的监管将会十分困难，特别是 20 世纪初这些规制首次出台时。此外，随着时间推移，一些假设性的农场森林预算研究似乎支持这一论点：这些土地和森林的潜在收益要大于很多土地所有者所认知的，因此，非工业私有林土地所有者投资不足。预期的监管难度和这些农场预算的观察结果构成了支持美国森林奖励支付(FIP)和林业扩张等公共项目的基础。对可持续管理、农场预算研究以及专业林业工作者对这些的接受度等类似的关注也为其他国家的 FIP 等项目提供了支持。[1][2]

这些可能是争论的历史原因——但非工业私有林土地所有者，特别是农场森林所有者缺乏林业投资所必需的长期眼界的证据是什么？

当然，一些农林套种树种在短至五年的时间内就开始产出产品或提供保护性收益，这种表面证据表明投资周期并不一定要很长。但进一步的证据表明，农民确实会对谷仓和灌溉系统等设施和拖拉机等设备进行长期投资，这与投资眼界不足的论点相矛盾。

分析性证据至少同样有力。Karpinnen(1998)的评估特别严谨，区分了芬兰非工业私有林土地所有者的类型。他指出，有着多种目标的林地所有者是最活跃的营林管理者。关注经济收益的土地所有者对引入营林改进并不积极——可能是因为这些没有经济收益。具有游憩和休闲目标的土地所有者在其营林决策中具有选择性——因为它们必须是为了满足特定的非木材目标，如改善野生动物栖息地或改善景观。对于经济收益，Nyrud(2002)观测到挪威林农的年木材回报率很低，仅有 1.2%。Carter, Newman and Moss(1996)发现美国东南部的工业用地和非工业私有林土地回报相似，而非工业私有林土地的管理效率甚至略高于工业用地。（当然，我们可以预期工业用地的回报会减少到一定程度，使得一些林地在狭义的经济最优日期后仍被持有，以应对未来行业供应的不确定性。而非工业私有林土地的木材回报减少到土地所有者既有其他非木材目标，也持有一些经济上可行的边缘土地。）

---

[1] 世界银行的一位高级森林开发职员曾向我提出，智利的 FIP 项目是其商品林工业成功的源泉。然后，他进一步阐述了自己的观点，并建议通过类似 FIP 的项目，秘鲁也可以发展一个具有商业可行性的森林工业。他的论点忽视了智利有利气候、可以便利地运载木材到世界市场，以及金融稳定的宏观经济的重要性，这些都可能是林业成功更重要的因素，而这些因素中的很多在当时和现在的秘鲁都不存在。

[2] Tomich(1991)提到了一段类似于美国经验的历史，即认为发展中国家的小型森林土地所有者，特别是印度尼西亚，对森林经营的投资不足。

来自发展中国家的证据更引人注目,因为这些国家的涉农林地所有者大多很贫穷,所以他们更关注维持家庭日常生计的短期回报。然而,大量文献也表明,即使这些贫困的土地所有者也会进行长期投资,其中一些是林业投资。Schultz(1964,1968)获得诺贝尔奖主要是因为证明了发展中国家农民动机和行为的基本经济理性。更具体地,Alemu(1999)展示了埃塞俄比亚的自给自足农民愿意放弃当前的生产和消费以进行流域保护投资,从而获得更长期的农业回报。Yin and Hyde(2000)表明中国北方农民年均收入仅 60 美元,但通过投资防护林给农业生产带来了明显改善。在中国的另一地区,农民们只要对长期投资环境有信心,就会对树木进行投资以获得最终的木材收益。Amacher 和他的同事们(Amacher et al.,1993;Amacher,Hyde and Kanel,1999)证明了尼泊尔农民会在薪材价格足够高的地方的农田上种植树木。Shively(1988)从菲律宾也得到了相似的结论。

我们只能推测,那些忽略这些文献并仍期待从非工业私有林土地的林业投资中获取比观察结果更大收益的人未能认识到数据与土地所有者目标之间的根本区别。他们可能忽略了在正常经济周期的大部分时间里,一些非工业私有林土地在经济上处于次边际地区。将这些土地与农民生产力更高的林地包括在一起必然降低林业或其他任何投资的平均预期产量。此外,他们可能忽略了非工业私有林土地所有者在非林业活动中的比较优势,以及因此土地所有者必须承担的额外机会成本以获取其森林经营机会的全部信息。最后,他们可能没有将涉农土地所有者与偏好于游憩和休闲机会而不是木材生产的其他非工业私有林土地所有者分开。在将这些调整纳入数据和所有者分类后,毫无疑问,非工业私有林土地所有者确实会对林业进行长期投资,而这些投资是通过保护性或商业与自给自足回报的期望来证明其合理性的。

9A.2 帮助非工业私有林土地所有者的公共项目有分配优势

非工业私有林土地所有者确实分布在一个地区或国家的贫穷人口中并且由此收入再分配是公共项目的合理目标吗?这种有争议的观点可能源于先前依赖投资不足争论的林业支持项目的额外理由。这在美国 20 世纪早期可能是有效的。但在今天是否准确?实际上,尽管一些非工业私有林土地所有者并不富有,但大多数也不是地区较贫穷的公民。

一般而言,在发达国家,土地所有者不属于分配项目涉及的较贫困人口。事实上,Binkley(1981)、Boyd(1984)和 Butler(2008)都观察到美国非工业私有林土地所有者的财富水平超出了全国平均水平。Butler 报告说,2006 年美国家庭森林所有者的家户收入中值水平位于 50 000 美元到 100 000 美元之间。

Boyd 观察到更富有的土地所有者比不那么富裕的土地所有者更可能接受 FIP 的财政援助,获得林业扩张帮助的林农比获得公共财政补贴的所有者更可能处于财务安全状态。Binkley 补充到,更富有的非农土地所有者比涉农土地所有者更不可能在其土地上采伐木材。因此,我们可以说 FIP 和林业技术援助项目并没有成功地针对美国普遍较贫困的人口。此外,这些项目最可能的受益者不大可能是未来木材供应的重要贡献者——这是这些政府项目最早的支持者,同时也是最近的支持者最初关注的问题。

当然,发展中国家的许多农场森林土地所有者比美国这样国家的土地所有者要贫穷得多。因此,他们可能是发达国家的双边和多边捐赠项目的合理受益者。然而,这些国家极度贫穷的农村人口连土地也没有。在我们就林业或林产品对这些国家农村发展作用的大多数评估中,这些缺乏土地的人往往被忽略。[1] 如果他们拥有林地的邻居值得公共援助,那么这些没有土地的人就更应该获得援助。[2]

9A.3 总结

如果投资不足和再分配论证都没有多大优势,那么针对非工业私有林土地所有者的公共项目还有其他合理优势吗?下一章涉及林业研究和技术的部分会增加对此问题的评论。

参考文献

Alemu, T. 1999. *Land tenure and soil conservation: Evidence from Ethiopia*. Unpublished doctoral thesis, Environmental Economics Unit, Gothenborg University, Sweden.

Amacher, G., W. Hyde, and B. Joshee. 1993. Joint production and consumption in traditional households: Fuelwood and agricultural residues in two districts of Nepal. *Journal of Development Studies* 30(1): 206—225.

Amacher, G., W. Hyde, and K. Kanel. 1999. Nepali fuelwood consumption and production: Regional and household distinctions, substitution, and successful intervention. *Journal of Development Studies* 35(4): 138—163.

---

[1] Hyde and Kohlin(2000)调查了这方面关于薪材的经济学文献,发现这类文献中的几乎所有原始数据都没有涉及无地者,尽管他们从公共土地中获得了木材燃料供应,并将其从来源地运输出来且使用它。当然,这些没有土地的人更应该得到分配性的公共项目。然而,我们的林业文献似乎忽略了他们。

[2] 正如 Tomich(1991)所指出的那样,很难宣称一个让一小部分人口受益的项目是公平的。当然,如果以地方或国家标准衡量这小部分并不贫困,那么他的观点就更为合理。

第 9 章 非工业的私人土地所有者

Binkley, C. 1981. *Timber supply from private nonindustrial forests*. Bulletin no. 92. New Haven, CT: Yale University School of Forestry and Environmental Studies.

Boyd, R. 1984. Government support of nonindustrial production: The case of private forests. *Southern Economic Journal* 59: 89—107.

Butler, B. 2008. *Family forest owners of the United States, 2006*. USDA Forest Service General Technical Report NRS-27.

Carter, D. D. Newman, and C. Moss. 1996. The relative efficiency of NIPF and industry timberland ownerships in the southern U.S. In J. Greene, ed., *Redefining roles in forest economics research: Proceedings of the 26th Annual Southern Forest Economics Workshop*. Starkville, MS: Mississippi State University, pp. 359—368.

Hyde, W., and G. Kohlin. 2000. Social forestry reconsidered. *Silva Fennica* 34(3): 285—315.

Karppinen, H. 1998. Values and objectives of non-industrial private forest owners in Finland. *Silva Fennica* 32(1): 43—59.

Nyrud, A. 2002. *Analyzing Norwegina forest management using a stochastic Euler equation approach*. Unpublished research paper. Department of Forest Sciences, Agricultural University of Norway, Aas.

Schultz, T. 1964. *Transforming traditional agriculture*. New Haven, CT: Yale University Press.

Schultz, T. 1968. *Economic growth and agriculture*. New York: McGraw-Hill.

Shively, G. 1998. Economic policies and the environment: Tree planting on low income farms in the Philippines. *Environment and Development Economics* 3(1): 83—104.

Tomich, T., 1991. Smallholder rubber development in Indonesia. In D. Perkins and M. Roema, eds., *Reforming economics systems in developing countries*. Cambridge, MA: Harvard University Press, pp. 250—270.

Yin, R., and W. Hyde. 2000. The impact of agroforestry on agricultural productivity: The case of northern China. *Agroforestry Systems* 50: 179—194.

Yin, R., and D. Newman. 1997. The impact of rural reform on China's forestry development. *Environment and Development Economics* 2(3): 289—303.

第10章 公共土地所有者

在四种主要的土地所有制中,公共所有者拥有最大比例的森林,大约70%,即约为全球130多亿公顷森林中的90亿公顷。① 中央政府林业机构是这些公共土地公认的管理者。但在很多国家,国家公园、野生动植物保护机构和地方性机构同样管理着广阔的森林。

许多公有森林是那些被剩下的没有明确市场价值并且没有被私有化的森林,直到中央政府建立起一个永久负责机构并对这些森林进行管理。当然,各国建立这样的中央机构的具体时间都不尽相同,但是大多发达国家都在19世纪的下半叶建立起林业机构。从那时起,随着时间推移,林地的价值也在变化,但有些受管理的林地直到今天仍然处在具有商业价值的私有林边界外。同时,商业价值资源被攫取一空的林地转变成了公共责任。对于这些没有商业可行性的林地,政府的林业机构有看护或管理的责任。

然而,随着时间推移和地区价值的变化,其他的地区公有林地已经承担了新的重要价值。其中,有些是因为它们具有可开采的资源,比如木材、矿产和草场;有些是因为它们的自然美景、游憩价值或历史及其他文化价值;有些是因为它们所具有的保护重要自然环境的能力。还有一些林地因为它们独特的自然特征而有资格成为国家财富,从私人管理转变为公共管理,例如美国的雷德伍德国家公园、阿卡迪亚国家公园和大提顿国家公园。在2009年,与此类似的更具生产力的公共土地

---

① 详见第1章的第一个脚注。仅保护区,其大多由森林覆盖,就占据地球表面的12%(UNEP,2008)。

生产了4 800亿立方英尺的木材销售量,价值超过1.04亿美元(USDA Forest Service,2010)。它们在地理位置上为东至纽约、西至波特兰的周边城市提供关键的流域服务。3 700万公顷的国家公园系统每年接待超过2.7亿游客,这其中绝大多数土地都是森林(National Park Service,2009)。为发达国家和发展中国家提供服务的世界各地的国有森林、公园和游乐机构有责任保护其管理的林地所具有的相似的多样性价值。对于所有这些林地,如何根据不同的潜在用途进行分配以及配置预算和人员始终是一个复杂的甚至有时候充满争议的问题。

公有林地管理者面临的第三个充满挑战性的责任是控制自然灾害的影响,如森林火灾、洪水、台风、虫害和传染病。首先,火灾可能是所有林地管理问题中最难的一个。这类自然灾害的影响扩散非常迅速并且私人财产的界限不能阻止它们。因此,对于遍布大片区域的所有土地所有者社区而言,火灾的控制确实是问题。然而,公共机构是解决问题的核心所在,这是因为公共林地是森林火灾的燃料来源,低洼地和海岸区域是洪水最先冲到的地方,而封闭的过熟林分通常成为疾病的载体。此外,公共林业机构是少数几个拥有足够资源以对抗这些自然灾害的机构。

本章的第一部分对公共机构的这三种职责逐一介绍:管理工作,特别是对非商业化土地的管理;对众多有经济价值的土地及资源利用的分配;保护和对自然灾害的控制。许多公共林地机构还有一些额外职责,但是这三项责任得到最广泛的认可。

在市场经济中,对公共干预的评判有三个标准:效率、稳定和分配。对于其他的政府活动,这些是政府林地所有权和其他林业服务的经济基础。市场失灵,以及与之相反的效率的提高,是许多公有土地提供非市场价值服务的经济理由。稳定与宏观经济及广泛的区域政策更为相关,但这些通常超出了政府林业机构的能力范围,不过我们会简要讨论在稳定的评判标准下两个不太常见的政府活动,即上一章提到的报价服务定价和下一章会介绍的社区稳定目标。分配能够为很多政府林业机构常见的两个额外职责提供依据:技术转移和林业研究。明显与前面所提的不同,这两个活动将利益扩散到了私人林地及其所有者。这些已经超出了机构对公共林地所负有的职责。

技术转移职责就像许多政府农业机构的延伸责任一样。事实上,政府林业机构这一职责的分支通常被认为是林业延伸。它的目标是与私人林地所有者分享最新、最好的关于森林经营的信息。小的私人林地所有者可能是这些新信息的最大受益者,但是传递合适的信息以及鼓励他们及时执行却是一项挑战。在第4章对技术支持的讨论中,我们观察到对三阶段模型的清晰理解是决定什么才是"合适"的信息并且这些信息适用于哪些林地所有者的关键环节。

对大多数中央政府林业机构而言,研究职责包括支持整个林业部门(包括本书讨论的四种土地所有者类别)的新技术研究,而且通常延伸到对林产品加工制造过程的研究。这些也是从公共农业研究的经验中获得的教训。像农业一样,林业参与自己领域的研究,而专项公共研究资金和人员的最有效分配是一个重要的问题。换句话说,哪些类别的林业研究有可能产生更多完全由私人投资者获取的利益,哪些有可能产生更多由森林产品和服务的生产者和消费者获取的非专有利益?当然,私人的林业研究可以包括这两点,而公共林业研究应该专注于后者。然而,公共林业研究有一个不同于农业研究的额外职责。林业在广阔的公共土地方面不同于农业,它更多具有独特的环境和美学价值。因此,公共林业研究还可以为管理这些分散的环境和美学资源的一些专业问题提供答案。

最后,由于公共林业机构努力满足公众对公共林地的最优分配提出的各种要求,且努力控制自然灾害给他们和其他土地所有者所管理的土地带来的影响,这些机构就需要定期重新审查他们自己最有效的组织方式。本章的最后一节将简单讨论这个问题。在近年来,对于那些正在经历从中央计划经济转变为更加开放的市场经济国家的森林机构而言,这个问题变得特别重要。但是,所有国家的公共机构都可以从定期检查自己机构最有效的运营形式中获益。

10.1 公共土地管理

公共机构对其管辖范围内的所有土地负有潜在的管理职责,并且有责任对有经济价值的土地进行不同人类利用途径分配。不论土地当前是否具有价值,也不论侵害是人为的还是自然的,管理职责均与保护土地及其资源免受非法活动的侵害有关。这一职责有两个重要组成部分:其一是保护正式的边界以禁止其他人的非法侵入以及随之而来的非法行为;其二是控制由自然灾害带来的破坏。本章接下来将从保护边界和边界中的公共土地的困难开始,然后回顾公共土地上发生的多种经济活动的管理问题,最后回到保护土地免受自然灾害的问题。

10.1.1 管理工作

公共土地包括一些有商业价值的林地,但是也包括世界上几乎所有超出净商业价值森林边界的土地。就三阶段模型而言,它们包括每个图中超出点 B 的大多数土地以及超出点 C 和点 D 的所有土地和资源。这些土地超出了用 T_r 函数描述的保护产权的成本。虽然这些土地有负的净价值,但它们仍包含那些

第 10 章 公共土地所有者

有正价值的资源,只不过这些资源的价值小于保护它们产权的成本(阶段Ⅰ中点 B 与点 C 之间的土地、阶段Ⅱ中点 B 与点 B'' 之间的土地以及阶段Ⅲ中点 B 与点 D 之间的土地),还包括成熟天然林现在开采边界点 D 处的资源。这使得这些土地吸引了短期的开采而且很容易受到非法侵入进而导致景观被破坏。

政府机构和私人承包商都意识到了至点 D 之间开采一些木材、草场、矿产和其他资源的短期好处,因为这个地方的净现值已经减少到了 0,同时政府可能为了保护土地的长期条件而对这些土地的开采行为订立合同。有些个人尝试着不经政府允许非法开采这些资源,同时其他一些人冒险开采点 D 及以外的资源。政府林业机构有责任保护这些土地免受长期破坏。事实上,这也是政府机构对超出点 D 的土地所负有的全部责任。因为点 D 以外的土地本身没有直接的商业价值,政府机构除了管理责任外对这些土地没有其他责任。

在许多情况下,管理工作的一个重要部分是救援那些前往点 D 以外但找不到回来的路的冒险者以及修复一些人为造成的破坏。这包括那些我们在报纸中读到的迷路或是受伤的背包客和登山者,营地垃圾,甚至是他们遗留的一些旧交通工具以及人为破坏痕迹。资源价值并不能弥补这些机构施行管理职责的费用。相反地,公共机构把这些费用当作他们责任的一部分,这责任就是保护国家公民的公共财产与资源以及土地与资源未来未知的潜能。

无论是发达国家还是发展中国家的公共机构,管理工作都会是一个充满挑战的任务,这是因为许多国家拥有的土地的现值都低于保护这些土地的成本。而且,我们观察到在所有的国家和林区或多或少都有非法伐木等活动。然而,至少存在三个原因使得管理职责在发展中国家更难落实:发展中国家的公共机构预算更加有限、工资更低以及制度较为落后。我们在第 4 章的附录中讨论了后者的差异,在图 4A.2 中的三阶段模型中描述了它们的影响,并且在第 5 章再次讨论了它们。

简言之,公共职责的物理边界可能是很正式的,而且有些边界由于道路和地理屏障如河流、山脊的划分非常容易辨认。然而,即使存在这些物理性质,这些边界依然很容易被跨越。一些资源价值低廉且较为分散,这意味着与违法者开采这些资源所获得的回报相比,对这些资源边界进行有效监管与执法的成本是非常昂贵的——即使违法者的开采可能暴露了他们自己并且会被罚款。监管和执法对于公共机构预算来说是一种消耗,而且即使机构可以向被发现的非法侵入者收取罚款,这些罚款也往往不足以抵消公共机构的支出。

至于工资和制度,相比于分散的森林资源价值,欠发达地区的工资往往更低,因此,这些资源的价值比在更高工资的发达地区更具有吸引力。一般的公共制度,特别是确保产权的制度,都会随着地区和国家经济的发展而改善。欠发达国家的经济发展水平较低,因此发展中国家的制度为地方产权提供的保障较少。

这就是说,当公共机构使用当地雇员协助监管和执法时,有一些成功改善(即使是部分改善)管理职责的例子。例如,在美国的国家公园和森林中,志愿者参与维护公园设施、研究与救援。但是,即使是自愿且有能力的志愿者也不能阻止故意破坏和其他的所有违法行为,并且他们不能承担救援迷路和受伤的登山者的所有成本。

总之,在管理职责中,确定管理职能中公共机构财政和人事的最佳分配仍然是一项具有挑战性的任务。事实上,Robinson,Mahaputra and Albers(2009)在他们的研究中得出结论:尽管在执法、公平和冲突方面的学术文献已经很成熟了,但对自然资源保护的特殊案例的研究却并不完善——无论是学术研究还是对于改善地方政策的理解和应用方面,仍遗留很多问题。

10.1.2 具有更大商业价值的土地和资源

当然,公共林地也包含很多正净值的自然资源,即在三阶段模型中点 B' 和点 B'' 之间的土地或点 D 附近的土地。因为其上的木材、草场、矿产、流域价值或游憩价值都为人类社区目前的福祉做出了贡献。有些土地因为单一的资源利用而得到很好的管理。例如,很难想象在同一片土地上把家畜的放牧行为或经常性的硬质岩石开采行为,与高密度的旅游活动(如高山滑雪胜地或黄石国家公园)放在一起。也很难想象把很多的其他资源利用与为人类提供饮水的集水区轻易地结合在一起。然而,当两种资源被结合起来管理可以获得双赢时,就会存在不同的情形。例如,随着木材采伐打开了林冠,这带来了额外的森林边界和草场,因此也为饲养野生动物和家畜创造了更多的机会。

在那些公共土地上提供有经济价值服务的地方或者其他地方确实存在市场。然而,公共机构很少因为这些服务收费,而且公共土地通常不进行买卖。因此,额外信息通常是必要的,并且在关于资源利用分配的决策上,公共林地比私人林地更困难。本章接下来两个部分将回顾这个问题,首先考察公共土地在不同的单一资源利用中的分配,而后是同一土地上多种资源利用方式的组合。

对单一主导资源价值的管理

公共林业机构与私人机构就资源的多种用途签订合同,而不是自己实施木材采伐、放牧或矿石开采。因此,在不同的潜在经济价值用途之间分配土地和资源的概念就非常简单:在每个地点特征的限定和公共机构定义的管理优先级范围内,遵循市场对土地利用的配置。这两个限制以环境为重点,旨在保护周围的土地和资源,并保证未来土地使用的可选择性,包括在资源利用合同完成

第 10 章 公共土地所有者

后的安全和可持续使用。这意味着保证土地在木材采伐后、牲畜放养后或矿石开采后仍能处在一个良好的状态。[①] 保护未来土地使用的可选择性与公共机构的管理职责一致,包括前一节讨论的没有净价值的土地和这节讨论的有商业价值的土地。

遵循市场意味着在替代用途中和同一用途的众多竞标者中获得最高的竞标价。例如,如果矿石开采合同的回报高于木材采伐合同,那么矿石开采就有更高的价值,也就是更偏好的用途。针对任意特定资源用途的竞争出价中,最高出价者赢得合约。

然而在实践中,中标的选择更为复杂,在评标之间以及林地不同用途的合同之间存在重要的区别。某些活动的市场并不是特别活跃,那么在这种情况下,管理者必须依靠间接的方法去估计与资源利用相关的价值。

与特定资源用途相关的各种管理活动的任务也趋于变化,这进一步增加了复杂性:一方面突出了私人竞标者对于公共资源使用观点的差异,另一方面突出了作为负责人的公共林地管理机构的观点。

例如,接近资源的道路建设和维护有时候被分配给赢得合同的承包商,有时候由公共机构承担,有时候被排除在机构资源净价值的计算之外。这一点很关键。如果道路是承包商的责任,我们则可以肯定承包商会根据这些费用以及他们预期产生的任何其他费用的总额来降低竞标价。如果道路和其他活动是公共机构的职责,那么私人承包商会在竞标中忽略这些成本,但机构应该不愿接受任何不足以支付这些成本的竞标价。如果没有竞争性出价可以涵盖机构的成本,那么机构将不允许在这个时间对这个地点利用道路来使用资源。如果机构忽视这些成本,例如建设和维护了通向矿产租赁或木材销售的道路,但在审查潜在采伐或采矿承包商的各种投标时忽略了道路成本,那么怎么知道公共资源的出价是经济可行的?在不考虑机构必须从预算中消化成本和政府必须从税收中消化成本的情况下,公共机构向私人承包商提供公共资源的理由是什么?

最后,写进资源利用合同的环境限制各不相同。例如,比起木材采伐,采矿操作有不同的潜在环境风险;比起游憩用途,木材采伐的风险也是不同的。出于以下这些原因——评估和分配价格、成本、环境风险的差异——对于公共土地的不同用途,其经济价值的实际评估往往是不同的。本部分的其余内容将分别考虑木材、放牧、矿产和游憩的这些差异。

[①] 这些机构和公众普遍认为,在大多数公共土地上消耗木材或草场然后离开土地是不可接受的,即使短期经济理由是合理的。同样地,在大多数国家的公共土地上,耗尽一个矿井然后留下一个不安全的矿井或一个未恢复的露天矿坑,或者留下矿渣,都不能接受。

木材

第 5 章回顾了木材合同的基本特征。获得合理的木材价格通常不是问题。① 然而,我们可能会在第 5 章讨论的基础上进一步了解一些公共机构的成本会计实务和不断变化的环境影响评估。而将公共机构的观点和承包商的观点区分开仍十分重要。

许多政府的公共林业机构出售木材时,并不考虑自己管理木材销售或监管成功的特许经营权获得者业绩的成本。例如,在某些情况下(在有较少预算限制的发达国家更常见),公共林业机构已经修建了运输木材所需的道路,但没有向使用这些道路的伐木者收取费用。在美国科罗拉多州西南部的木材销售估算中,销售每千英尺可收获用材的管理成本加上道路成本超过了 30 美元,而每千英尺只有 1 美元的利润(Hyde,1981)。

此外,公共机构在计算木材业务的经济可行性时,很少包括木材轮伐期间的造林活动成本。例如,美国、法国、德国和中国的公共机构自己就会开展很多这类活动。又如加拿大和印度尼西亚的公共机构,则是将这个责任包括在成功的特许经营合同中。对于承包这些活动的机构,潜在的承包商会据此调整其投标。但这些公共机构要将监督的管理成本纳入以确保在计算长期公共木材经营的可行性时成功满足机构的造林要求。这些成本可能很高。在考虑了长期木材管理和短期木材采伐活动的全部直接成本后,很多人认为美国国家森林系统作为一个整体,在其历史上不到一年的时间里就已经从木材销售中获得了净利润(Barlow and Helfand,1980;Barlow et al.,1980;Zimmermann and Collier,2004)。

风险的不确定性给将与木材采伐相关的环境风险写进木材合同和相关管理限制造成了额外的困难。有时候,无法控制的火灾是与木材采伐相关的最大环境风险。1871 年威斯康星州的 Peshtigo 火灾和 1894 年明尼苏达州的 Hinkley 火灾都是砍伐大量树木后对砍伐残留物的不当处置和对引燃砍伐残留物的小火的不注意造成的(Gess and Lutz,2002;Brown,2006)。这两场大火烧毁了成千上万公顷土地,摧毁了整个城镇,并在短短几个小时造成数以百计的人死亡。幸运的是,到了 20 世纪,这种引起森林火灾的特殊原因得到了很好的认识,除了极少数例外情况,木材采伐已经不再是造成这种森林大火的原因。②

现代木材采伐带来的更大环境风险往往与水道和美学的影响有关。山坡伐木和运材道路是当地河床被侵蚀和沉降的原因。通常,山坡伐木和皆伐会给

---

① 第 5 章讨论了那些小市场和有限的投标人可能扭曲有效价格的案例分析方法。

② 尽管如此,在 1997 年印度尼西亚加里曼丹地区,百万公顷森林火灾的众多原因中伐木仍是一个可能的来源。

第 10 章 公共土地所有者

森林留下不美观的痕迹,而这些痕迹对于那些将森林用于其他用途的人是明显可见的。这因地方土壤和地形而异。因此,预测它们的潜在影响并控制它们会因每个木材采伐地点而异。这意味着环境约束(第 5 章中讨论过)和任何对采伐进行限制的合同形式会随木材采伐地点的不同而发生变化。

很明显,木材采伐的技术已经很先进,与木材采伐相关的环境成本也不再像过去那样大。然而,同样清楚的是一些风险仍然存在,而且一些人不得不承担这些风险带来的成本。公共林业机构有责任确定其管理的林地的地方环境风险,通过把管理限制写进木材合同来避免这些风险,开展监管以确保成功的私人承包商遵循这些限制,并且将这些活动的管理成本纳入他们自己的公共机构木材账户中。

总之,一些公共林地的生产力足够高,其木材销售的收入足以支付包括短期木材采伐和长期木材可持续管理的直接成本。在这种情况下,木材采伐对当地经济以及国库是有益的。但在其他情况下,正如我们的某些例子,木材采伐的收入不足以弥补机构的直接成本。在任何一种情况下,会计系统都没有理由不将管理活动及其成本分配到对应的产量中。这些机构花费公共资金且管理公共土地。他们对公众负有责任,需要使其账户完整且透明。

草场和家畜放牧

草场是另一种可销售的资源,具有有限性,甚至有重要的环境影响且其直接成本可识别。评估和管理木材特许权合同与放牧权合同之间的差异主要来自多个土地单位的综合放牧模式和一些公共放牧权使用者的传统放牧方式。

草是一种消耗性但可再生的资源。因此,利用它的一般模式包括将牲畜迁移到某一土地单元上,牲畜在那里将牧草消耗到一个可接受的水平,然后将同一群牲畜迁移到第二个土地单元,它们在那里可以获得新鲜牧草,与此同时第一块土地单元的牧草得以恢复。例如,美国西部的牧场主经常在冬天依靠他们的私人土地和储存饲料,但是在夏天则按一定规律在较高海拔的公共土地上放牧。

公共土地上的放牧权通常在过去建立,对个人私人土地所有者使用有正式或非正式的许可。在美国西部,这个许可是正式的,并且假定附属于与其一起使用的私人财产。私人土地所有者为土地的使用支付年费,但是当私有产权发生转移时,这个许可通常随着私人财产一起转移。因此,放牧许可证的价值已经资本化为属于每个许可证持有人的牧场私人价值。为放牧许可证建立具有有竞争力的市场价值需要估算有无相关公共放牧权的私人牧场的价值差异。

虽然公共土地放牧权往往依附于最初的私人土地单位,它们的持续使用却取决于草场的质量。如果土地的质量恶化,公共机构管理者可能限制这些权利。他们可能会限制放牧许可证的数量,甚至在土地无法维持的情况下完全撤回放牧权。这是至关重要的。过度放牧是与土地利用相关的最大环境风险。它造成了世界各地植被格局的长期变化和严重的侵蚀。防止过度放牧及其消极影响是公共土地管理机构管理责任的一部分。

公共机构可以对私人许可证持有者施加土地管理的要求,例如牲畜的水槽和限制它们活动的围栏,这些设计都是为了维持土地质量和放牧的机会。在这种情况下,私人许可证持有者将把水槽和围栏的费用纳入整体财务的计算中。公共机构通常也会计算这些成本。例如,在美国西部,机构重新种植了一批草地并建造围栏来明确放牧区域的单位和限制家畜到批准区域。在这些情况下,种植和围栏的成本应该被纳入机构关于提供放牧机会的财务计算中。对于公共机构来说,财务方面要求在许可证系统中,每年许可证的年费等于或超过公共机构管理和监督每一部分土地的年度成本加上资产改进的年化成本,如种植和围栏的成本。

19世纪,美国西部鼓励定居,同时伴随着农业利益的持续政治力量,这使得美国在这方面并不平衡。据统计,在美国公共土地上,牧场主拥有26 000份放牧家畜的许可证。联邦政府每年收集大约2 100万美元的放牧费,与管理这些土地的支出约为1.35亿美元形成对比(Borrell,2011)。当然,还有野生动物使得土地利用遭受损害,因此,国库和美国纳税者填补了财政差异。

矿产

广义的矿产,包括硬岩矿物、石油和天然气,甚至碎石,不同于木材和放牧。定位矿床通常是一种概率活动,由于不像木材和草场,可采的有经济价值的原料隐藏在地表之下。然而,采矿权的潜在承包者可以提高发现矿床的概率,并在地区地质地层的现代知识以及探索地下资源的深度、方向、数量和质量的现代技术的帮助下,提高某一特定地下矿床的预期价值。

在大多数情况下,如果一个地方存在一定的矿产可采量,那么在整个景观中,相对于低价值且分散的木材和草场而言,它们是相对高价值且集中的。即使在远远超过木材和草场经济边界的地方,确定更高价值的矿床后,首先会进行勘探,然后再进行开采。因为矿产具有相对更高的价值,公共土地上矿产特许权的潜在投标者往往来自更远的地方,而且竞标过程更为激烈。[①] 最后,因为矿床的高价值和集中性,保护采矿权的动机更大,并且相对于木材和草场,保护活动也更容易成功。也就是说,监管矿产的入口和控制矿产的开采比在广阔的

---

① 在许多历史案例中并不存在合同,矿工们在山区(勘察)中搜寻,并在找到所需矿石的地方确认所属权。在其他情况下,政府土地管理机构会拍卖搜索权和矿产。在美国西部,大部分的硬岩矿物仍然是前者的情况。石油和天然气是后者的情况。

第 10 章　公共土地所有者

高山牧场周围建造围栏更为容易和便宜,比任何试图控制非法采伐、放牧和偷猎的活动更容易成功。

矿产租赁的成本分配相比于木材合同或放牧许可证更为一致。采矿特许权仅仅将所有直接经营成本分配给特许权持有者。特许权获得者自己建造道路和围栏。

矿产评估的这些特征使得未来私人特许经营者和公共机构的评估都非常直接。然而,公共土地管理者在评估矿产开发所带来的环境风险方面(无论是现在还是未来)有更大的困难。矿山、采石场、矿井、石油和天然气开发干扰了其所在景观的美学价值和野生动物的生存。此外,在开采耗竭了经济可采的资源后的尾矿所带来的长期影响是不确定的,而且可能非常巨大。例如,150 年前在美国西部,银矿和金矿开采遗留的尾矿所造成的有害影响当时是未知的。在 20 世纪 50 年代和 60 年代的科罗拉多州和犹他州的铀爆炸期间,人们对此仍不了解。但是,我们现在知道美国环境保护局和当地社团花费了大量的金钱来控制和清理旧尾矿的有害物质对当地水道的侵蚀。我们希望公共土地管理机构不要忽视那些潜在铀矿井的开采和当今寻找替代能源过程中出现的放射性物质对人类造成的健康风险。一般来说,对野生动物的影响是有争议的,对水道和人类健康的长期影响可能是巨大的,但是影响的程度需要严格的讨论。这些不确定的影响使得公共机构的任何任务都变得极其复杂,包括在公共土地的开矿合同中设立环境限制。

流域

公共流域的经济评估又是一个不同的问题。森林的水文服务的益处是高度多变的。虽然在各种情况下,人们都不会质疑它的重要性,而且对它的关注日益增加,但是能证明流域服务价值的直接证据很少。[①] 此外,那些在市场进行交易的流域服务的当地例子通常是成批交易。也就是说,这些证据本身并不能说明从一单位(如一公顷)流域转换为一单位特定质量的水的交付价格。

另一方面是在特定的当地案例中关注所需的产品:灌溉用水、工业用水或者家庭用水;然后评估以此为目的的不同方法的供水成本。不同方法可能是一个深井、不同来源的水处理厂、海水转换,或者其他当地可行的方法和来源。这种替代成本法为计算使流域成为财务可行的替代资源的必要最低价值提供了第一步的测算方法。

管理提供流域服务的特定资源的净值等于替代成本减去必须放弃其他资

[①] Chomitz and Kumari(1998)讨论了在潮湿的热带地区的森林流域问题。Landell-Mills and Portas(2002)发现了 180 多个流域服务市场,它们来自全球各地以及大量的当地机构安排。Katoomba 团队的网站(www.katoombagroup.org)和 Johnson,White and D. Perrot-Maitre(n. d.)仍识别出了更多的例子。

源的机会成本。这些被放弃的机会是木材采伐、农产品生产、放牧,或者没有分配用于提供流域服务时,其他任何能在这块土地上发生的事。必要的环境限制决定了为提供预期数量和质量的水而必须放弃哪些机会。

有两个实例很直观。1997年,纽约城开始对卡茨基尔山脉的传统流域进行积极管理。如果没有选择这样做,它的替代成本将是40亿—60亿美元的新水处理设备的初始花费,加上2.5亿美元的年度运营成本。这些替代成本确定了卡茨基尔山脉流域管理的最低总价值。

为了满足城市水源管理标准的环境限制,卡茨基尔山脉土地所有者的机会成本等于城市购买并移除其他生产设施的2.5亿美元不动产成本,加上城市为说服同一流域其他地区农民避免进行侵蚀性和污染活动支付的1亿美元年度费用(Kenny,2009)。卡茨基尔山脉流域对纽约城的净值是这些替代成本和机会成本之间的差值。正净值表明分配部分卡茨基尔山脉来为城市提供流域服务是可行的。

巴拿马运河两侧的两个流域是第二个例子。毁林造成了水位高涨和淤泥充塞运河,随后长期固定流入运河的水量下降,这使运河的长期活动面临风险。对于像沃尔玛和日本汽车制造商这样的大公司而言,如果运河不再可用,那么他们必须承担通过南美洲麦哲伦海峡的更高运输成本。这些公司目前为此事件购买了保险,而保险的成本就是他们的替代成本。流域的机会成本是重新造林和保护流域以后免受导致森林破坏的人类活动的费用。替代成本是否大于机会成本?全球保险公司ForestRe认为确实如此。ForestRe发行了可以涵盖再造林成本的债券,要求那些从运河继续运营中获益的公司购买债券(ForestRe,2009)。

对于一些较小且不太引人注目的私人案例,如改善灌溉系统或防护林带以防止干燥的风,收益和成本更直接的计算是可能的。然而,通常情况下,对于大部分公有流域或给整个社区提供福利的流域而言,要建立关于流域服务的土地分配决策的合适方法,替代成本法和机会成本法都是必要的。

森林游憩

森林游憩包括极为广泛的活动,从利用高度开发的设备的活动,如为高山滑雪者和国际旅行者准备的豪华森林小屋,到开发并不成熟但是却很昂贵的设备,如用于风景秀丽的野外河流漂流的设备,再到最不发达的野营场地。即使在野营场地中也有差别,从有现代化住所、厕所、淋浴以及电力设备的大型休闲车,到为背包客准备的原始野外用地。还有另一类为捕猎者和钓鱼者准备的活动,这类活动涉及的内容也很广泛,从俱乐部会员制到昂贵的导游服务,再到廉价和普通的活动,如年轻男孩捕猎松鼠或一家三口在邻近小溪钓鱼。一方面,

第 10 章 公共土地所有者

森林游憩是一个巨大的产业。另一方面,它还是父母和孩子简单的午后游憩。

在许多国家,在私人土地上提供的很多这类活动都存在市场。但是即使在市场运行良好的地方,公共林地、公园和游憩机构通常更喜欢依靠一系列市场和非市场的工具来分配这些基于森林资源的服务。表 10.1 在第一列总结了这一系列的活动,并在第二列中将机构通常在每个活动中用于分配土地和资源的经济手段匹配起来。这些经济手段包括高山滑雪胜地高端特许经营权的竞争性投标,一些活动的名义入场费和在需求仍超过资源能力的地方配给许可证的各种系统,以及免费进入那些资源过盛的地方。许可证费用在狩猎和捕鱼方面很常见,其中包括额外的费用和最受欢迎的大型游戏的配额。

表 10.1 公共土地上的森林游憩:活动与分配的经济手段

活动	分配公共资源使用权的手段
在自然景观(如黄石公园或塞伦盖蒂地区)高山滑雪设施(酒店、餐厅、商店)的特许经营权	对每个主要的特许经营权进行拍卖。特许经营权获得者按市场价格向消费者收取费用
有向导的山地徒步;在野外风景秀丽的河流中漂流;野生动物狩猎	免费的导游服务直到客满。之后,根据之前的情况,给提供导游服务的公司定量配给。导游公司按市场价格向游客收费。在一些情况下,公司再根据每位游客按一定的费用上交公共机构
开发的野餐与露营点	公共机构有时收取一笔象征性的进入费用,有时免费。机构分配进入许可直到满额
未开发的偏远野餐与露营点	与开发的点类似,除了未开发点的需求更少。少部分是象征性收费点。机构分配进入许可直到满额
捕猎与钓鱼	成人许可证有定期费用,高价值物种会额外征收一定费用。当需求量超过这些物种可获取的数量,就通过抽签的方式分配许可

应该清楚的是,在收费的地方,费用水平和收费地点非常重要。如果收费地点是特定的,就像在入口处进行收费,那么基于市场的收费对潜在可供选择用途中的地点配置和确定所选用途的管理水平有益。相反,如果收费不是参考选定的地点设置,那么它就不能对特定地点的管理起指导作用。例如,肯尼亚通过对国际旅游签证收取额外的费用来预测其大型游乐园的游客数,即旅游签证的费用高于商务签证或探亲访友签证的费用。旅游者可以在自己的国家或抵达肯尼亚的机场购买签证。这个系统很容易管理,但是它不能反映旅游者对不同游乐公园的偏好,因此对必须分配各个公园预算和人员的管理者几乎没有帮助。在一个类似的案例中,美国国家公园系统向老年人出售金鹰终生通行证,允许其进入所有的 392 个国家公园、历史遗迹、海滨、战场和他们管理的其

他娱乐场所。

从表 10.1 中还可以看出，许多参与森林娱乐的消费者并不贫穷。其中一些单日游憩活动的花费就超过 100 美元，还有额外为停留超过一天的游客提供的餐饮和酒店服务。其他一些活动单日的费用比较便宜，但是活动所需的可重复使用的设备可能花费数百甚至数千美元。

表 10.1 还显示，公共机构经常收取低于其土地资源服务市场价格的费用。如果它们收取市场价格，机构将不必对某些活动实行配额。市场会调整直到每个设施的容量刚好等于消费者期望的消费水平。这导致了两个问题。第一，如果公共机构以市场价格出租土地并在自然奇观处给酒店、餐馆和商店等建立特许经营权，如黄石国家公园的老忠实间歇泉处，那么为什么不对其他基于森林的游憩服务按市场价格收费呢？第二，在缺乏可靠的市场信息情况下，公共机构如何做出有效的分配决策？

表 10.1 中的分配手段遵循了机构传统，公共土地管理机构与许多大型组织一样，可能对改变犹豫不决。然而，对基于市场系统的反对似乎主要来自游憩使用者和代表他们的组织。一些反对的人认为作为公民，他们有权免费享受公共森林资源。但是，他们有权消费其他人支付的机构预算和税收吗？一些人认为按市场标准收费将会把许多不富有且无法负担费用的人排除在外。对这个争论有两个回应。第一，那些不太富有的人并不参加其中的很多活动，而且他们参加的活动，如在欠发达地区野餐和露营等活动，有许多替代地点。这些地点基于市场的收费是很低的。第二，许多捕猎者和钓鱼者并不特别富裕，但是他们期望对执照收取费用。为什么这些资源的其他不富有的使用者应该不同呢？最后，有人认为对广泛分布的低密度活动如偏远地区的徒步旅行和野营收费是很困难的。在某些情况下可能确实如此，但公共机构管理需求更大的偏远地区的许可证系统没有任何困难，而且在美国，许多公共机构已经开始对那些有很大需求的偏远地区的过夜野营收取象征性费用。

大多数人都同意公共林业机构的资金水平不足以使这些游憩活动的维护保持在可接受水平，最后可能导致基本资源的质量下降。大多数人也知道为执照付费的捕猎者和钓鱼者为他们支付的费用构成公共游憩机构预算的大部分而骄傲，因为他们的执照费有助于提升资源体验质量。如果费用是用来改善资源的质量和提高他们的资源体验质量，那么难道我们不能想象林地的其他游憩使用者同样会高兴地看到公共土地游憩的资金配置增加，且为自己的贡献感到满意吗？事实上，在美国我们确实看到森林游憩的消费者接受使用者付费的意愿逐渐增加，公共土地管理机构正在逐步增加使用野营地的费用，即使是很分散的营地。尽管如此，累积的费用仍然低于大多数地点的管理成本。

除此之外,第二个问题是,在缺乏基于市场的收费情况下,分配如何决定?这些决定——具体选址和开发程度——主要由经验丰富的公共土地管理者负责。经济学家有很多技术来评估游憩的非市场需求。相关文献非常广泛,但是评估技术昂贵且耗时,而且超出很多公共资源管理者的经验。[①]

经济学文献侧重于知名景点有中等价值的高容量活动。它还有一个弱点,即关注需求却没有认识到供给对于管理决策同样重要。[②] 然而,所有管理者都知道游憩管理成本高昂。建造与维护露营地和野餐地的费用很高,而且管理它们的人员需要大量工资和福利。即使最小的成本也会降低最小野营地的最佳规模——正如图10.1显示。当忽略成本时,图10.1的最佳野营规模是q_1。当考虑非常低水平的可变管理成本时,最佳规模是更小的q_2。当然,对于要使用很多季节性工人从而有更多可变成本的大型露营地而言,运营的经济最佳规模可能远低于零成本下的规模q_1。(当需求缺乏弹性或供给具有弹性时,最佳规模减少更小,相反情况则更大。)

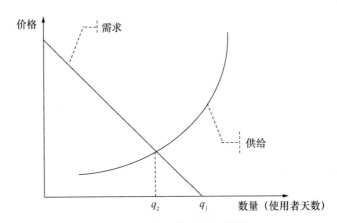

图 10.1 游憩的需求与供给

Daniels 有趣的评估(1986;Hyde and Daniels,1988)确实研究了需求和供给的相互作用。Daniels 考察了美国林务局的三个露营地,每一个都在蒙大拿州天鹅谷有多个露营点。他使用旅行成本法来估算露营地的需求,然后将他的结果与历史年度和季度管理成本加上露营地人员的工资和福利进行比较。他得出一个令人满意的结论,即使没有像他那样有技术经济评估的支持,美国林务局管理者在考虑哪些露营地开放供季节性使用、开放时间以及露营地内开放

[①] Mitchell and Carson (1989)以及 Freeman (1979,1993)都是经典的文献。
[②] Loomis and Walsh(1997)的教科书对游憩成本和供给有指导意义,但即使是这本全面的书也无法找到一个考虑单一地点的需求与供给的例子。

哪些露营点等方面,已经做出近似最佳的决定。更多像 Daniels 那样的估算可以帮助我们理解游憩供给和需求的整体分析问题,而且教会我们理解更多实地管理者面对的瓶颈。更多类似的估算要么能够说明天鹅谷中经验丰富的管理者的直观经济判断是美国林务局游憩经理的标准,要么能够说明天鹅谷中管理者的分配决策是多么出色。

总之,游憩管理是一项艰巨的任务,而且随着需求的增长和公共机构预算的减少变得更难。在很多高端设施如老忠实景点和大多数高山滑雪胜地,特许经营权的竞拍可能得到有效率的分配。在其他地点和其他以森林为基础的游憩活动中,配额许可证是控制需求常见的操作。改变这种操作并基于市场价值收费将简化流程同时为公共机构管理增加收入。因此,对一些活动和地点的需求弹性进行测算能够说明可以获得多少收益,从而提供其对机构预算和游憩管理影响程度的指示。当然,让公共机构管理者和服务使用者接受基于市场定价是一项挑战。

多用途

20 世纪 50 年代末,当美国国家森林系统意识到公众对以森林为基础的活动的兴趣不再只是树木后,就开始努力使自己不再单单是木材生产的代理机构,自此,多用途已经成为公共林业机构中一个重要的短语。时代在变化。在今天,美国国家森林系统、其他管理林地的联邦和州立机构以及世界各地的公共林业机构无疑都是多用途的管理者。木材对于很多机构而言依旧重要,但森林游憩需求的增长是显著的。原始数据大得难以想象:美国国家森林和公园每年有超过 4.6 亿游客,加上州立公园、钓鱼和野生动物保护区等还有众多人数(National Park Service,2009;U. S. Forest Service,2010)。其他国家的数字不是特别具体,但是依然令人印象深刻:1983 年,中国森林自然保护区有 8 300 万游客,从那时起,随着中国人口越来越富有并且追求更多的休闲时间,该数据也在快速增长,仅 2000—2002 年的两年间,中国森林游憩的游客增长了 25%(Sayer and Sun,2003)。即使是像老挝这样规模较小且不那么富有的国家,2006 年也有 226 000 位生态旅游游客(Whiteman, Noulak and Broadhead,2006)。

同时,矿产、石油和天然气仍然是重要的产品,而且允许开采这些资源的公共土地租赁是很多政府公共收入的一个重要来源。在少数情况下,公共土地放牧依旧重要,而且公共土地流域服务的价值仍在继续增长。[1]

某些时间在某些林地上,各种用途相互冲突。在这些情况中,有效的经济

---

[1] 美国土地管理局和美国林务局在 2000 年的时候收取了 610 万美元的放牧费,而在草场管理上花费了 4.65 亿美元(Moscowitz and Romaniello,2003)。

第 10 章 公共土地所有者

建议是将土地分配给有较高价值的用途。事实上,在最合适它们的土地上集中高价值用途会增加土地的产量,并减少对其他土地额外的生产需求,留下更多其他土地和森林用于其他的用途。这是很重要的观点,也是经常被忽略的一点。以一定的环境和美学标准管理所有森林,或者将木材生产集中在较少更集约化的施业林,两者之间存在权衡。在少数土地上生产更多的木材和纤维,使得用于木材和纤维生产的总土地减少,并且使得可供有特殊环境和美学考虑的土地更多。

然而,总有一些公共土地存在两种相互竞争的高价值用途,就像加利福尼亚州的红杉国家公园在 1968 年成为国家公园之前是高质量的林地;或者中国的熊猫保护区包括很多对当地人类社区的农业生产仍非常重要的地块。

还有一些森林可以在同一片土地上支撑两种用途。其中一些森林在联合生产时比单独生产时带来更高价值的产品和服务。相关的文献开始于 Gregory(1955)在《森林科学》(*Forest Service*)第 1 期发表的文章,该文章回顾了经济学概念,而该杂志现在仍然是国际林业研究领域的重要期刊。①

支持多用途("联合生产"是经济学术语)决策所必需的会计实务简单明了。它要求对每一个独立产出获得的利润和其他收入进行单独的会计核算,并额外收集那些对有关土地单位上联合贡献了多种产出的共同成本。②

为了证明生产活动的可行性,对每个独立产出的前两个账户进行比较所得到的净收益必须是正的:

$$B_{si} > C_{si}, \quad i = 1, 2, \cdots, n \tag{10.1}$$

其中,B_{si} 是每个产出 i 所对应的收入,C_{si} 是仅仅与每个产出 i 相关的成本。对于每种潜在可行的土地用途,公式(10.1)必须有正的净收益。如果公式(10.1)对于两个土地用途是成立的,但对于第三个土地用途没有成立,那么第三个用途在这个土地上就不是经济可接受的。

决策的第二步是联合分配土地到多用途,将通过公式(10.1)检验的所有用途的净收益进行加总,这个总和必须超过这些产出共同分担的所有生产成本 C_c。

$$\sum_i (B_{si} - C_{si}) > C_c \tag{10.2}$$

例如,如果单位林地生产有价值的木材但是进入单位林地的道路也开辟了良好的狩猎区域,那么道路的建造和维护成本就是共同成本。如果木材的净收益和捕猎的净收入都是正的,那么唯一的问题就是这两个用途的共同净收益是

---

① Zhang(2005)概括了一份关于多用途和相关主题的最近引文列表。
② Krutilla(1958)首次对多目的的河流项目进行了计算。

否超过了共同道路成本。如果超过了,那么多用途种植木材和捕猎就是合理的。如果只有一个活动的净收益是正的,比如说捕猎,那么木材就不是这块单位土地经济可行的用途。捕猎可能是也可能不是可行的单一用途,这取决于第一个方程计算的净收益是否大于现在仅分配给单一产出所应承担的道路成本。

幸运的是,在大多数公共机构会计系统中,可分成本和共同成本是很容易识别的,而像我们的例子中,唯一有挑战性的问题是捕猎总收益是不是足够践行决策。不幸的是,由于管理者忽略了这两步计算的粗略近似,所以错误经常出现。

10.2 自然灾害

我们都知道自然灾害如飓风、台风、龙卷风、洪水以及雪崩等,也知道它们对于森林和人类社会造成的影响。在其中至少一种情况下,面对热带风暴,沿着海岸线的湿地中的树木和沿着大河河岸边的树木有着防护作用,可以吸收风暴和大海的一些力量并且减轻对一些更远的内陆所带来的影响。

更一般地,自然灾害会摧毁成熟林。在各种灾害中,火灾可能对森林最具有破坏性。就所有影响森林的灾害而言,火灾会对邻近的人类社区产生最大的影响。[①] 此外,火灾发生的概率性、大火的严重性、历史上火灾管理实践根深蒂固的传统以及公众对火灾的关注,所有这一切使得它成为森林经营中最困难的问题。火灾对于个人和公共管理者来说都是一个问题,但是传统上,人们认为公共林地管理者应该承担更多的责任,因为大部分处于干燥状态、更容易遭受火灾的林地属于公有,并且公共机构在与森林火灾斗争方面是主要带头人。

一些火灾是由人为故意或者其他原因造成的,主要发生在一些人口密集区。例如,在人口稀少的加拿大和美国的落基山脉,自然(闪电)和人为造成火灾的比例接近3比1。作为自然来源的一个例子,在落基山北部的防火塔时期(直到20世纪60年代后期),一座防火塔的视野中每晚会观测到300次雷击,这在七八月份很常见。其中一些引发了火灾,如果没有对火灾进行控制,火灾几乎每年都会沿着森林的同一片区域燃烧,因此要处理森林地面上堆积的大量枯死的可燃物以防止对周围资源带来重大风险。John Muir(1912)讲述了20世纪初在加利福尼亚州约塞米蒂山谷真实地穿越这样的大火。然而,即使有了

---

① 除了南极洲,山火在六大洲都已经发生过。国际新闻经常有大量森林火灾的报道,例如,2009年,加拿大、美国、西班牙、希腊、西伯利亚和澳大利亚都发生过森林火灾。在2006年一年中,美国山火烧掉了将近15 000平方英里。2007年,美国西部27场最大的火灾烧毁了120万公顷的森林。在这27场火灾中,每一场火灾扑灭的成本就超过了1 000万美元,总共是5.47亿美元(Brookings Institution, 2008)。

对火灾的控制,自然燃料的堆积以及极端天气条件偶然的结果,会使大火发生的可能性变大。

自然生物条件也有影响。昆虫和疾病在森林里的流行具有地域性,而且因为个体树龄,它们变得更加脆弱,更容易遭遇这些风险。例如,云杉、冷杉和松树等物种往往生长在同龄林分,因此,整个林分区域一起变老。由于云杉蚜虫或西方松甲虫等昆虫成功攻破一些老树的防御,它们的种群不断增加并且更容易侵害其他年老或脆弱的树木,直到在新英格兰北部和加拿大东部(云杉蚜虫)或落基山脉(西方松甲虫)大面积的木材可能同时死亡或同时走向死亡。[①] 这意味着在循环中森林燃料又积聚起来,当大量可燃物与异常天气结合时,就形成了发生严重甚至极端火灾的条件。在云杉、冷杉林中每 60 年往往会发生非正常的火灾,相似时期位于中间海拔的黄松森林也有一样的情况,但是高海拔的松树和云杉森林也许 500 年发生一次这样的火灾,如 1998 年黄石国家公园的火灾。

当然,最大的问题是当非正常天气与生物条件相结合带来的巨大火灾会造成很大的损失。自然环境的损失是显而易见的,并且大多数人都意识到极端的火灾对于消防员和当地居民来说是致命的。但是即使这些也不是全部的损失。在最坏的情况下,如 1997—1998 年的印度尼西亚火灾,由此产生的雾霾和灰尘颗粒覆盖了印度尼西亚、新加坡和马来西亚,对人类呼吸道所造成的损害接近 100 万美元(Glover and Jessup,1999)。[②]

自然补救的方式是使森林迅速恢复(如果没有人类建筑和社区)。例如,火灾清除了堆积的燃料,还创造了更开阔的空间,当松果受到阳光直射并且处在裸露的土壤中时,许多松树物种就可以很好地再生。问题就是如何管理周期性异常天气和生物条件以及由此产生的极端火灾条件。

美国林务局的政策目标是在侦测发现后的第一天上午 10 点以前控制住火势,如果做不到这一点,要在第二天上午 10 点以前控制所有剩余的火情,等等。在每天上午 10 点以后,空气会更温暖干燥,风速也会大幅提高,这是这项政策的基本原理。上午晚些时候和下午的风都会加大火势、增加火力并扩大破坏范围。

预算决策支持这一政策。美国公共土地和山火管理机构向国会提交预算,并且无论预算水平如何,无论预算近年增长速度有多快,也不管一般观点认为

[①] 从 20 世纪 90 年代中期开始,一种西方松甲虫就在加拿大西部和美国的内陆地区开始肆虐。例如,到 2010 年,在科罗拉多将近 100 万公顷的黑松和不列颠哥伦比亚地区超过一半的黑松都受到了感染。

[②] Rittmaster et al. (2005)对加拿大西部山火给空气质量带来的影响作了健康评估。Siminov and Dahmer (2008) 对中国东北地区的火灾和人类疾病传播进行了评论。

更多的资金用于火灾预防(而不是灭火)会更有效,国会总是批准。例如,1991年火灾压制的费用占美国林务局预算的13%。到2008年,火灾压制支出增加到了19亿美元,占到了林务局当年用于木材、森林游憩、道路和所有其他活动的总支出的48%(U.S. Forest Service,2010)。

显然,这并不是一个令人满意的方法。当许多火灾被控制后,燃料在那些火灾没有经过的区域持续累积,当火灾最终蔓延到这些区域的时候就会发生极端的火灾,损失会增加,并且火灾压制的支出会持续增加。此外,只要国会批准所有的支出,火灾管理人员就没有什么动力来管理他们的成本。

林地管理机构现在尝试在受控条件下燃烧一些堆积的燃料来改变这种情况。不过,即使在如此强大的预防措施存在的情况下,仍然有一些火灾发生,然后被压制。一旦没有被控制住,大火会持续燃烧直到遇到地理障碍,或者更可能直到天气改变。与此同时,随着时间推移,人类在越来越高风险的地区建造建筑,公众对成功控制火灾的期待越来越高。20世纪90年代,美国在城市与荒地交界地区建造了800万座新房子。在此期间,落基山西部的城市荒野交界地区,房屋数量增长了近70%(Steelman,2008)。山火最终可能会影响许多这样的地区。事实上,仅在2008年11月,山火就摧毁了南加利福尼亚至少900所房屋(Portland Fire and Rescue,2008)。

一个应对措施可以是禁止向这样的城市与荒野交界地域扩张。然而,这个限制并不能降低已经建在威胁地区房屋的风险。一些社区已经开始自己承担一些责任。例如,科罗拉多州的67个社区已经制定了它们自己预防火灾的计划,其中一些甚至将限制条款强加给所有业主,要求他们管理自己财产处的燃料,甚至在房子外墙周围设置防火带(Bunch,2007)。

尽管如此,当不可避免的火灾不容易被控制时,公共机构及其新闻媒体和政治领袖会在事后进行总结,总结他们在火灾管理中犯的错误。

关于所有的这一切可以做些什么呢?先前所有的火灾政策和规划都是基于火灾行为的物理特征方面的知识,增加经济学视角可以有所帮助吗?基础经济学很简单。资源的在险价值是在火灾发生之前的价值以及任何控制措施的努力。相关变量是由火灾造成的损失以及防火、侦测和灭火活动的成本。损失和成本成反比关系——随着火灾管理支出的增加,可以将火灾控制在较小的规模且减少由火灾造成的损失。图10.2展示了这种关系。[①] 火灾管理的最佳水平 E^* 是总损失和总成本结合的最低水平,或当边际损失等于防火、侦测和灭火相结合的边际管理成本。

[①] 附录10A列出了简单的确定性经济学模型的数学推导。

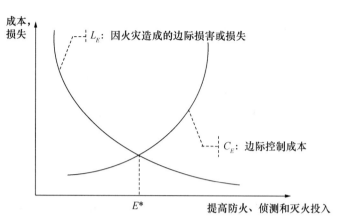

图 10.2 火灾最优化问题

实际上,这种描述简单明了。然而,它忽略了两种重要的复杂情况。首先,涉及火灾控制的几项活动是相互关联的。例如,在预防上投入更多的精力应该会减少灭火所需要的花费和努力。类似地,侦测方法的改进减少了与损失相关的必要的灭火努力程度。其次,每项活动的全部影响都是不确定的——就像天气和火灾本身的行为一样。

如果知道正确的设定,就可以在更详细的模型中引入这些复杂性。事实上,美国政府的土地管理机构已经开发出了复杂的数学模型,以帮助它们预测这种经历后期阶段的物理特性。这些模型能够预测在燃料、地形和天气的特定条件下,火灾传播的速度和方向。例如,美国政府机构的山火决策支持系统,将模型转化为一个手持式电脑的程序来定位当地条件和预期火灾行为。甚至当出现非常严峻的火灾时,实地火灾管理者都可以利用程序来制定战术决策以协助他们灭火(WFDSS,2010)。然而,这些火灾行为的物理模型无法完美预测。

因此,虽然管理者比 20 年前更加了解山火,而且他们的管理方法提升了,但最困难的问题依然存在。当不可避免的意外大火发生时,我们可以预见公众舆论会质疑火灾管理人员的智慧,会要求火灾压制活动的增加,而无论更多的压制活动能否成功控制极端事件。

最后,有证据表明,这个问题只会随着全球变暖增加极端火灾条件的风险而变得更严重,而森林火灾会释放更多的二氧化碳到大气中(Westerling et al.,2006;Hennessy et al.,2008)。

总而言之,解决一般自然灾害的管理问题,特别是山火问题,对公共林业机构仍然是一项艰巨的任务。

10.3 技术转移和公共林业研究

除了负责管理公共土地,许多国家的公共林业机构还负有两个责任——技术转移和林业研究。这些增加的责任通过创造和分享信息来服务大众,否则这些信息对于竞争市场上的消费者或者较小的森林土地所有者和较小的林产品生产者来说很难获得。

较大的土地所有者和生产者可以负担得起收集他们产品专业信息的成本,并且他们更有可能利用这些信息在其市场中获得优势。因此,为这些较大的林地所有者提供公共援助的理由并不合理。本章接下来的两小节将更彻底地研究这些考虑。

此外,因为环境的长期质量日益重要,森林和林地的环境质量改善已成为公共机构的技术转移和研究责任中越来越重要的组成部分。环境质量的信息对私人生产者而言很重要,但对公共林地的管理者和使用者来说也很重要,这是因为许多处于最大风险情形下的林地和资源都属于公有。这就是公共林业机构相似的技术转移和研究责任与农业部门同行之间的一个差异。在大多数国家里,公共机构通常不拥有农业用地,但是拥有林地。因此,公共林业机构独特的责任就是发展和转移改进公共土地管理的信息,特别是这些土地提供的特定生态系统服务和发生在其上的特定环境风险的改进信息。

10.3.1 技术转移

技术转移责任的目标是与消费者、实地管理者分享当前最好的实践知识。例如,大多数土地所有者知道自己土地的特定特征,但是很多对最新管理技术了解不充分。林业推广人员就像农业推广人员,填补了这一空缺,成为新技术的信息传递者。这些推广人员的任务是有效地分配自己的努力,将重点放在最有可能采用新技术的地区,放在少数最有可能被采用的新技术上,关注任何地区内最有可能采用这些技术并向邻居展示其好处的生产者,在这些生产者展示后,其邻居可能会跟随着采用新技术。

有两个例子可以帮助阐释这些观点。第一个是一般性的市场价格信息,第二个是关于改善造林方法的信息。

代表自己或受雇于工厂的专业买家知道最近木材销售的市场价格。长期生产木材和销售立木的大型林地管理者也知道市场价格。而小型林地所有者并不清楚市场的原木和立木价格,而这些土地所有者在许多地区共同生产最大份额的木材,但他们的主要职业往往非林业且只能单独出售少量和非特定规模

第 10 章　公共土地所有者

的木材。前一章解释过这些小型生产者对市场趋势没那么敏感，而且相对于更多了解自己木材的专业买家而言，他们在销售木材时经常处于不利地位。

向所有买家和卖家传播最新市场价格的政府推广服务旨在纠正农业中的信息不对称。Boyd and Hyde(1989)在早期对 Timber Mart South(一项公共锯材和木质纸浆报价服务)的评估中指出林业可能获得类似的收益。具体而言，他们表明锯材市场波动性的下降带来了收益。在 Timber Mart South 的情况中，这些公共收益超过了政府机构提供服务的成本。Boyd 和 Hyde 观察到，尽管消费者和生产者都能从更稳定的市场价格中获益，但锯材生产商获得的收益会是锯材消费者的 3.5 倍。小型林地所有者主导着美国南部锯材市场的生产。他们很可能从 Timber Mart South 提供的价格信息中获得最大份额的收益。

对于第二个例子，即改善造林方法，有效分配和被采用的可能性的问题是很复杂的，但参考森林发展的三阶段模型为此提供了重要的思路。

大量技术，包括整地、除草、疏伐、施肥和修枝等技术及其变形，尽管被研究人员和老练的林农所熟知，但就算会用到，也很少得到应用。这些技术广泛应用的缺乏仅仅通过与实地土地管理者分享更先进的信息就能改善吗？完全不是。我们已经发现处于森林发展前两个阶段的林地所有者没有市场动机去采取这些造林方法。足量的天然木材可以廉价地获取，这些造林方法会给处于森林发展前两阶段的林地所有者带来额外成本而没有额外经济收益。

处于森林发展第三个阶段地区的土地所有者有市场动机去应用更集约式的管理实践。随着产品价格和更集约技术的相对成本的转变，即使已经采用了一些更集约化的造林方式，森林发展第三阶段地区的林地所有者可能会发现更集约化的实践正在变得有商业价值。监测产品价格和投入成本趋势的林业推广人员能够预测和推荐合适的新技术来应对市场的变化。

此外，即将进入第三阶段的地区可能成为引进其他地方已经知晓但在该地区尚未被应用的造林技术的推广目标。这些地区的林地管理者之前没有理由来运用这些造林技术，但他们可能会从有限的新造林应用知识中获益。林业推广人员可以确定即将进入第三阶段的地区，并且给这些地区的土地管理者提供建议。

很多可能受益于采用有价值的新技术的人对此持谨慎态度。因此，成功的林业推广人员将他们在任何地区的初步努力定位于可以承担新技术不确定性风险的土地管理者和土地所有者，这些一般都是受过良好教育、更加富有的大型土地所有者。然而，林业推广是公共林业机构的一项活动。它们的责任是协助任何市场失灵或森林技术信息分布不均的地方。因此，其他缺乏承担初期风险能力的土地所有者是更合适公共林业推广的目标。如果他们在首次观察到能负担起新技术投资的地方带头者采用新技术取得成功后迅速跟进,那么林业推广就支持了一项"合适技术"的转移,这种转移就是公共机构财政和人员的有效利用。

总之,这意味着有效的林业推广需要监测初级林产品的价格以及应用现有的和可供选择的技术的成本的市场趋势。这些趋势代表了最可能采用先进技术的那些产品和即将进入发展第三阶段或已经在第三阶段的地区。林业推广人员应该期望他们从引进新技术中获得最大的影响,这些技术对于满足两个特点——最可能成为新技术的早期运用者与会分享成功经验的社区领导生产者而言,可以节省单位产出成本或单位交付成本。然而,这项公共活动的真正目标受众应该是那些更小的、掌握更少信息的林地管理者,以及那些没有能力承担投资不熟悉的新技术带来的初期风险但是当看到别人采用新技术取得成功会跟随着采用新技术的人群。

此外,了解当地市场趋势的林业推广人员也有条件来识别林产品的营销瓶颈和影响生产改善的成本壁垒。这些瓶颈和成本壁垒为技术进步发展提供了明确有用的研究问题。通过识别这些问题并且与公共森林研究人员分享见解,林业推广人员可以为公共林业机构的第三种责任(研究)提供重要的反馈。

10.3.2 公共林业研究

研究的目标是创造一种方法使给定的投入可以生产出更多或更好的产品。例如,从固定面积的森林或固定蓄积的伐木来生产更多的木材或纸张,或者以更低的成本生产相同数量的产品。

林业在这种进步方面拥有悠久生动的历史。两个例子(来自很多例子)显示了生产可能发生的巨大差异。在20世纪初,在太平洋西北地区可用原木的最小尺寸是32英尺长,直径为11.5英寸。到了1980年,该地区的锯材厂用来制作木材的原木小到长度仅为8英尺,直径为4英寸。在20世纪30年代末,研究表明南部年轻的松树不含树脂。这个影响是迅速的,很多大工厂开始用南部松树生产纸浆。到20世纪50年代,南方地区成为北美最大的造纸地区。

一些技术进步源自工厂内制造人员进行的有洞察力的改进。其他则是工程师和科学家精心设计的研究结果。锯材厂主锯的激光能够显示出最初原木切割的最好方向;胶合板厂的支撑辊驱动可以使长平行刀的压力均匀地分布在原木上并进行剥皮;现在很多应用在纸浆和纸张制造上的各种改进都是世界各地的政府或私人的林业研究机构为了控制污染而精心设计得到的研究结果。所有这些都减少了生产的私人或者社会/环境成本(或两者),并且由于它们节省了投入,减少了对原木的需求,从而减少了森林环境的压力。

第10章 公共土地所有者

通过这些技术改进为森林本身带来的节约效果会是惊人的。仅仅考虑两个美国的例子：动力支撑辊驱动使得胶合板厂的单位木料投入产量提高了17%。如果需求量保持不变，那么这意味着在20世纪80年代开发和引进支撑辊后，会使得森林原木的总需求量有较小但仍明显的下降。第二个例子中，Wahlgren(G. Wahlgren，个人通信，1989年2月22日)计算出与支撑辊驱动同时开发的桁架架构技术可以大幅降低对锯材的需求。在制造场地组装桁架比在建筑工地组装结构架构少用30%的木材。每年节约量相当于所有有争议的荒野地区潜在的年度木材采伐量(RARE II)。

经济上成功的研究投资的一般标准是常见的。新产品的净收益必须超过其研究和开发成本。对于现有产品，研究可以促进其制造技术改进，由研究节约的未来生产成本的贴现值应该抵消完成这项研究所有支出的贴现值。

大量文献衡量了农业研究带来的经济收益。关于巴西棉花和加拿大油菜籽的研究发现一系列特定的公共研究投资的回报率高达110%。[1] 这类研究刺激学者们更多考察林业研究的经济回报。其中，Hyde, Newman and Seldon(1992)指出公共资助研究项目的边际年回报率从20世纪80年代软木胶合板的300%左右下降到可忽略不计的用于促进商业木材管理实践改进的研究投资。当然，观察到的木材管理研究的低回报率与我们了解的三阶段模型是一致的，同时与世界上大多数森林地区仍然存在大量可获取的天然林存量也是一致的。也就是说，木材生产的森林经营研究创造了新的视角。大量可获得的天然木材只是意味着这些见解仍然"储存"着。随着可获得的天然林存量减少，更多区域进入森林发展的第三阶段并且对木材替代来源的需求增加，这些见解将得以实施运用。

农业和林业的文献趋向于关注公共研究，这引出了关于私人和公共研究活动的合适角色的区别问题。区别取决于研究收益分配的两个特征。是消费者还是生产者从研究和产品改进中获得更多？如果生产者获得更多，那么为成功研究提供资金的生产者是否得到足够的回报来支付研究和开发成本？

对非弹性需求产品的研究，消费者是更大的受益者。因此，即使那些获得足够回报来支付研究和开发成本的生产商也很可能会以低于社会最优水平来投资。许多农产品也符合这些描述。在林业方面，木材有适度的非弹性需求价格。因此，对锯材厂产业的研究投资可能符合这种描述。

在有许多竞争性卖方的市场里，公共投资也是合理的。在这些市场里，研究和开发突破所带来的最大份额可能会累积给到生产者，但是生产者如此之多

---

[1] Ruttan (1980)总结了大量相关文献。

并且产品都是无差别的,以至于没有单一生产者可以有足够的收益来证明自己的研究项目是合理的。再一次,有许多小工厂的锯材业就是林业中的一个例子。

占据较大市场份额的生产商——通常也是专业和差异化产品的生产商——可以控制由技术改进节约的成本或由研究和开发所生产新产品的利润所得的最大份额。纸浆和造纸业是林业中一个明显的例子。在这些情况下,私人运营商拥有市场动机来开展自己的研究,更难找出公共研究支出的经济合理性。

最后,公共研究的经济合理性由于两个日益重要的情况而令人信服,不过这两个情况在当前的市场仍不普遍:第一,研究必须与公共林业机构管理的大片土地的独特特征有关;第二,研究必须与森林最广泛的社会性服务有关。研究生物多样性、碳封存和全球变暖是后一种情况的例子。私人投资者在这些领域的研究投资中很难获得资金回报。然而,公众一般可以从改善栖息地多样化和保护的知识、气候变化的知识及其控制方法中获益匪浅。例如在美国,美国林务局的研究人员参与了这两项活动。研究东南亚的森林火灾和烟雾的广泛影响是另一个更具体的例子。

10.4 关于公共组织和管理

每个人对于公共组织和管理都有不同的见解。有些人认为政府规模太大,而另一些人认为政府应该为一些优先的专业活动做更多的事情。尤其是在林业方面,政府林业机构可能太大或者太小。也许他们应该花费更多的资金在木材上而不是在游憩方面,或者相反。也许在他们的木材活动中,政府应该将更多的资金用于消防设备而不是用于人事,或者更多地花费在预防措施上而不是压制。

经济分析对检验以市场为基础的商品和服务的生产者方面的类似观点有悠久的历史。直到最近,随着两种新分析技术的发展,客观评估医院等非营利机构以及主要生产非市场化产品的政府机构的资源分配才变得可行。这些技术被称为数据包络分析法(date envelopment analysis,DEA,一种线性规划方法)和随机前沿分析(一种计量经济学方法),它们通过回顾多个相似机构的投入来决定:

(1) 哪些机构处于生产前沿,哪些机构的运营效率低于前沿;

(2) 哪些生产投入得到高效利用,哪些被用在低效的过剩生产方面。[①]

在自然资源领域,Kao and Yong(1991),Vittala and Hanninen(1998)以及 Rhodes(1986)使用 DEA 分别评估了中国台湾地区的公共森林、芬兰林业委员会和美国国家公园的资源分配问题。他们观察到这三个地区如果更广泛采用效率更高的林业或公园单位,也就是说,如果这些机构效率较低的管理单位采用同一机构中效率最高的同类做法和程序,那么可以节省 20% 的投入量。政府林业机构的类似评估可以提供一系列问题的信息,这些问题涉及更多或更少的集中式行政结构的选择,或为各种任务分配人员或其他资源。

一项评估使用了随机前沿法来检验波兰国家林业机构 40 个区划中具有可比性的木材生产效率(Siry and Newman, 2001)。我们期待找到这 40 个区划之间的差异,因为就像波兰的整体经济,它们经历了从苏联式中央计划向更市场导向的转变。Siry 和 Newman 观察到 40 个区划中的 26 个比最高效的区域建立的生产前沿低 40% 以上。特别是,许多区划规模都小而效率低下,且管理人员往往过剩(但森林工作者没有过剩)。当他们外包一些木材管理和木材采伐活动时,他们的运营效率可以提高。

想象同一个机构中不同办公室之间的效率相差 40%。想象简单地通过观察以及采用自己同事所使用的最佳管理结构和管理实践就可以使效率增加 40%。40% 是一个显著的改善。当然,Siry-Newman 的观察仅仅对波兰有效,这是由于波兰处于经济和政策的快速转变时期,也许最近的数据将使作者修改他们的观察。然而,这并不改变 Siry-Newman 关于波兰的结果引人注目的事实。他们几乎是在请求我们向世界各地的其他林业机构提出类似的操作效率问题,并应用类似的分析技术。当然,许多国家关于公共林业机构组织和管理的讨论可以受益于类似的分析——并且同样适用于他们的木材活动以及其他机构活动。

10.5 总结

两个关键特征定义了公共林地及其管理:首先,它们的大规模和多样性;其次,管理者确定公众意愿的困难以及他们与公共法律和机构林业组织偏好相协调的困难。

公共林地总面积是四个类别所有权(工业、机构、非工业私人和公共)中最大的。在大多数国家,与其他单个私人或公司森林所有者相比,中央政府森林

[①] Fare et al. (1989)、Greene (1993) 和 Lovell (1993) 都是标准的研究。*The Journal of Productivity Analysis* 以发表应用这两种技术评估生产力的文章为特色。

管理机构往往是更大的单个土地所有者。公共林地更加多样化,虽然它们通常包括一些商业森林,但它们最大的林地面积倾向于位于图中超过了点 B 或点 B'' 的开放进入区域与超过点 C 和点 D 的较难进入区域。由于许多公共林地不易进入并且非商业化,所以它们一般包括更多种类型的地形,因此也有更多的生物多样性。

它们的多样性对于目标更单一和更专业化的工业土地所有者来说是一个劣势,并且由于同样的原因,可能对于机构林地所有者也是劣势。非工业私人土地所有者的更多数量和类型表明后者群体中的一些人会各自发现公共林地的某些多样性特征的好处,但也不是全部的。

这种多样性也会给公共林地管理者带来困难。例如,多样性意味着公共林地肯定是环境风险更大的来源,比私人林地管理者所经历的风险更大。然而,公共林地的多样性也提供了很多方式来满足最广泛的公共机构责任:包括濒危物种的保护、种类繁多的户外游憩活动以及为本地鱼类和野生动物提供最可能的栖息地,等等。在这方面,多样性也是公共林地的优势和管理者的社会责任。

公共林地的第二个基本特征与其管理有关:① 确定公众对其管理的意愿;② 协调其与土地管理机构的法定责任和监管义务及管理者的制度化偏好的关系。当然,其他三类林地管理者的个人决策更简单,无论是在公司组织(对于工业和机构土地所有者)的限制范围内,还是更小的家庭经营(对于非工业私人土地所有者)。

公众通过类似市场的经济信息以及民主或代议制民主投票来表明其意愿。商业市场,如公共木材拍卖或牲畜使用以及采矿的费用,都显示出一些经济偏好。其他情况下必须依靠更复杂技术的间接评估来确定许多非市场活动和公共林地服务的社会价值。民主偏好的表现多样化,且往往是相互矛盾的形式:民选官员的声音、参与组织论坛的人对管理方法的共同见解以及社区监督委员会成员的见解。

公共机构通常非常擅长从广泛收集的公共土地使用者的各种观点中寻找多种投入,但是这些观点的冲突往往要求管理者进行自己最佳的判断,也就是他们需要花费大量时间和努力获得各种市场和政治投入之前进行良好衡量。事实上,这个结论应该不足为奇。一个仅仅依靠经济标准得到的结论与仅仅依靠民意投票得到的结论相同几乎是难以理解的。也就是说,基于一美元一票的评估与基于一人一票的评估不太可能产生相似的决策。当林地管理者试图去满足多个投票方案时,制定决策变得更困难。例如,当地的森林使用者在第一个会议上投票,而距离更远、并不常见的使用者就其不同程度的不同偏好在第二个会议上投票,或者伐木工在一个会议上投票而环保人士却在另一个会议上

第 10 章 公共土地所有者

投票。

将一个使用者社区的经济信息与政治见解相结合的标准是什么？更不用说几个社区了。一个结合了这些不同投入的系统应该确定其组合的标准，也就是说，确定分配给经济和政治投入的权重。[①] 然而，可以肯定的是，没有公共机构建立过这样的标准，而且大部分公共林地管理者不理解这个观念——即使他们最清楚当试图满足许多成员要求时会遇到的巨大困难。

在一开始给定决策过程中各种公共投入的明确权重可以减少一些复杂性。然而，尽管这样，法定义务和官僚偏好也会增添另一层难度。所有林地管理者，包括公共的和个人的，都必须遵守公共法律的法定要求。公共林地必须遵守影响私人林地的所有法律，以及一系列专门为他们制定的法律要求。在所有这些方面，公共林地的管理者相比于私人林地管理者会承受更大的监管负担。这都是应该的。公共机构有理由保护自己的土地。不过，额外监管是另一项挑战，使得公共林地管理比私人林地管理更加困难。

公共机构加强了自己的制度管理。其中一些是有助于维持内部组织一致性的有用指令。其他的则是成功保持了机构的现状，尤其是在面对压倒性的经济证据和相反的公共舆论时。

美国林务局经历的一个例子具有说明性。与美国和其他国家的很多政府林业机构一样，美国林务局坚持依靠"可采伐量"模型来评估木材采伐水平，并坚持认为这个模型好像代表了公平的经济评价。尽管这个模型将不同土地的管理成本和木材采伐收入结合起来，而且没有考虑造林投资回报率的极端估计值，而这个极端估计可能是有地方出现问题的警告（见附录 3b）。事实上，无论是在私人木材作业、保护林区、国家森林还是整个机构层面，机构的规划都不包括木材收益与木材监管的全部直接成本的任何比较核算。可以公平地说，多年来该机构已经改进了其基本管理观点，开始使用诸如多用途、无路地区审查、社区稳定性以及生态系统管理等更新的术语。它已经熟练地开发了一系列大型计算机模型用来为木材管理提供指导。尽管如此，它还坚持与制度化的木材会计实务保持一致，其著名的创始人 Gifford Pinchot 从 20 世纪 30 年代退休的时候开始反对，且早在 20 世纪 70 年代森林工业和环保人士都认为这对两者的利益造成了损害（Walker，1974；Kutay，1977；Hyde，1980）。里根政府要求美国林务局（与所有其他机构一样）在 1990 年审查所有内部经济法规，但是机构拒绝了这一机会，没有审查除一些矿产和砾石租赁合同以外的材料。结果是，荒野协会继续使用国家森林木材业务的净收益损失作为招募新成员的理由，并且在

[①] 详见 Maass et al. (1962)对这个问题概念性的讨论。

21世纪早期将其作为对林务局严格监督的理由。

以上是一个例子。使用可采伐量模型的其他国家公共林地的木材运营可能是另一个例子。在美国公共林地，放牧是另一个例子，并且可以肯定还存在其他的例子。

市场信号和市场表现最终会促使私营企业和个体修正最被误导的活动。有时，正如美国公共木材的例子一样，公共机构可以通过创建计划缜密的内部规则来使自己免受市场，甚至是长时间政治活动的影响。然而，即便在这样的情况下，外部政治力量最终可能会迫使公共机构做出改变——我们可能会说在20世纪90年代的一系列与北方斑点猫头鹰相关的法院案件迫使美国林务局对木材管理做出改变。①

总之，毫无疑问的是公共机构管理者的任务很艰巨。我们只能期待随着时间推移，机构的指导标准能够改进和提升，并且对机构的专业性和制度偏差进行真实的内部评估。然而，如果没有这些，机构可能最终面临外部强加管理选择的威胁，就像在斑点猫头鹰案件中那样，虽然一些公共林地使用者可能会满意，但事件中的各方大多还是会认为良好的专业判断比不完全了解的司法过程更好——如果机构及其管理者能够更早地警惕经济原则和民众偏好。

参考文献

Barlow, T., and G. Helfand. 1980. Timber giveaway—a dialogue. *The Living Wildness* 44: 38—39.

Barlow, T., G. Helfand, T. Orr, and T. Stoel. 1980. *Giving away the national forests: An analysis of U.S. Forest Service timber sales below cost.* Washington, DC: Natural Resources Defense Council.

Borrell, B. 2011. Free-ranging market could save to wolves. *Denver Post* (August 28) 1D, 6D.

Boyd, R., and W. Hyde. 1989. *Forestry sector intervention: The impacts of public regulation on social welfare.* Ames: Lowa State University Press.

Brookings Institution. 2008. *2007 U.S. Forest Service & Department of Interior large wildfire cost review. A report on 2007 wildland fires by the independent large wildfire cost panel.* Washington, DC: Brookings Institution.

---

① Marcot and Thomas (1997)提供了关于斑点猫头鹰争议的全面历史。Wear and Murray(2004)研究了该事件对北美地区木材和最终产品消费者的影响。

Brown, D. 2006. *Under flaming sky: The great Hinkley firestorm of 1894*. Guilford, CT: Lyons Press.

Bunch, J. 2007. Castle Rock aims to prevent flames in its valley. *Denver Post* (December 3) pp. B1, B4.

Chomitz, K., and K. Kumari. 1998. The domestic benefits of tropical forests: A critical review. *World Bank Research Observer* 13(1): 13—35.

Daniels, S. 1986. *Marginal cost pricing and efficient resource allocation: The case of public campgrounds*. Unpublished doctoral thesis, Duke University, Durham, NC.

Fare, R., S. Grosshopf, C. Lovell, and C. Pasurka. 1989. Multilateral productivity comparisons when some outputs are undesirable: A nonparametric approach. *Review of Economics and Statistics* 71: 90—98.

ForestRe. 2009. http://www.forestre.com/main.php (accessed June 14, 2009).

Freeman, A. 1979. *The benefits of environmental improvement: Theory and practice*. Baltimore. MD: Johns Hopkins University Press.

Freeman, A. 1993. *The measurement of environmental and resource values: Theory and methods*. Washington. DC: Resources for the Future.

Glover, D., and T. Jessup (Eds.). 1999. *Indonesia's fires and haze: The cost of catastrophe*. Singapore: Institute of Southeast Asian Studies.

Greene, W., 1993. The econometric approach to efficiency analysis. In H. Fried, ed., *The measurement of productive efficiency*. London: Oxford University Press, pp. 68—119.

Gess, D., and W. Lutz. 2002. *Firestorm at Peshtigo*. New York: Henry Holt.

Gregory, G. 1955. An economic approach to multiple use. *Forest Science* 1(1): 6—13.

Hennessy, K., R. Fawcett, D. Kirono, F. Mpelasoka, D. Jones, J. Bathols, P. Whetton, M., et al. 2008. *An assessment of the impact of climatic change on the nature and frequency of exceptional climatic events*. Aspendale, Victoria, Canada: CSIRO Marine and Atmospheric Research.

Hyde, W. 1980. *Timber supply, land allocation, and economic efficiency*. Baltimore, MD: Johns Hopkins University Press for Resources for the Future.

Hyde, W. 1981. Timber economics in the Rockies: Efficiency and management options. *Land Economics* 57(4): 630—639.

Hyde, W., and S. Daniels. 1988. Balancing market and nonmarket outputs on public forestlands. In V. Smith, ed., *Environmental resources and applied welfare economics: Essays in honor of John V. Krutilla*. Washington, DC: Resources for the Future, pp. 135—161.

Hyde, W., D. Newman, and B. Seldon. 1992. *The economic benefits of forestry research*. Ames: Iowa State University Press.

Johnson, N., A. White, and D. Perrot-Maitre. n. d., *Developing markets for water serves from forests: Issues and lessons for innovators*. Washington. DC: Forest Trends.

Kao, C., and C. Yong. 1991. Measuring the efficiency of forest management. *Forest Science* 37 (5) 1239—1252.

Kenny, A. 2009. Ecosystem services in the New York City watershed. Available at http://www.ecosystemmarketplace.com (accessed June 27, 2009).

Krutilla, J. 1958. *Multiple purpose river development*. Baltimore, MD: Johns Hopkins University Press for Resources for the Future.

Kutay, K. 1977. Oregon economic assessment of proposed wilderness legislation. In Oregon Omnibus Wilderness Act. Publ no 95—42, part 2, pp. 29—63. Hearings before the Subcommittee on Parks and Recreation of the Committee on Energy and Natural Resources, United States Senate, 95th Cong, 1st session, April 21, 1977. Washington, DC: Government Printing Office.

Landell-Mills, N., and I. Portas. 2002. *Silver bullet or fool's gold: A global view of markets for forest environmental services and their impacts on the poor*. London: International Institute for Environment and Development.

Loomis, J., and R. Walsh. 1997. *Recreation economic decisions: Comparing benefits and costs* (2nd ed.). State College, PA: Venture Publishing.

Lovell, C. 1993. Production frontiers and productive efficiency. In H. Fried, ed., *The measurement of productive efficiency*. London: Oxford University Press, pp. 3—67.

Maass, A., M. Hufschmidt, R. Dorfman, H. Thomas, Jr., S. Marglin, and G. Fair. 1962. *Design of water-resource systems: New techniques for relating economic objectives, engineering analysis, and government planning*. Cambridge, MD: Harvard University Press.

Marcot, B., and J. Thomas. 1997. *Of spotted owls, old growth, and new policies: A history since the interagency scientific committee report* (general technical report PNW-GTR-408). Portland, OR: U. S. Department of Agriculture Forest Service.

Mitchell, R., and R. Carson. 1989. *Using surveys to value public goods*. Baltimore, MD: Johns Hopkins University Press/Resources for the Future.

Moscowitz, K., and C. Romaniello. 2002. *Assessing the full cost of the federal grazing program*. Tucson, AZ: Center for Biological Diversity.

Muir, J. 1912. *The Yosemite*. New York: The Century Company.

National Park Service. 2009. *Frequently asked questions*. http://www.nps.gov/faqs.htm. (accessed June 11, 2009).

Portland Fire and Rescue. 2010. *Southern California November wildfire of 2008: One of the 25 largest fire losses in U. S. history*. http://www.portlandonline.com/fire/index.cfm? a=326554&c=53961 (accessed December 30, 2011).

Rhodes, E. 1986. An exploratory analysis of variations in performance among U. S. national parks. In P. Silkman, ed., Measuring efficiency: *An assessment of data envelopment analysis*. San Francisco: Jossey-Bass, pp. 47—71.

Rittmaster, R., W. Adamowicz, B. Amiro, and R. Pelletier. 2005. *Economic analysis of health effects from forest fires*. Unpublished research paper. Department of Rural Economy, University of Alberta, Edmonton, Canada.

Robinson, E., A. Mahaputra, and H. Albers. 2009. Optimal enforcement and practical issues of resource protection in developing countries. Discussion paper 9-08. Washington, DC: Resources for the Future Environment for Development.

Ruttan, V. 1980. Bureaucratic productivity: The case of agricultural research. *Public Choice* 35(3): 529—547.

Sayer, J., and C. Sun. 2003. Impacts of policy reforms on forest environments and biodiversity. In W. Hyde, B. Belcher, and J. Xu, eds.,

China's forests: Global lessons from market reforms. Washington, DC: Resources for the Future, pp. 177—194.

Siminov, E., and T. Dahmer (Eds.). 2008. *Amur-Heilong River Basin reader.* Hong Kong: Ecosystems Limited.

Siry, J., and D. Newman. 2001. A stochastic production frontier analysis of Polish state forests. *Forest Science* 47(4): 526—533.

Steelman, T. 2008. Communities and wildfire policy. In E. Donoghue and V. Sturtevant, eds., *Forest community connections: Implications for research, management, and governance.* Washington, DC: Resources for the Future, pp. 109—126.

United Nations Environment Programme (UNEP). 2008. The world's protected areas: Status, values and prospects in the 21st century. New York: UN.

U. S. D. A. Forest Service. 2010. *Cut and sold (new)-cut S203S.* Washington, DC: USDA Forest Service.

U. S. Forest Service. 2010. *100 years of caring for the land and serving people.* http://www.fs.fed.us (accessed May 13, 2010).

Vittala, E., and H. Hanninen. 1998. Measuring the efficiency of nonprofit forestry organizations. *Forest Science* 44(21): 298—307.

Walker, J. 1974. *Timber management planning.* San Francisco: Western Timber Association. August, 1974.

Wear, D., and B. Murray. 2004. Federal timber restrictions, interregional spillovers, and the impact on US softwood markets. *Journal of Environmental Economics and Management* 47: 307—330.

WFDSS (Wildland Fire Decision Support System). 2010. *Welcome!* http:// www.wfdss.usgs.gov (accessed May 7, 2010).

Westerling, A., H. Hidalgo, D. Cayan, and T. Swetnam. 2006. Warming and earlier spring increase western U. S. wildfire activity. *Science* 313: 940—943.

Whiteman, A., V. Noulak, and J. Broadhead. 2006. *The current and potential contribution of forest-based ecotourism to poverty alleviation in Laos.* (A report submitted to Asian Development Bank RETA-6115). Manila, Philippines: Asian Development Bank.

Zhang, Y. 2005. Multiple-use forestry vs. forestland-use specialization revisited. *Forest Policy and Economics* 2：143—156.

Zimmermann, E., and S. Collier. 2004. Road wrecked：Why the ＄10 billion Forest Service road maintenance backlog is bad for taxpayers. Washington, DC：Taxpayers for Common Sense.

附录 10A　最小成本加损失

最小成本加损失(least cost plus loss)模型解决了一个在所有自然灾害管理中常见的问题。在无灾害时，给定某种自然资源价值为 $R°$。灾害和控制它的努力都会产生成本，这两种成本的水平受管理投入 E 影响。也就是说，随着人类控制灾害的努力增加，总成本也会增加。这些成本的增加对灾害造成的损害或损失产生相反的影响，也就是说，管理水平的提高可以减少灾害带来的损失。

更正式地说，管理目标是最小化管理投入成本和灾害导致的损失的总成本。

$$\min_E \pi(E) = R° - L(E) - C(E) \tag{10a.1}$$

其中，$L(E)$ 代表自然灾害带来的损失，$C(E)$ 代表管理成本。在森林大火的情况中，总成本就是由防火、侦测和灭火活动等成本组成。

一阶条件是

$$\partial \pi(E)/\partial E = -L_E - C_E = 0 \tag{10a.2}$$

或

$$-L_E = +C_E \tag{10a.3}$$

其中，下标表示对下标求导，且 $L_E \leq 0$，$C_E \geq 0$。最优努力水平 E^* 发生在总成本最小化时，或者逐渐减小的由灾害带来的边际损失等于逐渐增加的控制灾害努力的边际控制成本时。详见图 10.2。

这是一个简单的问题，但应用于森林大火时存在众多困难，因为各种成本——保护、侦测和灭火——都是相互依存的，也因为成本和损失都是随机的。

第 11 章　森林与地方人类社区

两个重要且相关的问题仍值得我们思考。一是林业在多大程度上可以作为当地经济发展的一种来源；二是我们对地方社区以及其对森林的依赖性了解多少。

全球有超过 3.5 亿人生活在森林里面或附近，而依赖森林维持生计的人多达 16 亿（World Bank, 2001; 2004）。了解这些人与其森林之间的相互作用对于正确分析森林在地方经济发展中的潜在作用至关重要。

很多生活在森林中或周边地区的人都较为贫困，他们的生活状况是我们关注他们的重要原因之一。改善贫困人口的福利——包括这些农村贫困人口，是一个国际关注的议题，也是很多国家国内政策的重点。这类政策的成功设计需要了解贫困人口及其社区对所处的环境和资源的需求，还要了解这些资源能够为他们提供什么。①

贫困人口分散在各地，而依森林而生的社区却只是他们被发现的地方之一。当然，我们很清楚城市贫困人口和农村贫困人口的存在，而且农村贫困人口不会住在容易进入的森林里面。② 此外，一些贫困人口出于个人意愿居住在森林覆盖的农村地区，并为此放弃了其他可

---

① 这项讨论中最重要的部分始于 Ekbom and Bojo(1999)，他们提出了"贫困—环境关联"的概念，指出在贫困和环境破坏之间存在互相加强的联系。Dasgupta et al.(2005)对此作了总结，并用东南亚的例子加以说明，指出在进行一般化研究时需要谨慎行事，结论是"每个国家的贫困和环境之间的关联都是不同的"，我们不应将其视为"政策设计的一般公式"。

② Chomitz(2007)对此做了非常清楚的阐述。

第 11 章 森林与地方人类社区

利用的机会。Power（1980）和 Whitelaw，Niemi and Batten（1990）都指出，后者获得了无法测算的"第二红利"，这是指由于他们所住的地方和所做的事情而增加的个人福利。"第二红利"是一种若居住在别处就必须放弃的附加值。因此，一些人决定继续居住在他们所住的地方，无视其他地方有更好的经济机会，这就表明了一些农村居民不像他们收入所显示的那样贫困。在这种情况下，如果想要扶持任何特定国家中最贫困的人口，那么针对农村和林区的政策并不总是最好的选择，而且关于向农村和林区倾斜的政策的讨论也不是自然而然地具有再分配的优点。

无论这些论点得到怎样的充分证实，不可否认的是林区和农村贫困往往是相伴相生。某处若存在一个，另一个也往往存在。例如：

（1）在中国，90%以上的贫困人口居住在农村地区，592个国家级贫困县中有 496 个地处森林覆盖的山区（Zhang，Saint-Pierre and Liu，2004；MOF，1995）。

（2）巴布亚新几内亚和蒙古国是太平洋和东亚人均森林面积最大的国家，其农村贫困率超过了 35%（Magrath，2004）。

（3）在五大洲中的四个大洲，最贫困国家的森林覆盖高于大陆平均水平。[①]

即使在美国、加拿大、瑞典和芬兰等发达国家，通常最偏远的地区也是林区，而且当地居民往往很贫困。在很多国家，这些贫困的林区也是土著或少数民族聚居的家园，他们不仅仅贫穷，还因为种族差异而在现代社会中处于不利的地位。

那么在周边人类社区的福利和地区经济的发展中，林分究竟扮演着什么样的角色？如第 3 章和第 7 章分别讨论的那样，参考三阶段模型和美国南部及巴西东部亚马逊地区的经验，可以为此提供一些见解。本章中关于中国竹产品的讨论是另一个例子，在不同的政治和经济经历背景下，增加了另一个地区和另一种林产品的经验。作为一种农林产品，竹子在其生产和销售中与木材有很多相似的特征。这个例子特别适合作为对一般福利尤其是在竹产品部门工作人员的影响的例证，它是一个林业文献中没有像其他内容那样得到充分探讨的议题。

最后，如果前三个例证（美国南部、巴西东部亚马逊以及中国的竹产品）富有启发性，那么我们可能要问，对于那些林业部门仍处在发展早期阶段的世界其他地区而言，它们的经验如何有助于预测森林和社区发展。湄公河流域的三个国家，越南、老挝和柬埔寨，使我们有机会探索这一问题。这三个国家均覆盖

[①] 非洲人均年收入低于 150 美元、亚洲低于 400 美元、美洲低于 1 000 美元的国家（FAO，2001）。

着茂密的森林，而且林业部门对于这些国家的未来发展至关重要。三个国家的经济发展、政府绩效和林业部门现在的发展水平等方面存在差异，这使我们的评价具有更多的可能性和广度。在预测湄公河流域以森林为基础的发展时，理解更广泛的经济和政治环境给地方社区及其林业部门带来的各种影响，以及地方社区与所处森林之间关系的各种特征将是非常重要的。事实上，这些更广泛的国家经济和政治影响最有助于评估任何地方森林对经济发展的潜在贡献。

本章的第二部分研究了林业和一般地区发展之间的关系，重新关注地方社区的状况，尤其是处于森林发展早期阶段的社区。相关的经验涉及从依赖森林向农户提供生存产品和服务的社区，到几乎完全依赖森林进行商业性采伐和锯材厂运营的其他社区，再到采伐和森林游憩占整体社区经济活动很小的份额但这些或其他基于森林的活动对社区中部分成员的生存至关重要的社区。受到最大影响的可能是具备某些特定特征的群体——穷人、无地者、妇女或少数族裔——或者他们可能是某些特殊林产品的消费者，如薪材或非木质林产品。全球政策对这些特定群体和林产品的兴趣要求我们回顾其特有的经历以及森林资源可及性的变化对他们产生的影响。

对于不活跃市场或有特定人口特征的特定产品的生产和消费，现代实证评估主要依赖于两种技术经济学方法之一，即农户生产与消费模型和区域经济的一般均衡模型。本章附录的数学推导部分简单介绍了这两种方法各自的优势，并对相关公式进行了总结。

总之，我们将观察到，森林资源可以作为可持续发展的主要手段，但仅限于特定条件下：

（1）林产品可以进入市场和存在外部需求；

（2）当地的市场参与者们能够获得适当的激励，包括：

① 确保他们对自己投资的产品的权利以及他们生产及加工林产品的方式的权利；

② 区域和部门的经济与政治稳定。

我们将观察到，贫困人口和其他弱势群体常常从以下条件中获益——得到更多的个人财富以及最终从林业部门壮大中得到更好的劳动机会。然而，这里有一个需要注意的重点，即虽然最弱势的群体确实能够获益——这对于我们所关注的很重要——但他们通常并不是最大的获益者。具有其他收入及人口特征的群体可能倾向于获得更多利益。在众多实例中就是这种情况，包括本书中关于中国竹子的例子，而且它可能也适用于东南亚湄公河流域开发的例子。

第 11 章　森林与地方人类社区

11.1　一般经验

森林资源能否成为经济发展的源泉和减少农村贫困的方式呢？事实上，很多实例证明，森林开采有助于促进当地经济成功发展。然而，仅仅有广泛的森林覆盖面积并不能保证有机会获得经济收益和发展。[①] 此外，很清楚的是，森林开采获得的经济收益也不能自动保证地区的发展。加拿大北部、西伯利亚和亚马逊的内陆地区都被一望无际的森林所覆盖。但这些森林资源的市场价值极低，对当前地区发展的影响也微乎其微。在其他地区和时间，例如 19 世纪 80 年代在美国大湖区、20 世纪 90 年代在喀麦隆，以及近年来在与西伯利亚接壤的中国黑龙江省，都有大量有价值的木材被采伐，这些采伐活动为一些参与者带来了巨大的经济收益，但对当地发展的影响却很小。

因此，解决我们问题的第一步是要识别出森林导向成功发展的特征，以及相反的，那些未能促进区域成功发展的森林开采实例中所缺乏的特征。这之后就要研究选择性弱势群体的问题：他们能否从中获益？获益多少？那些对弱势群体产生最有利影响的森林导向发展的案例满足了哪些条件？

我们将首先讨论中国六个县的竹材生产和加工。竹子是一种可以在很多相同的用途上替代木材的林产品。此外，在中国，比起木材和木制品市场，竹材市场受政府管理的限制较少。因此，中国的竹产业应该大致可以说明，如果管制减少，木材市场会是怎样的。

之后，我们还将讨论美国南部、亚马逊东部以及其他地区的例子，并在证明这些经验如何用来预测世界其他地区的林业发展潜力之前，对林业发展模式及其对当地家庭福利的影响进行总结。

11.1.1　中国竹产业的发展和当地社区

研究中国竹产业的经验是有意义的，因为木材产业和竹产业不仅具有相同的生产要素，而且市场也有很多相似之处。在供给方面，无论是天然林采伐，还是混农林或竹林的管理，都在相似的土地、劳动力和资本来源方面存在竞争关

[①] 事实上，关于"资源诅咒"的讨论开始于 Prebisch(1950)，指资源禀赋丰富的国家的经济发展反而落后于那些自然资源禀赋较少且待开发的国家。Bulte, Damania and Deacon(2005)回顾了相关文献，并对 97 个国家就这一假设进行了实证检验。他们发现资源和发展之间的关系是复杂的。不过，他们的结论是，资源密集型国家确实有整体发展水平较低的倾向。最近，Van de Ploeg(2011)评论了相关的实证经验和文献，并对资源诅咒的各种假设进行了检验。他的结论是"最可靠的经验证据表明，国民生产总值中，初级产品出口占较大份额的国家发展记录较差，同时不平等的程度较高，当社会机构、法律规范和反腐败情况不够好时，这一特征更加突出""资源丰富的国家更容易受到大宗商品价格波动的影响，尤其当金融机构不是很发达的时候"。

系。在需求方面,竹材和木材在很多相同的市场存在竞争——板材、地板、胶合板、造纸纤维甚至一些建筑材料。中国1998年开始实行的采伐限额制度,为木材和竹材产品的相似性提供了佐证。在实行采伐限额的同时,对木材替代品的需求增加。竹材市场的反应迅速且明显。1999年,竹材价格上涨了近10%,而用于竹林种植的土地面积增加了17%。中国国家林业局意识到了木材和竹材二者之间的替代关系,并且预计随着采伐限额的实施,到2010年竹材将替代2 900万立方米的木材(CFIC,1998)。

Ruiz-Pérez及其同事(Ruiz-Pérez et al.,1996;Ruiz-Pérez et al.,1999,2001;Ruiz-Pérez and Belcher,2001)研究了20世纪90年代中国竹材工业在采伐限额制度之前的增长和发展,并且特别关注了对家庭收入的影响。他们的研究基于对个体农户和工业企业管理者的调查、对重要资料提供者的访谈,以及收集到的农场记录、全县价格水平和生产记录等信息。他们首先关注浙江省安吉县,之后评论了其他五个县的情况。

浙江位于上海附近,是有经济活力的沿海省份,也是中国生产竹材的四个省份之一,占全国产量的三分之二。与全中国一样,浙江省在过去30年的改革开放过程中得到了迅速的发展。像这样的沿海省份,通常比其他省份发展得更早更快。浙江省竹材产业的发展尤为迅速。

其他五个县按东西走向排列,位于安吉县以西约1 700公里的内陆地区。这六个县的产量均有增长,而且六个县的资料提供者均提到,稳定的政策环境是增长的前提条件。① 东部各县的单位土地面积生产力更高,最富裕的安吉县平均生产力最高。而最贫困的平江县平均生产力最低,甚至不到安吉县的三分之一。总体而言,所有收入阶层和所有县的农户都从中受益,但中高收入的家庭受益最大,而且非农劳动机会的增加是他们得到最大改善的原因。

安吉县的经验

1975年,安吉县有51 000公顷土地用于竹林的经营,其中99%都是集体农场。竹材以固定的收购价通过国有集体供销社销售。1983—1984年,家庭联产承包责任制开始实施,立即给安吉县带来了改变。到1984年,由家庭农户经营的竹林达到40 000公顷。对于收购价体系,政府逐步修正并于1985年最终取消。到1988年,在竹林用地面积几乎没有调整的情况下,全县竹材总产量增加了63%。到目前为止,共计117 600名个体农户经营的竹林承担了全县竹材总

---

① 30年间,关于产权的政策共进行过四次调整,因此,中国农民对投资和经营方面的政策变化的影响尤为敏感。在不确定的政策条件下,任何长期的投资,包括对林地或竹林的投资,都难以为继。始于1978年的新的家庭联产承包责任制,是当代中国改革开放迈出的第一步,为个体农户家庭建立了更加完善的产权。然而,农民始终对可能出现的关于产权的调整保持着警惕,一直到1990年,大部分家庭联产承包合同都获得了续签才有所改善(Hyde,Xu and Belcher,2003)。

第 11 章　森林与地方人类社区

产量的 91%。整个 90 年代,价格和产量都持续增长。总体而言,同 70 年代末期相比,价格(以不变价计算)上涨了近 300%,而产量增长超过了 90%。

1978 年,安吉县所产的竹材有 96% 以未经加工的形式出售并运出县城。当地的加工业并不够发达。当时县内只有 19 家加工企业,雇用 460 名工人,生产产值约人民币 96 万元(10.5 万美元)。这种状况也很快得到了改变。多样化的市场改革催生了新的机遇,到 1998 年,全县共有 1 182 家加工企业,雇员达到了 18 914 人。1998 年的年产值超过了 8.75 亿元(9 600 万美元)。

加工部门的增长是造成初级竹材资源价格上升的一部分原因,也促进了市场体系向更专业化发展。到 20 世纪 90 年代中期,已有超过 200 家竹材贸易企业成为整个市场体系的一部分。同时,考虑到原材料的供给问题,一些加工企业在采伐期之前就以商定的价格与农户签订生产协议。其中一些协议涉及现金抵押。最终,加工企业发现当地的供给难以满足自身需求,于是他们开始从其他县进口原材料。

尽管有这种令人印象深刻的增长和多元化,但参与农户的数量或用于初级生产的土地面积几乎没有变化。到 20 世纪 90 年代末期,安吉县竹材产业的基础仍然是大约 12 万农户。

为了研究竹材产量增加对农户家庭的影响,Ruiz-Pérez et al.(1999)检查了 1994—1995 年安吉县的 200 户农户家庭的随机样本的收入,将其与 1989—1990 年收集到的数据进行比较。他们将农户按照收入水平分为五组,以便比较各个收入阶层的收入来源和收入增长。五年期间,农户家庭收入实际增加了近 7%,但竹林经营收入占总收入的比重依然保持在 24% 到 25%。农业在总收入中也贡献了相对稳定的一部分,但所占比例更大——200 个家庭的所有收入阶层都是如此。因此,Ruiz-Pérez 等得出的结论是,农业在这五年间为所有家庭提供了更大的经济基础。

对于所有的家庭收入阶层,以竹林为来源的收入的绝对水平在 1989—1990 年和 1994—1995 年期间确实有所增长,而且竹林是较高收入阶层的农业收入来源中日益重要的来源。然而,非农就业(其中一些属于竹材加工企业)是不同收入阶层收入差距最大的来源,而且对于最高收入的农户尤为重要。① 图 11.1A 和图 11.1B 展示了这两个时期竹林经营收入对各个阶层的相对重要性。从两幅图的凸状分布我们可以看出,对中等收入阶层的农户而言,竹林是相对更重要的收入来源。对于五组中第二组和第三组农户,竹林是总收入来源的 30%,而对于第一组和第五组的农户,竹林在总收入来源中所占份额不及 20%。

---

① 对于那些从事非农工作的农户而言,林业是一种较为适宜的土地利用方式,本书第 9 章对此进行了讨论。同其他农业耕作或畜牧业生产相比,林业所要求的劳动密集程度较低,而且很多农业活动需要严格遵守季节规律,而林业管理活动在时间方面更为灵活。竹林也具有这些特点,那些从事非农工作的农户不必为此牺牲木材或竹材的生产。

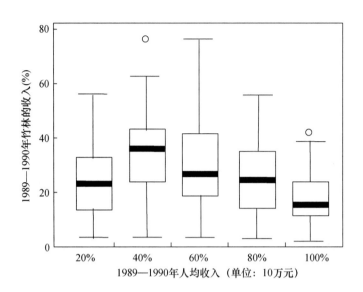

图 11.1A 1989—1990 年安吉县竹林收入的相对重要性（按收入分层）

资料来源：M. Ruiz-Pérez, M. Zhong, B. Belcher, C. Xie, and M. Fu, The role of bamboo plantations in rural development: The case of Anji County, p. 105, *World Development* 27 (1), copyright Elsevier (1999).

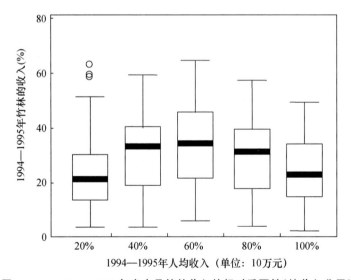

图 11.1B 1994—1995 年安吉县竹林收入的相对重要性（按收入分层）

资料来源：M. Ruiz-Pérez, M. Zhong, B. Belcher, C. Xie, and M. Fu, The role of bamboo plantations in rural development: The case of Anji County, p. 107, *World Development* 27 (1), copyright Elsevier (1999).

表 11.1 显示了两个评估期内人均收入水平差异来源的回归结果。家庭中男性劳动力的数量、适于耕种的土地面积、竹林的面积,以及非农就业都对家庭收入具有显著的促进作用。竹林面积和非农就业的收入弹性分别是 0.32 和 0.48。显然,改善竹产品生产的机会有利于农户家庭收入,但新增的非农劳动机会才是 1989—1990 年到 1994—1995 年期间总体收入增长的最重要因素。

表 11.1 1989—1990 年和 1994—1995 年期间安吉县人均农业收入差异的来源

变量	系数 B	系数 β	t 值
户主年龄(年)	−19.8	−0.127	−1.996
家庭规模	−297.8	−0.225	−3.198
男性/总劳动力比例	1 361.6	0.152	2.244
耕地	114.6	0.151	2.373
竹林	53.9	0.390	5.997
非农/总工作比例	855.2	0.157	2.420
乡镇	107.5	0.178	2.717
常数	1 632.8		2.863

$R^2 = 0.341$
调整后的 $R^2 = 0.317$
$F = 14.178$
F 的 p 值 < 0.0001

资料来源:M. Ruiz-Pérez, M. Zhong, B. Belcher, C. Xie, and M. Fu, The role of bamboo plantations in rural development: The case of Anji County, p. 101, *World Development* 27 (1), copyright Elsevier (1999).

六个县的比较

1980—1998 年,在六个县的更大样本中,从事竹林经营的农户数量增加了 91%,在所有农户中所占的比例从 19% 增长到 26%。竹材加工业在其中的五个县都有所扩张,使地区初级加工业的比例翻了一番,为那些增加了竹材生产的农户提供了更好的市场条件,也为以家庭为单位的粗加工和竹产品加工产业中的非农就业提供了更多的机会。

然而,不同县的加工产业具有不同特色。其中三个县十分具有说明性。

第一,沐川县位于西部,无论是总体上的经济状况还是仅就竹产业而言,都不像安吉县那样多元化。造纸行业占全部竹材加工业的 99%,占全县所有工业产出的 36%。较高的利润率(24%)表明这个不断发展的行业从 1995 年之后继续扩张。显然,竹材生产和以竹子为原料的造纸是全县发展的领军产业。

第二,桃江县的地理位置更靠近中部,工业发展更加多元化。1998 年,竹材加工占桃江县工业产值的 12%,其高达 19% 的利润率表明这一行业仍处于增长阶段。在六个县中,桃江县的工资水平和人均收入都是最低的,同其他五个县相比,主要加工部门对全县 GDP 的贡献更大。虽然桃江县竹材加工业的规模较小,但得益于较低的工资水平,其扩张速度比其他五个县更迅速。

第三,龙游县是六个县中最为发达的一个。人均收入是发达水平第二位的县的二倍,工业也是六个县中最为多元化的。竹材加工(包括造纸、胶合板,以及其他各种产品)只占工业总产值的 7%。过去 20 年,竹产业一直保持了增长,但到 1995 年,其利润率为 8%,与全县其他行业大致持平。因此,龙游县的竹材加工不再具有竞争性的七大优势,也不再是经济增长的主要来源。

各个县在农业收入、工资水平和就业状况等方面也存在差异。1995 年农业收入在增长,但农业收入的差距也在扩大——无论是在各县内部还是不同县之间。竹材生产和家庭经营的竹产品初级加工都增加了六个县的家庭收入。龙游县的农户从竹林经营中所获得的份额最高,同时,他们也拥有最广泛的收入来源(其中也包括竹林产业)。在所有收入来源中,他们的收入水平都比其他几个县的农户高。龙游县的农业生产更加专业化,而且他们有更多的农户能够获得非农就业的机会——这与对最发达也最多元化的县的预期一致。近年来,沐川县的农户收入所得增长最快——这可能得益于沐川县造纸产业需求的迅速增长。总体而言,在六个县中,贫穷农户因竹林经营收入的增长而获益,但是他们获得收益的比例要小于那些收入较高的农户。[①]

11.1.2 一般观察和进一步思考

森林发展的模式都是相似的——无论是像美国南部那样延续较长时间,还是像巴西东部和中国那样在较短的时间内覆盖了广阔的空间。此外,无论我们探索林业和木制品产业的整体发展——如美国南部,还是追踪调查行业在全面发展道路上更受限制的部分——如巴西东部观察到的更有限的发展和中国更加专业的竹林情况,我们都将发现相似的发展过程。

这种发展模式的受益者是谁?当然,受益者包括那些能够获得建立起现代资本密集型木材加工设备所需的大量资本的人,这些设备出现在发展模式的后期。但还有谁受益?

早期森林工业的工人们都住在森林边界附近。他们大多是当地农民和寻求通过兼职或季节性就业来补充收入的农业工人。有些人开始经营他们自己

---

① Ruiz-Pérez 及其合作者们一直在研究这些县的经济发展,他们观察到,随着经济发展水平的提高,竹林所扮演的角色在改变,农户收入来源的种类也在增多,尤其是旅游业将变得更加重要(Gutierrez et al.,2009)。这些发现既符合我们关于森林游憩增加的一般观察结果,也符合我们在第 6 章提出的关于"环境库兹涅兹曲线"的假说 5a。

第11章 森林与地方人类社区

的初级锯材厂,但是这些锯材厂或是季节性经营,或是只在市场条件适宜时经营,因此,从中得到的工资和利润往往也是补贴家庭收入。

随着当地木材加工产业的发展,就业机会最终也在增加。随着伐木进一步延伸到森林边界并远离当地的农业社区,它就成了一部分人的全职工作,而城镇中工厂的工作也成为另一部分人的全职工作。来自尼泊尔(Bluffstone,1995;Amacher,Hyde and Kanel,1999)、印度(Foster,Rosonzweig and Behrman,1997)、斯里兰卡(Gunatilake,1998;Illukpitiya and Yanagida,2008)、秘鲁(Escobal and Aldana,2003)和越南(Tachibana,Nguyen and Otsuka,2001)的证据表明,在这个发展阶段寻求在林业工业中就业的人往往是自给自足的农户,他们现在对天然林的需求减少,因此可能使得森林环境得到改善。

资本密集程度的提高意味着对专业化劳动力和熟练工人的需求更多。因此,森林发展的初始就业收益可能进入少数企业家和最初建立初级锯材加工厂的家庭。之后,当地的受益者是那些在不断发展的采伐业和加工业中寻求长期就业的人,以及那些拥有操作日益技术化的采伐和加工设备所需专业技能的工人们。这些企业家和技术工人们也许并不富有——但是他们通常也不属于我们认为的农村贫困人口。

当然,土地所有者也会受益。随着产业的不断发展,一些小规模土地的所有者开始出售自家土地上的木材来获益。对他们而言,产权的安全性是农业发展至关重要的特征。任何投资都需要相信未来回报属于投资人的预期。因此,像林木这样的长期投资,要求确信产权和整体投资环境在较长的时间内保持稳定——这个期限必须足够长以让林木生长到一定规模并为投资人带来市场化收益。如果当地的制度能够保障长期安全的产权,一些小规模的土地所有者就会发现将经营林木作为收入来源的个人优势。

关于产权安全重要性的例证不胜枚举。中国的经验就很具有说明性。中国从1978年开始现代化市场改革,就农业用地签订了为期25年的家庭承包合同。农业生产在六年内增长了8.5倍。Lin(1992)曾指出,尽管其他改革对生产增长也有促进作用,但土地产权的改善是最为主要的原因。

中国农民态度谨慎。过去20年间,关于土地产权的规则已经修改过四次。尽管如此,即使这些经历产生了不确定性,但有些农民经营林木及由此带来的农业环境改善,可以解释农业生产比改革前增长的10%(Yin and Newman,1997)。当然,随着新造林在前六年幼龄林后成长成熟,随着中国原集体农业用地的森林覆盖率持续增加,这些新增造林的有利影响只会持续扩大。到1998年,中国的森林覆盖面积比1978年增加了60%(Hyde,Xu and Belcher,2003)。

然而,安全的投资环境需要的不仅仅是可靠的林地合同。阿根廷在这方面提供了实例。阿根廷和智利之间的山脉较低，阿根廷这边的生长条件同智利那边有很多相同之处，这些独特的生长条件造就了智利闻名世界的森林生产力，然而，阿根廷却不具有同样高的林业生产力。差别之一在于一般经济条件。智利经济已经稳定了 30 年，而阿根廷经历了通货膨胀的大幅波动，这使得土地所有者很难预测林木投资的盈利能力。此外，劳动力市场的波动使得阿根廷的森林土地所有者很难预测原木采运所需的成本，这增加了土地所有者进行林木投资的价值的不确定性。

总之，机遇存于森林发展的每一个阶段中，不仅属于当地农户，也属于那些技能最少的人。当地工人和农户确实可以从中获益。然而，仅仅存在森林蓄积是地区发展和机遇不充分的基础，还需要适宜的市场条件和土地产权制度安排。

此外，在那些以林业部门为发展基础的地区，产业的发展并不一定意味着获益最多的人是最贫困的人。关于森林发展的收入分布效应的实证证据并不多，但是从中国竹产业的发展可以看出，虽然所有收入阶层的农户都能够从基于森林的新机遇中获益，但获益最大的人似乎是那些更具有创业精神的人，那些拥有足够土地以分担林业等长期投资中的风险的人，以及那些能够掌握专业技能以应对新兴的和日益技术化的采伐与加工产业要求的人。

美国有两个例子同中国的这些观测一致，分别是来自 Boyd and Hyde(1989)提到的北卡罗来纳州和 Stevens(1978)文中的俄勒冈州。Boyd 和 Hyde 观察到较大的土地所有者可以从林木经营中获取更大比例的收益。Stevens 观察到处于最边界的森林工人和加工厂工人们最不可能从常规林业部门的就业机会中获益。而且这些边界工人们流动性更大。他们往往能够流向就业机会更令人满意的地方，无论是在林产业部门还是在其他部门，无论是在当地还是在更遥远的地方。总之，在以森林为发展基础的地区，当地的穷人确实能够从发展中受益，但是他们的收益并不像其他条件优越的邻居们那么好。

11.2 预期发展

正像看起来的那样，如果这种发展的模型对于各地的林业部门具有一般性，那么我们应该能够考察世界上大多数地区的林业，在共同的三阶段模型里确定它的位置，并且可靠地预期该地区林业部门的发展及受其影响的当地人的变化。越南、柬埔寨和老挝，这三个地处湄公河流域的国家可供我们研究这种主张。在过去的 15—20 年间，这三个国家经济和政治条件的改善为林业创造了有趣的前景，并且每个国家的发展历程也形成了非常有趣的案例——无论是对于它们自身而言,还是对于进一步说明对其他地方类似情形的期望而言。[1]

11.2.1 越南

20年前,越南政府开始放松中央管制并允许更多地依赖市场。后来,越南的经济很快焕发出蓬勃的生命力。该时期内,越南的人均年收入增长率为7.2%,是世界上增长最快的。越南的林业部门,尤其是木制品产业,特别是其细分产业中的家具产业从中获益。表11.2总结了越南的整体经济增长以及林业及其组成部门的增长情况。

表11.2 越南

陆地面积		3 292.8万公顷	毁林率:−0.5%
森林面积		1 209.4万公顷	人工林:208.9万公顷
路面里程		23 418千米	
铁路		2 600千米	
人口	7 870.5万	9.02/每公顷森林	增长率:1.6%
国内生产总值		313.44亿美元	增长率:8.8%
单位资本的GDP		398美元	增长率:7.2%
贫困率		37%	
农业占GDP的份额[1]		21.8%	
贸易			
总出口		144.9亿美元	10年间增长了3倍
林产品		4 730万美元	10年间下降了80%
总进口		225亿美元	
林产品		1.33亿美元	10年间增长了8倍
林业部门,家具除外	总附加值		
整个林业部门		5.559亿美元	10年间增长了60%
林业	包括伐木与相关活动	4.21亿美元	10年间增长了50%
木作		5 820万美元	10年间增长了6倍
纸浆和造纸业		7 660万美元	10年间增长了5倍
在GDP中的贡献		2.0%	保持相对稳定
就业	要求全职		
整个林业部门		106 155	10年间增长了3.5倍
工业林业	包括伐木	11 531	10年间基本稳定
木作		59 600	10年间增长了6倍

---

[1] 本章的这一部分总结了Hyde(2006)中更详细的评估内容。

(续表)

纸浆和造纸业	35 024	一直变化,但 10 年间增长了 3 到 4 倍
在全国就业中的占比	0.3%	10 年间增长了 3.5 倍
生产		
所有圆木	3 090 万 m³	
工业圆木	420 万 m³	10 年间增长了 35% 雇工人均生产 363 m³
锯材和木板	30 万 m³	10 年间从 0 到增长 雇工人均生产 50 m³
纸制品	377 吨	10 年间增长了 4.5 倍 雇工人均生产 20 吨

资料来源:Hyde(2006)。

注:[1] 这个变量以及之后的价值都是以 2000 年美元为单位来衡量的。

越南林业部门的生产以 5.4% 的年增长率快速发展,几乎与整体经济的发展水平同样迅速。然而,林业部门的增长主要集中在木制品产业,而森林生产本身仅仅以 3.9% 的速度在增长,或大约是总体经济增长的一半。这些比较,再加上越南国内市场本身消费了大部分林业部门产品的认知,表明林业部门参与了越南经济的增长,但并不是推动力。显然,林业部门的增长确实支持了整个经济的增长,但林业并未成为整个经济增长的主导部门。

木制品产业的增长已经发展到了一些产业(纸浆造纸、木质板材、家具制造业)开始受到木质原材料短缺影响的程度。一些企业(主要是州所有制的企业)已经开始投资森林种植业,并且这些投资以每年 10% 或 20 万公顷的速度快速增长。这是越南已经进入森林发展的最后成熟阶段的众多指标(资本集约度、劳动生产率、产业多元化以及劳动力和资本的专业化)中最强有力的。

林业部门并不是主要的雇主(与其占 GDP 的 2% 相比,就业只占全国的 0.3%),并且林业部门雇用的工人往往居住在人口中等到稠密的地方,这也是建立木制品产业的地方。越南的种植园,无论是行业或行业协会建立的大型种植园,还是许多小型农场林地,都为农村人提供了一些经济支持,并且我们可以预见,随着种植园土地经营面积的增长,这种支持也会增加。像在许多新种植园集中的中部高地等地区,种植园甚至可能支撑着相当一部分人的生活。但是,即使是中部高地,也以农业为主(主要是腰果、茶、咖啡和橡胶等树木作物),并且农业可能仍将是该地区农村家庭就业和收入的最大唯一来源。

与此同时,越南的林产品进口增长十分迅速,主要是木材和纸浆,在过去十年内增长超过 8 倍。我们可以预期,已经开始进口原材料的木制品产业将继续这样做,而从生产这些进口产品中获益的家庭位于出口到越南的国家——尽管越南进口增长的事实确实表明国内原材料价格有上涨的压力,导致当地种植园有额外激励,以及小型林地和管理它们的越南农户有额外机会。

总之,随着整个经济增长更快,越南林业部门也增长迅速。参与林业部门的家庭的福利也迅速增长,但这在越南人口中所占比例很小。随着涉及种植园林业的土地面积和管理任务的增加,获益的农村家庭数量可能会增加,但是我们可以预期,由于木制品产业将继续进口大量木质原料,这个数字将保持较小。越南的邻居,柬埔寨和老挝,以及它们国内的农民,可能是越南对未加工木材作为其快速发展的木材加工业原材料日益增长的需求的最大受益者。

11.2.2 柬埔寨

柬埔寨的总体情况和越南差异很大,但也很有趣。很多因素有利于其森林发展,可以使比越南人民更贫穷的人受益。然而,至少有一个绝对关键的因素介入了其中。

与越南一样,柬埔寨是一个处于转型期的国家和经济体。它的经济正在增长,但直到 2005 年才开始展现像越南经济一样的活力。不确定性可能是对柬埔寨的定义——尤其是其尚未发展的林业部门。柬埔寨 20 年的内战现在已成为历史,这个国家的一切都因此而更好。柬埔寨的整体政治环境确实表现出了更强的稳定性。尽管如此,最近的稳定期并不足以吸引对长期经济企业的重大投资。无论是森林种植业,还是新的木材加工设备,甚至是林业部门的新伐木设备,投资都为零。

柬埔寨的领土被广大的森林所覆盖(森林覆盖率达到 53%),并且有着悠久的原木出口历史。柬埔寨通过公路运输向邻国越南和泰国扩展市场,通过铁路运往港口城市西哈努克并经销往世界市场。尽管有这样的优势,柬埔寨的木制品产业几乎不存在(与伐木业的产值足有 7 700 万美元相比,2000 年许多小型锯材厂和家具厂的总附加值下降了 40 万美元)(见表 11.3)。即使是伐木业,占 1994 年国家出口额的 40%,也一直在下降直到 2000 年仅占官方出口额的 2%。伐木业的衰退有诸多原因:由于内战结束,伐木作为军备竞赛经济来源的地位不复存在;1997 年东亚金融危机后,邻国泰国的需求下降;2002 年国家发布了伐木禁令;如今关于伐木政策的实施具有不连续性。尽管如此,很明显伐木现象仍然存在,其中的一部分(也许是一大部分)是违法的,而其余的伐木行为之所以合法,是因为一些伐木者通过规避政府相关政策法规而获得了官方许可。在这些条件下,任何伐木工专用设备的定期使用必然面临不确定性,而向任何国内加工者或国外消费者运输原木也必然是不规律的。尽管当地一些私人农场因生产木材对原木存在需求,但这种需求也是不确定的,因为农民无法确定他们能否在木材成熟时获得所需的原木运输许可。因此,短期经济活动成为唯一的选择。没有人会在这样的条件下进行投资。当无规律的机会出现时,伐木工和木材加工者只会使用现有的持续折旧的设备。因此,产业走向衰退,而使用老化的设备以及缺乏森林经营可预期的回报也是自然环境恶化的原因之一。

表 11.3 柬埔寨

陆地面积		1 764.2 万公顷	毁林率:0.6%
森林面积		933.5 万公顷	人工林:8.2 万公顷
路面里程		1 996 千米	
铁路		620 千米	
人口	1 094.5 万	1.17/每公顷森林	增长率:2.3%
国内生产总值		318.3 亿美元	增长率:1.0%
单位资本的 GDP		303 美元	增长率:−1.3%
贫困率		36%	
农业占 GDP 的份额[1]		35%	
贸易			
总出口		132.7 亿美元	1995 年至今增长了 2 倍
林产品		2 800 万美元	10 年间下降了 80%
总进口		21.24 亿美元	
林产品		600 万美元	快速且数倍地增长
林业部门,家具除外	总附加值		
整个林业部门		7 790 万美元	10 年间下降了 60%
林业	包括伐木与相关活动	7 740 万美元	10 年间下降了 60%
木作		40 万美元	10 年间下降了 70%
纸浆和造纸业		0	
在 GDP 中的贡献		2.7%	10 年间下降了 2/3
就业	要求全职		
整个林业部门		6 642	10 年间下降了 2/3
工业林业	包括伐木	775	10 年间下降了 80%
木作		5 147	10 年间下降了 70%
纸浆和造纸业		720	
在全国就业中的占比		0.1%	10 年间下降了 2/3
生产			
所有圆木		1 030 万 m³	
工业圆木		20 万 m³	雇工人均生产 231m³
锯材和木板		4 006 万 m³	雇工人均生产 12m³
纸制品		0	

资料来源:Hyde(2006).

注:[1] 这个变量以及之后的变量值都是以 2000 年美元为单位来衡量的。

第 11 章　森林与地方人类社区

总之,柬埔寨确实存在基础森林工业的可行前景。这项产业对于整体经济以及伐木业和锯材业就业做出的潜在贡献都可能很重大,无论是固定工作还是作为小农户的补充收入。然而,政策环境一直在恶化。此外,众多代表着不同利益且持不同观点的国际林业顾问的干预更多地是阻碍而非帮助。这些顾问中的许多人只狭隘地关注森林保护的物理措施,而忽视了经济激励和柬埔寨的整体福利。此外,他们多样的建议以及他们落实这些建议的强大平台,增强了林业部门的不确定性。在这种情况下,林业部门无法实现其可持续发展的潜力,柬埔寨农村的穷困人口也不能获得潜在的收益。

11.2.3　老挝

老挝林业部门的发展前景稍微好一些。老挝的经济并不像越南那样蓬勃发展,交通基础设施、与国际市场对接的途径不像柬埔寨那样发达。然而,老挝的整体经济正在增长,国内政策环境的稳定时间也比柬埔寨更长。政府在过去十年内接受了诸多市场改革——尽管仍可能进一步削弱其自身的市场管理以促进国民经济增长,同时也使林业部门获得发展。此外,老挝的森林立木资源更为丰富,占据总土地面积的54%,超过了越南和柬埔寨。而且老挝人口稀少,这意味着廉价的土地可以被用于任何好的机会,比如林业。

目前,老挝林业部门产值占GDP的2%,而就业比例更小。尽管如此,林业部门还是很重要的,因为伐木的特许经营权使用费约占政府预算的20%。林业生产是老挝出口收入的第二大(30%)来源,林业生产的80%用于出口,这其中90%是以相对未加工的原木形式出口。林业部门在需求方面经历了充分增长,以至于一些小型木材加工公司开始投资自己的森林人工林。这表明林业部门的木材生产部分正在接近森林发展的成熟阶段——即使该部门的木材加工部分仍然很不发达(见表11.4)。

表 11.4　老挝

陆地面积		2 308 万公顷	毁林率:0.4%
森林面积		1 256.1 万公顷	人工林:0.6 万公顷
路面里程		9 664 千米	
铁路		0	
人口	5 297 万	0.45/每公顷森林	增长率:2.6%
国内生产总值		170.9 亿美元	增长率:5.9%
单位资本的GDP		289 美元	增长率:3.0%
贫困率		33%	
农业占GDP的份额		50.4%	10 年间下降了20%
贸易			
总出口		3.3 亿美元	自1995 年后增长了50%
工业圆木		1 000 万美元	
林产品	工业圆木和家具除外	350 万美元	

(续表)

总进口		5.07 亿美元	自 1996 年以来大幅下降，已经为总出口的 36%
林产品		0	近年来有 100 万—200 万美元
林业部门,家具除外	总附加值		
整个林业部门		3 190 万美元	10 年间在 3 200 万—5 600 万美元区间变动
林业	包括伐木及相关活动	3 040 万美元	10 年间快速变动
木作		140 万美元	在 100 万—500 万美元间变动
在 GDP 中的贡献		1.9%	10 年间为 1.2%—1.9%，通常蓄积更多，单位价值更低
就业	要求全职		
整个林业部门		6 861	10 年间增长了 2 倍
工业林业	包括伐木	3 262	
木作		3 599	10 年间增长了 2 倍
纸浆和造纸业		0	
在全国就业中的占比		0.3%	10 年间增长了 2 倍
生产			
所有圆木		640 万 m^3	10 年间相对保持不变
工业圆木		60 万 m^3	10 年间变化 50 万—100 万,雇工人均生产 174 m^3
锯材和木板		20 万 m^3	10 年间变化 11 万—68.5 万,雇工人均生产 59 m^3

资料来源:Hyde(2006).

注:[1] 这个变量以及之后的变量值都是以 2000 年美元为单位来衡量的。

老挝有可能获得更大的国际市场份额,这是最有趣的。经由陆路销往中国北方的市场还很小,但发展迅速。泰国的需求也可以增长——尽管泰国东北部存在的买家垄断行为会限制这种增长。横贯湄公河的新桥可能会减少运往曼谷的成本,从而减少世界市场的运输成本,其中原木离岸价格减少了 25%—50%,锯木离岸价格下降了 7%—9%。

然而,最大的潜在市场可能是一山之隔、位于东面的越南。越南、中国以及世界市场对老挝原木和锯木的需求弹性都需要评估,而这些评估是可靠预测的基础。然而,很显然越南和中国目前的原木和锯木进口总量远小于老挝的出口总量。适当降低原木到这两个市场中任一个的运输成本都可能给老挝经济带来巨大的影响。中国和越南的进口需求都能轻松消化老挝现阶段全部的产量,从而可以使老挝的原木产量和就业量增加两倍,并引发新种植园和森林经营的就业的额外需求。这种影响对于南部中央地区应该是最大的,该区域位于通向越南的 9 号高速公路的两侧。这一区域人口稀少,拥有一些森林资源,并且有可用于种植园的肥沃土壤。

因此,在国内稳定的政策环境中(尽管仍然可以从更小的政府角色中受益)、在越南和中国的持续强劲的市场下,以及伴随着不断优化的陆路交通,林业部门产额占 GDP 的比重可以从 2% 上升到 5% 或更多,出口原木和初级加工的锯木也会成为国内最大的出口收入来源。此外,如果我们对老挝出口的需求弹性有更多了解,那么这些也许是谨慎估计,估计值可能更大。

11.2.4 小结

总之,如果没有可利用的森林资源,则发展一个林业部门并且借此提高当地人口的福利是不可能的——但是森林资源本身对于发展却是不充分的。湄公河流域的例子进一步证明,发展需要合适的市场和政策环境,至少要在当地市场或在廉价交通范围内的市场中具有稳定性或可预测性。如果拥有立木森林资源以及适合的市场和政策环境,那么林业部门在一些地区可以成为发展的重要来源,甚至可以成为主导部门,如老挝一般。然而,对世界上大多数地区而言,林业部门的发展更可能成为对当地家庭收入的补充来源和经济增长的长期贡献者,而不是领导者。

11.3 地方社区与森林依赖性

本章的第三部分转向了更小的地方和区域社区的问题,以及活跃的林业部门对地方社区的影响或者地方社区对森林的依赖性。全球性经验涵盖的范围从森林作业是就业的所有来源的公司城,到多样化的社区(其主要经济活动一般是农业,但森林机会是许多当地家庭就业和福利的来源之一)。

其中一些社区的森林机会是商业化的,侧重于伐木作业或伐木作业和初级木材加工,或基于森林的游憩与旅游。在其他社区,非木质林产品更加重要。在特殊情况下,非木质林产品可能提供高达 95% 的家庭现金收入(Schreckenberg et al., 2005)。更常见的是,非木质林产品的采集和交换为社区里的一些家庭提供了收入补贴或者成为家庭消费的重要组成部分。在所有情况下,基于森林的机会对那些依赖它的家庭至关重要,并且这些家庭常常包括推动很多公共政策决议的更贫穷家庭或少数族裔家庭。

这个问题可以分成两个部分。第一部分回顾了依靠森林获取各种资源的当地社区的经验。这些通常是自给自足的农业社区,而且妇女作为薪材或非木质林产品采集者的作用一直是考察这些社区的文献中一个重要的问题。与资源的距离、花费在采集上的时间以及天然林或施业林和树木的相对可用性的测量一直是分析的核心——这与三阶段模型里,距离或准入以及天然林和施业林区别的重要性一致。

这一问题的第二部分探讨商品林经营对当地社区的收入和就业的影响,如木材生产或商业性游憩机会。这在美国和加拿大等发达国家是一个更大的问题,因为在这些国家,大量的天然林经常被视为区域经济发展的一个来源,或者对公有地上的木材管理有时候被视为缓和许多社区经历经济活力的繁荣与萧条波动的一种方式。

11.3.1 自给自足社区的影响

Peters,Gentry and Mendelsohn(1989)使用来自秘鲁亚马逊的数据,结果表明当地居民从采集野生水果中获得的收入可能高于在森林中进行木材作业的收入。自 Peters 等以来的众多观察都提供了不可否认的证据,表明农户确实从邻近森林中的非木材机会中获益——包括采集薪材和非木质林产品、放牧以及猎杀野生动物作为蛋白质的来源。对于一些社区,我们估计所涉及的个人或家庭数量,或者估计从森林中收集材料的数量,都可能非常大。[①] 例如,在坦桑尼亚的两个地区,仅木炭的销售就占家庭现金收入的 38%。再加上蜂蜜、薪材和野生水果的销售,非木质林产品的贡献达到了这些家庭现金收入的 58%(Monela et al.,1998)。在中非的其他地方,野生动物肉是农户中高达 80%的蛋白质和脂肪来源。更贫穷一些的家庭依赖野生动物肉作为现金收入来源以及用于个人消费(Nasi et al.,2007)。诸如家具制作和用藤条编制篮子等手工制作的贡献更大,在全世界范围内为超过 1.4 亿人提供了就业,大约是发展中国家林业就业人数的 10 倍(ITTO Tropical Forest Update,2007;Byron and Arnold,1999)。Prebble(1999)认为 150 种不同的非木质林产品对国际贸易很重要。1996 年仅仅泰国就出口了价值 1 800 万美元的竹子、藤条、橡胶和树脂、药用植物、产业化养殖昆虫、沉香木以及其他的非木质产品。

这些测算支持一般的期望,即非木材产品的采集为林木采伐和天然林的减少提供了重要的替代品,同时使作为这些非木材产品较大采集者的更贫穷家庭受益。对某些社区,这些有利的影响是不可否认的。然而,支持它们的证据往往是从轶闻性质的案例研究中得到,更不乐观的是,对其他社区从薪材和非木

[①] 详见 Neumann and Hirsch(2000)对这类文献的回顾。

第 11 章 森林与地方人类社区

质林产品中获得价值的估计挑战了它们的一般性。

更一般性的观察

最近的三个评估试图从更广范围的自然与经济形式中理清非木质林产品在当地福利中更加一般性的作用。其中的两个还探讨了这些社区依赖森林对天然林保护的影响。

Vedeld et al.(2004)回顾了来自东非、南非和南亚 17 个国家的 54 个家庭的研究。他们的总结性观察是，每年大约五分之一的家庭福利来源于非木质林产品，包括约 8% 的野生食物和 6.5% 的薪材。家庭福利的五分之一可以分解为家庭消费和在市场销售采集产品的现金收入。富裕一些的家庭采集的数量更大，但非木质林产品为较贫穷家庭提供了更多的福利。因此，距离市场较远且对市场依赖程度较低的农村家庭，从自己采集和消费林产品中获得了更多的福利，而从市场销售中获得更少的福利。

Dewi,Belcher and Puntodewo(2005)从印度尼西亚东加里曼丹 73 个村庄（更基于地理学的选择）的样本中得出了相似的结论。他们还补充称，村庄经济基础的多样性也是其依赖森林的一个因素。当然，提高经济多样性通常与市场准入和距离森林更远相关，而经济更多样化村庄的家庭往往比那些在不那么多样化村庄中的家庭更加富裕。

来自 Belcher,Ruiz-Pérez and Achdiawan(2005)的第三个评估通过根据森林用途将村庄分类来提供更具比较性的视角。Belcher 等考察了遍布非洲、亚洲和拉丁美洲的一系列具有不同自然与经济形式的 61 个社区。他们首先测量了非木质林产品的收集和市场销售对家庭收入的贡献，作为当地整合现金经济的一个函数。具体而言，对每一个社区，他们将非木质林产品销售收入在家庭总收入中的占比对家庭现金收入在家庭总收入中的占比进行回归。他们认为后者，即自变量，是一个社区融入现金经济的标志。图 11.2 显示了他们最基础的总结性回归，这是一个非木质林产品贡献关于社区融入现金经济的对数型递增函数。

进一步研究图 11.2 会发现，根据对森林的使用，61 个社区被整齐地分为五类。16 个自给自足的社区（由圆圈表示）都出现在图中的左下象限里。作为自给自足的社区，非木质林产品的贡献低于家庭收入的 50%，并且他们依赖现金经济的收入低于总收入的 50%。这些社区并没有与现金经济很好融合。

依赖非木质林产品的两组社区要么是为了补充收入（三角形，22 个社区），要么是作为综合性家庭经济策略的一部分（菱形，9 个社区），都分布在图中的右下象限。非木质林产品对其现金收入的贡献仍然不到 50%，但是这些社区更好

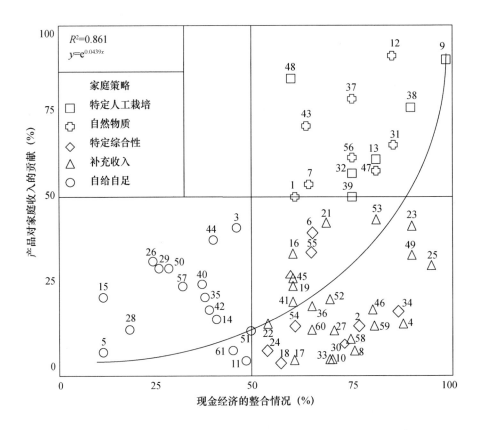

图 11.2 对 61 个社区而言，对现金经济的整合情况(%)与非木材林产品对家庭收入的贡献(%)之间的关系

资料来源：这一表格发表于 World Development 33(9)，B. Belcher, M. Ruiz-Pérez and R. Achdiawan, Global patterns and trends in the use and management of commercial NTFPs: implications for livelihoods and conservation, p. 1439, copyright Elsevier (2005)。

地融入了当地的现金经济。

最后，依靠特定自然物质（十字形，8 个社区）或特定人工栽培（正方形，6 个社区）技术从树木和森林中培养和获取产品的社区都分布在右上象限。最后的 14 个社区从非木质林产品的销售中获得 50% 或者更多的现金收入，而且它们也更好地融入了当地的现金经济中。

进一步的观察还显示了这五类社区与基础设施发展，尤其是市场准入之间的潜在关系，以及这五类社区各自对天然林或施业林的单独依赖。这些关系与林业经济活动的三阶段模型所描述的预测很相似，也与 Vedeld 等的总结性观测结果一致。

从第一类到第五类社区，基础设施和市场准入逐渐改善。前三类社区完全

第11章 森林与地方人类社区

依靠未管理的天然林。据推测,因为大多数社区可能与最近的市场相距较远,而且从天然林的家庭采集也很可能在家庭福利中占较大的比例,所以它们往往对现金经济的依赖更小。第四类和第五类社区可能依赖于对施业天然林的使用,第五类社区的部分家庭也经营着他们自己种植树木的林分。因此,伴随更好的市场准入,来自施业林的非木质林产品开始对后面类别社区的现金收入有所贡献。

Belcher 等也考虑了五类社区中家庭劳动力投入和森林生产力的不同。用他们自己的话来说最恰当。对自给自足的社区(第一类),"野外采集往往发生在基础设施较薄弱的地区。单位面积的劳动力投入和生产力较低,而且生产通常是男性主导的活动"(p.1440)。"林业经常是默认选择"(p.1447)。"开放性进入(天然林)的资源为资源有限的人提供了机会,(但)不能排除竞争者常常阻碍(家庭)利用这些资源获得良好生活……存在对市场化非木质林产品过度开采的趋势"(p.1447)。①

"管理系统(第二类和第三类的社区)往往处于野外采集和种植的中间位置"(p.1440)。女性是这些中间系统的更大参与者,因为即使是最低程度的"森林驯化"也需要更多的劳动力投入。

最后两个更加专业的类别"倾向于与基础设施发展、人口密度、相关发展的最高水平,提供最高的家庭收入……以及最高的单位土地公顷产量相关"(p.1443)。在这两类社区中,明确的私人土地产权往往是常态,而且"它为给定的林产品提供更加稳定的生产系统"(p.1443)。这些类别社区的家庭从市场化的非木质林产品中得到更高的价格,因此经营的回报更多。也许是因为它们具有更大的经济吸引力,这两类社区的施业林要求更多的男性劳动力投入。培育施业林仅在第五类社区中出现。

Belcher 等积极为帮助农村贫困人口的政策设计提供指导。他们总结"因为非木质林产品对贫困人口重要就努力发展非木质林产品来帮助贫困人口的设想是过分简单化的,而且通常是错误的"(p.1446)。而且"最终,如果非木质林产品对缓解贫困有用的话……也必须通过增长的、更有效的商业性生产和贸易"(p.1447)。但是,在所有61个社区样本中,非木质林产品只占家庭收入的一部分,通常是小小的一部分。因此,他们认为对贫困人口和森林环境而言,相比于鼓励增加非木质林产品商业性采集的政策,帮助人们参与替代性活动可能是一种更有利的策略。

---

① Kusters et al.(2006)利用对非洲、亚洲和拉丁美洲的55个社区的非木质林产品销售的观察,也得出了这些产品的市场机会导致了天然林消耗的结论。Scherr,White and Kaimowitz(2004)进一步评论了森林市场和贫困。

关于薪材、其他非木质林产品、性别和贫困的详细信息

Belcher等的研究仅限于非木质林产品的市场销售对收入的影响。对很多更加贫穷的农村社区而言，评估活跃的林业部门对福利的影响应该更加全面，包含对自主采集木材及非木材林产品的市场销售和家庭直接消费的测算。在一些社区的很多家庭里，相同产品的直接家庭消费比市场销售更多。

一种被称为"新家庭经济学"的技术已经被开发用来评估家庭活动，主要是针对在衡量家庭活动时，生产和消费共同发生且不可分离的情况。[①] 正如本章附录所示，这种技术是复杂的，而且仅适用于少数林业案例，通常用于南亚的薪材及其替代品的研究。然而，在贫困家庭特别是妇女的参与方面以及家庭和社区对天然林或施业林和树木的依赖方面，结果引人深省。[②]

薪材及其替代品的家庭经济评估都来自自足自给型的社区，这些社区从森林采集的薪材及其他产品在家庭总生产和消费中只占较小的份额。对家庭和社区样本而言，无论为了维持家庭生计还是市场销售，农业在所有活动中都占据了很大份额。这些社区里较贫困的家庭从天然林采集薪材和其他一些产品（如水、作为燃料的畜粪、作为饮食器具的阔叶——取决于当地的惯例和可用性）。经济情况较好的家庭——仍然是贫困的，只是并不像前者那样贫困——可能会采集一些薪材，但是他们更多地依赖从小型正规市场购买同样的产品，或更喜欢使用薪材的替代品。[③]

一些采集薪材和其他林产品的人需要到相当远距离的地方去收集——但市场状况是重要的。当本地小型市场的薪材价格更高时，他们更可能参与采集，这些家庭往往既为了自家消费也为了市场销售而采集更多。当非农就业机会不大或者其他就业机会的工资更低时，他们也更可能进行采集。因此，在农闲时，回报更高的采集活动增加也就在意料之中了。因为女性通常是主要采集者，所以当采集花费的时间也可以作为其他家庭责任的投入时，她们的参与就更加积极。抚养孩子可以是一个例证，妇女采集薪材时经常带着小孩，但是小孩采集的薪材可以忽略不计，而且带着小孩的妇女的总采集量有时比没有带小孩的其他女性要少一些。

一些家庭生产和消费的评估表明，更高的薪材价格和更多的采集时间（都

[①] Singh，Squire and Strauss(1986)是标准的技术性参考文献。

[②] Hyde and Kohlin(2000)研究了相关文献。Mekonnen(1998)和Hegan et al.(2003)增加了东非和南非的案例。

[③] 小型正规市场的存在很普遍，但对这些市场的评价却几乎不存在。在现有的评估中，贫困家庭看起来似乎对这些市场的供给比经济情况较好的家庭的购买量更少。因此，必然存在当地初级市场的其他供给者。最贫困的家庭，通常是没有土地的家庭，必然弥补了这个差异。我们可以假设没有土地的家庭是薪材市场的重要供给者，但是这些家庭显然在该类参考文献的数据中被大量忽略。

是稀缺性的证据)导致了替代品的出现。像畜粪和稻秆等农业剩余物替代燃料的证据较少。改良型火炉(燃烧更少的燃料)的替代和其他木材燃料的替代品的证据更多。在当地稀缺性最严重的地方,家庭为获取薪材更可能从依赖天然林转为在自己的农地上种植和经营树木。在这些情况下,男性似乎成为薪材采集中更多的参与者,正如他们在田地劳动中也提供了更大的份额。事实上,Linde-Rahr(2005)从越南的证据中发现农业和一般非木质林产品采集的劳动力回报之间的差异并不显著。

这些观察与一般性的经济期望一致。家庭分配生产资源,并且做出边际上相等的消费选择。这些观察,地理上主要针对南亚的薪材,应该使我们预测到世界其他地区和其他社区家户依赖薪材及其他非木质林产品的相似经历。[1] 事实上,对其他非木质林产品的更有限的分析证据表明,它们的价格弹性,如薪材的价格弹性小于1。而且,少数产品的收入弹性可能为负——表明它们是劣等品,当家庭收入增长足以让他们使用优先的替代品时就会取代劣等品(Hyde and Kohlin,2000;Linde-Rahr,2005;Gopalakrishnan et al.,2005)。

但是,Robinson and Kajembe(2009)提醒我们,家庭对各种非木质林产品日益稀缺的反应并不完全相似。尽管家庭通过普遍减少消费来应对价格上升或其他稀缺的指标,但家庭对不同非木质林产品的反应也不同。例如,来自坦桑尼亚的证据表明,在日益稀缺的情况下,家庭用其他燃料替代薪材且采集更少的野外水果,但为了继续获得编制和建筑的材料,他们会增加采集时间。

正如收入弹性显示的那样,家庭财富显然是非木质林产品采集和使用的关键决定因素。较贫困的家庭更依赖非木质林产品作为日常消费的一部分,而且在最需要的时候,天然林提供了可获得的、低成本的非木质林产品。对这些家庭而言,它成为一个"安全网"。[2][3]

自给自足型社区消费的影响——森林退化与改善

当地社区消费对森林的影响是什么?是否有办法改善那些更依赖天然林

---

[1] Arnold 和他的同事(Arnold et al.,2003;Arnold,Kohlin and Persson,2006)确实对薪材进行了一般化研究。

[2] Sunderlin,Angelsen and Wunder(2004)和 Fisher and Shively(2005)都提到了许多关于社会保障网的讨论。这里所讨论的与前一章安全网的讨论有一点小区别。第10章提到在非常时期依赖小规模私有林地获得经济收益,但并不一定是经济困难时期。在本章中提到的更多指开放进入森林或乡村森林,而不是私有森林,且更常见于经济困难时期贫困家庭的使用。

[3] 关于林业安全网的大部分讨论都涉及农村家庭。根据玻利维亚亚马逊的样本,Stoian(2005)证明了在有限的经济机会时期,贫困的城郊家庭也能通过增加非木质林产品加工的行为获得收益,尤其是棕榈树心和巴西坚果。

产品的贫困社区和家庭？这些问题似乎产生了三种不同应对的政策：纠正森林退化的保护策略；将产权下放作为改善森林保护、稀缺资源可获得性以及许多依赖于此的贫困家庭命运的手段；改善当地可获得的林产品的市场化机会。在本章和前面章节中，每种应对政策都以某种形式大体讨论过。然而，这次的问题和这些应对政策是针对自给自足型社区和贫困家庭。对这些社区和家庭进行研究可能是有用的。

与商品林及其模式相似，这些社区和家庭使用的木材和非木材林产品都遵循消费与发展的三阶段模型，这对理解上述每种应对政策都是至关重要的。回顾过程，家庭首先从天然林里采集木材和非木材林产品。然后随着采集开始耗尽容易获得的资源，他们会更进一步前进，移除和分解更难获得的天然生长的产品。如果要继续消费，价格一定会上升，而且继续上升直到最终克服建立产权和经营家庭消费产品的成本，主要生产天然林中相同产品的替代品。第 2 章提到了亚马逊地区的巴西坚果和尼泊尔山区的薪材的案例（Viana et al.，1996；Amacher，Hyde and Joshee，1993）。

保护策略的讨论之所以产生，是因为很多观察者意识到了天然林的初期枯竭，尤其是它给不成比例地依赖其木材及非木材产品的贫困家庭带来的额外困难。任何保护策略都要求至少在一段时期内限制进入，而在资源恢复时期，限制进入无法帮助有紧急需求的贫困家庭。[①]

如果当地管理能使森林的保护与经营以及资源在当地使用的成本比在更集中的中央行政管理下成本更低、效率更高，则将产权从中央下放到地方机构和家庭将改善资源状况。然而，产权下放对仍然在开放进入利用范围内、较难获取的森林资源（第 2 章图中的点 B 与点 D 之间）将不会有影响，因为对于任何机构，无论是本地的还是其他的，建立产权的成本都太大了。此外，在权力下放确实能够改善森林经营的地方，只有贫困人口在新移交的管理系统下获得一部分权利或准入时才是有帮助的。通常，富裕的家庭和社区领导者主导新的产权安排。而且虽然森林及其各种产品可能得到了更好的经营管理，但贫困人口并不是真正的受益者。[②]

改善市场机会可能是改善森林条件和贫困的自给自足型家庭福利的更好办法。但是，改善市场机会需要在运输系统或市场信息传播或者两方面皆有公共投资。减少运输成本相当于增加所有运到市场上的商品和服务的当地价值。

[①] 详见 Reddy and Chakravarty(1999)、Jodha(2000)和 Dangi and Hyde(1991)分别对来自印度北方邦、拉贾斯坦以及尼泊尔山区案例的讨论。

[②] 来自越南中部高地的一个例证可详见 Sikor and Nguyen(2007)，或更多一般性的讨论见于 Hobley(2007) 和 Angelsen and Wunder(2003)。

需求价格的上涨导致当地社区以外市场的额外采集,这可能导致森林资源进一步枯竭。然而,改善市场准入通常也会增加其他的机会,包括农产品的机会以及比在当地自给自足的森林采集中就业获得更高回报的其他就业机会。事实上,改善市场机会一般使劳动力远离森林采集业。对那些就业机会已经改变的家庭而言,他们对低价值、劳动密集型林产品的需求普遍下降,同时当地天然林的耗竭情况也会减少。森林也许会开始恢复。总之,更好、更广泛的市场机会通常导致当地经济更加多元化,而经济多元化可能会减少(但不能消除)经济周期的极端情况,因此也减少了对森林资源的一些安全网需求。在这样一个过程中,天然林开始恢复。①

11.3.2 商品林经营的当地影响

现在我们从自给自足型社区转向商品林经营的讨论。毫无疑问,在某些情况下,森林是区域经济发展的源泉。尽管如此,正如我们在第6章和本章前文中讨论的那样,森林活立木资源的可用性对于区域经济发展并非充分条件,这也是毋庸置疑的。

然而,仍有观点认为,鼓励商品林活动的公共政策可以促进区域发展,还可以显著减轻当地经济的大幅波动,从而确保更稳定的区域经济。两者都是重要的政策观点,因为居住在森林地区的居民大多贫穷,良好的发展政策可能会改变他们的生活,也因为经济活动中的繁荣与衰退周期往往描述了当地资源主导型经济的特点。在这些情况下,鼓励森林经营的公共政策可能对当地活动有积极作用,但重要的是了解可能的条件、对其有效性的限制,以及在某些情况下误导我们的错误信息。

有观点认为公共木材的采伐能促进当地或区域发展。因此而采伐公共木材或私人木材的决定确实对区域整体经济产生了有利影响。它保证了伐木工和工人的就业。这些伐木工、工人和工厂主会用他们的工资和利润在当地消费,从而增加当地零售业的需求以及供应伐木和木材加工业所需材料的企业的当地需求。

然而,伐木决策的优点取决于立木的净值以及谁支付伐木费用。显然,私有土地所有者和独立伐木工必须承担自己的成本。除非他们能从伐木中获得净收益,否则他们不会采取这样的行动。当外部市场的产品价格上升,或者外部市场购买投入要素的成本下降时,他们能够获利。当伐木存在净收益时,土

---

① 关于案例和一般性讨论,详见 Illukpitiya and Yanagida(2008),Scheer et al. (2004),Dewi et al. (2005),Belcher and Schreckenberg(2007),Wilkie and Godoy(1996),Gunatilake and Chakravorty(2001),以及 Byron and Arnold(1999)的讨论。

地所有者获得立木费,伐木工和工人获得工资,工厂主获得利润,而整个社区因为土地所有者、伐木工和工人、工厂主增加在当地社区其他部门中的支出而获益。

公有森林的情况则不同。公共机构可以并且通常从其他公共资源转移资金,以支持木材销售和采伐,否则将在经济上无利可图。许多公共林业机构都依赖于非经济的会计系统,如第 3 章附录中提到的可允许砍伐系统。其他的机构可能直接以区域发展为由,将资金转移到当地木材经营上。[①] 无论是哪种情况,结果都是相同的,那就是公共资金的外部来源补贴了当地木材经营和采伐活动——只要国家其他地区更多的公众允许将一般公共资金用于支持特定森林地区的活动,那么当地的砍伐就能继续。如果这种转移即将结束,那么在这些地区的公共木材采伐将不会再超过其自身经济价值的合理规模。此时,公共资助对区域发展的激励就停止了。

通过引用乘数效应,支持区域发展中公众资助的论点往往更好听。乘数衡量初始外部资金注入的额外一轮花费在当地经济中的影响。它包括与公共活动有关的当地商品和服务的初始支付,如伐木工的工资,以及伐木工家庭购买当地零售商品对当地经济带来的第二轮影响,还有为满足伐木工家庭增长的需求而加班的零售员工获得额外工资带来的第三轮影响,等等。随着当地雇员和企业后续每一轮的支付,对当地经济带来的有利影响逐渐减弱,因为在每一轮中,有一部分工资作为储蓄,还有一些支出会用于在该地区以外的地方生产商品和服务。乘数取决于区域的面积和当地自给自足的程度,面积越大的、越自给自足的区域,乘数越大。不过,对于任何外部投入来说,第一年的地区乘数在 1.6 左右是比较常见的。显然,将任何外部投入放大 1.6 倍,并且将这种结果作为项目回报会使得公共机构的每一个项目看起来更具吸引力。

乘数效应的问题不在于会计。毫无疑问,当地经济的外部投入会引起第二轮、第三轮甚至更多轮的消费,从而引起当地经济的扩张。问题在于在任何地方和任何经济活动中,相同的公共资金的任何支出都会有可比较的乘数效应。因此,乘数并不会只为一个特定的地方公共活动而不为任何其他公共活动提供比较优势,并且如果考虑林业或者其他的替代公共项目,那么排除该影响就不那么令人困惑了。

评估公共政策对社区福利的影响

收入和就业是衡量任何社区福利的重要组成部分。因此,对任何活动的当

[①] 详见 Hultkranz(1991)的例子,瑞典对造林和森林道路建设的补贴旨在实现区域就业和减少季节性失业。

第 11 章 森林与地方人类社区

地经济影响的可靠评估,无论是公共活动还是私人活动,林业活动还是其他活动,都需要了解适用于有关活动的劳动力和资本来源,并且还要了解如果劳动力与资本没有被使用,其他的替代是什么。例如,如果木材采伐增加意味着失业的当地工人和原本闲置的设备会被雇用与应用,那么额外增加的木材采伐会促进区域发展的增长。而如果一些新伐木工受雇于当地的其他行业,且另外一些被其他地区的工作所吸引,还有必须从其他地区的制造商那里购买额外的伐木设备,那么新的采伐对当地经济带来的增量就较少。

由于林业所使用的劳动力、资本和资源的不同替代可能性的范围因地区而异,关于任何特定林业活动对区域发展的影响不可能得出一般性的结论。然而,我们可以在数学附录中,描述问题里林业活动与其劳动力和资本投入的关联,以及上述投入与其替代产品之间关联的基本结构。对于大多数发达国家的大多数地区和行业的模型参数,估计所需的数据都可以获得。

Daniels,Hyde and Wear(1991)提供了一个案例。他们研究了美国国家森林木材采伐决策对稳定蒙大拿州西部的周期性经济活动的潜力。蒙大拿州西部是多山地区,山地地形给该地区的林业、牧业以及主要工业生产带来了高昂的交通成本。美国林务局是主要的木材供应商,采伐量占蒙大拿州的40%以上,在Daniels等研究的时代,该州的多山西部地区可能提供更多份额的采伐量(Spoelma et al.,2008)。[①] 相比于其他更多样化且拥有更便宜成本的交通以更好地融入更广泛的外部经济的地区,美国林务局的采伐政策更可能对像蒙大拿州西部这样的经济体产生影响。

显然,美国林务局可以控制其出售的木材量,但是对任意时期的木材采伐量的控制要小一些,这是因为获得公共木材采伐竞标的人在行使采伐权时有一定的自由。然而,Daniels等考虑到如果美国林务局能够实现想要的政策影响,那么面临近年来最大的林产品价格动荡——锯材价格下降了18%,木材采伐量将会保持平稳。在管理较少的市场中,这样的锯材价格下降幅度会带来工厂产量的下降,从而工厂的利润以及工厂对原木和工人的需求都会下降。只有当他们能够为立木或交付原木支付更低的价格时,当地的工厂才能接受更大量或更恒定的木材流。在这种情况中,工厂会维持运营,从而维持伐木工和工人的就业水平,然而立木给美国林务局带来的利润将下降。

Daniels等计算得出,稳定的采伐量对蒙大拿州西部的经济影响是有限的。伐木工和工人的就业人数会上涨6%—18%,但是整个社区的总工资收入基本

[①] 之后,伴随对公共林木采伐的新限制,到20世纪90年代中期,美国林务局的木材采伐量下降到了蒙大拿州全部木材采伐总量的20%—25%。到2004年,它们下降到蒙大拿州所有木材采伐总量的15%(Spoelma et al.,2008)。

是不变的,这是因为即使在这种相对单一的经济环境中,工人也有其他的就业机会。木材加工部门的经济贡献会上涨 7%—9%,但对于整个蒙大拿州西部经济的净效应还不足 0.1%。而且每年立木利润会下降 600 万—1 000 万美元,是那些微不足道的收入的 7—10 倍。美国林务局和财政部会承担大部分的损失,但是由于林务局木材采伐量扩张造成的立木价格下降,会让林务局以外的土地所有者也遭受损失。[①]

Berck、Burton 和他们的同事们采取不同的方法来检验不稳定性问题以及平抑经济波动的政策给社区带来的影响。他们选择了北加州和俄勒冈州的案例来研究波动及其来源,这两个地区有支柱性的木材产业和大片的公共林业存在。

加州洪堡县的就业变动率是其他县的 2.5 倍,很大程度上是因为该县经济多样性很小,就业主要依靠林业部门。Berck et al.(1992)通过将加州的部门多样性代入洪堡县的模型中,并保持该县其他经济特点不变,以研究更大的经济多样性是否会有所不同。这种差异使该县的就业波动下降了 16%,这使得 Berck 等开始寻找就业波动的其他原因。他们一般认为主要原因是经济结构,特别是地理位置和交通成本。此外,他们得出结论:由于经济多样化是不可能的——该县不具备吸引其他经济部门的禀赋,且地理位置也不能改变,因此任何专门针对林业的政策都不会有大的影响,而宏观经济政策的改变有更大的潜力。

事实上,随后在俄勒冈州的观察结果证实了这一结论。Burton and Berck(1996)确定了从宏观经济变量到林业部门就业,再到立木采伐或者木材销售的因果经济关系。Burton(1997)继续观察俄勒冈州的情况,将部门具体政策与对就业的宏观经济影响进行比较。在多种假设检验下,她发现,用实际国民生产总值或新屋开工率衡量的宏观经济政策对就业有着重要影响,而用木材砍伐或销售衡量的林业政策则没有。

总之,公共森林政策本身并未显著影响林业就业变化的可能性。如果它不能影响林业就业,那么无论林业部门对社区多重要,又或者社区经济多么多样化,它都不会对整个社区的总体就业或收入这样更一般的衡量标准产生重大影响。

结论——商品林的社区影响

毋庸置疑,对当地社区福利的衡量有很多组成部分,教育、健康以及任何与

[①] 在一项相关评估中,Lewis,Hunt and Plantinga(2001)发现美国国家森林木材销售在美国东北部和大湖区 92 个北方县的减少对当地就业没有影响。但森林保护的增加与当地就业的小幅增长有关。

第 11 章 森林与地方人类社区

社会动荡相反的事情的指标都很重要。本章的引言评论了从居住在森林覆盖的社区获得的第二红利,即除了货币收入之外的红利。尽管如此,地区收入和就业仍然是社区福利的关键组成部分,它们是我们讨论的焦点。

在经营商品林可以获得经济回报的地方,林业可以成为一个主导部门,甚至可以支撑整个单一的城镇。当然,在其他情况下,林业部门只是对当地经济的就业与收入做出贡献的众多部门之一。但是,由于森林活动必须存在于树木生长且可以廉价采伐的地方,尤其是在森林发展的前两阶段,商品林活动往往发生在以单一当地经济为特征的更偏远地区。这些地区的经济往往经历经济繁荣与萧条的交替循环,以应对外部世界对少数产品需求的变化。当地社区无法控制这些外部需求,而且因为当地经济没有多样化,所以在经济周期的萧条阶段,当地家庭几乎没有其他就业和收入来源。

这表明在商品林的社区影响这一问题下有两个主题——一个与商品林引领当地发展的机遇有关,另一个与减少社区在经济周期最艰难时期遇到的问题有关。

第一个主题是简单的。在商业活动具有经济回报的地方,商业活动就会存在。也许不得不克服重要的运输成本问题,但是,如果确实能够克服,那么它支付的工资会为普遍较少的当地人口提供新的机会,而且吸引来自该地区以外的新员工。在美国南部的第一和第二的森林,以及泰国和巴西布雷维斯的城镇,我们都看过这种情况。我们预期随着老挝改善其道路建设和运输成本的下降,其部分地区也会出现相同的结果。

在单一基于森林的社区,如果发生就业与收入不稳定,就会造成更加艰难的问题。自然趋势是直接面对它,因为一些政府和公共林业机构尝试用补贴来保证木材的采伐水平。这些政策确实保证了原材料流向当地木材加工企业,这些加工商能够使就业和生产保持在更高水平,否则要直到产品市场价格恢复为止。

然而,因为即使在单一经济下,很多林业部门的工人是流动的且可以迅速在其他部门找到工作,所以林业部门对当地经济的贡献很小。在发展过程中,正如我们在美国南部的第三和第四森林、巴西的帕罗明斯城镇和中国龙游县看到的那样,在森林发展的第三阶段,当地经济会更加多样化。随着多样化程度的提高,整个当地社区不再受任何如林业的单一部门的经济波动影响,受到影响的林业工人也会有更多可替代的就业机会。

对单一地方经济的社区而言,问题仍然存在,而且全世界有很多基于森林经济的社区存在。如果在经济困难时期尝试直接影响就业和收入在很大程度上是不成功的,而且结构调整也不可能立即实现,尤其是旨在降低运输成本的运输系统改善,那么剩下的替代性政策可以关注社区本身之外的、对当地社区有重要影响的、更广阔的外部市场。例如,总需求得到改善的政策,或者引起房地产市场及其木材产品需求扩张的选择性政策。然而,这样的宏观经济政策的影响需要一段时间才能通过其他部门传递到林业部门以及依赖它的社区,而且到那时,它们对林业部门就业和收入的影响也会扩散到生产林产品的所有社区,其中有一些经历了更大的经济困难,并且比其他人更需要政策干预。

所以——对于那些既依赖林业部门就业又受制于林产品外部市场变迁的单一社区,解决方案是什么呢?除了经济发展,随着其他地区在发展第三阶段时商品林活动的生产和运输成本下降,其中一些社区将会减小甚至消失吗?就如美国南部第四森林的皮德蒙特和巴西帕拉戈米纳斯等地区,或者在越南森林发展最迅速的人口稠密的地区,并没有一个社区减小或消失。对众多更偏远且单一的基于森林的社区而言,经济周期将持续成为它们经历的一部分。

11.4 总结

在某种意义上,第 2 章首次讨论的森林发展三阶段模型几乎没有什么变化。无论是讨论市场还是政策,一类或另一类土地所有者,或就如本章所述森林对整个地方人类社区的影响,发展的特定阶段都引发了很多讨论。

对处于发展第一阶段地区的社区,天然林为自给自足型家庭提供支持,也为当地商业化农业家庭和工人提供补充性收入。自给自足型家庭依赖森林获得一些木材和非木材产品,这些构成他们日常家庭消费的一部分甚至是很大的一部分。其中一些家庭采集特定的林产品到当地市场上交易,从而获得他们有限现金收入中的一部分。对任何自给自足型社区里的最贫穷家庭而言,上述产品的采集是最重要的。而且,在经济最低迷的时候,森林及其产品相当于这些最贫困的当地家庭的社会保障安全网。

其他社区中其他家庭的成员参加基本伐木和锯材作业——通常在当地对锯材的需求强劲以及家庭农业活动不需要劳动力的时候。对这些家庭而言,林业活动为家庭农业收入提供了一个不错的补充性收入来源。

处于森林发展第二阶段的社区经历了对森林的依赖时期。这些社区的一些家庭继续依靠伐木和基础锯材作业来获得补充性就业和收入。对其他社区而言,林业可能是单一经济中少数重要部门之一。例如,美国蒙大拿州西部和加利福尼亚州北部的社区,在这些社区里,林业为一些家庭提供全职工作。在其他社区,对社区内所有家庭而言林业可能是就业和收入的唯一来源,如公司城。上述两种情况下的社区往往都要与很多偏远的资源导向型社区经历一样

第 11 章 森林与地方人类社区

的经济繁荣与衰退周期。渔业、采矿业,甚至一些农业和一些旅游导向型的社区,都与基于森林的社区有着相似的经历。这是由于它们相对偏远且集中的经济活动,而且尽管有各种尝试,旨在限制经济周期对这些单一社区的负面影响的政策只能产生极其有限的成效。

森林发展的第三阶段以与任何地区剩余天然林有一定距离的施业林为特征。这些地区的社区经济更加多元化。它们往往包括多个经济部门,而林业通常只是其中一个较小的部门。林业部门是专业化的,有各种锯材厂、胶合板和其他木材加工设备,而且正因为这些设备对劳动力的要求不同,为该部门提供劳动力的那些人也更专业化。经济周期对这些社区造成的损害并不像森林发展第二阶段那样严重,因为一个部门的衰退对收入和就业的影响被不处于经济周期相同阶段的其他部门的就业机会抵消了。尽管如此,即使在处于森林发展第三阶段的社区和地区,一个可持续的林业部门也不能自动实现。当地机构及国家机构的能力,尤其是确保长期土地产权和金融市场稳定性的机构是至关重要的。

参考文献

Amacher, G., W. Hyde, and B. Joshee. 1993. Joint production and consumption in traditional households: Fuelwood and agricultural residues in two districts of Nepal. *Journal of Development Studies* 30(1):206—225.

Amacher, G., W. Hyde, and K. Kanel. 1999. Nepali fuelwood consumption and production: Regional and household distinctions, substitution, and successful intervention. *Journal of Development Studies* 35(4):138—163.

Angelsen, A., and S. Wunder. 2003. *Exploring the forest-poverty link: Key concepts, issues, and research implications*. Occasional paper no. 40. Bogor, Indonesia: Center for International Forestry Research.

Arnold, M., G. Kohlin, R. Persson, and G. Shepherd. 2003. *Fuelwood revisited: What has changed in the last decade?* Occasional paper no. 39. Bogor, Indonesia: Center for International Forestry Research.

Arnold, M., G. Kohlin, and R. Persson. 2006. Woodfuels, livelihoods, and policy interventions: Changing perspectives. *World Development* 34(31):596—611.

Belcher, B., and K. Schreckenberg. 2007. Commercialization of non-timber forest products: A reality check. *Development Polity Review* 25(3):355—377.

Belcher, B., M. Ruiz-Pérez, and R. Achdiawan. 2005. Global patterns and trends in the use and management of commercial NTFPs: Implications for livelihoods and conservation. *World Development* 33(9): 1435—1452.

Berck, P., D. Burton, G. Goldman, and J. Gcohagan. 1992. Instability in forest and forestry communities. In P. Nemetz, ed., *Emerging issues in forest policy*, Vancouver: University of British Columbia Press, pp. 315—338.

Bluffstone, R. 1995. The eftect of labor markets on deforestation in developing countries under open access: An example from rural Nepal. *Journal of Environmental Economics and Management* 29(1) 42—63.

Boyd, R., and W. Hyde. 1989. *Forestry sector intervention: The impacts of public regulation on social welfare*. Ames: Iowa State University Press, pp. 48—89.

Bulte, E. R., Damania, and R. Deacon. (2005). Resource intensity, institutions, and development. *World Development* 33(7): 1029—1044.

Burton, D. 1997. An astructural analysis of national forest policy and employment. *American Journal of Agricultural Economics* 79(3): 964—974.

Burton, D., and P. Berck. 1992. Statistical causation and national forest policy in Oregon. *Forest Science* 42(1): 86—92.

Byron, N., and M. Arnold. 1999. What futures for the people of the tropical forests? *World Development* 27(5): 789—805.

CFIC (China's Forest Information Center). 1998. *Development of China's wood industry*. Beijing: Chinese Academy of Forestry.

Chomitz, K. 2007. *At loggerheads? Agricultural expansion, poverty reduction and environment in the tropical forests*. Washington, DC: World Bank.

Dangi, R., and W. Hyde. 2001. When does community forestry improve forest management? *Nepal Journal of Forestry* 12(1): 1—19.

Daniels, S., W. Hyde, and D. Wear. 1991. Distributive effects of Forest Service attempts to maintain community stability. *Forest Science* 37(1): 245—260.

Dasgupta, S. U. Deichmann, C. Messner, and D. Wheeler. 2005. Where is the poverty-environment nexus? Evidence from Cambodia, Lao PDR, and Vietnam. *World Development* 33(4): 617—638.

第 11 章　森林与地方人类社区

Dewi, S., B. Belcher, and A. Puntodewo. 2005. Village economic opportunity, forest dependence, and rural livelihoods in East Kalimantan, Indonesia. *World Development* 33(9): 1419—1434.

Ekbom, A., and J. Bojo. 1999. *Poverty and environment: Evidence of links and integration in the country assistance strategy process*. Africa Region discussion paper no. 4. Washington, DC: World Bank.

Escobal, J., and U. Aldana. 2003. Are nontimber forest products the antidotes to rainforest degradation in Madre de Dios, Peru. *World Development* 31(11): 1873—1877.

FAO/UN (Food and Agriculture Organization of the United Nations). 2001. Global forest resources assessment 2000. Forestry paper 140. Rome: FAO.

Fisher, M., and G. Shively. 2005. Can income programs reduce tropical forest pressure? Income shocks and forest use in Malawi. *World Development* 33(7): 1115—1128.

Foster, A., M. Rosenzweig, and J. Behrman. 1997. *Population and deforestation: Management of village common land in India*. Draft manuscript, Department of Economics, University of Pennsylvania, Philadelphia.

Godoy, R., and K. Bawa. 1993. The economic value and sustainable harvest of plants and animals from the tropical forests: Assumptions, hypotheses and methods. *Economic Boldny* 47: 215—219.

Godoy, R. D. Wilkie, H. Overman, G. Cubas, and J. Demmer. 2000. Valuation of consumption and sale of forest goods from a Central American rainforest. *Nature* 406: 62—63.

Gopalakrishnan, C., W. Wickramasinghe, H. Gunatilake, and P. Illukpitiya. 2005. Estimating the demand for non-timber forest products among rural communities: A case study from the Sinharaja rain forest region, Sri Lanka. *Agroforestry Systems* 65: 13—22.

Gunatilake, H. 1998. The role of rural development in protecting tropical rainforests: Evidence from Sri Lanka. *Journal of Environmental Management* 53: 273—292.

Gunatilake, H., and U. Chakravorty. 2001. *Forest harvesting by local communities: A comparative dynamic analysis with an empirical application*. Unpublished research paper, Agricultural Economics Department, University of Peradeniya, Sri Lanka.

Gutierrez, R., Ruiz Pérez, X. Yang, M. Fu., Geriletu, and D. Wu. 2009. Changing contribution of forests to livelihoods: Evidence from Daxi village, Zhejiang Province, China. *International Forestry Review* 11(3): 319—330.

Hegan, L., G. Hauer, and M. Luckert. 2003. Is the tragedy of the commons likely? Investigating factors preventing the dissipation of fuelwood rents in Zimbabwe. *Land Economics* 79(2): 181—197.

Hobley, M. 2007. Where in the world is there pro-poor forest policy and tenure reform? Washington, DC: Rights and Resources Initiative.

Hultkranz, L. 1991. Effects on employment and seasonal unemployment of subsidies to forestry in northern Sweden. *Scandinavian Journal of Forest Research* 6: 243—291.

Hyde, W., J. Xu, and B. Belcher. 2003. Introduction. In W. Hyde, B. Belcher, and J. Xu, eds., *China's forests: Global lessons from market reforms*. Washington, DC: Resources for the Future. pp. 1—21.

Hyde, W. 2006. *Forest development and its impact on rural poverty: Global experience and projections for the countries of the Mekong River Basin*. Unpublished report submitted to Asian Development Bank REAP 6515.

Hyde, W., and G. Kohlin. 2000. Social forestry reconsidered. *Silva Fennica* 34(3): 285—315.

Illukpitaya, P., and J. Yanagida. 2008. Role of income diversification in protecting natural forests: Evidence from rural households in forest margins of Sri Lanka. *Agroforestry Systems* 74: 51—62.

ITTO Tropical Forest Update. 2007. Tapping the potential of communities 17(4): 2.

Jodha, N. 2000. Common property resources and the dynamics of rural poverty: Field evidence from the dry regions of India. In W. Hyde, G. Amacher and colleagues, *Economics of forestry and rural development: An empirical introduction from Asia*. Ann Arbor: University of Michigan Press. pp. 203—222.

Kusters, K., R. Achdiawan, B. Belcher, and M. Ruiz-Peez. 2006. Balancing development and conservation? An assessment of livelihood and environmental outcomes of nontimber forest product trade in Asia, Africa, and

Latin America. *Ecology and Society* 11(2): article 20.

Lewis, D., G. Hunt, and A. Plantinga. 2001. *Public conservation land and employment growth in the northern forest region*. Unpublished working paper. Department of Resource Economics and Policy, University of Maine, Orono.

Lin, J. 1992. Rural reforms and agricultural growth in China. *American Economic Review* 81: 34—51.

Linde-Rahr, M. 2005. Extractive non-timber forestry and agriculture in rural Vietnam. *Economic and Development Economics* 10: 363—379.

Magrath, W. 2004. EAP forest strategy: Data and thoughts for discussion. Unpublished Powerpoint presentation. Washington, DC: World Bank.

MOF (Ministry of Forestry). 1995. *China forestry action plan*. Beijing: China Forestry Press.

Mekonnen, A. 1998. *Rural household fuel production and consumption in Ethiopia: A case study in rural energy and afforestation*. Doctoral dissertation, Economics Department, Gothenburg University, Sweden.

Monela, G., G. Kajembe, A. Kaoneka, and G. Kowero. 1998. *Household livelihood strategies in Miombo woodlands, emerging trends*. Unpublished research report, Forest Economics Dept., Sokoine University of Agriculture, Morogoro, Tanzania.

Nasi, R., D. Brown, D. Wilkie, E. Bennett, C. Tutin, G. van Tol, and T. Christophersen. 2007. *Conservation and the use of wildlife-based resources: The bushmeat crisis*. Technical series no. 33. Bogor, Indonesia: Center for International Forestry Research.

Neumann, R., and E. Hirsch. 2000. *Commercialisation of non-timber forest products: Review and analysis of research*. Bogor, Indonesia: Center for International Forestry Research.

Peters, C., A. Gentry, and R. Mendelsohn. 1989. Valuation of an Amazon rainforest. *Nature* 339: 655—656.

Prebble, C. 1999. Fruits of the forest. *Tropical Forest Update* 9(1): 1.

Prebisch, R. 1950. *The economic development of Latin America and its principal problems*. New York: United Nations.

Power, T. 1980. *The economic value of the quality of life*. Boulder, Co: Westview Press.

Reddy, S., and S. Chakravarty. 1999. Forest dependence and income distribution in a subsistence economy: Evidence from India. *World Development* 27 (7): 1141—1149.

Robinson, E., and G. Kajembe. 2009. *Changing access to forest resources in Tanzania*. EFD discussion paper 09—p10. Washington, DC: Resources for the Future.

Ruiz-Pérez, M., M. Fu, J. Xie. B. Belcher, and M. Zhong. 1996. Policy change in China: The effects on the bamboo sector in Anji County. *Journal of Forest Economics* 2 (2): 149—176.

Ruiz-Pérez, M., M. Zhong, B. Belcher, C. Xie, and M. Fu. 1999. The role of bamboo plantations in rural development: The case of Aiji County, Zhejiang, China. *World Development* 27(1): 101—114.

Ruiz-Pérez, M., and B. Belcher. 2001. Comparison of Bamboo production systems in six counties in China. In F. Maoyi, M. Ruiz-Pérez, and Y. Xiaosheng, eds., *Proceedings of the workshop on China social economics: Marketing and policy of the Bamboo sector*. Beijing, China: China Forestry Publishing House, pp. 18—54.

Ruiz-Pérez M., M. Fu, X. Yang, and B. Belcher. 2001. Toward a more environmentally friendly bamboo forestry in China. *Journal of Forestry* 99 (7): 14—20.

Scherr, S. 1995. Economic factors in farmer adoption of agroforestry Patterns observed in western Kenya. *World Development* 23(5): 787—804.

Scherr, S., A White, and D. Kaimowitz. 2004. *A new agenda forest conservation and poverty reduction: Making markets work for low-income products*. Washington. DC: Forest Trends.

Schreckenberg, K., E. Marshall, A. Newton, J. Rushton, and D. te Velde. 2005. *Commercialization of non-timber forest products: Factors influencing success*. Unpublished report for the Forestry Research Programme of the UK Department for International Development.

Sheil, D., and S. Wunder. 2002. The value of tropical forest to local communities: Complications, caveats, and cautions. *Conservation Ecology* 6 (2): 9.

Sikor, T., and T. Nguyen. 2007. Why may forest devolution not benefit the rural poor? Forest entitlements in Vietnam's central highlands. *World De-*

velopment 35(11): 2010—2025.

Singh, I., I. Squire, and J. Strauss. 1986. *The basic model: Theory, empirical results, and policy conclusions*. In I. Singh, L. Squire, and H. Strauss, eds., Agricultural household models. Baltimore, MD: Johns Hopkins University Press. pp. 39—69.

Spoelma, T., T. Morgan, T. Dillon, A. Chase, C. Keegan, III, and L. DeBlander. 2008. *Montana's forest products industry and timber harvest*, 2004. USDA Forest Service Resource Bulletin RMRS-RB-8.

Stevens, J. 1978. *The Oregon woods products labor force*. Unpublished manuscript, Agricultural Economics Department, Oregon State University Corvallis.

Stoian, D. 2005. Making the best of two worlds: Rural and peri-urban livelihood options sustained by non-timber forest products from the Bolivian Amazon. *World Development* 33 (9): 1473—1490.

Sunderlin, W. A. Angelsen, and S. Wunder. 2004. *Forests and poverty alleviation*. Unpublished discussion paper. Bogor, Indonesia: Center for International Forestry Research.

Tachibana, T., T. Nguyen, and K. Otsuka. 2001. Agricultural intensification versus extensification: A case study of deforestation in the northern-hill region of Vietnam. *Journal of Environment Economic and Management* 41(1): 44—69.

Van der Ploeg, F. 2011. Natural resources: Curse or blessing. *Journal of Economic Literature* 49(2): 366—420.

Vedeld, P., A. Angelsen E. Sjaastad, and G. Kobugabe Berg. 2004. *Counting on the environment: Forest incomes and the rural poor*. Environmental Economics Series Number 98. Washington, DC: World Bank.

Viana, V. M., R. Mello, L. deMorais, and N. Mendes. 1996. *Ecology and management of Brazil nut plantations in extractive reserves in Xapuri*, Acre. Unpublished research paper.

Whitelaw, E., E. Niemi, and C. Batten. 1990. *Transition strategies for timber-dependent communities*. Washington, DC: The Wilderness Society.

Wilkie, D., and R. Godoy. 1996. Trade, indigenous rain forest economies and biological diversity. Model predictions and directions for research. In

M. Ruiz-Pérez and J. Arnold, eds., *Current issues in non-timber forest products research*. Bogor, Indonesia: Center for International Forest Research, pp. 83—102.

World Bank. 2001. *World development report 2000/2001: Attacking poverty*. Oxford, UK: Oxford University Press.

World Bank. 2004. *Sustaining forests-A development strategy*. Washington, DC: World Bank.

Yin, R., and D. Newman. 1997. Impacts of rural reforms: The case of the Chinese forest sector. *Environment and Development Economics* 2(3): 289—303.

Zhang, L., C. Saint-Pierre, and H. Liu. 2004. *Poverty and environmental dynamics: Challenges and opportunities for China*. Beijing: Chinese Academy of Sciences. Summary report of an international workshop organized by the National Development and Reform Commission and China's Center for Agricultural Policy, Institute of Geographical Sciences and Natural Resources Research, Chinese Academy of Sciences.

附录 11A 不可分离的家庭生产与消费

当工人或家庭为了自己的消费而生产并在市场上买卖时,那么他们的活动会比只与给定价格的标准供给需求函数描述的更加复杂。也就是说,他们的生产与消费将不再是"可分离的"。自给自足的农民和林产品采集者就是这样的情况,他们自己消费了一部分家庭生产的产品,但也会在当地的市场买卖部分相同的农产品或林产品。这种情况下,实证估计所必需的关系在林业上并未得到广泛认可,但是它们对于理解从天然林中获取薪材、草料、饲料、水果、坚果、草药和其他林产品的自给采集者的行为,以及理解这些产品的稀缺性而言是必要的。

考虑一个代表性的家庭,其在预算、时间和非负性的约束下最大化连续的、单调的、拟凹的效用函数。家庭效用 U 是一个把林产品作为投入(如用薪材加热或烹饪、用水果和草药烹饪等)的产品与服务的函数,家庭劳动力禀赋 L、家庭消费的其他产品 X 以及各种地方人口特征 Ω 可能对于家庭的偏好很重要。

$$\max_{Q,L,X} U(Q, T-L, X; \Omega)$$

s.t.
$$p_X X + p_F F_p = p_F F_s + I$$
$$Q \geqslant 0 \tag{11a.1}$$

第 11 章　森林与地方人类社区

$$F_c \geqslant 0, \quad F_p \geqslant 0, \quad F_s \geqslant 0$$
$$L \geqslant 0, \quad T - L \geqslant 0$$

其中,F_c、F_p 和 F_s 分别是采集、购买和销售的林产品。T 是家庭可以分配到所有活动的总时间。L 指的是专门用于林产品采集的劳动力。p_i 是价格,I 是指除林产品以外的所有外生收入来源,无论是农场内的还是农场外的。

森林资源在家庭效用函数 Q 中是中间投入,

$$Q = Q(F_h, \Theta) \tag{11a.2}$$

其中,F_h 是家庭林产品的总消费量。Θ 是一个技术向量,代表影响家庭林产品消费的技术(如火炉的质量)。这些产品的家庭总消费量是

$$F_h = F_c + F_p - F_s \tag{11a.3}$$

林产品的生产函数 F_c 是连续并且拟凹的:

$$F_c = F_c(L, A; \Omega) \tag{11a.4}$$

其中,L、A 分别是家庭的可变生产要素向量和固定生产要素向量。森林生产,因其本质是采集,所以也是一项劳动力密集型的活动。(在不改变模型一般性的情况下,我们可以通过稍微增加可变资本,如篮子、小刀和铁锹的成本,使生产复杂化。)

将公式(11a.3)与公式(11a.4)代入预算约束中,得到增加预算约束的生产。

$$p_X X + p_F F_p = p_F F_s(L, A; \Omega) + I \tag{11a.5}$$

家庭在时间、非负性和新预算的约束下最大化效用。效用最大化的一阶条件和预算约束是

$$\begin{aligned}
\partial U/\partial X &= \lambda p_X \\
\partial U/\partial L &= \lambda p_X \partial F_s/\partial L + \mu \\
(\partial U/\partial Q)(\partial Q/\partial F_p) &= \lambda p_F \\
(\partial U/\partial Q)(\partial Q/\partial F_s) &= -\lambda p_F \\
\lambda p_F \partial F_c/\partial L &= 0
\end{aligned} \tag{11a.6}$$

λ 是与收入的边际效用相关的拉格朗日乘子,μ 是与家庭时间约束相关的拉格朗日算子。公式(11a.6)的第二个条件表明了家庭劳动力的价格是内生价值,等于家庭用于采集林产品的劳动力的边际产量价值。第三个和第四个条件表明了家庭购买和销售林产品是以市场价格进行的。第二个和第四个条件还表明,为了自己的消费而采集林产品的家庭面临着更多复杂的选择,涉及取决于家庭偏好、技术和边际效用的劳动力机会。Goetz(1992)和 Amacher,Hyde and Kanel(1996)阐明了家庭采集林产品的机会成本与同产品的市场价格有很大的差异。这意味着仅仅依赖市场信息得出的关于林产品稀缺性的结论可能与为

了自己家庭消费而进行采集的证据所得到的结论不同。

一阶条件与预算约束提供了得到林产品的家庭劳动力供给、林产品的市场需求和供给以及其他产品的家庭消费情况的大部分必要信息。

公式(11a.6)最后的条件意味着家庭根据所选择的劳动力供给来最大化其净收入。就现金项而言,家庭净收入可以定义为

$$N(p_F, A; L) = G(p_F, A; L) - p_A A \quad (11a.7)$$

其中,
$$G(\cdot) = \max [p_F F_s(L, A; \Omega)]$$

$G(\cdot)$ 具有可变利润函数的性质。经过修正的预算约束现在变为

$$p_X X + p_F F_p = N(p_F, A; L) + I \quad (11a.8)$$

一组关于产出供给和投入需求的函数可以通过将 Hotelling 引理应用到公式(11a.7)而得到。

$$HF_h = \partial N / \partial p_F = HF_h(p_F, A; L) \quad (11a.9a)$$

$$HL = \partial N / \partial w = HL(p_F, A; L) \quad (11a.9b)$$

其中,HF_h 和 HL 是条件净收入最大化的供给和需求选择。ω 是可变投入(如劳动力)的价格。

11A.1 消费

以相同的方式可以得到消费方程式。修正过的预算约束,公式(11a.8),使得必要条件与公式(11a.6)完全相同,除了第二个必要条件以如下的形式出现:

$$\partial U / \partial L = \lambda \partial N / \partial L$$

其中,$\omega = \lambda \partial N / \partial L$ 是无法观察到的用于采集林产品的劳动力的"虚拟"价格或影子价格。因此,当家庭最大化效用时,$\partial N / \partial L$ 就成了边际生产的价值。

我们应当清楚的是,效用最大化创造了一组如下形式的家庭选择:

$$X = X(p_X, \omega, p_F, I) \quad (11a.10a)$$

$$L = L(p_X, \omega, p_F, I) \quad (11a.10b)$$

$$F_p = F_p(p_X, \omega, p_F, I) \quad (11a.10c)$$

$$F_s = F_s(p_X, \omega, p_F, I) \quad (11a.10d)$$

其中,ω 项包含了 λ。

通过将公式(11a.10)的第二个条件代入条件净收入最大化的供给与需求选择,即公式(11a.9)中,模型的生产端与消费端可以整合到一起。

$$HF_h = HF_h[p_F, A, L(p_X, \omega, p_f, I)] \quad (11a.11a)$$

$$HL = HL[p_F, A, L(p_X, \omega, p_f, I)] \quad (11a.11b)$$

最后两个是模型的结构方程式。从这两个方程式可以清楚看到,家庭的生产与消费决策是相互依赖的,或者说是"不可分离的"。也就是说,影响消费的

第 11 章　森林与地方人类社区

外部因素变化诱发了劳动力供给的变化,从而导致了家庭对投入与产出选择的变化。同样地,生产冲击引起了劳动力虚拟价格的变化,这会影响家庭劳动力的供给和家庭对消费产品的选择。①

11A.2　实证估计

实证估计中函数形式的设定存在各种可能性。作为其中的一种方法,我们可以假设生产函数是 Cobb-Douglas 形式。这意味着条件利润函数是对数线性形式,正如公式(11a.11)中的实证设定。遵循 Thornton(1991)的说法,在非线性预算约束下最大化 Stone-Geary 形式的效用函数,即公式(11a.8),创建一个非线性估计问题,并通过假设在效用最大化点的预算线性来解决。出现的家庭边际劳动生产的预测值,成为无法观察到的虚拟工资的替代项。

与家庭林产品选择的实证方式对应的公式(11a.10)变成了

$$p_F F_p = F_p[\omega, p_F, A, I, \Omega; \varepsilon_p] \quad (11a.12a)$$

$$F_s = F_s[\omega, p_F, A, I, \Omega; \varepsilon_s] \quad (11a.12b)$$

其中,ε_i 是均值为 0 的误差项。p_x 为计价单位,使得我们可以将其从系统中消去。在公式(11a.12)的各个条件下,虚拟工资可以用 $\omega = \lambda F_c / L$ 进行计算,其中 λ 是生产函数中劳动力项的估计系数,F_c 是家庭生产的预测度量。②

林产品的市场等式为公式(11a.12a)中林产品的市场支出和公式(11a.12b)中林产品的市场供给。前者是线性的(如以上讨论),后者是由 Cobb-Douglas 生产函数推导出的双对数。

最后,一些家庭采集林产品仅仅是为了自身消费,并不在市场上买卖。这就形成了一个可以代入 Tobit 模型的截尾数据型的因变量,用于购买方程公式(11a.12a)和销售方程公式(11a.12b)。

参考文献

Amacher, G., W. Hyde, and K. Kanel. 1996. Household fuelwood demand and supply in Nepal: Choice between cash outlays and labor opportunity. *World Development* 24(11):1725—1736.

Goetz, S. 1992. A selectivity model for household food marketing in sub-Saharan African. *American Journal of Agriculture Economics* 74(2):444—452.

---

① 最后两句参考了森林作为社会保障网的数学证明。
② 相似地,我们可以具体说明劳动力供给,但是没有必要,因为分析的重点在于林业产品的采集、销售和购买。

Thornton, J. 1994. Estimating the choice behavior of self-employed business proprietors: An application to dairy farming. *Southern Economic Journal* 87(4):579—595.

附录 11B 基于森林的社区整体经济[①]

任何单个社区整体经济的要素都可以用其方程的变化来刻画。这些方程式解释了对社区最终产品的需求相对于价格变化的变化,以及在供给方面,相对于投入要素份额变化以及相对于要素价格变化的这些要素使用变化的变化。

更正式地说,在拥有大型林产品部门的社区中,家庭消费两类商品:木材制品 X 和所有其他商品 Y。它们各自的价格 p_X 和 p_Y 由外部市场确定,而当地基于森林的社区在这两种商品上都是价格接受者。

$$\mathrm{d}p_Y/p_Y = 0 \quad \text{及} \quad \mathrm{d}p_X/p_X = -c_1 \qquad (11\mathrm{b}.1)$$

我们对木材制品市场的不稳定性感兴趣。而所有其他商品的市场都相对稳定。木材制品市场受到常数为 c_1 的外部冲击。也就是说,外部市场的价格会飙升或暴跌(带负号)。政策制定者希望避免这种外部冲击对当地经济的负面影响。

社区也生产两类商品:木材制品和所有其他商品。木材制品的生产需要三种投入要素:劳动力 L、资本 K 和立木 S。[②] 所有其他商品的生产只需要前两种投入要素。这两项生产活动都具有竞争性,且规模报酬不变。这些常见且合理的假设使我们可以得到相对于投入份额变化的产品供给变化的条件:

$$\mathrm{d}X/X = \theta_{KX}(\mathrm{d}K_X/K_X) + \theta_{LX}(\mathrm{d}L_X/L_X) + \theta_{SX}(\mathrm{d}S_X/S_X) \qquad (11\mathrm{b}.2)$$

$$\mathrm{d}Y/Y = \theta_{KX}(\mathrm{d}K_Y/K_Y) + \theta_{LY}(\mathrm{d}L_Y/L_Y) \qquad (11\mathrm{b}.3)$$

其中,θ_{ij} 表示投入要素 i 在生产产出 j 的总成本中的初始份额(如 $\theta_{KX} = r_Y K_Y / p_X X$)。

竞争性和规模报酬的条件意味着相对于价格的生产要素变化如下:

$$\mathrm{d}(K_Y/L_Y)/(K_Y/L_Y) = \sigma_{KL-Y}[\mathrm{d}(r_Y/w)/r_Y/w] \qquad (11\mathrm{b}.4)$$

其中,σ_{KX-L} 是生产 Y 中资本与劳动力的替代弹性,r 和 w 分别是资本与劳动力的单位成本。公式(11b.4)可以被写为

[①] 本附录的公式遵循 Daniel et al. (1991)。一般来说,经济短期内,基于森林的社区内部大部分生产要素都是固定的,但部门间的劳动力是可以自由流动的。之后,公式(11b.16)将重新考虑新资本设施的可能性。

[②] 一个简单的改进可以区分两种不同的立木来源,S_1 和 S_2,这适用于存在两类行为完全不同的土地所有者(如公有和私有)的社区。在这种情况下,识别出这两类相似产品之间的替代弹性也将是必要的。

$$dK_Y/K_Y - dL_Y/L_Y = -\sigma_{KL-Y}(dr_Y/r_Y - dw/w) \quad (11b.5)$$

同样有，

$$\frac{dL_X}{L_X} - \frac{dK_X}{K_X} = (1-\theta_{SX})\sigma_{LK-X}\left(\frac{dr_X}{r_X} - \frac{dw}{w}\right) + \theta_{SX}\sigma_{LS-X}\left(\frac{ds}{s} - \frac{dw}{w}\right)$$

$$- \sigma_{SX}\sigma_{KS-X}\left(\frac{ds}{s} - \frac{dr_X}{r_X}\right) \quad (11b.6)$$

$$\frac{dL_X}{L_X} - \frac{dS_X}{S_X} = (1-\theta_{KX})\sigma_{LS-X}\left(\frac{ds}{s} - \frac{dw}{w}\right) + \theta_{KX}\sigma_{LK-X}\left(\frac{dr_X}{r_X} - \frac{dw}{w}\right)$$

$$- \sigma_{SX}\sigma_{SK-X}\left(\frac{dr_X}{r_X} - \frac{ds}{s}\right) \quad (11b.7)$$

$$\frac{dK_X}{K_X} - \frac{dS_X}{S_X} = (1-\theta_{LX})\sigma_{KS-X}\left(\frac{ds}{s} - \frac{dr_X}{r_X}\right) + \theta_{LX}\sigma_{KL-X}\left(\frac{dw}{w} - \frac{dr_X}{r_X}\right)$$

$$- \sigma_{LX}\sigma_{SL-X}\left(\frac{dw}{w} - \frac{ds}{s}\right) \quad (11b.8)$$

其中，s 是单位立木价格，σ_{ij-x} 是替代弹性。公式(11b.8)是公式(11b.6)与公式(11b.7)之间的差值。因此，这些方程式是线性相关的，并且对于进一步的计算仅需其中两个即可。

此外，在竞争性和规模报酬的相同条件下，每个部门的要素费用刚好耗尽了部门的总收入。因此，

$$P_Y dY + Y dp_Y = w dL_Y + L_Y dw + r_Y dK_Y + K_Y dr_Y \quad (11b.9)$$

另外，要素边际产出等于其边际成本除以产品价格（如，$MP_{L-Y}=w/p_Y$）

$$dp_Y = w dL_Y + r_Y dK_Y \quad (11b.10)$$

从公式(11b.9)中减去公式(11b.10)，并且除以 Y，即得到如下表达式：

$$dp_Y = (L_Y/Y)dw + (K_Y/Y)dr_Y \quad (11b.11)$$

或

$$dp_Y/p_Y = \theta_{LY}(dw/w) + \theta_{KY}(dr_Y/r_Y) \quad (11b.12)$$

类似地，

$$dp_X/p_X = \theta_{LX}(dw/w) + \theta_{KX}(dr_X/r_X) + \theta_{SX}(ds/s) \quad (11b.13)$$

最终，立木供给的表达式可以写为

$$(ds/s)e_s = dS_X/S_X \quad (11b.14)$$

其中，e_s 是立木供给的弹性。

到目前为止，一共有 8 个公式（公式(11b.2)，公式(11b.3)，公式(11b.5—7)和公式(11b.12—14)）以及 11 个未知数（$d_X, d_Y, dK_X, dL_X, dS_X, dK_Y, dL_Y, dr_X, dr_Y, dw, ds$）。基于森林的社区的隐含假设指明了后者中的三个：

$$dr_Y = 0 \quad (11b.15)$$

$$dK_X = 0 \quad (11b.16)$$

$$dL_X = dL_Y \qquad (11b.17)$$

也就是说，更大的外部市场决定了所有其他商品生产的资本回报 r_Y，而社区是价格接受者。在商业周期的短期内，木材制品行业的锯材厂等资本设施是不便移动的。因此，K_X 是固定的，但是当地木材工业所使用资本的回报可能会有所不同。具体来说，有些人可以在任何时候失业。而社区的劳动力供给是稳定的，随着工资的调整，他们可以在不同部门之间流动。在调查期间，劳动力既不会从社区中搬走，也不会有新的劳动力从外面搬入。

对公式(11b.17)的劳动供给假设是有局限的，因为事实上，工人是流动的。在当地工资较低时，一些居民会为寻找更好的机会而迁移，而另一些人则会在当地工资更有吸引力时迁移到这个地区。然而，当政策的意图是帮助地方经济时，当地的人和当地的工作者才是重要的。限制他们迁移的机会就减少了他们工作的机会，但是木材供应的任何外部决策调整对当地的影响都会存在高估的偏差。

这个系统现在包含 8 个方程和 8 个未知数。这是一个可解的方程组。通过对任何 7 个未知数的估计，可以确定第 8 个未知数的值。例如，我们可以评估政府政策或公司决策对保留一定数量的立木生产的影响——就像 Daniels et al.(1991)对蒙大拿州西部做的研究，以及我们可能在喀麦隆、印度尼西亚东加里曼丹或巴西帕拉州中更为单一的伐木和锯材厂小镇进行的研究。我们还可以评估关闭现有工厂或开设新工厂的影响。后者只需要将公式(11b.16)设定在一个新的正水平，使其足够包含新增加的资本设施。任何评估结果都要区分对劳动力（两个部门中雇工人数和工资的变化）的影响、对立木和资本所有者获得的利润变化的影响，以及对社会总福利（两项生产活动中所有工资和资本回报的总变化）的影响。

参考文献

Daniels, S., W. Hyde, and D. Wear. 1991. Distributive effects of Forest Service attempts to maintain community stability. *Forest Science* 37(1): 245—260.

第 12 章 总结、结论与政策含义

关于林业的特点,我们可以得出什么不同于自然资源和经济体中其他部门的结论?关于经济发展历程中森林和林业部门的参与可以得出什么结论?从旨在改善森林状况以及各种基于森林的资源和生态系统服务的市场活动和政策决策中可以得出什么结论?公共机构在森林经营中的重要作用是什么?利益相关的公民又面临什么任务呢?

通过关注林地和土地利用的边际转化,我们首先可以得出结论,同时也是最重要的一点,即森林的经济特征并不统一。由于森林在生物学上并非都相似,其在经济特征上也不相似。森林的重要性在不同的地方经济发展阶段有很大差异,而这些差异使得林业和其他主要自然资源在经济特征上形成鲜明对比。此外,在经济发展的三个不同阶段中,森林对完全相同的市场和政策变量往往以相反的方式做出反应。这为林业政策的制定增加了复杂性。一项首选的政策并不适合所有的森林和林业用地,而这个重要发现在很多林业政策的讨论中被忽略了。这一点实际上使得全球发展机构和全球非政府组织在机构层面的政策尝试十分复杂,同样也使拥有处于森林发展的两个甚至三个阶段的不同地区的许多大国的国家林业政策复杂化。

12.1 经济活动的发展阶段与边界

第 2 章描述了林业在区域经济发展三个不同阶段

中的变化特征。在任何区域和任何历史时刻,林业的发展都是从没有归属、能够免费获取木材的生物成熟的天然林中开始。这个时候,林业是一项土地开垦活动,无论是为了森林资源的经济价值还是土地本身的价值,一旦开始伐木,土地就为后续的农业使用做好了准备。

随着当地的发展,对林业经济资源的需求持续存在,更大规模的砍伐推动经济活动的边界向更远处扩张,超过了农业用地和其他非林业用地的粗放边界。在这个阶段,发展中的地区存在一片开放采伐的区域,这个区域介于粗放的农业用地的边界和成熟天然林的边界之间。这片开放采伐的林地之前因为其上面生长的有价值的林业资源而被开发过了。可供当前开采的剩余林业资源已经不充足,这些资源的价值同样也不足以抵消为它们建立产权和维持安全与永久产权的成本。

整个开放采伐的区域或大或小,林业资源的退化程度也可能是部分或全部,这取决于在这片区域上建立产权的容易程度以及当地就业的竞争机会。已经退化的林地和这片林地之外的天然林产权是很脆弱的,因为这片区域的森林资源价值已经很低而且地理上是分散的。当开放采伐的区域面积较大而这片区域中每公顷立木的数量较少、替代采伐树木的劳动机会较稀缺时,小规模的森林资源采伐对于很多人还是有益的。相反,当开放采伐的区域较小而剩余林业资源较多、当地的非林业可选劳动机会较多时,当地居民进一步砍伐森林的动机会减小。

当然,整体发展程度较高的国家和地区普遍具备更好的劳动机会和更高效的正规机构。因此,在这些国家和地区,开放采伐的森林区域往往更小。虽然,开放采伐在发达国家也是存在的,比如,在美国和加拿大就有数百万美元的非法采伐。但绝大多数大规模开放进入的森林和湿地的情况还是存在于贫穷的国家。在印度,官方指定作为湿地的面积超出了指定作为森林的面积。印度政府这样做其实是为了提醒我们,为恢复森林退化所做出的努力与为克服贫穷所做出的努力是息息相关的。

在这片开放采伐的区域之外,仍然存在着成熟林。实际上,这些成熟林的面积可能会很大,它们在那些完全没有被开发的人烟稀少的地区绵延数万公里和公顷,例如西伯利亚、亚马逊、北加拿大、阿拉斯加以及刚果。在靠近经济活动中心的成熟林的边界上,开发活动持续发生在狭窄的经济边界,通常都会持续很多年。这种开发会一直持续到更远距离的开发成本(收集、采伐和装运成本)超过在林地上进行施业林管护的成本,这里所指的林地是具有明确产权并且与区域发展中心接近的林地。这时,林业进入开发的第三阶段,也是最后阶段,在一些林地上出现了商业管理;至少在其他比较难以进入的、之前采伐过的

第 12 章　总结、结论与政策含义

林地上有少量的开放采伐；以及在边界上持续砍伐成熟森林资源。这些砍伐可以与那些较易进入、具有高昂的管理成本和较低的装运成本的施业林进行比较，其产品也更为统一。如同在第一和第二阶段一样，在森林发展第三个阶段，一个大型且增长的成熟天然林仍存在于商业采伐边界以外的地方。

所有处于林业的第三发展阶段的地区在早期都是从第一和第二阶段发展而来的。在当今世界，三个阶段中的不同阶段同时存在于全世界的不同地区。当很多国家的地区处于第三阶段，也就是不断增加施业林面积的阶段时，这些国家的其他地区可能仍处于前两个阶段。美国的西俄勒冈和华盛顿都处在林业发展的第三阶段，它们都拥有大量的施业林和人工林，然而在东俄勒冈和华盛顿喀斯喀特山一带的远离海岸人口中心的地区，林业依然处于第二发展阶段，那里的采伐还是主要来源于天然林。另外一个例子，在美国南部的皮埃蒙特和沿海地区，森林发展已经进入第三阶段，那里的森林经营和森林种植非常普遍和活跃，然而在同一地区的内陆部分和山区，林业发展相对落后，部分采伐还是从天然林中获得。此外，在芬兰南部地区和许多北欧国家，林业也已进入至关重要的第三阶段，相比之下，这些国家北部森林的采伐和俄罗斯卡累利阿森林的采伐没那么活跃，这些森林没有显著的管理投入并且都远离南部密集的商业和工业中心。

无论在哪个国家，林业的所有三个发展阶段在某一段时间内都发生在同一片辽阔的地理区域内，这就意味着在这个区域内存在多个经济活动的边界。一开始，当森林发展处于第一阶段时，这些地区只在森林的边界存在一个经济活动边界，农业扩张是这个阶段内森林退化的主要原因。在这个边界上，砍伐当地森林是唯一的经济活动。

这些地区在发展到第二阶段时，相同的森林边界依然保持着最开始的经济边界，但其林业资源的商业价值取代农业用地成为进一步森林砍伐的驱动力。在第二阶段，人们可能还会继续在之前进行采伐的开放采伐区域伐木，尽管此时采伐技术已经进步，或者这片区域上退化后剩余的森林资源已经达到最小经济规模。

处于第三阶段的区域与第二阶段拥有相同的两个边界，但是第三阶段中出现的施业林增加了其独有的集约边界和粗放边界。施业林的集约边界包含人工林，以及针对少数高价值商业作业的进一步的疏伐、施肥和修枝。天然林分更新作为计划造林过程的一部分（不是利用各种人工育苗的树苗），则体现了施业林的粗放边界。

这四个经济活动边界并不只出现在林业资源中，然而这四种边界同时存在就使得森林资源与其他经济活动有所不同。第一种边界活动与大多数矿产资

源或海洋渔业的经济活动是相似的。第二种边界活动,利用退化的开放采伐区域内剩余资源的恢复,与重金属矿物的经济活动相似,这种经营活动从之前废弃的不经济的原材料中进行再次开发。第三和第四种边界活动,也就是集约边界和粗放边界,具备了积极的人工管理,与农业活动的李嘉图边界相似。林业资源的特殊性在于它在六大洲一些国家的一些地区中经历了所有这四种边界,这一点与其他大多数经济活动是不同的。

四种边界一般出现在商品材中,大部分其他林业资源也会有。也就是说,木材、水果和坚果,甚至是森林游憩和部分人工保护的野生动物,都能体现这四种经济边界。然而,这些边界的具体位置和地理范围根据森林的不同而有所差别。比如说,不同的木材种类对于当地的经济价值是不同的,因此,其人工管理的数量和采伐活动发生的具体位置都是不同的。一个树种的经济边界可能在一个非专业人员都能识别的天然林的边界上。而一个较稀有的价值较高的树种的边界可能会在天然林的深处,比较容易被接触的这类树种已经在较早的时间被砍伐了,剩余的部分都孤立地隐藏于天然林的更深处。水果的经济边界很可能又在另一个不同的地点。当然,林业游憩的地点完全由那些享用者们决定,哪里吸引观光游客、野餐者、登山者和宿营者,哪里就是林业游憩的活动边界。但是,包含森林游憩在内,当森林的某种独特属性被发现并且人们可以进入时,这些森林资源就会被加以更多的利用。

综上,我们发现,在四个不同的经济活动边界,相同的市场因素和政策决定都可以影响森林资源的使用。并不是全世界所有国家的森林资源在某一段时间内都包含这四种边界。如果某个地方出现了这四种边界,它们也不可能出现在完全相同的地域范围内,也不会有相同的区域经济重要性。这就意味着在这个世界上的任何两个地方,能够共同适用于它们的衡量森林资源的市场因素和政策决定的预期效果是不存在的,也是不显著的,甚至是相反的。如果没有认识到这四种边界,那么很多看上去好的林业政策都会失效,而不同地区存在的每一种边界以及与之相关的市场和政策效果的差异,都可以解释这种政策失效。

12.2 市场和政策对森林的影响

林业发展的三阶段讨论,体现了把全球的森林资源分为两类(天然林和施业林)的重要性,也反映了贫穷和相对落后的机构,尤其是那些与建立和维护产权有关的机构,对拓展内陆地区和山地的天然林边界有多大的影响,它们同时还对扩张开放采伐区域面积以及控制森林退化程度起着关键作用。我们应该

第12章 总结、结论与政策含义

清楚,与此相反的,经济发展伴随着施业林的产生以及森林种植,最终会取代从天然林中获得商品。而且,经济的发展还带来了机构在保证产权方面效率的提高,以及人们为了获得更高的环境服务价值而增加的保护天然林的动力。总之,一般的经济发展和支持经济发展的政策都对限制破坏天然林环境的进一步退化有着关键的正面作用,并促进其不断恢复。

尽管如此,我们还是要注意一点。林业发展的三阶段顺序并不能说明林产品相对价格的提升能够解决森林退化和毁林的问题。相对价格提升是前两个阶段中增加木材采伐的驱动力,反而会加速开放采伐的区域森林退化和边界处的毁林。只有在第三阶段,当管理较易进入的林地的成本可以与从较难进入的天然林边界获取和装运木材的成本竞争时,提高林产品价格和环境价值才会驱使人们不在天然林进行采伐,也只有在第三阶段天然林才会开始恢复。

这不仅仅是理论。最近在中国的海南岛进行的实证评估以及中国31个省(包括直辖市和自治区)从1978年开始的市场改革和快速经济发展的经验证实了林业发展的三阶段形式,即第一阶段的天然林退化、第二阶段的施业林重要性提升,以及最终第三阶段与经济发展相一致的林业退化的减速和天然林环境的改善。从欧洲西部、北美洲以及印度旁遮普省获得的更多观察结果表明,经济发展对取得诸多理想的有关林业的结果做出了重要贡献。这些观察带来的政策结论就是经济发展为天然林环境带来了有利影响(详见第6章)。

当然,与经济发展的作用相比,更有针对性和选择性的政策对林业有特殊的影响。这些政策既包括不是专门为林业制定但对林业有溢出效应的区域政策、农业政策、工业政策以及宏观经济政策,也包括其他改变森林利用的政策。

12.2.1 区域发展和当地的森林经营

有两个不同的区域政策对林业有重要作用:一个是公路,另一个是地区社区机构的设计。新的公路,包括铁路,能够打开更广阔的经济发展和林业采伐区域,就像19世纪美国和加拿大西部以及最近巴西亚马逊和泰国东北地区那样。细致的公路设计可以让人们避开被保护的森林而直接进入可采伐区域,也可以增加那些远离森林资源的农户的采伐机会。因此,公路(更准确地说是全部交通网络)对森林有着正反两方面的影响,其对森林环境的净效应很大程度上受到公路设计的合理性影响。

很多国家当前的政策主旨都是不断地加强地区(而非国家)对天然林的控制。很多全球发展机构和非政府组织的观点都是,地区社区对森林的控制比国家林业管理效率高。当区域内的较大林业价值存在风险并且当地社区对这些林业价值的重要性持一致观点时,当地的控制就是有效的。而当国家或全球的林业价值,而非当地独有的森林游憩价值和生物多样性(例如黄石公园或塞伦盖蒂公园)存在风险时,或者当地存在森林资源不同价值的竞争时,当地社区的管理就没那么成功了。这种竞争的一个典型案例就是,当地社区的一部分人认为保护森林的价值在于涵养水源与保持水土,从而减少对下游地区的冲蚀,而另一部分人认为森林的价值在于提供燃料来源。前者想要保护森林,而后者想要砍伐森林。

  当森林的当地价值高于国家价值时,当地管理就比国家管理更灵敏、成本更低,也更有效。而当其国家价值或全球价值大于当地价值时,当地管理对于森林资源的保护水平就不是最优的了。由于人们很容易采伐天然林,所以当地价值的竞争要么带来困难重重的社区协商,要么带来开放采伐区域的资源耗竭。因此,无论政策是以何种目标制定的,从国家管理向当地管理转移的有效性都取决于参与转移的社区的特征和当地资源的特征。有些时候,当地社区管理是会提高国家森林经营的效率,但即使当一个地区的全部森林价值都存在风险时,当地管理的成功与否还是要看当地机构的能力。许多个人或社区的森林资源管理经验告诉我们,当这种形式成功时,其决定因素是当地的选择,而非外部机构的强行进入。总之,地区社区管理已经有了很多成功的案例,但其不是解决当前天然林资源面临的所有问题的万能药(详见第 4 章)。

  国家林业管理当然也不是唯一的解决办法。国家管理往往会带来其自身存在的木材管理制度问题,这类问题只存在于林业中。很多公共林业机构采用的"可允许采伐量"政策就是一种生物学上专门计算木材采伐量的方法,这种计算方法试图将木材采伐量维持在一个与森林自然生长率相当的水平。但实际上,这种可允许采伐量在计算的过程中忽略了木材采伐在某个特定地点的经济价值。其结果往往是在主要的经济区域设定采伐限制而在非经济区域和不可持续地区进行更大程度的砍伐。经济租金在国家林业机构管理的地区积累,同时,公共筹资建设的林道和木材销售需求的增加促使他们深入其他地区采伐,而这些地区是私人商业林经营机构不会自行到达采伐的。公共管理机构的林业工作者们都知道关于可允许采伐量计算方式的争论,但由于他们都接受生物学培训,可能对经济学原理不太了解。这个争论以及这个计算方法本身看起来是陌生的,然而其他政策分析者、环境保护者以及一般大众,可能都发现了这种被误导的公共机构措施在修正之后潜在的巨大经济效益和环境效益,在其他地区甚至可以提高商品材数量。如果他们能够多花一些时间去理解这个计算方法,那么将会有很大收获(详见附录 4A)。

12.2.2 直接林业政策

  当我们讨论林业政策时,我们通常想到的都是与林业直接相关的政策或者

第 12 章　总结、结论与政策含义

是与林地的私人所有者相关的税收、补贴和规定。而且我们往往一开始想到的都是对某处森林资源的产品有直接影响的林业政策效果,而忽略了政策影响带来的林地使用边界的转移。实际上,这两种影响都是非常重要的。我们在前面和后面的章节都讨论到,一些非林业目标的政策对林业具有溢出效应,而且影响林地的使用,这些政策可能对林业有更广泛的影响。

当然,直接林业政策还是有意义的。第 4 章我们回顾了一系列林业政策,很显然,这些政策大多数都是鼓励在木材砍伐之后重新造林,甚至在某些情况下扩大了森林中的砍伐面积。这类政策包括补贴(比如森林激励报酬)和造林激励(例如免费的或有折扣的种子)。在很多发达国家,满足林业管理需求的政策也是很常见的,比如在河道附近限制采伐或者在特定的生物多样性地区限制采伐,或者是禁止使用某些除草剂等政策。

补贴和造林激励的政策对于施业林的边界只有很小的正面影响,大部分政策成本都是浪费,因为施业林自身能够通过商业运作实现政策目标。给林业管理者们提供更多的激励是没有必要的,他们已经在林业投资中获得了很好的经济回报。而且这些政策在造林不可行的天然林边界也没有给我们带来超出预期的或短暂的效果。因此,在林业发展的前两个阶段,这些政策对森林是没有效果的。

在公共政策为林业提供免费或低价种苗并且私人森林可以实现商业利益的地方,林地所有者非常愿意接受公共捐赠,同时他们又像没有获得政策扶持一样继续着他们原有规模的林业运营。而在私人森林难以实现商业利益的地方,林地所有者可能会接受公共政策提供的种子,但我们发现大多数种苗都没有成活,因为这些林地所有者缺乏长期的经济刺激。只有处于经济活动边界上的个别私人林地能够实现林业的商业化,也只有他们能够充分利用政策扶持提供的种苗。

林业政策中对林业管理和采伐活动的约束对于施业林具有保护环境的效应。这些政策还可以在林业发展的三个阶段中影响天然林中的砍伐行为,尽管天然林的绝大多数面积是由公共林业机构管理的,并且这些机构都是在他们各自的规则和制度下管理的。

12.2.3　相邻部门的市场和政策溢出

林业中一些很强的政策效应是由目标为农业部门和木材加工部门的政策溢出的,或者是从这两个部门的市场调整中溢出的。很多这样的相邻部门对林业产生的影响不是很容易理解,有一些是我们还没有发现的。

农业政策和市场调整在森林发展的第一阶段对森林边界产生影响。19 世

纪美国和加拿大的西部开发中低廉的土地政策，以及巴西在20世纪90年代向亚马逊雨林扩展农业的政策都是典型的案例。

农业政策和市场调整在森林发展的第二阶段几乎没什么作用。在第三阶段，它们的效应就开始复杂了，但其影响主要集中在施业林的集约边界上，在这个边界上，更多的农业收益和农业支持政策为农业提供了比施业林林地使用更大的优势。这个优势限制了林业向第三阶段施业林的自然过渡，延长了对天然林产品的依赖时间。

从全球来讲，对林业影响最大的农业政策是起源于北美、欧洲西部和日本的庞大的农业支持政策体系。这些政策为当地的农业提供了远大于施业林的土地优势。此外，它们在鼓励发达国家生产农产品的同时，打压了全球的农业价格，削减了发展中国家的农业活动商业化的动力。这使得很多本可以在农业部门获得就业的人不得不转投到林业部门，因为本国的商业性农业生产匮乏，林业是取代农业的主要机会。因此，发达国家的农业支持政策是热带国家和发展中国家森林退化的最显著原因。当然，这只是个假设。目前这个假设只得到了有限的关注，但它并没有被充分证明过，显然它需要更多的关注（详见第4章）。

一些激励政策对木材加工部门的影响则是不同的。它们可能会呈现相反的保护森林的效应。在森林发展的第二阶段，木材加工行业是森林退化的最根本原因，但随着当地进入森林发展的第三阶段，这个局面可能会改变。

一些行业的建立需要特定木材的投入，而且是施业林中纯林且便于恢复的木材。尤其是资本密集的纸浆造纸行业，其厂房和设备等固定投资的灵活性非常有限，木材资源的成本只是其总运营成本中很小的一部分。对于这些行业的建立，工厂附近施业林的发展给企业带来的利益远远大于遥远的不断增加的天然林。对于几乎所有的木材加工行业而言，较新的加工技术允许他们从任何原木和任何面积的森林中回收更多有用的材料来使用。由此看来，木材加工行业的技术进步减缓了可能发生在天然林边界上的木材需求增长。因此，这个部门的技术进步和政策支持可能会带来保护森林的效应。这也是一个未经检验的假设，但同样值得更多的关注（详见第3章、第4章和第7章）。

12.2.4 宏观经济环境和经济增长

总体的宏观经济环境和经济增长对于森林和林业的短期和长期顺利发展是至关重要的，正如它们之于国家整体经济表现的重要性。林业政策分析者试图关注更微观的林业市场和政策，他们对如此庞大的经济体系的观察太狭隘了。同样，宏观经济政策分析者具有更广泛的地区、国家和全球责任，他们对宏

第 12 章 总结、结论与政策含义

观经济政策对于林业产生的具体影响的关注度也不够。无论是广义的经济表现评价，还是更具体的货币政策和财政政策，即使它们没有直接将森林作为目标，但仍然会对森林产生强烈的影响，这些政策的影响通常反而大于那些将森林作为直接目标的政策的影响。如果我们更多地关注这些宏观经济市场和政策对森林的影响，我们就能更好地理解森林中发生的一切。

经济和政治稳定性

一般的经济和政治稳定性是基础的情况。稳定性在任何关于国家经济增长和发展的讨论中都是一个核心问题。宏观经济学家了解其重要性，但很多林业政策分析者并不理解，他们中的大多数人都是在发达国家接受的教育（或者是用发达国家的教学资料接受教育），对于发达国家，经济和政治稳定已经是常态。然而，当今世界上很多对林业的兴趣主要集中在发展中国家，特别是热带地区国家，这些国家的经济和政治稳定性不高，而森林退化率是最高的。

经济和政治不稳定的国家和地区更偏好于增加短期不可持续的经济活动。那些能够进入森林进行更快、更多采伐的伐木工和工厂主会抓住一切机会，因为当地经济和政治的不稳定提醒他们今天存在的机会可能明天就没有了。而且，这些伐木工和工厂主不愿意为更高效的采伐设备和加工设备进行投资，更不会为森林经营这种长期的不确定活动进行投资，因为这种投资的未来回报很有可能更加不确定。他们快速地砍伐木材，不管当地森林对于他们在经济上是不是可获取的。想象一下，如果所有国家都处在政治和军事动荡的时期，或者处于国家经济大幅度波动的时期，那么投资的下降率和夸张的森林退化率将比比皆是。

我们不妨反过来考虑稳定性与经济增长。事实上，稳定性是经济增长的先决条件。伴随着经济增长，一个地区的制度也会完善并提高其有效性，比如保障产权的制度。一个地区开放采伐的区域减少了，为更高效的伐木技术和加工技术的投资增加了，这个地区最终进入森林发展第三阶段的机会就增加了。整体森林环境也会随之改善。当整体经济变好时，对非市场化森林资源服务的需求会增加，对木质产品的需求会减少，整体森林环境就会进一步改善。我们可以比较一下经济增长和森林环境在泰国和缅甸或者韩国和朝鲜之间的区别，或者思考一下在越南这样迅速发展的发展中国家中，稳定性与经济增长给森林行业投资以及森林增长带来的重大影响（详见第 6 章）。

最终，随着稳定性提高和经济增长，以及随着时间的推移，新技术会变得高效，关于技术进步的话题值得进一步讨论。新技术影响林业，也影响着在所有林地使用边界与林业存在竞争的部门，这种影响是非常复杂的。这里所说的新技术是严格与林业相关的技术，比如新的采伐技术和加工技术，在第三阶段出现的生物学森林经营技术,以及能够有效替代一部分社会对森林原材料需求的替代品。替代是一个长期缓慢的过程,但是非常重要。整个20世纪里,在稳定的增长的经济中,新采伐技术和新木材加工技术的使用率要远远高于生物学技术的使用率。这是个关键点。因为经济增长与新技术的采用是并行的,所以完善采伐和木材加工的新技术增长率的净效益会带来新一轮森林环境的改善(详见第3章)。

宏观经济政策

在一个稳定的政治和经济环境中,中央政府可以有选择地采用财政政策和货币政策以实现合理的预期。一些政府在多边金融机构的鼓励下,通常还会进行更一般的经济结构改革。其顺序是先出台财政政策和货币政策,然后进行结构改革。

财政政策与公共支出相关。它们是当一般私人消费和私人投资不足的时候刺激整体经济的工具。当增加的公共支出带动消费林产品的经济部门时,财政政策就会对林业部门产生影响。建筑行业一般是财政政策的首要目标行业,其对木质产品的使用需求会在一段时间后带来短期的木材采伐量增加。

货币政策指的是中央银行在私人投资不足的时候放松信贷的手段。其对林业的影响与财政政策一样,也是间接的、有限的。其影响程度取决于对森林工业产品的需求,而这种需求正是恢复的私人投资带动的。当新的投资涉及不动产时,对木材和其他木质产品的特殊市场需求就会对森林产生影响。

结构调整在整个国家政策中包含一系列改革项目,通常是多边金融机构提出的,作为他们帮助复苏衰弱的国家经济的前提条件。他们这么做是为了增强这些国家的经济基础,从而完善经济增长的条件,但这个过程中混杂了许多对森林有影响的改革。

巴西在20世纪最后二十多年的经验是很有启发意义的。巴西政府减少了农业信贷补贴和道路建设支出,避免了森林的进一步退化,并改善了天然林边界上森林的生存条件。然而,出口刺激政策本来是想改善巴西的支出平衡,但是却导致更多资本密集的商业性农产品的价格升高,比如大豆。这增加了那些小农场的土地价值,因为价格升高推动小农场转向大规模商业性农业生产,而且还降低了农业劳动的真实工资。土地替代了劳动力。农业劳动力和小农场都消失了。他们都转移到了由亚马逊森林转变为小农场的农业边界上。总之,巴西的一些结构调整改革措施对森林产生了负面影响。

巴西的改革措施仅仅具有说明性,还不能代表普遍的结构调整项目。巴西的案例说明,结构调整本身是为总体经济设计的,然而整体改革的某些部分影响了森林。因此,结构调整对具体森林的影响根据不同国家的情况而不同,也会因为不同的结构改革具体措施而不同(详见第 6 章)。

我们必须认识到,对森林和宏观经济政策都感兴趣的人不应该忽略二者之间的联系。森林系统与宏观经济政策之间的关系为合理的政策设计增加了一个重要因素。

12.3 市场和政策对于当地林业依赖型社区的影响

根据上一节的描述,在一个稳定的政治和经济环境中,不同的财政政策和货币政策可能对一个国家全部的森林以及依赖这些森林的社区只有非常小的影响,但是,当我们考虑那些社区的特征时,不难发现,很多社区赖以生存的部门只有一个或两个,如林业与农业或矿业。由于远离经济活动更加多样化的大型社区,当需要他们产品的更广泛的区域或国家市场发生即使较小的调整时,他们也要蒙受重大损失,要么失业,要么收入减少。

一般来讲,繁荣与萧条更迭的经济周期在以自然资源为基础的社区也是很常见的,林业政策分析者很了解经济周期对于只以森林为经济基础的社区的影响。他们向中央政府资助的地区发展项目提出过建议,并提出控制原木采伐向工厂流转的数量,以此来保证当地社区就业的稳定性。事实证明,只要中央政府持续提供补贴,这个目标还是能实现的。然而,很多发展项目因为没有解决最根本问题而失败了,这个根本问题就是这些社区偏远的位置和他们经济活动多样性的不足,这是导致他们受到强烈冲击的重要原因,因此即使外部经济稍微调整一下对这些社区的主要部门产品的需求,社区的经济也会受很大影响。

林业政策分析者提出的第二个建议是保证持续的、规律的木材原材料流转,从而维持工厂的产量和就业。但这个建议几乎没有对社区的就业产生任何影响,因为社区的劳动力可以在社区内部两个或三个主要部门之间轻松地转移。与此同时,不遵守市场价格规律地维持木材采伐的流转量徒增了必须由林地所有者承担的立木收益的损失。

实证证据表明,宏观经济(以实际国民生产总值或新屋开工率计算)给就业带来了更多好的影响,同时也给这些偏远的林业依赖型社区的整体经济发展带来了好的影响(详见第 11 章)。

12.4 保护和加强森林与森林资源服务的政策设计

到目前为止,我们的讨论关注了一系列影响森林资源和森林依赖型社区的政策(税收、补贴和规定)和市场效应。这些政策和市场效应对了解全世界的森林状况毫无疑问是重要的。在全世界,无论是发达国家还是发展中国家,所有政策和市场效应都出现过很多次。然而,现在对于森林的讨论中很大一部分又回到这个问题了。这次人们关心的不再是这些政策中每一级政策的影响,而是为了实现理想效果最有效的政策设计,最常被讨论的政策效果主要集中在五个问题上:碳封存和全球气候变暖、生物多样性和濒危栖息地、生态旅游业和森林游憩、侵蚀控制和流域保护,以及可持续林业和森林退化控制。

12.4.1 碳封存和全球气候变暖

全球气候正在变暖是一个科学上无争议的事实。有些争议围绕人类在气候变化中的作用,然而,很显然碳排放是气候变暖的主要原因。森林无疑在改变碳平衡的过程中扮演了重要角色,虽然燃烧木质纤维增加了大气中的碳,但是新生的树木和森林回收并储存了大气中的碳。成熟树木和森林的生长增量很小,因此不会明显地改变碳平衡。这意味着要想利用森林来控制气候变化应该关注林地使用边界的变化:在采伐成熟林后燃烧残余物会释放碳,而扩大森林面积使其幼苗生长可以封存碳。

随着时间的推移和林业的发展,四种森林边界都会发生转移,但政策关注点往往只在天然林被识别的边界上。这个边界在森林发展的前两个阶段是很活跃的,当前很多热带国家的发展中地区正在经历这个边界的变化。全球政策的目的就是减少这些国家和地区的森林砍伐和林地转换,并且用新的森林增长替代砍伐以恢复林地并储存一定数量的碳。(这是一个短期解决办法,它只能在土地可以转换回林地的时候封存碳。长期的解决办法必须控制其他更大的碳排放源,例如化石能源的消费。当然这超出了林业和林业政策的功能范围。)

在天然林边界恢复森林的政策可以通过发达国家为热带发展中国家支付保护和扩大天然林面积的成本来实现。这种办法是大家普遍认可的,一些发达国家的公共机构已经开始转移资金,尽管现在还不清楚到底是要保护森林的边界还是保护整个天然林。当然,后者还没有受到威胁,现在出资保护整片天然林为时尚早。现在的问题是在天然林边界实施保护。即使这个边界很遥远,受保护的资源对当地居民而言个别价值不高,并且没有一个国家有财力或人力来保护它们不受任何侵扰。

因此,从林业出发的碳封存政策和气候政策不会特别有效。发达国家消费了很多化石能源,向这些更大的碳排放源征税也许会更有效。

12.4.2 生物多样性和濒危栖息地

生物多样性保护是基于当今未被开发甚至人们不知道的物种的特点在未

来可能拥有的价值。保护这些物种的栖息地就能保护这些物种,也保留了当我们更了解它们之后获得未来价值的机会。

对于还处于未开发状态的栖息地,无论是已知物种还是未识别物种的栖息地,其保护动机都是一样的,在发达国家有很多成功保护栖息地的案例。当今受到威胁的栖息地主要都在未开发的天然林,很多国际政策讨论的关注点主要集中在非常多样化的热带雨林。热带雨林包含全世界一半以上的动植物种群,甚至好多人们不熟悉的物种。这种特殊的森林非常重要,因为它们都出现在森林发展的前两个阶段。所以热带雨林和它内部脆弱的栖息地比那些热带干旱林或温带、寒带森林受到的威胁更大。

我们的首要任务是在当前林地使用的边界上识别受到威胁的栖息地并限制那些对栖息地有破坏作用的林地使用。其次,我们要在边界以外的地区统计资源清单和进行生物学研究以识别当前未知的栖息地并计划未来在这些地区的发展。

在设计有效政策的过程中再一次面临不协调的问题,这种不协调在于那些对识别和保护栖息地有支付意愿的人和那些希望直接立即进行保护以看到变化的人。有支付意愿的都是发达国家中比较富裕的人。希望看到直接效果的都是农村居民,他们就生活在受到威胁的边界里或周围,他们总是能够从濒危栖息地的采伐活动中获得短期个人利益。保护栖息地的过程中要对抗所有对濒危栖息地有威胁的入侵、采伐和破坏,这个成本远远高于大多数发展中国家政府和其资源管理部门能够接受的价格。

从另一个角度讲,还有一小部分反面案例。比如,有个别规模非常大的国际医药公司出资赞助发展中国家保护他们的热带林,以此换取从开发被保护物种栖息地和物种新用途获取的部分收益。以这种方式成功保护濒危边界森林依然是一个实证问题。

12.4.3　生态旅游业和森林游憩

很多人现在都参与到生态旅游和森林游憩当中,从富裕的环球旅行者到当地的野餐者、登山者、观鸟者以及钓鱼者,地点也是从黄石或塞伦盖蒂这样的国家公园到当地的乡村公园不等。这里依然存在经济问题,即我们是保护一片拥有专门用来砍伐的森林的林地,还是识别那些不可用来砍伐但吸引了大量自然风光旅游的林地(天然林商业砍伐边界以外的林地),并在这些林地成为砍伐区域之前对其采取保护。

在一些特别的地方,例如黄石公园和塞伦盖蒂公园,我们可以通过限制进出来收取一定费用,并将获得的收益用来建立边界线和监督系统,从而将被禁止的行为在这些地区杜绝。在这种独特的资源中依然存在两个问题。第一个问题是收费是一般性的做法。我们很难用收费来补偿这类地区中特定的资源或生态服务功能。这个问题有时可以通过在一个综合运营的体系内对所有资源进行整体管理来解决,例如在国家公园中,为酒店和导游这些专门服务在公园的每个边界上设置竞争性的特许经营权。每种特许经营权通过收取专门的费用来相互区别。

即使第一个问题解决了,第二个问题依然存在。我们可以在国境线或公园边界向旅游者收费或者拒绝他们进入,但我们不能阻止当地居民。因此,监督和限制当地居民使用独特的森林资源变得非常困难。非洲东部野生保护区里的偷猎行为以及东南亚自然保护区里的非法采伐就是典型案例。解决这个问题的一个办法是鼓励当地居民为公园旅游者提供服务,或者从公园收益中分一部分给当地居民。但是,给村民分配收入的机制并不容易建立,而且即使这么做还是会有部分居民非法闯入公园。

那些不足以吸引全世界游客的普通森林资源,大多数非消费使用者都是当地社区的居民。当地公共机构普遍能够很好地管理这些森林资源,我们已经在全世界看到很多成功保护的乡村公园和森林保护区。

12.4.4 侵蚀控制和流域保护

侵蚀控制和流域保护包含风、水、土壤管理活动中的所有森林和流域服务。像碳封存一样,流域保护可以分为两个层次的活动——第一层次是建立新的保护干预,比如种植森林来阻挡风和土壤侵蚀,第二层次是维持当前的森林流域服务并保护其功能不退化。与碳封存效应不同的是,流域价值趋向于地区化,从中受益的人都是个人或流域附近的社区,而碳封存的价值是全球性的。依靠特殊的流域管理活动,有能力为流域保护投资从而提高其林地产量的私人林地所有者能够获得更大的收益,同时也能让下游或相同流域内其他土地上的林地使用者获得更大的收益。

很多第一层次的流域管理活动,即要求对流域进行新的投资,是关乎人类发展的。这类管理活动是提高当前土地(通常为农业用地)产量的有效手段。这些投资主要出现在私有土地上。因此,私人土地管理者的长期产量提高总是能够激发必要的流域保护投资。

第二层次的流域管理活动是为了远离保护区的居民的利益而保护山地流域或沿海湿地。比如说,砍伐、放牧以及山地薪材的采伐通常都会引起山地的土壤侵蚀和下游沉积。这些情况一般都会出现在开放采伐的已退化森林或者天然林边界的周围。因为在这些地方进行管理的回报远低于其成本,所以不受

第 12 章　总结、结论与政策含义

约束的私人管理一般都是失败的。为了保护当地流域的价值,规章制度和具有一定监控和执行能力的公有所属权是比较可行的方法。所有社区成员共享当地流域的价值,同时也拥有共同保护流域的动机,因此监控和执行可能就变得相对简单了。相反,如果当地所有人的保护动机不一致,甚至对土地的使用价值存在竞争,那么监控和执行就会消耗更多的资源,保护公众利益也会变得格外困难。

最后,在某些情况下,需要更广泛的地区或国家监督,私人行为和社区集体行为都已经不能满足这些情况的要求。比如现在有越来越多的社区会为上游流域服务进行支付。有些社区的保护活动(例如纽约市为卡茨基尔山流域进行的投资以及为保证巴拿马运河的通畅而销售的债券,巴拿马运河是很多大公司运输产品必须通过的运河)甚至是蔚为壮观的。

12.4.5　可持续林业和森林退化控制

对可持续林业的关注来源于过去我们对世界上正在不断消耗的天然林资源的关注。当然,从大体上看,资源并没有耗尽,特殊的木材种类也没有耗尽。实际上,目前很多国家和地区的原木库存比 100 年前,甚至 50 年前,还要多。然而,关注这个问题的动机一部分是因为未来可能出现的木材稀缺,另一部分是因为即使我们忽视市场化森林产品的消耗,我们还消耗着可以为全世界提供非市场化生态系统服务的森林蓄积。这些问题都是我们当前讨论森林可持续性以及控制森林退化的基础。

为了实现这个目的,我们最应该讨论的是"可持续的选择"。以此为关注点,我们的目标就成了"永久地保持森林资源的多元化使用,无论是市场化的还是非市场化的,消费性的还是非消费性的,以及已知的还是未知的"。这个目标意味着我们要控制环境破坏,要保持未来对土地和其他森林资源的不同使用潜力。还意味着我们要利用森林去控制土壤侵蚀,去保护濒危栖息地和重要美学资源,以及减缓全球气候变暖。在这种可持续性中,我们能够接受林地向农业用地的转变,农业用地向林地的转变,以及天然林向施业林的转变,只要森林生物的生产力基础和基因物质不被破坏。相对价值会随着时间而改变,人们偏好的土地利用形式会随着相对价值的变化而改变。我们对此无能为力,但我们能够保证相对价值的变化以及土地利用形式的变化不会破坏人们对未来土地和森林资源各种新用途的使用机会。

在森林发展的三阶段模型中,可持续的概念相当于使开放采伐区域的森林退化面积最小化,同时在森林退化区域的内外都设置地区级别的土壤侵蚀流域、濒危栖息地以及重要美学资源的管理。最小化森林退化面积的重要手段包括降低建立和维护产权的成本以把采伐活动吸引到森林以外的地区。前者要求我们找出产权的最低成本以及能够建立这种产权的公共机构。后者则要求我们在公路和其他基础设施的设计上要非常仔细,从而保证① 减少人类活动对濒危栖息地的影响以及② 为当地居民提供可选择的外部劳动机会,否则这些居民将更加依赖他们身边的天然林资源及其丰富的可采伐资源。

从另一个角度讨论这个问题,可以发现贫穷是森林退化和森林破坏的重要原因。经济发展能够带来森林环境的改善,使林地进入可持续发展的阶段(森林发展第三阶段)。实际上,经济发展可能会带来第二轮有益影响。升高的工资和更好的劳动机会创造了第一轮有益影响。然后,随着整体社会福利的提高,当地公共机构的效率会更高。它们的预算可能会增加,它们保证产权的能力会提高,并且促进经济转型的能力也会提高,这些都为经济稳定做出巨大贡献。效率提高的公共机构和更加稳定的社会经济都降低了建立和维护产权的交易成本并再一次减少森林退化的面积。

实际上,我们都知道,即使在经济发达的国家,开放进入森林和森林盗伐也是存在的。但是,非法采伐在发展程度较低的国家和地区更猖獗。经历大幅度经济福利震荡的国家就是典型案例,比如从苏联解体出来的国家。很多这些国家在解体初期都遭受着剧烈的经济下滑和社会经济的不稳定。这些国家的公共机构效率也随之下降。因此,这些国家中非法采伐活动急剧增加,社会经济福利整体剧烈下降。

更广泛的历史证据也能证明这一点。很多国家在进入森林发展初期的阶段采伐了大量天然林资源。但是他们在经济发展到一定水平之后恢复了森林蓄积量。比方说,在过去的60年中,瑞士、法国、丹麦、美国东北部和印度旁遮普等国家和地区的天然林覆盖率都不同程度地大幅回升,过去30年间的中国也是这样。在这些国家和地区,农业用地保持在一个相对稳定的水平,甚至随着经济发展而有所减少,而森林覆盖率的增加要远远大于任何农业用地的减少。唯一的解释就是在经济发展阶段,森林覆盖面积扩展到了之前已经退化的森林。

总之,维护土地和资源使用选择的可持续性在任何地方都是非常重要的,但在经济落后的地区这一点是很难保证的。这就是森林发展前两个阶段的重要特点,一些具有非市场价值的天然林的退化是不可避免的。负责管理天然林的公共机构可能还没有完全建立,或者没有得到充足的资金支持。因此,在欠发达国家和地区,建立被保护地点和资源的优先顺序是非常重要的。农村经济发展和贫困缓解是森林长期可持续性发展的核心环节,同时也是降低全球森林退化过程中要重点考虑的问题。农村发展是所有部门的共同发展目标,不应该

第 12 章 总结、结论与政策含义

只是林业政策的目标。实现这个目标并不容易,但它肯定不会比实现可持续发展林业和降低森林退化率还难,因为这两个目标是在政府规章制度的要求下禁止贫穷的农村居民去采伐零散分布的低价值森林资源。

事实上,把这些观察结果和所有宏观经济活动对森林以及森林依赖型社区的影响结合在一起,我们可以得到一个更一般意义上的假设,即经济稳定与经济增长是实现广泛的可持续发展林业以及高质量森林环境最好的办法(详见附录 4A)。

12.5 土地所有权的特征类别

本书后半部分的章节讨论了四种不同特征的森林所有权:工业所有权、机构所有权、非工业私人所有权和公共所有权。每一种类别的土地所有权形式都与森林发展的三个阶段相辅相成,当然这里面有一些细微的差别,但正是这些差别让我们更好地理解了不同所有权下的行为特征并且更好地实施和评估政策。

12.5.1 森林工业

森林工业是由多种多样的木材加工企业——锯材和胶合板企业、纸浆企业以及造纸企业等——组成的,这些企业最初自己经营森林以供给木质原材料。它们起初可以从其他土地所有者的林地上获取采伐权利,直到森林发展到第三阶段才开始拥有自己的私人林地,这个阶段中的价格激励足以证明私人所有权的必要性,并且只有在木材供给竞争足以激发企业为其长期利益去保护木材流量的地方才会出现私人所有权。

对于在森林发展前两个阶段拥有采伐特许经营权的企业和拥有永久自给自足林地的公共机构,在它们二者之间建立一种合理的合同安排是非常重要的。公共机构的利益点是用森林资源的收益最大程度地恢复森林,并排除其他地区的森林砍伐对本地区的不良影响(比如木材砍伐导致的土壤侵蚀和下游沉积),以及保证当地的土地和动植物的长期生存环境。相反,企业的利益点是在其工厂的整个生命周期内以最低的成本获得木材流量。两种不同的利益点,结合每个采伐点具体的环境差异,导致在某个特定的采伐点或为长期的采伐特许经营权建立契约非常困难。

除此之外,任何更关心公共利益的人,如果倾向于调查公共机构管理的效率,也应该探究对采伐活动中回收的经济租金最终分配的公众最大利益。到底是获得特许权的工业公司还是公共机构以符合公众最大利益的方式处置这些

收入?当他们处于林区时,如果机构效率或政府官员的腐败需要谨慎考虑,那么公共采伐政策就应该得到更多的关注。获得特许权的工业公司对利润的分配比公共机构对木材收入的分配更符合公众利益,这一点并非不可想象(见第5章)。

对处于第三阶段地区的企业来说,第二个条件,也就是当地木材投入供给的局部竞争是非常关键的。那些投资额很小的公司不需要担心其初始木材资源的长期运输问题。比如说一些锯材厂非常小而且灵活。当其所在地方的木材供给出现衰退时,它们的固定资本可以很灵活地转移到木材丰富的地区。

资本投入大的公司,尤其是初始资源成本占总生产成本比例小的公司,保护其最大资本支出的可持续运营是有大好处的。北欧和北美国家的纸浆和造纸厂是资本最密集的企业。它们的资本投资比同一国家锯材厂的平均投资多很多,它们的木质原材料成本占全部生产成本的比例相对较低。(在美国,一个纸浆和造纸厂的原始木纤维成本占其全部投资资本的不到6%,而一个锯材厂的原始木纤维成本占其全部投资资本的比例平均超过45%,有些小型锯材厂的这个比例还要更高。)因此,这些纸浆和造纸厂比同一地区的木材公司更愿意拥有自己的林地。而且,对于大型的纸浆和造纸厂,在木纤维竞争比较激烈的地方,土地所有权显得尤为重要。因此美国的佐治亚沿海地区比加拿大魁北克地区有更大程度的工业土地所有权。在这两个地区,森工企业都非常大且技术很发达,但佐治亚州的原始木纤维竞争更激烈。

与纸浆和造纸企业相比,锯材厂拥有密集度较低的生产资本、较密集的木材来源以及较灵活的固定资本,锯材工人的技能更加强化了这些差异。锯材厂工人的技能一般都比较多样化,当市场条件变化时,他们中的很多人都会从锯材厂转移到农业部门或其他就业单位。而纸浆和造纸厂的工人技能更专业化,这些工厂不会轻易换掉数量极少的高技术水平工人。

总之,规模较小、灵活性较高的木制品生产企业倾向于回应森林发展的前两个阶段的进步,他们愿意通过改变运营区域、随着经济机会和森林边界变化而移动来应对当地可用木材供给的减少。资本密集度更高的企业在面临不断增加的原料匮乏时,更倾向于保持原有生产位置,并开始为自己的木材管理进行投资,或与别人签订合同让他们为其种植木纤维(详见第7章)。

12.5.2 机构森林土地所有者

机构土地所有者一般都是养老基金公司、保险公司、银行或者以投资组合的形式持有林地的基金会。这些机构都是相对较新的林业参与者,他们参与的林区大都处在第三阶段,那里的森林工业技术发达,木材与林地的市场竞争也比较激烈。

这些机构的出现有两个原因。一个原因是,工业林地所有者开始意识到他们从投资林地获得的经济回报没有从投资木材加工设备得到的回报高。对于很多森工企业,土地所有权不是一个好的投资。另一个原因是,拥有多种投资组合的公共机构开始意识到投资林地的回报一定程度上是反周期的。因此这些投资在多样化的投资组合中与其他周期性投资形成了一种平衡。而且,投资林地具有很好的风险—收益均衡性,也就是说,投资林地可以在低于市场风险水平的条件下获得可接受的回报。

这两个原因使得美国的很多工业林地所有者在20世纪末大型金融机构收购大块林地的时候出让了自己的林地。在25年时间里共有超过1200万公顷的林地发生所有权转让。这些林地依然为工业提供木材,但前提是金融机构将成熟木材卖给企业。唯一的区别在于大型金融机构比工业林地所有者在林地所有权中获得了更多的好处。

在一系列林地所有权转让之后,更好的林地转让机会已经所剩无几。起初活跃在美国南方和东南地区的金融机构开始在其他地方寻找收购机会。它们现在已经扩展到了加拿大、南美、澳大利亚以及新西兰。有证据表明,中国的森林也具备同样的反周期性和风险—收益均衡性,这些森林对那些金融机构是非常有吸引力的。

把林地所有权转让给金融机构简化了管理这些林地的林农的任务。当土地所有权为工业企业所有时,企业雇用的林农不得不向他们的高级工业主管证明土地经营对工厂是必要的,尽管财务回报没有达到行业标准。而工业企业的高级财务经理可以指出同行业其他公司以更少的土地进行经营。在机构所有权下,森林管理者的任务变得更直接了,目标也更清晰了。他们只需要简单地最大化林地及林地提供的木材资源的回报,而不用担心向某个企业的工厂供应木材或者在某个企业不景气的时候为企业提供木材收益以弥补企业的损失(详见第8章)。

12.5.3 非工业私人林地所有权

非工业私人林地所有权的持有者管理着小规模林地但不管理木材加工相关设备。这类所有权持有者是一个多样化的群体,一部分人管理林地是为了木材的商业价值或家庭生活所需,而另一部分人管理林地是为了林地带来的游憩、美学以及其他非木材使用价值。当我们强调某种木材或非木材价值时,可能大多数这类林地所有者从他们小规模的林地里同时获得了木材的和非木材的价值。

小规模林地所有者在森林发展的三个阶段中都有。自给自足型农民在第一阶段并不行使他们对林地的权利,但他们会在自家花园里种树,而且第一阶段中所有先到的定居者都可以在开放采伐的林地中获取森林资源。森林发展第二和第三阶段中的农民林地所有者可能也会在自家花园里种树,或者在自家农田周围的防风带中种树,一些农民在自家的农地中还拥有小规模的商业化次边界林地。一些处于第三阶段的林地所有者对小规模商业化林业资产享有全部权利。当然,在森林发展的任何一个阶段,只要自然景观吸引游憩性使用,任何人都对这些林地享有游憩权。

在发达国家和发展中国家,只要能够获得商业利益,农民林地所有者都会管理他们自己的林地,但他们更大的比较优势其实是在农业活动中。林地管理对他们来说是第二职业。当农闲季节他们有富余劳动力时,他们就回去管理林地。对于那些有非农劳动机会的发展中国家农民林地所有者来说,林业可以让他们从曾经的农业用地上获得回报,而他们可以把大部分时间和精力放在有经济回报的非农劳动中。

农民林地所有者的木材采伐时间是不固定的。他们会把采伐时间推迟到特殊的家庭经济需要时。在这种情况下,森林为非工业私人土地所有者提供了防范异常情况的保险,就像分别为工业土地所有者和机构土地所有者在高于正常原木价格或不利的周期性投资组合回报时提供的保险一样。

当不需要由农户家庭需求决定采伐时间时,农民林地所有者就会按照木材市场价格做出反应。但是,他们总是不像了解农业市场那样了解木材市场。因此,他们可能会将伐木时间推迟到木材市场价格高于保留价格的时候,保留价格是农民林地所有者认为能够满足他们心理价位的最低木材价格。当然保留价格也足以弥补农民林地所有者们在自家农地边界内种植分散的次边界商品林的成本。

非工业私人林地的非农民林地所有者和农民林地所有者不一样,他们不生活在自己拥有产权的林地附近。他们中的好多人认为自有林地的木材价值并没有其不动产价值与他们在林地上的个人经历的价值总和高。他们可能会伐木,但频率比农民林地所有者低,木材市场价格对他们来说没有太大吸引力,更有吸引力的是砍掉几棵树,从而为来游憩的家庭开放一个风景区或者改善当地野生动物的栖息地。

所有非工业私人所有权林地(加上公有森林)都是当前林业政策的主要关注点。非工业私人所有林几乎占据了全世界所有森林的一半以上,但它们都是一小片一小片的,而且各不相同,它们的种类太过多样化以至于所有者们很难说服想要从这类林地中获得低廉可靠的木材供应的森工企业,或者说服那些对

第 12 章　总结、结论与政策含义

什么是"好的"林业各执一词的环境保护者或专业林学人士。由于这些森工企业、环境保护者以及专业林学人士的目标与非工业私人林地所有者的目标不一致,但他们又都想得到更多"更好"的森林,所以他们总是会支持那些对这类林地强加管理或强行采伐的政策,而这些政策与非工业私人林地所有者的目标完全不一致。比如说,政策可能会提供免费的种苗、公共技术支持以及林业管理的资金帮助,非工业私人林地所有者也会愿意接受这些扶持,但这些林地所有者并不会按照政策制定者的预期去砍伐木材。

随着对非工业私人林地所有者和他们的所有权目标的特点的更好理解,为非工业私人所有林地制定的政策会不断完善。对农场和非农场土地所有者进行单独和独立的评估,或是对以立木供给为目的的土地所有者和以林地游憩及观赏为主要目的的土地所有者进行区分评估,这样分类评估对丰富了解这一类森林土地所有者至关重要。目前在全世界,那种为了获得木材商业价值的农民和小规模林地所有者正在减少,而以增加游憩和舒适为目标的人群正在增加。这说明我们越来越有必要调整政策预期来反映非工业私人林地所有者对木材价格下跌的回应,特别是非农民林地所有者对较低木材价格的回应。对于非工业私人所有林地和这类林地的所有者来说,成功的政策必须要结合新的标准来衡量,不能再一味地让两类非工业私人林地所有者无差别地增加木材供给。

12.5.4　公共林地

公共林业机构一般有三项责任:林业研究、为私人林地所有者提供技术支持以及管理大片公共林地。在前两项责任中,公共机构的服务对象是市场不能完全支持的基于森林的商品和服务的生产者与消费者。这通常意味着小规模林地所有者和林产品消费者可能在与大的工业木材消费者的交易中处于信息劣势。今天,这也越来越意味着对森林环境服务进行研究和信息分享,这些服务的价值并没有完全在市场上得以反映,但其价值在现代社会中越来越重要和被认可。

第三项责任,管理公共林地,在全部四种所有权类别中覆盖了全球最大的林地面积。中央政府林业管理机构是最大的土地所有者,比任何个人或企业的林地所有者都大。他们管理的林地比大多数私人林地都复杂,因为尽管他们管理的林地也包含一些商品林,但大部分面积都不是潜在投资者认为可以从私有产权中获得足够回报的林地。因为很多公共林地很难进入也很少被商业化,所以这些林地一般都包括更复杂的地形和更复杂的物种多样性。

公共林地的多样性对于目标更集中和专业的工业林地所有者和机构林地所有者来说是一种劣势。少数数量更大且更多元的非工业私人林地所有者可能会认为公共林地的多样性是一种优势,但不是全部都这样认为。

这种多样性为公共林地管理者制造了困难。公共林地比私人林地的环境风险更大。但是,公共林地的多样化也为满足丰富的公共机构责任提供了条件,比如说保护濒危物种、创造大量户外游憩活动,以及为当地的鱼类和猎物提供栖息地。这样看来,多样化对于公共林地和公共林地管理者的社会责任来说也是一种优势。

从经济价值的角度来看,公共林地有三个大的分类:商品林、具有非市场化正向价值的森林,以及经济价值低于维护成本的森林。公共林业机构可能以经济运行良好的原则经营前两类森林,识别市场和非市场的价值与成本,并意识到多种产出是这类林地"最大最好"经济效率的体现。公共机构对于第三类林地有管理责任。管理工作意味着保护这些低净值林地的未来潜在功能并确保这类林地上的活动,无论是自然的还是人为的,都不会对该林地或其他林地造成有害影响。比如说控制山火不要扩散到周边价值更高的林地,或者避免可能在公共林地上发生的侵蚀给下游造成沉积和大规模的损失。

很多公共机构声称这就是他们的工作内容。然而,他们几乎没有在木材资源上遵从市场原则(详见附录3b),在美国的情况中,已建立的公共法律限制了他们遵循市场信号进行放牧家畜的能力。

此外,很多公共林业机构呼吁附加准则,比如收入分配、社区稳定性、地区发展以及多种用途,仿佛这些是独立的管理目标而与林地的经济价值毫无关联;然后公共机构还从广泛的群体中寻找更多的公共投入。这么做的目的很明显,但其结果是令人困惑的,也是不确定的。我们如何评价这些附加准则和附加投入呢?一个目标或一个利益群体在什么时候比别的目标或群体更重要?这些准则中的每一个在什么时候可以与其他准则进行比较?公共机构如何证明其可比较的处理?如果没有正式定义如何将这些额外标准和不同客户群体的投入纳入决策核算中,管理者就无法下达明确的指示,公众就有理由反对公共机构的任何最终决定。我们已经看到美国的结果:几乎接连不断的起诉,直到法院或执政党把这些决定从公共机构和其专家管理者当中清除。

这个经验引导所有人——林地管理者、分析人员以及公众利益群体——关注更简单更清晰的决策准则。很多人试图把林业作为收入分配和社区稳定的一种政策工具,其效果都很弱,甚至有时适得其反。因此,似乎将经济效率的回报——广义上包含市场和非市场的价值以及生态系统服务——作为具有指导意义的管理准则是明智的。当然,在经济准则的指导下制定林地使用决策,还要注意宏观经济对林业的潜在影响,以及相邻部门市场和政策对林业的影响,尤其是对更远的公共林地及其周边社区的影响,后者常常被忽略但却对林业有很大影响（详见第 10 章）。

12.6 社区影响

我们看过了 20 世纪美国南部森林发展的模式，同样模式的发展最近在巴西东部亚马逊和中国的社区也出现了，但发展速度更快。竹子在中国是典型的案例，它的土地和劳动投入需求与木材一样，甚至很多成熟的竹材可以作为木材的替代品。竹子市场在中国普遍缺乏管理，因此竹子的现实情况可以告诉我们，如果没有积极的政府管理木材市场会变成什么样。在三个案例中，我们都描述了行业增长的模式、林业对土地和劳动力投入的使用模式以及林业与当地社区联合的模式。

在某种意义上，我们第 2 章讨论的森林发展的三阶段模式没什么改变。无论是讨论市场或政策、一类或另一类林地所有者，还是讨论林业对整个当地社区的影响，森林发展的特定阶段都为讨论提供了支持。

对处于第一发展阶段的林业地区的社区，天然林为当地自给自足型的家庭提供了生活支持并为以商品农业为主业的家庭和工人提供了额外收入。自给自足型家庭依赖于森林是因为大量的木制品和非木制林产品构成了这些家庭消费的主要部分。部分家庭还会采集某种林产品去当地市场上交易，从而获得他们非常有限的现金收入的一部分。这些林产品通常对于最贫穷的家庭是非常重要的，在最困难的时候（比如粮食歉收、现金丢失），森林和林产品对这些贫困家庭来说是一种社会安全网。这些家庭的人们常常在所有家庭活动的参与过程中都反映出预期的经济行为，比如采集林产品。男人和女人没有在森林活动中表现出独特的差异，当参与林业活动能够给家庭带来好处时，男人和女人都会分配他们各自的劳动去森林中工作。

其他社区的家庭也参与到基本的采伐和锯材厂运营中——通常在当地对锯材需求非常旺盛的时候，或者这些家庭的农业活动不需要很多劳动力时。对于这些家庭，林业活动是家庭农业收入的一个很好补充。

处于森林发展第二阶段的社区经历了对森林的高度依赖。这些社区中的一些家庭持续依赖于基本采伐和锯材厂以补充家庭就业和收入。而对于其他社区，林业可能是非多元化经济体中的几个重要部门之一。蒙大拿西部和加利福尼亚北部的社区就是这类案例。在这些社区中，林业为一些家庭提供了全职就业。在其他社区，林业甚至可能是整个社区所有家庭的唯一就业和收入来源。公司城就是这样的案例。这两种类型的社区也会经历周期性的繁荣与萧条，与远距离的资源依赖型社区一样。依赖渔业、矿业、农业和旅游业的社区也同样经历着这样的周期。这是因为它们相对较远的距离以及它们集中的经济活动,而且尽管经过了多种尝试,用来减小这些周期带来的负面影响的政策设计只获得了非常有限的成功。

仅仅拥有天然林立木不足以保证经济的发展,但当必要的市场和交通系统存在时,天然林的存在就是发展的一个重要源头。在许多案例中,林业都在推动贫穷农村地区经济发展的过程中扮演了重要角色。但是,从美国、巴西以及中国的案例中我们发现,尽管穷人从活跃的林业部门中获得了收益,但收获最大的却不是这些穷人,而且只有当他们获得新的、更好的劳动机会时,他们才能得到最大的收获。这些新的劳动机会中,一部分可能在森林产品的加工环节,其他部分可能在发展中的商业化农业部门,或者在各种更远的多样化就业中。

森林发展的第三阶段的一个主要特点就是施业林的出现,通常都是在远离存有剩余天然林的地区。这些地区中社区的经济是多样化的。林业只是很多部门中较小的一个,其他很多部门都很大。地区经济越多样化,供当地社区中家庭选择的就业机会就越多。林业部门是很专业的,有许多锯材厂、胶合板厂以及其他木材加工厂,因为这些企业对劳动力的需要都不同,所以那些在林业部门就业的人都是专业化的。经济周期在第三阶段对社区的影响就没有在第二阶段那么大了,因为当一个社区处于经济低迷时,其收入和就业的影响会被其他社区的机会所弥补,其他社区不一定同时处于低迷的经济周期(详见第11章)。

12.7　最后一个重点:数据

林业数据对于任何经济评估或与经济相关的评估都是一个问题。所有国家官方的林业数据都是按照木材资源的实物标准收集的,这些标准在每个国家都不一样。一些国家已经开始增加其他林产品和森林服务的实物测量。不管怎么样,可获得的数据基本都关注于木材资源,而且包含木材数据的基本实物测量在每个国家都是不同的,即使数据一样,其最低标准也相差甚远。联合国粮食与农业组织(FAO)综合这些不同的数据,建立了一套可比较的国家级和国际森林面积和体积测量标准。FAO数据依然是实物数据。实物数据在评估大多数自然资源时都有局限:鱼类和野生动物、矿产、石油和天然气,以及空气和水等等;在林业中活跃的市场和政策分析人员必须对这些可获得的数据的局限性非常清楚,同样也要对数据的修正以及为了做出可靠评估而进行的必要分析了如指掌。

官方的实物数据的术语也可能被误解。森林经常被说成是"生产性的""商

第12章 总结、结论与政策含义

业化的"或者"管护的"森林面积或体积。这些看似以市场为导向的术语对于经济分析与收集和汇编数据的调查专家和生物森林管理者有不同的含义。一般来讲,"生产性的"和"商业化的"森林包含一大片满足一些实物测算但不满足经济标准中具有生产力或商业价值的森林。"管护的"森林包括在广义的计划文件里描述的林地,但不一定有活跃的造林管理。

这些分类里有些林地和树木不是经济的,但很多没有包含在官方国家森林调查中的林地和树木却是经济的,至少从目的上讲是经济的。后者包括篱笆里的树、自家花园里的树、农林混合地上的树、路边的树以及乡镇或城市中的树。这些树很少成为商品材供应,但它们包含了很多地方的绝大多数树木。这不是一个小问题。我们看看美国的新泽西州和印度尼西亚的爪哇群岛。这两个地方的森林覆盖几乎是连绵不断的,但官方数据显示它们的森林覆盖率是最低的。没有出现在官方森林统计中的树木能够提供树荫并保护土壤不受风和水的侵蚀。它们对于碳封存和全球气候变化非常重要,所有的树都能储碳,不是只有记录在官方森林测量中的树才能。孟加拉国的森林覆盖率很低。然而,孟加拉国许多贫困家庭的重要商品——木材燃料——的来源几乎完全来自没有被统计在内的森林。总之,可靠的森林政策必须将作为政策目标的资源服务与森林、树木的测算相匹配。

此外,这些实物林业数据没有区分开不同林地使用边界的森林。我们已经看到相同的市场因素和政策决定可以对不同林地边界产生不一样的影响,甚至是相反的影响。并不是世界上的所有森林都包含四种经济边界,而且四种边界都存在的地方也不一定具有相同的实物范围或经济重要性。因此,预期的市场和政策对世界上一个地区的共同生物测量的影响,与世界上另一个地区的森林所受影响相比可能不存在,甚至相反。如果没能调整四种边界的共同林业数据,那么将不能认识到市场和政策在这些边界的差异,这会导致许多意图良好的、仔细考虑的政策和管理决策产生意想不到的甚至是反常的结果(见附录2a)。

12.8 政策含义总结

天然林和施业林的区别,森林发展的前两个阶段和第三阶段的区别,以及经济边界上的天然林和边界外偏远地区的天然林之间的区别,对于政策都是非常重要的。一项总结难以满足所有情况。对这些差别的忽略是很多公共林业活动无效的根源。

价格就是一个显而易见的例子。不断升高的价格刺激人们更多地采伐天然林。这些价格也会刺激人们增加施业林的砍伐量,但它同时还激发了造林管理的改善和施业林面积的扩大。价格对于天然林就没有这方面的影响。因此，升高的价格既不是增加天然林管理的有效刺激，也不是增加前两个森林发展阶段中森林面积的有效刺激。

标准的公共林业政策——森林激励报酬、技术支持或森林推广，以及免费或低价的种苗和政府支持的育苗——只对第三阶段中的施业林地区，或者即将要进入施业林阶段的地区有影响。一些地区的政府支持帮助人们在前两个阶段种植树苗，但我们很容易看到这些幼苗都无人打理，枯萎在地上。

目前，林业政策或与林业相关的政策吸引了很多关注。木材认证代表了激励甚至要求，从能够持续运营的林地获得木材认证似乎是对森林环境有益的。在欧洲北部和西部，认证是很简单的，这些地区的大部分森林都处在第三阶段的管护中。这些森林中很多都得到认证并不能代表成功。对于世界上其他国家和地区的施业林也是这样。森林认证在全世界处于前两个发展阶段的国家和地区是不太现实的，这些地区的砍伐活动还在天然林当中。后者能够代表很多热带森林，所需认证可能会成为这些地区在未来发展中的强加政策或遏制。因此，所要求认证的效果很容易成为发达国家对自己的产品无意识的偏向，使得它们拒绝部分发展中国家的产品和福利。

对生物多样性、流域或任何一种生态系统服务的保护必须要在被保护的边界林地中进行衡量，而不是被保护的所有区域。也就是说，处于实际森林管护下的大部分林地以及大部分处于可行经济边界之外的天然林，都没有被各种政策威胁或由此受到好的影响。这些林地无论正式规则如何都会提供生态系统服务。因此保护森林生态系统服务项目的效率必须以受到威胁的四种经济边界上的树木增加与减少来衡量，重点是很多受到威胁的天然林边界上的生态系统服务。

对于森林的实际测量是很重要的。首先，官方"管护的"森林通常是指在森林计划文件的边界内包含的林地，而不是说真有造林活动在这片林地里发生。计划边界内的一些林地可能比任何实际管护下的林地状态都好，无论是现在还是未来。其次，官方政府的"森林"测量一般不包含路边的树木、篱笆、小型市政公园里的树木、后院或自家庭院里的树木以及果园，通常也不包含边远干旱地区的树林。但其实这些树木也提供很多种森林生态系统服务。上一节我们回顾了这些问题的很多细节。一个主要的结论是可靠的林业政策必须与资源服务相匹配，这些资源服务才是测量森林和树木的政策目标。

还有很多案例，但我们讨论过的五个例子已经足以说明问题。那些主张采用他们自认为良好的林业政策的人，不考虑天然林与施业林的差别，不考虑森林发展前两个阶段与第三阶段的差别，不考虑天然林经济边界上的资源与经济边界之外腹地的资源的差别，肯定只能从他们的努力和有限的资金中获得少量的回报。

术语表*

可及度(Accessibility)

森林开发利用的可行程度。可以根据地形、经济合理性和采伐运输作业的条件将森林区分为可及林和不可及林。可及林占森林面积的百分数可以作为森林可及度的定量指标。

龄级(Age class)

为简化森林年龄统计而划定的林分年龄级。一般慢性树种以20年为一个龄级,比较速生的树种和中生树种以10年为一个龄级,速生树种以5年为一个龄级。

生物多样性(Biodiversity)

生物多样性指多种不同的动植物群落类型、数量及它们之间的关系。森林是陆地上生物最多样、最丰富的生态系统,是动植物和微生物的自然综合体,所以保护森林就是直接和间接保护生物多样性。

板材(Board)

由原木纵向锯成的木材的统称。宽度为厚度3倍以上的木材称"板材";宽度不足厚度3倍的矩形木材称"方材"。板材是家具制造、土建工程等常用的材料。

造材(Bucking)

按国家的材种规格和材质标准将原条截成不同等级不同用途原木的作业。

碳封存(Carbon sequestration)

增加某个碳库(大气除外)中碳含量的过程。

---

* 以下名词解释参考2015年中国林业出版社出版、莫小林主编的《常用林业名词解释》。

木炭（Charcoal）

木材干馏或木材炭化得到的黑色多孔固体。

木片（Chips）

又称工业木片。由木材削成的碎片，其规格按用途分为造纸木片、纤维板木片。

皆伐（Clearcutting）

皆伐是指将伐区内的成熟林木短时间内（一般不超过 1 年），全部伐光或者几乎全部伐光的主伐方式，伐后采用人工更新或天然更新形成同龄林。

商品林（Commercial forest）

以生产木材、薪炭、干鲜果品及其他工业原料为主要经营目的的森林和灌木林。

采伐迹地（Cutover forestland）

采伐后保留木达不到疏林地、天然更新调查达不到中等等级且未超过 3 年的林地。

同龄林（Even-aged stand）

林木的年龄相差不超过一个龄级的林分。

纤维板（Fiberboard）

利用精磨或部分精磨的木材纤维或其他植物纤维，加入胶合剂和其他添加剂，经成型、热压制成的各种不同密度的，厚度为 2—5 毫米的人造林。按制作工艺分为湿法纤维板、干法纤维板及半干法纤维板；按板材密度分为软质纤维板、中密度纤维板和硬质纤维板（或高密度纤维板）。

原始林（First growth）

又称原生林。自然发生未经人工培育和人为干扰的森林。原始林大多是森林演替系列中的顶级群落，是该地区最中生、最稳定的森林群落。原始林中成熟林、过熟林较多。

森林面积（Forest area）

包括郁闭度在 0.2 以上的乔木林地和竹林面积，国家特别规定的灌木林地面积，农田林网以及村旁、路旁、水旁、宅旁林木的覆盖面积。

林相（Forest canopy）

林分中乔木树种的树冠所形成的林冠层次称作林相或林层。按林相可分为单层林和复层林。

术语表

森林覆盖率（Forest cover）

一个国家或地区森林面积占土地总面积的百分比，是反映一个国家或地区森林面积占有情况或森林资源丰富程度及实现绿化程度的指标。

$$森林覆盖率 = (有林地面积 + 国家特别规定的灌木林面积) \div 土地总面积 \times 100\%$$

森林生态系统（Forest ecosystem）

以林木为主体的生物群落（包括森林中所有的植物成分和动物、微生物等）与其生存的非生物环境（包括气候、土壤、水文等因素）相互作用的综合体。也就是以林木为主体的生态系统。森林生态系统是陆地上面积最大、生物量最高的生态系统。

森林清查（Forest inventory）

依据经营森林的目的和要求，系统地采集、处理、预测森林资源有关信息的工作。

林地（Forest land）

也称林业用地，包括郁闭度 0.2 以上的乔木林地以及竹林地、灌木林地、疏林地、采伐迹地、火烧迹地、未成林造林地、苗圃地和县级以上人民政府规划的宜林地。

森林经营（Forest management）

对现有森林进行科学培育以提高森林的产量和质量的生产活动总称。主要包括森林抚育、林分改造、主伐更新、护林防火及副产利用等。广义的森林经营还包括林木病虫害防治、林场管理、产品调拨、狩猎等。

林权权利人（Forest owner）

林权权利人指森林、林木、林地所有权或使用权的拥有者。本书中提到了社区所有权、公有所有权、工业所有权以及非工业所有权。

森林更新（Forest regeneration）

森林主伐后，为了保证木材的不断再生产和防护效能的持续发挥，在其迹地上借助于自然力或人力迅速恢复森林的过程。

森林资源（Forest resource）

包括森林、林木、林地以及依托森林、林木、林地生存的野生动物、植物和微生物。

林业（Forestry）

林业是指保护生态环境、保护生态平衡，培育和保护森林以取得木材和其他林产品,利用林木的自然特性以发挥防护作用的生产部门,是国民经济的重要组成部分之一。

林分(Forest stand)

内部特征(如树种组成、林冠层次、年龄、郁闭度、起源、地位级或地位指数)基本相同,而与周围森林有明显区别的一片具体森林。林分常作为确定森林经营措施的依据,不同的林分需要采取不同的经营措施。

森林蓄积(Forest stock)

森林蓄积指森林中所有活立木材种的总和。这是反映森林数量和质量的重要指标。

林型(Forest type)

又称森林类型。森林植物群落的分类单位之一。不同的学派对林型的理解不一,因此有不同的分类原理和方法。中国常根据森林组成、结构、森林成长条件、演替过程等综合因素,划分森林类型。林型的命名,一般以组成林分的优势树种名称,加上优势或能反映立地特点的下木或植物的名称,或者加上显著的地形名称命名。

森林(Forest)

森林指土地面积大于等于 $0.0667\ hm^2$(1 亩)、郁闭度不少于 0.2、生长高度达到 2 米以上(含 2 米)的以树木为主体的生物群落,包括天然林与人工幼林、符合这一标准的竹林,以及特别规定的灌木林、行数在 2 行以上(含 2 行)且行距小于或等于 4 米或冠幅投影宽度在 10 米以上的林带。

薪材(Fuelwood)

不含符合经济材标准的,但仍可作为燃料或木炭原料的木段。

运材(Hauling)

从树木伐倒后到需材单位的全部运输作业,包括集材、选材和社会上的木材运输三个工段。

景观(Landscape)

由相互作用的拼块或生态系统组成、以相似的形式重复出现、具高度空间异质性的区域。即生态类型的群聚体,是整体性的生态学研究单位。景观在自然等级系统中居于生态系统之上,由不同的生态系统以块状镶嵌的形式构成,具有其特定的结构、功能和动态特征。

原木(Log)

将原条按不同用材的需要,截成各种不同规格的木段。

术语表

施业林（Managed forest）

存在企业和个人有目的有计划的经营活动的林分。这种林分可以是人工林，也可以是天然林。

成熟林（Mature forest）

林木在生物学及工艺方面都已进入成熟，直径生长已非常缓慢或基本停止。

混交林（Mixed forest）

两种以上的树种所构成的林分，且其中任何一种树木的株数或蓄积所占比例不超过65%。

天然林（Natural forest）

由天然下种或萌生形成的森林、林木和灌木林。

天然更新（Natural regeneration）

依靠林地原有母树或迹地附近林木的天然下种，或利用迹地上残留的树木营养体的再生能力恢复森林的过程。按林地上幼树形成期的不同，分为伐前更新和伐后更新。合理利用天然更新是恢复森林的有效措施之一。封山育林就是天然更新的一种形式。有时受某些自然条件的限制，天然更新不能迅速完成，常需采用人工促进天然更新。

人工林（Plantation）

由人工直播（条播或穴播）、植苗、分殖或扦插造林、人工促进天然更新形成的森林、林木和灌木林。

胶合板（Plywood）

又称夹板、合板。用奇数（3，5，7，9，……）层的单板，按照对称原则，即各个相邻层的单板其木纹互成直角的组合，经胶结、加压所制成的人造板。

修枝（Pruning）

森林抚育措施之一。在林木成材以前，人为地修去树冠下部的枯枝及部分活枝，可使树干少节或无节，增加树干的圆满度，从而提高木材的质量。

人工造林（Reforestation）

在无林地上以人为的方法利用苗木、种子或营养器官（如枝、干、根等）进行的造林。而在采伐迹地或火烧迹地上采用人工种植的方法恢复森林，则称为人工更新。

法正林（Regulated forest）

法正林是具备法正状态的森林，即具备能够实现严格永久平衡利用状态的森林，这种森林将严正地保续作业，也就是每一年有均等数量的木材收获，即拥有平衡的、固定的收获量。

轮伐期 (Rotation)

轮流伐尽经营类型内各林分后再次回到最初伐区采伐成熟林的生产周期。包括采伐、更新、培育成林到再次采伐周而复始的整个时期。

锯材 (Saw lumber)

由原木锯制而成的任何尺寸的成品材或半成品材。

次生林 (Second growth)

次生林指原始林或人工林经过人为的或自然的因素破坏之后，未经人为的合理经营，而借助自然的力量恢复起来的一类森林。

择伐 (Selective logging)

森林主伐方式之一。在预定的森林面积上定期地、重复地采伐成熟的林木和树群。择伐可使森林不断实现局部更新，地面始终保持森林覆被，因而形成的森林是异龄复层林，能充分发挥森林的生态效益，但设备效益不能较好发挥，成本较高。

防护林带 (Shelterbelt)

以防护为主要目的的森林、林木和灌木林，包括水源涵养林、水土保持林、防风固沙林、农田、牧场防护林、护岸林、护路林。

灌丛 (Shrub)

以中生性灌木占优势所组成的植被类型。群落高度一般均在 5 米以下，盖度大约 30%—40%，常分布于气候过于干燥或寒冷、森林难以形成的地方。

整地 (Site preparation)

造林前改造土壤环境条件的一道工序。其内容包括造林地的清理和土壤翻垦两个方面。

集材 (Skidding)

从伐木地点把原木、原条或伐倒木向装车场或集材场汇集的作业。

采伐剩余物 (Slash)

树木伐倒后经过打枝、集材作业，尚遗留在伐区的枝桠、梢头木、树皮、树根及损伤的短木材。

树种 (Species)

白杨 (Aspen)

桤木（Alder）

丁香（Clove）

花旗松（Douglas fir）

高丽参（Ginseng）

冬青（Holly）

桃花心木（Mahogany）

加州铁杉（Western hemlock）

林龄（Stand age）

林分的年龄结构，可分为同龄林和异龄林。

立木材积价格（Stumpage value）

立木价值的货币表现，即立木的价格。人工林的林价包括立木成本、利润和税金。天然林的林价可比照人工林立木的再生价值计算。多数国家林价采用倒算法，即从木材价格中扣除采运成本、利润和税金。

伐根（Stump）

树木伐倒后遗留在树根上的树干基部。伐根高度一般规定不应超过胸径的 1/3。

疏伐（Thinning）

在幼龄林郁闭以后至成熟龄前的一个龄级的林分内，为调节目的树种个体间的矛盾而进行的森林抚育采伐。疏伐应根据树种特性、林分结构、立地条件和经营目的等确定其方法、强度、开始时期和重复期等技术措施。

树高（Tree height）

自树干基部至主梢顶端的垂直距离。

林木（Tree）

生长在森林内达到林冠层的乔木树种。林木的树干比孤立木通直、高大，能产生圆满度较好的原木，它是构成森林产量的主体，是经营和利用森林的主要对象。

异龄林（Uneven aged stand）

林木的年龄相差一个龄级以上的森林。

植被（Vegetation）

覆盖地表具有一定密度的植物群落的总称。

材积（Volume）

树木各部分（包括树干、树枝、树根及树皮）和各种木材（包括原条、原木、板方材）的体积，是林业主产品的重要数量指标，常以立方米（m^3）为计量单位。

译者后记

本书是著名林业经济学家海德(William F. Hyde)倾注一生研究所得写成的一部杰作,有如下几个方面的特点:

第一,本书理论框架有别于传统林业经济学著作。多数林业经济学著作都以 Faustmann 模型为核心展开分析。本书采用的是冯·杜能在《孤立国》里建立的分析框架。注重建立经济发展、市场条件变化与森林土地利用方式的联系。这一框架对分析发展中国家的森林退化和恢复的机制有特别重要的应用价值。

第二,本书建立在作者多年悉心研究发展中国家林业政策的基础上,包含了很多发展中国家的林业问题。而多数主流林业经济学著作都以发达国家的林业问题为核心研究对象。本书经常将发达国家的案例与发展中国家的案例加以比较分析,对研究发展中国家林业经营管理的学者有特别好的启发借鉴作用。

第三,本书用相当大篇幅分析产权安排对林业经营方式和绩效的影响。尽管关于产权界定的概念主要仍是发达国家的内容,其分析思路对研究发展中国家林业制度安排有很好的指导作用。

第四,本书区分了单一木材经营和森林多功能利用情况下对制度安排、契约安排的影响差异。特别是着重讨论了存在不确定性和信息不对称情况下不同的契约安排的特点和得失。这也为深入探讨森林多目标经营的管理体制打下良好的基础。

本书的中译本是集体合作的成果,各章内容的主要执笔翻译人员名单如下:

第1章:张海鹏、徐晋涛,

译者后记

第2章：崔知涵、徐晋涛，
第3章：刘黎君、徐晋涛，
第4章：黄竹梅，
第5章：葛大东、徐晋涛，
第6章：崔知涵、陈思莹，
第7章：柳青、陈思莹，
第8章：程典、陈思莹，
第9章：刘士磊、陈思莹，
第10章：田欣、陈思莹，
第11章：李然、陈思莹，
第12章：张海鹏、陈思莹。

在本书的出版过程中，北京大学出版社的林君秀、郝小楠、刘京及王晶等编辑给予了大力支持和具体指导，对保证本书的翻译质量有很大的帮助，在此深表感谢！